태평광기 17

이 책은 2001년도 한구학술진흥재단의 지원에 의하여 연구되었음.
(KRF-2001-045-A11005)

태평광기 17

(宋) 李昉 등 모음
김장환·이민숙 外 옮김

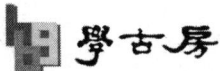

【일러두기】

1. 본서는 총 21책으로 구성되어 있는데, 제 1책부터 제 20책까지는 각 책마다 원서의 25권 분량을 수록했으며, 마지막 제 21책에는 「총목」·「편목색인」·「인명색인」·「인용서목색인」과 기타 참고자료를 수록했다.
2. 본서는 汪紹楹 點校本(北京中華書局, 1961) 10책을 저본으로 했다. 이 판본은 台灣 文史哲出版社(1981)에서 5책으로 覆印한 바 있다.
3. 淸代 黃晟의 「重刻太平廣記序」는 본래 저본에는 없지만 보충하여 수록했다.
4. 본서의 번역은 가능한 한 직역을 위주로 하되 직역으로 문맥이 통하지 않을 경우에는 본래 뜻을 벗어나지 않는 범위 내에서 의역을 했다. 그리고 원문에는 없지만 내용 전개상 부연 설명이 필요하다고 판단되는 부분은 [ ] 안에 넣어 보충했다.
5. 본서의 역주는 의미의 전달이 어렵다고 판단되는 경우에 한해 간략하게 달았다.
6. 본서에서 언급되는 인명과 지명·서명 등 고유명사는 모두 우리말 발음으로 표기하고, 각 고사마다 처음에만 ( ) 안에 원문을 넣었다.
7. 본서의 각 고사 처음에 표기되어 있는 숫자는 차례대로 각 권의 순서, 각 권에서의 고사 순서, 전체 고사의 순서를 나타낸다. 예) 5·2(0023) : 제 5권의 2번째 고사로서 『태평광기』 전체로는 제 23조에 해당하는 고사.

차례

권제 401 보(寶)2(金玉附)
  금(金) 하(水銀附)
  장정(張珽)·19
  공파(龔播)·23
  의춘군민(宜春郡民)·24
  장언(張彦)·26
  강씨(康氏)·27
  예장인(豫章人)·29
  진준(陳濬)·30
  건안촌인(建安村人)·31
  채언경(蔡彦卿)·31
  수은(水銀)
  여생(呂生)·32
  옥(玉)
  심유지(沈攸之)·37
  옥룡(玉龍)·39
  강엄(江嚴)·39
  당현종(唐玄宗)·40
  오색옥(五色玉)·42
  옥벽사(玉辟邪)·44
  연옥편(軟玉鞭)·47

  옥저자(玉猪子)·49

권제 402 보3
  수후(隋侯)·53
  연소왕(燕昭王)·53
  한고후(漢高后)·55
  후한장제(後漢章帝)·55
  양무제(梁武帝)·56
  화주(火珠)·56
  경어목(鯨魚目)·57
  주지(珠池)·58
  소성주(少城珠)·59
  청니주(青泥珠)·60
  경촌주(徑寸珠)·62
  보주(寶珠)·64
  수주(水珠)·67
  이면(李勉)·71
  이관(李灌)·73
  상청주(上清珠)·75
  수선자(守船者)·76
  엄생(嚴生)·77

장문규(張文規)·79
위경(衛慶)·81
육병호(鬻餠胡)·83

권제 403 보4 (雜寶)상
마노(馬腦)·89
서(犀)·90
월경(月鏡)·92
진보(秦寶)·93
산호(珊瑚)·95
사보궁(四寶宮)·97
연청실(延淸室)·98
옥여의(玉如意)·99
칠보편(七寶鞭)·100
서도(犀導)·101
옥청삼보(玉淸三寶)·102
보골(寶骨)·108
자말갈(紫抹羯)·109
자패(紫貝)·111
위생(魏生)·112

권제 404 보5 (雜寶)하
숙종조팔보(肅宗朝八寶)·119
영광두(靈光豆)·126
만불산(萬佛山)·128
대모분(玳瑁盆)·131
벽진건(辟塵巾)·132
중명침(重明枕)·136
삼보촌(三寶村)·136

화옥(火玉)·140
마노궤(馬腦櫃)·141
잠씨(岑氏)·142

권제 405 보6(錢·奇物附)
전(錢)
육양동자(淯陽童子)·147
문덕황후(文德皇后)·148
잠문본(岑文本)·148
왕청(王清)·152
건안촌인(建安村人)·153
서중보(徐仲寶)·155
형씨(邢氏)·156
임씨(林氏)·157
조진(曹眞)·158
기물(奇物)
서경(徐景)·159
중모철추(中牟鐵錐)·160
독삭(毒槊)·160
집취구(集翠裘)·161
사령운수(謝靈運鬚)·163
개원어자(開元漁者)·163
양비말(楊妃襪)·164
자미(紫米)·165
가릉강거목(嘉陵江巨木)·165
강회시인도핵(江淮市人桃核)·168
옥룡고(玉龍膏)·169
단성식(段成式)·170
이덕유(李德裕)·171

하후자(夏侯孜)·174
엄준선사(嚴遵仙槎)·175

권제 406 초목(草木)1(文理木附)
목(木)
부자묘목(夫子墓木)·179
오작(五柞)(靑梧附說)·179
백은수(白銀樹)·180
합리수(合離樹)·181
옥수(玉樹)·181
예장(豫樟)·182
여지목(荔枝木)·183
주수(酒樹)·183
사라면수(娑羅綿樹)·184
자동(刺桐)·185
황칠수(黃漆樹)·186
목란수(木蘭樹)·186
야자수(椰子樹)·187
보리수(菩提樹)·188
바라수(婆羅樹)·190
독두수(獨梪樹)·191
파사조협수(波斯皂莢樹)·192
목룡수(木龍樹)·193
패다수(貝多樹)·194
몰수(沒樹)·195
반벽장파수(槃碧穊波樹)·195
제돈수(齊暾樹)·196
통탈목(通脫木)·197
산계(山桂)·197

오렵송(五鬣松)·198
삼렵송(三鬣松)·199
어갑송(魚甲松)·199
합장백(合掌柏)·199
황양목(黃楊木)·200
청양목(靑楊木)·200
구나위(俱那衛)·201
산다(山茶)·201
하주괴(夏州槐)·202
적백정(赤白檉)·202
해목(楷木)·202
저(楮)·203
문리목(文理木)
종묘문목(宗廟文木)·204
문목간(文木簡)·204
고문주(古文柱)·205
삼자신(三字薪)·206
천존신(天尊薪)·206
태평목(太平木)·207
천왕괴(天王槐)·207
색릉목(色陵木)·208
마문목(馬文木)·208

권제 407 초목2
이목(異木)
주일주수(主一州樹)·213
언상(偃桑)·214
부주목(不晝木)·214
문자수(蚊子樹)·215

성고지(聖鼓枝)·215
녹목(鹿木)·216
도생목(倒生木)·217
유목(黝木)·217
광랑수(桄榔樹)·218
괴송(怪松)·218
풍인(楓人)(種由)·219
풍귀(楓鬼)·219
풍생인(楓生人)·220
영풍(靈楓)·221
파목유육(破木有肉)·222
강중풍재(江中楓材)·222
하백하재(河伯下材)·223
투교선목(鬪蛟船木)·223
교양목(交讓木)·224
천세송(千歲松)·224
한장(汗杖)·225
화접수(化蝶樹)·225
부수재(涪水材)·226
단정수(端正樹)·227
숭현리괴(崇賢里槐)·228
삼지괴(三枝槐)·228
영괴(癭槐)·229
형근침(荊根枕)·230
오중상(五重桑)·231
청정수(蜻蜓樹)·232
무환목(無患木)·232
초심수(酷心樹)·233
등제조협(登第皂莢)·234

변백단수(辨白檀樹)·235
유만(蕕蔓)
등실배(藤實杯)·237
종등(鍾藤)·238
인자등(人子藤)·238
밀초만(蜜草蔓)·239
호만초(胡蔓草)·239
야호사(野狐絲)·240

권제 408 초목3
초(草)
내지초(柰祇草)·243
삼뢰초(三賴草)·243
석기초(席箕草)·244
호문초(護門草)·244
선인조(仙人條)·245
합리초(合離草)·245
노아조리초(老鴉笊籬草)·246
귀조협(鬼皂莢)·246
청초괴(靑草槐)·247
동시초(銅匙草)·247
수내동(水耐冬)·247
삼백초(三白草)·248
무심초(無心草)·248
분증초(盆甑草)·249
여초(女草)·249
미초(媚草)·250
취초(醉草)·251
무초(舞草)·251

상사초(相思草)·252
무정초(無情草)·252
망우초(忘憂草)·253
수초(睡草)·253
천보향초(千步香草)·254
사초(麝草)·254
치고초(治蠱草)·255
사함초(蛇銜草)·256
녹활초(鹿活草)·257
해독초(解毒草)·258
독초(毒草)·258
초독초(蕉毒草)·259
목마초(牧麻草)·259
용추(龍芻)·260
홍초(紅草)·261
궁인초(宮人草)·261
초모(焦茅)·262
소명초(銷明草)·262
황거초(黃渠草)·263
문하초(聞遐草)·263
시황포(始皇蒲)·264
몽초(夢草)·264
한무목마초(漢武牧馬草)·265
수망조(水網藻)·265
지일초(地日草)·266
서대초(書帶草)·267
금등초(金䔲草)·267
망서초(望舒草)·271
신초(神草)·272

권제 409 초목4

초화(草花)
정절화(旌節花)·275
야실밀화(野悉密花)·275
도승화(都勝花)·276
족접화(簇蝶花)·276
융규(茙葵)·277
금등화(金燈花)·277
금전화(金錢花)·278
비시사화(毗尸沙花)·278

목화(木花)
서모란(叙牡丹)·279
백모란(白牡丹)·280
홍자모란(紅紫牡丹)·281
정도운모란(正倒暈牡丹)·281
합환모란(合歡牡丹)·282
염모란화(染牡丹花)·282
촉모란(蜀牡丹)·285
월계화(月桂花)·286
목계화(牡桂花)·286
계화(桂花)·287
해석류화(海石榴花)·287
남해주근(南海朱槿)·288
영표주근(嶺表朱槿)·289
홍근화(紅槿花)·290
나제근화(那提槿花)·290
불상화(佛桑花)·291
정동화(貞桐花)·291
치자화(梔子花)·292

산다화(山茶花)·292
삼색석남화(三色石楠花)·293
비려화(比閭花)·293
목련화(木蓮花)·293
나가화(那伽花)·294
목란화(木蘭花)·294
이목화(異木花)·295
벽매괴(碧玫瑰)·295
자동화(刺桐花)·296
회풍화(懷風花)·297
척촉화(躑躅花)·297
능소화(凌霄花)·298
분지하(分枝荷)·298
야서하(夜舒荷)·299
수련화(睡蓮花)·299
벽련화(碧蓮花)·300
염청련화(染靑蓮花)·301
삼타서련(三朵瑞蓮)·302
우(藕)·304
연실(蓮實)·305
기(茋)·305
능(菱)·306

권제 410 초목5
　과(果) 상
　사가닐수실(相稼榏樹實)·309
　여하수실(如何樹實)·310
　선리(仙梨)·311
　기호수실(綺縞樹實)·311

파나파수실(波邪婆樹實)·313
첨파이과(瞻波異果)·314
신선리(神仙李)·315
무릉도리(武陵桃李)·315
금리(金李)·316
한제행(漢帝杏)·316
선인행(仙人杏)·317
어리자(御李子)·318
주리(朱李)·318
토두내(兔頭奈)·319
지의내(脂衣奈)·319
주내(朱奈)·320
문림과(文林果)·321
성내(聖奈)·322
목도(木桃)·323
동방촌도(東方村桃)·323
선도(仙桃)·324
구도(勾桃)·324
일석도(一石桃)·325
편도(偏桃)·325
왕모도(王母桃)·326
식핵도(食核桃)·327
소자(韶子)·328
나부감자(羅浮甘子)(二種)·328
천보감자(天寶甘子)·329
북방조(北方棗)·330
서왕모조(西王母棗)·331
선인조(仙人棗)·331
중사조(仲思棗)·332

파사조(波斯棗)·332

권제 411 초목6
　과(果) 하
　앵도(櫻桃)·337
　누조(檽棗)·338
　시(柿)·339
　저이수실(底棡樹實)·340
　시반(柿盤)·340
　융봉리(融峯梨)·341
　육근리(六觔梨)·341
　자화리(紫花梨)·342
　호진자(胡榛子)·347
　산조(酸棗)·347
　포도(蒲萄)·348
　왕모포도(王母蒲萄)·350
　후소자(侯騷子)·351
　만호도(蔓胡桃)·352
　선수실(仙樹實)·352
　감람자(橄欖子)·353
　동황률(東荒栗)·353
　후률(猴栗)·354
　과(瓜)·354
　오색과(五色瓜)·356
　과오향(瓜惡香)·356
　채(菜)
　만청(蔓菁)·357
　월산(越蒜)·358
　삼소(三蔬)·359

파릉(菠稜)·360
개저(芥葅)·360
개말(芥末)·361
수구(水韭)·361
가자수(茄子樹)·362
곤륜자과(崑崙紫瓜)·362
가자고사(茄子故事)·363
담애호(儋崖瓠)·365

권제 412 초목7
　죽(竹)
　서죽류(敍竹類)·369
　체죽(涕竹)·369
　극죽(棘竹)·370
　사로죽(䈽簩竹)·370
　함타죽(箈籚竹)·371
　자죽(慈竹)·371
　근죽(筋竹)·372
　백엽죽(百葉竹)·372
　도지죽(桃枝竹)·373
　영죽(䈽竹)·373
　나부죽(羅浮竹)·374
　동자사죽(童子寺竹)·375
　죽화(竹花)·376
　죽주(竹䉂)·376
　죽실(竹實)·377
　오곡(五穀)
　우도(雨稻)·378
　우속(雨粟)·379

우맥(雨麥)·379
조호(彫葫)·379
우곡(雨穀)·380
요지속(搖枝粟)·381
봉관속(鳳冠粟)·382
요명두(繞明豆)·382
연정맥(延精麥)·383
자침마(紫沉麻)·383
우오곡(雨五穀)·384
야속석각(野粟石殼)·384
우(芋)·385
작우(雀芋)·385
감자(甘蔗)·386
다천(茶荈)
서다(叙茶)·386
획신명(獲神茗)·387
향명획보(饗茗獲報)·388
소식다(消食茶)·390

권제 413 초목8
지(芝)(菌蕈附)
죽지(竹芝)·393
누궐지(樓闕芝)·394
천존지(天尊芝)·395
자지(紫芝)·395
삼성지(參成芝)·396
야광지(夜光芝)·396
은신지(隱晨芝)·397
봉뇌지(鳳腦芝)·397

백부지(白符芝)·398
오덕지(五德芝)·398
석계지(石桂芝)·398
적지(滴芝)·399
목지(木芝)·400
형화지(螢火芝)·401
육지(肉芝)·402
소인지(小人芝)·402
지하육지(地下肉芝)·403
이균(異菌)·406
석균(石菌)·408
죽육(竹肉)·408
독균(毒菌)·409
태(苔)
서태(叙苔)·410
지전(地錢)·411
만금태(蔓金苔)·411
여거태(如苣苔)·412
석발(石髮)·413
와송(瓦松)·414
와송부(瓦松賦)·416

권제 414 초목9
향약(香藥)
다무향(茶蕪香)·421
삼명향(三名香)·421
오명향(五名香)·422
침향(沉香)·423
용뇌향(龍腦香)·424

안식향(安息香)·425
일목오향(一木五香)·425
가려륵(訶黎勒)·426
백두구(白荳蔻)·427
불제향(醽齊香)·427
무석자(無石子)·428
자비(紫鉳)·429
아위(阿魏)·430
필발(蓽撥)·431
호초(胡椒)·432
아발삼(阿勃參)·433
산저(山藷)·433
마황(麻黃)·434
형삼릉(荊三稜)·434
복이(服餌)
복송지(服松脂)·436
이송예(餌松藥)·438
사복령(賜茯苓)·439
복복령(服茯苓)·440
복창포(服菖蒲)·440
복계(服桂)·441
이저실(餌柠實)·441
복오미자(服五味子)·442
식출(食朮)·442
복도교(服桃膠)·443
복지황(服地黃)·444
복원지(服遠志)·444
복천문동(服天門冬)·445
음국담수(飲菊潭水)·445
음감국곡수(飲甘菊谷水)·446
식황정(食黃精)·448

권제 415 초목10
　목괴(木怪) 상
　장숙고(張叔高)·453
　육경숙(陸敬叔)·454
　섭우(聶友)·455
　동기(董奇)·457
　조익(趙翼)·458
　위불타(魏佛陀)·459
　임회장(臨淮將)·460
　최도(崔導)·461
　가비(賈秘)·463
　설홍기(薛弘機)·470
　노건(盧虔)·475
　승지통(僧智通)·478
　강하종사(江夏從事)·480

권제 416 초목11
　목괴(木怪) 하
　두관(竇寬)·485
　오언(吳偃)·486
　동관(董觀)·487
　경락사인(京洛士人)·489
　강수(江曳)·492
　화훼괴(花卉怪)
　용사초(龍蛇草)·499
　선비녀(鮮卑女)·500

궐사(蕨蛇) · 501
개충(芥蟲) · 501
최현미(崔玄微) · 502

권제 417 초목12
　화훼괴(花卉怪) 하
　광화사객(光化寺客) · 511
　승지변(僧智䚦) · 513
　등규(鄧珪) · 514
　유조(劉皁) · 516
　전포(田布) · 518
　양생(梁生) · 518
　소창원(蘇昌遠) · 519
　약괴(藥怪)
　상당인(上黨人) · 520
　전등양(田登孃) · 521
　조생(趙生) · 523
　균괴(菌怪)
　곽원진(郭元振) · 526
　선평방관인(宣平坊官人) · 527
　예장인(豫章人) · 528

권제 418 용(龍)1
　창룡(蒼龍) · 533
　조봉(曹鳳) · 533
　장로녀(張魯女) · 534
　강릉모(江陵姥) · 535
　감종(甘宗) · 536
　남심국(南潯國) · 537

용장(龍場) · 538
오색석(五色石) · 539
진택동(震澤洞) · 541
양무후(梁武后) · 549
유갑(劉甲) · 550
송운(宋雲) · 551
채옥(蔡玉) · 552
이정(李靖) · 554

권제 419 용2
　유의(柳毅) · 565

권제 420 용3
　구명국(俱名國) · 597
　석현조(釋玄照) · 601
　왕경융(王景融) · 607
　능파녀(凌波女) · 608
　도현(陶峴) · 609
　제한(齊澣) · 614
　사주흑하(沙州黑河) · 616
　홍경지룡(興慶池龍) · 618
　정룡(井龍) · 619
　전연(旃然) · 620
　용문(龍門) · 621

권제 421 용4
　소흔(蕭昕) · 625
　유척담(遺尺潭) · 627
　유관사(劉貫詞) · 628

위씨(韋氏)·636
임욱(任頊)·641
조제숭(趙齊嵩)·645

권제 422 용5
허한양(許漢陽)·651
유우석(劉禹錫)·658
주한(周邯)·659
자주용(資州龍)·664
위사공(韋思恭)·665
노원유(盧元裕)·668
노한(盧翰)·669
이수(李修)·670
위유(韋宥)·671
척목(尺木)·673
사씨자(史氏子)·673

권제 423 용6
노군창(盧君暢)·677
원의방(元義方)·678
평창정(平昌井)·678
호두골(虎頭骨)·679
법희사(法喜寺)·680
용묘(龍廟)·682
환룡자(豢龍者)·683
공위(孔威)·684
화음추(華陰湫)·686
최도추(崔道樞)·687
금룡자(金龍子)·691

황훈(黃馴)·692
임한시(臨漢豕)·693
소룡(燒龍)·694
유옹(柳翁)·696

권제 424 용7
염부룡(閻浮龍)·701
오산인(吳山人)·702
백장군(白將軍)·703
온온(溫媼)·704
유자화(柳子華)·705
반석(斑石)·706
장공동(張公洞)·707
오대산지(五臺山池)·709
장로(張老)·709
비계사(費雞師)·711
분수노모(汾水老姥)·714
이선(李宣)·716
몽양추(濛陽湫)·716
염정룡(鹽井龍)·718
윤호(尹皓)·720

권제 425 용8
용
장온(張溫)·725
곽언랑(郭彦郎)·726
왕종랑(王宗郎)·727
서포룡(犀浦龍)·728
정어(井魚)·729

안천룡(安天龍)·729
조관(曹寬)·731
몽청의(夢靑衣)·732
교(蛟)
한무백교(漢武白蛟)·734
심양교(潯陽橋)·735
왕술(王述)·735
왕식(王植)·736
육사아(陸社兒)·741

장사녀(長沙女)·742
소정(蘇頲)·744
투교(鬪蛟)·744
홍씨녀(洪氏女)·745
홍정(洪貞)·746
노교(老蛟)·748
무휴담(武休潭)·749
벌교(伐蛟)·751

태평광기 권제401 보(寶) 2 (金玉附)

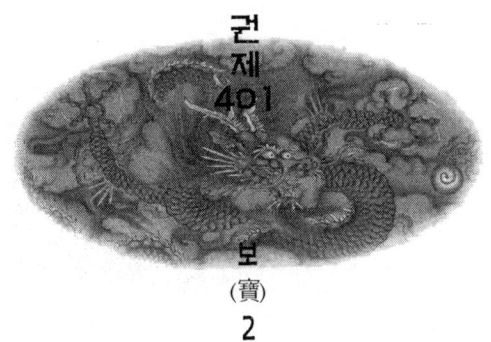

금(金)하(水銀附)
1. 장 정(張 珽)
2. 공 파(龔 播)
3. 의춘군민(宜春郡民)
4. 장 언(張 彦)
5. 강 씨(康 氏)
6. 예장인(豫章人)
7. 진 준(陳 濬)
8. 건안촌인(建安村人)
9. 채언경(蔡彦卿)

수은(水銀)
10. 여 생(呂 生)

옥(玉)
11. 심유지(沈攸之)
12. 옥 룡(玉 龍)
13. 강 엄(江 嚴)
14. 당현종(唐玄宗)
15. 오색옥(五色玉)
16. 옥벽사(玉辟邪)
17. 연옥편(軟玉鞭)
18. 옥저자(玉猪子)

금 하

401 · 1(5243)
장 정(張 珽)

[唐나라] 함통연간(咸通年間: 860~873) 말에 장정은 서주(徐州)에서 장안(長安)으로 가다가 포전(圃田)의 동쪽에 이르러 커다란 나무 아래에서 쉬었다. 그런데 조금 있다가 서생 3명이 잇달아 오더니 빙 둘러 앉았다. 장정이 [그들에게 누구냐고] 물었더니 한 서생이 말했다.

"나는 이특(李特: 晉代 五胡十六國 成漢의 건국자)이오."

또 다른 서생이 말했다.

"나는 왕상지(王象之: 王象의 오기로 보임. 王象은 三國時代 魏나라 사람으로, 가난을 딛고 열심히 학문에 정진하여 나중에 列侯에 봉해졌으며『皇覽』편찬에 참여함)오."

또 다른 서생이 말했다.

"나는 황진(黃眞: 後漢 때 사람으로 孝廉에 발탁되어 新蔡長을 지냄)이오."

그리고 나서 그들이 모두 말했다.

"우리 세 사람은 함께 변수(汴水)에서 왔는데 용문산(龍門山)을 한 번 유람하고자 합니다."

그리고는 함께 한담을 나누었다. 그들 중에서 왕상지가 말했다.

"내가 작년에 용문산을 유람할 때 이곳을 지나갔는데, 이 길에서 북쪽으로 1~2리쯤 가면 역시 유생(儒生)인 젊은이 한 명이 살고 있소. 그때 그가 날 자기 집으로 초대하여 이틀 밤을 묵어가게 한 적이 있으니, 우리 함께 그를 찾아가보도록 합시다."

그리하여 장정도 그들과 함께 가기로 했다. 북쪽으로 1~2리쯤 갔더니 과연 집 한 채가 보였는데 몹시 황량하고 무너져 있었다. 이윽고 문을 두드리자 유생 옷차림을 한 젊은이가 안에서 나오더니 왕상지를 보고는 아주 기뻐했다. 그 사람이 왕상지에게 물었다.

"저 세 분은 누구십니까?"

왕상지가 말했다.

"장정은 수재(秀才)이고, 이특과 황진은 나와 동향인 서생이오."

그 유생 옷차림을 한 젊은이가 그들에게 읍(揖)하고 [그들을 집안으로 맞이해] 들어가서 당(堂)에 올라 술과 음식을 차렸는데, 차려내온 그릇들이 굉장히 오래된 것이었다. 젊은이가 왕상지에게 말했다.

"황씨 가문의 형제들이 장차 큰일을 낼 것입니다."

왕상지가 말했다.

"만약 황상(皇上)께서 덕을 닦고 생명을 아끼며 제왕의 도리를 지키고 아래로 뭇 백성을 걱정하신다면, 비록 여러 황씨 가문의 사람들인들 또한 장차 어찌하겠소이까?"

그러자 황진이 황급히 일어나며 말했다.

"오늘처럼 좋은 모임은 정작 마음껏 즐겨야 하거늘 여러분들은 어찌하여 남의 집안일에 한사코 참견하여 우리 후손들을 흔드는 게요?"

장정은 성품이 본디 강건하고 과감했기 때문에 그들이 모두 사람이 아닐 것이라고 크게 의심하여 곧장 물었다.

"나는 나무 아래에서 우연히 당신들을 만났고, 또 당신들이 날 여기까지 데리고 왔습니다. 그런데 방금 전에 말씀하시는 것을 들어보니 나는 정말 궁금합니다. 황씨 가문의 형제란 도대체 누구입니까? 또 당신들은 사람입니까, 사람이 아닙니까? 나는 평생 두려움이란 모르는 사람이니 사실대로만 말해주시오!"

왕상지가 웃으며 말했다.

"황씨가 장차 동하주(東夏州: 延州)에서 난을 일으킬 것인데[黃巢의 난을 말함. 황소는 僖宗 때 난을 일으켜 長安을 함락하고 스스로 齊帝라 칭하다가 李克用의 군대에 패하여 자살함] 그들 형제는 3명이오. 우리 세 사람은 모두 정령이고 유생 옷차림을 한 젊은이는 귀신이오."

장정이 물었다.

"그렇다면 어떤 물건의 정령이며 또 어떤 귀신입니까?"

왕상지가 말했다.

"나는 옥의 정령이고, 황진은 금의 정령이며, 이특은 고목의 정령이고, 유생 옷차림을 한 젊은이는 20년 전에 죽은 수재 정적(鄭適)이오. 나는 예전에 이곳에서 스스로 정령으로 변했고, 또 작년에 [이곳에서] 정적을 만났기에 오늘 그를 찾아온 것이오. 당신은 살아 있는 사람이므로 당연히 우리들을 두려워할 줄 알았는데, 당신이 두려워하지 않기 때문에 이렇게 함께 어울릴 수 있게 된 것이오."

장정이 또 물었다.

"정수재는 이미 나와 같은 수재 출신인데 왜 진작 말하지 않았소?"

정적이 말했다.

"내가 지금 막 생각하여 시 한 수를 지었으니 당신에게 드리겠소."

그 시는 다음과 같았다.

> 옛날엔 풍월을 노래하던 사람이었는데,
> 지금도 풍월을 노래하는 몸이라네.
> 길가 무너진 무덤에서 음풍농월을 그만 두었는데,
> 오늘 다시 정신을 수고롭게 할 줄 어찌 알았으리?

장정은 시를 보고 슬퍼하면서 이렇게 탄식했다.

"사람은 죽어서도 오히려 사물에 미치지 못하는구나! 사물은 오히려 정령으로 변하거늘 사람은 더 이상 변하지 못하다니!"

왕상지 등 세 사람은 모두 장정의 탄식을 듣고 화를 내며 나갔는데 정적도 그들을 붙들지 않았다. 장정도 옷을 털고 일어나 문밖에 이르러 뒤돌아보았더니 무너진 무덤 하나만 보였다. 그래서 장정은 그 세 정령을 뒤쫓아 가서 차고 있던 검으로 그들을 찔렀다. 금과 옥의 정령은 모두 검에 찔려 쓰러졌고, 고목의 정령만 재빨리 도망쳤는데 추격했으나 따라잡지 못했다. 결국 장정이 돌아와서 보았더니 오래된 옥대(玉帶) 하나와 금 술잔 하나가 길옆에 있었다. 장정은 그것들을 주워가지고 장안에서 팔았는데, 전혀 이상한 점이 없었다. (『소상록』)

咸通末年, 張珽自徐之長安, 至圃田東, 時於大樹下. 俄頃, 有三書生繼來, 環坐. 珽因問之, 一書生曰: "我, 李特也." 一曰: "我, 王象之也." 一曰: "我, 黃眞也." 皆曰: "我三人俱自汴水來, 欲一遊龍門山耳." 乃共閑論. 其王象之曰: "我去年遊龍門山, 經於是, 路北一二里, 有一子, 亦儒流也. 命我於家再宿而回, 可同一謁之." 珽因亦同行. 至路北一二里, 果見一宅, 甚荒毀. 旣扣門, 有一子儒服, 自內而出, 見象之頗喜. 問象之曰: "彼三人者何人哉?" 象之曰: "張珽, 秀才也. 李特・黃眞, 卽我同鄕之書生也." 其儒服子乃並揖入, 升堂設酒饌, 其所設甚陳故. 儒服子謂象之曰: "黃家弟兄將大也." 象之曰: "若皇上脩德好生, 守帝王之道, 下念黎庶, 雖諸黃齒長, 又將若何?" 黃眞遽起曰: "今日良會, 正可盡歡, 諸君何至亟預('預'原作'頂', 據明鈔本改)人家事, 波及我孫耶?" 斑性素剛決, 因大疑其俱非人也, 乃問之曰: "我偶與二三子會於一樹下, 又携我至此. 適見高論, 我實疑之. 黃家弟兄, 竟是誰也? 且君輩人也, 非人也? 我平生性不畏懼, 但實言之!" 象之笑曰: "黃氏將亂東夏, 弟兄三人也. 我三人皆精也, 儒服子卽鬼也." 斑乃問曰: "是何物之精也, 是何鬼也?" 象之曰: "我玉精也, 黃眞卽金精也, 李特卽枯樹精也, 儒服子卽是二十年前死者鄭適秀才也. 我昔自此自化精, 又去年復遇鄭適, 今詣之. 君是生人, 當怯我輩, 旣君不怯, 故聊得從容耳." 斑又問曰: "鄭秀才旣與我同科, 奚不語耶?" 鄭適曰: "某適思得('某適思得'原作'乃命筆寫', 據明鈔本改)詩一首以贈." 詩曰: "昔爲唫風嘯月人, 今是唫風嘯月身. 塚壞路邊唫嘯罷, 安知今日又勞神?" 斑覽詩愴然, 歎曰: "人之死也, 反不及物! 物猶化精, 人不復化!" 象之輩三人, 皆聞此歎, 怒而出, 適亦不留. 斑乃拂衣, 及至門外廻顧, 已見一壞塚. 因逐三精, 以所佩劒擊之. 金玉('玉'原作'杯', 據明鈔本改)精皆中劍而踣, 唯枯樹精走疾, 追擊不及. 遂廻, 反見一故玉帶及一金盃在路傍. 斑拾得之, 長安貨之, 了無別異焉矣. (出『瀟湘錄』)

401・2(5244)
공 파(龔 播)

공파는 협중(峽中) 운안군(雲安郡) 관할의 염상(鹽商)이었다. 처음에 그는 몹시 빈곤하여 채소와 과일을 팔아 먹고살면서 강가에 초가집을 짓고 살았다. 한번은 갑자기 비바람이 몰아치는 어느 저녁에 천지가 어둠에 휩싸였는데, 강 남쪽에서 횃불이 보였으며 또 어떤 사람이 배를 부르면서 급히 건네 달라고 하는 소리가 들렸다. 그때는 이미 밤이 깊었고 사람들도 모두 잠든 시각이었다. 공파는 곧장 혼자 작은 배를 저어 비바람을 무릅쓰고서 그 사람을 건네주러 갔다. [강 남쪽에] 도착했더니 횃불을 들고 있던 사람이 땅에 쓰러져 있었는데, 자세히 살펴보니 바로 금으로 만든 사람으로 키가 4척이 넘었다. 공파는 즉시 그것을 배에 실어가지고 돌아와서 마침내 부자가 되었다. [이때부터] 공파는 사업을 운영하여 하는 일마다 많은 이득을 남겼으며, 10여 년도 안 되는 사이에 거만(巨萬)의 재산을 축적하여 마침내 삼촉(三蜀: 蜀郡・廣漢・犍爲) 일대의 대상(大商)이 되었다. (『하동기』)

龔播者, 峽中雲安監鹽賈也. 其初甚窮, 以販鬻蔬果自業, 結草廬於江邊居之. 忽遇風雨之夕, 天地陰黑, 見江南有炬火, 復聞人呼船求濟急. 時已夜深, 人皆息矣. 播卽獨棹小艇, 涉風而濟之. 至則執炬者仆地, 視之卽金人也. 長四尺餘. 播卽載之以歸. 於是遂富. 經營販鬻, 動獲厚利. 不十餘年間, 積財巨萬, 竟爲三蜀大賈. (出『河東記』)

401・3(5245)
의춘군민(宜春郡民)

의춘군에 장(章) 아무개라는 백성이 있었는데, 그 집안은 효성과 도의로 소문이 났으며 몇 대에 걸쳐 형제들이 분가하지 않고 한솥밥을 먹었다. 그가 사는 별장에는 정자·누대·연못·대숲이 있었다. 여러 자제들은 모두 선행을 좋아하고 많은 책을 모았으며, 방사(方士)·고승·유생과 왕래하면서 찾아오는 손님은 누구든지 모두 받아들였다. 어느 날 저녁 무렵에 난데없이 젊고 아리따운 어떤 여인이 곱게 단장하고 어린 하녀 한 명과 함께 장 아무개의 집을 찾아와 하룻밤 묵어가길 청했다. 장씨 집안의 여러 부인들은 그 여인을 기쁘게 맞이하여 술과 음식을 차려놓고 밤늦게까지 즐기다가 파했다. 한 작은 자제는 글공부에 전념했으며 젊은 나이에 총명하고 미남이었는데, 그 여인의 미모를 보고는 자기 유모에게 부탁하여 따로 방 하나를 깨끗이 청소하고 그녀와 하녀를 머물게 했다. 밤이 깊어지자 장생(章生: 젊은 장씨 자제)은 [그 여인이 자고 있는] 방안으로 몰래 들어갔는데 숨소리가 전혀 들리지 않았다. 마침내 장생은 여인의 침상으로 올라가서 그녀를 끌어안았는데 그녀의 몸이 얼음처럼 차가웠다. 장생은 대경실색하여 촛불을 가져오게 하여 비춰보았더니, 다름 아닌 은으로 만든 사람 2명이었는데 그 무게가 10만 근 정도 되었다. 온 집안사람들은 놀랍고도 기뻤지만 그것이 변화할까봐 걱정하여 즉시 석탄불로 녹여보았더니 진짜 백금이었다. 장씨 집안은 지금 거부가 되었으며 여러 자제와 부녀자들이 모두 500여 명이나 되기 때문에 매일 세 끼 식사 때마다 북을 쳐서 당(堂)에 올라가 식사한다. 강서군(江西郡) 안에서는 [장씨 집안의] 부유함과 번성함에 비할 자가 없다. (『옥당한화』)

宜春郡民章乙, 其家以孝義聞, 數世不分異, 諸從同爨. 所居別墅, 有亭屋水竹. 諸子弟皆好善積書, 往來方士・高僧・儒生, 賓客至者, 皆延納之. 忽一日晚際, 有一婦人, 年少端麗, 被服靚粧, 與一小青衣, 詣門求寄宿. 章氏諸婦, 忻然近接, 設酒饌, 至夜深而罷. 有一小子弟, 以文自業, 年少而敏俊, 見此婦人有色, 遂囑其乳媼, 別麗掃一室, 令其宿止. 至深夜, 章生潛身入室內, 略不聞聲息. 遂升榻就之. 其婦人身體如冰. 生大驚, 命燭照之, 乃是銀人兩頭, 可重千百觔. 一家驚喜, 然恐其變化, 卽以炬炭燃之, 乃眞白金也. 其家至今巨富, 群從子弟婦女, 共五百餘口, 每日三('日三'原作'三日', 據明鈔本改)就食, 聲鼓而升堂. 江西郡內, 富盛無比. (出『玉堂閑話』)

401・4(5246)
장 언(張 彦)

파현(巴縣)과 무현(巫縣) 일대의 백성들은 황금을 많이 가지고 있어서 매번 모임이 있을 때마다 자리 위에 삼품(三品: 金・銀・銅으로 만든 보물)을 나열해놓고 서로 과시했다. 운안군(雲安郡)의 백성 중에 이인표(李仁表)라는 사람이 있었는데, 그는 황금으로 도금한 탁자와 대야를 진열해놓고 부유함을 다투었다.

난리가 일어난 후로 주장(州將)들은 모두 무인이었는데, 그들은 다투어 탐욕스럽고 포악한 짓을 했다. [그 중에서] 충주(忠州)를 다스렸던 촉장(蜀將) 장언은 그 포악함이 특히 심했는데, 휘하 장교들이 이를 고통스러워한 나머지 반란을 일으켜 그 무리와 수천 가구가 모두 죄에 연루되었다. 장언은 그들의 금은을 빼앗았는데 그 수량을 알 수 없을 정도로 많았다. 나중에 장언은 촉중(蜀中)의 사저에 따로 집 한 채를 지어 황금을 보관했다. 그러던 어느 날 난데없이 그 집 밖으로 불과 연기가 자주 피어오르자, 장언이 깜짝 놀라 들어가서 살펴보았으나 불난 곳이 없었다. 이 때문에 그는 의심이 들어 [황금을 보관해두었던] 상자를 열고 보았더니 속이 텅 비어 있었다. 방금 전에 보았던 불과 연기는 바로 황금이 변한 것이었다. (『북몽쇄언』)

 巴巫間民, 多積黃金, 每有聚會, 卽於席上羅列三品, 以誇尙之. 雲安民有李仁表者, 施澤金臺盤, 以此相高.
 亂離之後, 州將皆武人, 競於貪虐. 蜀將張彦典忠州, 暴惡尤甚, 將校苦之, 因而作叛, 連及黨與數千家. 張攫其金銀, 莫知紀極. 後於蜀中私第別搆一堂, 以貯其金. 忽一旦, 屋外有火煙頻起, 駭入驗之, 乃無延爇之處. 由是疑焉, 及開篋視之, 悉已空矣. 卽向時火煙, 乃金化矣. (出『北夢瑣言』)

401・5(5247)
강 씨(康 氏)

위오(僞吳: 五代十國의 吳國)의 양행밀(楊行密: 吳國의 건국자)이 처음 양주(揚州)에 도읍을 정했을 때, 먼 마을에는 사는 사람이 거의 없어서 밥 짓는 연기가 드문드문 피어올랐다. 강씨라는 사람은 품팔이로 먹고살았는데, 태평방(太平坊)의 빈 집에서 방 한 칸을 빌려 살았다. [어느 날] 강씨가 새벽에 나갔다가 아직 돌아오지 않았을 때, 그의 부인이 아들을 낳고서 산욕(産褥)을 깔고 있었는데, 홀연히 붉은 얼굴에 붉은 의관을 착용한 어떤 이인(異人)이 나타나 문에 기대고 앉았다. 부인이 놀라고 두려워서 그를 꾸짖자, 그는 이내 달아나 집의 서쪽으로 가더니 꽈당! 하는 소리가 났다. 그때 마침 강씨가 돌아와 집에 거의 도착했을 때 보았더니, 길옆에 난데없이 돈 5천 냥과 양 반 마리와 술 한 통이 있었다. 강씨는 한참을 기다렸으나 [그 물건들을] 찾으러오는 사람이 없자 그것들을 가지고 집으로 돌아갔다. 부인이 강씨에게 자신이 보았던 일을 말해주자 강씨가 즉시 집 서쪽으로 가서 찾아보았더니, 다름 아닌 황금으로 만든 사람 한 명이 풀 사이에 쓰러져 있었다. 강씨는 그것을 끌고 돌아온 뒤 양을 삶아 술을 마셨으며, [그 물건들로] 빈곤함을 면할 수 있었다. 이때부터 강씨는 나갔다 하면 반드시 이득을 얻어 날로 부유해졌으며, 그 황금 사람은 전가(傳家)의 보물로 남겨두었다. 강씨가 낳은 아들은 이름이 '평(平)'이었는데, 강평도 장성한 뒤 부자가 되었다.

　　강도현령(江都縣令)으로 있던 이심(李潯)이라는 사람이 관할 현을 순시하다가 신녕향(新寧鄕)에 이르러 커다란 저택을 보았는데 그것은 바로 강평의 집이었다. 그곳의 나이 많은 어른이 이심에게 위와 같은 이야기를 해주었다. (『계신록』)

　　僞吳楊行密, 初定揚州, 遠坊居人稀少, 煙火不接. 有康氏者, 以傭賃爲業, 僦一室於太平坊空宅中. 康晨出未返, 其妻生一子, 方席藁, 忽有一異人, 赤面朱衣冠, 據門而坐. 妻驚怖叱之, 乃走如舍西, 蹉然有聲. 康適歸, 欲至家, 路左忽有錢五千·羊半邊·尊酒在焉. 伺之久, 無行人, 因持之歸. 妻亦告其所見, 即往舍西尋之, 乃一金人, 仆於草間. 亦曳之歸, 因烹羊飮酒, 得以周給. 自是出必獲利, 日以富贍, 而金人留爲家寶. 所生子名曰'平', 平長, 遂爲富人.

有李濤者, 爲江都令, 行縣至新寧鄕, 見大宅, 卽平家也. 其父老爲李言如此. (出『稽神錄』)

401 · 6(5248)
예장인(豫章人)

[唐나라] 천복연간(天復年間: 901~904)에 예장의 어떤 사람이 집을 지으면서 땅을 파다가 나무 궤짝 하나를 발견했다. 그것을 열어보았더니 황금으로 만든 사람 12명이 나왔는데, 각각의 키는 몇 촌에 불과했고 모두 옛 의관을 착용했으며 머리에는 12띠에 해당하는 동물을 이고 있었다. 그 조각한 솜씨가 아주 정교하여 거의 사람이 만든 것 같지 않았다. 그의 집에서는 그것들을 보물로 여겨 제사를 지냈으며, 그로 인해 부자가 되었다[원문은 '致福'이라 되어 있으나 문맥상 '致富'의 오기로 보임]. 당시는 병란이 아직 평정되지 않았던 터라 결국 수장(戍將)에게 그 황금 사람들을 빼앗겼는데, 그 후로 어떻게 되었는지 알 수 없었다. (『계신록』)

天復中, 豫章有人治舍, 掘地, 得一木匱. 發之, 得金人十二頭, 各長數寸, 皆古衣冠, 首戴十二辰屬. 數款(明鈔本'數款'作'款刻')精麗, 殆非人功. 其家寶祠之, 因以致福. 時兵革未定, 遂爲戍將刦取之, 後不知所終. (出『稽神錄』)

401 · 7(5249)
진 준(陳 濬)

강남(江南) 사람인 상서(尙書) 진준이 스스로 다음과 같은 얘기를 해주었다.

진준의 여러 백숙부 가운데 한 숙부가 향리에 살았는데, 시 짓기를 좋아했기 때문에 마을사람들이 그를 '진백사(陳白舍)'라 부르며 백락천(白樂天: 白居易)에 비교했다. 그 숙부는 성품이 소탈하고 손님을 대접하길 좋아했다. 한번은 누런 옷과 흰 옷을 입은 도사 2명이 숙부의 집을 찾아와 묵어가길 청하자 숙부는 그들을 청사에 머물게 했다. 밤에 두 손님의 침상이 무너지면서 쿵! 하는 소리가 들렸는데, 한참이 지난 후에는 마치 아무도 없는 듯했다. 그래서 숙부가 촛불을 들고 가서 살펴보았더니, 흰 옷을 입고 벽 아래에 누워 있던 사람은 바로 은으로 만든 사람이었고, 누런 옷을 입은 사람은 더 이상 보이지 않았다. 그 이후로 숙부는 부자가 되었다. (『계신록』)

江南陳濬尙書, 自言: 其諸父在鄕里, 好爲詩, 里人謂之'陳白舍', 人比之樂天也. 性疎簡, 喜賓客. 嘗有二道士, 一黃衣, 一白衣, 詣其家求宿, 舍之廳事. 夜間, 聞二客牀壞, 訇然有聲, 久之, 若無人者. 秉燭視之, 見白衣臥於壁下, 乃銀人也, 黃衣不復見矣. 自是致富. (『稽神錄』)

401 · 8(5250)
건안촌인(建安村人)

건안현의 어떤 사람이 시골에서 살고 있었는데, 그는 늘 어린 노복 한 명에게 심부름을 시켰다. 노복은 성읍의 저자를 출입하면서 집 남쪽에 있는 커다란 무덤을 지나다녔다. 그 무덤 옆에는 늘 누런 옷 입은 아이가 있었는데, 노복은 그 아이와 씨름을 하면서 놀았다. 주인이 노복에게 늦게 온다고 나무라자 노복이 사실대로 말해주었다. 주인이 엿보았더니 과연 그러했다. 그래서 하루는 주인이 몽둥이를 들고 그곳으로 가서 풀 사이에 엎드려 있었다. 이윽고 어린 노복이 도착하자 누런 옷 입은 아이가 다시 나왔다. 그때 주인이 곧바로 일어나 그 아이를 쳤더니 즉시 아이가 쓰러졌는데, 다름 아닌 황금으로 만든 아이였다. 주인은 그것을 가지고 돌아왔으며 그 후로 집안이 부유해졌다. (『계신록』)

建安有人村居者, 常使一小奴. 出入城市, 經舍南大塚. 塚傍恒有一黃衣兒, 與之較力爲戲. 其主遲之, 奴以實告. 覘之信然. 一日, 挾撾而住, 伏於草間. 小奴至, 黃衣兒復出. 卽起擊之, 應手而踣, 乃金兒也. 因持以歸, 家自是富. (『稽神錄』)

401 · 9(5251)
채언경(蔡彦卿)

여주군리(廬州軍吏) 채언경은 척고진(拓皐鎭)의 장수로 있었다. 어느 여름 밤에 채언경이 진문(鎭門) 밖에 앉아 서늘한 바람을 쐬고 있었는데, 난데없이 길 남쪽의 뽕나무 숲 속에서 흰 옷 입은 부인이 혼자 춤추고 있는 것이 보이기에 다가가서 보았더니 금세 사라져버렸다. 다음 날 밤에 채언경은 몽둥이를 들고 먼저 그곳으로 가서 풀 사이에 엎드려 있었다. 한참이 지나서 그 부인이 다시 나타나 막 춤을 추려고 할 때 채언경이 즉시 그녀를 내리쳐 땅에 쓰러뜨렸는데, 다름 아닌 한 덩이의 백금이었다. 다시 그 밑의 땅을 팠더니 은 천 냥이 나왔다. 그리하여 채언경은 마침내 부자가 되었다고 한다. (『계신록』)

廬州軍吏蔡彥卿, 爲拓皐鎭將. 暑夜, 坐鎭門外納涼, 忽見道南桑林中, 有白衣婦人獨舞, 就視卽滅. 明夜, 彥卿挾杖先往, 伏於草間. 久之, 婦人復出, 方舞, 卽擊之墮地, 乃白金一餠. 復掘地, 獲銀千兩. 遂爲富人云. (『稽神錄』)

수은

401·10(5252)
여 생(呂 生)

[唐나라] 대력연간(大曆年間: 766~779)에 여생이란 사람이 회계군(會稽郡) 상우현위(上虞縣尉)로 있다가 임기가 만료되어 새 관직을 임명받기 위해 도성으로 왔는데, 일이 끝난 후에 영숭리(永崇里)에서 잠

시 기거했다. 한번은 어느 날 밤에 친구 몇 명과 함께 그의 집에 모여서 식사를 했다. 식사를 끝내고 막 잠자리에 들려고 할 때, 갑자기 얼굴과 의복이 새하얗고 키가 2척쯤 되는 한 노파가 집의 북쪽 모퉁이에서 나와 천천히 걸어왔는데 그 모습이 아주 이상했다. 사람들은 노파를 보고 서로 쳐다보며 웃었다. 그러자 노파는 그들의 평상으로 점점 다가오더니 이렇게 말했다.

"당신들의 좋은 모임에 날 한 번 초대하지는 못할망정 어찌하여 날 이렇게 박대하시오?"

여생이 노파를 꾸짖자 노파는 마침내 물러나 북쪽 모퉁이로 가더니 금세 사라져 보이지 않았다. 사람들은 놀랍고도 이상했지만 노파가 어디에서 왔는지 알 수 없었다.

다음날 여생이 혼자 방에서 깨어 있을 때 그 노파가 북쪽 모퉁이에서 또 나타났는데, 앞으로 오려다가 다시 물러나면서 마치 두려운 것이라도 있는 것처럼 당황해했다. 여생이 또 노파를 꾸짖자 노파는 사라졌다. 다음 날 여생은 묵묵히 이렇게 생각했다.

"그 노파는 틀림없이 요괴일 것이다. 오늘 저녁에도 다시 올 것이니 만약 그녀를 없애지 않으면 필시 나에게 아침에 저녁을 기약하지 못할 근심거리가 생길 것이다."

그리고는 즉시 하인에게 검 한 자루를 가져오라고 명하여 평상 아래에 놓아두었다. 그날 저녁에 과연 노파가 북쪽 모퉁이에서 천천히 걸어 나왔는데 두려워하는 기색이 없었다. 노파가 평상 앞으로 왔을 때 여생이 검을 휘두르자, 노파는 갑자기 평상으로 올라오더니 팔로 여생의 가슴을 찔렀다. 그런 다음에 노파는 또 좌우를 뛰어다니며 소매를 들어 춤을 추었다. 한참 후에 또 한 노파가 갑자기 평상으로 올라오더니 다시 팔로 여생을 찔렀다. 그 순간 여생은 갑자기 몸에 서리를 뒤집어쓴 것처럼 온몸에 섬뜩한 기운이 느껴졌다. 여생이 또 검을 마구 휘둘렀더니, 순식간에 여러 명의 노파가 따라 나와 춤을 추었다. 여생이 계속해서 검을 휘두르자, 각각 키가 1촌쯤 되는 10여 명의 노파가 생겨났다. 노파들은 갈수록 많아졌지만 그 모습이 똑 같아서 전혀 분간할 수 없었다. 노파들이 사방 담을 돌며 달려 다녔지만 여생은 너무 두려워서 도무지 방법을 생각해낼 수 없었다. 그 중의 한 노파가 여생에게 말했다.

"우리들이 하나로 합쳐질 것이니 당신은 잘 보도록 하시오."

말을 마치고는 서로 바라보며 나와 모두 평상 앞에 이르더니 감쪽같이 합쳐져서 다시 한 명의 노파가 되었는데 처음 보았던 노파와 다름이 없었다. 여생은 더욱 몹시 두려워하면서 노파에게 말했다.

"너는 어떤 요괴이기에 감히 이처럼 살아 있는 사람을 괴롭히느냐? 당장 속히 떠나거라! 그렇지 않으면 내가 방사(方士)를 불러와 신령한 도술로 너를 제압할 것이니, 그러면 네가 또한 어떻게 술수를 부릴 수 있겠느냐?"

노파가 웃으며 말했다.

"당신의 말씀이 지나치시오. 만약 술사(術士)가 있다면 내가 그를 보고 싶소. 내가 찾아온 것은 당신과 놀려는 것일 뿐 감히 해치려는 것이 아니니 당신은 두려워 마시길 바라오. 이제 나도 내 처소로 돌아가겠소."

말을 마치고는 북쪽 모퉁이로 물러가더니 사라졌다.

다음날 여생은 그 일을 다른 사람에게 말했다. 성이 전씨(田氏)인 어떤 사람은 부록술(符籙術)로 요괴를 제거하는 데 뛰어나서 그 명성이 장안(長安)에 알려져 있었다. 그는 여생의 말을 듣고 뛸 듯이 기뻐하며 말했다.

"그건 내 일이오! 그 요괴를 제거하는 것은 개미를 손톱으로 누르는 것처럼 간단하오. 오늘 저녁에 그대의 집으로 가서 기다려보았으면 하오."

밤이 되어 여생과 전씨가 함께 방안에 앉아 있었더니, 얼마 지나지 않아 그 노파가 과연 나와서 평상 앞에 이르렀다. 그러자 전씨가 꾸짖으며 말했다.

"요괴는 속히 물러가거라!"

하지만 노파는 의기양양한 기색으로 좌우를 돌아보지도 않은 채 천천히 거닐면서 한참 동안 왔다 갔다 하더니 이윽고 전생(田生: 田氏)에게 말했다.

"[나는] 그대[원문은 '吾'라 되어 있으나 『稗海』本『宣室志』에 의거하여 '君'으로 고쳐 번역함]가 알 수 있는 바가 아니오."

그리고는 갑자기 손을 휘두르자 손이 바닥으로 떨어져 또 한 명의 아주 작은 노파로 변했는데, 그 노파가 평상으로 뛰어올라가더니 돌연히 전생의 입속으로 들어갔다. 그러자 전생이 경악하며 말했다.

"아이고! 나 죽네!"

노파가 여생에게 말했다.

"내가 일전에 당신을 해치지 않겠다고 말했지만 당신은 듣지 않았소. 지금 전생이 이렇게 병들었으니 과연 어떠하오? 하지만 그래도 장차 그대를 부자로 만들어주겠소."

노파는 말을 마친 뒤 다시 떠나갔다.

다음날 어떤 사람이 여생에게 북쪽 모퉁이를 파보면 [어찌된 영문인지] 알 수 있을 것이라고 말했다. 여생은 기뻐하며 집으로 돌아가서 가동(家僮)에게 그 노파가 사라진 곳을 파보라고 했다. 1장(丈)도 채 파지 않았을 때 과연 1곡(斛: 1斛은 10斗) 정도 들어갈 병이 하나 나왔는데, 그 속에 아주 많은 수은이 담겨 있었다. 여생은 그제야 그 노파가 바로 수은의 정령이었음을 깨달았다. 전생은 결국 오한으로 덜덜 떨다가 죽고 말았다. (『선실지』)

大曆中, 有呂生者, 自會稽上虞尉調集於京師, 旣而僑居永崇里. 嘗一夕, 與其友數輩會食於其室. 食畢, 將就寢, 俄有一嫗, 容服潔白, 長二尺許, 出於室之北隅, 緩步而來, 其狀極異. 衆視之, 相目以笑. 其嫗漸迫其榻, 且語曰: "君有會, 不能一命耶, 何待吾之薄歟?" 呂生叱之, 遂退去, 至北隅, 乃亡所見. 且驚且異, 莫知其來也.

明日('日'原作'其', 據『宣室志』八改), 生獨寢於室, 又見其嫗在北隅下, 將前且退, 惶然若有所懼. 生又叱之, 遂沒. 明日, 生默念曰: "是必怪也, 今夕將至, 若不除之, 必爲吾患不朝夕矣." 卽命一劍置其榻下. 是夕, 果是北隅徐步而來, 顔色不懼. 至榻前, 生以劍揮之, 其嫗忽上榻以臂撜生胸('胸'原作'月', 據『宣室志』八改). 餘又躍於左右, 擧袂而舞. 久之, 又有一嫗忽上榻, 復以臂撜生. 生遽覺一身盡凜然若霜被於體. 生又以劍亂揮, 俄有('有'原作'爲', 據『宣室志』八改)數嫗('嫗'原作'狀', 據宣室志八改)亦隨而舞焉. 生揮劍不已, 又爲十餘嫗, 各長寸許. 雖愈多而貌如一焉, 皆不可辨. 環走四垣, 生懼甚, 計不能出. 中者一嫗謂書生曰: "吾將合爲一矣, 君且觀之." 言已, 遂相望而來, 俱至榻前, 翕然而合,又爲一嫗, 與始見者不異. 生懼益甚, 乃謂曰: "爾何怪, 而敢如是撓生人耶? 當疾去! 不然, 吾求方士, 將以神術制汝, 汝又安能爲耶?" 嫗笑曰: "君言過矣. 若有術士, 吾願見之. 吾之來, 戱君耳, 非敢害也. 幸君無懼. 吾亦還其所矣." 言畢遂退於北隅而沒.

明日, 生以事語於人. 有田氏子者, 善以符術除去怪魅, 名聞長安中. 見說喜躍曰: "是我事也! 去之若爪一蟻耳. 今夕願往君舍, 且伺焉." 至夜, 生與田氏子俱坐於室, 未幾而嫗果來, 至榻前. 田氏子叱曰: "魅疾去!" 嫗揚然其色, 不顧左右, 徐步而來去者久之, 謂田生曰: "非吾之所知也." 其嫗忽揮其手, 手墮于地, 又爲一嫗甚小, 躍而升榻, 突入田生口中. 田生驚曰: "吾死乎!" 嫗謂生曰: "吾比言不爲君害, 君不聽. 今田生之疾, 果何如哉? 然亦將成君之富耳." 言畢('畢'字原闕, 據『宣室志』八補), 又去.

明日, 有謂呂生者, 宜於北隅發之, 可見矣. 生喜而歸, 命家僮於其所沒窮焉. 果不至丈, 得一甁, 可受斛許, 貯水銀甚多. 生方悟其嫗乃水銀精也. 田生竟以寒慄而卒. (出『宣室志』)

옥

401 · 11(5253)
심유지(沈攸之)

[南朝] 송(宋)나라 순제(順帝) 승명연간(昇明年間: 477~479)에 형

주자사(荊州刺史) 심유지의 마구간에 있던 말들이 마치 무언가를 본 것처럼 갑자기 발을 차며 놀라 울었다. 심유지가 사람들에게 살펴보게 했더니, 녹색 줄을 배에 묶은 흰 말 한 마리가 곧장 밖에서 오는 것이 보였다. 마부가 그 일을 자세히 고하자, 심유지는 밤에 사람들에게 말구유 옆에 엎드려 지켜보게 했다. 잠시 후 보았더니 흰 말이 왔다가 갑자기 다시 떠났는데, 마구간의 문을 살펴보았더니 여전히 닫혀 있는 상태였다. 그 말의 종적을 추적해보았더니 곧장 [심유지 처소의] 누각 안으로 들어가는 것이었다. 당시 이를 본 사람들은 모두 그것이 요괴일 것이라고 생각했다. 그래서 누각 안의 사람들을 조사해보았더니, 심유지의 애첩인 풍월화(馮月華)의 팔에 차고 있던 옥마(玉馬) 한 마리가 녹색 명주실끈에 꿰어 있었다. 그녀는 밤마다 그 옥마를 풀어서 베개 옆에 놓아두었는데, 밤이 되면 그 옥마가 종종 사라졌다가 새벽에 돌아오곤 했다. 심유지가 그 옥마를 가져다가 자세히 살펴보았더니 발굽 밑에 진흙이 묻어 있었다. 나중에 심유지가 패망한 뒤로 그 옥마는 어디로 갔는지 알 수 없었다. (『선실지』)

宋順帝昇明中, 荊州刺史沈攸之, 廄中羣馬, 輒躑躅驚嘶, 如似見物. 攸之令人伺之, 見一白駒, 以綠繩繫腹, 直從外來. 圉者具言, 攸之使人夜伏櫪邊候之. 俄而見白駒來, 忽然復去, 視廄門猶閉. 計其蹤跡, 直入閣內. 時人見者, 咸謂爲怪. 檢內人, 唯愛妾馮月華臂上一玉馬, 以綠絲繩穿之. 至夜, 輒脫置枕邊, 至夜有時失去, 曉時則還. 試取看之, 見蹄下有泥. 後攸之敗, 不知所在. (出『宣室志』)

401 · 12(5254)
옥 룡(玉 龍)

[南朝] 양(梁)나라 대동(大同) 8년(542)에 수장(戍將) 양광흔(楊光欣)이 옥룡 하나를 얻었는데, 길이가 1척 2촌이고 높이가 5촌이었으며 정묘하게 조각된 솜씨가 사람이 만든 것 같지 않았다. 또 그 뱃속은 한 말 남짓 들어갈 정도였고 목 부분도 빈 채로 굽어 있었다. 그것을 물속에 넣어 물을 가득 채운 후에 거꾸로 쏟으면 물이 입으로부터 나오면서 금슬(琴瑟) 같은 소리가 났으며, 물이 다 떨어져야 소리가 그쳤다. (『유양잡조』)

梁大同八年, 戍主楊光欣, 獲玉龍一枚, 長一尺二寸, 高五寸, 雕鏤精妙, 不似人作. 腹中容斗餘, 頸亦空曲. 置水中, 令水滿, 倒之, 水從口出, 出聲如琴瑟, 水盡乃止. (出『酉陽雜俎』)

401 · 13(5255)
강 엄(江 嚴)

강엄이 부춘현(富春縣)의 청천산(淸泉山)에서 멀리 바라보았더니, 한 미녀가 자색 옷을 입고 노래를 부르고 있었다. 강엄이 다가가서 그녀와 수십 보 떨어졌을 때 그녀는 숨어버렸고 그녀가 기대고 있던 바위만 보였다. 이렇게 서너 번 거듭한 끝에 강엄은 넓이가 1척이나 되는 자색

옥 하나를 얻었다.

또한 병랑(邴浪)은 구전산(九田山)에서 어떤 새를 보았는데, 그 모습이 닭처럼 생겼고 붉은 색이었으며 울음소리가 생황을 부는 것 같았다. 병랑이 그것을 활로 쏘아 맞히자 그것은 곧장 동굴로 들어가 버렸다. 병랑은 마침내 동굴 바위를 쪼아서 붉은 옥 하나를 얻었는데 그 모양이 새처럼 생겼었다. (『열이전』)

江嚴於富春縣淸泉山, 遙見一美女, 紫衣而歌. 嚴就之, 數十步, 女遂隱, 唯見所據石. 如此數四, 乃得一紫玉, 廣一尺.

又邴浪於九田山見鳥, 狀如雞, 色赤, 鳴如吹笙. 射之中, 卽入穴. 浪遂鑿石, 得一赤玉, 如鳥形狀也. (出『列異傳』)

401 · 14(5256)
당현종(唐玄宗)

당(唐)나라 천후(天后: 則天武后)가 한번은 여러 황손들을 불러놓고 대전(大殿) 위에 앉아 그들이 장난하며 노는 것을 지켜보았다. 그리고는 서역(西域) 나라에서 진상한 옥가락지와 팔찌, 술잔과 쟁반 등을 앞뒤로 펼쳐놓고 황손들에게 마음대로 골라 가지게 하여 그들의 의향을 관찰했다. 황손들은 다투어 나아가 원하는 것을 많이 가졌지만, 현종(玄宗) 혼자만 단정히 앉아 조금도 움직이지 않았다. 그러자 천후가 현종을 기특하게 여기고 그의 등을 어루만지며 말했다.

"이 아이는 틀림없이 태평천자(太平天子)가 될 것이다."

그리고는 옥룡자(玉龍子)를 가져다 현종에게 하사했다. 옥룡자는 본래 태종(太宗)이 진양궁(晉陽宮)에서 얻은 것으로, 문덕황후(文德皇后)가 당시에 옷상자 속에 넣어두었었다. 그러다가 대제(大帝: 高宗)가 탄생하고 나서 사흘 뒤에 문덕황후가 구슬 끈이 달린 강보와 함께 옥룡자를 고종에게 하사했다. 그 후로 옥룡자는 줄곧 내부(內府: 황실의 창고)에 보관되어 있었다. 옥룡자의 크기는 비록 몇 촌(寸) 밖에 되지 않았지만 윤이 나고 정교한 것이 인간 세상에 있는 것이 아니었다.

현종이 즉위했을 때 도성에서 비를 바랄 때마다 옥룡자에게 정성껏 기도하면 반드시 많은 비가 쏟아졌다. 그때 가까이 가서 옥룡자를 살펴보면 마치 비늘과 갈기를 세운 것 같았다. 개원연간(開元年間: 713~741)에 삼보(三輔: 도성 長安 부근의 京兆府·左馮翊·右扶風 세 郡을 말함) 지역에 큰 가뭄이 들자, 현종이 다시 옥룡자에게 기도했으나 열흘이 지나도록 비가 오지 않았다. 이에 현종이 몰래 남내(南內: 興慶宮)에 있던 용지(龍池)에 옥룡자를 던져 넣었더니 구름이 갑자기 일어나면서 비바람이 몰아쳤다. 현종이 서촉(西蜀)으로 행차하여 어가(御駕)가 위수(渭水)에 이르렀을 때 강을 건너기 전 물가에 머물렀다. 그때 좌우의 시종들이 물가에서 씻으며 놀다가 모래 속에서 옥룡자를 발견했다. 현종은 그 소식을 듣고 놀라 기뻐하면서 그것을 보고 눈물을 주르륵 흘리며 말했다.

"이것은 내가 옛날에 보물로 간직하던 옥룡자이다!"

그 후로 밤마다 옥룡자의 광채가 온 방안을 비추었다. 현종이 도성으로 돌아온 뒤에 어린 황문(黃門: 宦官)이 몰래 옥룡자를 훔쳐 이보국

(李輔國)에게 넘겨주자, 이보국은 항상 그것을 함 속에 보관했다. 이보국이 장차 패망할 즈음 어느 날 밤에 함 속에서 무슨 소리가 나기에 열어 보았더니 옥룡자는 이미 사라지고 없었다. (『명황잡록』)

唐天后嘗召諸皇孫, 坐於殿上, 觀其嬉戱. 因出西國所貢玉環·釧·盃·盤, 列於前後, 縱令爭取, 以觀其志. 莫不奔競, 厚有所獲, 獨玄宗端坐, 略不爲動. 后大奇之, 撫其背曰: "此兒當爲太平天子." 因命取玉龍子以賜. 玉龍子, 太宗於晉陽宮得之, 文德皇后常置之衣箱中. 及大帝載誕之三日, 后以珠絡衣褓並玉龍子賜焉. 其後常藏之內府. 雖其廣不數寸, 而溫潤精巧, 非人間所有.

及玄宗卽位, 每京師愆雨, 必虔誠祈禱, 將有霖注. 逼而視之, 若奮鱗鬣. 開元中, 三輔大旱, 玄宗復祈禱, 而涉旬無雨. 帝密投南內之龍池, 俄而雲物暴起, 風雨隨作. 及幸西蜀, 車駕次渭水, 將渡, 駐蹕於水濱. 左右侍御, 或有臨流濯弄者, 於沙中得之. 上聞驚喜, 視之泫然流泣曰: "此吾昔時所寶玉龍子也!" 自後每夜中, 光彩輝燭一室. 上旣還京, 爲小黃門攘竊, 以遺李輔國, 李輔國常置於櫃中. 輔國將敗, 夜聞櫃中有聲, 開視之, 已亡其所. (出『明皇雜錄』)

401·15(5257)
오색옥(五色玉)

[唐나라] 천보연간(天寶年間: 742~756) 초에 안사순(安思順)이 오색 옥대(玉帶)를 진상했으며, 또 좌장고(左藏庫: 황실의 보물 창고) 안에는 오색옥이 수장되어 있었다. 하지만 황상(皇上: 玄宗)은 근자에 서

번국(西蕃國)의 진상품 중에 오색옥이 없는 것을 탓하며 안서(安西)의 여러 번국을 질책하라는 명을 내렸다. 번국에서는 오색옥을 늘 진상했지만 모두 소발률국(小勃律國: 勃律은 唐代 西域의 國名으로 大勃律과 小勃律로 나뉘어 있었음)에게 빼앗겼기 때문에 전달하지 못했다고 아뢰었다. 이에 황상이 진노하여 소발률국을 정벌하려 하자 많은 신하들이 [정벌하지 말라고] 간언했다. 그러나 오직 이림보(李林甫)만 황상의 뜻에 찬성했으며, 아울러 무신 왕천운(王天運)이 지략이 있고 용맹하기 때문에 장군으로 삼을 만하다고 아뢰었다. 그래서 황상은 왕천운에게 명하여 병사 4만 명을 거느리고 아울러 여러 번국의 군대를 통솔하여 소발률국을 정벌하게 했다. 왕천운이 발률국의 성 아래까지 진격하자, 발률국의 군주는 두려워서 죄를 청했으며 보옥을 모두 내놓으면서 해마다 진상하겠다고 자원했다. 하지만 왕천운은 허락하지 않고 즉시 성을 도륙하여 2천 명의 포로와 진주구슬을 포획하여 돌아갔다.

발률국의 어떤 술사(術士)는 장군 왕천운에게 도의심이 없어서 상서롭지 못하므로 하늘이 장차 큰 바람을 일으킬 것이라고 말했다. 왕천운의 군대가 수백 리쯤 갔을 때, 갑자기 광풍이 사방에서 일어나고 눈꽃이 새 날개처럼 날렸으며, 광풍이 작은 바닷물을 쳐서 얼음기둥을 만들어 세웠다가 다시 부러뜨렸다. 그 바람에 반나절 만에 작은 바다가 넘쳐흘러 4만 명이 일시에 얼어 죽었다. 오직 번국 사람 한 명과 한족 한 명만이 살아 돌아가서 황상에게 그 일을 상주했다. 현종(玄宗)은 크게 놀라고 이상해하면서 즉시 중사(中使: 궁중에서 파견한 칙사)에게 두 사람을 따라가서 사실을 확인하라고 명했다. 그들이 작은 바닷가에 도착해서 보았더니 얼음기둥이 여전히 산처럼 우뚝 솟아 있었다. 얼어붙은 바닷물 너머로는 병사들의 시체가 보였는데, 서 있는 자와 앉아 있는 자가 훤히 들여다보여서 셀 수 있을 정도였다. 중사가 막 돌아가려 할 때 얼음이 순식간에 녹아내렸으며 병사들의 시체도 더 이상 보이지 않았다. (『유양잡조』)

天寶初, 安思順進五色玉帶, 又於左藏庫中得五色玉. 上怪近日西貢無五色玉, 令責安西諸蕃. 蕃言此常進, 皆爲小勃律所刦, 不達. 上怒, 欲征之, 羣臣多諫. 獨李林甫贊成上意, 且言武臣王天運, 謀勇可將. 乃命王天運將四萬人, 兼統諸蕃兵伐之. 及逼勃律城下, 勃律君長, 恐懼請罪, 悉出寶玉, 願歲貢獻. 天運不許, 卽屠城, 虜二千人及其珠璣而還.

勃律中有術者, 言將軍無義不祥, 天將大風矣. 行數百里, 忽驚風四起, 雪花如翼, 風激小海水成冰柱, 起而復摧. 經半日, 小海漲湧, 四萬人一時凍死. 唯蕃漢各一得還. 具奏. 玄宗大驚異, 卽命中使隨二人驗之. 至小海側, 氷猶峥嶸如山, 隔水見兵士屍, 立者坐者, 瑩徹可數. 中使將返, 氷忽消釋, 衆屍亦不復見. (出『酉陽雜俎』)

401·16(5258)
옥벽사(玉辟邪)

[唐나라] 숙종(肅宗)이 이보국(李輔國)에게 향옥(香玉)으로 만든 벽사(辟邪: 邪氣를 물리친다는 전설상의 짐승으로 조각장식에 많이 쓰임) 2개를 하사했는데, 각각의 높이는 1척 5촌이었으며 그 정교한 솜씨

는 거의 사람이 만든 것 같지 않았다. 그 향옥의 향기는 수백 보 떨어진 곳에서도 맡을 수 있었는데, 비록 쇠함이나 돌함 속에 그것을 넣고 잠가 놓더라도 그 향기를 막을 수 없었다. 어쩌다 옷자락으로 그것을 잘못 털기라도 하면 진한 향기가 1년 넘게 났으며, 설령 서너 번 세탁한다 하더라도 향기가 사라지지 않았다. 이보국은 늘 향옥 벽사를 자리 옆에 놓아두었다. 그러던 어느 날 이보국이 한창 머리를 빗고 있을 때 보았더니, 벽사 중에서 하나는 활짝 웃고 있었고 다른 하나는 슬피 울고 있었다. 이보국은 경악하며 어쩔 줄 몰랐는데, 웃는 놈은 계속해서 껄껄댔으며 슬피 우는 놈은 눈물을 줄줄 흘렸다. 이보국은 그 괴이한 일이 꺼림칙하여 마침내 그것을 부숴서 가루로 만들어 측간에 던져버렸는데, 그 후로 원통함을 호소하는 소리가 늘 들렸다. 이보국이 살던 안읍리(安邑里)에는 진한 향기가 한 달 내내 계속 풍겼는데, 아마도 향옥 벽사를 빻아 가루로 만든 탓에 향기가 더욱 진해졌기 때문인 것 같았다. 그 후 1년도 안 되어 이보국이 죽었다. 처음 벽사를 부쉈을 때 이보국이 아끼던 노복 모용궁(慕容宮)은 그것이 특이한 물건임을 알고서 가루 2홉을 몰래 숨겨두었다. 어조은(魚朝恩)은 이보국이 화를 당한 것을 꺼려하지 않고 돈 30만 냥을 주고 그 가루를 샀다. 나중에 어조은이 주살당하게 되었을 때 그 향가루가 흰 나비로 변하여 하늘 높이 날아가 버렸다. 당시 논자들은 기이한 향이 나는 보옥은 신하가 소유할 바가 아니라고 생각했다.

  이보국의 집에서 수장하고 있던 진기한 보물들은 모두 세상 사람들이 알아볼 수 있는 것이 아니었다. 이보국은 여름이면 당(堂) 안에 영량초(迎凉草: 서늘한 바람을 맞이하는 풀)를 두었는데, 그 색은 벽옥과 유사하고 줄기는 참대와 비슷했으며 그 잎은 삼나무보다 가늘었다. 그것은 비록 말라죽은 것처럼 보였지만 한번도 잎이 시들어 떨어진 적이 없었다. 한 여름에 그것을 창문 사이에 묶어두면 서늘한 바람이 저절로 불어왔다. 또 봉수목(鳳首木)은 높이가 1척이고 난새와 봉황새 같은 형상을 조각해놓은 듯했는데, 그 나무가 거의 말라죽은 것 같아서 깃털이 많이 빠지긴 했지만 완전히 빠지지는 않았다. 비록 엄동설한의 추운 때일지라도 고대광실 안에 그것을 놓아두면 2·3월과 같은 따스한 기운이 감돌기 때문에 따로 '상춘목(常春木)'이라고 부르기도 했다. 설령 뜨거운 불로 그것을 태우더라도 끝내 그을음조차 생기지 않았다. 영량초와 봉수목은 아마도 설왕(薛王)의 저택에서 나온 것 같다. 한편 『십주기(十洲記)』에서는 화림국(火林國)에서 나온 것이라고 했다. (『두양잡편』)

肅宗賜李輔國香玉辟邪二, 各高一尺五寸, 工巧殆非人工. 其玉之香, 可聞數百步, 雖鑠之於金函·石櫃中, 不能掩其氣. 或以衣裾惧拂, 芬馥經年, 縱瀚濯數四, 亦不消歇. 輔國常置之坐側. 一日, 方巾櫛, 而辟邪一則大笑, 一則悲號. 輔國驚愕失據, 而颴然者不已, 悲號者更涕泣交下. 輔國惡其怪, 遂碎之爲粉, 沒於廁中, 自後常聞冤痛之聲. 其輔國所居安邑里, 芬馥彌月猶在, 蓋舂之爲粉, 愈香故也. 不周歲而輔國死焉. 始碎辟邪, 輔國嬖奴慕容宮, 知異常物, 隱屑二合. 魚朝恩不惡輔國之禍, 以錢三十萬買之. 而朝恩將伏誅, 其香化爲白蝶, 冲天而去. 當時議者, 以奇香異寶, 非人臣之所蓄也.

輔國家藏珍玩, 皆非世人所識. 夏卽於堂中設迎凉草, 其色類碧, 而幹似苦竹, 葉細於杉('杉'原作'山', 據『杜陽雜編』改). 雖若乾枯, 未嘗凋落. 盛暑束('束'原作'刺', 據『杜陽雜編』上改)之牕戶間, 凉自至. 鳳首木高一尺, 而凋刻如鸞鳳之形, 其木頗似枯槁, 故毛羽禿落不甚盡. 雖嚴凝之時, 置於高堂大廈中, 而和煦之氣如二三月, 故別名曰'常春木'. 縱以烈火焚之, 終不燋黑. 涼草・鳳木, 或出於薛王宅. 『十洲記』云, 火林國出也. (出『杜陽雜編』)

401・17(5259)
연옥편(軟玉鞭)

[唐나라] 덕종(德宗)이 한번은 흥경궁(興慶宮)에 행차하여 이중 벽사이에서 보물 상자를 찾아냈는데 그 속에서 옥 채찍이 나왔다. 옥 채찍의 끝에는 '연옥편'이라는 글씨가 있었는데 바로 천보연간(天寶年間: 742~756)에 외국에서 바친 것이었다. 그것은 결이 곱고 무늬가 아름다우며 거울로 쓸 수 있을 정도로 밝게 빛났는데, 비록 남전(藍田: 美玉의 산지)의 옥일지라도 그것을 능가할 수 없었다. 그것을 구부리면 처음과 끝이 서로 맞닿고 펴면 직경이 밧줄 굵기만 했다. 또 그것은 도끼로 찍고 모루로 내리친다 하더라도 전혀 흠집이 나지 않았다. 덕종은 그것을 신묘한 보물이라고 감탄하며 [그것을 보관하기 위해 장인에게] 연선수(聯蟬繡: 끝없이 이어진 生綃)로 주머니를 만들고 벽잠사(碧蠶絲: 푸른 고치실)로 채찍 끝을 만들게 했다.

벽잠사는 바로 [代宗] 영태(永泰) 원년(765)에 동해의 미라국(彌羅國)에서 진상한 공물(貢物)이었다. [벽잠사에 관해] 다음과 같은 말이 전해진다. 그 나라에는 뽕나무가 있는데 가지와 줄기가 휘감겨서 온 땅을 덮으며 자란다. 큰 나무는 10여 리까지 뻗어 있고 작은 나무도 100

(畝)의 그늘을 드리운다. 그 위에 누에가 있는데 길이가 4촌쯤 되고 색깔이 황금색이며 뽑아낸 실이 푸른색이므로 '금잠사(金蠶絲)'라고도 부른다. 그것을 그냥 놓아두면 길이가 1척이지만 잡아당기면 1장(丈)까지 늘어난다. 그것을 꼬아서 채찍 끝을 만들면 꿰어진 구슬처럼 안팎이 훤히 비쳐 보이는데, 비록 10명이 힘을 합쳐 잡아당기더라도 끊어지지 않는다. 또 그것으로 금(琴)의 현을 만들어 연주하면 귀신도 근심에 젖고, 쇠뇌의 시위를 만들어 쏘면 화살이 천 보(步)까지 나가며, 활의 시위를 만들어 쏘면 화살이 500보까지 나간다.

황상(皇上: 德宗)은 그 연옥 채찍을 내부(內府: 황실의 창고)에 보관했다. 나중에 주자(朱泚)가 궁궐을 침범했을 때 그 채찍은 어디론가 사라져버렸다. (『두양잡편』)

德宗嘗幸興慶('慶'原作'廢', 據明鈔本改)宮, 於複壁間得寶匣, 中獲玉鞭. 其末有文, 曰'軟玉鞭', 卽天寶中異國所獻也. 瑞姸節文, 光明可鑒, 雖藍田之美, 不能過也. 屈之則首尾相就, 舒之則徑直如繩. 雖以斧鑽鍛斫('斫'原作'斫', 據『杜陽雜編』改), 終不傷缺. 德宗歎爲神物, 遂命聯蟬繡爲囊, 碧蠶絲爲鞘.

碧蠶絲, 卽永泰元年東海彌羅國所貢也. 云: 其國有桑, 枝榦盤屈, 覆地而生. 大者亦連延十數里, 小者亦蔭百畝. 其上有蠶, 可長四寸, 其色金, 其絲碧, 亦謂之'金蠶絲'. 縱之一尺, 引之一丈. 反撚爲鞘, 表裏通瑩如貫瑟, 雖倂十夫之力, 挽之不斷. 爲琴絃, 鬼神愁, 爲弩絃, 則箭出一千步, 爲弓絃, 則箭出五百步.

上令藏於內府. 至朱泚犯禁闕, 其鞭不知所在. (出『杜陽雜編』)

401 · 18(5260)
옥저자(玉猪子)

　집금오(執金吾) 육대균(陸大鈞)에게 조카 아무개가 있었는데, 그 조카의 부인이 한번은 밤에 자고 있을 때 어떤 물체가 시끄럽게 싸우는 소리가 들렸다. 부인이 깨어난 뒤에 베개 밑을 더듬어보았더니 두 물체가 손에 잡혔다. 그래서 황급히 불을 켜서 비춰보았더니 둘 다 백옥으로 만든 돼지였는데, 크기는 몇 촌에 불과했지만 그 모양이 아주 정묘했다. 부인은 그것을 베갯속에 넣어두고서 보물로 모셨다. 이때부터 재물이 날로 늘어나면서 집안도 점점 번성해졌으며, 원하는 것이 있으면 반드시 이루었고 명성과 지위도 급상승했다. 이렇게 20년이 지난 어느 날 저녁에 그 백옥 돼지가 홀연히 사라져버리자, 육씨 집안도 더 이상 번창하지 못했다. (『기문열이』)

　執金吾陸大鈞, 從子某, 其妻常夜寢中, 聞有物啁啾鬪聲. 旣覺, 於枕下攬之, 得二物. 遽以火照, 皆白玉猪子也, 大數寸, 狀甚精妙. 置之枕中而寶('寶'原作'實', 據『小說大觀』本改)之. 自此財貨日增, 家轉蕃衍, 有求必遂, 名位('位'原作'仙', 據明鈔本改)遷騰. 如此二十年, 一夕忽失所在, 而陸氏亦不昌矣. (出『紀聞列異』)

태평광기 권제 402

보 3

1. 수 후(隋 侯)
2. 연 소 왕(燕昭王)
3. 한 고 후(漢 高 后)
4. 후한장제(後漢章帝)
5. 양 무 제(梁 武 帝)
6. 화 주(火 珠)
7. 경 어 목(鯨魚目)
8. 주 지(珠 池)
9. 소 성 주(少 城 珠)
10. 청 니 주(青 泥 珠)
11. 경 촌 주(徑 寸 珠)
12. 보 주(寶 珠)
13. 수 주(水 珠)
14. 이 면(李 勉)
15. 이 관(李 灌)
16. 상 청 주(上 清 珠)
17. 수 선 자(守 船 者)
18. 엄 생(嚴 生)
19. 장 문 규(張 文 規)
20. 위 경(衛 慶)
21. 육 병 호(鬻 餅 胡)

402 · 1(5261)
수 후(隋 侯)

수후가 한번은 길을 가다가 상처 입은 큰 뱀 한 마리를 발견하고는 치료해주었더니 후에 그 뱀이 구슬을 물고와 은혜에 보답했다. 그 구슬은 1촌의 직경에 순백색을 띠었는데, 밤에 달빛처럼 밝은 빛을 내었다. 이 구슬은 '수후주'라고 하며, '명월주(明月珠)'라고도 불린다. (『수신기』)

隋侯行, 見大蛇被傷而治之, 後啣珠以報. 其珠徑寸, 純白, 夜有光明, 如月之照. 一名'隋侯珠', 一名'明月珠'. (出『搜神記』)

402 · 2(5262)
연소왕(燕昭王)

연나라 소왕이 악일대(握日臺)에 앉아있을 때면 가끔 목이 흰 검은 새가 그곳에 모여 들었는데, 직경이 1척 되는 투명하고 밝은 구슬을 입에 물고 있었다. 그 구슬은 옻칠한 것처럼 색깔이 검었는데, 그 새가 구슬을 물고 하늘 높은 곳에서 비추면 온갖 신들이 자신의 정령을 감출 수 없었다. 그 구슬은 음천(陰泉)의 지하에서 나는데, 음천은 한산(寒山)의 북쪽, 원수(圓水)의 중앙에 위치해있다. 전하는 말에 따르면 원수는 원을 그리면서 물이 흐른다고 한다. 원수에 검은 조개가 있는데, 날아서 오산(五山)을 왕래한다. 옛날 황제(黃帝) 때의 사람 무성자(務成子)가 한산을 유람하다가 높은 곳에서 검은 조개를 줍고 나서 그것의 영험함을 알게 되었다. 소왕 때 그 나라에서 검은 조개를 보내왔다. 소왕은 보장(寶璋)의 물을 가져다가 검은 조개에 붙어 있는 진흙과 모래를 씻어내고는 이렇게 감탄했다.

"해와 달이 생겨난 이래로 검은 조개가 구슬을 토해낸 것이 이미 8~9천 번이라는데, 이 조개는 천년에 한번 구슬을 토해 내니 구슬이 더욱더 가볍고 작구나!"

소왕은 늘 이 구슬을 품에 지니고 다녔는데, 한 여름이 되면 몸이 절로 가볍고 시원해졌다. 그래서 이것을 '더위를 식히고 시원함을 가져다 주는 구슬[銷暑招凉珠]'이라 이름 붙였다. (왕자년『습유기』)

燕昭王坐握日臺, 時有黑鳥白頸, 集王之所, 啣洞光之珠, 圓徑一尺. 此珠色黑如漆, 而懸照於雲日, 百神不能隱其精靈. 此珠出陰泉之底. 泉在寒山之北, 圓水之中. 言波瀾常圓轉而流. 有黑蟾, 飛翔而來去於五山. 黃帝務成子遊寒山, 得黑蟾在高坐之上, 故知驗矣. 昭王時, 其國來獻. 王取寶璋水, 洗其泥沙而歎曰: "懸日月已來, 見黑蟾生珠, 已八九千廻, 此蟾千歲一生, 珠漸輕細!" 昭王常懷握此珠, 當盛暑之月, 體自輕凉. 號曰'銷暑招凉珠'焉. (出王子年『拾遺記』)

402 · 3(5263)
한고후(漢高后)

한나라 고후(高后: 漢 高祖의 皇后 呂氏, 즉 呂太后) 때 칙서를 내려 3촌(寸)짜리 진주를 구했다. 선인(仙人) 주중(朱仲)은 회계(會稽)의 시장에서 진주를 팔고 있었는데, [나라에서 진주를 구한다는 공문을 보고는] 곧 바로 진주를 바쳤다. 고후는 상으로 주중에게 황금 100근을 하사했다. 노원공주(魯元公主)가 사사로이 황금 700근을 내놓으며 주중에게 진주를 부탁하자, 주중은 다시 4촌짜리 진주를 바쳤다. (『열선전』)

漢高后時, 下書求三寸珠. 仙人朱仲, 在會稽市販珠, 乃獻之. 賜金百觔. 魯元公主私以金七百觔, 從仲求珠, 復獻四寸者. (出『列仙傳』)

402 · 4(5264)
후한장제(後漢章帝)

후한 장제 원화(元和) 원년(806)에 관도현(舘陶縣)에서 오얏만한 크기에 광채가 눈부신 명주(明珠)가 나왔다. 원화 3년(808)에 계란 만한 크기의 명주가 예장(豫章)의 해변 가에서 나왔는데, 그 둘레가 4촌 8푼이었다. (『열선전』)

後漢章帝元和元年, 明珠出舘陶, 大如李, 有明耀. 三年, 明月珠出豫章海濱

('濱'原作'昏', 據明鈔本・陳校本改), 大如雞子, 圓四寸八分. (出『列仙傳』)

402・5(5265)
양무제(梁武帝)

양나라 대동연간(大同年間: 535~546)에 어전 앞에 소나기가 내렸는데, 빗속에 오색 빛깔의 보석이 섞여 있었다. 양나라 무제가 몹시 기뻐하자, 신하 우기(虞寄)가 「서우송(瑞雨頌)」을 지어 바쳤다. (『유양잡조』)

梁大同中, 驟雨殿前, 有雜色寶珠. 梁武有喜色, 虞寄上「瑞雨頌」. (出『酉陽雜俎』)

402・6(5266)
화 주(火 珠)

[唐나라] 정관연간(貞觀年間: 627~649) 초에 임읍(林邑)에서 수정처럼 생긴 화주를 바치면서 다음과 같이 아뢰었다.
"[이 구슬은] 나찰국(羅刹國)에서 얻은 것인데, 그곳 사람들은 머리카락이 붉고 몸이 검으며, 이빨이 짐승처럼 생겼고 손톱이 매처럼 날카롭습니다."

(『국사이찬』)

貞觀初, 林邑獻火珠, 狀如水精, 云: "於羅利國得, 其人朱髮黑身, 獸牙鷹爪."
(出『國史異纂』)

402·7(5267)
경어목(鯨魚目)

　남해(南海)에서 진주가 나는데, 그것은 바로 고래의 눈동자이다. 밤이 되면 거울로 쓸 수 있을 정도로 빛이 났기 때문에 '야광주(夜光珠)'라 일컫는다. 대개 진주 가운데 용주(龍珠)는 용이 토해낸 것이고, 사주(蛇珠)는 뱀이 토해낸 것이다. 남해에 '천개의 사주가 매괴(玫瑰) 하나만 못하다'라는 속담이 있는데, 이것은 사주가 그만큼 값어치가 없다는 것을 말하는 것이다. 매괴는 진주의 다른 이름이다. 월(越) 땅 사람들 사이에 '천 마지기의 땅에 목노(木奴: 果樹 혹은 경제적 가치가 있는 나무를 가리킴)를 심어봤자 용주 하나만 못하네'라는 속담이 있다. 월 땅 사람들은 진주를 가장 값진 보물로 생각했기 때문에 딸을 낳으면 '주낭(珠娘)'이라 불렀고, 아들을 낳으면 '주아(珠兒)'라고 이름 지었다. 오 땅과 월 땅 사이에도 '명주(明珠) 열 말은 옥처럼 귀하다'라는 속담이 있다. 합포(合浦)에는 구슬을 매매하는 시장이 있다. (『술이기』)

　南海有珠, 卽鯨目瞳. 夜可以鑒, 謂之'夜光'. 凡珠有龍珠, 龍所吐也, 蛇珠, 蛇所吐也. 南海俗云'蛇珠千枚, 不及一玫瑰', 言蛇珠賤也. 玫瑰亦珠名. 越人俗云'種千畝木奴, 不如一龍珠.' 越俗以珠爲上寶, 生女謂之'珠娘', 生男名'珠兒'. 吳越間俗說'明珠一斛, 貴如玉者.' 合浦有珠市. (出『述異記』)

402 · 8(5268)
주 지(珠 池)

염주(廉州) 연해에 섬이 있는데, 그 섬 안에 주지라는 큰 연못이 있다. 매년 자사(刺史)들은 조정에 공물을 진상할 때마다 직접 주호(珠戶: 진주를 캐며 살아가는 백성)를 감독하면서 주지로 들어가 진주를 캐서 공물로 충당한다. 『기구전(耆舊傳)』에 이르기를 태수가 탐욕스러우면 진주가 멀리 떠나기 때문에 조개를 캐온 다음 갈라서 진주를 꺼내야 한다고 한다. 주지가 해상에 있기 때문에 사람들은 모두 주지의 바닥이 바다와 통해 있다고 생각한다. 또한 주지의 수심은 매우 깊어서 측량할 수 없다. 완두콩만한 크기의 진주는 흔히 볼 수 있는 것이고, 탄환만한 크기의 진주도 가끔 나온다. 방안을 환하게 비출 수 있는 직경이 1촌 정도 되는 진주가 있다고 하는데, 말만 들었을 뿐 아직 보지는 못했다. 또 어린 조개의 속살을 꺼내 대나무 껍질에 끼운 뒤 햇볕에 말리는데, 이것을 '주모(珠母)'라 한다. 용주(容州)와 계주(桂州)에서는 이것을 포로 만들어 불에 익힌 뒤 술안주로 사용한다. 조갯살 안에 좁쌀만한 크기의 작은 진주가 들어 있다. 이것으로 보아 주지의 조개는 크던 작던 간에 모두 진주를 품고 있음을 알 수 있다. (『영표록이』)

廉州邊海中有洲島, 島上有大池, 謂之珠池. 每年刺史修貢, 自監珠戶入池採, 以充貢賦. 『耆舊傳』云太守貪則('則'原作'即', 據明鈔本改)珠遠('遠'原作'送', 據明鈔本改)去, 皆採老蚌, 剖而取珠. 池在海上, 疑其底與海通. 又池水極深, 莫測也. 珠如豌豆大, 常珠也, 如彈丸者, 亦時有得. 徑寸照室之珠, 但有其說, 不可遇也. 又取小蚌肉, 貫之以篾, 曝乾, 謂之'珠母'. 容桂率將脯燒之, 以薦酒也. 肉中有細珠, 如粱粟. 乃知珠池之蚌, 隨其大小, 悉胎中有珠矣. (出『嶺表錄異』)

402 · 9(5269)
소성주(少城珠)

촉(蜀) 땅의 석순가(石笋街)에서는 여름에 큰비가 내릴 때 종종 오색 빛깔의 작은 구슬이 빗속에 섞여 있다. 민간에서는 이곳을 해안(海眼: 바다로 통하는 끝이 없는 구멍)이라고 하는데, 어찌된 영문인지 그 까닭을 알 수 없었다. 촉 땅의 스님 혜억(惠嶷)은 이에 대해 다음과 같이 말했다.

"전대의 역사에 따르면, 촉 땅의 소성은 황금과 벽옥, 진주와 비취로 장식했는데, 환온(桓溫)이 그 사치스러움을 싫어하여 소성을 불태웠다고 한다. 지금[원문은 '合'이라 되어 있지만, 『酉陽雜俎』「續集」권4에 의거하여 '今'이라 고쳐 번역함] 이곳에서 작은 구슬을 주울 때 때때로 구멍이 나 있는 것도 있는데, 혹시 이것이 [옛날 소성을 장식할 때 사용한 구슬임]이 아닐까?"

(『유양잡조』)

蜀石笋街, 夏中大雨, 往往得雜色小珠. 俗謂地當海眼, 莫知其故. 蜀僧惠嶷曰: "前史說, 蜀少城飾以金璧珠翠, 桓溫惡其太侈, 焚之, 合在此地, 合拾得小珠, 時有孔者, 得非是乎?" (出『酉陽雜俎』)

402・10(5270)
청니주(靑泥珠)

측천무후(則天武后) 때 서역(西域)의 한 국가에서 비루박의천왕(毗婁博義天王: 毗婁博叉. 西方天의 이름으로, 비루파크샤의 음역. 사천왕 중의 하나인 廣目天王을 가리킴)의 아래턱뼈와 벽지불(辟支佛: 辟支迦佛陀의 줄인 말로, 三乘 즉 聲聞・緣覺・菩薩 가운데 中乘聖者를 말하는데, 十二因緣의 이치를 관찰하여 진리를 깨달았음)의 혀, 청니주 하나를 바쳐왔다. 측천무후가 턱뼈와 혀를 내걸어서 백성들에게 보여주었는데, 턱뼈[원문은 '額'이라 되어 있지만, 문맥상 앞서 나온 '頷'의 誤記로 보임]는 호상(胡床: 의자)만 했고, 혀는 소의 혀만 한 크기에 푸른색이었으며, 구슬은 엄지손가락처럼 생겼고 옅은 푸른색을 띠고 있었다. 측천무후는 청니주의 가치를 알아보지 못한 채 서명사(西明寺)의 스님에게 보시하여 금강불(金剛佛)의 이마에 박아 넣게 했다.

후에 스님이 불경을 강설할 때 한 호인이 와서 불경을 들었는데, 구슬을 뚫어지게 쳐다보면서 잠시도 눈을 떼지 못했다. 이렇게 십여 일 동안 호인은 구슬 아래에 서서 구슬만 뚫어지게 쳐다볼 뿐 불경 강설에는 전혀 뜻이 없었다. 스님은 남다른 까닭이 있음을 알고 이렇게 물었다.

"청니주를 사고 싶소?"

그러자 호인이 말했다.

"이것을 파시겠다면 틀림없이 좋은 값을 쳐드리겠습니다."

스님은 천관(貫)에서부터 시작해서 점점 더해서 만 관까지 달라고 했지만, 호인은 전혀 대꾸도 하지 않았다. 결국 십만 관으로 정하고 나서야 스님은 청니주를 호인에게 팔았다. 호인은 청니주를 구입한 뒤에 곧장 그것을 허벅지 안에 박아 넣고서 서역으로 돌아갔다. 스님이 곧장 상소를 올려 조정에 그 사실을 알리자 칙천무후는 칙령을 내려 그 호인을 데려오게 했다. 며칠 만에 호인을 찾은 사자가 호인에게 물었다.

"청니주는 어디에 있는가?"

그러자 호인이 대답했다.

"이미 삼켜서 내 뱃속에 있소이다."

사자가 호인의 배를 갈라 청니주를 꺼내려고 하자 호인은 어쩔 도리가 없어 결국 허벅지 안에서 청내주를 꺼냈다. 칙천무후는 호인을 부르더니 이렇게 물었다.

"그대는 청니주를 어디에다 쓰려고 그렇게 비싼 가격을 주고 매입했는가?"

그러자 호인이 말했다.

"서역에 청니박(靑泥泊)이라는 곳이 있는데, 그곳에는 아주 귀한 보석과 구슬이 많이 납니다. 그러나 그곳의 진흙이 너무 깊어서 그 보석과 구슬을 꺼낼 수가 없습니다. 만약 이 청니주를 청니박 안에 던지면 진흙이 모두 물로 변하기 때문에 보물을 꺼낼 수 있습니다."

그제야 칙천무후는 청니주를 보물로 여기며 보관했는데, 현종(玄宗) 때까지도 남아 있었다. (『광이기』)

則天時, 西國獻毗婁博義天王下頷骨及辟支佛舌, 并淸泥珠一枚. 則天懸額及舌, 以示百姓. 額大如胡床, 舌靑色, 大如牛舌, 珠類拇指, 微靑. 后不知貴, 以施西明寺僧, 布金剛額中.

後有講席, 胡人來聽講, 見珠縱視, 目不暫捨. 如是積十餘日, 但於珠下諦視, 而意不在講. 僧知其故, 因問: "故欲買珠耶?" 胡云: "必若見賣, 當致重價." 僧初索千貫, 漸至萬貫, 胡悉不酬. 遂定至十萬貫, 賣之. 胡得珠, 納腿肉中, 還西國. 僧尋聞奏, 則天敕求此胡. 數日得之, 使者問: "珠所在?" 胡云: "以呑入腹." 使者欲剒其腹, 胡不得已, 於腿中取出. 則天召問: "貴價市此, 焉所用之?" 胡云: "西國有靑泥泊, 多珠珍寶. 但苦泥深不可得. 若以此珠投泊中, 泥悉成水, 其寶可得." 則天因寶持之, 至玄宗時猶在. (出『廣異記』)

402 · 11(5271)
경촌주(徑寸珠)

근자에 한 페르시아 호인이 부풍현(扶風縣)의 여관에 왔다가 주인집 문밖에 있던 한 네모난 돌을 보고는 며칠동안 그 주위를 맴돌았다. 여관 주인이 그 이유를 묻자 호인은 이렇게 대답했다.

"나는 이 돌을 다듬이 돌로 쓰고자 합니다."

그리고는 이천 냥의 돈을 주며 그 돌을 사려고 했다. 여관 주인은 돈을 손에 쥐게 되자 몹시 기뻐하며 그 돌을 호인에게 주었다. 호인은 돌을 싣고 여관을 나오더니 사람들 앞에서 돌을 쪼개 그 안에서 직경이 1촌 정도 되는 구슬 하나를 꺼냈다. 그리고는 칼로 팔과 겨드랑이 사이를 가르더니 구슬을 그 안에다 넣고 곧장 본국으로 돌아가려 했다. 배를 타고 10일 남짓 갔을 때 배가 갑자기 침몰하려 했다. 뱃사공은 해신(海神)이 보물을 요구한다는 것을 알아채고 얼른 사람들의 짐을 뒤졌지만 해신에게 줄 보물이라곤 없었다. 뱃사공이 호인을 물에 빠뜨리려고 하자, 호인은 두려운 나머지 겨드랑이를 갈라 구슬을 꺼냈다. 뱃사공은 [구슬을 받아들고] 이렇게 주문을 외었다.

"신령께서 이 구슬을 원하신다면 마땅히 가져가십시오."

그러자 해신은 곧장 손 하나를 물 밖으로 내밀었는데, 아주 크고 털이 많이 나 있었다. 해신은 구슬을 받아들고 곧 바로 물속으로 사라졌다. (『광이기』)

近世有波斯胡人, 至扶風逆旅, 見方石在主人門外, 盤桓數日. 主人問其故, 胡云: "我欲石擣帛." 因以錢二千求買. 主人得錢甚悅, 以石與之. 胡載石出, 對衆('對衆'原作'封外', 據明鈔本改)剖得徑寸珠一枚. 以刀破臂腋, 藏其內, 便還本國. 隨船汎海, 行十餘日, 船忽欲沒. 舟人知是海神求寶, 乃徧索之, 無寶與神. 因欲溺胡, 胡懼, 剖腋取珠. 舟人呪云: "若求此珠, 當有所領." 海神便出一手, 甚大多毛. 捧珠而去. (出『廣異記』)

402 · 12(5272)
보 주(寶 珠)

　함양(咸陽)의 악사(岳寺) 뒤에 주(周)나라 무제(武帝)의 면류관이 있었는데, 그 위에 상서로운 매실만한 크기의 구슬이 달려 있었지만, 대대로 그것을 귀하게 여기지 않았다. 칙천무후(則天天后) 때 한 선비가 절 앞을 지나가다 그 구슬을 보고는 장남삼아 가져갔다. 마침 날이 몹시 더웠기 때문에 선비는 절문 앞에서 옷을 갈아입고 그 옷으로 구슬을 싸서 금강신(金剛神)의 발아래에 놓아두었는데, 가지고 가는 것을 깜빡 잊고 말았다. 이튿날 선비는 곧장 빚을 받으러 양주(揚州)에 가다가 가는 길에 진류(陳留)에 이르러서 한 객점에서 묵었다. 밤에 호인들이 보석을 다투는 소리가 들리자 선비는 옷자락을 걷어 올리고 다가가서 그들이 이야기하는 것을 보다가 결국 무제의 관위에 묶여 있던 구슬에 대해서 이야기하게 되었다. 호인들은 몹시 놀라하며 말했다.

　"오래전부터 중국에 그와 같은 보물이 있다는 것을 알고 지금 한창 찾고 있던 중이었습니다."

　그러나 선비가 이미 잃어버렸다고 하자 호인들은 안타깝다고 탄식하면서 이렇게 말했다.

　"만약 당신이 그 구슬을 여기까지 가져올 수만 있다면 반드시 황금과 비단으로 보답하겠습니다. 지금 양주에 가서 받을 빚이 얼마나 됩니까?"

　선비가 말했다.

　"500관(貫)입니다."

호인들은 곧장 500관을 거두어 선비에게 주면서 다시 악사로 돌아가서 구슬을 가져오게 했다. 그리하여 선비가 [곧장 악사로 가서] 금강신의 발 아래로 가보았더니 구슬이 여전히 그 자리에 있었다. 선비가 구슬을 들고 객점으로 돌아와서 호인들에게 보여주자, 호인들은 손뼉을 치며 기뻐했다. 호인들은 10여 일 동안 즐겁게 술을 마시면서 놀다가 비로소 구슬을 사고 싶다면서 선비에게 얼마면 되겠냐고 물었다. 선비가 큰 맘먹고 천 민(緡: 1緡은 천 냥)은 받아야겠다고 하자 한 호인이 크게 웃으면서 말했다.

"당신은 어찌하여 이 구슬을 모욕하시오?"

그리고는 여러 호인들과 그 값을 정하더니 5만 민을 주겠다고 했다. 호인들은 5만 민을 모아 선비에게 주고 그 구슬을 산 뒤 그 구슬의 가치를 보여주겠으니 선비에게 함께 바다로 가자고 했다. 그리하여 선비는 호인들과 함께 동해(東海)로 갔다. 우두머리처럼 보이는 호인은 먼저 은솥에다 제호(醍醐: 우유에서 정제해 낸 최상의 음료)를 끓이더니 황금 술병에 구슬을 담은 뒤에 그것을 제호 안에다 놓고 다시 끓이기 시작했다. 7일이 지나자 노인 두 명과 수백 명의 사람이 보물을 가지고 호인을 찾아와 그 구슬과 바꾸어가길 청했다. 호인이 고집을 피며 구슬을 주지 않자 며칠 뒤에 그 사람들은 산더미처럼 쌓인 많은 보물을 가지고 와서 말했다.

"여기 보물로 이 구슬과 바꾸어가고 싶습니다."

그래도 호인은 역시 주지 않았다. 그로부터 30여 일이 지난 뒤에 노인과 사람들은 모두 흩어졌다. 이때 아주 깨끗하고 단아하게 생긴 용녀 두 명이 구슬이 들어 있는 병 속으로 들어갔는데, 구슬과 용녀가 합쳐져서 기름이 되었다. 선비가 물었다.

"[많은 보물로] 구슬을 바꾸어가려던 사람들은 모두 누구입니까?"

그러자 호인이 말했다.

"이 구슬은 대보(大寶: 무게가 50량이나 나가는 銀元寶)로 늘 용녀 두 명이 지키고 보호합니다. 다른 용들은 두 용녀를 아끼고 사랑하기 때문에 많은 보물을 가져와 이 구슬과 바꾸어가려고 하는 것입니다. 신선이 되길 바라는 내가 어찌 한갓 인간세상의 부에 마음을 두겠습니까?"

그리고는 기름을 두 발에 바르고 물 위를 걸어서 배를 버리고 떠나갔다. 그러자 다른 호인들이 각자 한마디씩 했다.

"함께 이 구슬을 사놓고 어찌하여 혼자서만 그 이로움을 독차지 하려고 하는가? 자네 혼자 가면 우리들은 장차 어떻게 돌아가란 말인가?"

그러자 호인은 끓인 제호를 배에 바르게 하더니, 틀림없이 바람이 불면 집으로 돌아갈 수 있을 것이라 말했다. 나머지 호인들이 그렇게 했더니 정말 그의 말대로 되었다. 우두머리 격인 그 호인은 결국 어디로 갔는지 알 수 없었다. (『광이기』)

咸陽岳寺後, 有周武帝冠, 其上綴冠珠, 大如瑞梅, 歷代不以爲寶. 天后時, 有土人過寺, 見珠, 戲而取之. 天大熱, 至寺門易衣, 以底裹珠, 放金剛脚下, 因忘收之. 翼日, 便往揚州收債, 途次陳留, 宿於旅邸. 夜聞胡鬪寶, 攝衣從而視之, 因說冠上綴珠. 諸胡大駭曰: "久知中國有此寶, 方欲往求之" 土人言已遺之, 胡等歎恨, 告('告'原作'苦', 據明鈔本改)云: "若能至此, 當有金帛相答. 今往揚州, 所債幾何?" 土人云: "五百千." 諸胡乃率五百千與之, 令還取珠. 土人至金剛脚下, 珠猶尚存. 持還見胡, 胡等喜抃. 飮樂十餘日, 方始求市, 因問土人, 所求幾何. 土人極口求一千緡, 胡大笑云:"何辱此珠?"與衆定其價, 作五萬緡. 羣胡合錢市之, 及邀士人, 同往海上, 觀珠之價. 士人與之偕行東海上. 大胡以銀鐺煎醍醐, 又以金瓶盛珠, 於醍醐中重煎. 甫七日, 有二老人及徒黨數百人, 齎持寶物, 來至胡所求贖. 故執不與. 後數日, 復持諸寶山積, 云:"欲贖珠."胡又不與. 至三十餘日, 諸人散去. 有二龍女, 潔白端麗, 投入珠瓶中, 珠女合成膏. 士人問:"所贖悉何人也?"胡云:"此珠是大寶, 合有二龍女衛護. 羣龍惜女, 故以諸寶來贖. 我欲求度世, 寧顧世間之富耶?"因以膏塗足, 步行水上, 捨舟而去. 諸胡各言:"共買此珠, 何爲獨專其利? 卿旣往矣, 我將安歸?"胡令以所煎醍醐塗船, 當得便風還家. 皆如其言. 大胡竟不知所之. (出『廣異記』)

402·13(5273)
수 주(水 珠)

대안국사(大安國寺)는 예종(睿宗)이 상왕(相王)으로 있을 때의 옛 저택이다. 상왕은 지존의 자리에 오른 뒤에 그곳에다 도량(道場)을 세웠다. 상왕은 일찍이 보주(寶珠) 하나를 보시했는데, 절 안의 보물 창고 안에 넣어두라고 하면서 그 가치가 억만 냥은 될 것이라 말했다. 절의 스님들은 그 구슬을 상자 안에 넣어두고 귀하게 여기지 않았다. [唐나라] 개원(開元) 10년(722)에 스님들은 공덕을 세우려고 상자를 열고 보물을 훑어보면서 팔 생각을 하고 있었다. 그런데 봉해놓은 상자 위에 다음과 같은 글씨가 적혀 있었다.

"이 구슬은 그 가치가 억만 냥이다."

스님들이 함께 상자를 열어보았더니 돌조각만한, 은 색깔을 띤 구슬이 들어 있었다. 구슬은 밤에 약간 빛을 내었는데, 그 높이가 몇 촌 밖에 되지 않았다. 스님들은 이에 대해 상의했다.

"그냥 보기에는 평범한 물건인 것 같은데, 어째서 억만 냥은 받을 수 있다는 것일까요? 우리 한번 팔아 봅시다."

그리고는 한 스님을 보내 구슬을 가지고 시장에 가서 팔게 하면서 그 값을 시험해 보게 했다. 시장에 있는 며칠 동안 간혹 와서 물어보는 귀인(貴人)이 있기도 했지만, 구슬을 보고 난 뒤에는 모두 이렇게 말했다.

"그저 보통 돌로 기왓장과 별다를 것 없는데, 어찌 이렇게 터무니없이 값을 요구한단 말인가!"

그리고는 모두 코웃음을 치면서 가버리자 스님도 몹시 부끄러웠다. 10일 뒤에 또 어떤 사람이 구슬에 대해 물어보았는데, 그는 밤에 구슬에서 빛이 난다는 것을 알고 구슬의 값으로 수천 냥을 제시하기도 했다. 그리하여 구슬의 값은 더욱 많이 뛰었다. 한 달 뒤에 한 서역의 호인이 시장을 둘러보면서 보물을 구했는데, 그 구슬을 보더니 몹시 기뻐했다. 호인들은 모두 머리에 모자를 쓰고 있었으며 귀인인 것 같았다. 호인은 역관을 시켜 이렇게 물었다.

"이 구슬은 값이 얼마나 됩니까?"

스님이 말했다.

"억만 냥입니다."

호인은 구슬을 만지작거리면서 한참을 머뭇거리다가 돌아갔다. 이튿날 호인은 다시 찾아와서 역관을 시켜 스님에게 이렇게 말했다.

"이 구슬의 가치는 진실로 억만 냥은 되지만, 이 호인이 이곳에서 객지 생활한 지 오래되어 지금 4천만 냥 밖에 없는데, 이 돈으로도 살 수 있는지요?"

스님이 몹시 기뻐하며 호인을 데리고 주지스님을 찾아가 물어보았더니, 주지스님이 그렇게 하라고 허락했다. 이튿날 호인은 4천만 냥의 돈을 절에 내놓은 뒤 그 구슬을 사 가지고 떠나면서 스님께 이렇게 말했다.

"제가 구슬 값을 너무 많이 깎았다고 나무라지 마십시오."

스님이 물었다.

"호인께서는 어디서 오셨소? 또 이 구슬은 어떤 능력을 가지고 있소?"

호인이 말했다.

"저는 대식국(大食國: 사라센 제국. 오늘날의 이란·이라크 지역에 해당함) 사람인데, 저희 왕께서 정관연간(貞觀年間: 627~649) 초에 수교를 맺으면서 이 구슬을 바쳤습니다. 후에 저희 왕께서는 늘 구슬을 생각하시면서 방을 내려 이 구슬을 찾아오는 자에게는 재상의 자리를 내리겠다고 하셨습니다. 이 구슬을 찾아다닌 지 70~80년이 되었는데, 운 좋게도 오늘 이것을 손에 넣게 되었습니다. 이 구슬은 수주라는 것입니다. 병사들이 행군하다가 쉴 때 땅을 2척 깊이로 판 뒤에 이 구슬을 그 안에 묻어두면 그곳에서 곧바로 물이 솟구쳐 나와 수천 명이 먹을 수 있습니다. 그래서 행군할 때 늘 물이 부족하지 않았는데, 이 구슬을 잃어버린 뒤로 병사들은 행군할 때 마다 몹시 갈증을 느꼈습니다."

스님이 호인의 말을 못 믿어 하자 호인은 곧장 땅을 파게 하고 그곳에다 구슬을 묻었다. 그러자 곧 바로 아주 맑고 차가운 샘물이 솟구쳐 나와 줄줄 흘렀다. 스님은 그 물을 가져다 마시고 나서야 비로소 구슬의 신기함을 깨달았다. 호인은 곧장 그 구슬을 가지고 떠나갔는데, 어디로 갔는지 알 수 없었다. (『기문』)

大安國寺, 睿宗爲相王時舊邸也. 卽尊位, 乃建道場焉. 王嘗施一寶珠, 令鎭常住庫, 云値億萬. 寺僧納之櫃中, 殊不爲貴也. 開元十年, 寺僧造功德, 開櫃閱寶物, 將貨之. 見函封曰: "此珠値億萬." 僧共開之, 狀如片石, 赤色. 夜則微光, 光高數寸. 寺僧議曰: "此凡物耳, 何得値億萬也? 試賣之" 於是市中令一僧監賣, 且試其醻直. 居數日, 貴人或有問者, 及觀之, 則曰: "此凡石耳, 瓦礫不殊, 何妄索直!" 皆嗤笑而去, 僧亦恥之. 十日後, 或有問者, 知其夜光, 或醻價數千. 價益重矣. 月餘, 有西域胡人, 閱市('市'原作'寺', 據明鈔本改)求寶, 見珠大喜. 偕頂戴於首, 胡人貴者也. 使譯問曰: "珠價値幾何?" 僧曰: "一億萬." 胡人撫弄遲廻而去. 明日又至, 譯謂僧曰: "珠價誠値億萬, 然胡客久, 今有四千萬求市, 可乎?" 僧喜, 與之謁寺主, 寺主許諾. 明日, 納錢四千萬貫, 市之而去, 仍謂僧曰: "有虧珠價誠多, 不貽責也." 僧問: "胡從何而來? 而此珠復何能?" 胡人曰: "吾大食國人也, 王貞觀初通好, 來貢此珠. 後吾國常念之, 募有得之者, 當授相位. 求之七八十歲, 今幸得之. 此水珠也. 每軍行休時, 掘地二尺, 埋珠於其中, 水泉立出, 可給數千人. 故軍行常不乏水, 自亡珠後, 行軍每苦渴乏." 僧不信, 胡人命掘土藏珠. 有頃泉湧, 其色淸泠, 流汎而出. 僧取飮之, 方悟靈異. 胡人乃持珠去, 不知所之. (出『紀聞』)

402 · 14(5274)
이 면(李 勉)

　사도(司徒) 이면은 [唐나라] 개원연간(開元年間: 713~741) 초에 준의현위(浚儀縣尉)로 있었는데, 임기가 끝나자 변수(汴水)를 따라 장차 광릉(廣陵)으로 가서 유람할 작정이었다. 배가 수양군(睢陽郡)에 도착했을 때 늙고 병든 한 페르시아 호인이 갑자기 지팡이를 짚고 이면을 찾아와 말했다.

　"저는 타향사람으로 병세가 아주 심하고 위독하여 강도(江都)로 돌아가고자 합니다. 공께서 인품이 뛰어난 것으로 알고 있으니 원컨대 은혜를 베풀어 주십시오."[이 문장 다음에 '皆異不勞而獲護焉' 여덟 글자가 있는데, 문맥상 의미가 통하지 않으므로 삭제함]

　이면은 호인의 신세를 불쌍하게 여겨 그를 배에 올라타게 한 뒤에 곧바로 죽을 주었다. 호인은 몹시 부끄러워하면서 다음과 같이 말했다.

　"저는 본래 왕실 자손으로 이곳에 와서 장사한 지 이미 20년이 넘었습니다. 집에 아들 셋이 있으니 틀림없이 저를 구하러 올 것입니다."

　며칠 지나지 않아 배는 사수(泗水)에 정박했다. 호인은 병세가 더욱 위급해지자 다른 사람들을 물리고 이면에게 이렇게 말했다.

　"우리나라에서 근자에 나라에서 대대로 전해오던 보주(寶珠)를 잃어버렸는데, 국왕께서 그 구슬을 찾는 사람에게는 집안 대대로 공상(公相)의 자리를 내주겠다고 하셨습니다. 저는 보주를 감별할 수 있는 재주를 믿고 또 그 벼슬자리가 탐이나 결국 고향을 떠나 이곳까지 구슬을 찾아 나서게 되었습니다. 근자에 그 구슬을 손에 넣었는데, 돌아가기만 하면 부귀가 기다리고 있습니다. 그 구슬의 가치는 백만 냥이나 됩니다. 저는 이 귀한 보물을 품속에 넣고 여러 마을을 건너가야 하는 것이 두려워 결국에는 제 살점을 잘라내고 그 안에다 구슬을 감추었습니다. 그런데 불행하게도 병에 걸려 지금 곧 죽게 되었습니다. 공이 제게 베풀어주신 은혜에 감복하여 삼가 이것을 공께 드리고자 합니다."

그리고는 곧장 칼을 뽑아서 허벅지를 갈라 구슬을 꺼내고는 숨을 거두었다. 이면은 돈을 내어 수의를 마련한 뒤에 회수(淮水) 가에 그를 묻어주었다. 이면은 무덤을 덮을 때 몰래 그 구슬을 호인의 입에 물려주고는 그곳을 떠났다. 이면은 유양(維揚: 揚洲)에 도착한 뒤에 목기정(目旗亭)에서 묵었다. 그곳에서 갑자기 여러 호인들과 서로 어울리게 되어 그들과 이야기를 나누었는데, 곁에 한 젊은 호인의 생김새가 죽은 사람과 비슷했다. 그리하여 이면이 그 사람에게 이것저것 물어보았더니 과연 죽은 호인이 했던 말과 똑같았다. 이면이 그의 행적에 대해서 자세히 물어보았더니 그는 다름 아닌 죽은 호인의 아들이었다. 이면이 호인을 묻어준 곳을 알려주자 젊은 호인은 통곡한 뒤에 [그곳에 가서] 무덤을 열고 관을 꺼내 고향으로 돌아갔다. (『집이기』)

司徒李勉, 開元初, 作尉浚儀. 秩滿, 沿汴將遊廣陵. 行及睢陽, 忽有波斯胡老疾, 杖策詣勉曰: "異鄉子抱恙甚殆, 思歸江都, 知公長者, 願托仁蔭, 皆冀不勞而獲護焉(明鈔本無'皆冀'至'護焉'八字)." 勉哀之, 因命登艫, 仍給饘粥. 胡人極懷慙愧, 因曰: "我本王貴種也, 商販于此, 已逾二十年. 家有三子, 計必有求吾來者." 不日, 舟止泗上. 其人疾亟, 因屏人告勉曰: "吾國內頃亡傳國寶珠, 募能獲者, 世家公相. 吾衒其鑒而貪其位, 因是去鄉而來尋. 近已得之, 將歸卽富貴矣. 其珠價當百萬. 吾懼懷寶越鄉, 因剖肉而藏焉. 不幸遇疾, 今將死矣. 感公恩義, 敬以相奉." 卽抽刀決股, 珠出而絶. 勉遂資其衣衾, 瘞於淮上. 掩坎之際, 因密以珠含之而去. 旣抵維揚, 寓目旗亭. 忽與羣胡左右依隨, 因得言語相接, 傍有胡雛, 質貌肖逝者. 勉卽詢訪, 果與逝者所敍契會. 勉卽究問事迹, 乃亡胡之子. 告瘞其所, 胡雛號泣, 發墓取而去. (出『集異記』)

402・15(5275)
이 관(李 灌)

이관은 어디 사람인지는 모르지만, 천성이 조용하고 혼자 있는 것을 좋아했다. 그가 한번은 홍주(洪州)의 건창현(建昌縣)에 이르러 강 언덕에 배를 대놓았는데, 언덕 위에는 작은 초가집이 하나 있었고 그 안에는 한 병든 페르시아 사람이 있었다. 이관이 그 사람의 목숨이 곧 끊어질 것을 불쌍하게 여겨 죽을 끓여 대주었으나 그 사람은 며칠 만에 죽고 말았다. 페르시아 사람은 임종 때가 되자 자신이 누워 있는 검은 양탄자를 가리키며 말했다.

"이 안에 직경이 1촌정도 되는 구슬이 하나 있는데, 그것으로 베풀어 주신 은혜에 보답코자 합니다."

페르시아 사람이 죽자 양탄자 아래에서 희미한 빛이 새어나왔다. 이관이 꺼내 보았더니 구슬이었다. 이관은 관을 사서 그를 장사지낸 뒤에 몰래 그 구슬을 호인의 입안에 넣어 주었다. 그리고는 나무를 심어 페르시아 상인의 무덤임을 표시해두었다. 그로부터 10년 뒤에 이관은 다시 그 마을을 지나게 되었다. 당시 양빙(楊憑)이 그곳 관찰사(觀察使)로 있었는데, 외국에서 보내온 공문 하나를 받았다. 양빙은 한 호인이 건창현의 여관에서 죽었다는 사실을 알고, 그에게 미음을 대준 사람들을 모두 잡아들여 여러 해 동안 가둬두었다. 이관이 그 죄에 대해서 묻자 죄수들은 그 일의 본말에 대해서 자세하게 알려주었다. 이관은 현의 관리에게 모든 사실을 알리고 그들과 함께 성곽 밖의 무덤가로 가서 나무를 쳐내었는데, 나무가 이미 한 아름이나 자라 있었다. 관을 열고 보았더니 죽은 호인의 모습이 마치 살아 있는 사람 같았다. 이관은 호인의 입에서 구슬을 꺼내 돌려주고는 그날 밤으로 배를 타고 떠나갔는데, 어디로 갔는지 알 수 없다. (『독이기』)

또 『상서고실(尙書故實)』에 따르면, 병부원외랑(兵部員外郞) 이약(李約)이 한 호인 상인을 묻을 때 얻은 구슬을 입에 물려주었다고 하는데, 이 일과 거의 같다.

李灌者, 不知何許人, 性孤靜. 常次洪州建昌縣, 倚舟於岸, 岸有小蓬室, 下有一病波斯. 灌憫其將盡, 以湯粥給之, 數日而卒. 臨絶, 指所臥黑氈曰: "中有一珠, 可徑寸, 將酬其惠." 及死, 氈有微光溢耀. 灌取視得珠. 買棺瘞之, 密以珠內胡口中. 植木誌墓. 其後十年, 復過舊邑. 時楊憑爲觀察使, 有外國符牒, 以胡人死於建昌逆旅, 其粥食之家, 皆被栲訊經年. 灌因問其罪, 囚具言本末. 灌告縣寮, 偕往郭墦伐樹, 樹已合拱矣. 發棺視死胡, 貌如生. 乃於口中探得一珠還之, 其夕棹舟而去, 不知所往. (出『獨異記』)

又『尙書故實』載, 兵部員外郞李約, 葬一商胡, 得珠以舍之, 與此二事略同.

402 · 16(5276)
상청주(上淸珠)

[唐나라] 숙종(肅宗)이 아이였을 때 늘 현종(玄宗)의 사랑을 받았다. 현종은 늘 숙종을 앞에 앉혀 놓고 그 모습을 자세히 보면서 무혜비(武惠妃)에게 이렇게 말했다.

"이 아이는 아주 남다른 상을 가지고 있으니, 장차 우리 집안의 복 받은 천자가 될 것이오."

그러면서 상청옥주(上淸玉珠)를 꺼내 가져오라 하더니 붉은 비단에 싸서 숙종의 목에 걸어 주었다. 상청옥주는 개원연간(開元年間: 713~741)에 계빈국(罽賓國: 지금의 캐시미르 지역에 해당함)에서 바친 것이었다. 상청옥주는 아주 깨끗하고 빛이 나서 방 하나를 환히 비출 정도였다. 구슬을 자세히 들여다보면 신선과 선녀, 구름과 학, 붉은 깃발 모습이 구슬 속에서 움직이고 있었다. 숙종이 즉위하자 황실의 보물 창고에서 종종 신령스런 빛이 새어나왔다. 창고를 지키던 자가 그 사실을 아뢰자 숙종이 말했다.

"혹 상청주가 아닐까?"

그리고는 상청주를 꺼내오게 했는데, 여전히 붉은 비단에 싸인 그대로였다. 숙종은 눈물을 흘리면서 근신들에게 두루 보여 주며 말했다.

"이 구슬은 내가 아이였을 때 명황(明皇: 玄宗)께서 하사하신 것이오."

그리고는 다시 비취옥으로 만든 상자 안에 넣어서 침실에 두게 했다. 사방에 갑자기 물난리가 나거나 가뭄이 들 때 또는 병란 등의 재해가 있을 때 경건한 마음으로 [상청주에게] 빌면 영험하지 않은 적이 없었다. (『유양잡조』)

肅宗爲兒時, 常爲玄宗所器. 每坐於前, 熟視其貌, 謂武惠妃曰: "此兒甚有異相, 他日亦吾家一有福天子." 因命取上淸玉珠, 以絳紗裹之, 繫於頸. 是開元中罽賓國所貢. 光明潔白, 可照一室. 視之則仙人玉女, 雲鶴絳節之形, 搖動於其中. 及卽位, 寶庫中往往有神光耀('耀'原作'異', 據明鈔本改)日. 掌庫者具以事告, 帝曰: "豈非上淸珠耶?" 遂令出之, 絳紗猶在. 因流泣, 遍示近臣曰: "此我爲兒時, 明皇所賜也." 遂令貯之以翠玉函, 置之於臥內. 四方忽有水旱兵革之災, 則虔懇祝之, 無不應驗也. (出『酉陽雜俎』)

402・17(5277)
수선자(守船者)

소주(蘇州) 화정현(華亭縣)에 육사관(陸四官)의 사당이 있었다. [唐나라] 원화연간(元和年間: 806~820) 초에 염선(鹽船) 수십 척이 사당 앞에 정박했다. 한밤중에 한 차례의 비가 지나간 뒤에 뱃사공은 갑자기 사당 앞에서 불꽃같은 광채가 나는 것을 보고는 가까이 다가가서 살펴보았다. 그랬더니 들보만한 크기에, 길이가 몇 장(丈)이나 되는 한 물체가 입안에 불덩이를 넣은 채 가지고 놀다가 간혹 삼키기도 했다. 뱃사공이 그것이 어떤 물체인지 몰라 곧장 대나무 상앗대를 밀어서 던졌더니 그 물체는 깜짝 놀라며 풀 속으로 들어갔는데, 그 빛은 여전히 땅에 남아 있었다. 뱃사공이 다가가서 보았더니 그것은 다름 아닌 1촌 직경의 광채가 눈부신 구슬이었다. 구슬을 얻은 후 뱃사공은 그 빛 때문에 다른 사람에게 발견될까 두려워 옷으로 구슬을 쌌는데, 빛이 여전히 밖으로 새 나왔다. 뱃사공이 보물은 더러운 것을 두려워하겠지 생각하고 입고 있던 더러운 옷을 벗어 그것을 다시 싸자 더 이상 빛이 새나오지 않았다. 그래서 나중에도 그 사실을 아는 자가 없었다. 뱃사공은 양주(揚州)에 있는 호인의 가게에 가서 구슬을 팔아 수천 민(緡: 1緡은 천 냥)의 돈을 손에 넣은 뒤 호인에게 물었다.

"이것은 어떤 구슬입니까?"

호인은 뱃사공의 말에 아무런 대답도 않고 떠나갔다. (『원화기』)

蘇州華亭縣, 有陸四官廟. 元和初, 有鹽船數十隻於廟前. 守船者夜中雨過, 忽見廟前光明如火, 乃窺之. 見一物長數丈, 大如屋梁, 口弄一團火, 或呑之. 船者不知何物, 乃以竹篙遙擲之, 此物驚入草, 光遺在地. 前視之, 乃一珠徑寸, 光耀射目. 此人得之, 恐光明爲人所見, 以衣裹之, 光透出. 因思寶物怕穢, 乃脫褻衣裹之, 光遂不出. 後無人知者. 至揚州胡店賣之, 獲數千緡, 問胡曰: "此何珠也?" 胡人不告而去. (出『原化記』)

402・18(5278)
엄 생(嚴 生)

풍익군(馮翊郡) 사람 엄생은 한남군(漢南郡)에서 살고 있었는데, 한번은 현산(峴山)을 유람하다가 탄환처럼 생긴 한 물체를 주웠다. 그 물체는 색깔이 검고 컸으며 빛이 났는데, 자세히 들여다보면 얇은 얼음처럼 깨끗하고 투명했다. 엄생이 그것을 가지고 가서 다른 사람들에게 보여 주었더니 어떤 사람이 이렇게 말했다.

"이것은 구슬입니다."

그리하여 엄생은 구슬의 이름을 탄주(彈珠)라 짓고 늘 상자 안에 넣어 두었다. 그 뒤에 엄생은 장안(長安)에 놀러갔다가 춘명문(春明門)에서 한 호인을 만났는데, 호인은 엄생에게 인사하며 이렇게 물었다.

"옷보따리 안에 기이한 보물이 있는 것 같은데, 한번 볼 기회를 주십시오."

그리하여 엄생은 탄주를 꺼내 호인에게 보여주었다. 그러자 호인은 두 손으로 탄주를 받쳐 들고 기뻐하며 말했다.

"이것은 천하의 기이한 물건입니다. 30만 냥을 쳐드리겠습니다."

엄생이 말했다.

"이 보물은 도대체 어디에 쓰는 것이기에 당신이 그렇게 값을 후하게 쳐주는 것입니까?"

그러자 호인이 말했다.

"저는 서역(西域) 사람인데 이것은 우리나라의 지극히 귀한 보물로 우리나라 사람들은 청수주(淸水珠)라 부릅니다. 이것을 탁한 물에 넣어 두면 그 물이 아주 맑고 시원하게 변합니다. [우리나라에서] 이 보물이 사라진지 3년 되었는데, 우리나라의 우물과 샘물이 모두 탁하게 변했고 사람들은 모두 병에 걸렸습니다. 그리하여 저는 바다를 건너고 산을 넘어 이곳 중원에까지 구슬을 찾으러 왔는데, 오늘에야 당신에게서 얻게 되었습니다."

 호인은 곧장 질장군[아가리가 좁고 배가 불룩한 질그릇]에 탁한 물을 담으라고 한 뒤에 그 구슬을 질장군 안에다 넣었다. 그러자 잠시 뒤에 물은 가는 털조차 찾아낼 수 있을 정도로 맑고 깨끗해졌다. 그리하여 엄생은 구슬을 호인에게 주고 돈을 받은 뒤 떠나갔다. (『선실지』)

 馮翊嚴生者, 家於漢南, 嘗遊峴山, 得一物, 其狀若彈丸. 色黑而大, 有光, 視之潔徹, 若輕冰焉. 生持以示於人, 或曰: "珠也." 生因以彈珠名之, 常置於箱中. 其後生遊長安, 乃於春明門逢一胡人, 叩焉而言: "衣橐中有奇寶, 願有得一見." 生卽以彈珠示之. 胡人捧之而喜曰: "此天下之奇貨也. 願以三十萬爲價." 曰: "此寶安所用而君厚其價如是哉?" 胡人曰: "我西國人, 此乃吾國之至寶, 國人謂之淸水珠. 若置於濁水, 泠然洞徹矣. 自亡此寶, 且三歲, 吾國之井泉盡濁, 國人俱病. 故此越海踰山, 來中夏以求之, 今果得於子矣." 胡人卽命注濁水於缶, 以珠投之. 俄而其水澹然淸瑩, 纖毫可辨. 生於是以珠與胡, 獲其價而去. (出『宣室志』)

402 · 19(5279)
장문규(張文規)

 장문규가 홍농현령(弘農縣令)으로 있을 때 도굴꾼 10여 명을 사로잡았는데, 그 가운데 한 사람이 아뢸 말이 있다면서 시간을 내달라고 청했다. 장문규가 휘하의 관리들을 물리치고 독대하면서 그 까닭을 물었더니 그가 이렇게 대답했다.

"저는 다른 일로 속죄하고 싶습니다. 노지현(盧氏縣)의 남산(南山)에 있는 요(堯) 임금의 딸 무덤을 근자에 어떤 사람이 도굴하여 커다란 구슬 하나와 옥 주발을 얻었다고 하는데, 도굴한 사람도 그 가치를 헤아릴 수 없었습니다. 그밖에도 많은 보물이 나왔는데, 세상에서는 아무도 그 사실을 모르고 있습니다."

장문규가 하급관리를 보내 사실인지 확인해보게 했더니 과연 무덤에 도굴한 흔적이 있었다. 그로부터 얼마 지나지 않아 도굴꾼 가운데 한 사람을 잡은 뒤에 조사해보았더니 이전에 그 사실을 알려준 도적의 말과 다르지 않았다. 다시 그 나머지 도굴꾼을 대라고 하자 모두 상주(商州)의 관부에서 야금질을 하고 있다고 했다. 당시 상주목은 명망이 높은 사람이었는데, 홍릉현의 관부에서 공문서를 보내고 장문규가 서찰까지 보냈는데도 화를 내며 그들을 내보내지 않았다. 이 일의 내막을 아는 사람이 말했다.

"구슬과 옥 그릇은 모두 도성의 한 귀인(貴人)의 집으로 들어갔습니다."

후에 장문규가 도성의 동쪽으로 나와 노지현을 지날 때 다시 그 마을 사람들에게 물어보았더니, 모두 말한 그대로였다. (『상서고실』)

張文規牧弘農日, 捕獲伐墓盜十餘輩, 中有一人, 請問言事. 公因屛吏獨問, 對曰: "某願以他事贖死. 盧氏縣南山堯女塚, 近亦曾聞人開發, 獲一大珠幷玉盌, 人亦不能計其直. 餘寶器極多, 世莫之識也." 公因遣吏按驗, 卽塚果有開處. 旋獲其盜, 考訊與前言無異. 及牽引其徒, 稱皆在商州治務中. 時商牧名卿也, 州移牒, 公致書, 皆怒而不遣. 竊知者云: "珠玉之器, 皆入京師貴人家矣." 後自京東出, 過盧氏, 復問邑中, 具如所說. (出『尙書故實』)

402·20(5280)
위 경(衛 慶)

위경은 여분(汝墳)의 편호(編戶: 민간의 호적에 편입된 서민)로, 온천현(溫泉縣)에 살고 있었다. 그의 집안은 대대로 부랑자 생활을 했는데, 위경 대에 와서 비로소 밭을 일구고 살게 되었다. 한번은 그가 마을 남쪽의 옛 항성(項城) 아래에서 달빛을 받으면서 밭을 갈다가 피곤하여 밭두둑에서 쉬고 있었는데, 갑자기 밭이랑 사이에서 유성 같은 흰 빛줄기가 훨훨 타오르는 것이 보였다. 위경은 그 물체를 덮쳐서 주운 뒤에 품속에 넣었다. 새벽에 집으로 돌아와서 보았더니 직경이 1촌 5푼 정도 되는 커다란 구슬이었는데, 가는 티 하나 없을 정도로 영롱했다. 위경은 구슬을 비단 주머니에 싸서 옻나무 상자 안에 넣어 두었다. 일찍이 박학한 어떤 사람에게 보여주었더니, 이렇게 말했다.

"이것은 합포(合浦)에서 나는 보물인데, 이것을 지니고 있으면 설령 귀인은 되지 못하더라도 틀림없이 부자는 될 것입니다."

그리하여 위경은 더욱 더 그것을 보배롭게 여기면서 늘 침실 안에 넣어 두었다. 이로부터 가산은 날로 불어났는데, 기르는 소가 100마리나 되었고 농사만 해도 2천 마지기는 되었으며, 나머지 생사와 마 등도 그만큼 가지고 있었다. 그리하여 위경은 10년 사이에 엄청난 부자가 되었다.

건부연간(乾符年間: 874~880) 말에 위경은 갑자기 병이 났는데, 의원과 무당을 모두 불러들였지만 아무런 효험도 보지 못했다. 한 달 뒤에 위경의 병세는 더욱 심해졌다. 어느 날 갑자기 베개 앞에서 쟁그랑 하고 소리가 나기에 위경은 마음이 불안하여 상자를 열어보게 했다. 보았더니 구슬에는 실 같은 금이 가 있었으며, 색깔도 먹처럼 검게 변해 있었다. 며칠 뒤에 위경이 죽자 구슬도 어디론가 사라졌다. 그로부터 위경의 집안은 날로 쇠해져갔다. 게다가 그의 자식들도 불초하여 재산을 팔아 술값으로 대었는데, 결국 상복도 벗기 전에 집안에는 아무 것도 없이 서까래만 달랑 남았다. (『삼수소독』)

衛慶者, 汝墳編戶也, 其居在溫泉. 家世游墮, 至慶, 乃服田. 嘗戴月耕於村南古項城之下, 倦憩荒陌, 忽見白光焰焰, 起於隴畝中, 若流星. 慶掩而得之, 遂藏諸懷. 曉歸視之, 乃大珠也, 其徑寸五分, 瑩無纖翳. 乃裹以縑囊, 緘以漆匣. 曾示博物者, 曰: "此合浦之寶也, 得蓄之, 縱未貴而當富矣." 慶愈寶之, 常置於臥內. 自是家產日滋, 飯牛四百蹄, 墾田二千畝, 其餘絲枲他物稱是. 十年間, 鬱爲富家翁.

至乾符末, 慶忽疾, 雖醫巫並進, 莫有徵者. 踰月, 病且亟. 忽聞枕前鏗然有聲, 慶心動, 使開匣. 珠有璺若縷, 色如墨矣. 數日而卒, 珠亦亡去. 自是家日削. 子復不肖, 貨鬻以供蒲酒之費, 未釋服, 室已如懸磬矣. (出『三水小牘』)

402 · 21(5281)
육병호(鬻餠胡)

한 거인(擧人)이 도성에 있을 때 그 이웃에 떡을 파는 호인이 있었다. 호인은 아내 없이 혼자 살았는데, 몇 년 뒤에 갑자기 병에 걸렸다. 거인이 자주 그를 찾아가 안부를 물으면서 탕약을 가져다주었지만, 그는 좀처럼 낫지 않았다. 임종 때가 되자 호인이 말했다.

"나는 본국에 있을 때 큰 부자였는데, 난리를 만나 이곳으로 도망 오게 되었습니다. 나는 본래 한 고향 사람이 보물을 가지러 이곳에 오기로 약속했기 때문에 이곳에서 오래 머물면서 다른 곳으로 갈 수 없었던 것입니다. 그대가 나를 불쌍히 여겨 잘 돌봐 주셨지만, 달리 보답할 것이 없습니다. 내 왼쪽 팔에 구슬이 박혀 있는데, 나는 오랫동안 이것을 아꼈습니다. 이제 죽을 때가 되어 소용이 없어졌으니, 그저 이것을 그대께 드리고자 합니다. 제가 죽은 뒤에 부디 저를 묻어 주십시오. 지금 당신이 이 구슬을 가진다 해도 또 달리 쓸 곳이 없을 것이며 지금 그것을 알아보는 자도 없을 것입니다. 그러나 저자거리에 서역에서 호인 상인이 왔다는 사실을 알게 되거든 즉시 가서 구슬에 대해서 이야기하십시오. 틀림없이 좋은 값을 받을 것입니다."

거인은 그렇게 하겠다고 했다. 호인이 죽은 뒤에 그 왼쪽 팔을 갈라 보니 정말 그곳에서 탄환만한 크기의 구슬이 나왔는데, 그다지 광채는 나지 않았다. 거인은 호인을 위해 장사를 치르고 난 뒤에 장차 시장에 갔지만, 구슬에 대해 물어보는 사람이 없었다.

그로부터 3년이 흐른 어느 날 거인은 호상이 막 성에 왔다는 소식을 듣고 그들에게 구슬을 팔았다. 호인은 구슬을 보더니 크게 놀라면서 말했다.

"당신은 어디에서 이 구슬을 얻으셨소? 이 구슬은 이 땅에서 나는 것이 아닌데, 어디에서 얻으셨는지 알고 싶습니다."

그리하여 거인은 사실대로 말해주었다. 호인은 거인의 말을 듣더니 눈물을 흘리면서 말했다.

"그 사람은 바로 내 고향 사람입니다. 본래 우리는 이 보물을 함께 나눠 가지기로 약속했는데, 이곳으로 올 때 해상에서 폭풍우를 만나 여러 나라를 떠돈 지 벌써 5~6년이 되었습니다. 이제 겨우 이곳에 도착해서 그를 찾아볼 참이었는데, 뜻밖에도 이미 죽었을 줄이야!"

그리고는 그 구슬을 사려고 했다. 거인은 그 구슬을 그다지 귀한 것으로 보지 않았기 때문에 그저 50만 냥만 달라고 했다. 호인은 거인이 부르는 대로 값을 치렀다. 거인이 어디에 쓰는 물건이냐고 묻자 호인이 말했다.

"한족(漢族)이 이 법보(法寶)를 얻으면 바닷가에서 구슬을 주울 수 있는데, 기름 한 섬에 구슬을 넣고 기름이 두 말 될 때까지 끓인 다음 그것을 몸에 바르고 바다 속으로 들어가면 몸이 젖지 않았을 뿐만 아니라 용신(龍神)도 두려워하기 때문에 바다 안의 보물을 마음대로 꺼내 올 수 있습니다. 이 구슬을 몸에 지니고 있으면 여섯 번은 바다 안을 드나들 수 있습니다."[이 문장은 전체적으로 문맥이 잘 통하지 않음. 아마도 '其則削'과 '一六度' 전후로 闕文이 있는 것으로 보임] (『원화기』)

有擧人在京城, 隣居有鬻餅胡. 無妻, 數年, 胡忽然病. 生存問之, 遺以湯藥,既而不愈. 臨死告曰: "某在本國時大富, 因亂, 遂逃至此. 本與一鄕人約來相取, 故久於此, 不能別適. 遇君哀念, 無以奉答. 其左臂中有珠, 寶惜多年. 今死無用矣, 特此奉贈. 死後乞爲殯瘞. 郞君得此, 亦無用處, 今人亦無別者. 但知市肆之間, 有西國胡客至者, 卽以問之, 當大得價." 生許之. 旣死, 破其左臂, 果得一珠, 大如彈丸, 不甚光澤. 生爲營葬訖, 將出市, 無人問者.

已經三歲, 忽聞新有胡客到城, 因以珠市之. 胡見大驚曰: "郞君何得此寶珠? 此非近所有, 請問得處." 生因說之. 胡乃泣曰: "此是某鄕人也. 本約同問此物, 來時海上遇風, 流轉數國, 故僶五六年. 到此方欲追尋, 不意已死!" 遂求買之. 生見珠不甚珍, 但索五十萬耳. 胡依價酬之. 生詰其所用之處. 胡云: "漢人得法, 取珠於海上, 以油一石, 煎二斗, 其則削, 以身入海不濡, 龍神所畏, 可以取寶. 一六度也." (出『原化記』)

태평광기

권제 403

보 4

(雜寶) 상

1. 마　노(馬　腦)
2. 서　　　(犀)
3. 월　경(月　鏡)
4. 진　보(秦　寶)
5. 산　호(珊　瑚)
6. 사 보 궁(四 寶 宮)
7. 연 청 실(延 淸 室)
8. 옥 여 의(玉 如 意)
9. 칠 보 편(七 寶 鞭)
10. 서　도(犀　導)
11. 옥청삼보(玉淸三寶)
12. 보　골(寶　骨)
13. 자 말 갈(紫 秣 羯)
14. 자　패(紫　貝)
15. 위　생(魏　生)

403 · 1(5282)
마 노(馬 腦)

전욱(顓頊) 황제 때에는 단구국(丹丘國)에서 마노(馬腦: 瑪瑙를 말함) 항아리를 바쳐오면 그 항아리에다 감로(甘露)를 담아두었다. 전욱의 은덕을 입은 곳마다 아주 먼 이방에서까지 감로를 진공해왔기 때문에 감로가 늘 주방에 가득했다[천하가 태평하면 하늘에서 감로를 내린다고 함].

마노는 돌의 일종으로 남방에서 나는 것을 상품으로 친다. 지금도 마노를 잘 감별할 수 있는 사람은 말이 죽은 뒤에 그 뇌를 꺼내 보는데, 그 빛깔이 피처럼 붉은 말은 하루에 만 리를 달릴 수 있을 뿐더러 공중으로 날아오를 수도 있고, 뇌의 빛깔이 누런 말은 하루에 천 리를 갈 수 있으며, 뇌의 빛깔이 푸른 말은 그 울음소리가 백 리 밖에까지 들린다. 또 뇌의 색이 검은 말은 물에 들어가도 털과 갈기가 젖지 않으며 하루에 500리를 갈 수 있다. 뇌의 빛깔이 흰 말은 힘은 있으나 노둔하다. 지금은 주로 붉은 빛깔 마노를 사용해 그릇을 만드는데, 만일 사람의 손으로 그릇을 만들면 그릇이 대부분 완성되지도 않을뿐더러 완성되었다 하더라도 영 볼 품 없다. 단구국 사람들은 말의 울음소리만 듣고도 뇌의 색을 구별해 낼 수 있었다. (왕자년『습유』)

帝顓頊時, 丹丘之國獻馬腦甕, 以盛甘露. 帝德所被, 殊方入貢, 以露充於廚也. 馬腦石類也, 南方者爲上. 今善別者, 馬死則扣其腦而視, 其色如血者, 則日行萬里, 能騰飛空虛. 腦色黃者, 日行千里. 腦色靑者, 嘶聞數百里外. 腦色黑者, 入水毛鬣不濡, 日行五百里. 腦色白者, 多力而駑. 今爲器多用赤色者, 若是人功所製者, 多不成器, 成器亦拙. 其國人聽馬鳴, 別其腦色. (出王子年『拾遺』)

403・2(5283)
서(犀)

무소의 크기는 대략 소만하나 돼지 머리를 하고 있으며 발은 코끼리 같고 발굽에는 발톱이 세 개 나있다. 머리에 뿔이 두 개 나있는데, 하나는 '시서(兕犀)'라 불리는 것으로 이마 위에 나 있으며, 다른 하나는 '호모서(胡帽犀)'라 불리는 것으로 코 위에 나 있고 비교적 작다. 코 위에 나 있는 뿔은 모두 뭉툭하고 점박이 무늬가 적으며 이상한 무늬가 많이 나 있다. 암 무소 중에도 뿔이 두 개 나 있는 것이 있는데, 이것들은 모두가 모서(毛犀: 코뿔소)이다. 암무소의 뿔에는 모두 좁쌀 무늬가 나 있는데, 이 뿔은 허리띠로 만들 수 있다. 천 백 개의 무소 뿔 중에 간혹 위와 아래가 뚫려 있는 것을 볼 수 있는데, 무늬의 크기나 기이한 정도는 뿔마다 다르다. 한 쪽에만 얼룩무늬가 길게 나 있는 것이 있고 위쪽의 무늬는 크고 아래쪽의 무늬는 작은 것도 있는데, [후자와 같은 무소 뿔을] '도삽통(倒揷通)'이라고 부른다. 이 두 종류의 무소 뿔 역시 색깔이 일정치 않다. 만약 위아래가 뚫려 있는 뿔 중에 흰색과 검은 색 두

가지로 분명하게 나뉘어져 있고 그 무늬까지 기이한 것이 있다면 그것은 몇 만 금의 값이 나가는 세상에서 보기 드문 보배이다. 또 '타라서(墮羅犀)'라는 것이 있는데, 이것은 무소 뿔 중에서 가장 큰 것으로 뿔 하나가 7~8근 나가는 것도 있다. 그 뿔은 암무소의 이마 위에 난 것이라고 한다. 그 뿔 위에는 반드시 무늬가 나있는데, 콩을 뿌려놓은 모양의 점박이 무늬가 대부분이다. 색이 짙은 것은 대구(帶鉤)로 만들 수 있고 무늬가 흩어져 있고 빛깔이 옅은 것은 두들겨 납작한 접시나 그릇 종류로 만들 수 있다. 또 '해계서(駭鷄犀)'(닭들이 이것을 보면 놀라 달아난다)·'벽진서(辟塵犀)'(아녀자들이 비녀나 빗으로 만들어 사용하면 먼지가 달라붙지 않는다)·'벽수서(辟水犀)'(이 무소가 바다 위를 걸으면 바닷물이 열린다고 한다. 이것은 안개 속에 두어도 젖지 않는다)·'명서(明犀)'(암실에 두면 빛이 난다) 등도 있다. 이 몇몇 종류의 뿔은 이야기만 들었을 뿐 직접 본 적은 없다. (『영표이록』)

犀牛, 大約似牛而猪頭, 脚似象, 蹄有三甲. 首有二角, 一在額上爲'兕犀', 一在鼻上校小, 爲'胡帽犀'. 鼻上者皆窘束而花點少, 多有奇文. 牯犀亦有二角, 皆爲毛犀. 俱粟文, 堪爲腰帶. 千百犀中, 或偶有通者, 花點大小奇異, 固無常定. 有偏花路(明鈔本·陳校本'路'作'漏')者, 有項花大而根花小者, 謂之'倒揷通'. 此二種亦五色無常矣. 若通白黑分明, 花點奇異('異'原作'差', 據明鈔本改), 則價計巨萬, 乃希世之寶也. 又有'墮羅犀', 犀中最大, 一株有重七八觔者. 云是牯牛額上者. 必花, 多是撒頭豆點. 色('色'原作'也', 據明鈔本改)深者堪爲銙, 散而淺, 卽拍爲盤楪器皿之類. 又有'駭雞犀'(群雞見之驚散)·'辟塵犀'(爲婦人簪梳, 塵不着也)·'辟水犀'(云此犀行於海, 水爲之開. 置於霧之中不濕矣. '置'原作'色',

據明鈔本改)·'明犀'(處於暗室則有光明). 此數犀但聞其說, 卽不可得而見也. (出『嶺表異錄』)

403·3(5284)
월 경(月 鏡)

주(周)나라의 영왕(靈王)은 처음에 곤소대(昆昭臺)에서 지냈는데, 장홍(萇弘)은 청산유수처럼 말주변이 뛰어나고 매우 지혜로웠기 때문에 영왕을 옆에서 모실 수 있게 되었다. 그들은 긴긴 밤 동안 연회를 즐겼는데, 배우들이 때론 익살스런 연기를 하고 춤을 추기도 했으며 이역의 기예를 선보이기도 했다. 여기저기서 줄지어 백희(百戲)가 펼쳐지고 악기가 연주되었다.

또 이방에서 귀한 보물을 진상해 왔는데, 옥으로 만든 인형이나 용무늬 같이 찬란한 비단, 그리고 거울처럼 생긴 돌 등이 있었다. 돌로 된 거울은 그 돌의 빛깔이 달빛과도 같아서 얼굴을 비춰보는 면이 마치 눈처럼 희였기 때문에 사람들은 이를 가리켜 '월경'이라 불렀다. 옥으로 만든 인형은 모든 신체 기관을 다 갖추고 있었고 스스로 움직일 줄도 알았기 때문에 사람들은 그것을 '기연(機姸)'이라고 불렀다. 장홍이 영왕에게 말했다.

"폐하의 성스러운 덕이 이런 것들을 불러온 것입니다."

그래서 주나라 사람들은 장홍이 아부를 떤다고 여기고 결국 그를 죽여 버렸다. 그러자 그의 피가 흘러 돌이 되었는데, 혹자는 벽옥이 되었다고도 한다. 그러나 아무도 그의 시신을 보지 못했다. (왕자년『습유』)

　周靈王起處昆昭之臺, 有侍臣萇弘, 巧智如流, 因而得侍. 長夜宴樂, 或俳諧儛笑, 有殊俗之伎. 百戱騈列, 鐘石並奏.
　亦獻異方珍寶, 有如玉之人, 如龍之錦, 亦有如鏡之石. 如石之鏡, 此石色白如月, 照面如雪, 謂之'月鏡'. 玉人皆有機類, 自能轉動, 謂之'機姸'. 萇弘言於王曰: "聖德所招也." 故周人以弘媚諂而卒殺之. 流血成石, 或言成璧. 不見其尸矣. (出王子年『拾遺』)

403·4(5285)
진 보(秦 寶)

　한(漢)나라 고조(高祖)가 처음 함양궁(咸陽宮)에 들어왔을 때 궁 안의 창고들을 두루 순시해 보았는데, 금은보화의 기이함은 이루 말로 형용 할 수가 없었다. 그가 특히 감탄했던 것은 옥으로 만든 가지가 다섯 개 달린 등이었는데, 7척 5촌 높이를 하고 있었고 아래에는 똬리를 틀고 있는 용이 등을 입에 물고 있는 모양을 만들어 놓고 있었다. 등불이 타오를 때면 용의 비늘이 모두 움직이면서 마치 하늘의 별이 방안을 가득 채우고 있는 듯 환하게 밝혀주었다. 또 구리를 주조해 만든 인형 12개도 있었는데, 그것들은 모두 3척의 키를 하고 있었다. 구리 인형들은 금(琹)이나 축(筑), 생(笙)이나 우(竽)와 같은 악기들을 하나씩 손에 든 채 자리 위에 죽 진열되어 있었다. 구리 인형들은 모두 화려한 색의 옷을 입고 있었으며 마치 살아있는 사람 같았다. 자리 아래에 두 개의 동관(銅管)이 있었는데, 위의 주둥이 부분 몇 척 정도가 자리 뒤로 삐져나와 있었다. 그 중 한 관은 속이 비어있었고 다른 한 관은 속에 손가락만 한 굵기의 밧줄이 들어있었다. 한 사람을 시켜 속이 빈 관을 불게하고 또 한 사람을 시켜 밧줄을 잡아당기게 했더니 동 인형들이 각자 금·축·생·우를 연주하기 시작했는데, 진짜 음악과 다르지 않았다.

옥으로 만든 금은 길이가 6척이었고, 위에 13개의 현이 있었으며 26개의 기러기발이 있었는데, 그것들은 모두 칠보로 장식되어 있었다. 또 '여번지악(璵璠之樂: 璠璵은 魯나라의 보옥 이름)'이라고 적힌 명문(銘文)도 있었다. 옥으로 만든 피리는 길이가 2척 3촌이었고 6개의 구멍이 있었다. 이 피리를 불면 거마(車馬)와 수풀이 갑자기 번갈아 가며 나타났는데, 불기를 그치면 더 이상 나타나지 않았다. 옥피리 위에는 '소화지관(昭華之管)'이라는 명문이 새겨져 있었다. 또 네모난 거울이 있었는데, 너비가 4척에 높이가 5척 9촌이었으며 속이 투명하게 다 비추었다. 사람이 와서 그 거울에 비춰보면 형상이 거꾸로 보였다. 또 손으로 심장을 가린 채 거울 앞으로 오면 위장과 오장이 가려진 곳 하나 없이 너무도 뚜렷하게 다 비춰 보였다. 또 몸 안에 병이 난 사람이 심장을 가리고 거울을 비춰보면 병이 난 곳이 어딘지를 반드시 알아낼 수 있었다. 또 여자가 사악한 마음을 품고 이 거울을 비춰보면 곧바로 쓸개가 부풀어 오르면서 심장이 콩닥콩닥 뛰었다. 진(秦)나라 시황제(始皇帝)는 늘 이 거울로 궁녀들을 비춰보았는데, 쓸개가 팽창하면서 심장이 뛰는 궁녀는 바로 죽여 버렸다. 고조는 이 보물창고를 모두 봉쇄하고 항우(項羽)를 기다렸는데, 항우는 이 보물들을 싣고 동쪽으로 가져갔다. 그 후

이 보물들이 어떻게 되었는지 알 수 없다. (『서경잡기』)

漢高祖初入咸陽宮, 周行府庫, 金玉珍寶, 不可稱言. 其所驚異者, 有玉五支燈, 高七尺五寸, 下作蟠螭, 以口啣燈. 燈燃則鱗甲皆動, 煥炳若列星而盈室焉. 復鑄銅人十二枚, 皆高三尺. 列在一筵上, 琴筑笙竽, 各有所執. 皆結華彩, 若生人. 筵下有二銅管, 上口高數尺, 出筵後. 其一管空, 一管內有繩, 大如指. 使一人吹空管, 一人紐繩, 則琴筑笙竽皆作, 與眞樂不異焉.

玉琴長六尺, 上安十三弦, 二十六徽, 皆用七寶飾之. 銘曰'璵璠之樂'. 玉笛長二尺三寸, 六孔. 吹之則見車馬山林, 隱嶙相次('次'原作'攻', 據明鈔本改), 吹息則不復見. 銘曰'昭華之管'. 有方鏡, 廣四尺, 高五尺九寸, 表裏洞明. 人直來照之, 影則倒見. 以手掩心而來, 卽見腸胃五臟, 歷歷無疑. 人有疾病在內者, 則掩心而照之, 必知病之所在. 又女子有邪心, 則膽張心動. 秦始皇帝常以照宮人, 膽張心動, 則殺之也. 高祖悉封閉, 以待項羽, 羽並將以東. 後不知所在. (出『西京雜記』)

403·5(5286)
산 호(珊 瑚)

한(漢)나라 때 상원궁(上苑宮) 적초지(積草池) 속에 1장 2척 높이의 산호가 있었다. 산호 한 그루에 줄기 세 개가 나있었고 그 세 개의 줄기 위에 463개의 가지가 뻗어 나와 있었다. 이것은 남월왕(南越王) 조타(趙佗)가 바쳐온 것으로 일명 '봉화수(烽火樹)'라고 불렀다. 밤이면 이 산호는 마치 타오를 듯 빛을 발했다. (『서경잡기』)

또 울림군(鬱林郡)에 산호시(珊瑚市)가 있었는데, 그곳은 바로 바다 상인들이 산호를 사 가는 곳이었다. 그곳의 산호는 벽옥 빛깔이었다. 산호 한 그루에 가지가 수십 개 나 있었는데, 가지 사이에는 잎이 나있지 않았다. 큰 것은 높이가 5~6척 되었고 가장 작은 것은 겨우 1척 남짓 되었다. 교인(蛟人: 전설 속에 나오는 바다 밑에 산다는 사람)들은 바다 위에 산호궁이 있다고 말했다. 한나라 원봉(元封) 2년(기원전 110)에 울림군에서 산호로 만든 부인상을 진상해 오자 황제는 어전(御殿) 앞에 그것을 심으라고 하고 '여산호(女珊瑚)'라 이름 지었다. 그 산호나무는 순식간에 가지에서 잎이 무성하게 자랐으나 영제(靈帝) 때에 이르러 죽고 말았다. 사람들은 모두 한나라 왕실이 장차 쇠미할 징조라 여겼다. (『술이기』)

또 불림국(拂菻國: 고대 동로마 제국)의 바다는 도성에서 2천 리 떨어져있는데, 공중에 하늘다리가 놓여져 있다. 바다를 건너 서쪽으로 가면 차란국(且蘭國)이 나온다. 차란국에 적석산(積石山)이 있는데, 적석산 남쪽에 커다란 바다가 있다. 바다에는 산호가 해저에서 자라고 있다. 사람들은 큰 배에 철망을 싣고 가 바다에 친다. 산호는 처음 자라날 적에 조금씩 버섯 모양처럼 되는데, 1년이 지나면 철망의 눈 사이를 뚫고 나오게 되며 점차 누런색으로 변하여 가지가 서로 교차하게 된다. 작은 것은 3척쯤 되고 큰 것은 1장도 넘는다. 3년이 지나면 푸른색으로 변한다. 그때 철사로 그 뿌리를 잘라 드러내고 배 위에 교거(絞車: 밧줄 따위를 말아 들어 올리는 기구)를 준비한 다음 철망을 거두고 산호를 꺼낸다. 그래서 사람들은 그 지역의 이름을 '산호주(珊瑚洲)'라 부른다. 오래 지나도록 캐내지 않으면 산호는 좀 쏠어 부패하고 만다. (『흡문기』)

漢宮積草池中, 有珊瑚, 高一丈二尺. 一本三柯, 上有四百六十三條. 是南越王趙佗所獻, 號曰'烽火樹'. 夜有光, 常欲然. (出『西京雜記』)

又鬱林郡有珊瑚市, 海客市珊瑚處也. 珊瑚碧色. 一株株數十枝, 枝間無葉. 大者高五六尺, 尤小者尺餘. 蛟人云, 海上有珊瑚宮. 漢元封二年, 鬱林郡獻珊瑚婦人, 帝命植於殿前, 謂之'女珊瑚'. 忽柯葉甚茂, 至靈帝時樹死. 咸以爲漢室將衰之徵也. (出『述異記』)

又蒜篠國海, 去都城二千里, 有飛橋. 渡海而西, 至且蘭國. 自且蘭有積石, 積石南有大海. 海中珊瑚生於水底. 大船載鐵網下海中. 初生之時, 漸漸似菌, 經一年, 挺出網目間, 變作黃色, 支格交錯. 小('小'原作'高', 據明鈔本改)者三尺, 大者丈餘. 三年色靑. 以('以'原作'似', 據明鈔本改)鐵鈔發其根, 於舶上爲絞車, 擧鐵網以出之. 故名其所爲'珊瑚洲'. 久而不採, 却臺爛糜朽. (出『洽聞記』)

403・6(5287)
사보궁(四寶宮)

[漢나라] 무제(武帝)는 칠보(七寶)로 만든 침상과 여러 가지 보석을 박아 만든 병풍, 그리고 역시 여러 가지 보물로 만든 휘장을 계궁(桂宮)에 놓았다. 그래서 당시 사람들은 [계궁을] '사보궁'이라 불렀다[이 이야기는 『태평광기』 권 제 229에도 나옴]. (『습유록』)

武帝爲七寶牀・雜寶按屏風・雜寶帳, 設於桂宮. 時人謂之'四寶宮'. (出『拾遺錄』)

403・7(5288)
연청실(延淸室)

　　동언(董偃)은 연청실에 누워있을 때 화석(畫石)으로 침상을 만들어 사용했는데, 화석이라는 명칭은 돌의 무늬가 그림 같다고 해서 붙여진 것이었다. 그 돌은 몸체가 크고 가벼웠으며 질지국(郅支國)에서 생산되었다. 또 침상 위에 자주색 유리(琉璃) 휘장과 화제주(火齊珠: 寶珠의 일종. 玫瑰珠라고도 하는데, 雲母 와 비슷하게 생겼고 보랏빛을 띠고 있으며 광택이 있음) 병풍을 쳐 놓았으며, 참기름으로 피우는 등촉과 자옥(紫玉)으로 만든 쟁반을 늘어놓았다. 침상의 모습은 마치 똬리를 틀고 있는 용 같았는데, 모두가 여러 가지 보석들로 꾸며져 있었다. 한번은 시중드는 사람이 문 밖에서 동언에게 부채질을 하자 동언이 말했다.
　　"옥석[옥으로 만든 투명한 병풍]이 어찌 부채질을 해주어야 시원해지겠느냐?"
　　시중들던 사람은 부채를 치우고 손으로 더듬어본 연후에야 그곳에 병풍이 있음을 알았다.
　　동언은 또 옥정(玉精)으로 쟁반을 만들고 얼음을 담아 무릎 앞에 가져다 두었다. 옥정과 얼음은 모두가 투명한 물체들이었기 때문에 시중들던 사람은 얼음을 쟁반에 담아두지 않으면 녹아서 자리를 적시게 될 것이라고 말하면서 얼음과 옥쟁반을 같이 치워버렸는데, 그 바람에 계단에 떨어져 얼음과 옥이 모두 부서지고 말았다. 동언은 이를 보고 더욱 즐거워했다. 이 옥정은 천도국(千塗國)에서 바쳐온 것을 무제(武帝)가 동언에게 하사한 것이었다. 애제(哀帝)와 평제(平帝) 때에 민간에도 이와 같은 기물이 많이 돌아다녔는데, 대부분 깨지고 망가져 있었다. 왕망(王莽) 때에 옥정은 어디론가 사라져 다시는 나타나지 않았다. (『습유록』)

董偃常臥延淸之室, 以畫石爲牀, 盖石文如畫也. 石體盛輕, 出郅支國. 上設紫瑠璃帳, 火齊屛風, 列靈麻之燭, 以紫玉爲盤. 如屈龍, 皆雜寶飾之. 視者於戶外扇偃, 偃曰: "玉石豈須扇而後淸涼耶?" 侍者屛扇, 以手摹之, 方知有屛風也.

偃又以玉精爲盤, 貯冰於膝前. 玉精與冰同潔徹, 侍者言以冰無盤, 必融('融'原作'副', 據明鈔本改)濕席, 乃和玉盤拂之, 落階下, 氷玉俱碎. 偃更以爲樂. 此玉精千塗國所貢也, 武帝以此賜偃. 哀·平之世, 民皆猶有此器, 而多殘破. 王莽之世, 不復知所在. (出『拾遺錄』)

403·8(5289)
옥여의(玉如意)

[三國時代] 오(吳)나라 손권(孫權) 때에 어떤 사람이 땅에서 구리상자를 파냈는데, 상자는 길이가 2척 7촌에 유리로 만든 뚜껑이 덮여있었다. 또 백옥으로 만든 여의[등 긁어주는 기구]가 하나 들어있었는데, 손잡이 부분에는 온통 용과 호랑이, 그리고 매미 등의 문양이 새겨져 있었다. 상자를 파낸 사람은 그것이 어떻게 해서 나온 물건인지 알 수 없어서 사람을 시켜 호종(胡綜)이라는 사람에게 물어보게 했는데, 호종은 여러 가지 사물에 대해 매우 많이 알고 있는 사람이었다. 호종이

말했다.

"옛날 진(秦)나라 시황제(始皇帝) 때에 금릉(金陵)에서 천자의 기운이 솟아오른다는 말이 떠돌자 산과 언덕을 모두 밀어버리고 곳곳에 보물을 묻어놓음으로 왕기(王氣)을 억누르려고 했는데, 이것도 아마 그때 묻어놓은 보물 중의 하나가 아니겠습니까?"

(『유양잡조』)

吳孫權時, 有掘得銅匣, 長二尺七寸, 以琉璃爲蓋. 又一白玉如意, 所執處皆刻龍虎及蟬形. 莫能識其由, 使人問綜, 綜, 博物者也. 曰: "昔秦皇以金陵有天子氣, 平諸山阜, 處處埋寶, 以當王氣, 此盖是乎?" (出『酉陽雜俎』)

403·9(5290)
칠보편(七寶鞭)

진(晉)나라 명제(明帝)는 혼자 말을 타고 민간으로 몰래 숨어들어가 왕돈(王敦)의 군영을 엿보았는데, 왕돈은 이를 눈치 채고서 기마병을 시켜 명제를 쫓아가게 했다. 명제는 도망치다가 가지고 있던 칠보 채찍으로 객점 늙은 여주인을 매수한 다음 자기 말이 싼 똥에 대고 부채질을 하라고 시켰다. 왕돈의 명을 받고 명제를 쫓아오던 사람은 말똥[이 이미 식은 것]을 보고 명제가 이미 멀리 가버렸을 것이라 생각했다. 또 채찍을 보고 감탄을 하느라 더 이상 명제를 쫓아가지 못했다. (『중설』 [『세설』])

晉明帝單騎潛入, 窺王敦營. 敦覺, 使騎追之. 帝奔, 仍以七寶鞭顧逆旅嫗, 扇馬屎. 王敦追之人, 見馬屎, 以爲帝去已遠, 仍寶鞭, 不復前追. (出『中說』, 黃本作'出『世說』')

403·10(5291)
서 도(犀 導)

진(晉)나라 때 동해(東海) 사람 장잠(蔣潛)은 불기현(不其縣)에 갔던 일이 있었다. 그는 숲 밑에 시체 하나가 엎어져 있는 것을 보았는데, 시체는 이미 부패해 있어서 까마귀가 몰려와 뜯어먹고 있었다. 그때 3척 남짓한 키의 작은 아이가 와서 까마귀를 내몰자 까마귀떼는 그제야 날아갔는데, 그렇게 하기를 여러 번 되풀이했다. 이를 본 장잠은 이상한 생각이 들어 앞으로 나아가 시체를 살펴보다가 죽은 사람의 머리 위에 값이 몇 만 금에 달하는 통천서도(通天犀導: 通天犀로 만든 머리핀. 通天犀란 위아래가 뚫린 무소뿔을 말함)가 있는 것을 보고는 뽑아 가졌다. 통천서도를 뽑아내자 까마귀떼가 다퉈 모여드는데도 아무도 나와서 쫓지 않았다.

장잠은 후에 이 서도를 진나라의 무릉왕(武陵王)에게 바쳤다. 무릉왕이 죽자 이 서도는 다시 여러 스님들에게 시주되었다. 왕무강(王武剛)이 9만 냥을 주고 이 서도를 샀으나 후에 다시 저태재(褚太宰) 손에 들어갔다. 저태재는 이것을 제(齊)나라 옛 승상(丞相) 예장왕(豫章王)에게 바쳤는데, 예장왕이 죽자 안주인 강부인(江夫人)은 그것을 끊어

비녀로 만들었다. 그랬더니 그때부터 매일 밤 한 아이가 나타나 침상 머리를 맴돌며 이렇게 울부짖었다.

"왜 나를 잘랐나요? 반드시 복수하고 말거에요. 절대로 혼자 이 억울함과 잔혹함을 당하고 있지는 않을 테니까요."

강부인은 이를 매우 꺼림칙하게 여겼는데, 한 달여 만에 강부인은 죽고 말았다. (『속제해기』)

晉東海蔣潛, 嘗至不其縣, 見林下踣一屍, 已臭爛, 烏來食之. 輒見一小兒, 長三尺許, 來驅烏, 烏乃起, 如此非一. 潛異之, 乃就看之, 見死人頭上著通天犀導, 價數萬錢, 乃拔取之. 旣去, 衆烏爭集, 無復驅者.

潛後以此導上晉武陵王. 王薨, 以襯衆僧. 王武剛以九萬錢買之, 後落褚太宰處. 褚以餉齊故丞相豫章王, 王死後, 內人江夫人遂斷以爲釵. 每夜, 輒見一兒繞床頭啼叫云:"何爲見屠割? 必當相報. 終不獨受枉酷." 江夫人惡之, 月餘遂薨. (出『續齊諧記』)

403 · 11(5292)
옥청삼보(玉淸三寶)

두릉(杜陵) 사람 위엄(韋弇)은 자(字)가 경소(景昭)로 개원연간(開元年間: 713~741)에 진사(進士) 시험에 응시했다. [그러나 시험에 낙방하자] 그는 촉(蜀) 땅에 머물면서 유람했다. 촉 땅에는 명승지가 많아서 늦은 봄을 맞아 위엄은 몇몇 친구들과 어울려 꽃을 감상하며 주연을 열곤 했는데, 밤이 되어도 자리를 파할 줄을 몰랐다. 하루는 그 모임에 어떤 사람이 찾아와서 그를 초청하며 이렇게 말했다.

"군(郡)의 남쪽으로 10리 떨어진 곳에 정씨정(鄭氏亭)이 있는데, 동산 가운데 솟아올라 있는 것이 정말로 이 세상에는 있지 않은 절경입니다. 저와 함께 가셨으면 합니다."

위엄은 그 말을 듣고 매우 기뻐하면서 그 사람과 함께 남쪽으로 갔다.

성을 나서 10리를 걸어가자 정씨정이 나왔는데, 사방이 산으로 에워싸인 채 하늘 끝에 우뚝 솟아올라 있었다. 또 문은 꽃으로 만들어져 있었고 섬돌은 안개에 싸여있었다. 위엄은 그걸 바라보느라 다른 것에는 눈길을 줄 틈도 없었다. 그곳은 그야말로 이 세상 밖의 절경이었다. 사자(使者)가 위엄에게 읍을 하더니 안으로 모셨다. 위엄이 안에 들어가자 정자 위에 선녀 십여 명이 보였는데, 하나같이 절세미인들이었다. 선녀들은 마치 그를 기다리기라도 하는 듯 꼿꼿이 선 채 구름 같은 소매를 반쯤 드리우고 있었는데, 소매가 바람에 가볍게 나부끼고 있었다. 그 옆에 늘어서 시중드는 사람들도 십여 명 있었는데, 그들이 입고 있는 옷의 무늬와 수가 하도 아물아물 거려 거의 알아볼 수조차 없을 지경이었다. 한 사람이 위엄을 바라보며 말했다.

"위진사(韋進士: 韋弇)께서 오셨군요."

그리고는 좌우에 명해 정자로 모시도록 했다. 위엄이 비스듬한 난간을 붙들고 한 층 한 층 올라가 절 하자 여러 선녀들이 기뻐하며 말했다.

"당신은 유신(劉晨)과 완조(阮肇)에 관한 이야기를 들어보지 못하셨습니까[東漢 永平年間에 劉晨과 阮肇는 天台山으로 약을 캐러 들어갔다가 길을 잃는 바람에 산 위의 복숭아를 따먹으며 연명했는데, 산 속에서 선녀 둘을 만나 연회를 즐기고 사랑을 나누며 반년 간 산 속에 머문 뒤에 집으로 돌아와 보니 세상은 이미 7代나 지나있었다 함]? 오늘도 그분 때와 마찬가지로 당신을 모시고 함께 취하여 봄날 경치를 맘껏 즐겨보려 하는데, 당신의 뜻은 어떠하신지요?"

위엄이 감사하며 말했다.

"생각치도 않게 오늘 유신과 완조가 될 수 있다니, 대단한 행운이 아닐 수 없습니다. 그렇지만 이 곳이 어디인지, 또 여랑(女郞)들은 뉘신지 좀 알고 싶습니다."

여러 선녀들이 말했다.

"저희들은 옥청[上淸·太淸과 더불어 道敎의 이상향인 三淸 중의 하나]의 여자들로 이곳에 산 지 이미 오래되었습니다. 이곳은 바로 옥청궁입니다. 당신이 진사과에 낙방하여 여기저기 유람하다 이곳까지 오셨다는 이야기를 일전에 듣고 말씀 아뢰고 이곳으로 청해 모실까 했지만 혹 군자(君子)께서 돌아보지도 않으시어 수치스러움만 남게 되는 것이 아닐까 두려웠습니다. 그래서 정씨의 정자를 빌려 당신을 모셔온 것입니다. 과연 제 뜻에 응해 주셨군요. 비록 그렇기는 하나 이곳은 선부(仙府)입니다. 이곳은 인간세상의 사람이 머물러서는 안 된다고들 하지만 당신이 이곳에 거한다 해서 별 탈은 없을 터이니 부디 의심하지 말아주십시오."

그리고는 술을 가져오게 해 정자 안에서 주연을 열었다. 현악기와 관악기가 한꺼번에 연주되자 날아갈 듯 청량한 소리가 하늘로 올라가 어두운 곳까지 울려 퍼졌는데, 그것은 인간세상에서 들을 수 있는 소리나 곡조는 아니었다. 술기운이 달아오르자 여러 선녀들이 말했다.

"듣자니 당(唐)나라 천자는 신선을 숭상한다고 합니다. 저에게 「자운(紫雲)」이라는 제목의 새로 지은 곡이 하나 있는데, 천자께 바치고 싶습니다. 당신은 당나라 사람이니 저를 대신해 이 곡을 진상해 주실 수 있으신지요?"

위엄이 대답했다

"저는 일개 선비에 지나지 않습니다. 장안(長安)에 있다 하더라도 그저 속세에 묻혀 하릴없이 지내는 보잘 것 없는 신세이니, 천자의 문을 아무리 바라보려 해도 바라볼 수조차 없습니다. 게다가 저는 음악을 잘 알지도 못하는데, 무슨 수로 그것을 천자께 바친단 말입니까?"

여러 선녀들이 말했다.

"당신께서 하실 수 없다면 저희가 꿈을 통해 천자에게 전해드리면 됩니다."

또 말했다.

"저에게 세 가지 보물이 있는데, 그것을 당신께 드리고자 합니다. 그것들이 당신에게 왕후(王侯)에 버금가는 부를 가져다 줄 것이니, 받도록 하십시오!"

그리고는 좌우에 명해 그 보물들을 가져오게 했다. 선녀는 처음으로 잔 하나를 꺼냈는데, 그 색은 푸르렀고 투명한 광채가 났다. 선녀가 위엄을 돌아보며 말했다.

"벽요배(碧瑤盃) 입니다."

또 베게 하나를 꺼냈는데, 약간 붉은 기운을 띤 옥인 것 같았다. 선녀는 그것을 홍유침(紅蕤枕)이라고 했다. 또 작은 함(函) 하나를 꺼냈는데, 자주색을 띠고 있었고 역시 옥인 것 같았으나 그 투명함이 아까 것보다 훨씬 더했다. 선녀는 그것을 자옥함(紫玉函)이라고 했다. 선녀들이 그 세 가지를 모두 위엄에게 주자 위엄은 절하고 감사를 표한 다음 떠나갔다. 채 1리도 못 가서 고개 돌려 정자를 바라보니 앞이 아득하기만 하고 아무것도 보이지 않았다. 위엄은 기이하게 여겼으나 그곳이 어디였는지는 끝내 알지 못했다.

위엄은 그 보물들을 가지고 장안으로 돌아왔다. 이듬해에 다시 과거에 낙방하자 동쪽으로 유람을 떠났다가 광릉(廣陵)까지 가게 되었다. 그가 그 보물들을 가지고 광릉 저자거리에 나가자 한 호인이 그것들을 보더니 절을 올리며 이렇게 말했다.

"이것은 천하의 기이한 보배들입니다. 비록 천만 년이 지났어도 그간 이것을 얻었던 사람은 아무도 없었는데, 당신은 어디서 이것들을 얻으셨습니까?"

위엄은 사실대로 말해준 다음 이어 물었다.

"이게 대체 무슨 보물입니까?"

호인이 대답했다.

"이것들이 바로 진짜 옥청삼보(玉淸三寶)입니다."

그리고는 수천 만 냥을 주고 그것들을 사갔다. 위엄은 그로 인해 저택을 짓고 광릉에 살면서 부호가 되었다. 그러나 그는 죽을 때 까지 벼슬하지 못했다. (『선실지』)

杜陵韋弇, 字景昭, 開元中, 擧進士第. 寓遊於蜀. 蜀多勝地, 會春末, 弇與其友數輩, 爲花酒宴, 雖夜不殆. 一日, 有請者曰: "郡南去十里, 有鄭氏亭, 亭起苑中, 眞塵外境也. 願偕去." 弇聞其說, 喜甚, 遂與俱南.

出十里, 得鄭氏亭, 端空危危, 橫然四峙. 門用花闥, 砌用煙甍. 弇望之不暇他視. 眞所謂塵外境也. 使者揖弇入. 旣入, 見亭上有神仙十數, 皆極色也. 凝立若佇, 半掉雲袂, 飄飄然. 其侍列左右者, 亦十數, 紋繡杳眇, 殆不可識. 有一人望弇而語曰: "韋進士來." 命左右請上亭. 斜欄層去, 旣上且拜, 群仙喜曰: "君不聞劉·阮事乎? 今日亦如是, 願奉一醉, 將盡春色, 君以爲何如?" 弇謝曰: "不意今日得爲劉·阮, 幸何甚哉. 然則次爲何所, 女郞又何爲者, 願一聞知." 群仙曰: "我玉淸之女也, 居於此久矣. 此乃玉淸宮也. 向聞君爲下第進士, 寓遊至此, 將以一言奉請, 又懼君子不顧, 且貽其辱. 是以假鄭氏之亭以命君. 果副吾志. 雖然, 此仙府也. 雖云不可滯世間人, 君居之, 固無損耳, 幸不以爲疑."

卽命酒樂宴亭中. 絲竹盡擧, 飄然泠然, 凌玄越冥, 不爲人間聲曲. 酒旣酣, 群仙曰: "吾聞唐天子尙神仙. 吾有新樂一曲, 曰「紫雲」, 願授聖主. 君唐人也, 爲吾傳之一進, 可乎?" 曰: "弇一儒也. 在長安中, 徒爲區區於塵土間, 望天子門且不可見之. 又非知音者, 曷能致是?" 群仙曰: "君旣不能, 吾將以夢傳於天子可也."

又曰: "吾有三寶, 將以贈君. 能使君富敵王侯, 君其受('受'字原闕, 據明鈔本·許本補)之!" 乃命左右取其寶. 始出一杯, 其色碧而光瑩洞澈. 顧謂弇曰: "碧瑤盃也." 又出一枕, 似玉微紅, 曰紅蕖('曰紅蕖'三字原作'麩', 據陳校本改)枕也. 又出一小函, 其色紫, 亦似玉, 而瑩澈則過之. 曰紫玉函也. 已而皆授弇, 弇拜謝別去. 行未及一里, 廻望其亭, 茫然無有. 弇異之, 亦竟不知何所也.

遂挈其寶還長安. 明年下第, 東遊至廣陵. 因以其寶集於廣陵市, 有胡人見而拜曰: "此天下之奇寶也. 雖千萬年, 人無得者, 君何得而有?" 弇以告之, 因問曰: "此何寶乎?" 曰: "乃玉淸眞三寶也." 遂以數千萬爲直而易之. 弇由是建甲第, 居廣陵中爲豪士. 竟卒於白衣也. (出『宣室志』)

403 · 12(5293)
보 골(寶 骨)

장안(長安) 평강방(平康坊)에 보리사(菩提寺)가 있었는데, 이림보(李林甫)의 저택이 동쪽에 있었기 때문에 종루(鍾樓)를 서쪽에 지었다. 절 안에는 곽령(郭令)의 대모(玳瑁)로 만든 채찍과 곽령의 부인 왕씨(王氏)의 칠보(七寶) 휘장이 있었다. 절의 주지승 원의(元意)는 옛 일에 관해 많이 알고 있었는데, 그가 다음과 같은 이야기를 들려주었다.

"이상(李相: 李林甫)은 매년 생일을 맞이할 때마다 이 절의 스님을 돌아가며 집으로 청해와 재를 올리곤 했다네. 한번은 어떤 스님이 [이림보의 집에서] 찬불을 하자 이림보가 그 스님에게 안장 하나를 주었는데, 내다 팔았더니 값이 7만 냥이나 나갔네. 또 어떤 스님은 명성이 자자해서 수년 간 불경을 염송해 왔는데, 다음은 바로 그 스님이 찬불할 차례였다네. 그래서 그 스님은 힘껏 이림보를 위해 공덕을 빌어주고 많은 하사품을 받아낼 생각이었지. 찬불이 끝나자 이림보는 주렴 아래서 채색 광주리 하나를 꺼냈는데, 향기로운 비단 천 위에 어떤 물건이 놓여 있었다네. [보았더니 그건 다름 아닌] 몇 촌 길이의 썩은 못처럼 생긴 물건이었지. 스님은 돌아와서 크게 실망하여 며칠 동안 애석해하다가 '[그분과 같은] 대신이 나를 속일 리 없어'라고 생각하고는 그 물건을 들고 서쪽 저자거리로 나갔네. 스님이 그 물건을 한 호상(胡商)에게 내보이며 천 냥을 내라고 하자 호인은 그것을 보더니 크게 웃으며 이렇게 말했네. '그 가격은 너무 낮소.' 스님이 다시 한번 큰 맘 먹고 가격을 말해 50만 냥까지 올려 부르자 호인이 말했네. '이 보물은 값이 100만 냥이나 나간다오.' 스님이 그 물건을 호인에게 넘겨준 다음 그것의 이름이 무엇이냐고 묻자 호인이 대답했네. '이건 보골이라는 것이오.'"

(『유양잡조』)

　長安平康坊菩提寺, 緣李林甫宅在東, 故建鍾樓於西. 寺內有郭令玳瑁鞭, 及郭令王夫人七寶帳. 寺主元意, 多識故事, 云: "李相每至生日, 常轉請此寺僧, 就宅設齋. 有一僧甞讚佛, 施鞍一具, 賣之, 價直七萬. 又僧廣有聲, 口經數年, 次當讚佛. 因極祝林甫功德, 冀獲厚襯. 畢, 簾下出綵篚, 香羅帊籍一物. 如朽釘, 長數寸. 僧歸, 大失所望, 慙惋數日, 且意大臣不容欺已, 遂携至西市. 示於胡商, 索價一千, 胡見之, 大笑曰: '未也.' 更極意言之, 加至五百千, 胡人曰: '此寶價直一千萬.' 遂與之, 僧訪其名, 曰: '此寶骨也.'" (出『酉陽雜俎』)

403·13(5294)
자말갈(紫袜羯)

　[唐나라] 건원연간(乾元年間: 758~759)에 조정에서는 두 도성을 수복해야 했으나 군량이 부족했다. 그때 감찰어사(監察御史) 강운간(康云間)은 강회탁지(江淮度支)로 있었는데, 강회 일대 상인과 백성들에게 5분의 1에 해당하는 세금을 징수해 시국에 보태고자 했다. 홍주(洪州)는 강회 일대의 한 도회지였다. 강운간은 녹사참군(錄事參軍) 이유연(李惟燕)에게 명해 그 일을 맡아보게 했다. 그때 한 스님이 나타나 [자기에게서] 백만 냥의 세금을 거두어 달라고 청하면서 겨드랑이 밑에

서 주먹만한 크기의 작은 병 하나를 꺼냈다. [이유연이] 그 안에 무엇이 담겨져 있느냐고 물었으나 그는 거짓말을 하면서 사실대로 말하려 하지 않았다. 이유연은 사람들이 바쳐온 재물들을 여러 사람에게 공급해야 했으므로 스님의 말을 거스르기도 어려워 짐짓 놀라는 체하며 이렇게 말했다.

"상인(上人)께서는 이 물건을 어떻게 얻으셨습니까? 이것을 팔면 틀림없이 말씀하신 만큼의 값을 받아낼 수 있을 것입니다."

한 페르시아 호인(胡人)이 그 병을 보더니 백만 냥의 값을 치르고서 사가지고는 양주(揚州)로 갔다.

장사(長史) 등경산(鄧景山)이 그 사실을 알고 호인이게 [무슨 까닭에 그 돈을 주고 샀는지] 묻자 호인이 대답했다.

"병 속에 들어있는 것은 바로 자말갈입니다. 이것을 얻은 사람은 귀신의 보호를 받게 되어 불 속에 들어가도 타지 않고 물을 건널 때도 빠지지 않습니다. 이것은 물건은 존재하되 값을 따질 수 없는 보물로 명주(明珠)나 다른 잡다한 보석들이 따라올 수 있는 바가 아닙니다."

[등경산이] 그 호인에게 만 관(貫)의 세금을 징수하자 호인은 흔쾌히 돈을 내놓으며 아까워하지 않았다. 병 속에는 구슬 12개가 들어있었다. (『광이기』)

乾元中, 國家以尅復二京, 糧餉不給. 監察御史康云間, 爲江淮度支, 率諸江淮商旅百姓五分之一, 以補時用. 洪州, 江淮之間一都會也. 云間令錄事參軍李惟燕典其事. 有一僧人, 請率百萬, 乃於腋下取一('一僧人'至'取一'十三字原作波斯胡人者率一萬五千貫腋下', 據明鈔本改)小瓶, 大如合拳. 問其所實, 詭不實對

(明鈔本'實'作'肯', 原本'對'下有'請率百萬'四字, 據明鈔本刪). 惟燕以所納給衆, 難違其言, 詐驚曰: "上人安得此物? 必貨此, 當不違價." 有波斯胡人見之如其價以市之而去, ('有波斯'至'而去'十五字原作'僧試求五千而去', 據明鈔本改)胡人至揚州.

長史鄧景山知其事, 以問胡, 胡云: "瓶中是紫䔧羯. 人得之者, 爲鬼神所護, 入火不燒, 涉水不溺. 有其物而無其價, 非明珠雜貨寶所能及也." 又率胡人一萬貫, 胡樂輸其財, 而不爲恨. 瓶中有珠十二顆. (出『廣異記』)

403 · 14(5295)
자 패(紫 貝)

자패란 곧 아라(砑螺)를 말한다. 담주(儋州)와 진주(振州)에 사는 이민족들은 바닷가에서 이것을 채취해 화폐로 사용한다. 『남월지(南越志)』에 다음과 같은 기록이 있다.

"땅에서 나는 커다란 조개껍질이 바로 자패이다."

(『영표록이』)

紫貝卽砑螺也. 儋振夷黎, 海畔採以爲貨. 『南越志』云: "土産大貝, 卽紫貝也." (出『嶺表錄異』)

403 · 15(5296)
위 생(魏 生)

당(唐)나라 때 안사(安史)의 난이 평정된 이후의 일이다. 위생이라는 사람은 젊었을 적에 공훈을 세운 외척(外戚)의 자손이었던 덕택에 왕우(王友: 官名. 왕의 師友)를 역임하여 몇 만 금의 가산을 축적했다. 그러나 옳지 못한 친구를 사귄 탓에 나날이 궁핍해져 결국 선비들에게 배척당하는 꼴이 되었다. 그는 피난을 가느라 아내를 데리고 영남(嶺南) 지방으로 들어갔다가 몇 년 뒤에 난이 평정되자 다시 고향으로 돌아가게 되었다. 배가 건주(虔州) 경계 부근에 이르렀을 때 폭우가 쏟아지다 그치자 그는 강 언덕에 올라 사방을 둘러보았다. 그때 그는 갑자기 모래톱 사이의 한 곳에서 위로 수십 장이나 되게 연기가 치솟아 오르고 있는 것을 보았다. 그가 그곳으로 가 찾아보았더니 돌 사이에 손바닥만한 크기의 돌 조각이 보였는데, [깨진] 항아리 조각 같기도 했고 그냥 돌 같기도 했다. 또 푸른빛과 붉은빛이 반씩 나 있었는데, 그 경계가 매우 명확했다. 그는 그것을 가지고 돌아온 다음 책 상자 안에 넣어두었다.

집에 돌아와 보니 예전에 있던 것은 모조리 없어지고 관직을 구하기 위해 손 쓸 돈도 한 푼 없었기 때문에 남의 집을 빌려 살았다. 그곳의 시장 점포에는 호인(胡人) 상인들이 많았다. 옛 친구들은 그의 신세를 불쌍히 여겨 그에게 재물을 조금씩 나누어 주었다. 한번은 호인 상인들이 보회(寶會)를 열었다. 호인 상인들은 관례 상 1년에 한번 씩 마을 사람들과 '열보물(閱寶物)'이라는 명칭의 대회를 열었는데, 보물이 가장 많은 사람이 모자를 쓰고서 맨 윗자리에 앉고 나머지 사람들은 [보석이 많은] 차례대로 줄지어 앉았다. [이번 '열보물' 대회에] 호인들이 위생을 초청해 함께 관람하도록 하자 위생은 갑자기 지난번에 주워온 그 물건을 생각해내고는 상자에서 꺼내 품에 품고 집을 나섰다. 그러나 감히 먼저 말을 꺼내지 못하고 말석에 자리를 잡고 앉았다. 식사를 마친 뒤에 여러 호인들은 [각자 가지고 온] 보물들을 꺼내기 시작했다. 가장 윗자리에 앉은 사람이 명주(明珠) 네 개를 꺼냈는데, 큰 것은 직경이 1촌도 넘었다. 그러자 나머지 호인들이 모두 일어나 머리를 조아리며 예를 갖춰 절을 올렸다. 그 다음 자리에 앉아있던 사람들이 꺼낸 것은 세 개 혹은 두 개씩이었는데, 그것들 역시 모두 보물이었다. 순서가 말석으로 오자 여러 호인들은 모두 웃으면서 위생을 놀리며 말했다.

"그대도 보물이 있는가?"

위생이 말했다.

"있습니다."

그리고는 품고 있던 것을 꺼내 보이며 혼자 웃었다. 그러자 30여 명의 호인들이 모두 일어나 위생을 부축하여 맨 윗자리에 앉히더니 한 명씩 돌아가며 충분히 예를 갖춰 절을 올렸다. 위생은 처음에 자기가 놀림을 당하고 있다고 생각하여 수치심과 두려움에 떨었으나 나중에 그들이 진심인 것을 알고 크게 놀랐다. 그 돌을 본 늙은 호인 중에는 운 사람도 있었다. 여러 호인들은 위생에게 값은 원하는 대로 줄 테니 이 보물을 자기들에게 팔라고 청했다. 위생이 큰 맘 먹고 100만 냥을 달라고 했더니 여러 호인들은 모두 화를 내며 이렇게 말했다.

"무슨 연유로 우리들의 보물을 모욕하시오?"

그가 차츰 값을 올려 천만 냥까지 불렀더니 호인들은 그제야 샀다. 위생이 몰래 호인에게 물었다.

"이 보물은 이름이 무엇입니까?"

호인이 대답했다.

"이것은 본디 우리나라의 보물인데, 전란으로 인해 잃어버린 지 이미 30여년이나 되었습니다. 우리나라 왕께서 이것을 찾으시며 이렇게 말씀하셨습니다. '이것을 얻는 자는 재상에 명할 것이다.' 이제 돌아가면 저희들은 모두 후한 상을 얻게 될 것이니 어찌 [값어치가] 수백 만 냥밖에 안 나가겠습니까?"

위생이 어디다 쓰는 물건이냐고 물었더니 이렇게 대답했다.

"이것은 보모(寶母)입니다. 매 달 보름 저희 왕께서는 친히 바닷가에 나가시어 제단을 차려놓고 제사 지내는데, 이것을 제단위에 올려놓으면 하룻밤 사이에 명주와 보배 등이 저절로 모여들지요. 그래서 '보모'라는 이름이 붙여진 것입니다."

위생은 이전의 재산보다도 갑절이나 많은 재산을 얻었다. (『원화기』)

唐安史定後. 有魏生者, 少以勳戚, 歷任王友, 家財累萬. 然其交結不軌之徒, 由是窮匱, 爲士旅所擯. 因避亂, 將妻入嶺南, 數年, 方寧後歸. 舟行至虔州界, 因暴雨息後, 登岸肆目. 忽於砂磧間, 見一地, 氣直上衝數十丈. 從而尋之, 石間見石片如手掌大, 狀如甕片, 又類如石. 半靑半赤, 甚辨焉. 試取以歸, 致之書篋.

及至家, 故舊蕩盡, 無財賄以求敍錄, 假屋以居. 市肆多賈客胡人等. 舊相識者哀之, 皆分以財帛. 嘗因胡客自爲寶會. 胡客法, 每年一度與鄕人大會, 名'閱寶物', 寶物多者, 戴帽居於坐上, 其餘以次分列. 召生觀焉, 生忽憶所拾得物, 取懷之而去. 亦不敢先言之, 坐於席末. 食訖, 諸胡出寶. 上坐者出明珠四, 其大逾徑寸. 餘胡皆起, 稽首禮拜. 其次以下所出者, 或三或二, 悉是寶. 至坐末, 諸胡咸笑, 戲謂生: "君亦有寶否?"生曰: "有之."遂所出懷以示之, 而自笑. 三十餘胡皆起, 扶生於座首, 禮拜各足. 生初爲見譴, 不勝憖悚, 後知誠意, 大驚異. 其老胡見此石, 亦有泣者. 衆遂求生, 請市此寶, 恣其所索. 生遂大言, 索百萬, 衆皆怒之: "何故辱吾此寶?"加至千萬乃已.

潛問胡: "此寶名何?"胡云: "此是某本國之寶, 因亂遂失之, 已經三十餘年. 我王求募之, 云: '獲者拜國相.' 此歸皆獲厚賞, 豈止於數百萬哉?"問其所用, 云: "此寶母也. 但每月望, 王自出 設壇致祭之, 以此置壇上, 一夕, 明珠寶貝等皆自聚. 故名'寶母'也."生得財倍其先資也. (出『原化記』)

태평광기

권제 404

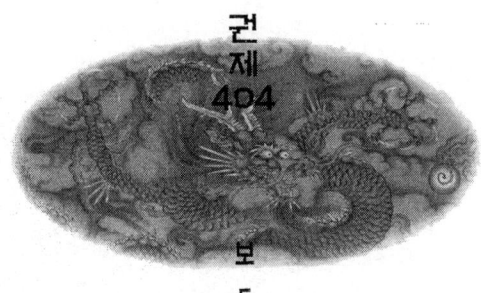

보 5

(雜寶) 하

1. 숙종조팔보(肅宗朝八寶)
2. 영 광 두(靈 光 豆)
3. 만 불 산(萬 佛 山)
4. 대 모 분(玳 瑁 盆)
5. 벽 진 건(辟 塵 巾)
   부광구(浮光裘) (有目無文)
6. 중 명 침(重 明 枕)
7. 삼 보 촌(三 寶 村)
8. 화　　옥(火　　玉)
9. 마 노 궤(馬 腦 櫃)
10. 잠　씨(岑　　氏)

404 · 1(5297)
숙종조팔보(肅宗朝八寶)

[唐나라] 개원연간(開元年間: 713~741)에 이씨(李氏)가 하약씨(賀若氏)에게 시집갔는데, 하약씨가 죽자 속세를 떠나 비구니가 되었다. 이씨는 법명을 진여(眞如)로 하고 공현(鞏縣) 효의교(孝義橋)에 살았다. 그녀는 품행이 고결하여 원근의 사람들이 모두 그녀를 추종했다.

천보(天寶) 원년(742) 7월 7일에 진여가 정사(精舍)의 문 밖에서 세수를 하고 있었는데, 갑자기 오색구름이 동쪽에서 오더니 구름 속에서 손이 나왔으나 사람의 모습은 보이지 않았다. 그 손이 주머니를 진여에게 서서히 주며 말했다.

"보물로 간직하고 절대로 다른 사람에게 말하지 말아라."

진여는 그 주머니를 정성껏 간수하면서 감히 잃어버리거나 떨어뜨리지 않았다. 천보연간(天寶年間: 742~755) 말에 안록산(安祿山)이 반란을 일으켜 중원이 전란으로 들끓자 벼슬아치들은 남쪽으로 피난갔고, 진여도 이곳저곳을 떠돌다가 초주(楚州) 안의현(安宜縣)에 머물게 되었다.

숙종(肅宗) [至德] 원년(756) 건자월(建子月: 11월) 18일 밤에 진여가 머물고 있는 곳에 갑자기 검은 옷을 입은 두 사람이 나타나 진여를 데리고 동남쪽으로 갔는데, 그들은 50~60보를 걸어 한 성에 도착했다.

그 성의 누대와 건물들은 웅장하고 화려했으며 수비병들은 질서 있고 엄숙했다. 검은 옷 입은 사람이 그 성을 가리키며 말했다.

"화성(化城)이오."

성안에는 대전이 있었고 자색 옷을 입고 보석으로 장식된 관을 쓴 한 사람이 있었는데 천제(天帝)라고 했다. 또 20여 명의 사람들이 있었는데, 옷차림새 역시 천제와 같았으며 제천(諸天)이라고 불렸다. 제천들이 자리에 앉고는 진여를 불러들였다. 진여가 들어오자 제천들이 서로 말했다.

"하계에 난리가 일어난 지 오래되어 너무 많은 사람을 죽여서 더러운 비린내가 하늘까지 엄습하는데, 어떤 방법으로 해결해야 할지 모르겠소."

한 제천이 말했다.

"신보(神寶)로 그 기운을 누르는 게 가장 낫겠소."

또 한 제천이 말했다.

"당연히 세 번째 보물을 사용해야 하오."

또 한 제천이 말했다.

"지금 역병이 한창 성하여 더러운 독소가 뭉쳐 있으니 세 번째 보물로 막기에는 부족할 것이오. 두 번째 보물을 사용해야만 난리도 그치고 어지러운 세상도 깨끗해질 것이오."

천제가 말했다.

"그렇게 하시오."

이에 천제는 보물을 꺼내 진여에게 주면서 말했다.

"너는 가서 자사(刺史) 최신(崔侁)으로 하여금 이 보물을 천자께 진상토록 하여라."

또 천제가 진여에게 말했다.

"전에 너에게 주었던 작은 주머니에 있는 다섯 가지 보물은 신하가 볼 수 있는 것이고 지금 준 여덟 가지 보물은 오직 왕만이 볼 수 있는 것이니, 너는 삼가 바뀌지 않도록 해라."

그리고는 보물의 이름과 사용방법을 진여에게 알려준 뒤에 또 검은 옷을 입은 사람에게 그녀를 전송하게 했다.

다음 날 진여가 현에 가서 아뢰자 현령(縣令) 왕도지(王滔之)는 문서를 써서 주(州)에 알렸다. 주에서는 왕도지의 문서를 받았으나 때마침 자사가 멀리 나가야 했기 때문에 현의 문서를 종사(從事) 노항(盧恒)에게 보여주며 말했다.

"안의현에 요망한 비구니의 일이 있는데 매우 괴이하다. 네가 속히 가서 조사해보도록 하라."

노항이 현에 도착하여 진여를 불러놓고 왕법(王法)으로 다스리려고 하자 진여가 말했다.

"상제의 명령을 누가 감히 거역할 수 있단 말이오! 이 보물은 사람의 힘으로 얻을 수 있는 것이 아닌데도 어찌 의심을 하시오?"

그리고는 주머니 속의 다섯 가지 보물을 노항에게 보여주었다. 첫 번째는 '현황천부(玄黃天符)'로 홀(笏)처럼 생겼고 8촌 남짓한 길이에 3촌의 넓이였다. 그것은 위가 둥글고 아래가 네모났는데 둥근 곳 가까이에 구멍이 있었으며 황옥(黃玉)으로 만들었다. 그것은 빛깔이 찐 밤과 비슷하고 엉긴 기름처럼 맑으며 인간 세상의 전쟁과 역병을 막을 수 있었다. 두 번째는 '옥계(玉雞)'로 깃털과 무늬가 완전히 갖춰져 있었으며 백옥(白玉)으로 만들었다. 왕이 효로써 천하를 다스리면 옥계가 나타난다고 했다. 세 번째는 '곡벽(穀璧)'으로 백옥으로 만들었고 5~6촌의 지름에 곡식의 모양이 저절로 무늬를 이루었는데, 그 무늬가 조각한 것과 다르지 않았다. 왕이 이것을 얻으면 오곡이 풍성해진다고 했다. 네 번째는 '왕모옥환(王母玉環)' 2개로 역시 백옥으로 만들었고 6촌의 지름에 호(好: 璧孔)가 육(肉: 邊)의 두 배였다. 왕이 이것을 얻으면 다른 나라들을 귀속시킬 수 있다고 했다. 그 옥색은 광채가 넘쳐흘러 보통 옥과는 매우 달랐다. 노항이 말했다.

"옥은 옥이나 어찌 보물인 줄 알겠는가?"

그러자 진여가 보물들을 모두 꺼내 쟁반에 받쳐 들고 하늘을 향해 비추자 그 빛이 모두 태양을 쏘아 쳐다보아도 빛의 끝을 알 수 없었다. 노항과 현리(縣吏)들이 그것을 보고 모두 기이하게 여겼다.

다음 날 최신이 오자 노항이 최신에게 아뢰었다.

"이 보물들은 아마도 하늘에서 내려준 것으로 인간세상의 것이 아닌 듯 합니다."

최신은 보물들을 다시 조사해 보았으나 틀림이 없자 한참동안 놀라며 감탄했다. 그리고는 즉시 그 일을 절도사(節度使) 최원(崔圓)에게 모두 아뢰었다. 최원은 기이하다고 여겨 진여를 관부로 불러 보물들을 하나하나 살펴보고자 했다. 진여가 말했다.

"안 됩니다."

하지만 최원이 강요하자 진여는 어쩔 수 없이 다시 여덟 가지 보물을 꺼냈다. 첫 번째는 '여의보주(如意寶珠)'로 동그란 모양에 계란만한 크기였는데, 그 빛이 영롱하여 당(堂) 안에 두면 보름달처럼 밝았다. 두 번째는 '홍말갈(紅秣鞨)'로 큰 밤만하고 붉은 앵두처럼 붉었는데, 보기에는 손만 닿으면 부서질 것 같았지만 만져보면 단단하여 깨뜨릴 수 없었다. 세 번째는 '낭간주(琅玕珠)'로 팔찌 같은 모양에 4분의 1이 이지러졌고 지름이 5~6촌이었다. 네 번째는 '옥인(玉印)'으로 손바닥 반만한 크기에 그 무늬는 움푹 들어간 사슴뿔 인장처럼 생겼는데, 그 안에 물건을 넣으면 그 형체가 밖으로 드러났다. 다섯 번째는 '황후채상구(皇后採桑鉤)' 2개로 5~6촌의 길이에 젓가락처럼 가늘고 그 끝이 구부러져 있었는데, 그것은 금 같기도 하고 은 같기도 하며 또 달군 구리 같기도 했다. 여섯 번째는 '뇌공석(雷公石)' 2개로 도끼 모양에 길이는 4촌 정도 되고 넓이는 1촌 남짓이었는데, 구멍이 없고 청옥(靑玉)처럼 매끄러웠다. 여덟 가지 보물을 태양 아래에 놓아두면 흰 기운이 하늘까지 닿고 어두운 방안에 놓아두면 달처럼 밝았다. 그 보물들을 가지고 사악한 기운을 막는 방법은 진여가 모두 비밀로 하고 있어서 알 수가 없었다. 최원이 표문을 써서 황제께 상주하려고 하자 진여가 말했다.

"천제께서 최신에게 명했는데 어찌하여 그 일을 하려고 하십니까?"

최원은 두려워서 그만두었다.

이에 최신은 노항을 보내 진여를 따라가서 황제께 보물을 바치게 했다. 당시에 사조의(史朝義)가 송주(宋州)를 포위하고 또 남쪽으로 신주(申州)를 함락했기에 회하(淮河)의 길이 막혀 있었다. 결국 노항과 진여는 강 길을 따라 올라가 상산(商山)을 거쳐 관(關: 潼關)으로 들어가서 건사월(建巳月: 4월) 13일에 도성에 도착했다. 그때 숙종은 병세가 매우 위독했는데 보물을 보고 급히 대종(代宗)을 불러 말했다.

"너를 초왕(楚王)에서 황태자로 임명하겠다. 지금 하늘에서 보물을 내려주셨는데, 초주에서 얻었으니 상제께서 너에게 준 것이다. 마땅히 아껴 잘 보존해야 할 것이다."

대종은 재배하고 보물들을 받았다. 보물을 받았다는 이유로 그 날에 보응(寶應) 원년(762)으로 연호를 바꾸었다. 황제[代宗]가 등극한 뒤 초주를 상주(上州: 州의 等級으로 江北은 戶口 1만 5천 戶이상, 江南은 5만 戶이상을 일컬음)로 승격시키고 현(縣)을 망현(望縣: 縣의 等級으로 추정)으로 승격시켰으며 현의 이름을 안의현에서 보응현(寶應縣)으로 바꾸었다. 자사와 보물을 진상한 관리들은 모두 발탁되어 높은 벼슬을 받았다. 진여에게는 '보화대사(寶和大師)'라는 칭호가 내려졌고 두터운 총애와 더욱 많은 하사품들을 받았다.

그 뒤로 전란은 점차 누그러지고 해마다 풍년으로 곡식이 넘쳐나 나라 안은 거의 태평한 시대에 이르렀으니, 바로 보응이라는 말이 딱 들어맞은 것이다. 진여가 살며 보물을 얻은 곳은 강가에 넓고 탁 트인 땅으로 그곳에서는 만물이 풍성하게 자랐다. 진여가 살던 집터는 나중에 육합현위(六合縣尉) 최정(崔珽)의 집이 되었는데, 서당(西堂) 사이에 있다. 전하는 말에 의하면, 서역(西域)의 호인(胡人)들은 서당 옆을 지날 때마다 지금까지도 그곳을 우러러보며 예를 올린다고 한다. (『두양잡편』)

開元中, 有李氏者, 嫁於賀若氏, 賀若氏卒, 乃捨俗爲尼. 號曰眞如, 家於翟縣孝義橋. 其行高潔, 遠近宗推之.

天寶元年, 七月七日, 眞如於精舍戶外盥濯之間, 忽有五色雲氣, 自東而來, 雲中引手, 不見其形. 徐以囊授眞如曰: "寶之, 愼勿言也." 眞如謹守, 不敢失墜.

天寶末,祿山作亂,中原鼎沸,衣冠南走,眞如展轉流寓於楚州安宜縣.

肅宗元年,建子月十八日夜,眞如所居,忽見二人,衣皁衣,引眞如東南而行,可五六十步,值一城,樓觀嚴飾,兵衛整肅.皁衣者指之曰:"化城也."城有大殿,一人衣紫衣,戴寶冠,號爲天帝.復有二十餘人,衣冠亦如之,呼爲諸天.諸天坐,命眞如進.既而諸天相謂曰:"下界喪亂時久,殺戮過多,腥穢之氣,達於諸天,不知何以救之."一天曰:"莫若以神寶壓之."又一天曰:"當用第三寶."又一天曰:"今厲氣方盛,穢毒凝固,第三寶不足以勝之,須以第二寶,則兵可息,亂世可淸也."天帝曰:"然."因出寶授眞如曰:"汝往令刺史崔侁,進達於天子."復謂眞如曰:"前所授汝小囊,有寶五段,人臣可得見之,今者八寶,唯王者所宜見之,汝愼勿易也."乃具以寶名及所用之法授眞如,已而復令皁衣者送之.

翼日,眞如詣縣,攝令王滔之,以狀聞州.州得滔之狀,會刺史將行,以縣狀示從事盧恒曰:"安宜縣有妖尼之事,怪之甚也.亟往訊之."恒至縣,召眞如,欲以王法加之,眞如曰:"上帝有命,誰敢廢墜!且寶非人力所致,又何疑焉?"乃以囊中五寶示恒.其一曰'玄黃天符',形如笏,長可八寸餘,濶三寸.上圓下方,近圓有孔,黃玉也.色比蒸栗,潭若凝脂,辟人間兵疫邪癘.其二曰'玉雞',毛文悉備,白玉也.王者以孝理天下則見.其三曰'穀璧',白玉也,徑五六寸,其文粟粒自生,無異雕鐫之狀.王者得之,卽五穀豐稔.其四曰'王母玉環',二枚,亦白玉也,徑六寸,好倍於肉.王者得之,能令外國歸復.其玉色光彩溢發,特異於常.盧恒曰:"玉信玉矣,安知寶乎?"眞如乃悉出寶盤,向空照之,其光皆射日,仰望不知光之所極也.恒與縣吏同視,咸異之.

翼日侁至,恒白於侁曰:"寶盖天授,非人事也."侁覆驗無異,歎駭久之,卽具事白報節度使崔圓.圓異之,徵眞如詣府,欲歷觀之.眞如曰:"不可."圓固强之,眞如不得已,又出八寶.一曰'如意寶珠',其形正圓,大如雞卵,光色瑩澈,置之堂中, 明如滿月. 其二曰'紅䣛輞', 大如巨栗, 赤爛若朱櫻, 視之可應手而碎, 觸之則堅重不可破也. 其三曰'琅玕珠', 其形如環, 四分缺一, 徑可五六寸. 其四曰'玉印', 大如半手, 其文如鹿陷之印, 中著物則形見. 其五曰'皇后採桑鉤', 二枚, 長五六寸, 其細如筯, 屈其末, 似金又似銀, 又類熟銅. 其六曰'雷公石', 二枚, 斧形, 長可四寸, 濶寸許, 無孔, 膩如靑玉. 八寶置之日中, 則白氣連天, 措諸陰室, 則燭耀如月. 其所壓勝之法, 眞如皆祕, 不可得而知也. 圓爲錄表奏之, 眞如曰: "天命崔侁, 事爲若何?" 圓懼而止.

侁乃遺盧恒隨眞如上獻. 時史朝義方圍宋州, 又南陷申州, 淮河道絶. 遂取江路而上, 抵商山入關, 以建巳月十三日達京. 時肅宗寢疾方甚, 視寶, 促召代宗謂曰: "汝自('自'原作'是', 據明鈔本改)楚王爲皇太子. 今上天賜寶, 獲於楚州, 天許汝也. 宜保愛之." 代宗再拜受賜. 得寶之故, 卽日改爲寶應元年. 上旣登位, 及昇楚州爲上州, 縣爲望縣, 改縣名安宜爲寶應焉. 刺史及進寶官, 皆有超擢. 號眞如爲'寶和大師', 寵錫有加.

自後兵革漸偃, 年穀豐登, 封域之內, 幾至小康, 寶應之符驗也. 眞如所居之地得寶, 河壖高廠, 境物潤茂. 遺址後爲六合縣尉崔桯所居, 西堂之間. 相傳云, 西域胡人過其傍者, 至今莫不望其處而瞻禮焉. (出『杜陽雜編』)

404・2(5298)
영광두(靈光豆)

[唐나라] 대종(代宗) 대력연간(大曆年間: 766~779)에 일림국(日林國: 전설상의 나라 이름으로 任昉의 『述異記』에 보임)에서 영광두(靈

光豆: 신령한 빛이 나는 콩)와 용각차(龍角釵: 용 뿔로 만든 비녀)를 진상했다. 그 나라는 바다에서 동북쪽으로 4만 리 떨어진 곳에 있다[원문은 '因其國有海, 東北四方里'로 되어 있으나 『杜陽雜編』 卷上에 의거하여 '其國在海東北四萬里'로 고쳐 번역함]. 그 나라의 서쪽에는 괴석(怪石)들이 수백 리에 깔려 있는데, 괴석의 빛이 투명하여 사람의 오장육부를 비출 수 있었기 때문에 '선인경(仙人鏡)'이라고도 불렀다. 그 나라 사람 중에 병든 사람이 선인경으로 비춰서 어떤 장 어떤 부에 문제가 있다는 것을 안 다음 직접 신초(神草)를 캐 먹으면 낫지 않는 병이 없었다.

영광두는 크기가 중국의 녹두와 비슷했는데 진홍색을 띠고 그 빛이 수척 길이까지 비쳤다. 그 나라 사람들은 영광두를 '힐다주(詰多珠)'라고도 불렀는데, 돌 위에 자라는 창포 잎과 함께 끓이면 크기가 거위 알만해지고 그 속은 순수한 자줏빛으로 변하며 그것을 달면 무게가 1근 정도 나갔다. 황제는 한 알을 먹고서 그 맛과 향기가 비할 데 없다며 감탄했는데, 며칠이 지나도록 배고프고 목마르다는 말을 하지 않았다.

용각차는 옥과 비슷하고 감색이며 위에 교룡의 형상이 조각되어 있었다. 그 조각이 정교하고 아름다워 사람이 만든 것 같지 않았다. 황제는 용각차를 독고비(獨孤妃)에게 하사했는데, 그녀가 황제와 함께 용지(龍池)에서 배를 타고 있을 때 자색 구름이 두 사람 위에서 생겨나더니 잠깐 사이에 배 안에 가득해졌다. 그래서 황제가 용각차를 당(堂) 안에 두게 하고 물을 뿜게 하자 용각차는 두 마리 용으로 변하더니 하늘로 올라가 동쪽으로 사라졌다.(『두양잡편』)

代宗大曆中, 日林國獻靈光豆·龍角釵. 因其國有海, 東北四方里. 國西悋石方數百里, 光明澄澈, 可鑒人五臟六腑, 亦謂之'仙人鏡'. 國人有疾, 輒照之, 使知起於某臟某腑, 即自採神草餌之, 無不愈焉.

靈光豆, 大小類中華之菉豆, 其色殷紅, 而光芒可長數尺. 本國亦謂之'詰多珠', 和石上菖蒲葉煮之, 即大如鵝卵, 其中純紫, 稱之可重一觔. 帝啗一丸, 歎其香美無比, 而數日不復言饑渴.

龍角釵類玉, 紺色, 上刻蛟龍之形. 精巧奇麗, 非人所製. 帝賜獨孤妃子, 與帝同汎舟於龍池, 有紫雲自二上而生, 俄頃滿於舟中. 帝由是命置之於堂內, 以水噴之, 化爲二龍, 騰空東去矣. (出『杜陽雜編』)

404・3(5299)
만불산(萬佛山)

[唐나라] 황제는 불교를 숭상해서 각종 향료를 빻아 은가루와 섞어서 불실(佛室)에 바르게 했다. 그때 신라국(新羅國)에서 오색 구유(氍毹: 양탄자)와 만불산(萬佛山)을 진상했는데, 만불산은 높이가 1장(丈)이었다. 황제는 그것을 불실에 갖다놓게 하고 오색 구유를 그 바닥에 깔게 했다. 오색 구유의 섬세하고 아름다움 역시 한 시대에 으뜸이었다. 오색 구유는 사방 1촌 안마다 음악에 맞춰 노래하고 춤추는 기녀들과 여러 나라의 산천 형상들이 짜여져 있었다. 때로 미풍이 불실로 들어올 때면 오색 구유 위에 짜여진 벌과 나비들이 움직이고 제비와 참새가 춤을 추었는데, 굽어보아도 진짜인지 가짜인지 구분할 수 없었다.

만불산은 단향목과 주옥을 조각해서 만들었는데, 그 불상의 모습이 큰 것은 1촌이 넘었고 작은 것은 8~9푼에 불과했다. 불상의 머리는 기장만 한 것도 있고 콩만 한 것도 있었는데, 그 안에는 눈썹과 눈·입·귀·나계(螺髻: 如來佛의 머리 형태로 소라껍질 모양임)·호상(毫相: 白毫相으로 世尊의 미간 사이에 있는 흰 털)이 모두 갖추어져 있었다. 그리고 땋은 실로 금옥(金玉)과 수정(水精)을 엮어 번개(幡蓋: 깃발과 수레 덮개. 원문은 '蟠蓋'로 되어 있으나 『杜陽雜編』 卷上에 의거하여 고침)·유소(流蘇: 수레나 휘장에 다는 장식술)·암라(菴羅: 橄欖樹. 원문은 '菴贍'으로 되어 있으나 『杜陽雜編』 卷上에 의거하여 고침)·담복(薝蔔: 치자나무. 원문은 '蔔羅'로 되어 있으나 『杜陽雜編』 卷上에 의거하여 고침) 등의 나무를 만들었고, 온갖 보석으로 누(樓)·각(閣)·대(臺)·전(殿)을 만들었는데, 그 모습은 비록 작았지만 날아 움직이는 듯한 형상이었다. 그 앞에는 천 명이 넘는 수도승들이 있었고 아래에는 3촌 넓이의 자금종(紫金鐘)이 있었는데, 포뢰(蒲牢: 전설 속에 나오는 바닷가에 사는 동물로, 그 울음소리가 매우 맑아 종 위에 그 형상을 주조했음)가 종을 머금고 있어서 종을 칠 때마다 수도승들이 땅에 엎드려 예배를 드렸다. 그 종 속에서 들려오는 은은한 소리를 사람들은 범성(梵聲: 불경을 읊는 소리)이라고 여겼다. 아마도 종과 어떤 장치가 연결되어 있는 것 같았다. 그 산은 비록 만불(萬佛)이라고 이름 붙였지만 불상의 수는 셀 수 없을 정도로 많았다. 황제는 산의 절벽 사이에 구광선(九光扇)을 설치하게 했다. 4월 초파일에 양가(兩街: 長安의 橫街와 朱雀大街로 널리 長安을 지칭하기도 함)의 스님들을 불러 내도량(內道場: 궁궐에서 佛事를 거행하던 도량으로 궁궐 안에 있다고 해서 내도량이라 부름)으로 들어오게 해서 만불산에 예배를 올리게 했는데, 당시 만불산을 본 사람들은 사람의 솜씨가 아니라고 감탄했다. 때마침 대전에서 빛이 나오는 것이 보여 모두들 불광(佛光)이라고 했지만 사실 구광선에서 나오는 빛이었다. 이로 인해 황제는 삼장(三藏: 經藏・律藏・論藏에 뛰어난 스님) 스님 불공(不空)에게 천축국(天竺國)의 밀어(密語) 천 마디를 읊게 하고서 물러가게 했다. (『두양잡편』)

上崇釋氏敎, 乃春百品香('香'原作'山', 據明鈔本改)和銀粉以塗佛室. 遇新羅國獻五色氍毹, 及萬佛山, 可高一丈. 上置於佛室, 以氍毹籍其地. 氍毹之巧麗, 亦冠絶於一時. 每方寸('方寸'原作'放', 據『杜陽雜編』上改)之內, 卽有歌舞妓('妓'原作'之', 據明鈔本改)樂, 列國山川之狀. 或微風入室, 其上復有蜂蝶動搖, 鷰雀飛舞, 俯而視之, 莫辨其眞假.

萬佛山, 雕沉檀・珠玉以成之, 其佛形, 大者或逾寸, 小者八九分. 其佛之首, 有如黍米者, 有如菽者, 其眉・目・口・耳・螺髻・毫相悉具. 而繽縷金玉・水精, 爲幡蓋・流蘇, 菴臁・葍羅等樹, 搆百寶爲樓閣臺殿, 其狀雖微, 勢若飛動. 前有行道僧, 不啻千數, 下有紫金鐘, 濶('濶'原作'閣', 據『杜陽雜編』上改)三寸, 以蒲牢銜之, 每擊鐘, 行道僧禮拜至地. 其中隱隱, 謂之梵聲. 蓋關鈒在乎鐘也. 其山雖以萬佛爲名, 其數則不可勝計. 上置九光扇於巖巘間. 四月八日, 召兩街僧徒入內道場, 禮萬佛山, 是時觀者歎非人工. 及見有光出於殿中, 咸謂之佛光, 卽九光扇也. 由是上命三藏僧不空, 念天竺密語千口而退. (出『杜陽雜編』)

404・4(5300)
대모분(玳瑁盆)

[唐나라] 보력(寶曆) 원년(825)에 남창국(南昌國)에서 대모분(玳瑁盆: 대모로 만든 대야)과 부광구(浮光裘: 빛이 반짝거리는 갖옷)・야명서(夜明犀: 밤에 빛이 나는 무소뿔)를 진상했다. 다음과 같은 말이 전한다.

그 나라에는 주산(酒山)과 자해(紫海)가 있다. 주산에 샘물이 있는데, 그 물맛이 술과 같아서 많이 마시면 취해서 하루 종일 깨어나지 못한다. 자해의 물은 그 빛깔이 푹 익은 오디 같고 옷을 염색할 수 있다. 그곳에 사는 물고기・용・거북・자라와 모래・돌・풀・나무들은 자색이 아닌 것이 없다.

대모분은 10곡(斛)을 담을 수 있는 용량에 밝은 금과 옥으로 장식되어 있었다. 한여름이 되면 황제[敬宗]는 대전 안에 대모분을 갖다 두고 물을 가득 담게 한 뒤 비빈들에게 금은 국자를 들고 물을 떠서 서로 뿌리게 하는 것을 오락으로 즐겼다. 부광구는 바로 자해의 물로 그 바탕천을 염색했고 오색 실로 각각 1300마리의 용과 봉황을 수놓았으며 아홉 빛깔의 진주[九色眞珠]를 꿰어놓았다. 황제가 부광구를 입고 북원(北苑)으로 나가 사냥할 때 아침 햇살이 비치면 부광구의 광채가 반짝거려 보는 사람들이 모두 눈이 어지러웠지만 황제는 그것을 그다지 귀하게 여기지 않았다. 하루는 황제가 말을 몰며 날짐승을 쫓다가 갑자기 폭우를 만났지만 부광구는 조금도 젖지 않았다. 황제는 그제야 감탄하며 부광구를 보물로 여겼다. 야명서는 그 모양이 통천서(通天犀: 아래위가 뚫려 연결된 무소뿔)와 비슷하며 밤이 되면 그 빛이 100보까지 비췄다. 비단 10겹으로 야명서를 감쌌지만 끝내 그 빛을 가릴 수 없었다. 황제는 결국 야명서를 잘라 허리띠를 만들게 했는데, 매번 [그것을 차고] 사냥을 나가면 밤이 되어도 낮처럼 밝아 횃불을 들 필요가 없었다. (『두양잡편』)

寶曆元年, 南昌國獻玳瑁盆·浮光裘·夜明犀. 云: 其國有酒山·紫海. 蓋('蓋'原作'而', 據『杜陽雜編』中改)山有泉, 其味如酒, 飮之甚醉則經日不醒. 紫海水('水'原作'太', 據明鈔本·陳校本改), 色如爛椹, 可以染衣. 其魚龍龜鼈·砂石草木, 無不紫焉.

玳瑁盆, 可容十斛, 外以金玉飾之. 及盛夏, 上置於殿內, 貯水令滿, 遣嬪御持金銀杓, 酌水相沃, 以爲嬉戲. 浮光裘, 卽紫海色染其地也, 以五彩絲蹙成龍鳳, 各一千三百, 仍綴以九色眞珠. 上衣之, 以獵於北苑, 爲朝日所照, 而光彩動搖, 觀者皆眩其目, 上亦不爲之貴. 一日, 馳馬從禽, 忽際暴雨, 而裘無纖毫霑濡. 方歎爲異物. 夜明犀, 其狀類通天犀, 夜則光明, 可照百步. 覆繒十重, 終不能掩其耀煥. 上遂命解爲腰帶, 每遊獵, 夜則不施其蠟炬, 有如晝日. (出『杜陽雜編』)

404·5(5301)
벽진건(辟塵巾)

고우(高瑀)가 채주(蔡州)에 있을 때 군장(軍將) 갑지회(甲知廻: 『酉陽雜俎』前集 卷6「器奇」에는 '錢知廻'라 되어 있음)가 장사를 하다가 수백만 냥을 손해 보았다. 갑지회가 다른 현으로 도망쳐서 채주에서

200여 리 떨어진 곳까지 갔을 때, 고우가 그를 잡아와 심문하게 했다. 갑지회는 [자신을 잡으러] 쫓아오는 것이 두려웠지만 아무런 계책도 생각해내지 못했다. 그의 친구들은 술상을 차려놓고 먹고 마시면서 그의 두려움을 풀어주려 했다. 10여 명의 손님 중에 황보현진(皇甫玄眞)이라는 처사(處士)가 있었는데, 거위 깃털 같은 흰옷을 입었으며 풍모가 매우 고아했다. 사람들은 모두 갑지회에게 고우가 너그러이 용서해줄 거라는 위로의 말을 했으나 황보현진만은 미소를 지으며 말했다.

"그것은 작은 일이오."

황보현진은 사람들이 돌아간 후, 혼자 남아서 갑지회에게 말했다.

"제가 한번은 동쪽을 유람하다가 두 가지 보물을 얻었는데, 그것으로 당신을 이 재난에서 벗어나게 할 수 있소."

갑지회가 감사해하며 수레와 말을 준비해 주겠다고 했으나 황보현진은 모두 사양하고 아주 빨리 가버렸다.

그 날 저녁에 황보현진은 채주에 도착하여 객점에서 하루밤을 묵고 새벽이 되자 고우를 알현했다. 고우는 황보현진을 보자마자 자기도 모르게 공경을 다했다. 이에 황보현진이 고우에게 말했다.

"저는 특별히 상서(尙書: 高瑀)께 갑지회의 목숨을 부탁하러 이곳에 왔습니다."

고우가 말했다.

"갑지회는 관가의 돈을 축냈지 저의 개인 재산을 축낸 것이 아니니 어찌하겠습니까?"

황보현진은 고우에게 좌우의 사람들을 물리게 하고는 말했다.

"제가 신라(新羅)에서 수건 하나를 얻었는데 먼지를 피할 수 있으니,

이것을 바쳐 갑지회의 목숨을 구하고자 합니다."

그리고는 수건을 품에서 꺼내 고우에게 주었다. 고우는 수건을 집자마자 이미 몸속에서 맑은 기운이 느껴지기에 놀라 말했다.

"이것은 신하가 가질 수 없는 것으로 값을 매길 수도 없는 보물입니다. 갑지회의 목숨 값은 충분히 치렀습니다."

황보현진은 고우에게 시험해보게 했다.

다음날 성곽 밖에서 연회가 열렸다. 그때는 가뭄이 오래되어 먼지가 매우 심했지만 고우가 돌아보았더니 자신 말의 말꼬리와 갈기, 그리고 좌우의 기병 여러 명까지 먼지가 하나도 묻지 않았다. 감군사(監軍使)가 그 사실을 알아차리고 고우에게 물었다.

"어째서 상서 혼자만 먼지가 묻지 않습니까? 혹시 이인을 만나 보물이라도 얻었습니까?"

고우가 숨기지 않고 말했더니 감군사는 처사[원문은 '處世'로 되어 있으나 『酉陽雜俎』前集 卷6 「器奇」에 의거하여 '處士'로 고침]를 만나보고 싶어 했다. 이에 고우는 감군사와 함께 갔다. 감군사가 황보현진에게 농담으로 말했다.

"도사(道士)는 상서만 아시오? 또 다른 보물이라도 있으면 한 번 보여주시오."

황보현진은 갑지회의 목숨을 구하게 된 일을 갖추어 기술하면서 또 말했다.

"약은 해동(海東: 新羅)에서 납니다. 지금 나에게 바늘 하나가 있는데, 효력은 수건보다 못하지만 한 몸의 먼지는 피할 수 있습니다."

감군사가 절하며 달라고 청하면서 말했다.

"이것을 얻는 것으로 충분하오!"

그러자 황보현진은 수건에서 바늘을 빼 그에게 주었는데, 바늘은 황금색이었다. 이에 감군사가 바늘을 수건에 꽂아 시험해 보았더니, 먼지 속을 달리는데도 자신과 말갈기・꼬리에는 먼지가 묻지 않았다. 고우와 감군사는 아침마다 예의를 갖추고 찾아와 그 도술의 요체를 구하려고 했지만, 황보현진은 어느 날 저녁에 갑자기 사라져버렸다. (『유양잡조』)

高瑀在蔡州, 有軍將甲知廻易, 折欠數百萬. 廻之外縣, 去州二百餘里, 高方令錮身勘甲. 甲憂迫, 計無所出. 其類因爲設酒食間解之. 座客十餘, 中有稱處士皇甫玄眞者, 衣白若鵝羽, 貌甚都雅. 衆皆有寬勉之辭, 皇甫但微笑曰: "此亦小事." 衆散, 乃獨留, 謂甲曰: "余嘗遊東, 獲二寶物, 當爲君解此難." 甲謝之, 請具車馬, 悉辭, 行甚疾.

其晚至州, 舍於店中, 遂晨謁高. 高一見, 不覺敬之. 因謂高曰: "玄眞此來, 特從尙書乞甲性命." 高遽曰: "甲欠官錢, 非瑀私財, 如何?" 皇甫請避左右, 言: "某於新羅獲巾子, 可辟塵, 欲獻此贖甲." 卽於懷探出授高. 高纔執, 已覺體中淸凉, 驚曰: "此非人臣所有, 且無價矣. 甲之性命, 恐足酬也." 皇甫請試之.

翼日, 因宴於郭外. 時久旱, 埃塵且甚, 高顧視馬尾鬣及左右騶卒數人, 並無纖塵. 監軍使覺, 問高: "何事尙書獨不霑塵坌? 豈遭逢異人, 獲至寶乎?" 高不敢隱, 監軍故求見處士. 高乃與俱往. 監軍戲曰: "道者獨知有尙書乎? 更有何寶, 願得一觀." 皇甫具述救甲之意, 且言: "藥出海東. 今余一針, 力差不及巾, 可令一身無塵." 監軍拜請曰: "獲此足矣." 皇甫卽於巾上抽與之, 針色如金. 監軍乃箚巾試之, 驟於塵中, 唯身及馬騣尾無塵. 高與監軍旦具禮往謁, 將請其道要('要'原作'雯', 據明鈔本・陳校本改), 一夕忽失所在. (出『酉陽雜俎』)

중명침(重明枕)

해외의 한 나라에서 중명침을 진상했는데, 1척 2촌의 길이에 높이가 6촌이었으며 수정처럼 희고 깨끗했다. 중명침 중간에는 누대의 형상이 새겨져 있고 사면에는 도사 10명이 있었는데, 향과 죽간을 들고 끝없이 돌고 있어서 '행도진인(行道眞人: 수행하고 있는 眞人)'이라고 불렀다. 중명침의 조각과 색깔, 진인의 머리 장식과 어깨걸이까지 갖추어지지 않은 것이 없었으며 투명하고 영롱했다. (『광덕신이록』)

有海外國貢重明枕, 長一尺二寸, 高六寸, 潔白類於水精. 中有樓臺之形, 四面有十道士, 持香執簡, 循環無已, 謂之'行道眞人'. 其鏤木丹靑, 眞人之首簪帔, 無不悉具, 仍通瑩焉. (出『廣德神異錄』)

삼보촌(三寶村)

부풍현(扶風縣) 서남쪽에 삼보촌이라는 마을이 있는데, 노인들 사이에 다음과 같은 말이 전해온다. 마을이 만들어질 때 어떤 호승(胡僧)이 마을 사람들에게 말했다.

"이 지역에는 보물의 기운이 서려 있는데, 지금 사람들은 얻지 못할 것이고 그것을 캐내는 데는 자연히 때가 있을 것입니다."

마을 사람들이 말했다.

"어떤 보물입니까?"

호승이 말했다.

"그것은 교지국(交趾國: 지금의 베트남 북부)의 보물로 세 가지입니다."

그래서 그 마을의 이름을 삼보(三寶)라고 지었는데, 아마도 그 일을 기억하기 위해서인 것 같다.

[唐나라] 개성(開成) 원년(836) 봄에 한 마을 사람이 밤에 꿈속에서 비녀가 꽂힌 검은 두건에 소매가 넓은 옷을 입은 남자가 허리에 긴 검을 찬 것을 보았는데, 그 모습이 매우 고풍스러웠다. 그 사람이 마을 사람에게 말했다.

"나는 일찍이 동한(東漢)에서 벼슬살이를 했는데, 광무제(光武帝) 때 비장군(飛將軍) 마공(馬公: 馬援)과 함께 교지국을 정벌하여 남쪽 사람들의 보물을 얻었다. 그 후에 마공은 모함을 받았는데, 사람들은 그가 남쪽의 많은 물건들을 약탈하여 모두 그의 집으로 실어 날랐다고 여겼다. 광무제는 화가 나서 그의 집을 수색하게 했다. 나는 내게도 화가 미칠까봐 두려워 이 곳에다 보물을 묻었다."

그 사람의 말이 아직 끝나지도 않았을 때 마을 사람은 꿈에서 깨어났다. 마을 사람은 곧장 꿈속의 일을 이웃들에게 모두 알렸다.

그 해 중하(仲夏: 음력 5월) 저녁에 달이 구름에 가려 어슴푸레할 때, 한 목동이 멀리서 서경(西京: 長安)의 들판 아래가 밝게 빛나는 것을 보았다. 그 빛은 비단을 끄는 것처럼 오랫동안 사라지지 않았다. 목동이 놀라 그 일을 아버지에게 알리고 즉시 그곳으로 달려가 보았더니 그 빛은 더욱 선명해져 다음날 밤까지 그대로 있었다. 그래서 마을 사람 여러 명이 밤에 그 빛을 찾아 굽어 살펴보았더니 그 빛은 땔나무를 태우듯이 땅에서 나오고 있었다. 이에 마을 사람들은 함께 그곳에 표식을 세워 표시해두었다. 다음 날 마을 사람들이 가래를 들고 표식 아래를 파서 약 1장(丈) 남짓 들어가자 황금 거북이 나왔다. 황금 거북은 2촌 정도의 길이였는데 기묘하게 만들어져서 지금 사람들은 보지 못한 것이었다. 또 보검 한 자루를 얻었는데 2척 4촌의 길이였다. 또 고경(古鏡) 하나를 얻었는데 지름이 1척 남짓이고 모두 먼지가 뿌옇게 쌓여 있었다. 마을 사람들은 보물을 얻어 가지고 현으로 가서 알렸다.

당시에 현령으로 있던 패국(沛國) 사람 유수(劉隨)는 보물들을 얻고서 먼저 검을 숫돌에 갈았더니 물결처럼 맑은 색깔이 드러나, 비록 절옥도(切玉刀)처럼 날카로운 칼이라 하더라도 그것 보다 더 할 수는 없었다. 검의 길이는 2척 4촌이지만 옛날에는 8촌을 1척이라 했으므로 당시에는 3척이었을 것이다. 그 거울은 갖가지 무늬가 복잡하게 얽혀 있었고 거울 코를 빙 둘러서 괴상한 짐승이 새겨져 있었는데, 세월이 오래되었으나 모양과 무늬는 조금도 이지러지지 않았다. 이에 유수는 거울을 깨끗하게 갈게 했는데, 맑은 상류의 물처럼 투명하여 진실로 천하의 기이한 보물이었다. 현령 유군(劉君: 劉隨)이 말했다.

"이것은 고대의 진귀한 보물이니 마땅히 왕부(王府)로 돌려보내서 천구(天球: 雍州에서 진상한 하늘색 옥)·화벽(和璧: 和氏璧)과 함께 상상(上庠: 古代의 大學)에서 빛나게 해야 한다."

유수는 결국 그 일을 편지로 써서 기양수(岐陽帥: 岐陽節度使)에게 알려 천자께 상주하고 보물을 바치고자 했다. 그런데 당시에 기롱절도사(岐隴節度使)였던 진군(陳君)이 그 보물을 얻고는 매우 아껴서 자신이 차지해버렸다. 이때부터 [보물이 어떻게 되었는지] 아는 사람이 없다. (『선실지』)

扶風縣之西南, 有三寶村, 故老相傳云: 建村之時, 有胡僧謂村人曰: "此地有寶氣, 而今人莫得之, 其啓發將自有時耳." 村人曰: "是何寶也?" 曰: "此交趾之寶, 數有三焉." 故因以三寶名其村, 盖識其事.

開成元年春, 村中民夜夢一丈夫者, 黑簪幘, 被廣袂之衣, 腰佩長劍, 儀狀峻古. 謂民曰: "吾嘗仕東漢, 當光武時, 與飛將馬公, 同征交趾, 嘗得南人之寶. 其後馬公遭謗, 以爲多掠南貨, 盡載以歸. 光武怒, 將命索其家. 吾懼且及禍, 故埋於此地." 言未訖而寤. 民卽以所夢具告於隣伍中.

是歲仲夏夕, 雲月陰晦, 有牧豎望見西京原下, 焰然有光. 若曳練焉, 久而不滅. 牧豎驚告其父, 卽馳往視之, 其光愈甚, 至明夕亦然. 於是里人數輩, 夜尋其光, 俯而觀之, 其光在土而出, 若焰薪火. 里人乃相與植準以表之. 其明日, 携鍤具, 窮表之下, 深約丈餘, 得一金龜. 長二寸許, 製度奇妙, 代所未識. 又得寶劍一, 長二尺有四寸. 又得古鏡一, 徑一尺餘, 皆塵跡蒙然. 里人得之, 遂持以詣縣.

時縣令沛國劉隨得之, 發硎其劍, 澹然若水波之色, 雖利如切玉, 無以加焉. 其長二尺四寸者, 盖古以八寸爲尺, 乃古三尺. 其鏡皆文跡繁會, 有異獸環繞鏡鼻, 而年代綿邈, 形理無缺. 乃命磨瑩, 其淸若上水之潔, 眞天下之奇寶也. 縣令劉君曰: "此爲古之珍玩, 宜歸王府, 可與天球・和璧, 焜燿於上库." 遂緘膠其事, 聞岐陽帥, 願表獻天子. 時陳君亦節度岐隴, 得而愛之, 因有其寶. 由是人無知者. (出『宣室志』)

404·8(5304)
화 옥(火 玉)

　[唐나라] 회창(會昌) 원년(841)에 부여국(扶余國)에서 세 가지 보물을 진상했는데, '화옥(火玉)'·'징명주(澄明酒)'·'풍송석(風松石)'이었다. 화옥은 붉은 색이고 반 촌 길이에 위가 뾰족하고 아래가 둥글었는데, 빛이 수십 보까지 비추었고 그것을 쌓아놓으면 솥을 끓일 수 있었다. 화옥을 방안에 두면 겨울에도 솜옷을 껴입을 필요가 없었기 때문에 궁궐 사람들이 늘 사용했다. 징명주 역시 이방(異方)에서 진상한 것인데, 자색의 기름 같았으며 사람들이 그것을 마시면 뼛속까지 향기로웠다. 풍송석은 사방 1장(丈)이고 옥처럼 영롱했으며 그 안에 나무가 있었는데, 그 나무는 그늘을 드리운 오래된 소나무처럼 생겼고 그 사이에서 쉬익! 하는 소리와 함께 차가운 바람이 불었다. 그래서 한여름이 되면 황제[武宗]는 대전 안에 그것을 놓아두게 했다가 가을바람이 불어오기 시작하면 곧 치우게 했다. (『선실지』)

　會昌元年, 扶余國貢三寶曰'火玉', 曰'澄明酒', 及'風松石'. 火玉色赤, 長半寸, 上尖下圓, 光照數十步, 積之可以燃鼎. 置之室內, 冬則不復亦挾纊, 宮人常用. 澄明酒, 亦異方所貢也, 色紫如膏, 飮之令人骨香. 風松石方一丈, 瑩澈如玉, 其中有樹, 形若古松偃盖, 颯颯焉而涼飇生於其間. 至盛夏, 上令置於殿內, 稍秋氣颼颼, 卽令徹去. (出『宣室志』)

404·9(5305)
마노궤(馬腦櫃)

 [唐나라] 무종(武宗)은 신선술을 좋아하여 망선대(望仙臺)를 지어 놓고 온종일 예를 올렸다. 또 융진실(隆眞室)을 지어 온갖 보석 가루를 빻아 바닥에 발랐고, 옥기둥, 황금 두공, 은 난간, 옥 섬돌은 영롱하게 빛나서 아무리 자주 보아도 질리지 않았다. 방안에는 대모장(玳瑁帳: 玳瑁 휘장)을 치고 화제상(火齊床: 火齊珠로 만든 탁자)을 놓았으며 용광향(龍光香)을 사르고 무우주(無憂酒)를 바쳤는데, 이것들은 모두 다른 나라에서 진상한 것들이었다. 황제는 매일 목욕재계하고 도사 조귀진(趙歸眞) 등을 불러 현묘한 도(道)의 이치를 탐구했다.

 그때부터 방안에 영지(靈芝) 두 그루가 자랐는데, 모두 홍옥(紅玉)과 같았다. 또 발해(渤海)에서 진상한 마노궤(馬腦櫃: 馬腦 궤짝)가 있었는데, 사방 3척에 꼭두서니 같은 진홍색으로 정교하게 만들어져 그 기교를 비할 데가 없었다. 황제는 그곳에 신선서(神仙書)를 보관하면서 대모장 옆에 두었다. 자괴분(紫瑰盆)은 반 곡(斛)이 들어갈 용량에 안팎이 투명했다. 그 색은 순수한 자줏빛이고 1촌 정도의 두께였지만 그것을 들면 기러기 깃털처럼 가벼웠다. 황제는 그 맑은 빛깔을 좋아하여 선실(仙室)에 두고 그곳에 약을 섞어 먹었다. 후에 재인(才人: 宮中의 女官名. 대부분 妃嬪들을 일컬음) 왕씨(王氏)가 옥팔찌를 던졌는데, 잘못 맞아 자괴분에 콩 반쪽만한 흠이 생겼다. 황제는 오랫동안 그것을 애석해하며 탄식했다. (『두양잡편』)

武宗好神仙術, 遂起望仙臺, 以崇朝禮. 更修隆眞室, 春百寶屑以塗地, 瑤楹·金栱, 銀檻·玉砌, 晶熒炫燿, 看之不足. 內設玳瑁之帳, 火齊之床, 焚龍光之香, 薦無憂之酒, 此皆他國所獻也. 帝每齋戒沐浴, 召道士趙歸眞以下, 用探希夷之理.
由是室內生靈芝二株, 皆如紅玉. 更遇渤海貢馬腦櫃, 方三尺, 深色如茜, 所作工巧, 無以爲比. 帝用貯神仙之書, 置之帳側. 紫瑰盆, 量容半斛, 內外通瑩. 其色純紫, 厚可一寸, 擧之則若鴻毛. 帝嘉其光潔, 遂處於仙室, 以和藥餌. 後王才人擲玉環, 悞缺其半菽. 上猶歎惜久之. (出『杜陽雜編』)

404 · 10(5306)
잠 씨(岑 氏)

임천(臨川) 사람 잠씨가 한번은 산에 놀러갔다가 시냇가에서 연밥만한 흰 돌 두 개를 보았는데, 두 돌이 서로 쫓아 달려가고 있었다. 잠씨는 두 돌을 잡아 가지고 집으로 돌아와서 수건 상자 안에 놓아두었다. 그날 밤 잠씨의 꿈에 흰 옷을 입은 두 미녀가 나타나 자기들을 자매라고 말하면서 잠씨를 옆에서 모시러 왔다고 했다. 잠씨는 잠에서 깨어나 그 돌이 기이하다는 것을 알아차리고는 두 돌을 늘 의대 속에 묶어 놓았다.

후에 잠씨가 예장(豫章)에 갔다가 한 파사국(波斯國: 페르시아 제국) 호인(胡人)을 만났는데, 그가 잠씨를 불러 물었다.

"당신은 보물을 가지고 계시지요?"

잠씨가 말했다.

"그렇습니다."

잠씨가 곧장 두 돌을 꺼내 보여주자 호인은 3만 냥을 주고 사겠다고 했다. 잠씨는 비록 그것이 보물이긴 하지만 쓸모가 없다고 생각하여 돈을 받고 기뻐하며 두 돌을 호인에게 주었다. 잠씨는 그 돈을 밑천으로 삼아 결국 넉넉해졌으나 그 돌의 이름과 용도를 물어보지 못한 것을 후회했다. (『계신록』)

臨川人岑氏, 嘗遊山, 谿水中見二白石, 大如蓮實, 自相馳逐. 捕而獲之, 歸置巾箱中. 其夕, 夢二白衣美女, 自言姊妹, 來侍左右. 旣寤, 盖知二石之異也, 恒結於衣帶中.

後至豫章, 有波斯胡人, 邀而問之: "君有寶乎?" 曰: "然" 卽出二石示之, 胡人求以三萬爲市. 岑雖寶之而無用, 得錢喜, 卽以與之. 以錢爲生資, 遂致殷贍, 而恨不能問其石與其所用云耳. (出『稽神錄』)

태평광기 권제 405 보 6

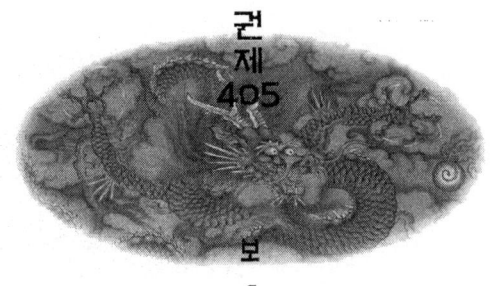

(錢・奇物附)

전(錢)
1. 육양동자(淯陽童子)
2. 문덕황후(文德皇后)
3. 잠문본(岑文本)
4. 왕　청(王　淸)
5. 건안촌인(建安村人)
6. 서중보(徐仲寶)
7. 형　씨(邢　氏)
8. 임　씨(林　氏)
9. 조　진(曹　眞)

기물(奇物)
10. 서　경(徐　景)
11. 중모철추(中牟鐵錐)
12. 독　약(毒　藥)
13. 집취구(集翠裘)
14. 사령운수(謝靈運鬚)
15. 개원어자(開元漁者)
16. 양비말(楊妃襪)
17. 자　미(紫　米)
18. 가릉강거목(嘉陵江巨木)
19. 강회시인도핵(江淮市人桃核)
20. 옥룡고(玉龍膏)
21. 단성식(段成式)
22. 이덕유(李德裕)
23. 하후자(夏侯孜)
24. 엄준선사(嚴遵仙槎)

전

405 · 1(5307)
육양동자(淯陽童子)

　진(晉: 東晉)나라 [安帝] 의희(義熙) 12년(416)에 육양현의 아이들이 육수(淯水)에서 목욕을 하다가 문득 보았더니, 옆에서 동전이 나왔는데 마치 흐르는 모래 같았다. 그래서 아이들은 다투어 동전을 주웠는데, 손에 가득 담아서 바닥에 내려놓으면 금세 물결에 쓸려가 버렸다. 다시 동전을 옷자락에 담아 잘 싸매고 나서야 각자 동전을 차지할 수 있었다. 또 보았더니 흘러가는 동전 중에 동거(銅車) 한 대가 있었는데, 자그마한 소가 그것을 끌고 아주 빨리 내달렸다. 아이들이 달려 쫓아가서 수레바퀴 하나를 잡아챈 다음 보았더니, 직경이 5촌쯤 되고 돼지 코처럼 가운데가 솟아 있었으며 바퀴통에 바퀴살이 6개 있었다. 또 바퀴 전체는 온통 푸른색이었고 바퀴통 속은 누렇게 닳아 있었는데 그 모양이 마치 늘 굴러다닌 것 같았다. 당시 남양태수(南陽太守)로 있던 심창(沈敞)이 그 물건을 손에 넣었지만 도대체 어떤 것인지 알 수 없었다. [이 고사는 本書 권399 제7조 「銅車」에도 나옴] (『흡문기』)

　晉義熙十二載. 淯陽縣羣童子, 浴於淯水, 忽見側有錢出, 如流沙. 因競取之, 手滿, 放隨流去. 又以衣盛裹, 各有所得. 又見流錢中有一銅車, 小牛牽之, 勢甚奔迅. 兒等奔逐, 掣得一輪. 徑可五寸, 豬鼻, 轂有六輻. 通然青色, 缸內黃脫, 狀如恒運於時沈敞('敞'原作'敝', 據陳校本改)守南陽, 求得此物, 然莫測之. (出 『洽聞記』)

405・2(5308)
문덕황후(文德皇后)

　　동전 가운데 손톱자국 같은 무늬가 있는 것은 문덕황후 때문에 생긴 것이다. [唐나라 高祖] 무덕연간(武德年間: 618~626)에 오수전(五銖錢: 漢 武帝 때 처음 주조한 동전. 五銖는 동전의 무게를 말하는데 1銖는 1兩의 24분의 1임)의 유통을 폐지하고 개통원보전(開通元寶錢: 開元通寶錢을 말함. '開元'은 年號가 아니라 新紀元을 연다는 의미임)을 통행시켰는데, 이 네 글자를 짓고 쓴 것은 모두 구양순(歐陽洵)이 했다. 처음에 구양순이 동전 견본을 바쳤을 때 문덕황후가 그 위에 손톱자국 하나를 냈는데 그로 인해서 그런 동전이 생겨났다.(『담빈록』)

　　錢有文如甲跡者, 因文德皇后也. 武德中, 廢五銖錢, 行開通元寶錢, 此四字及書, 皆歐陽洵所爲也. 初進樣日, 后掐一甲迹, 因是有之. (出 『譚賓錄』)

405・3(5309)
잠문본(岑文本)

　　당(唐)나라 [太宗] 정관연간(貞觀年間: 627~649)에 잠문본은 퇴조

(退朝)한 후 대부분 산속 정자에서 더위를 피했다. 어느 날 정오에 잠문본이 잠에서 막 깼을 때, 갑자기 산속 정자의 문을 두드리는 사람이 있었다. 약초 캐는 가동(家僮)이 알려왔다.

"상청동자(上淸童子: 上淸은 玉淸·太淸과 함께 道家의 최고 이상향인 三淸 가운데 하나) 원보(元寶)가 특별히 나리를 뵈러 이곳에 왔습니다."

잠문본은 본래 도사를 흠모하고 있었기 때문에 의관을 갖춰 입고 그를 안으로 들어오게 했다. 그는 스무 살이 안 된 도사로 풍모가 고매하고 옷차림이 특이했는데, 하늘색 원각관(圓角冠: 모서리가 둥근 관)을 쓰고 하늘색 원용피(圓用帔: 테두리가 둥근 어깨걸이)를 걸쳤으며 푸른색 원두리(圓頭履: 코가 둥근 신발)를 신고 있었다. 그 의복은 안개처럼 가볍고 얇아서 [그 유명한] 제(齊) 땅의 흰 비단이나 노(魯) 땅의 명주도 그것에 견주지 못할 정도였다. 잠문본이 그에게 얘기를 건넸더니 그가 말했다.

"저는 상청동자인데 한(漢)나라 이후로 정과(正果: 수행으로 얻은 깨달음의 결과)를 얻었습니다. 저는 본래 오(吳) 땅에서 태어나 이미 막힘이 없는 도를 체득했기 때문에, 마침내 오왕(吳王)에 의해 도성으로 들여보내져 한나라 황제를 뵙게 되었습니다. 한나라 황제는 막히는 일이 있거나 교화가 시행되지 못할 때는 저에게 물어보지 않은 적이 없었습니다. 저는 일찍이 방원(方圓)과 함께 쓰여져서 모두 원활하게 통할 수 있었습니다. 이로 인해 한나라 문제(文帝)·무제(武帝)로부터 애제(哀帝)에 이르기까지 모두 은총을 받았습니다. 왕망(王莽)이 난을 일으켰을 때 비로소 바깥세상으로 나왔는데, 가는 곳마다 사람들의 아낌을 듬뿍 받았습니다. 한나라 성제(成帝) 때부터 인간 세상에 염증을 느껴 마침내 시해(尸解: 몸은 남겨두고 혼백만 빠져나가 신선이 되는 것)하고 떠났습니다. 그 후로 진(秦) 땅으로 초(楚) 땅으로 정처 없이 떠돌다가 공께서 도술을 좋아하신다는 말을 듣고 일부러 이렇게 뵈러온 것입니다."

잠문본이 한·위(魏)·제(齊)·양(梁)나라 사이의 군왕과 사직의 일에 대해 물었더니, 상청동자는 마치 눈으로 직접 본 것처럼 분명하게 대답했다. 이어서 그는 사전(史傳)의 기록 중에도 왜곡되거나 거짓된 것이 아주 많다고 말했다. 잠문본이 물었다.

"그대의 관과 어깨걸이는 어찌하여 그 양식이 다르오?"

상청동자가 대답했다.

"대저 도(道)란 방원(方圓: 天圓地方, 즉 세상천지를 뜻함) 안에 있는데, 저는 겉으로는 둥근 옷을 입고 마음속은 방정(方正)하니, 이는 바로 시대에 도움이 되는 준칙입니다."

잠문본이 또 물었다.

"그대의 의복은 모두 가볍고 얇은데 대체 어느 땅에서 나온 것이오?"

상청동자가 대답했다.

"이것은 상청의 오수복(五銖服: 1銖는 1兩의 24분의 1)입니다."

잠문본이 또 물었다.

"내가 근자에 듣자하니 육수복(六銖服)이 천상 사람들의 의복이라 하던데, 오수복과는 어떻게 다르오?"

상청동자가 대답했다.

"더욱 얇은 것이 오수복입니다."

이렇게 얘기를 나누다가 어느덧 날이 저물자 상청동자는 작별하고 떠났는데, 문을 나서자마자 홀연히 보이지 않았다.

　잠문본은 그가 이인(異人)임을 알아차리고 퇴조할 때마다 즉시 사람을 시켜 그를 기다리게 했다가, 그가 도착하면 한참 동안 담론했다. 나중에 잠문본은 사람을 시켜 그를 은밀히 배웅하면서 그가 사는 곳으로 찾아가보게 했다. 그랬더니 상청동자는 산속 정자 문을 나서서 동쪽으로 몇 걸음 가더니 담장 밑에서 순식간에 사라져버렸다. 그래서 잠문본은 일꾼들에게 그곳을 파게 했는데, 3척을 파들어 갔을 때 오래된 무덤 하나가 나왔다. 무덤 속에는 다른 물건은 없고 단지 오래된 동전 하나만 있었다. 잠문본은 그제야 다음과 같은 사실을 깨달았다. 상청동자는 청동이고 원보라는 이름은 동전 위에 새겨진 문자이며, 겉이 둥글고 속이 네모난 것은 동전의 모양이며, 푸른 옷은 구리 옷이며, 오수복 역시 동전 위에 새겨진 문자이며, 한나라 때 오 땅에서 태어났다는 것은 한나라 때 오왕(吳王: 劉濞. 西漢 때 吳王 劉濞가 豫章郡의 銅山에서 동전을 주조하여 국가재정을 풍부하게 했다 함)이 오수전(五銖錢: 漢 武帝 元狩 5년(기원전 118)에 半兩錢을 폐지하고 五銖錢을 주조했음)을 주조한 것을 말하는 것이었다. 잠문본은 비록 그러한 사실을 알게 되었지만 돈과 재물이 날로 많아졌으며 벼슬이 중서령(中書令)에까지 이르렀다. 10년 뒤에 그 옛 동전이 홀연히 사라져버리자 잠문본도 곧 죽었다. (『전이지』)

　唐貞觀中, 岑文本下朝, 多於山亭避暑. 日午時, 寤初覺, 忽有扣山亭院門者. 藥豎報云: "上淸童子元寶, 故此參奉." 文本性素慕道, 束帶命入. 乃年二十已下道士, 儀質爽邁, 衣服纖異, 冠淺靑圓角冠, 衣淺靑圓用岐, 履靑圓頭履. 衣服輕細如霧, 非齊紈魯縞之比. 文本與語, 乃曰: "僕上淸童子, 自漢朝而果成. 本生於吳, 已得不凝滯之道, 遂爲吳王進入, 見漢帝. 漢帝有事擁遏·敎化不得者, 無不相問. 僕嘗與方圓行下, 皆得通暢. 由是自著(明鈔本無'著'字, 當下文爲句)文·武二帝, 迄至哀帝, 皆相眷. 王莽作亂, 方出外方, 所至皆沐人憐愛. 自漢成帝時, 遂厭人間, 乃尸解而去. 或秦或楚, 不常厥居, 聞公好道, 故此相謁耳." 文本詰以漢·魏·齊·梁間君王社稷之事, 了了如目覩. 因言史傳間, 屈者虛者亦甚多. 文本曰: "吾人冠帔, 何制度之異?" 對曰: "夫道在於方圓之中, 僕外服圓而心方正, 相時之儀也." 又問曰: "衣服皆輕細, 何土所出?" 對曰: "此是上淸五銖服." 又問曰: "比聞六銖者天人衣, 何五銖之異?" 對曰: "尤細者則五銖也." 談論不覺日晩, 乃別去, 纔出門而忽不見.

文本知是異人, 乃每下朝, 卽令伺之, 到則話論移時. 後令人潛送, 詣其所止. 出山亭門, 東行數步, 於院墻下瞥然而沒. 文本命工力掘之, 三尺至一古墓. 墓中無餘物, 惟得古錢一枚. 文本方悟: 上淸童子, 是靑銅, 名元寶, 錢之文也, 外圓心方, 錢之狀也, 靑衣, 銅衣也, 五銖服, 亦錢之文也, 漢時生於吳, 是漢朝鑄五銖錢於吳王也. 文本雖知之, 而錢帛日盛, 至中書令. 十年, 忽失古錢所在, 文本遂薨. (出『傳異志』)

405·4(5310)
왕 청(王 淸)

[唐나라] 원화연간(元和年間: 806~820) 초에 낙양촌(洛陽村)의 백성 왕청은 품팔이를 하여 5환(鍰: 1鍰은 6兩)의 돈을 벌었는데, 그 돈

으로 밭가의 말라죽은 밤나무 한 그루를 사서 그것을 땔감으로 만들어 이득을 얻고자 했다. 그런데 밤에 이웃사람이 몰래 그 나무를 베면서 중간 부분을 잘랐더니, 홀연히 검은 뱀이 나타나 팔뚝만한 머리를 쳐들며 그 사람에게 말했다.

"나는 왕청의 나무이니 너는 베지 마라!"

그 사람은 혼비백산하여 도끼를 내던지고 도망쳤다. 날이 밝자 왕청은 자손들을 데리고 가서 그 나무를 베었는데, 뿌리 밑을 파보았더니 동전이 담겨 있는 커다란 항아리 2개가 나왔다. 왕청은 이로 인해 나갔던 재물이 돌아오듯이 이득을 얻어 10여 년 후에 거부가 되었다. 나중에 왕청은 동전을 용 모양으로 주조했는데, 이를 '왕청본(王淸本)'이라 불렀다. (『유양잡조』)

元和初, 洛陽村百姓王淸, 傭力得錢五鍰('鍰'原作錠, 據明鈔本改), 因買田畔一枯栗樹, 將爲薪以求利. 經宿, 爲隣人盜斫, 創及腹, 忽有黑蛇, 擧首如臂, 語人曰: "我王淸本也, 汝勿斫!" 其人驚懼, 失斤而走. 及明, 王淸率子孫薪之, 復掘其根下, 得大甕二, 散錢實之. 王淸因是獲利如歸, 十餘年巨富. 遂鼇錢成形龍, 號'王淸本'. (出『酉陽雜俎』)

405·5(5311)
건안촌인(建安村人)

건안현의 어떤 마을 사람은 작은 배를 타고 건계(建谿)를 왕래하면서 땔감을 팔아 먹고살았다. 한번은 그가 배를 대고 강기슭으로 올라가서 막 땔감을 베려고 할 때, 갑자기 산 위에서 동전 몇 개가 흘러내려오는 것을 보았다. 그래서 좀 더 위로 올라가서 찾은 끝에 모두 수십 개의 동전을 주웠다. 다시 산 중턱쯤에 이르자 커다란 나무가 있었고 그 나무 밑에 커다란 항아리가 있었다. 항아리는 높이가 5~6척쯤 되었고 그 안에 동전이 가득 들어 있었는데, 항아리가 약간 기울어진 탓에 동전이 흘러나왔던 것이었다. 그래서 그는 항아리를 밀어서 똑바로 세우고 돌로 받쳐놓은 뒤에 옷자락에 500여 개의 동전을 담아가지고 돌아갔다. 그리고는 집안사람들을 모두 데리고 다시 그곳으로 가서 [나머지 동전을] 모두 가져올 작정이었는데, 그곳에 도착하여 옛길을 찾아내고 커다란 나무도 보았지만 그 항아리는 사라지고 없었다. 그 마을 사람은 그곳을 배회하면서 며칠 동안 떠날 수 없었다. 그러던 어느 날 밤에 그의 꿈에 어떤 사람이 나타나 이렇게 말했다.

"그 돈은 주인이 있다. 이전에 항아리가 기울어졌기 때문에 500냥으로 너를 고용하여 똑바로 세우게 한 것이었으니, 나머지 돈에 대해서는 망령된 생각을 하지 말라."

(『계신록』)

建安有村人, 乘小舟往來建('建'原作'見', 據明鈔本改)谿中, 賣薪爲業. 嘗泊舟登岸, 將伐薪, 忽見山上有數錢流下. 稍上尋之, 累獲數十. 可及山半, 有大樹, 下有大甕. 高五六尺, 錢滿其中, 而甕小欹, 故錢流出. 於是推而正之, 以石揩之, 以衣襟貯五百餘而歸. 盡率家人復往, 將盡取, 旣至, 得舊路, 見大樹而亡其甕. 村人徘徊, 數日不能去. 夜夢人告之曰: "此錢有主. 向爲甕欹, 以五百顧爾正之,餘不可妄想也."(出『稽神錄』)

405 · 6(5312)
서중보(徐仲寶)

　서중보는 장사(長沙) 사람이다. 그가 사는 곳의 길 남쪽에 커다란 고목이 있었는데 그 굵기가 몇 아름이나 되었다. 하루는 어떤 하인이 그 고목 밑을 쓸다가 모래 속에서 동전 100여 개를 발견하여 그 사실을 서중보에게 알렸다. 서중보도 직접 그곳으로 가서 또 수백 개의 동전을 찾아냈다. 그 후로 돈이 필요할 때마다 곧장 가서 그 고목 밑을 쓸면 반드시 돈을 얻었다. 이렇게 몇 년간 계속하여 모두 수십만 냥을 얻었다. 서중보는 나중에 양도(揚都: 揚州)로 가서 서성현령(舒城縣令)에 선발되었다. 어느 한가한 날 서중보가 집안사람들과 함께 마당에 앉아 있을 때, 난데없이 흰 기운이 매우 강렬한 기세로 집밖을 향해 비스듬히 날아갔는데, 그 속에 어떤 물체가 있는 것 같았다. 서중보의 부인이 손으로 그것을 낚아채서 보았더니 옥으로 만든 호랑나비 한 마리였는데 너무나도 정교하게 만들어져 있었다. 사람들은 그것이 어떤 물건인지 도무지 알 수 없었다. 그 후 서중보가 낙평현령(樂平縣令)으로 전임되자 집안사람들도 다시 [그를 따라] 갔는데, 주방 옆의 쥐구멍 속에서 아주 많은 동전을 발견했다. 그래서 서중보가 사람들을 데리고 가서 그곳을 팠더니 몇 척 깊이에 이르자 흰 참새 한 마리가 날아 나와 정원의 나무에 내려앉았다. 그 나무 밑에서 백만 냥에 달하는 동전을 발견했는데, 동전을 모두 거두자 흰 참새는 곧 떠나서 어디로 갔는지 알 수 없었다. (『계신록』)

徐仲寶者, 長沙人. 所居道南有大枯樹, 合數大抱. 有僕夫灑掃其下, 沙中獲錢百餘, 以告仲寶. 仲寶自往, 亦獲數百. 自爾每須錢, 卽往掃其下, 必有所得. 如是積年, 凡得數十萬. 仲寶後至揚都, 選授舒城令. 暇日, 與家人共坐地中, 忽有白氣甚勁烈, 斜飛向外而去, 中若有物. 其妻以手攫之, 得一玉蛺蝶, 製作精妙. 人莫能測. 後爲樂平令, 家人復往, 於廚側鼠穴中, 得錢甚多. 仲寶卽率人掘之, 深數尺, 有一白雀飛出, 止於庭樹. 其下獲錢至百萬, 錢盡, 白雀乃去, 不知所之. (出『稽神錄』)

405・7(5313)
형 씨(邢 氏)

건업(建業)에 성이 형씨(邢氏)인 창고지기가 있었는데 집이 가난했다. 그는 [고생고생해서] 돈 2천 냥을 모으기만 하면 곧바로 병이 났으며 간혹 [모은 돈 중 일부를] 잃어버리기도 했다. 그래서 그의 부인이 남몰래 돈을 모아서 땅속에 묻어두었다. 그런데 어느 날 저녁에 갑자기 벌레가 날아가는 듯한 소리가 들리면서 어떤 것이 땅속에서 나와 창문을 뚫고 지나가더니 담벼락에 부딪히고 땅에 떨어졌다. 다음날 살펴보았더니 모두 동전이었다. 그래서 부인이 형씨에게 돈을 묻어두었던 곳을 알려주고 그곳을 파보았더니 돈이 모두 사라지고 없었다. 형씨는 나중에 천연 돌 거북 하나를 얻었는데 그 모양이 진짜 거북 같았다. 형씨는 그것을 마당 안의 석류나무 아래에 놓아두었는데, 어떤 사람이 그것을 보고 말했다.

"이것은 보물이오."

그래서 형씨는 그것을 거두어서 대나무 상자 속에 잘 보관했다. 그 후로 형씨의 집안 살림이 점점 풍족해지더니 나중에는 자못 부유해졌다. (『계신록』)

建業有庫子姓邢, 家貧. 聚錢滿二千, 輒病, 或失去. 其妻竊聚錢, 埋於地中. 一夕, 忽聞有聲如蟲飛, 自地出, 穿窓戶而去, 有觸墻壁墜地者. 明日視之, 皆錢. 其妻乃告埋瘞之處, 發視皆亡矣. 邢後得一自然石龜, 其狀如眞. 置庭中石榴樹下, 或見之曰: "此寶物也." 因收置筐篋中. 自爾稍充足, 後頗富矣. (出『稽神錄』)

405・8(5314)
임 씨(林 氏)

정주(汀州)에 임씨라는 사람이 있었는데, 그의 선친은 일찍이 군수를 지냈으며 관직을 그만둔 후로 집에서 기거했다. 어느 날 난데없이 하늘에서 돈이 비 오듯이 내려 그의 집에 가득 쌓였다. 그러자 임씨는 의관을 정제하고 하늘을 우러르며 이렇게 기도했다.

"이는 심상치 않은 일이니 필시 장차 화가 될 것이지만, 지금 당장 멈춘다면 임씨 집안의 복이 될 것입니다!"

그 말이 끝나자마자 돈 비가 그쳤다. 형씨 집에서 거둔 돈은 수만 냥을 넘었으며, 지금도 부자로 살고 있다고 한다. (『계신록』)

汀州有林氏, 其先嘗爲郡守, 罷任家居. 一日, 天忽雨錢, 充積其家. 林氏乃整衣冠, 仰天而祝曰: "非常之事, 必將爲禍, 於此速止, 林氏之福也!" 應聲則止. 所收已鉅萬, 至今爲富人云. (出『稽神錄』)

405·9(5315)
조 진(曹 眞)

수춘(壽春) 사람 조진이 야외로 나가 거닐다가 문득 보았더니, 비탈 아래로 수천 개의 동전이 먼 곳에서 날아오면서 방울 같은 소리를 냈다. 조진은 날아오는 동전을 뒤쫓아 한 작은 동굴로 들어가서 손으로 움켜잡았지만 겨우 수십 개만 얻을 수 있었다.

또 서주(舒州) 동성현(桐城縣)의 쌍술항(雙戌港)에서는 회오리바람이 동전을 말아 올려 저자거리를 지나갔다. 저자 사람들은 그 동전을 쫓아가서 움켜잡아 옷자락에 담았는데, 회오리바람이 옛 무덤의 가시덤불 속으로 들어가자 사람들은 더 이상 따라 들어가지 못하고 멈추었다. 사람들은 얻은 동전을 가지고 집으로 돌아와서 살펴보았더니 일반 동전과 다름이 없었지만, 모두들 십중팔구를 잃어버렸다고 말했다. (『계신록』)

壽春人曹眞, 出行野外, 忽見坡下有數千錢, 自遠而來, 飛聲如鈴. 眞逐之, 入一小穴, 以手掬之, 可得數十而已.

又舒州桐城縣雙戌港, 有回風捲錢, 經市而過. 市人隨攫其錢, 以衣襟貯之, 風入古墓荊棘中, 人不能入而止. 所得錢, 歸家視之, 與常錢無異, 而皆言亡八九矣. (出『稽神錄』)

기물

405·10(5316)
서 경(徐 景)

진(晉)나라 때 서경은 선양문(宣陽門) 밖에서 사향이 풍기는 비단 두건 하나를 주웠다. [그것을 가지고] 집에 와서 펼쳐보았더니 매미 같은 오색 벌레가 있었는데, 뒷다리 2개에 각각 오수전(五銖錢)이 하나씩 매달려 있었다. (『유양잡조』)

晉時有徐景, 於宣陽門外得一錦麝幞. 至家開視, 有蟲如蟬, 五色, 後兩足各綴一五銖錢. (出『酉陽雜俎』)

405 · 11(5317)
중모철추(中牟鐵錐)

중모현(中牟縣)에 있는 위(魏)나라 임성왕(任城王: 曹彰)의 누대 아래 연못에 한(漢)나라 때의 쇠막대기가 있다. 그것은 길이가 6척이고 땅 속에 3척 깊이로 박혀 있으며 머리가 서남쪽을 향하고 있는데 조금도 움직일 수 없다.(『유양잡조』)

中牟縣魏任城王臺下池中, 有漢時鐵錐. 長六尺, 入地三尺, 頭西南指, 不可動. (出『酉陽雜俎』)

405 · 12(5318)
독 삭(毒 槊)

남만(南蠻)에 독 있는 창이 있는데, 창날은 없고 썩은 쇠처럼 생겼다. 그 창에 찔린 사람은 피도 흘리지 않고 죽는다. 사람들의 말에 따르면, 그 창은 하늘에서 떨어져 땅속으로 1장(丈) 넘게 박혔는데 그곳에 제사를 지내고 난 후에 파냈다고 한다. 남만 사람들은 그것을 '탁인(鐸刃)'이라 부른다. (『유양잡조』)

南蠻有毒槊, 無刃, 狀如朽鐵. 中人無血而死. 言從天雨下, 入地丈餘, 祭地方掘入. 蠻中呼爲'鐸刃'. (出『酉陽雜俎』)

405·13(5319)
집취구(集翠裘)

　　[唐나라] 칙천무후(則天武后) 때 남해군(南海郡: 지금의 廣州를 말함)에서 물총새 깃털을 모아 만든 갖옷을 바쳤는데 정말로 진귀하고 화려했다. 당시 장창종(張昌宗)이 황제를 측근에서 모시고 있었는데, 칙천무후는 그것을 장창종에게 하사하면서 그에게 그것을 입고 자기와 함께 쌍륙(雙陸: 고대 博戲의 일종으로 '雙六'이라고도 함. 판의 좌우에 6路가 있기 때문에 '쌍륙'이라 함. 주사위를 던져서 나온 점수에 따라 두 사람이 흑백 각 15개의 말을 움직여 먼저 상대편 진영을 모두 차지하면 이기는 놀이)을 두자고 명했다. 재상 적인걸(狄仁傑)이 때마침 국사를 아뢰려고 들어오자, 칙천무후는 적인걸을 자리로 올라오게 하여 그에게 장창종과 쌍륙을 두라고 명했다. 적인걸이 성은에 감사드리고 쌍륙판에 다가가자 칙천무후가 말했다.

　　"경들 두 사람은 무슨 물건을 걸겠소?"

　　적인걸이 대답했다.

　　"세 판을 두어서 장창종이 입고 있는 깃털 갖옷을 따겠습니다."

　　칙천무후가 적인걸에게 말했다.

　　"경은 무슨 물건으로 대응하겠소?"

　　그러자 적인걸은 자신이 입고 있던 자주색 거친 비단 도포를 가리키며[원문은 '曰指'라 되어 있지만 '曰'은 衍字로 보임] 말했다.

　　"신은 이것으로 대적하겠습니다."

　　칙천무후가 웃으며 말했다.

"경이 아직 모르는 모양인데 이 갖옷은 가격이 천금도 넘소. 경이 가리키는 옷은 이것과는 비교도 안 되오."

적인걸이 일어나 말했다.

"신의 이 도포는 바로 대신이 조정에서 천자를 알현하고 물음에 대답할 때 입는 옷이지만, 장창종이 입고 있는 옷은 그저 총애 받는 신하가 입는 옷일 뿐입니다. 그러니 신의 이 도포와 [그 갖옷을] 비교하신다면 신은 오히려 불만스럽습니다."

칙천무후는 이미 분부를 내렸기 때문에 결국 그의 말에 따르기로 했다. 하지만 장창종은 무안하고 풀이 죽어 기세가 꺾이는 바람에 대국에서 연거푸 패했다. 그러자 적인걸은 어전(御前)에서 곧장 장창종의 갖옷을 벗긴 뒤 성은에 감사드리고 나갔다. 적인걸은 광범문(光範門: 洛陽城 남쪽의 正門)에 이르러 그 갖옷을 집안 노복에게 주어 입으라고 하고는 말을 재촉하여 떠났다. (『집이기』)

則天時, 南海郡獻集翠裘, 珍麗異常. 張昌宗侍側, 則天因以賜之, 遂命披裘, 供奉雙陸. 宰相狄仁傑, 時入奏事, 則天令昇坐, 因命仁傑與昌宗雙陸. 狄拜恩就局, 則天曰: "卿二人賭何物?" 狄對曰: "爭三籌, 賭昌宗所衣毛裘." 則天謂曰: "卿以何物爲對?" 狄曰指所衣紫紬袍曰: "臣以此敵." 則天笑曰: "卿未知, 此裘價逾千金. 卿之所指, 爲不等矣." 狄起曰: "臣此袍, 乃大臣朝見奏對之衣, 昌宗所衣, 乃嬖倖寵遇之服. 對臣此袍, 臣猶怏怏." 則天業已處分, 遂依其說. 而昌宗心极神沮, 氣勢索寬, 累局連北. 狄對御, 就脫其裘, 拜恩而出. 至光範門, 遂付家奴衣之, 促馬而去. (出『集異記』)

405 · 14(5320)
사령운수(謝靈運鬚)

진(晉)나라의 사령운은 수염이 멋있었는데, 처형당할 때 남해군(南海郡)의 기원사(祇洹寺)에 보시하여 유마힐(維摩詰: 維摩居士. 대승불교의 경전인 『維摩經』의 주인공) 상의 수염으로 쓰도록 했다. 기원사의 스님들은 그 수염을 보물처럼 아껴서 조금도 훼손하지 않았다. [훗날 唐나라] 중종(中宗)의 딸인 낙안공주(樂安公主)가 5월에 풀싸움 놀이[鬪百草: 단옷날에 행하던 풀싸움 놀이로 鬪草라고도 함]를 하면서 품목을 넓히고자 하여 급히 그 수염을 가져오게 했다. 그리고는 또 다른 사람이 그것을 손에 넣을까봐 걱정하여 나머지 수염을 모두 잘라버렸다. 그래서 지금은 [사령운의 수염이] 한 올도 남아 있지 않다. (『국사루찬』)

晉謝靈運鬚美, 臨刑, 施於南海祇洹寺, 爲維摩詰鬚. 寺人寶惜, 初不虧損. 中宗樂安公主, 五月鬪百草, 欲廣其物色, 令馳取之. 又恐他人所得, 因剪棄其餘. 今遂絶. (出『國史累纂』)

405 · 15(5321)
개원어자(開元漁者)

[唐나라] 개원연간(開元年間: 713~741) 말에 등주(登州)의 어떤

어부가 짐을 지고 바닷가를 지나가다가 멀리서 보았더니, 연무가 자욱한 근처 물가에 마치 시장이라도 선 것처럼 사람들이 북적댔다. 그래서 앞으로 다가가서 보았더니 대부분 약을 팔고 있었는데 승려와 도사가 특히 많았다. 그들은 한참 동안 웅성거리다가 한순간에 모두 사라져버렸다. 어부는 그곳에서 말[斗]만한 크기의 푸른 눈썹먹 수십 개를 주웠지만, 그것을 감히 다른 데에 쓰지 못하고 절의 스님에게 보시했다. (『일사』)

開元末, 登州漁者, 負擔行海邊, 遙見近水煙霧朦朧, 人衆塡褷, 若市里者. 遂前, 見多賣藥物, 僧道尤衆. 良久呻, 悉無所覩. 唯拾得青黛數十, 斗許大, 亦不敢他用, 而施之浮圖人矣. (出『逸史』)

405·16(5322)
양비말(楊妃襪)

[唐나라] 현종(玄宗)이 [安祿山의 난을 피해] 마외역(馬嵬驛)에 이르렀을 때, 고력사(高力士)에게 불당의 배나무 앞에서 양귀비(楊貴妃)를 목매달게 했다. 당시 마외역의 어떤 노파가 양귀비의 버선 한 짝을 주웠는데, 지나가는 길손들이 그것을 구경하자고 요구하면 한 번 보여주는 데 100냥씩을 받아 수많은 돈을 벌었다. (『국사보』)

玄宗至馬嵬驛, 令高力士縊貴妃於佛堂梨樹之前. 馬嵬嫗得襪一隻, 過客求而翫之, 百錢一觀, 獲錢無數. (出『國史補』)

405 · 17(5323)
자 미(紫 米)

[唐나라] 원화(元和) 8년(813)에 대진국(大秦國: 로마제국)에서 푸른색 보리와 자주색 쌀을 진상했다. 황상(皇上: 憲宗)은 그것을 기이하다고 여겨 다음날 술사(術士) 백원좌(白元佐)와 이원집(李元戩)에게 꺼내 보여주었다. 푸른색 보리는 알갱이가 중국의 보리보다 크고 겉과 속이 모두 푸르며 메벼와 같은 향기가 났다. 그것을 먹으면 사람의 몸이 가벼워져서 오래 지나면 바람을 타고 다닐 수 있었다. 자주색 쌀은 참깨와 비슷한데 한 되를 끓여 한 말의 밥을 지을 수 있었다. 그것을 먹으면 사람의 수염과 머리카락이 숱이 많아지고 검어지며 얼굴색이 늙지 않았다. (『두양잡편』)

元和八年, 大秦國貢碧麥・紫米. 上異之, 翼日, 出示術士白元佐・李元戩. 碧麥粒大於中華之麥, 表裏皆碧, 香氣如粳米. 食之令人體輕, 久則可以御風. 紫米有類巨勝, 炊一升, 得飯一斗. 食之令人髭髮縝黑, 顔色不老. (出『杜陽雜編』)

405 · 18(5324)
가릉강거목(嘉陵江巨木)

낭주성(閬州城)은 가릉강에 임해 있는데, 강가에 있는 거대한 오양목(烏陽木: 烏陽은 太陽의 별칭)은 길이가 100여 척이고 둘레가 길이의 절반쯤 된다. 그 거목은 강의 파도에 흔들리면서 떠다닌 지 오래되었는데 어디서 온 것인지는 아무도 모른다. 낭주의 노인들이 전하는 말에 따르면, [그 거목은] 요(堯)임금 때 범람하는 홍수에 떠밀려 이곳으로 왔다고 하지만, 이 역시 근거가 없는 말이다. 양한절도사(襄漢節度使)인 발해(渤海) 사람 고원유(高元裕)는 [唐나라 文宗] 대화(大和) 9년(835)에 중서사인(中書舍人)으로 있다가 낭주자사가 되었는데, 부임한 지 얼마 되지 않았을 때 그 거목을 보고 정말로 기이하다고 생각했다. 그러던 어느 날 갑자기 나루터 관리가 보고했다.

"강 속의 거목은 줄곧 동쪽을 향하고 있었는데, 어젯밤에 아무런 이유도 없이 휙 돌아서서 서쪽을 향하고 있습니다."

고원유는 더욱 기이해하면서 즉시 막료들과 함께 살펴보러 갔다. 그리고는 뱃사공 및 군리(軍吏)와 백성들을 널리 소집하여 굵은 밧줄로 거목을 묶어 끌어내게 했다. 처음에는 아무런 어려움 없이 끌고 와서 강기슭으로 올렸는데, 절반쯤 끌려나온 뒤로는 우뚝 서서 더 이상 나오지 않았다. 수천 명의 인부와 수백 마리의 소가 잡아당겼지만 끌어낼 수 없었다. 사람들은 힘이 이미 다 빠졌지만 거목은 이전처럼 그대로 있었다. 그 후로 거목은 날마다 햇볕과 바람을 맞으면서 모래사장 위에 꼿꼿이 서 있었다. 사람들 중에서 절의 스님들은 그것을 솔도파(窣堵波: 佛塔)의 지지 기둥으로 쓰자고도 하고, 주부(州府)의 관리들은 그것을 여러 토막으로 쪼개서 갖가지 목재로 충당하자고도 청했지만, 고원유는 그것이 너무나도 특이하고 거대하다고 생각하여 모두 허락하지 않았다. 고원유는 또 그것을 강 속으로 돌려보내려고 늘 생각했지만 사람들을 수고롭게 할까봐 걱정하여 주저하면서 결정을 내리지 못했다.

개성(開成) 3년(838) 정월 보름날에 고원유가 정해진 의식에 따라 개원관(開元觀)에서 분향하자 막료 관리들이 모두 참가했다. 그래서 고원유는 [이번 기회에] 여러 사람들의 힘을 빌려 함께 그 거목을 끌어 제자리로 돌려보내주려고 했다. 그곳에 도착하자 고원유는 또 굵은 밧줄을 많이 준비하고 힘센 사람을 많이 모았다. 사람들이 막 기운을 쓰며 끌어당기려고 할 때, 거목이 그 힘에 의지하여 마치 스스로 움직이는 것처럼 강으로 되돌아갔다. 거목이 강가에서 1척 정도 떨어졌을 때, 갑자기 툭! 하는 소리와 함께 모든 굵은 밧줄이 마치 칼로 자른 듯이 끊어졌다. 거목은 물결에 잠긴 채 흘러가면서 곧장 강가에서 떨어지더니 강 가운데에 이르러 소리도 없이 사라져버렸다. 그러자 고원유는 자맥질 잘하는 사람 몇 명을 보내 급히 [물속으로 들어] 가서 살펴보게 했다. 강물은 너무 맑고 깨끗하여 가는 머리카락도 볼 수 있을 정도였다. 자맥질 잘하는 사람들이 자세히 보고 돌아와서 모두 말했다.

"물속에 동쪽과 서쪽으로 나무 2개가 따로 있는데, 그 굵기는 그 거목과 다름없습니다. 때마침 그 거목이 강기슭에서 떠내려 오자 곧장 남북에서 하나로 합쳐졌습니다."

고원유가 좌중의 빈객들을 돌아보았더니 깜짝 놀라지 않는 자가 없었다. 그 후로 그 오양목은 더 이상 볼 수 없었다. 얼마 후 고원유는 간의대부(諫議大夫)에 제수되었는데, 임명 조서가 도착했을 때 그가 관직에 제수된 날을 조사해보았더니 바로 그가 오양목을 옮기는 일을 한 때였다. 이전에 만약 그 열흘 동안 오양목을 아직 옮기기 않고 있었을 때 고원유의 새 임명 조서가 도착했더라면, 그가 어찌 다시 오양목을 옮길 생각을 했겠는가? 아마 그냥 그대로 두었을 것이다. (『집이기』)

閬州城臨嘉陵江, 江之滸有烏陽巨木, 長百餘尺, 圍將半焉. 漂泊搖撼於江波者, 久矣, 而莫知奚自. 閬之耆舊相傳云, 堯時汎洪水而至, 亦靡據焉. 襄漢節度使渤海高元裕, 大和九年, 自中書舍人牧閬中, 下車未幾, 亦嘗見之, 固以爲異矣. 忽一日, 津吏啓事曰: "江中巨木, 由來東首, 去夜無端, 翻然西顧." 高益奇之, 卽與賓寮迳往觀焉. 因廣召舟子, 泊軍吏群民輩, 則以大索羈而出之. 初無艱阻, 隨拖登岸, 太半之後, 屹而不前. 雖千夫百牛, 莫能引之. 人力旣竭, 復如前時. 自是日曝風吹, 僵然沙上. 或則寺僧欲以爲窣堵波之獨柱, 或則州吏請支分刳剫, 以備衆材, 高以奇偉異常, 皆莫之許. 每擬還之於江, 但慮勞人, 逡巡未果.

開成三年上元日, 高准式行香於開元觀, 寮吏畢至. 高欲因衆力, 得共率復其木焉. 及至, 則又廣備縻索, 多聚勇力. 將作氣引拽之際, 而巨木因依假籍, 若自轉移, 輕然已復於江矣. 拒江尚餘尺許, 欻然驚迸, 百支巨索, 皆如斬截. 其木則沿洄汩沒, 徑去絶江上, 及中流, 寂然遂隱. 高遣善泅者數輩, 邃往觀之. 江水淸澈, 毫髮可見. 善遊者熟視而廻, 皆曰: "水中別有東西二木, 巨細與斯木無異. 適自岸而至者, 則南北叢焉('焉'原作'馬', 據明鈔本・許本改)." 高顧坐客, 靡不駭愕. 自是則不復得而見矣. 有頃, 高除諫議大夫, 制到, 詳其授官之日, 卽高役功之辰也. 向使斯旬朔未獲移徙, 高之新命旣至, 則那復留意乎轉遷? 俾之仍舊. (出『集異記』)

405・19(5325)
강회시인도핵(江淮市人桃核)

수부원외랑(水部員外郞) 두섭(杜涉)이 한번은 강회의 어떤 시장 사람을 보았더니, 복숭아씨의 반쪽으로 쌀을 되고 있었는데 그것은 딱 한 되가 들어갔다. 그 사람은 그것을 구의산(九嶷山)의 계곡에서 주웠다고 했다. (『집이기』)

水部員外郎杜涉, 嘗見江淮市人, 桃核扇量米('米'原作'來', 據明鈔本改), 止容一升. 言於九嶷山溪中得. (出『集異記』)

405 · 20(5326)
옥룡고(玉龍膏)

안남(安南)에 옥룡고가 있었는데, 남방 사람들은 그것을 사용하여 은액(銀液)으로 만들 수 있었다. 어떤 사람이 이렇게 말했다.
"이 기름은 북쪽으로 가져가서는 안 된다. 만약 이를 어기는 자는 화가 금방 닥친다."
[唐나라] 대화연간(大和年間: 827~835)에 한약(韓約)은 안남도호(安南都護)로 있을 때 그 기름을 얻었는데, 나중에 [임기가 만료되어] 돌아갈 때 그것을 가지고 가려 했다. 그러자 어떤 사람이 말했다.
"남방 사람들이 전하는 말에 따르면, 이 기름은 북쪽으로 가져가서는 안 된다고 하는데, 공은 가져가려 하시니 혹시 나중에 후회할 일이 생기지나 않을까요?"
그러나 한약은 그 말을 듣지 않고 결국 그것을 가지고 돌아갔다. 나중에 한약이 집금오(執金吾)가 되었을 때 그 해에 도성에 변란[甘露之

變을 말함. 唐나라 文宗 때 환관 仇士良 등의 專橫에 대항하여 李訓과 鄭注 등이 감로를 보러 나오라고 그들을 유인하여 주살하려다가 실패한 사건으로, 이로 인해 천여 명이 살해당함]이 일어났는데, 한약은 정주(鄭注)에게 가담했다는 이유로 결국 일족이 몰살당했다. 이는 어쩌면 한약이 옥룡고를 가져갔기 때문에 생긴 화가 아닐까? 그 후로 남방으로 간 사람은 감히 옥룡고를 북쪽으로 가져오지 못했다. (『선실지』)

安南有玉龍膏, 南人用之, 能化銀液. 說者曰: "此膏不可持北來. 苟有犯者, 則禍且及矣." 大和中, 韓約都護安南, 得其膏, 及還, 遂持以歸. 人有謂曰: "南人傳此膏不可持以北, 而公持去, 得無有悔於後耶?" 約不聽, 卒以歸焉. 後約爲執金吾, 是歲京師亂, 約以附會鄭注, 竟赤其族. 豈玉龍膏之所歸禍乎? 由士南去者不敢持以北也. (出『宣室志』)

405 · 21(5327)
단성식(段成式)

단성식(段成式: 『酉陽雜俎』의 撰者)의 여러 시종들이 이런 이야기를 했다.

단성식이 어렸을 때 한번은 새집을 부쉈더니 검은 돌 하나가 나왔는데, 크기는 참새 알만했고 둥글면서 매끄러운 것이 참 보기 좋았다. 나중에 그 돌을 우연히 식초 그릇 속에 넣었더니 갑자기 돌이 움직이는 것 같았다. 천천히 살펴보았더니[원문은 '徐之'라 되어 있지만 『酉陽雜

俎』「前集」 권10「物異」에 의거하여 '徐視之'로 고쳐 번역함] 실[綖:『酉陽雜俎』「前集」 권10「物異」에는 '蜒'이라 되어 있는데 보다 타당하다고 생각함. 蜒은 그리마를 말함]처럼 생긴 다리 4개가 돌에 달려 있었는데, 그것을 들어올리자 다리도 오므라들었다. (『유양잡조』)

段成式群從有言: 少時嘗毁鳥巢, 得一黑石, 大如雀卵, 圓滑可愛. 後偶置醋器中, 忽覺石動. 徐之, 見有四足如綖, 擧之, 足亦隨縮. (出『酉陽雜俎』)

405・22(5328)
이덕유(李德裕)

이덕유가 문종(文宗)과 무종(武宗) 때 한창 재상의 권력을 잡고 있을 때는 그 위세와 [천자로부터 받은] 은택에 비할 자가 없었다. 이덕유는 특이한 물건을 모으길 좋아했으므로 조야(朝野)에서 그에게 빌붙는 사람들이 대부분 보물을 구해서 그에게 바쳤다. 이덕유가 한번은 휴한일(休澣日: 唐代에 관리들에게 열흘에 하루씩 주던 목욕 휴가)에 동료 재상과 조정 인사들을 초대하여 한담을 나누었다. 그때는 뜨거운 태양이 작열하는 한여름인지라 모두들 찌는 듯한 더위에 고통스러워하면서 차양 달린 수레에 앉아 문에서 기다리고 있었는데, 이미 정오에 이르자 고관 명사들은 번갈아 부채를 부치느라 여념이 없었다. 그때 사람들은 모두 시원한 곳에서 쉬고 싶은 생각이 간절했다. 이윽고 이덕유가 그들을 맞이해 작은 서재로 들어갔는데, 그곳은 그다지 넓어 보이지 않았고 사방 벽에 걸려 있는 것은 모두 옛날 유명한 서화들이었다. 하지만 타는 듯한 더위에 대한 걱정은 가시지 않았다. 그런데 그들이 차례대로 앉아 술통을 열고 술을 마시는 사이에 무더위가 싹 사라졌다. 한참 후에는 마치 가을에라도 접어든 것처럼 서늘한 맑은 바람이 불어오는 것을 느꼈다. 그들은 술과 안주를 차려놓고 즐기다가 해질녘에야 파했다. 서재 문을 나왔더니 [밖은 아직도] 불같이 뜨거운 열기로 타는 듯이 후끈했다. 어떤 호사가(好事家)가 이덕유의 측근에게 어떻게 된 일인지 알아봐달라고 부탁했더니, 그 날 황금 대야에 물을 채우고 백룡피(白龍皮)를 그 속에 담가 자리 끝에 놓아두었었다고 말했다. (백룡피는 어떤 新羅 승려가 바다에서 찾아낸 것으로, 바닷가에 사는 사람이 물고기의 꼬리 부분에서 얻었는데, 어떤 노인이 그것을 보고 [보물임을] 알아보았다. 신라 승려는 이덕유가 진기한 것을 좋아한다는 사실을 알고 황금과 비단으로 그것을 사서 보냈다. 또 煖金帶와 辟塵簪은 모두 세상에 보기 드문 보물이었다. 나중에 이덕유가 남쪽으로 좌천되었을 때 그것들을 모두 惡溪에 빠뜨렸는데, 崑崙奴에게 물속으로 들어가서 찾아오게 했더니, [곤륜노가 물에서 나와 하는 말이] 그것들이 鰐魚 굴 속에 있어서 결국 가져올 수 없었다고 말했다.)

　동도(東都: 洛陽)의 평천장(平泉莊)은 낙양성(洛陽城)에서 30리 떨어져 있는데, 꽃과 나무, 누대와 정자 등이 마치 선경(仙境)을 만들어놓은 것 같다. 난간 앞으로는 샘물을 끌어들여 굽이굽이 돌아 흐르도록 물길을 뚫어놓았는데, 그 모양이 파협(巴峽)과 동정호(洞庭湖)의 열두 봉우리와 아홉 물줄기가 해문현(海門縣)에 이르면서 펼치는 강산의 경물 형상을 본떠놓았다. 또 대나무 사이로 난 오솔길에 평평한 돌이 있는데,

그것을 손으로 문지르면 구름과 노을, 용과 봉황, 풀과 나무 등의 형상이 은은히 드러난다. 또 거대한 물고기의 갈비뼈 하나가 있는데, 그 길이는 2장 5척이며 그 위에 "회창(會昌) 2년(842)에 해주(海州)에서 보내옴"이라는 글씨가 새겨져 있다. (평천장의 동남쪽 모퉁이는 바로 徵士 韋楚老 拾遺의 별장이었는데, 위초로는 풍모가 고매하여 본디 산수를 좋아했다. 이덕유는 조정에 있을 때 평민인 그를 諫署에 여러 번 발탁했다. 나중에 이덕유가 평천으로 돌아가서 위초로를 방문했는데, 그는 산골짜기로 피하여 이덕유의 위세를 멀리했다.) 처음 이덕유가 평천장을 축조했을 때 먼 지방 사람들이 그곳에서 나는 기이한 물건을 많이 바쳤기 때문에 몇 년 사이에 없는 것이 없게 되었다. 당시 문인 중에서 어떤 사람이 평천에 대해 이렇게 시를 지었다.

농우(隴右)의 제후가 말하는 새를 바치고,
일남(日南)의 태수가 이름난 꽃을 보내왔네.

이는 이덕유의 위세가 사람들을 그렇게 만든 것이었다. (『극담록』)

李德裕在文宗・武宗朝, 方秉相權, 威勢與恩澤無比. 每好搜掇殊異, 朝野歸附者, 多求寶玩獻之. 常因暇日休澣, 邀同列宰輔及朝士晏語. 時畏景爀曦, 咸有鬱蒸之苦, 軒蓋候門, 已及亭午, 縉紳名士, 交扇不暇. 時共思憩息於淸凉之所. 旣延入小齋, 不覺寬敞, 四壁施設, 皆有古書名畫. 而炎鑠之患未已. 及列坐開罇, 煩暑都盡. 良久, 覺淸飇凜冽, 如涉高秋. 備設酒肴, 及昏而罷. 出戶則火雲烈日, 熇然焦灼. 有好事者, 求親信察問之, 云, 此日以金盆貯水, 浸白龍皮, 置於坐末. (龍皮有新羅僧得自海中, 海旁居者, 得自魚扈, 有老人見而識之. 僧知李好奇,因以金帛贖之. 又煖金帶・辟塵簪, 皆希世之寶. 及李南遷, 悉於惡溪沉溺, 使崑崙沒取之, 云在鱷魚穴中, 竟不可得矣. '旁'原作'勞', '惡'原作'思', 據明鈔本改)

東都平泉莊, 去洛城三十里, 卉木臺榭, 若造仙府. 有虛檻, 前引泉水, 縈廻疏鑿, 像巴峽・洞庭十二峰九派, 迄於海門, 江山景物之狀. 竹間行徑, 有平石, 以手摩之, 皆隱隱雲霞・龍鳳・草樹之形. 有巨魚脇骨一條, 長二丈五尺, 其上刻云"會昌二年, 海州送到." (莊東南隅, 卽徵士韋楚老拾遺別墅, 楚老風韻高邈, 雅好山水. 李居廊廟日, 以白衣累擢諫署. 後歸平泉, 造門訪之, 楚老避於山谷間, 遠其勢也.) 初德裕之營平泉也, 遠方之人, 多以土産異物奉之, 故數年之間, 無所不有. 時文人有題平泉詩者: "隴右諸侯供語鳥, 日南太守送名花('名花'原作'花錢', 據明鈔本・陳校本改)." 威勢之使人也. (出『劇談錄』)

405・23(5329)
하후자(夏侯孜)

하후자는 [唐나라] 선종(宣宗)의 산릉사(山陵使: 제왕의 陵寢 축조를 맡은 관리)가 되어 진릉(眞陵)을 축조하면서 혼신의 노력을 다 기울였다. 황당(皇堂)을 파다가 남북으로 1장(丈) 깊이까지 들어갔더니, 단단한 돌 속에서 부러진 금비녀 반 토막이 나왔는데, 그 길이는 손바닥만 했으며 나머지 토막은 그대로 돌 속에 박혀 있었다. 인부가 그것을 주워서 하후자에게 바쳤는데, 하후자는 능침(陵寢)이 곧 완공될 참이고 또 그 일이 다소 기이하다고 생각하여 숨긴 채 상주하지 않았다. (『당궐사』)

夏侯孜爲宣宗山陵使, 開眞陵, 用功尤至. 鑿皇堂, 深及丈丈, 於堅石中, 得折金釵半股, 其長如掌, 餘尙銜石中. 工乃扶取以獻孜, 孜以寢園方近, 其事稍異, 因隱而不奏. (出『唐闕史』)

405·24(5330)
엄준선사(嚴遵仙槎)

엄준(嚴遵: 西漢 蜀 사람으로 字는 君平. 隱者로서 평생 벼슬하지 않았으며 점을 쳐서 생활했는데, 揚雄이 젊었을 때 그에게서 배웠다고 함. 저작으로 『道德眞經指歸』 7권이 전함)의 신선 뗏목[仙槎: 바다와 은하수를 정기적으로 오간다는 뗏목. 張華의 『博物志』에 그에 관한 고사가 실려 있음]을 당(唐)나라 때 인덕전(麟德殿)에 놓아두었는데, 그 길이는 50여 척이고 두드리면 구리나 쇠 같은 소리가 났으며 견고하여 좀도 슬지 않았다. 이덕유(李德裕)가 [그 뗏목에서] 1척 남짓한 가는 가지를 잘라 도사 상을 조각했다. 그 도사 상은 종종 [어디론가] 날아갔다가 돌아오곤 했는데 [僖宗] 광명연간(廣明年間: 880~881) 이후로 사라졌으며, 뗏목도 날아가 버렸다. (『동천집』)

嚴遵仙槎, 唐置之於麟德殿, 長五十餘尺, 聲如銅鐵, 堅而不蠹. 李德裕截細枝尺餘, 刻爲道像. 往往飛去復來, 廣明以來失之, 槎亦飛走. (出『洞天集』)

태평광기 권제 406 초목(草木) 1

(文理木附)

목(木)
1. 부자묘목(夫子墓木)
2. 오　작(五　柞)
3. 백 은 수(白 銀 樹)
4. 합 리 수(合 離 樹)
5. 옥　　수(玉　　樹)
6. 예　　장(豫　　樟)
7. 여 지 목(荔 枝 木)
8. 주　　수(酒　　樹)
9. 바라면수(娑羅綿樹)
10. 자　동(刺　桐)
11. 황 칠 수(黃 漆 樹)
12. 목 란 수(木 蘭 樹)
13. 야 자 수(椰 子 樹)
14. 보 리 수(菩 提 樹)
15. 바 라 수(婆 羅 樹)
16. 독 두 수(獨 梪 樹)
17. 파사조협수(波斯皂莢樹)
18. 목 룡 수(木 龍 樹)
19. 패 다 수(貝 多 樹)
20. 몰　수　樹(沒　樹)
21. 반벽색파수(槃碧穡波樹)
22. 제 돈 수(齊 暾 樹)
23. 통 탈 목(通 脫 木)
24. 산　　계(山　　桂)
25. 오 렵 송(五 鬣 松)
26. 삼 렵 송(三 鬣 松)
27. 어 갑 송(魚 甲 松)
28. 합 장 백(合 掌 柏)
29. 황 양 목(黃 楊 木)
30. 청 양 목(靑 楊 木)
31. 구 나 위(俱 那 衛)
32. 산　 다(山　 茶)
33. 하 주 괴(夏 州 槐)
34. 적 백 정(赤 白 檉)
35. 해　 목(楷　 木)
36. 저　　　(楮)

문리목(文理木)
37. 종묘문목(宗廟文木)
38. 문 목 간(文 木 簡)
39. 고 문 주(古 文 柱)
40. 삼 자 신(三 字 薪)
41. 천 존 신(天 尊 薪)
42. 태 평 목(太 平 木)
43. 천 왕 괴(天 王 槐)
44. 색 릉 목(色 陵 木)
45. 마 문 목(馬 文 木)

목

406·1(5331)
부자묘목(夫子墓木)

노(魯)나라의 곡부(曲阜)에 있는 공자(孔子)의 무덤 위에는 당시에 해목(楷木)이 많이 자랐다. (『술이기』)

또 말하기를, 곡부성(曲阜城)에 안회(顔回)의 무덤이 있는데, 그 묘 위에 둘레가 30~40 아름이나 되는 석감(石柑: 植物名. 꽃은 관상용으로 제공되고, 그 잎은 약재로 쓰임)나무 두 그루가 있다. 그곳 사람들의 말에 따르면 안회가 손수 심은 나무라고 한다. (『술이기』)

魯曲阜孔子墓上, 時多楷木. (出『述異記』)

又曰: 曲阜城有顔回墓, 上石柑二株, 可三四十圍. 土人云顔回手植之木. (出『述異記』)

406·2(5332)
오작(五柞)(青梧附說)

한(漢)나라의 오작궁(五柞宮: 西漢의 離宮名)에 떡갈나무 다섯 그루가 있는데, [그 굵기가] 몇 아름이나 되며 윗가지가 드리운 그늘이 수십 리나 된다. 오작궁의 서쪽에는 청오관(靑梧觀)이 있고, 그 청오관 앞에는 세 그루의 오동(梧桐) 나무가 있다. 오동나무 아래에는 돌로 만든 기린 두 마리가 있고 그 옆구리에는 글씨가 새겨져 있는데, 그것은 진(秦)나라 시왕(始王)의 여산(驪山) 능묘에 있던 물건이다. 기린의 머리높이는 1장 3척이나 되며, 동쪽에 있는 기린은 왼쪽 다리가 부러져 있는데, 그 부러진 곳에 피 같은 붉은 것이 있다. 마을 노인들은 그것에 신령이 깃들어 있어서 모두 피가 담겨 있고 근육이 연결되어 있다고 말했다. (『서경잡기』)

漢五柞宮, 有五柞樹, 皆連抱, 上枝覆蔭數十里. 宮西有靑梧觀, 觀前有三梧桐樹. 樹下有石麒麟二枚, 刊其脅爲文字, 是秦始王驪山墓上物也. 頭高一丈三尺, 東邊左脚折, 折處有赤如血. 父老謂有神, 皆含血屬筋焉. (出『西京雜記』)

406・3(5333)
백은수(白銀樹)

평원군(平原郡) 고원성(高苑城) 서쪽에 진(晉)나라의 영주자사(寧州刺史) 벽여윤(辟閭允)의 무덤이 있는데, 무덤 앞에 백은수 20그루가 있다.

平原郡高苑城西, 晉寧州刺史辟閭允墓, 前有白銀樹二十株.

406 · 4(5334)
합리수(合離樹)

　종남산(終南山)에는 합리수(合離樹)가 많은데, 잎은 강리(江離: 香草의 일종으로, 江蘺라고도 함)와 비슷하고, 붉은색과 초록색이 서로 섞여 있으며, 줄기는 모두 자주색이고 향기는 나륵(羅勒: 香草의 일종. 일년생 방향 초본식물로, 줄기는 모가 나고 가지가 많고 자줏빛을 띠고 있으며, 잎은 쌍으로 나고 둥근 계란 모양임)과 같다. 그 나무는 위로 곧장 뻗어 100척이나 되지만 곁가지가 없다. 그 꼭대기에는 수레 덮개 모양으로 가지가 뭉쳐 있는데, [잎이] 하나는 푸르고 하나는 붉어서 마치 수놓은 비단처럼 알록달록하게 빛난다. 장안(長安)에서는 이 나무를 '단청수(丹靑樹)'라고도 부르고 '화개수(華蓋樹)'라고도 부르는데, 웅이산(熊耳山)에서도 이 나무가 자란다. (『서경잡기』)

　終南山多合離樹, 葉似江離, 而紅綠相雜, 莖皆紫色, 氣如羅勒. 其樹直上, 百尺無枝. 上結叢條, 狀如車蓋, 一靑一丹, 斑駁如錦繡. 長安謂之'丹靑樹', 亦云華蓋樹, 亦生於熊耳山中. (出『西京雜記』)

406 · 5(5335)
옥 수(玉 樹)

　운양현(雲陽縣)의 경내에는 서한(西漢) 때의 이궁(離宮: 正宮 이외에 황제가 巡狩나갔을 때 머물렀던 宮室)의 옛 터가 많이 있다. 그곳에 홰나무와 비슷한 나무가 있는데, 잎이 가늘다. 그곳 사람들은 그 나무를 '옥수'라고 부른다. 양자운(楊子雲: 揚雄)의 「감천부(甘泉賦)」에 보면, "옥수는 푸르고 영롱하구나."라고 되어 있다. 후에 좌사(左思)는 [양자운이] 옥수가 아름답다고 한 것은 거짓이라고 여겼는데, 아마도 이 나무에 대해 자세히 몰랐던 것 같다. (『국사이찬』)

雲陽縣界, 多漢離宮故地. 有樹似槐而葉細. 土人謂之'玉樹'. 楊子雲「甘泉賦」云: "玉樹菁蔥." 後左思以爲假稱珍, 蓋未詳也. (出『國史異纂』)

406 · 6(5336)
예 장(豫 樟)

예장(豫樟: 枕木과 樟木의 竝稱으로, 豫는 枕木[물건 밑을 괴어 놓는 나무토막]이고 樟은 樟木[常綠喬木으로, 防蟲에 효과가 있음]인데, 심은 지 7년 뒤에 枕木이 될지 樟木이 될지 알 수 있음)이 어떤 나무가 될지는 나무를 심은 지 7년이 지난 뒤에야 알 수 있다. 한(漢)나라 무제(武帝) 원정(元鼎: 원문에는 '寶鼎'이라 되어 있으나, '元鼎'의 誤記로 보임) 2년(기원전 115)에 곤명지(昆明池)에 예장궁(豫樟宮)을 세우고 예장목으로 전각을 지었다. (『술이기』)

豫樟之爲木也, 生七年而後可知也. 漢武寶鼎二年, 立豫樟宮於昆明池中, 作豫樟木殿. (出『述異記』)

406 · 7(5337)
여지목(荔枝木)

남해군(南海郡)에는 여지수가 많이 자란다. 여지라는 이름이 붙게 된 것은 여지수에 열매가 열릴 때 나뭇가지는 약하고 꼭지가 단단해서 그대로 열매를 딸 수 없었기 때문에 칼과 도끼로 그 가지를 잘라낸다[劉枝: '荔枝'와 발음이 같음] 고 해서 붙여진 것이다. 대개 나무로 세간을 만드는 경우 대부분 여지목으로 많이 한다. (『부남기』)

南海郡多荔枝樹. 荔枝爲名者, 以其結實時, 枝條弱而蔕牢, 不可摘取, 以刀斧劉取其枝, 故以爲名. 凡什具以木製者, 率皆荔枝. (出『扶南記』)

406 · 8(5338)
주 수(酒 樹)

돈손국(頓遜國: 고대 南海의 나라로, 지금의 태국과 미얀마 일대라고 함)에 술 나무가 있는데, 안석류수(安石榴樹: 安息國에서 나는 석류수)와 비슷하다. 석류나무의 꽃잎과 즙을 잔 안에 넣어두면 며칠 이내에 술로 변하는데, 그 맛이 좋아 사람을 취하게 만든다.『박물지(博物

志)』에 보면 다음과 같은 말이 있다.

"술나무는 전손국(典遜國)에서 나는데, 그 술을 전주(梔酒: 梔木의 즙으로 만든 술)라고 한다."

(『부남기』)

頓遜國有酒樹, 如安石榴. 華汁停盃中, 數日成酒, 美而醉人. 『博物志』: "酒樹出典遜國, 名梔酒." (出『扶南記』)

406 · 9(5339)
사라면수(娑羅綿樹)

여주(黎州) 통망현(通望縣)에 소장원(銷樟院)이 있는데, 현성에서 서쪽으로 100보(步) 떨어진 곳에 있다. 소장원 안에 천왕당(天王堂)이라는 곳이 있고, 그 앞에 오래된 측백나무가 있다. 측백나무 아래에 큰 못이 있고 연못 남쪽에 사라면수가 있는데, 서너 사람이 손을 잡고 껴안아야 아우를 수 있는 만큼 두껍다. 사라면수는 먼저 꽃이 핀 연후에 잎에 생겨난다. 그 꽃은 한여름에 피는데, 꽃이 질 때는 꽃잎이 뒤집어져서 떨어지지 않고 위를 향한 채 돌면서 천천히 땅에 떨어진다. 꽃술에 솜이 들어 있는데, 이것을 일러 사라면이라고 한다. 선정을 베풀면 꽃이 무성하고, 정치를 잘못하면 꽃이 시들어 떨어진다. 노인들 사이에 다음과 같은 말이 전하고 있다.

"이것은 주지(主持) 육치화상(肉齒和尙)의 신령스런 자취이다."

통망현 경내에 화상산(和尙山)과 화상묘(和尙廟)가 있는데, 모두 육치화상의 유적이다. (『여주통망현도경』)

黎州通望縣, 有銷樟院, 在縣西一百步. 內有天王堂, 前古柏樹. 下有大池, 池南有婆羅綿樹, 三四人連手合抱方匝. 先生花而後生葉. 其花盛夏方開, 謝時不背而墮, 宛轉至地. 其花蘂有綿, 謂之婆羅棉. 善政鬱茂, 違時枯凋. 古老相傳云: "是肉齒和尙住持之靈跡也." 縣界有和尙山・和尙廟, 皆肉齒也. (出『黎州通望縣圖經』)

406・10(5340)
자 동(刺 桐)

창동(蒼桐)이 무엇을 말하는지는 알 수 없다. 대개 남방 사람들은 오동나무를 창오(蒼梧)라고 하기 때문에 아마도 이를 본떠 창오군(蒼梧郡)이라 이름을 지은 것 같다. 자동나무는 남해(南海)에서 복주(福州) 지방에까지 모두 자라고 있지만, 복건(福建) 지방만큼 무더기로 자라고 무성하지는 않다. 오주(梧州)의 자성(子城: 큰 성에 붙어 있는 작은 성) 밖에 오동나무 서너 그루가 있는데, 늘 말라 있고 무성하게 자란 적이 없으며 일찍이 꽃이 핀 것을 보지 못했다. 그런데도 오히려 창오군이라고 이름 지은 이유를 모르겠다. (『영남이물지』)

蒼桐不知所謂. 蓋南人以桐爲蒼梧('梧'原作'桐', 據明鈔本・陳校本改), 因以名郡. 刺桐, 南海至福州皆有之, 叢生繁茂. 不如('如'原作'知', 據明鈔本改)福建. 梧州子城外, 有三四株, 憔悴不榮, 未嘗見花. 反用名郡, 亦未喩也. (出『嶺南異物志』)

406 · 11(5341)
황칠수(黃漆樹)

일제국(日濟國)의 서남쪽 바다 가운데에 섬이 세 개 있는데, 각각의 섬은 서로 수십 리 떨어져 있다. 그 섬에서 황칠수가 나는데, 중원의 옻나무와 비슷하다. 그 땅에서는 6월이 되면 황칠수의 몸통을 자른 뒤에 그 수액을 받아 기물에다 칠했는데, 그러면 마치 황금처럼 빛이 나 눈이 부셨다. (『흡문기』)

日濟國西南海中, 有三島, 各相去數十里. 其島出黃漆, 似中夏漆樹. 彼土六月, 破樹腹, 承取汁, 以漆器物, 若黃金, 其光奪目. (出『洽聞記』)

406 · 12(5342)
목란수(木蘭樹)

칠리주(七里洲)에 노반(魯班: 公輸班. 戰國시대 魯나라 사람이었기 때문에 魯班으로도 불렸는데, 신무기를 만들어내는 능력이 뛰어났다고 함)이 목란으로 깎아 만든 배가 있는데, 그 배는 지금도 칠리주에 있다. 시인들이 말하는 '목란주(木蘭舟)'는 바로 여기에서 나온 것이다. 목란주(木蘭洲)는 심양강(潯陽江) 안에 있는데, 목란수가 많이 자란다. 옛날에 오왕(吳王) 합려(闔閭)가 이곳에다 목란을 심고, 그것으로 궁전을 지었다. (『술이기』)

七里洲中, 有魯班刻木蘭爲舟, 舟至今在洲中. 詩家所云'木蘭舟', 出於此也. 木蘭洲('洲'原作'舟', 據『述異記』改)在潯陽江中, 多木蘭樹. 昔吳王闔閭, 植木蘭於此, 用構宮殿也. (出『述異記』)

406 · 13(5343)
야자수(椰子樹)

야자수는 해종(海椶: 椰子樹의 일종)과 비슷하게 생겼다. 그 열매는 야자라고 하는데, 그 크기가 사발만하다. 바깥쪽에는 대복자(大腹子: 나무이름)처럼 우둘투둘한 겉껍질이 있고 그 다음에는 단단한 속껍질이 나오는데, 둥글고 단단하며 두께는 2~3푼 정도 된다. 둥글고 좋은 것은 곧바로 꼭지를 잘라낸 뒤에 자갈로 문질러서 울퉁불퉁한 껍질을 벗겨내면 비단을 수놓은 듯한 알록달록한 무늬가 나온다. 다시 그것을 백금(白金)으로 장식한 뒤에 물통으로 사용하면 정말 예쁘고 기이하다. 껍질 안에는 우윳빛의 수액이 몇 홉 들어 있는데, 그것을 마시면 기운이 난다. ([『영표록이』])

椰子樹, 亦類海椶. 實名椰子, 大如甌盂. 外有粗皮, 如大腹子, 次有硬殼, 圓而且堅, 厚二三分. 有圓好者, 卽截開頭, 砂石摩之, 去其皺皮, 其爛斑錦文. 以白金裝之, 以爲水罐子, 珍奇可愛. 殼中有液數合, 如乳, 亦可飮之而動氣. (原闕出處, 今見『嶺表錄異』)

406 · 14(5344)
보리수(菩提樹)

(보리수 이후로 23종의 나무가 나오는데, 모두『유양잡조(酉陽雜俎)』에 보인다)

보리수는 마가다국(摩伽陁國: 고대 중인도의 나라이름. 摩竭國 · 摩竭陁國 · 摩竭提國이라고도 함)에서 나는데, 마하보리수사(摩訶菩提樹寺)에 있다. 보리수는 석가여래(釋迦如來)가 그 아래에서 도를 이루었기 때문에 '사유수(思惟樹)'라고도 한다. 줄기는 황백색(黃白色)이고 가지와 잎은 푸른색이며 겨울 내내 시들지 않았는데, 부처가 열반에 들던 날 색깔이 변하고 잎이 떨어지더니 며칠 뒤에 다시 살아났다. [매년] 그 날이 되면 국왕과 백성들은 크고 작은 불사(佛事)를 올린 뒤에 보리수의 잎을 주워 돌아와서는 상스러운 물건으로 여겼다. 보리수는 높이가 400척이나 되며 아래에는 은탑(銀塔)이 보리수 주위를 에워싸고 있다. 그 나라 사람들은 사시사철 향을 사르고 부처에게 헌화(獻花: 원문은 '化'로 되어 있지만,『酉陽雜俎』권18 木篇에 의거하여 '花'로 고쳐 번역함)하며 보리수 주위를 돌면서 예를 올렸다. 당(唐)나라 정관연간(貞觀年間: 627~649)에 조정에서는 자주 그곳에 사신을 보내 절에서 공양을 올리게 하는 한편 가사를 희사했다. 고종(高宗) 현경(顯慶) 5년(660)에는 그 절에서 비석을 세우고 성덕(聖德)을 기렸다. 이 나무에는 두 개의 법명이 있는데, 하나는 '빈발리파력의(賓撥梨婆力義)'이고, 다른 하나는 '아습갈타파도의(阿濕曷哳婆刀義)'이며, 『서역기(西域記)』에는 '필발라수[卑鉢羅樹]'라 되어 있다. 석가모니가 그 나무 아래에서 도를 이루었기 때문에 도(道)라는 호칭을 붙여 '보리파도의(菩提婆刀義)'라고 불렀는데, 한어로는 '도수(道樹)'라고 번역한다. 옛날에 중천축(中天竺: 고대 인도의 한 나라)의 무우왕(無憂王: 아쇼카 왕. 즉 阿育王)이 보리수 가지를 잘라낸 뒤에 땔나무를 쌓아놓고는 대바라문(大婆羅門: 釋迦)을 섬기는 사람들로 하여금 그것을 불태우게 했다. 그러자 타오르던 화염 속에서 갑자기 보리수 두 그루가 자라났다. 무우왕은 크게 참회하고는 이를 '회보리수(灰菩提樹)'라고 불렀다. 그리고는 마침내 회보리수 주위에 돌담을 둘렀다. 상설가왕(賞設迦王: 設賞迦王의 誤記로 보임. 샤쇼카 왕) 대에 이르러 다시 보리수를 파내었는데, 샘까지 파들어 가도 뿌리가 끝없이 뻗어 있었다. 상설가왕은 파낸 구덩이에 불을 놓고 사탕수수 즙을 부어 보리수를 말려 죽이려고 했다. 훗날 무우왕의 증손인 마가다국(摩揭陁國)의 만주왕(滿冑王)은 천 마리 분량의 우유를 보리수 주위에 뿌리게 했는데, 이틀 뒤에 나무가 이전처럼 다시 살아났다. 마가다국의 만주왕은 다시 돌담을 쌓았는데, 그 높이가 2장 4척이나 되었다. 현장(玄奘)이 서역에 갔을 때 보았더니 보리수가 돌담 너머 2장이나 더 자라 있었다.

菩提樹, 出摩伽陁國, 在摩訶菩提樹寺. 蓋釋迦如來成道時樹, 一名'思惟樹'.

莖幹黃白, 枝葉靑翠, 經冬不凋, 至佛入滅日, 變色凋落, 過已還生. 此日國王人民, 大小作佛事, 收葉而歸, 以爲瑞也. 樹高四百尺, 下有銀塔, 周廻遶之. 彼國人四時常焚香散化, 遶樹下作禮. 唐貞觀中, 頻遣使往, 於寺設供, 並施袈裟. 至高宗顯慶五年, 於寺立碑, 以紀聖德. 此樹有梵名二, 一曰'賓撥梨婆力義'(明鈔本作'力叉'), 二曰'阿濕曷咃婆刀義'(明鈔本'義'作'叉'), 『西域記』謂之'卑鉢('鉢'原作'銓', 據『酉陽雜俎』十八改)羅'. 以佛於其下成道, 卽以道爲稱, 故號'菩提婆刀義', 漢翻爲'道樹'. 昔中天無憂王翦伐之, 令事大婆羅門, 積薪焚焉. 熾焰之中, 忽生兩樹. 無憂王因懺悔, 號'灰菩提樹'. 遂周以石垣. 至賞設迦王, 復掘之, 至泉, 其根不絕. 坑火焚之, 漑('漑'字原闕, 据『酉陽雜俎』十八補)以甘蔗汁, 欲('欲'字原闕, 據『酉陽雜俎』十八補)其焦爛. 後摩揭陁國滿胄王, 無憂之曾孫也, 乃以千牛乳澆之, 信宿, 樹生如舊. 更增石垣, 高二丈四尺. 玄奘至西域, 見樹出石垣上二丈餘

406 · 15(5345)
바라수(婆羅樹)

파릉(巴陵)에 한 절이 있는데, 그곳 승방의 침상 아래에서 갑자기 나무 한 그루가 자라났다. 그 나무는 베어내는 족족 다시 자랐는데, 한 외국 스님이 그 나무를 보고는 말했다.

"이 나무는 바라수입니다."

[南朝 宋나라] 원가연간(元嘉年間: 424~454) 초에 바라수에서 꽃이 피어났는데, 연꽃과 비슷했다. 당(唐)나라 천보연간(天寶年間: 742~756) 초에 안서(安西) 지방에서 바라수 가지를 바치면서 다음과 같

은 표문을 올렸다.

"신이 관할하고 있는 4개의 진(鎭) 가운데 발한나(拔汗那)라는 곳이 있는데, 가장 가까이에 있습니다. 그곳에 바라수라는 나무가 있는데, 아주 기이하게 생겼으며 그 나무 아래에서 잡풀들이 자라지 않고 나쁜 날짐승도 깃들지 않습니다. 뻗어 나온 줄기는 그 단단하기가 소나무나 전나무에 손색이 없고, 드리운 그늘도 복숭아나무나 오얏나무에 못지않습니다. 근자에 관리를 발한나에 보내 바라수 가지 200개를 꺾어오게 했습니다. 만약 장락궁(長樂宮)에 뿌리를 내리고 건장궁(建章宮)에서 싹을 틔울 수 있다면, 잎이 펼쳐져 드리운 그늘은 달 속의 계수나무와 견줄 수 있고, 가지가 맞닿아 생긴 그림자는 천상의 백유(白楡: 별의 雅稱)와 대적할 수 있을 것입니다."

巴陵有寺, 僧房牀下, 忽生一木, 隨伐隨長, 外國僧見曰: "此婆羅也." 元嘉初, 出一花如蓮. 唐天寶初, 安西進婆羅枝, 狀言: "臣所管四鎭, 有拔汗那, 最爲密近. 木有婆羅樹, 特爲奇絶, 不庇凡草, 不止惡禽. 聳幹無慚於松栝, 成陰不媿於桃李. 近差官拔汗那, 使令採得前件樹枝二百莖. 如得託根長樂, 擢穎建章, 布葉垂陰, 隣月中之丹桂, 連枝接影, 對天上之白楡."

406 · 16(5346)
독두수(獨桓樹)

독두수. 돈구(頓丘)의 남쪽에 응족산(應足山)이 있는데, 그 산 위에 높이가 10장(丈) 남짓 되는 나무가 자라고 있다. 껍질은 푸르고 매끄러운 것이 마치 푸른 유리같다. 나뭇가지와 줄기는 위로 솟아 있고, 열매는 오색 비단 주머니 같이 생겼으며, 잎은 망자경(亡子鏡: 未詳)처럼 생겼다. 세상에서는 이 나무를 '선인독두수'라 부른다.

獨梐樹. 頓丘南有應足山, 山上有一樹, 高十丈餘. 皮青滑, 似流碧. 枝幹上聳, 子若五綵囊, 葉如亡子鏡. 世名之'仙人獨梐樹'.

406·17(5347)
파사조협수(波斯皁莢樹)

파사조협수는 파사국(波斯國: 페르시아 제국)에서 나는데, 그곳에서는 '홀야첨묵(忽野詹默)'이라 부르고, 불림국(拂林國: 고대 동로마 제국)에서는 '아리거벌(阿梨去伐)'이라 부른다. 나무는 높이가 3~4장이고, 둘레가 5~6척 정도 된다. 잎은 구기자[原文에는 '拘綠'이라 되어 있지만, 『유양잡조』 권18 木篇에 근거하여 '枸杞'로 고쳐 번역함]처럼 생겼지만 그보다는 작고 겨울 내내 잎이 시들지 않으며, 꽃이 피지 않은 채 열매가 달린다. 조협은 길이가 2척 정도 되며 속에 칸막이가 있는데, 그 안에 붉은 색의 아주 단단한 손가락만한 크기의 열매가 각각 하나씩 들어 있다. 열매 속은 먹처럼 검지만 엿처럼 달아 먹을 수도 있으며 약용으로도 사용할 수 있다.

波斯皂莢, 出波斯國, 呼爲'忽野詹默', 拂林呼爲'阿梨去伐'. 樹長三四丈, 圍五六尺. 葉似拘綠而短小, 經寒不凋, 不花而實. 其莢長二尺, 中有隔, 隔內各有一子, 大如指, 赤色, 至堅硬. 中黑如墨, 忝如飴, 可噉, 亦宜藥用.

406·18(5348)
목룡수(木龍樹)

서주(徐州)의 고총성(高冢城) 남쪽에 목룡사가 있다. 절 안에 3층 전탑(塼塔)이 있는데, 높이가 1장 조금 넘는다. 전탑 옆에서 커다란 나무 한 그루가 자라나더니 탑 꼭대기까지 감아 올라 나갔다. 줄기와 가지가 서로 옆으로 엉켜서 위가 평평해졌는데, 10여 명의 사람이 앉을 수 있을 정도였다. 가지 끝이 사방으로 드리워져 마치 백자장(百子帳: 고대 혼례 때 사용하던 장막) 같았다. 당시에 이 나무에 대해 아는 사람이 없었기 때문에 스님들은 '용목(龍木)'이라 불렀다. 양(梁)나라 무제(武帝)가 일찍이 사람을 보내 나무의 모습을 그리게 했다.

徐之高冢城南, 有木龍寺. 寺有三層塼('塼'原作'轉', 據明鈔本改)塔, 高丈餘. 塔側生一大樹, 縈繞至塔頂. 枝幹交橫, 上平, 容十餘人坐. 枝杪四向下垂, 如百子帳. 莫有識此木者, 僧呼爲'龍木'. 梁武曾遣人圖寫焉.

406 · 19(5349)
패다수(貝多樹)

패다는 마가다국(摩伽陁國: 고대 중인도의 나라이름. 摩竭國·摩竭陁國·摩竭提國이라고도 함)에서 나는데, 길이가 6~7장 정도 되며 겨울 내내 시들지 않는다. 패다수에는 세 종류가 있는데, 하나는 '다라파력의다(多羅婆力義多)'이고, 두 번째는 '다리파력의패다(多梨婆力義貝多)'이며 세 번째는 '부파력의다라다리(部婆力義多羅多梨)'이다. 모두 그 잎에 글씨를 쓸 수 있는데, 푸-가[部闍]만은 그 껍질에다 쓴다. '패다[pattra: 잎]'는 범어(梵語)인데, 한어로 번역하면 '잎[葉]'이다. 그래서 '패다파력의'를 한어로 번역하면 '나뭇잎'이 된다. 서역(西域)에서는 불경을 쓸 때 이 세 종류의 나뭇잎과 껍질에 썼는데, 여기다 쓰면 500~600년은 보존할 수 있었다. 『숭산기(嵩山記)』에서는 패다 잎이 비파와 비슷하다고 하고 있는데, 이것은 모두 잘못된 것이다. 교지국(交趾國) 부근에서도 패다수가 나는데, 목재 가운데 으뜸이다.

貝多, 出摩伽陀國, 長六七丈('丈'原作'尺', 據明鈔本·陳校本改), 經冬不凋. 此樹有三種, 一者'多羅婆力義(明鈔本'義'作'叉')多', 二者'多梨婆力義(明鈔本'義'作'叉')貝多', 三者'部婆力義(明鈔本'義'作'叉')多羅多梨'. 並書其葉, 部闍一色, 取其皮書之. '貝多'是梵語, 漢翻爲'葉'. '貝多婆力義'(明鈔本'義'作'叉')者漢言'樹葉'也. 西域經書, 用此三種皮葉, 若能保護, 亦得五六百年. 『嵩山記』稱貝多葉似枇杷, 並謬. 交趾近出貝多枝, 材('材'原作'林', 據明鈔本·陳校本改)中第一.

406 · 20(5350)
몰 수(沒 樹)

몰수는 파사국(波斯國: 페르시아)에서 나는데, 불림국(拂林國: 고대 동로마 제국) 사람들은 이를 '아치(阿縒)'라 부른다. 높이는 1장 남짓 되고, 나무 껍질은 청백색(靑白色)이며 잎은 홰나무처럼 생겼으나 그보다는 길고, 꽃은 귤꽃처럼 생겼으나 그보다는 크다. 열매는 검은 색이고 크기는 산수유만한데, 그 맛은 시고 달며 먹을 수 있다.

沒樹, 出波斯國, 拂林呼爲'阿縒'. 長一丈許, 皮靑白色, 葉如槐而長, 花似橘而大. 子黑色, 大如山茱萸, 其味酸甛, 可食.

406 · 21(5351)
반벽장파수(槃碧穭波樹)

반벽장파수는 파사국(波斯國: 페르시아 제국)에서 나고 불림국(拂林國: 고대 동로마 제국)에서도 나는데, 불림국 사람들은 그것을 '군한(羣漢)'이라 부른다. 반벽장파수는 높이가 3장이며 둘레가 4~5척 정도 된다. 잎은 가는 용수(榕樹) 나무와 비슷하게 생겼으며 겨울 내내 시들지 않는다. 꽃은 귤꽃처럼 생겼으며 색깔이 희다. 열매는 푸른색이며 크기는 산조(酸棗: 멧대추)만 하고 맛이 달고 기름지며 먹을 수 있다. 서역(西域) 사람들은 이 열매를 눌러 기름을 짜서 몸에 바르는데, 그렇게 하면 풍양(風痒: 가려움증)을 멈추게 할 수 있다.

槃碧穧波樹, 出波斯國, 亦出拂林國, 拂林呼爲'羣漢'. 樹長三丈, 圍四五尺. 葉似細榕, 經寒不凋. 花似橘, 白色. 子綠, 大如酸棗, 其味甛膩, 可食. 西域人壓爲油, 以塗身, 可出風痒.

406·22(5352)
제돈수(齊暾樹)

제돈수는 파사국(波斯國: 페르시아 제국)에서도 나고 불림국(拂林國: 고대 동로마 제국)에서도 나는데, 불림국 사람들은 '제예(齊㽈)'라고 부른다. 나무의 높이는 2~3장 정도 되고 껍질은 청백색(靑白)이며 꽃은 유자꽃과 비슷한데, 그 향기가 아주 짙다. 열매는 양도(楊桃: 새콤달콤한 맛이 나는 별 모양의 열매)와 비슷한데, 6월에 익는다. 서역(西域) 사람들은 이 열매를 눌러 기름을 짜서 과자를 튀길 때 사용했는데, 중국의 거승(巨勝: 검정깨)과 비슷하다.

齊暾樹, 出波斯國, 亦出拂林, 呼爲齊㽈(陽兮反). 樹長二三丈, 皮靑白, 花似柚, 極芳香. 子似楊桃, 六月熟. 西域人壓爲油, 以煮餠果, 如中國之巨勝也.

406 · 23(5353)
통탈목(通脫木)

통탈목은 비마(蓖麻: 아주까리)처럼 생겼으며 산기슭에서 자란다. 꽃가루는 주로 악창을 치료하는데 쓴다. 통탈목은 과육이 있고 속[原文에는 '如'이라 되어 있지만, 『유양잡조』 권18 木篇에 근거하여 '心'으로 고쳐 번역함]이 비어 있으며 가볍고 희고 예뻐서 여자들이 장식품으로 많이 사용한다.

通脫木, 如蓖麻, 生山側. 花上粉主治惡瘡. 如空, 中有瓤, 輕白可愛, 女工取以飾物.

406 · 24(5354)
산 계(山 桂)

산계는 잎이 삼잎처럼 생겼고 꽃잎이 가늘고 자색을 띠고 있으며, 노란 잎이 무더기로 자란다. 산계는 신화초(愼火草: 불을 예방하기 위해 지붕 위에 심기도 함. '景天'이라고도 함)와 함께 단양산(丹陽山)에서 난다.

山桂, 葉如麻, 細花紫色, 黃葉簇生. 與愼火草出丹陽山中.

406・25(5355)
오렵송(五鬣松)

소나무를 말할 때는 무릇 양립이니 오립이니 하는데, '립'은 '렵'이라 해야 마땅하다. 단성식(段成式:『酉陽雜俎』의 撰者)이 살던 수행리(修行里)의 사택 대당(大堂) 앞에 오렵송 두 그루가 있었는데, 그 크기가 주발만 했다. 달린 열매는 그 맛이 신라(新羅)의 것과 차이가 없었다. 오렵송은 껍질이 비늘처럼 생기지 않았다. 당(唐)나라의 중사(中使) 구사량(仇士良)의 수애정자(水磑亭子)에 껍질이 비늘처럼 생기지 않은 양렵송이 있고 또 칠렵송이 있었는데, 어디서 온 것인지는 알 수 없었다. 민간에서는 그것을 '공작삼렵송(孔雀三鬣松)'이라 불렀다. 소나무의 생명력은 뿌리에 있는데, 뿌리 밑에 돌이 있으면 소나무가 옆으로 누워 천년도 살지 못한다.

松凡言兩粒・五粒, '粒'當言'鬣'. 段成式修行里私第大堂前, 有五鬣松兩株, 大才如椀. 結實, 味與新羅者不別. 五鬣松皮不鱗. 唐中使仇士良水磑亭子, 有兩鬣皮不鱗者, 又有七鬣者, 不知自何而得. 俗謂'孔雀三鬣松'也. 松命根, 下遇石則偃差, 盖不必千年也.

406·26(5356)
삼렵송(三鬣松)

당(唐)나라 위국공(衛國公) 이덕유(李德裕)의 말에 따르면, 삼렵송은 공작송(孔雀松)과는 다르다고 한다. 또 말하기를, 소나무를 자라지 못하게 할 때 아래로 곧장 뻗은 뿌리를 돌로 막으면 소나무가 옆으로 누워 자라는데, 굳이 천년을 기다리지 않아도 옆으로 눕는다.

唐衛公李德裕言, 三鬣松與孔雀松別. 又云, 欲松不長, 以石抵其直下根, 便偃('偃'字原闕, 據明鈔本·陳校本補), 不必千年方偃.

406·27(5357)
어갑송(魚甲松)

낙중(洛中: 洛陽)에 어갑송이 있다.

洛中有魚甲松.

406·28(5358)
합장백(合掌柏)

당(唐)나라 태상박사(太常博士) 최석(崔石)이 다음과 같은 이야기를 해주었다. 여주(汝州)의 서쪽에 연계(練溪)라는 곳이 있는데, 그곳에는 기이한 측백나무가 많이 자란다. 늦가을이 되면 측백나무의 잎이 오므라들기 때문에 그곳 사람들은 이 나무를 '합장백'이라 부른다.

唐太常博士崔石云. 汝西有練溪, 多異柏. 及暮秋, 葉斂, 俗呼'合掌柏'.

406 · 29(5359)
황양목(黃楊木)

황양목은 본래 잘 자라지 않는다. 세상 사람들은 황양목이 불이 붙지 않기 때문에 귀중하게 여긴다. 어떤 사람은 황양목을 물에 넣어 보아서 가라앉으면 불이 붙지 않는다고 한다. 이 나무를 벨 때는 반드시 어두운 밤에 베어야 하는데, 별빛 하나 없는 밤에 베어야만 베개로 만들어도 금이 가지 않는다.

黃楊木性難長. 世重黃楊, 以無火. 或曰, 以水試之, 沉則無火. 取此木以陰晦, 夜無一星則伐之, 爲枕不裂.

406 · 30(5360)
청양목(靑楊木)

청양목은 협중(峽中)에서 난다. 청양목으로 침상을 만들면 침상에

벼룩이 생기지 않는다.

靑楊木, 出峽中. 爲牀, 臥之無蚤.

406·31(5361)
구나위(俱那衛)

구나위는 잎이 대나무 잎처럼 생겼으며, 세 개의 줄기가 한 층을 이룬다. 줄기의 끝에서 갈라져 나온 가지는 정동(貞桐: 나무이름)과 같으며, 꽃은 작고 목해(木檞: 松檞. 감나무과에 속하는 흑단목을 말함)처럼 생겼으나 그보다는 작다. 구나위는 계주(桂州)에서 난다.

俱那衛, 葉如竹, 三莖一層. 莖端分條如貞桐, 花小, 類木檞. 出桂州.

406·32(5362)
산 다(山 茶)

산다(山茶: 동백나무)나무는 해석류(海石榴)와 비슷하게 생겼으며 계주(桂州)에서 난다. 촉(蜀)땅에도 산다가 있다.

山茶似海石榴, 出桂州. 蜀地亦有.

406·33(5363)
하주괴(夏州槐)

하주에는 우정(郵亭)이 하나 밖에 없는데, 그 정자 앞에 홰나무 몇 그루가 자라고 있다. 염주(鹽州)에서는 간혹 그 잎을 얻으려고 공문을 보내 구해가곤 했다.

夏州唯一郵, 有槐樹數株. 鹽州或要葉, 行牒求之.

406·34(5364)
적백정(赤白檉)

적백정은 양주(凉州)에서 나는데 큰 것은 없다. 그 재는 사람을 상하게 하지만 그 잿물로 구리를 끓이면 은으로 바꿀 수 있다.

赤白檉出凉州, 大者無. 灰傷人('灰傷人'原作'炭人以', 據明鈔本改), 灰汁煮銅, 可以爲銀.

406·35(5365)
해 목(楷 木)

촉(蜀) 땅에 떡갈나무와 비슷한 나무가 있다. 다른 나무들이 한창 자랄 때는 마치 고목 같다가 한겨울에 싹이 나서 그늘을 드리우기 때문에 촉 땅 사람들은 그것을 '해목'이라 부른다.

蜀中有木類柞. 衆木榮時, 如枯柿, 隆冬方萌芽布陰, 蜀人呼爲'楷木'.

406・36(5366)
저(楮)

[곡식을 심어 놓았던] 밭을 [본문에는 '穀田'이라 되어 있으나 『酉陽雜俎』 前集卷 18에 의거하여 '穀田'으로 고쳐 번역함] 오랫동안 그대로 두면 나무가 자라나는데, 잎이 여러 쪽 갈라져 있다. 큰 나무는 '저(楮: 닥나무)'라고 하고 작은 나무는 '구(構)'라고 한다.

穀田久廢, 必生構('構'字原闕, 據明鈔本・陳校本補), 葉有瓣. 大曰'楮', 小曰'構'.

문리목
(아래 8종의 나무는 모두 『유양잡조』에 보인다)

406·37(5367)
종묘문목(宗廟文木)

종묘가 있는 곳에서 적색 나무가 자라면 임금이 예로 나라를 다스려 백성들이 그 마땅함을 얻었다는 것이다.

宗廟地中生赤木, 人君禮名得其宜也.

406·38(5368)
문목간(文木簡)

[南朝] 제(齊)나라 건원연간(建元年間: 479~482) 초에 연릉(延陵) 계자(季子: 春秋시대 吳나라의 공자 季札을 말함)의 사당에는 오래 전에 물이 나오는 우물이 하나 있었다. 우물의 북쪽에서 갑자기 금석 소리가 들리기에 사람들이 그곳을 파들어가 2장 남짓 파보았더니 샘물이 솟아 나왔다. 샘물 안에서 목간(木簡) 하나가 나왔는데, 길이는 1척이고 너비는 1촌 2푼이었으며, 그 위에 다음 몇 글자가 희미하게 도드라져 있었다.
"여산도사(廬山道士) 장릉(張陵)이 재배하고 알현하다."

목간은 아주 단단하고 희었으며, 글자는 황금색이었다.

齊建元初, 延陵季子廟, 舊有湧井. 井北忽有金石聲, 掘深二丈, 得沸泉. 泉中得木簡, 長尺, 廣一寸二分, 隱起字曰: "廬山道士張陵再拜謁." 木堅而白, 字色黃.

406·39(5369)
고문주(古文柱)

[南朝] 제(齊)나라 건원(建元) 2년(480) 여름에 여릉(廬陵)의 장계수(長溪水)가 산기슭을 쳐서 산이 6~7척이나 무너져 내렸다. 그곳에서 천개 남짓한 기둥이 나왔는데, 모두 열 아름이나 되었다. 길이가 긴 것은 1장 정도 되었고 짧은 것은 8~9척 정도 되었는데, 그 위에 알 수 없는 옛 글자들이 적혀 있었다. 강엄(江淹)이 왕검(王儉)에게 물어보았더니, 왕검이 말했다.
"강동(江東) 사람들은 예서(隸書)에 익숙하지 않으니, 이것은 진한(秦漢) 때의 기둥입니다."

齊建元二年夏, 廬陵長溪水衝擊山麓崩, 長六七尺. 下得柱千餘根, 皆十圍. 長者一丈, 短者八九尺, 頭題古文, 字不可識. 江淹以問王儉, 儉云: "江東不閑隸書, 秦漢時柱也."

406 · 40(5370)
삼자신(三字薪)

[南朝] 제(齊)나라 영명(永明) 9년(491)에 말릉(秣陵)의 안시사(安時寺)에 고목이 한 그루 있었다. 사람들은 그것을 베어 땔나무로 만들려고 하다가 이 나무 결에서 자연적으로 생겨난 '법천덕(法天德: 하늘의 덕을 본받는다는 뜻)'이라는 세 글자가 있는 것을 발견했다.

齊永明九年, 秣陵安時寺, 有古樹. 伐以爲薪, 木理自然有'法天德'三字.

406 · 41(5371)
천존신(天尊薪)

당(唐)나라 도관원외랑(都官員外郞) 진수고(陳修古)가 다음과 같은 이야기를 해주었다.
서천(西川)에 한 현이 있는데, 그 이름은 기억나지 않는다. 그곳의 한 하급관리가 옥졸의 나무를 땔나무로 만들려다가 보았더니 나무 위에 천존(天尊: 부처의 다른 이름)의 형상이 있었다.

唐都官員外陳修古言. 西川一縣, 不記名. 吏因換獄卒木爲薪, 有天尊形像存焉.

406 · 42(5372)
태평목(太平木)

　이목(異木). 당(唐)나라 대력연간(大曆年間: 766∼779)에 성도(成都)의 곽원(郭遠)이라는 백성이 땔나무를 하다가 서목(瑞木) 가지 하나를 주었는데, 나뭇결이 '천하태평(天下太平)'이라는 네 글자를 이루고 있었다. 황제는 조서를 내려 그 가지를 비각(秘閣)에 보관하게 했다.

　異木. 唐大曆中, 成都百姓郭遠, 因樵, 獲瑞木一莖, 理成字曰'天下太平'. 詔藏於祕閣.

406 · 43(5373)
천왕괴(天王槐)

　장안(長安) 지국사(持國寺)의 절문 앞에 회나무 몇 그루가 있다. 김감(金監)은 그 가운데 한 그루를 사들이고 자신이 부리고 있던 솜씨가 좋은 장인에게 나무를 잘라보게 했다. 그 장인은 들어갔다 나오더니 일반 나무와 다를 것이 없다고 했다. 김감은 크게 탄식하고 다시 나무를 붙이게 하면서 이렇게 말했다.
　"이것은 네가 감당할 수 있는 일이 아니다. 네게 내 솜씨를 한번 보여주겠다."
　그리고는 따로 그 나무를 결대로 나누어 잘라나갔는데, 조각은 각각

천왕(天王) 한 명과 탑과 창의 모습으로 되어있었다.

　　長安持國寺, 寺門前有槐樹數株. 金監買一株, 令所使巧工解之. 及入內廻, 工言木無他異. 金大嗟惋, 令膠之, 曰: "此不堪矣. 但使爾知予工也." 及別理解之, 每片一天王, 塔戟成就焉.

406·44(5374)
색릉목(色陵木)

　　대산(臺山)에 색릉목이 있는데, 나뭇결이 마치 비단[원문에는 '綾窠'이라 되어 있는데, 『유양잡조』에 의거하여 '綾木'으로 고쳐 번역함] 같다. 백성들은 그 나무를 가져다가 베개를 만들고 '색릉침'이라 불렀다.

　　臺山有色綾木, 理如綾窠. 百姓取爲枕, 呼爲'色陵枕'.

406·45(5375)
마문목(馬文木)

　　봉상현(鳳翔縣)의 지객(知客: 빈객 접대를 맡은 관리) 곽거(郭璩)의 부친은 일찍이 공방을 운영했다. 한번은 그가 나무를 자르려는데, 나무 안에 돌이나 쇳조각이 있는 것처럼 톱이 들어가지 않았다. 그리하여 톱을 새로 바꾸고 향을 사르며 절을 한 뒤에 톱질을 하자 톱이 움직였다. 나무를 자르고 난 뒤에 보았더니 나무 결에 검은 말 한 마리와 붉은 말 한 마리가 서로를 물고 있는 모습이 새겨져 있었는데, 그 말의 코와 주둥이, 말갈기와 꼬리, 말발굽과 다리, 힘줄과 뼈가 살아있는 말과 다르지 않았다. (『문기록』)

鳳翔知客郭璩, 其父曾主作坊. 將解一木, 其間疑有鐵石, 鋸不可入. 遂以新鋸, 兼焚香祝之, 其鋸乃行. 及破, 木文有二馬形, 一黑一赤, 相齧, 其口・鼻・鬃・尾・蹄・脚・筋・骨, 與生無異. (出『聞奇錄』)

태평광기

권제 407

소목 2

이목(異木)(兩門凡四十目)
1. 주일주수(主一州樹)
2. 언　상(偃　桑)
3. 부 주 목(不　畫　木)
4. 문 자 수(蚊 子 樹)
5. 성 고 지(聖 鼓 枝)
6. 녹　목(鹿　木)
7. 도 생 수(倒 生 樹)
8. 유　목(黝　木)
9. 광 랑 수(桄 榔 樹)
10. 괴　송(怪　松)
11. 풍　인(楓　人)
12. 풍　귀(楓　鬼)
13. 풍 생 인(楓 生 人)
14. 영　풍(靈　楓)
15. 파목유육(破木有肉)
16. 강중풍재(江中楓材)
17. 하백하재(河伯下材)
18. 투문선목(鬪蚊船木)
19. 교 양 목(交 讓 木)
20. 천 세 송(千 歲 松)
21. 한　장(汗　枚)
22. 화 접 수(化 蝶 樹)
23. 부 수 재(涪 水 材)
24. 단 정 수(端 正 樹)
25. 숭현리괴(崇賢里槐)
26. 삼 지 괴(三 枝 槐)
27. 영　괴(瘿　槐)
28. 형 근 침(荊 根 枕)
29. 오 중 상(五 重 桑)
30. 청 정 수(蜻 蜓 樹)
31. 무 환 목(無 患 木)
32. 초 심 수(醋 心 樹)
33. 등제조협(登第皂莢)
34. 변백단수(辨白檀樹)

유만(䕬蔓)
35. 등 실 배(藤 實 杯)
36. 종　등(鐘　藤)
37. 인 자 등(人 子 藤)
38. 밀 초 만(蜜 草 蔓)
39. 호 만 초(胡 蔓 草)
40. 야 호 사(野 狐 絲)

이목

407·1(5376)
주일주수(主一州樹)

동방의 황량한 들 밖에 예장수(豫章樹)가 있다. 이 나무는 한 주(州)[의 길흉화복]을 주관하는데, 그 높이는 천 장(丈)이나 되고 둘레도 100장이나 된다. 뿌리에서 위로 300장 올라간 곳에서부터 가지가 뻗어나기 시작해 마치 휘장을 두른 듯 가지를 드리우고 있으며 위에는 검은색 여우와 검은색 원숭이가 살고 있다. 이 나무는 한 주[의 길흉화복]을 주관하는데, 남북으로 나란히 자라있으며 정면은 서남쪽을 향하고 있다.

아홉 명의 역사(力士)가 도끼로 그 나무를 베어서 9주(州)의 길흉을 점치는데, 나무를 베어낸 뒤에 다시 원상태로 돌아오면 그 주는 복을 받는다. 그러나 나무에 난 상처가 아물지 않으면 그 주의 우두머리가 병에 걸린다. 그 상처가 몇 년이 지나도록 아물지 않으면 그 주는 망한다. ('망하다'란 주의 우두머리가 죽는 것을 말하고, '원상태로 돌아오다'란 나무에 난 상처가 아무는 것을 말한다) (『신이경』)

東方荒外, 有豫章焉. 此樹主一州, 其高千丈, 圍百丈. 本上三百丈. 始('始'原作'本', 據陳校本改)有枝條, 敷張如帳, 上有玄狐黑猿. 樹主一州, 南北並列, 面向西南. 有九力士, 操斧伐之, 以占九州吉凶, 斫復, 其州有福. 創者州伯有病. 積歲不復者, 其州滅亡. ('亡'言州伯死, '復'者木創復也, 出『神異經』. '伯'字原闕, 出『神

異經』. '四'字原在'者'字下, 據陳校本補改)

407 · 2(5377)
언 상(偃 桑)

동방에 나무가 한 그루 있는데, 높이가 80장이나 된다. 나뭇가지는 아래로 드리워져 몸체를 덮고 있다. 그 잎은 길이가 1장이나 되고 너비는 6~7척이나 된다. 이 나무의 이름은 뽕나무이다. 나무 위에는 누에가 저절로 자라나 3척 길이의 고치를 만들어내는데, 고치 하나를 켜면 1근의 실을 얻을 수 있다. [또 나무 위에] 오디가 자라는데, 길이가 3척 5촌이나 되고 둘레 또한 3척 5촌이다. (뽕나무는 바로 언상(偃桑)을 말하는데, 언상보다 좀 더 길고 굵을 뿐이다.) (『신이경』)

東方有樹焉, 高八十丈. 敷張自輔. 其葉長一丈, 廣六七尺. 名曰桑. 其上自有蠶, 作繭長三尺, 繰一繭, 得絲一觔. 有椹焉, 長三尺五寸, 圍如長. (桑是偃桑, 但樹長大耳.) (出『神異經』)

407 · 3(5378)
부주목(不晝木)

황량한 들판 밖에 화산(火山)이 있는데, 그 안에 부주목이 자라고 있다. 이 나무는 밤낮 할 것 없이 불길이 활활 타오르고 있는데, 햇볕이 내리쬐고 바람이 분다 해서 불길이 더 거세지지도 않고 폭우가 내린다 해도 꺼지지 않는다. (『신이경』)

荒外有火山, 其中生不畫之木. 晝夜火燃, 得曝風不猛, 猛雨不滅. (出『神異經』)

407·4(5379)
문자수(蚊子樹)

동청수(冬靑樹: 감탕나무)와 비슷한 나무가 있다. 그 나무의 열매는 가지 사이에 열리는데, 모양은 비파(枇杷) 열매처럼 생겼다. 열매는 다 익은 뒤에 저절로 터지는데, 그러면 모기떼가 날아와 [속을 다 파먹어 버리고] 껍질만 남는다. 그곳 사람들은 이 나무를 일러 '문자수(蚊子樹: 모기나무)'라고 한다. (『영남이물지』)

有樹如冬靑. 實生枝間, 形如枇杷子. 每熟卽坼裂, 蚊子群飛, 唯皮殼而已. 土人謂之'蚊子樹'. (出『嶺南異物志』)

407·5(5380)
성고지(聖鼓枝)

함광현(含洭縣) 옹수(滃水) 아래의 동쪽 강 언덕에 성고(聖鼓: 聖鼓

에 대해 두 가지 이야기가 전해오는데, 그 중 하나는 秦나라 때 楊山을 뚫자 桂陽縣 殿閣 아래 있던 북이 날아가 臨武로 갔다가 다시 始興과 洛陽으로 갔다고 하는 이야기임. 다른 하나는 옛날에 縣官이 이곳으로 부임해오면 바로 승진해가곤 했는데, 太史가 이곳을 지나다 地勢 때문에 그렇다고 하자 그곳 언덕을 밀어버렸다 함. 그러자 땅에서 피가 흘러 내를 이루었고 땅이 무너져 내렸으며, 縣 殿閣에 걸어두었던 북이 臨武로 날아가더니 桂陽까지 갔는데, 이로 인해 陽山에서 桂陽에 이르기까지 聖鼓道가 났고 이로 인해 사람들은 이 북을 '聖鼓'라 불렀다 함)가 있는데, 이것이 바로 양산(楊山) 성고나무의 가지이다. 성고는 냇가에 옆으로 드러누운 자세로 자라있으나 물결에 부딪혀도 꿈쩍하지 않는다. 또 울며 날아다니는 새들도 이 나무 위에 모여들지 않는다. 뱃사람이 잘못해서 상앗대로 그 나무를 건드리면 그 사람은 반드시 학질에 걸린다. (『유양잡조』)

舍洭('舍洭'原作'舍泝', 據『酉陽雜俎』十改)縣瀚水口下東岸, 有聖鼓, 卽楊山之鼓枝也. 橫在川側, 衝波所激, 未嘗移動. 衆鳥飛鳴, 莫有萃者. 船人悞以篙觸, 必患瘧. (出『酉陽雜俎』)

407 · 6(5381)
녹 목(鹿 木)

무릉군(武陵郡) 북쪽에 녹목 두 그루가 있는데, 이것은 바로 복파

장군(伏波將軍) 마원(馬援)이 심은 것이다. 이 나무에는 마디가 많다. (『유양잡조』)

武陵郡北, 有鹿木二株, 馬伏波所種. 木多節. (出 『酉陽雜俎』)

407 · 7(5382)
도생목(倒生木)

거꾸로 자라는 나무가 있다. 이 나무는 산에서만 자라는데, 뿌리가 위에 나 있다. 사람이 혹 건들기라도 하면 잎이 오므라들고 사람이 떠나가면 잎이 다시 펴진다. 이 나무는 동해(東海)에서 난다. (『유양잡조』)

倒生木. 此木依山生, 根在上. 有人觸則葉翕, 人去則葉舒. 出東海. (出 『酉陽雜俎』)

407 · 8(5383)
유 목(黝 木)

유목은 마디가 독충이나 맹수처럼 생겨서[원문에는 '節以蠱獸'라 되어 있으나 『學津討原』·『津逮秘書』本 『酉陽雜俎』에 의거하여 '節似蠱獸'로 고쳐 번역함] 채찍으로 만들어 쓸 수 있다. ([『유양잡조』「속집」권10])

勁木. 節以蠱獸. 可以爲鞭. (原闕出處. 今見『酉陽雜俎』續十)

407·9(5384)
광랑수(桄榔樹)

옛날 남해현(南海縣)에 광랑수가 있었는데, 나무 꼭대기에 잎이 나 있었고 잎 위에는 국수가 있었다. 커다란 광랑수에서 나는 국수는 100곡(斛)이나 되었다. 이것을 우유에 섞어 먹으면 맛이 매우 좋았다. (『유양잡조』)

古南海縣有桄榔樹, 峯頭生葉, 有麪. 大者出麪, 乃至百斛. 以牛乳噉之, 甚美. (出『酉陽雜俎』)

407·10(5385)
괴송(怪松)

남강(南康)에 괴송이 있다. 이전부터 자사(刺史)들은 화공에게 명해 그 소나무를 그리게 했는데, 그러면 번번이 가지 몇 개가 시들고 메말랐다. 후에 어떤 객이 기녀들과 더불어 나무 밑에 둘러 앉아 술을 마셨더니 하루 만에 소나무는 죽고 말았다 (『유양잡조』)

南康有怪松. 從前刺史, 每令畫工寫松, 必數枝衰悴. 後因一客與妓, 環飲其下, 經日松死. (出『酉陽雜俎』)

407 · 11(5386)
풍인(楓人)(種由)

영중(嶺中)의 여러 산에는 단풍나무가 많은데, 오래된 나무에는 옹이가 많다. 어느 날 밤 갑자기 번개가 치고 폭우가 내리고난 뒤 나무의 옹이가 아무도 모르게 서너 척이나 자랐다. 남방 사람들은 이 나무를 '풍인'이라고 부른다. 월(越) 땅의 무당이 말하기를, 그 옹이를 떼어다가 귀신을 조각하면 영험함이 남다르다고 한다. (『영표록이』)

嶺中諸山多楓樹, 樹老多有瘤癭. 忽一夜遇暴雷驟雨, 其樹贅則暗長三數尺. 南人謂之'楓人'. 越巫云, 取之雕刻神鬼, 異致靈驗. (出『嶺表錄異』)

407 · 12(5387)
풍 귀(楓 鬼)

『임천기(臨川記)』에 다음과 같은 구절이 있다.

"무주(撫州)의 마고산(麻姑山)에 올라간 사람이 있는데, 멀리 바라보니 여산(廬山)이나 팽려호(彭蠡湖)도 모두 그만 못하게 느껴졌다. 산 위에는 황련(黃連)나무와 후박(厚朴)나무도 있었다."

항산(恒山)의 단풍나무 중에 수천 년을 살아온 나무는 이미 눈, 코, 입, 팔 등 사람의 형상을 고루 갖추고 있으나 발만 없을 따름이다. 누군가 산에 들어가서 이 나무를 보고 베기라도 하면 그때마다 나무에서 피가 나온다. 사람들은 모두 남초(藍草: 蓼藍, 大靑)를 가져다가 나무 위에 씌워주었는데, 다음 날 가서 보면 남초는 어느새 사라지고 없었다. 사람들은 모두 단풍나무 귀신의 소행일 것이라 생각했다. (『십도기』)

『臨川記』云: "撫州麻姑山, 或有登者, 望之, 廬嶽·彭蠡, 皆在其下. 有黃連·厚朴." 恒山楓樹, 數千年者, 有人形, 眼鼻口臂而無脚. 入山者見之, 或有斫之者, 皆出血. 人皆以藍冠於其頭, 明日看失藍. 爲楓子鬼. (出『十道記』)

407·13(5388)
풍생인(楓生人)

강동(江東)과 강서(江西)의 산 속에는 풍목인(楓木人: 단풍나무에서 자라는 옹이)이 많다. 풍목인은 단풍나무 아래에서 자라나는데, 모습은 사람과 흡사하며 키는 3~4척 쯤 된다. 밤에 천둥이 치고 비가 내리고 나면 키가 나무만큼 자라는데, 사람과 마주치면 다시 이전처럼 줄어든다. 어떤 사람이 길에서 삿갓을 풍목인의 머리에 씌워놓은 적이 있었는데, 이튿날 가서 보니 삿갓은 나무 꼭대기 위에 걸쳐져있었다. 가뭄이 들어 비를 내리게 하고 싶을 때 대나무를 가져다가 풍목인의 머리를 묶어놓고 제사를 올리면 즉시 비가 내린다. 사람들이 이것을 가져다가 식

반(式盤: 숫자를 계산할 때나 점칠 때 사용하는 도구)으로 쓰면 점괘가 매우 영험하게 나온다. 풍천조지(楓天棗地: 점칠 때 사용하는 도구로 단풍나무로 뚜껑을 만들고 대추나무로 받침을 만든다는 뜻임. 원문에는 '楓木棗地'라 되어있으나, 의미상 '楓天棗地'로 바꾸어 해석함)란 바로 이를 두고 하는 말이다. (『조야첨재』)

江東江西山中, 多有楓木人. 於楓樹下生, 似人形, 長三四尺. 夜雷雨, 卽長與樹齊, 見人卽縮依舊. 曾有人合笠於首('首'字原闕, 據明鈔本·陳校本補), 明日看, 笠子挂在樹頭上. 旱時欲雨, 以竹束其頭, 禊之卽雨. 人取以爲式盤, 極神驗. 楓木棗地是也. (出『朝野僉載』)

407 · 14(5389)
영 풍(靈 楓)

남중(南中)에 풍자귀(楓子鬼: 단풍나무의 옹이를 말함)가 있다. 단풍나무 중에 오래된 것은 사람의 형상을 갖게 되기 때문에 이것을 '영풍'이라고도 부른다. (『술이기』)

南中有楓子鬼. 楓木之老者人形, 亦呼爲'靈楓'焉. (出『述異記』)

407 · 15(5390)
파목유육(破木有肉)

어떤 사람이 커다란 나무를 베었는데, 나무 안에 5근이나 되는 삶은 돼지고기 같이 생긴 고기가 들어있었다. (『계신록』)

有人破大木, 木中有肉, 可五觔, 如熟猪肉. (出『稽神錄』)

407 · 16(5391)
강중풍재(江中楓材)

해안가에서는 집을 지을 때마다 사람들을 시켜 강가로 가서 목재를 둘러보고 [구해]오게 하는데, 긴 것, 짧은 것, 굵은 것, 얇은 것 모두 있으나 가져가는 것은 모두 소나무뿐이다. 그 지역 사람들은 보통 소나무를 목재로 사용한다. 옛날 어느 누가 나무를 잘라놓았는지 알 수 없으나, 나무들은 진흙 속에 묻혀있으면서 썩지도 좀먹지도 않았을 뿐 아니라 양 또한 그토록 많았으니, 정말로 기이한 일이 아닐 수 없다. (『영남이물지』)

循海之間, 每搆屋, 卽命民踏木於江中, 短長細大, 唯所取, 率松材也. 彼俗常用. 不知古之何人斷截, 埋泥砂中, 旣不朽蠹, 又多如是, 事可異者. (出『嶺南異物志』)

407 · 17(5392)
하백하재(河伯下材)

중숙현(中宿縣) 산 아래에 신을 모시는 사당이 있는데, 진수(溱水)가 이곳에 이르면 성난 듯 소리를 내며 들끓는다. 나뭇가지가 이곳까지 떠밀려오면 물속으로 빠져 들어가 하나도 물 위로 떠오르지 않는다. 사람들은 하백이 목재를 가져간 것이라고 생각한다. (『유양잡조』)

中宿縣山下有神宇, 溱水至此, 沸騰鼓怒. 槎木汎至此淪沒, 竟無出者. 世人以爲河伯下材. (出『酉陽雜俎』)

407 · 18(5393)
투교선목(鬪蛟船木)

강동(江東) 사람들은 대부분 장목(樟木: 녹나무)으로 배를 만드는데, 그 배 중에는 교룡과 맞서 싸울 수 있는 것이 있다. (『유양잡조』)

樟木, 江東人多取爲船, 船有與蛟龍鬪者. (出『酉陽雜俎』)

초목 2 · 223

407 · 19(5394)
교양목(交讓木)

『무릉군기(武陵郡記)』에 따르면, 백치산(白雉山)에 교양(交讓)이라고 하는 나무가 있는데, 다른 나무들이 모두 무성히 가지를 드리운 연후에야 비로소 싹을 틔우며 한 해 걸러 한번씩 잎이 무성해진다고 한다. (『유양잡조』)

『武陵郡記』, 白雉山有木, 名交讓, 衆木敷榮後, 方萌芽, 亦更歲迭榮也. (出『酉陽雜俎』)

407 · 20(5395)
천세송(千歲松)

『옥책기(玉策記)』에 다음과 같은 구절이 있다.
"천년 묵은 소나무가 있는데 사면을 빙 둘러 가지가 위로 뻗어나 있으나 나무 꼭대기에는 가지가 나 있지 않아서 멀리서 바라보면 마치 뒤집힌 양산처럼 보인다. 또 그 안에 푸른 개 같기도 하고 사람 같기도 한 물체가 살고 있는데, 나무와 더불어 만년을 산다."

(『포박자』)

『玉策記』稱: "千歲松樹, 四邊披越, 上杪不長, 望而視之, 有如偃蓋. 其中有物, 如靑犬, 或如人, 皆壽萬歲." (出『抱朴子』)

407 · 21(5396)
한 장(汗 杖)

동방삭(東方朔)이 서나한국(西那汗國)에서 돌아올 적에 성목(聲木) 열 개를 가져오자 황제는 그 나무를 대신(大臣)들에게 하사했다. 사람이 병에 걸리면 나무에서 땀이 났고 임종할 무렵에는 나무가 부러졌다. 그래서 다음과 같은 속담이 생겨났다.
"살아온 날이 반평생이 안 되면 나무에서 땀이 나지 않는다네."

(『유양잡조』)

東方朔西那汗國廻, 得聲木十枚, 帝以賜大臣. 人有疾則杖汗, 將死則折. 里語: "生年未半杖不汗." (出『酉陽雜俎』)

407 · 22(5397)
화접수(化蝶樹)

장안성(長安城) 금원(禁苑: 御苑) 안에 커다란 나무가 한 그루 있었는데, 한 겨울 눈 속에 홀연 꽃과 잎이 무성하게 자라났다. 그 꽃과 잎이 떨어지자 열매가 맺혔는데, 열매에서 불빛처럼 밝고 찬란한 빛이 났다.

그러더니 며칠 후에 모두 붉은 나비가 되어 날아갔다. 이듬 해 당(唐)나라 고조(高祖)가 당국(唐國)에서 장안으로 입성했는데, 이것은 아마도 그 징조였던 것 같다. (『소상록』)

長安城禁苑內一大樹, 冬月雪中, 忽花葉茂盛. 及凋落結實, 其子光明燦爛, 如火之明焉. 數日, 皆化爲紅蛺蝶飛去. 至明年, 唐高祖自唐國入長安, 此必前兆也. (出『瀟湘錄』)

407 · 23(5398)
부수재(涪水材)

당(唐)나라 대력(大曆) 7년(772) 여름 유월 갑자일(甲子日)에 부수(涪水)가 넘쳐흐르는 바람에 재동군(梓童郡: 원문에는 '梓童'이라 되어있으나 '梓潼'이 맞음) 처현(郪縣)으로 수천 개의 나뭇가지가 떠내려 왔는데, 그 중에는 대들보·용마루·서까래[원문에는 '欂櫨'이라 되어있으나 『洽聞記』에 의거하여 '榱桷'으로 고쳐 번역함] 등이 골고루 갖추어져 있었기 때문에 내성(內城) 안에 있는 집들을 수리할 적에 모두 그 목재들을 가져다 썼다. 교림(喬林)이 그 일을 기록했다. (『흡문기』)

梓童郪縣, 唐大曆七年, 夏六月甲子, 涪水汎溢, 流木數千條, 梁·棟·欂·櫨具備, 補內城屋, 悉此木. 喬林爲之記. (出『洽聞記』)

407 · 24(5399)
단정수(端正樹)

장안(長安)의 서쪽에 단정수가 있는데, 마외파(馬嵬坡)에서 1사(舍: 1舍는 30리) 정도 떨어진 거리에 있다. 당(唐)나라 덕종(德宗)이 봉천(奉天)으로 행차할 적에 그 울창한 모습을 보고는 그처럼 아름다운 이름을 하사한 것이다. 후에 한 문인이 이곳을 지나가다가 객점에 시 한 수를 지어 적어놓았는데, 작자의 이름은 알려져 있지 않으나 시의 내용은 다음과 같다.

> 예전에 혼자만 이슬 흠뻑 받는 영화를 누려,
> 덕종황제 서쪽으로 행차하실 때 훌륭한 이름 하사받았네.
> 마외파는 이곳에서 멀지도 않으니,
> 양귀비(楊貴妃) 무덤가를 향해 자라야 할 것이네!

이토록 풍취가 고아할 수가! (『서정시』)

長安西端正樹, 去馬嵬一舍之程. 乃唐德宗皇帝幸奉天, 覩其蔽芾, 錫以美名. 後有文士經過, 題詩逆旅, 不顯姓名, 詩曰: "昔日偏霑雨露榮, 德皇西幸賜嘉名. 馬嵬此去無多地, 合向楊妃冢上生!" 風雅有如此焉! (出『抒情詩』)

407 · 25(5400)
숭현리괴(崇賢里槐)

　당(唐)나라 원화연간(元和年間: 806~820)에 숭현리 북쪽 거리[원문에는 '此街'라 되어있으나『酉陽雜俎』권15「諾皐記下」에 의거하여 '北街'로 고쳐 번역함] 대문 밖에 홰나무 한 그루가 있었다. 진박(陳朴)이라는 사람이 황혼녘에 배회하며 밖을 내다보고 있었는데, 그때 부인처럼 생긴 한 물체와 늙은 여우, 또 이상한 새처럼 생긴 물체가 나무 안으로 날아 들어가는 것이 보였다. 이에 진박이 나무를 잘라내고 보았더니 나무에 나 있던 줄기 세 개중 [두개는] 속이 모두 비어있었으나 한 개의 줄기 속에는 유독 독두율(獨頭栗) 120개가 들어 있었다. 그 가운데 강보에 쌓인 1장 남짓 되는 키의 아이 시체가 있었다. (『유양잡조』)

　唐陳朴者, 元和中, 崇賢里此街大門外, 有槐樹. 嘗黃昏徙倚窺外, 見若婦人及老狐·異鳥之類, 飛入樹中. 遂伐視之, 樹凡三槎, 並空中, 一槎中有獨頭栗一百二十一枚. 中襁一死兒, 長尺餘. (出『酉陽雜俎』)

407 · 26(5401)
삼지괴(三枝槐)

　당(唐)나라 때 상국(相國)을 지낸 이석(李石)은 하중(河中) 영락(永樂)에 집이 있었다. 그의 집 정원에 있는 홰나무 한 그루에서 가지 세

개가 뻗어 나왔는데, [그 중 두개는] 곧장 당 앞쪽의 용마루를 관통했으나 나머지 한 가지는 거기까지 뻗지 못했다. 상국과 사촌형제 도합 세 명 중에 이석과 이이(李而)는 모두 재상에까지 올랐으나 오직 이복(李福)만은 일곱 개 군진(軍鎭)의 사상(使相: 唐宋 때에 同中書門下平章事의 관직을 겸하던 節度使를 지칭하는 말)을 지냈을 뿐이었다. ([『유양잡조』「속집」권10])

唐相國李石, 河中永樂有宅. 庭槐一本, 抽三枝, 直過堂前屋脊, 一枝不及. 相國同堂昆弟三人, 曰石, 曰而(陳校本'而'作'程'), 皆登宰執, 唯福一人, 歷七鎭使相而已. (原闕出處, 今見『酉陽雜俎』續十)

407 · 27(5402)
영 괴(癭 槐)

화주(華州)의 삼가점(三家店) 서북쪽 길가에 아주 큰 홰나무 한 그루가 있는데, 사방을 둘러 잎이 무성하게 나 있어 드리운 그늘이 몇 무(畝)에 달한다. 홰나무에는 옹이가 나 있는데, 그 생김새는 마치 돼지 두 마리가 서로 쫓고 쫓기는 것 같다. 그 돌아보고 있는 돼지의 입과 귀, 머리와 발은 마치 모두 빚어놓은 것 같다. (『문기록』)

華州三家店西北道邊, 有槐甚大, 葱鬱周廻, 可蔭數畝. 槐有癭, 形如二豬, 相趂奔走. 其廻顧口耳頭足, 一如塑者. (出『聞奇錄』)

407 · 28(5403)
형근침(荊根枕)

　상인 장홍(張弘)은 길을 가다 화악묘(華岳廟) 앞에 이르렀을 때 갑자기 눈앞이 어지러워지는 통에 더 이상 길을 갈 수가 없었다. 그래서 그는 말을 한 그루의 금형수(金荊樹)에다 매어놓고 잠을 잤는데 갑자기 말이 놀라 나무뿌리를 [뽑아] 질질 끌며 달아나는 것이었다. 장홍이 잠에서 깨어나 말을 따라가 보았더니 나무뿌리는 마치 사자처럼 생겼는데, 털이며 발톱, 눈과 귀, 그리고 발과 꼬리까지 빠짐없이 다 갖추고 있었다. 장홍은 화음현(華陰縣)에 도착하자 목공을 찾아가 그 뿌리를 다듬어 베개로 만들어 달라고 부탁한 다음 [베개가 완성되자 곧] 사당에 바쳤다. 사당지기는 늘 그 베개를 궤짝 안에다 넣은 뒤 꼭 잠가놓았는데, 행인 중 그 베개에 대한 이야기를 들은 어떤 사람이 돈 100냥으로 사당지기를 매수한 끝에 겨우 한번 구경할 수 있었다. (『문기록』)

　賈人張弘者, 行至華嶽廟前, 忽昏憒, 前進不可. 繫馬於一金荊樹而酣睡, 馬驚, 拽出樹根而走. 寤, 逐而及之, 樹根形如獅子, 毛爪眼耳足尾, 無不悉具. 乃於華陰縣, 求木工修之爲一枕, 獻於廟. 守廟者常以匱鐍之, 行人聞者, 賂守廟者百錢, 始獲一見. (出『聞奇錄』)

407 · 29(5404)
오중상(五重桑)

낙중(洛中)에 있는 원회사(願會寺)는 위(魏)나라 때 중서시랑(中書侍郞)을 지낸 왕익(王翊)이 집을 희사해 세운 것이다. 불당 앞에 뽕나무 한 그루가 자라고 있었는데, 밑에서 5척 올라간 곳에 줄기들이 사방을 빙 둘러 나 있으며 가지와 잎이 옆으로 뻗쳐있어 그 모양이 마치 우개(羽蓋: 깃털로 장식한 왕후 수레의 덮개. 주로 녹색 깃털을 사용했음) 같았다. 위로 다시 5척 올라간 곳도 마찬가지 모양을 하고 있었다. 이런 모양이 모두 다섯 층이나 있었는데, 매 층마다 잎과 오디의 모양이 각각 달랐다. 도성 사람들은 이 뽕나무를 신령한 뽕나무라 여겼기에 이 나무를 구경하러 오는 사람들이 매우 많았다. 황제는 그 말을 듣고 매우 꺼림칙해하며 뽕나무가 백성을 현혹시킬지도 모른다 생각하고는 급사황문시랑(給事黃門侍郞) 원기(元紀)에게 명해 그 나무를 베어버리게 했다. 나무를 베던 날 구름과 안개가 자욱이 덮여 사방이 어둑어둑했다. 도끼로 내려 친 곳에서 피가 흘러 땅에 떨어졌는데, 그 광경을 본 사람 중에 울지 않은 이가 없었다. (『낙양가람기』)

洛中願會寺, 魏中書侍郞王翊捨宅立也. 佛堂前生桑樹一株, 直上五尺, 枝條橫遶, 柯葉傍布, 形如羽蓋. 復高五尺, 又然. 凡爲五重, 每一重, 葉椹各異. 京師道俗, 謂之神桑, 觀者甚衆. 帝聞而惡之, 以爲惑衆, 命給事黃門侍郞元紀, 伐殺之. 其日雲霧晦冥. 下斧之處, 流血至地, 見者莫不悲泣. (出『洛陽伽藍記』)

407·30(5405)
청정수(蜻蜓樹)

옛날에 누약(婁約)이란 사람이 상산(常山)에 살았다. 하루는 그가 선좌(禪座)에 앉아 있는데, 한 시골 할머니가 손에 나무 한 그루를 들고 와 마당에다 심으면서 이것은 '청정수'라고 말했다. 오랜 시간이 흐르자 나무에서 향기가 났으며 잎이 무성해졌다. 붉은 몸에 긴 꼬리를 한 까마귀 한마리가 늘 날아와 그 나무 위에서 쉬었다. (『유양잡조』)

昔婁約居常山. 据禪座, 有一野嫗, 手持一樹, 植之於庭, 言此是'蜻蜓樹'. 歲久芬芳鬱茂. 有一鳥, 身赤尾長, 常止息其上. (出『酉陽雜俎』)

407·31(5406)
무환목(無患木)

무환목은 불을 붙이면 매우 향기로울 뿐 아니라 악기(惡氣)를 쫓을 수도 있다. 이 나무는 일명 '금루(噤婁)'라고도 하고 '환(桓)'이라고도 한다. 옛날 요모(瑤眊)라는 신령한 무당은 부적으로 온갖 귀신을 제압하고 요괴를 잡을 수 있었는데, 그때마다 이 무환목으로 귀신이나 요괴를 때려잡았다. 그래서 세상 사람들은 다투어 이 나무를 가져다가 기물을 만들어 씀으로써 귀신을 물리쳤다. 그 일로 인해 이 나무를 '무환목'이라 부르게 되었다. (『유양잡조』)

無患木, 燒之極香, 辟惡氣. 一名'噤婁', 一名'桓'. 昔有神巫曰瑤眊, 能符劾百鬼, 擒魍魅, 以無患木擊殺之. 世人競取此木爲器, 用却鬼. 因曰'無患木'. (出『酉陽雜俎』)

407・32(5407)
초심수(醋心樹)

두사인(杜師仁)이 남의 집을 빌려 산 적이 있었는데, 그 집 마당에 커다란 살구나무 한 그루가 있었다. 그런데 이웃 노인이 물을 짊어지고 그 나무 옆으로 올 때마다 늘 이렇게 탄식하는 것이었다.
"이 나무가 참으로 아깝구나!"
두사인이 무슨 뜻인지 캐묻자 노인이 말했다.
"나는 나무의 병에 대해 잘 아는데, 이 나무에게 병이 있으니 내가 한번 고쳐보고 싶소."
그러더니 나무의 한 곳에 대고 맥을 짚으며 이렇게 말했다.
"이 나무가 앓고 있는 것은 초심병이오."
두사인이 손가락으로 나무의 좀 쓴 부위를 찍어 맛을 보았더니 옅은 초 맛이 나는 것 같았다. 노인은 작은 갈고리를 가져다가 좀 쓴 곳을 벗겨냈는데, 두세 번 거듭 긁어내자 박쥐처럼 생긴 벌레 한 마리가 나왔다. 노인은 나무 위에 난 상처에 약을 붙여주고는 두사인에게 거듭 주의를 주며 말했다.
"열매가 열리거든 아직 익지 않았을 때부터 반드시 잘라내야 하오.

열의 여덟아홉을 제거해주면 나무는 살아날 것이오."

두사인이 노인의 말대로 하자 나무는 잎이 더욱 무성해졌다.

노인이 또 말했다.

"내가 일찍이 『재식경(栽植經)』 세 권을 읽었는데, 초심병에 걸린 나무에 대해 언급된 부분이 있었소."

(『유양잡조』)

杜師仁嘗賃居, 庭有巨杏樹. 隣居老人, 每擔水至樹側, 必歎曰: "此樹可惜!" 杜詰之, 老人云: "某善知木病, 此樹有疾, 某請治." 乃診樹一處, 曰: "樹病醋心." 杜染指於蠹處嘗之, 味若薄醋. 老人持小鉤披蠹, 再三鉤之, 得一白蟲, 如蝠. 乃傅藥於瘡中, 復戒曰: "有實, 自靑皮時, 必標之. 十去八九, 則樹活." 如其言, 樹益茂盛矣. 又云: "嘗見『栽植經』三卷, 言木有病醋心者." (出『酉陽雜俎』)

407・33(5408)
등제조협(登第皁莢)

천주(泉州)에 문선왕(文宣王: 孔子)을 모신 사당이 있었는데, 건물이 높고 웅장했으며 그곳 학교(學校)의 성대함은 번부(藩府) 중의 으뜸이었다. 마당 가운데에 조협수(皁莢樹: 쥐엄나무)가 있었는데, 천주 사람 중에 누군가가 과거에 급제하면 조협열매 한 꼬투리가 자라났다. 이런 일이 그 주에서는 늘 있어왔다. 그런데 양(梁: 五代 後梁)나라 진명연간(眞明年間: 915~920. 원문에는 '眞明'이라 되어있으나 '貞明'이

맞음)에 난데없이 조협열매 한 꼬투리 반이 자라나자 사람들은 그 영문을 알 수 없었다. 그해에 천주 사람 진적(陳逖)이 진사과(進士科)에 급제했고 황인영(黃仁穎)이 학구과(學究科)에 급제했다. 황인영은 그것을 수치스러워한 나머지 다시 진사과 시험에 응했는데, 동광연간(同光年間: 923~925)에 이르러서야 이전에 조협열매 반 꼬투리가 자라났던 곳에 온전한 조협열매 한 꼬투리가 다시 자라났고 그 해에 황인영은 진사과에 급제했다. 그러나 몇 년 뒤에 사당이 불에 타버렸다. 그 해부터 민(閩) 지방은 스스로 존호(尊號)를 칭하며 다시는 조정에 선비를 천거하지 않기 시작했는데, 그 상황은 지금까지 이어지고 있다. (『계신록』)

泉州文宣王廟, 庭宇嚴峻, 學校之盛, 冠於藩府. 庭中有皁莢樹, 每州人將登第, 則生一莢. 以爲常矣. 梁眞明中, 忽然生一莢有半, 人莫諭其意. 乃其年, 州人陳逖, 進士及第, 黃仁穎, 學究及第. 仁穎恥之, 復應('應'原作'登', 據明鈔本改)進士擧, 至同光中, 舊生半莢之所, 復生全莢, 其年, 仁穎及第. 後數年, 廟爲火焚. 其年, 閩自稱尊號, 不復貢士, 遂至於今. (出『稽神錄』)

407 · 34(5409)
변백단수(辨白檀樹)

검문(劍門) 왼쪽에 있는 가파른 바위 언덕 사이에 커다란 나무 한 그루가 있는데, 바위틈에서 자라고 있지만 둘레가 몇 아름이나 될 정도로 크다. 가지가 순 백색을 하고 있다고 해서 사람들은 이 나무를 모두 백단수라고 부른다. 나무 밑에 커다란 뱀 한 마리가 살고 있는데, 똬리를 튼 채 나무를 보호하고 있기 때문에 사람들은 감히 그 나무를 베지 못한다. 또 서쪽에 있는 바위 절벽의 반쯤 되는 곳에 지공(志公)스님의 영상(影像)이 있는데, 그곳을 지나는 사람들이 모두 서쪽을 향해 두 손을 높이 들고 정례(頂禮: 무릎을 꿇어 두 손으로 땅을 짚고 존경하는 사람의 발밑에 머리를 대는, 가장 공경을 표하는 절)하면 마치 여래불(如來佛)의 얼굴을 직접 본 듯한 느낌을 받게 된다.

왕인유(王仁裕: 『玉堂閒話』의 撰者)는 계미년(癸未年: 923)에 촉(蜀) 땅으로 들어갔는데, 그 바위절벽 아래 이르러 [지공스님의 影像을] 뚫어지게 바라보다가 지금까지 전해오는 전설에 대해 [스스로] 질문을 던져 보았다. 그때 마침 날씨가 청명하고 계곡 물이 씻긴 듯 깨끗했기에 왕인유는 고삐를 풀고 한동안 바위 있는 곳을 바라보았다. 사람들이 백단수라고 했던 것은 백괄수(白栝樹)였다. 그가 직접 다녀본 곳 마다 크고 작은 백괄수가 천지에 가득했고 좁은 길이나 계곡 사이에는 비슷한 종류의 나무가 매우 많았다. 그러니 뱀이 [아주 진귀한] 단향수(檀香樹: 白檀樹)를 휘감고 있는 일 따위가 어떻게 있을 수 있겠는가? 또 서쪽으로 지공스님의 영상을 바라보다가 다음과 같은 사실을 알게 되었다. 바위틈에서 자라난 원백(圓柏)나무 한 그루가 바로 삿갓을 쓰고 있는 머리 부분이고, 양쪽에 위 아래로 간 돌 사이의 틈이 있는데, 그것이 몸 부분처럼 보인 것이며, 옆으로 난 틈이 가사(袈裟) 모양으로 보인 것이었다. 또 바위 위에 이끼로 얼룩진 곳이 있는데, 이것이 바로 산수처럼 보인 융단 무늬였다. 이로 미루어 판단해 볼 때 그 나무가 백단수가 아님과 지공은 그 곳에 영상을 남겨놓지 않았음이 분명해진다. 또한 이로써 사람들이 잘못 전하고 있는 말이 얼마나 한계가 있는 것인가를 알 수 있다. (『옥당한화』)

劍門之左峭巖間('間'原作'聞', 據明鈔本改)有大樹, 生於石縫之中, 大可數圍. 枝榦純白, 皆傳曰白檀樹. 其下常有巨虺, 蟠而護之, 民不敢採伐. 又西巖之半, 有志公和尙影, 路人過者, 皆西向擎拳頂禮, 若親面其如來.

王仁裕癸未歲入蜀, 至其巖下, 注目觀之, 以質向來傳說. 時値晴朗, 谿谷洗然, 遂勒轡移時望之. 其白檀, 乃一白栝樹也. 自歷大小漫天, 夾路溪谷之間, 此類甚多. 安有檀香蛇繞之事? 又西瞻志公影. 蓋巖間有圓柏一株, 卽其笠首也. 兩面有上下石縫, 限之爲身形, 斜其縫者, 卽袈裟之文也. 上有苔蘚斑駁, 卽山水之毳文也. 方審其非白檀, 志公不留影於此, 明矣. 仍知人之誤傳者何限哉! (出『玉堂閑話』)

유만(蕕蔓)

407·35(5410)
등실배(藤實杯)

등실배는 서역에서 난다. 등나무 중 큰 것은 팔뚝만하고 잎은 갈화(葛花) 비슷하며 열매는 오동(梧桐)나무 열매처럼 생겼다. 열매가 익으면 매우 딱딱하기 때문에 그것으로 술을 퍼 담을 수도 있다. 또 천연의 무늬도 있는데, 속이 훤히 비취는 것이 매우 아름답다. 열매 중에 큰 것은 잔만하고 맛은 두구(荳蔲) 같은데, 그 달콤한 맛은 숙취를 제거해준다. 선비들은 술을 들고 등나무 아래로 가 꽃을 따서 술을 따라 마신 다음 열매를 따 먹음으로 숙취를 해소한다. 그 나라 사람들은 그 나무를 보배로 여기며 중국에 전해주려하지 않았으나 장건(張騫)이 완(宛: 구소련 타시켄트 지방 남쪽) 땅에 들어갔다가 그 나무 [씨앗을] 얻어왔다. 이 일은 『장건출관지(張騫出關志)』에 보인다. (『자곡자』)

藤實杯出西域. 藤大如臂, 葉似葛花, 實如梧桐, 實成堅固, 皆可酌酒. 自有文章, 映徹可愛. 實大如杯, 味如荳蔲, 香美消酒. 士人提酒, 來至藤下, 摘花酌酒, 乃以其實消醒. 國人寶之, 不傳於中土, 張騫入宛得之. 事在『張騫出關志』. (出『炙轂子』)

407·36(5411)
종 등(鍾 藤)

송정(松楨)은 바로 종등을 말한다. 진안(晉安) 사람들은 잎이 큰 것을 가져다가 접시로 사용한다. (『유양잡조』)

松楨, 卽鍾藤也. 葉大者, 晉安人以爲盤. (出『酉陽雜俎』)

407·37(5412)
인자등(人子藤)

안남(安南: 베트남의 옛 이름)에 인자등이라는 나무가 있는데, 붉은

색이고 덩굴 끝부분에 가시가 있다. 그 열매는 생김새가 마치 사람 같
다. 곤륜(崑崙)에서는 이 나무를 태워 코끼리를 불러 모은다. 남방의 땅
에서도 이 나무는 흔히 볼 수 없다. (『유양잡조』)

安南有人子藤, 紅色, 在蔓端有刺. 其子如人狀. 崑崙燒之集象. 南中亦難得.
(出『酉陽雜俎』)

407・38(5413)
밀초만(蜜草蔓)

북천축국(北天竺國)에서 밀초가 나는데, 밀초는 넝쿨 식물이고 잎이
크며 가을 겨울에도 죽지 않는다. 이 나무는 몇 번이고 서리와 이슬을 맞
으면 속에 꿀이 맺히는데, 마치 변방의 봉염(蓬鹽) 같다. (『유양잡조』)

北天竺國出蜜草, 蔓生大葉, 秋冬不死. 因重霜露, 遂結成蜜, 如塞上蓬鹽. (出
『酉陽雜俎』)

407・39(5414)
호만초(胡蔓草)

호만초라는 풀은 옹(邕: 지금의 廣西省 일대) 지역에서 자라며 무리

지어 자생한다. 꽃은 치자처럼 생겼으나 조금 더 크며 꽃송이를 이루지 않는다. 꽃의 색은 황백색이나 잎이 치자와 약간 다르다. 잘못해서 그 풀을 먹는 날에는 며칠 만에 죽고 마는데, 그때 흰 거위나 흰 오리의 피를 마시면 바로 해독된다. 사람들은 간혹 어떤 물체를 호만초에 던져주며 이렇게 주문을 왼다.

"내가 너를 샀으니 혹시 너를 먹더라도 죽지 않게 해다오."

(『유양잡조』)

胡蔓草, 此草在邕間, 叢生. 花偏如梔子, 稍大, 不成朶. 色黃白, 葉稍異. 悞食之, 數日卒死, 飮白鵝・白鴨血('血'字原闕, 據明鈔本補)則解. 或以物投之, 祝曰: "我買你, 食之不死." (出『酉陽雜俎』)

407・40(5415)
야호사(野狐絲)

넝쿨 식물이 있는데, 잎은 흰색이고 꽃은 약간 붉은 빛을 띠며 크기는 쌀 알갱이만하다. 진(秦) 땅 사람들은 그 풀을 '야호사(野狐絲: 실새삼)'라 부른다. (『유양잡조』)

有草蔓生, 色白, 花微紅, 大如粟. 秦人呼爲'野狐絲'. (出『酉陽雜俎』)

태평광기

권제 408

초목 3

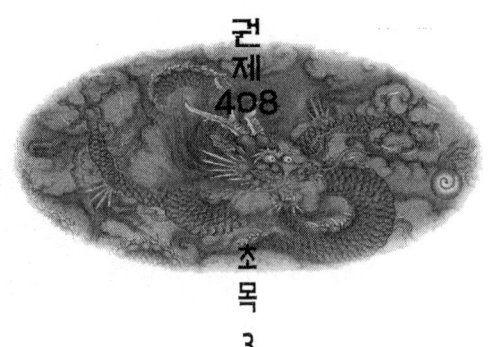

초(草)

1. 내지초(柰祗草)
2. 삼뢰초(三賴草)
3. 석기초(席箕草)
4. 호문초(護門草)
5. 선인조(仙人絛)
6. 합리초(合離草)
7. 노아조리초(老鴉笊籬草)
8. 귀조협(鬼皂莢)
9. 청초괴(青草槐)
10. 동시초(銅匙草)
11. 수내동(水耐冬)
12. 삼백초(三白草)
13. 무심초(無心草)
14. 분증초(盆甑草)
15. 여초(女草)
16. 미초(媚草)
17. 취초(醉草)
18. 무초(舞草)
19. 상사초(相思草)
20. 무정초(無情草)
21. 망우초(忘憂草)
22. 수초(睡草)
23. 천보향초(千步香草)
24. 사초(麝草)
25. 치고초(治蠱草)
26. 사함초(蛇銜草)
27. 녹활초(鹿活草)
28. 해독초(解毒草)
29. 독초(毒草)
30. 초독초(蕉毒草)
31. 목마초(牧麻草)
32. 용추(龍芻)
33. 홍초(紅草)
34. 궁인초(宮人草)
35. 초모(焦茅)
36. 소명초(銷明草)
37. 황거초(黃渠草)
38. 문하초(聞遐草)
39. 시황포(始皇蒲)
40. 몽초(夢草)
41. 한무목마초(漢武牧馬草)
42. 수망조(水網藻)
43. 지일초(地日草)
44. 서대초(書帶草)
45. 금등초(金鐙草)
46. 망서초(望舒草)
47. 신초(神草)

408 · 1(5416)
내지초(柰祗草)

내지초는 불림국(拂林國: 동로마 제국)에서 난다. 그 싹의 길이는 3~4척이고 뿌리는 오리알만하다. 잎은 달래처럼 생겼고, 잎자루는 매우 길다. 줄기 끝에 6장의 꽃잎이 나는데 홍백색이고, 화심(花心: 꽃술이 있는 부분)은 황적색이며 열매를 맺지 않는다. 그 풀은 겨울에 났다가 여름에 죽어 냉이나 보리와 비슷하다. 그 꽃을 따서 눌러 기름을 짜는데, 몸에 바르면 중풍을 막을 수 있어 불림국왕과 나라 안의 귀인들이 사용한다. (『유양잡조』)

柰祗, 出拂林國. 苗長三四尺, 根大如鴨卵. 葉似蒜, 葉中心抽條甚長. 莖端有花六出, 紅白色, 花心黃赤, 不結子. 其草冬生夏死, 與薺麥相類. 取其花, 壓以爲油, 塗身, 除風氣, 拂林國王及國內貴人用之. (出『酉陽雜俎』)

408 · 2(5417)
삼뢰초(三賴草)

조주(曹州)와 양주(揚州)의 회구(淮口)에는 하리삼뢰초(夏梨三賴

草)가 난다. 그 풀은 황금색이고 높은 벼랑에서 나며 마취약 중에서 가장 효과가 크다. (『유양잡조』)

曹州及揚州淮口, 出夏梨三賴草. 如金色, 出於高厓, 魅藥中最切用. (出『酉陽雜俎』)

408·3(5418)
석기초(席箕草)

석기는 '새로(塞蘆)'라고도 하며 북쪽 오랑캐 지방에서 난다. 고시(古詩)에서는 다음과 같이 읊었다.

천리에 석기초가 피어 있네.

(『술이기』)

席箕一名'塞蘆', 生北胡地. 古詩云: "千里席箕草." (出『述異記』)

408·4(5419)
호문초(護門草)

상산(常山)의 북쪽에 어떤 풀이 있는데 '호문초'라고 불린다. 그 풀을 문 위에 놓으면 밤에 사람이 지나갈 때마다 혀 차는 소리를 낸다. (『유양잡조』)

常山北有草, 名'護門'. 實諸門上, 夜有人過, 輒叱之. (出『酉陽雜俎』)

408・5(5420)
선인조(仙人條)

형산(衡山)에서 선인조가 난다. 선인조는 뿌리가 없고 대부분 돌 위에서 자라는데, 띠처럼 생겼고 세 가닥에 녹색이다. 또한 흔히 볼 수 있는 식물이 아니다. (『유양잡조』)

衡嶽出仙人條. 無根, 多生石上, 狀如帶, 三股, 色綠. 亦不常有. (出『酉陽雜俎』)

408・6(5421)
합리초(合離草)

합리초는 뿌리가 토란 뿌리처럼 생겼고 12개의 작은 뿌리가 둘러 있는데, 서로 연이어 자라는 것 같지만 실제로는 이어져 있지 않고 어떤 기운에 의해 묶어져 있을 뿐이다. 합리초는 '독요(獨搖)'라고도 하고 '이모(離母)'라고도 한다. 그 지방 사람들이 먹는 것은 '적전(赤箭)'이라고 불린다.(『유양잡조』)

合離, 根如芋('芋'原作'羊', 據許本改)魁, 有游子十二環之, 相須而生, 而實不連. 以氣相屬. 一名'獨搖', 一名'離母'. 若土人所食者, 呼爲'赤箭'矣. (出『酉陽雜俎』)

408 · 7(5422)
노아조리초(老鴉笊籬草)

노아조리초는 잎이 우방(牛蒡: 우엉)처럼 생겼으나 그것보다 좁다. 열매가 익으면 검은 색이고 조리(笊籬)처럼 생겼다.(『유양잡조』)

老鴉笊籬, 葉如牛蒡而狹. 子熟時, 色黑, 狀如笊籬. (出『酉陽雜俎』)

408 · 8(5423)
귀조협(鬼皂莢)

귀조협은 강남(江南) 지방의 못에서 자라는데, 조협(皂莢: 쥐엄나무)처럼 생겼고 높이가 1~2척이다. 귀조협으로 머리를 감으면 머리카락이 자라고 그 잎은 또한 옷의 때를 제거할 수 있다.(『유양잡조』)

鬼皂莢, 生江南地澤, 如皂莢, 高一二尺. 沐之長髮, 葉亦去衣垢. (出『酉陽雜俎』)

408·9(5424)
청초괴(青草槐)

용양현(龍陽縣) 비우산(䩄牛山)의 남쪽에 청초괴가 있다. 청초괴는 무더기로 자라는데, 그 높이는 1척 남짓이다. 그 꽃은 금등(金燈: 까치무릇)처럼 생겼고 중하(仲夏: 음력 5월)에 핀다. (『유양잡조』)

龍陽縣䩄牛山南, 有青草槐. 叢生, 高尺餘. 花若金燈, 仲夏發花. (出『酉陽雜俎』)

408·10(5425)
동시초(銅匙草)

동시초는 물 속에서 자라고 잎은 가위처럼 생겼다. (『유양잡조』)

銅匙草, 生水中, 葉如剪刀. (出『酉陽雜俎』)

408·11(5426)
수내동(水耐冬)

수내동. 이 풀은 겨울 내내 물 속에 있으면서 죽지 않는다. 성 남쪽에 있는 단성식(段成式: 『酉陽雜俎』의 撰者) 별장의 연못 속에 이 풀이 있다. (『유양잡조』)

水耐冬. 此草終冬在水不死. 段成式城南別墅池中有之. (出『酉陽雜俎』)

408・12(5427)
삼백초(三白草)

삼백초는 처음 싹이 틀 때는 희지 않다가 여름이 되면 잎 끝부터 하얗게 되는데, 농민들은 그때를 기다렸다가 이 풀을 밭에 심는다. 삼백초의 세 잎이 하얘지면 꽃이 다 핀 것이다. 그 잎은 서예(薯預: 마)와 비슷하다. (『유양잡조』)

三白草, 初生不白, 入夏, 葉端方白, 農人候之蒔田. 三葉白, 草畢秀矣. 其葉似薯預. (出『酉陽雜俎』)

408・13(5428)
무심초(無心草)

비부주초(蚍蜉酒草)는 '서이(鼠耳)'라고도 부르는데, 쥐 귀처럼 생겼기 때문이다. 이 풀은 또 '무심초'라고도 부른다. (『유양잡조』)

蚍蜉酒草, 一曰'鼠耳', 像形也. 亦曰'無心草'. (出『酉陽雜俎』)

408・14(5429)
분증초(盆甑草)

분증초는 견우자(牽牛子: 나팔꽃)이다. 추석이 지난 뒤에 그것을 따는데, 그 모양이 시루처럼 생겼다. 그 속에 거북과 비슷한 씨가 있고 덩굴은 서예(薯預: 마)와 비슷하다[원문에는 '蔓薯預'이라 되어 있지만 『酉陽雜俎』 卷19에 의거해 '蔓如薯預'로 고쳐 번역함]. (『유양잡조』)

盆甑草, 卽牽牛子也. 秋節後斷之, 狀如盆甑. 其中有子似龜, 蔓薯預. (出『酉陽雜俎』)

408・15(5430)
여 초(女 草)

위유초(葳蕤草: 자위. 능소화)는 '여초(麗草)'라고도 하고 '여초'라고도 부른다. 강호의 사람들은 위유초를 '와초(娃草)'라고 부르는데, 미인을 '와(娃)'라고 하기 때문에 그렇게 부르는 것이다. (『유양잡조』)

葳蕤草, 一名'麗草', 亦呼爲'女草'. 江湖中呼爲'娃草', 美女曰'娃', 故以爲名. (出『酉陽雜俎』)

408 · 16(5431)
미 초(媚 草)

학자초(鶴子草)는 덩굴 식물이다. 그 꽃은 국진색(麴塵色: 누룩 색깔로 엷은 황색)이고 꼭지는 엷은 자주색이다. 잎은 버드나무 잎 같으나 그것보다 짧으며 여름에 꽃이 핀다(또는 '초록색 꽃에 초록색 잎'이라고도 한다). 남쪽 사람들은 이 풀을 '미초'라고 부르는데, 그 꽃잎을 따다가 햇볕에 말려 연지 대신 붙인다. 그 모양은 나는 학처럼 날개·꼬리·입·다리가 모두 갖추어져 있다. 이 덩굴풀은 봄이 되면 쌍충(雙蟲)이 생기는데, 쌍충은 그 잎만을 먹는다. 월(越) 땅 여인들은 화장 상자에 쌍충을 넣어 누에처럼 키우면서 그 잎을 따서 먹인다. 쌍충은 오래되면 먹지 않고 허물을 벗은 다음 나비가 되는데, 나비는 적황색이다. 여인들은 나비를 잡아 차고 다니면서 '미접(媚蝶)'이라고 부른다. (『영표록이』)

鶴子草, 蔓生也. 其花麴塵色, 淺紫蔕. 葉如柳而短, 當夏開花(又呼爲'綠花綠葉). 南人云是'媚草', 採之曝乾, 以代面靨. 形如飛鶴, 翅尾觜足, 無所不具. 此草蔓至春生雙蟲, 只食其葉. 越女收於粧奩中, 養之如('如'原作'知', 據明鈔本改)蠶, 摘其草飼之. 蟲老不食, 而蛻爲蝶, 赤黃色. 婦女收而帶之, 謂之'媚蝶'. (出『嶺表錄異』)

408 · 17(5432)
취 초(醉 草)

『시자(尸子)』에는 다음과 같이 기재되어 있다.

"적현주(赤縣洲)는 곤륜산의 큰 언덕이고 그 동쪽에는 노수도(瀇水島)가 있다. 산의 좌우에는 옥홍초(玉紅草: 仙草名)가 자라는데, 그 열매를 먹으면 300년 동안 취해서 잠든다."

(『문추경요』)

『尸子』:"赤縣洲爲崑崙之墟. 其東則瀇水島. 山左右. 玉紅之草生焉. 食其一實. 醉臥三百歲."(出『文樞鏡要』)

408 · 18(5433)
무 초(舞 草)

무초는 아주(雅州)에서 난다. 그 풀은 줄기 하나에 세 잎이 달리는데, 그 잎은 결명(決明: 결명자)과 비슷하다. 잎 하나는 줄기 끝에서 자라고 두 잎은 줄기 중간에서 자라는데, 두 잎이 서로 마주보고 있다. 사람이 때로 가까이 가면 그 풀은 옆으로 기울고, 사람이 손바닥을 치면서 노래를 부르면 그 풀은 춤을 추는 것처럼 흔들거린다. (『유양잡조』)

舞草出雅州. 獨莖三葉. 葉如決明. 一葉在莖端. 兩葉居莖半. 相對. 人或近之

則歆, 抵掌謳曲, 則搖動如舞矣. (出『酉陽雜俎』)

408 · 19(5434)
상사초(相思草)

진(秦) 땅과 조(趙) 땅 사이에 상사초가 있는데, 석순처럼 생겼고 마디마디가 이어져 있다. 상사초는 '단장초(斷腸草)'라고도 하고, '수부초(愁婦草)'라고도 하며, '상초(孀草)'라고도 하고, 또 '과부사(寡婦莎)'라고도 한다. 이 명칭들은 모두 상사(相思: 그리움)의 의미를 지니고 있다. (『술이기』)

秦·趙間有相思草, 狀若石竹, 而節節相續. 一名'斷腸草', 又名'愁婦草', 亦名'孀草', 又呼爲'寡婦莎'. 蓋相思之流也. (出『述異記』)

408 · 20(5435)
무정초(無情草)

좌행초(左行草)는 사람들을 정이 없게 만든다. 이 풀은 범양(范陽)에서 오래 전부터 진상해 오고 있다. (『유양잡조』)

左行草, 使人無情. 范陽長貢. (出『酉陽雜俎』)

408·21(5436)
망우초(忘憂草)

훤초(萱草: 원추리)는 '자훤(紫萱)'이라고도 하고 '망우초'라고도 부른다. 오(吳) 땅의 서생들은 이 풀이 근심을 없앤다고 말한다. 혜강(嵇康)의「양생론(養生論)」에는 다음과 같이 기재되어 있다.
"훤초는 근심을 잊게 한다."

(『술이기』)

萱草一名'紫萱', 又名'忘憂草'. 吳中書生謂之療愁. 嵇康「養生論」云: "萱草忘憂." (出『述異記』)

408·22(5437)
수 초(睡 草)

계림(桂林)에는 수초가 있는데, 이 풀을 본 사람은 잠이 들게 된다. 수초는 '취초(醉草)'라고도 하고 '난부잠(嬾婦箴)'이라고도 부른다. 이 말은『남해지기(南海地記)』에 나온다. (『술이기』)

桂林有睡草, 見之則令人睡. 一名'醉草', 亦呼'嬾婦箴'. 出『南海地記』. (出『述異記』)

408 · 23(5438)
천보향초(千步香草)

　남해(南海)에서 백보향(百步香)이 나는데, 그 향기는 천보 밖에서도 맡을 수 있다. 지금 바닷가에는 천보향이 있는데 백보향의 종류이다. 그 잎은 두약(杜若)처럼 생겼고 붉은색과 푸른색이 서로 섞여 있다. 『공적(貢籍)』에는 다음과 같이 기재되어 있다.
　"일남군(日南郡)에서 천보향을 진상했다."

(『술이기』)

　南海出百步香, 風('風'原作'楓', 據明鈔本改)聞於千步也. 今海隅有千步香, 是其種也. 葉似杜若, 而紅碧間雜. 『貢籍』云: "日南郡貢千步香." (出『述異記』)

408 · 24(5439)
사초(麝草)

　귀갑향(龜甲香)은 바로 계향(桂香)인데, 최상품은 '자출향(紫朮香)'이라고도 하고 '금두향(金杜香)'이라고도 하며 '사초향(麝草香)'이라고도 부른다. 이 풀은 창오(蒼梧)와 계림(桂林) 두 군(郡)의 경계에서 난다. 지금 오(吳) 땅에는 사초가 있는데, 홍색과 비슷하고 매우 향기롭다. (『술이기』)

　龜甲香卽桂香, 善者'紫朮香', 一名'金杜香', 一名'麝草香'. 出蒼梧·桂林二郡界. 今吳中有麝草, 似紅而甚芳香. (出『述異記』)

408・25(5440)
치고초(治蠱草)

　신주군(新州郡) 경내에 어떤 약초가 있는데, 그 지방 사람들은 그것을 '길재(吉財)'라고 부른다. 그 약초는 여러 독과 독충을 해독시키는데 그 신묘한 효과가 비할 데 없다. 옛날에 어떤 사람이 한번은 뇌주(雷州)로 가다가 도중에 중독되어 얼굴 모양이 아주 이상하게 변하자 스스로 곧 죽을 것이라고 생각했는데 길재 몇 촌을 먹고 나서 토하자마자 바로 나았다. 민간에 다음과 같은 말이 전한다.
　"옛날에 어떤 사람이 중독되었는데, 그의 노비였던 길재가 그 약을 얻었기 때문에 노비의 이름을 따서 그렇게 부르게 되었다."
　사실 이 풀의 뿌리는 작약(芍藥)과 비슷하다. 중독된 사람은 밤중에 몰래 이 약초 2~3촌을 따서 빻거나 갈아 감초(甘草) 약간을 넣었다가 다음날 아침에 달여 마신 뒤 토해내면 해독된다. 민간에서 전하길, 이 약초를 복용할 사람은 드러내놓고 말을 하려 하지 않기 때문에 몰래 딴다고 하는 것이다. 그러나 그 이유는 잘 알 수 없다.
　어떤 사람이 이런 얘기를 했다.
　옛날 어떤 마을의 한 노모가 독충에 중독되었는데, 그의 아들은 말단관리를 하고 있었다. 읍재(邑宰: 縣令)가 그에게 길재를 모친께 먹이게 하자 말단관리는 저녁에 약을 준비했다. 아침이 되자 그의 모친이 말했다.

"내 꿈에 어떤 사람이 알려주었는데, 이 약을 마시면 즉시 죽는다고 했으니 빨리 치워버려라."

그리고는 땅에 쓰러졌다. 그의 아들이 또 현윤(縣尹: 縣令)에게 아뢰었지만 현윤은 한사코 그 약을 먹이게 했는데, 노모는 그 약을 먹고 과연 해독되었다. 독충에 중독된 사람이 무슨 정신이 있어서 [成公처럼] 이수(二豎: 成公이 질병을 앓다가 두 病魔의 꿈을 꾸었기 때문에 후에 二豎는 질병을 가리키게 됨)의 꿈을 꾸었단 말인가! (『투황잡록』)

新州郡境有藥, 土人呼爲吉財. 解諸毒及蠱, 神用無比. 昔有人嘗至雷州, 途中遇毒, 面貌頗異, 自謂卽斃, 以吉財數寸飮之, 一吐而愈. 俗云: "昔人有遇毒, 其奴吉財得是藥, 因以奴名名之."

實草根也, 類芍藥. 遇毒者, 夜中潛取二三寸, 或剉或磨, 少加甘草, 詰旦煎飮之, 得吐卽愈. 俗傳將服是藥, 不欲顯言, 故云潛取. 而不詳其故.

或云: 昔有里嫗病蠱, 其子爲小胥, 邑宰命以吉財飮之, 暮乃具藥. 及旦, 其母謂曰: "吾夢人告我, 若飮是且死, 亟去之" 卽仆於地. 其子又告縣尹, 縣尹固令飮之, 果愈. 豈中蠱者亦有神, 若二豎哉! (出『投荒雜錄』)

408 · 26(5441)
사함초(蛇銜草)

『이원(異苑)』에는 다음과 같이 기재되어 있다.

"옛날에 한 농부가 밭을 갈다가 그곳에 상처 난 뱀이 있는 것을 보았는데, 다른 뱀이 풀을 물고 와서 상처 위에 붙여주었다. 다음날 상처 난 뱀은 도망가 버렸다. 농부가 그 풀의 남은 잎을 가져다가 상처에 붙였더니 모두 효험이 있었다. 원래 그 풀의 이름을 알지 못해서 그냥 '사함(蛇銜)'이라고 불렀다."

『포박자(抱朴子)』에서 "사함초는 이미 끊어진 손가락을 이전처럼 이어 붙일 수 있다"고 한 것이 바로 그것이다. (『감응경』)

『異苑』云: "昔有田父耕地, 値見傷蛇在焉, 有一蛇, 銜草著瘡上. 經日傷蛇走. 田父取其草餘葉以治瘡, 皆驗. 本不知草名, 因以'蛇銜'爲名."

『抱朴子』云 "蛇銜能續已斷之指如故", 是也. (出『感應經』)

408・27(5442)
녹활초(鹿活草)

천명정(天名精: 여우오줌풀)은 '녹활초'라고도 부른다. [南朝] 송(宋)나라 원가연간(元嘉年間: 424~453)에 청주(靑州)의 유병(劉炳)이 활을 쏘아 사슴 한 마리를 잡아서 오장을 꺼낸 뒤 이 풀로 뱃속을 채워 놓았더니 사슴이 벌떡 일어났다. 유병이 몰래 이 풀을 캐어 심어놓고 많은 골절상을 고쳤기 때문에 민간에서는 '유병초(劉炳草)'라고 부른다. (『유양잡조』)

天名精, 一曰'鹿活草'. 靑州劉炳, 宋元嘉中, 射一鹿, 剖五臟, 以此草塞之, 蹶然而起. 炳密錄此草種之, 多愈傷折. 俗呼爲'劉炳草'. (出『酉陽雜俎』)

408·28(5443)
해독초(解毒草)

건녕군(建寧郡) 오구산(烏句山) 남쪽 500리에서 목미초(牧靡草)가 자라는데, 해독할 수 있다. 온갖 풀꽃이 무성하게 자랄 때면 까마귀들이 대부분 오탁(烏啄: 烏頭의 별칭으로 바곳)을 잘못 먹고 중독되는데, 그럴 때면 재빨리 목미산(牧靡山)으로 날아가서 목미초를 쪼아 먹고 해독한다. (『유양잡조』)

建寧郡烏句山南五百里, 生牧靡草, 可以解毒. 百卉方盛, 烏多誤食烏啄, 中毒, 必急飛牧靡山, 啄牧靡以解. (出『酉陽雜俎』)

408·29(5444)
독 초(毒 草)

박락회(博落廻)는 독성이 강하고 강회(江淮)의 산골짜기에서 자란다. 줄기와 잎은 마처럼 생겼는데, 줄기 속이 비어 있어서 불면 발라(勃邏: 跋羅回로 大角. 唐나라 때 軍中에서 불던 악기) 같은 소리가 나기 때문에 박락회라고 부른다. (『유양잡조』)

博落廻有大毒. 生江淮山谷中. 莖葉如麻, 莖中空, 吹作聲, 如勃邏, 故名之. (出『酉陽雜俎』)

408・30(5445)
초독초(蕉毒草)

초독초는 우거(芋苣: 芋渠로 토란 뿌리)와 비슷하고 작두(雀頭: 雀頭香)처럼 생겼다. 초독초를 마른 땅에 놓아두면 축축해지고 습한 땅에 놓아두면 마른다. 밥을 지을 때 부뚜막 위에 심어두면 밥이 익을 때쯤 꽃이 피고 열매가 열린다. 사람이 그 열매를 먹으면 즉시 죽는다. (『감응경』)

蕉毒草如芋苣, 狀如雀頭. 置乾地則潤, 置濕地則乾. 炊飯時種於竈上, 比飯熟, 卽著花結子. 人食之立死. (出『感應經』)

408・31(5446)
목마초(牧麻草)

목마초는 독성이 강하다. 이 풀에 바람이 불어 그 독성이 날리면 몇 리 안에 있는 벼가 즉시 모두 죽는다. 이순풍(李淳風)이 다음과 같이 말했다.

"목마초의 즙은 원래 맑은데, 물을 섞으면 걸쭉해지고 햇볕을 쬐면 축축해지며 음지에 두면 마른다. 그 즙은 여름에는 차가워지고 겨울에는 따뜻해진다."

(『감응경』)

有牧麻草, 大毒. 有此草, 值風吹其氣所至, 則數里內稻皆卽死. 李淳風云: "其汁本淸, 得水則稠, 見日則濕, 入廕卽乾. 在夏欲涼, 在冬欲溫." (出『感應經』)

408 · 32(5447)
용 추(龍 芻)

동해도(東海島)의 용구천(龍駒川)은 목천자(穆天子)가 팔준마를 기르던 곳이다. 동해도에는 '용추'라는 풀이 있는데, 말이 이 풀을 먹으면 하루에 천 리를 간다. 옛말에 따르면, 용추 한 포기가 한 마리 준마로 변한다고 한다. (『술이기』)

東海島龍駒川, 穆天子養八駿處. 島中有草名'龍芻', 馬食之, 日行千里. 古語, 一株龍芻, 化爲龍駒. (出『述異記』)

408·33(5448)
홍 초(紅 草)

산융(山戎)의 북쪽에 어떤 풀이 있는데, 줄기의 길이는 1장(丈)이고 잎은 차전초(車前草: 질경이)처럼 생겼으며 아침노을 같은 색이다. 제(齊)나라 환공(桓公) 때 산융에서 그 종자를 바치자 환공은 그것을 정원에 심어놓고 패자가 될 길조로 삼았다. (『유양잡조』)

山戎之北有草, 莖長一丈, 葉如車輪, 色如朝霞. 齊桓時, 山戎獻其種, 乃植於庭, 以表霸者之瑞. (出「酉陽雜俎』)

408·34(5449)
궁인초(宮人草)

초(楚) 땅에는 곳곳에 궁인초가 있다. 궁인초는 금등(金鐙)처럼 생겼고 향기가 매우 진하며 그 꽃은 홍취(紅翠: 산새의 이름)와 비슷하다. 민간에 다음과 같은 말이 전한다.

"초(楚)나라 영왕(靈王) 때 궁인 수천 명이 대부분 원망을 품었는데, 이로 인해 궁궐 안에서 죽은 자를 묻으면 그 무덤 위에서 모두 이 풀이 자라났다."

(『술이기』)

楚中往往有宮人草. 狀似金鐙, 而甚芬氳. 花似紅翠. 俗說: "楚靈王時, 宮人數千, 皆多怨曠. 有因死於宮中者, 葬之, 墓上悉生此草." (出『述異記』)

408・35(5450)
초 모(焦 茅)

초모는 높이가 5장(丈)이다. 초모를 불에 태워 재로 만든 뒤 물을 부으면 다시 띠풀이 되는데, 이것을 '영모(靈茅)'라고 한다.

焦茅, 高五丈. 火燃之成灰, 以水灌之, 復成茅, 是謂'靈茅'.

408・36(5451)
소명초(銷明草)

소명초는 밤이 되면 무리진 별처럼 보이지만 낮이 되면 그 빛이 저절로 사라진다.

銷明草, 夜視如列星, 晝則光自銷滅也.

408·37(5452)
황거초(黃渠草)

황거는 햇볕을 받아 불처럼 반짝이고, 그 열매는 매우 단단하다. 황거초를 먹은 사람은 몸을 불살라도 뜨겁게 느껴지지 않는다.

黃渠, 照日如火, 實甚堅. 內食者, 焚身不熱.

408·38(5453)
문하초(聞遐草)

문하초를 복용한 사람은 몸이 가벼워진다. 그 잎은 계수나무 같고 줄기는 난초 같다. 그 나라[『拾遺記』원문에 의거하면 여기서 말하는 나라는 背明國임]에서 그 뿌리를 진상하자 그것을 심었으나 대부분 열매를 맺지 않고 풀잎도 대부분 누렇게 시들어 버렸다. 황제는 조서를 내려 문하초를 모두 제거하도록 했다. (이상 왕자년 『습유기』)

聞遐草, 服者輕身. 葉如桂, 莖如蘭. 其國獻根, 植之多不生實, 草葉多萎黃. 詔並除焉. (「焦茅」·「銷明」·「黃渠」·「聞遐」四種, 並出王子年『拾遺記』)

408 · 39(5454)
시황포(始皇蒲)

제(齊)나라 남성(南城) 동쪽에 포대(蒲臺)가 있는데, 진시황(秦始皇)이 머물렀던 곳이다. 당시에 진시황은 포대 아래에 엮은 부들로 말을 묶어 놓았다. 지금까지도 여전히 부들이 무성하게 자라기 때문에 민간에서는 이 부들을 '진시황포'라고 부른다. (은운『소설』)

齊南城東有蒲臺. 秦始皇所頓處. 時始皇在臺下, 縈蒲以繫馬. 至今蒲生猶榮, 俗謂之'秦始皇蒲'. (出殷芸『小說』)

408 · 40(5455)
몽 초(夢 草)

한(漢)나라 무제(武帝) 때 이국(異國)에서 몽초를 진상했는데, 부들과 비슷했다. 몽초는 낮이면 움츠러들어 땅으로 들어갔다가 밤이면 싹을 틔웠다. 이 풀을 품으면 꿈의 길흉을 스스로 알 수 있었다. 무제는 이부인(李夫人)이 그리울 때마다 이 풀을 품고 꿈을 꾸었다. (『유양잡조』)

漢武時, 異國獻夢草, 似蒲. 晝縮入地, 夜若抽萌. 懷其草, 自知夢之善惡. 帝思李夫人, 懷之輒夢. (出『酉陽雜俎』)

408 · 41(5456)
한무목마초(漢武牧馬草)

한(漢)나라 무제(武帝)가 호중(湖中)에서 말을 쳤던 곳에는 지금까지 들풀에 모두 말이 씹어 먹었던 흔적이 있는데, 호중에서는 그곳을 '마택(馬澤)'이라 부른다. 마택에는 한나라 무제가 탄기(彈棋: 고대 놀이 가운데 하나. 두 사람이 마주보고 흰 돌 6개와 검은 돌 6개를 튕기며 즐기는 놀이)를 하던 네모반듯한 돌 위에 명문이 새겨져 있다. (『술이기』)

漢武於湖中牧馬處, 至今野草皆有嚼嚙之狀, 湖中呼爲'馬澤'. 澤中有漢武彈棊方石, 上有勒銘焉. (出『述異記』)

408 · 42(5457)
수망조(水網藻)

한(漢)나라 무제(武帝)의 곤령지(昆靈池) 안에 수망조가 있었다. 물 위에서 거꾸로 뻗어 있는 줄기는 길이가 8~9척이고 그물코처럼 생겼었는데, 오리들이 그 풀 속으로 들어가면 모두 빠져 나오지 못했기 때문에 수망조라고 불렀다. (『유양잡조』)

漢武昆靈池中, 有水網藻. 枝橫倒水上, 長八九尺, 有似網目, 鳧鴨入此草中,皆不得出, 因名之. (出『酉陽雜俎』)

408 · 43(5458)
지일초(地日草)

남방에는 지일초가 있다. 삼족오(三足烏)가 내려와 이 풀을 먹으려고 하면 희화(羲和)가 태양 수레를 몰고 와서 손으로 삼족오의 눈을 가렸는데, 삼족오가 이 풀을 먹으면 숨이 막혀 더 이상 움직이지 못했다.

동방삭(東方朔)이 다음과 같이 말했다.

동방삭이 어렸을 적에 우물에 빠져 땅 아래로 떨어졌는데, 수십 년 동안 머물 곳이 없었다. 어떤 사람이 그를 인도하여 그 풀을 찾아가게 했다. 그가 가는 도중에 홍천(紅泉)이 길을 가로막아 건널 수 없자 그 사람은 그에게 신발 한 짝을 주었다. 동방삭은 [그 신발을 신고] 홍천을 건너 풀이 있는 곳에 도착해서 그 풀을 먹었다. (『유양잡조』)

南方有地日草. 三足烏欲下食此草, 羲和之馭, 以手掩烏目('目'原作'日', 據明鈔本改, 陳校本作'口'), 食此則悶不復動.

東方朔言: 爲小兒時, 井陷, 墜至地下, 數十年無所寄託. 有人引之, 令往此草. 中隔紅泉, 不得渡, 其人以一隻履, 因乘汎紅泉, 得草處, 食之. (出『酉陽雜俎』)

408 · 44(5459)
서대초(書帶草)

정사농(鄭司農: 鄭玄)은 항상 불기성(不其城) 남쪽 산에 살면서 제자들을 가르쳤다. 황건적(黃巾賊)이 난을 일으켜 피난가게 되자, 그는 제자 최염(崔琰)·왕경(王經) 등의 현인들을 이곳에서 떠나보내면서 눈물을 흘리며 이별했다. 그가 살던 산 아래에는 염교 같은 풀이 있었는데, 그 잎은 길이가 1척 남짓 되고 보통 풀과는 달리 굉장히 질겼다. 당시 사람들은 이 풀을 '강성(康成: 鄭玄)의 서대(書帶: 책을 묶는 끈)'[書帶草는 맥문동으로 鄭玄이 이 풀로 책을 묶었다고 함]라고 불렀다. (『삼제기』)

鄭司農, 常居不其城南山中敎授. 黃巾亂, 乃避, 遣生徒崔琰·王經諸賢於此, 揮涕而散. 所居山下草如薤, 葉長尺餘許, 堅靭異常. 時人名作'康成書帶'. (出『三齊記』)

408 · 45(5460)
금등초(金鐙草)

진(晉: 西晉)나라 무제(武帝: 司馬炎)가 군대를 이끌고 출정할 때 부(府) 안 후당(後堂)의 섬돌 밑에서 갑자기 이상한 풀 세 포기가 자라났다. 그 풀의 줄기는 누렇고 잎은 푸르러 황금 대에서 비취가 돋아난 것 같았고, 꽃가지는 부드럽고 약해 그 모양이 금등(金鐙) 같았다. 당시 사람들은 그것이 얼마나 상서로운 조짐인지 아직 알지 못했으므로 가려 놓고 외부인이 엿보지 못하게 했다.

강족(羌族) 중에 성이 요(姚)이고 이름이 복(馥)이며 자(字)가 세분(世芬)인 사람이 있었다. 그는 마구간에서 말을 키우고 있었는데 음양술(陰陽術)에 정통했다. 그가 말했다.

"이 풀은 금덕(金德)에 응하는 상서로움입니다."

당시 요복은 90세였는데 요양(姚襄)이 그의 조상이었다. 요복은 독서를 좋아하고 술을 즐겨 마셔 매번 취할 때마다 한 달 동안 깨지 않았다. 그는 취했을 때 제왕의 흥망에 관한 일을 이야기하길 좋아했다. 그는 우스운 농담을 잘했고 매우 익살맞았는데, 항상 감탄하며 말했다.

"구하(九河: 徒駭·大使·馬頰·覆釜·胡蘇·簡·絜·鉤盤·鬲津. 그 물길을 조사해볼 수는 없지만 대개 지금의 山東省 德縣 이북에서 河北省 天津에 이르는 구간인 듯함)의 물은 땔나무로 데우기에 부족하고, 칠택(七澤: 司馬相如의「子虛賦」에 의하면 楚나라에 있던 7개의 못을 말함. 지금의 胡北省 경계에 있었던 것으로 여겨짐)의 사슴들은 부엌의 도마를 채우기에 부족하다."

그는 매번 말했다.

"무릇 천지의 정기를 품고 태어난 사람이 술을 마실 줄 모른다면 숨만 내쉬며 움직이는 살덩이일 뿐이니, 어찌 반드시 토우(土偶)나 목우(木偶)라고 해서 마음과 생각이 없겠는가?"

그는 탁주를 마시고 술지게미 먹는 것을 좋아했는데, 항상 순주(醇

酒)에 목마르다고 말했기 때문에 그의 무리들은 늘 그를 놀리며 '갈강 (渴羌)'이라고 불렀다.

진나라 무제가 등극한 뒤 어느 날 그는 갑자기 요복이 계단 아래에 서 있는 것을 보았다. 무제는 그의 대범함을 훌륭하게 여겨 조가읍재 (朝歌邑宰: 朝歌縣令)로 발탁했는데, 요복이 사양하며 말했다.

"저는 이역의 저강족(氐羌族)으로 황제의 교화와는 멀리 떨어져 있었는데 중국에 와서 노닐게 된 것만으로도 이미 특별한 행운이니 청컨대 조가현(朝歌縣)을 맡으라는 명령을 거두어 주십시오. 저에게 마구간을 지키는 노역을 시키고 때로 미주(美酒)를 내려주어 여생을 즐겁게 보내도록 해주십시오."

무제가 말했다.

"조가군은 [殷나라] 주왕(紂王)의 옛 도읍지로 그곳에는 주지(酒池)가 있기 때문에 그대를 다시는 목마르지 않게 해 줄 것이오."

요복이 계단 아래에서 큰 소리로 대답했다.

"마구간지기인 이 늙은이가 황제의 교화에 점점 물들고 온 천하의 오랑캐가 모두 왕의 신하가 되었습니다. 지금 제가 주지의 즐거움을 기뻐하여 조가의 땅을 받는다면, 다시 은(殷)나라 주왕과 같은 무리가 되란 말씀이십니까?"

무제는 옥 탁자를 어루만지며 크게 기뻐하고는 그를 즉시 주천태수 (酒泉太守)로 다시 제수했다. 그 땅에는 맑은 샘이 있었는데 그 맛이 술과 같았다. 요복은 술기운에 절을 하고 벼슬을 받아서 마침내 선정을 베풀었고, 백성들은 그가 살아 있을 때 그를 위한 사당을 세웠다.

후에 그 부지(府地)를 장화(張華)에게 하사했는데, 여전히 그 풀이 있었다. 그래서 장무선(張茂先: 張華)은 「금등부(金荳賦)」에서 다음과 같이 읊었다.

한(漢)나라 정원에서는 아홉 줄기가 솟았고
이 관(館)에서는 세 포기[원문에는 '二株'로 되어 있으나 『拾遺記』卷 9에 의거해 '三株'로 고쳐 번역함]가 아름답게 자라났네.
귀하게 금덕의 상서로움을 드러냈지만,
이름이 비슷하여 서로 혼동된다네.

혜제(惠帝) 영희(永熙: 원문에는 '咸熙'라고 되어 있으나 '永熙'의 오기임) 원년(290)에 세 포기의 풀이 나무로 변했는데, 가지와 잎은 백양나무 같았고 높이는 5척이었다. 이 일은 삼양(三楊)이 정권을 휘두르게 되는 일에 대한 징험이었다. 당시에는 양준(楊雋: 『晉書』에는 '楊駿'이라고 되어 있음)과 그의 동생 양요(楊瑤: 『晉書』에는 '楊珧'라고 되어 있음)·양제(楊濟)를 삼양이라고 했다. 취한 강족(羌族) 사람[姚馥]의 말이 맞아 떨어졌다. (『습유록』)

晉武帝爲撫軍時, 府內後堂砌下, 忽生異草三株. 莖黃葉綠, 若惣金抽翠, 花荳苒弱, 狀如金荳. 時人未得知是何祥瑞也, 故隱蔽, 不聽外人窺眎.

有羌人姓姚名馥, 字世芬. 充廐養馬, 妙解陰陽之術. 云: "此草以應金德之瑞." 馥年九十歲, 姚襄卽其祖也. 馥好讀書, 嗜酒, 每醉歷月不醒. 於醉時, 好言王者興亡之事. 善戲笑, 滑稽無窮, 常歎云: "九河之水, 不足以爲蒸薪, 七澤麋鹿, 不足以充庖俎." 每言: "凡人禀天地精靈, 不知飮酒者, 動肉含氣耳, 何必土木之偶而無心識乎?" 好啜濁嚼糟, 恒言渴於醇酒, 群輩常弄狎之, 呼爲 '渴羌'.

及晉武踐位, 忽見馥立於階下. 帝奇其倜儻, 擢爲朝歌邑宰, 馥辭曰: "氐羌異域, 遠隔風化, 得遊中華, 已爲殊幸, 請辭朝歌之縣. 長充馬圉之役, 時賜美酒, 以 樂餘年." 帝曰: "朝歌郡紂之故都, 地有酒池, 故使老羌不復呼渴." 馥於階下, 高聲而應曰: "馬圉老羌, 漸染皇敎, 溥天夷貊, 皆爲王臣. 今者歡酒池之樂, 受 朝歌之地, 更爲殷紂之比乎?" 帝撫玉几大悅, 卽遷爲酒泉太守. 其地有淸泉, 其 味如酒. 馥乘酒而拜之, 遂爲善政, 民爲立生祠.

後以府地賜張華, 猶有此草. 故茂先「金罌賦」云: "擢九莖於漢庭, 美二株於 玆館. 貴表祥乎金德, 名比類而相亂." 至惠帝咸熙元年, 三株草化爲樹, 條葉似 楊樹, 高五尺. 以應三楊擅('三'字原闕, '擅'原作'壇', 據『拾遺記』九補改)之事. 時有楊雋, 弟瑤, 弟濟, 號曰三楊. 醉羌之驗也. (出『拾遺錄』)

408・46(5461)
망서초(望舒草)

하교(河橋)를 세웠던 진(晉: 西晉)나라 태시(太[泰]始) 10년(274) 에 부지국(扶支國)에서 망서초를 바쳤는데, 그 풀은 붉은 색이고 그 잎 은 연꽃과 같았다. 그 풀은 가까이서 보면 말려있는 연꽃 같았고 멀리서 보면 활짝 핀 연꽃 같이 산개(傘蓋)처럼 동그랬다. 또한 달이 뜨면 잎이 펴지고 달이 지면 잎이 말렸다고 한다. 망서초를 궁전 안에 심고 넓이가 100보나 되는 연못을 판 후 '망서지(望舒池)'라고 불렀다. 민제(愍帝) 말에 호인(胡人)이 오랑캐 땅으로 그 씨앗을 옮겨 심었다. 그 뒤로 지금 은 그 풀이 사라져버렸고 얼마 지나지 않아 망서지도 메워졌다. (『습유 록』)

晉太始十年, 立河橋之歲, 有扶支國, 獻望舒草, 其色紅, 葉如荷. 近望則如卷荷, 遠望則如舒荷, 團團如蓋. 亦云, 月出則葉舒, 月沒則葉卷. 植於宮內, 穿池廣百步, 名曰'望舒池'. 愍帝之末, 胡人移其種於胡中. 至今絶矣, 其池尋亦平也. (出『拾遺錄』)

408·47(5462)
신 초(神 草)

[三國時代] 위(魏)나라 명제(明帝) 때 금원(禁苑)에 합환초(合歡草)가 있었는데, 시초처럼 생겼고 한 포기에서 100개의 줄기가 자랐다. 낮이면 여러 줄기들이 떨어져 있다가 밤이면 합쳐져서 하나의 줄기가 되었다. 사람들은 그 풀을 '신초'라고 불렀다. (『유양잡조』)

魏明時, 苑中有合歡草, 狀如蓍, 一株百莖. 晝則衆條扶疎, 夜乃合作一莖. 謂之'神'. (出『酉陽雜俎』)

태평광기
권제 409
소목 4

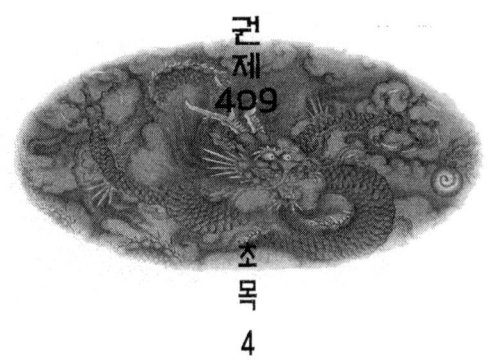

초화(草花)
1. 정절화(旌節花)
2. 야실밀화(野悉密花)
3. 도승화(都勝花)
4. 족접화(簇蝶花)
5. 융규(茙葵)
6. 금등화(金燈花)
7. 금전화(金錢花)
8. 비시사화(毗尸沙花)

목화(木花)
9. 서모란(叙牡丹)
10. 백모란(白牡丹)
11. 홍자모란(紅紫牡丹)
12. 정도운모란(正倒暈牡丹)
13. 합환모란(合歡牡丹)
14. 염모란화(染牡丹花)
15. 촉모란(屬牡丹)
16. 월계화(月桂花)
17. 목계화(牡桂花)
18. 계화(桂花)
19. 해석류화(海石榴花)
20. 남해주근(南海朱槿)
21. 영표주근(嶺表朱槿)
22. 홍근화(紅槿花)
23. 나제근화(那提槿花)
24. 불상화(佛桑花)
25. 정동화(貞桐花)
26. 치자화(梔子花)
27. 산다화(山茶花)
28. 삼색석남화(三色石楠花)
29. 비려화(比閭花)
30. 목련화(木蓮花)
31. 나가화(那伽花)
32. 목란화(木蘭花)
33. 이목화(異木花)
34. 벽매괴(碧玫瑰)
35. 자동화(刺桐花)
36. 회풍화(懷風花)
37. 척촉화(躑躅花)
38. 능소화(凌霄花)
39. 분지하(分枝荷)
40. 야서하(夜舒荷)
41. 수련화(睡蓮花)
42. 벽련화(碧蓮花)
43. 염청련화(染青蓮花)
44. 삼타서련(三朵瑞蓮)
45. 우(藕)
46. 연실(蓮實)
47. 지(芝)
48. 능(菱)

초화

409 · 1(5463)
정절화(旌節花)

여주(黎州) 한원현(漢源縣)에 정절화(旌節花: 딸랭이꽃)가 있는데, 땅에서 2~3척 떨어져 있으며 한 줄 한 줄 모두 정절[使者가 들고 가던 의장용 旗와 符節]처럼 생겼다. (『여주한원현도경』)

黎州漢源縣有旌節花. 去地三二尺. 行行皆如旌節也. (出『黎州漢源縣圖經』)

409 · 2(5464)
야실밀화(野悉密花)

야실밀(野悉密: 茉莉花·素馨花). 불림국(佛林國: 동로마제국)에서 나며 파사국(波斯國: 페르시아제국)에서도 난다. 싹은 길이가 7~8척이고 잎은 매화나무 잎과 비슷하며 사철 내내 무성하다. 꽃잎은 5장이고 백색이며 열매를 맺지 않는다. 꽃이 필 때는 온 들녘에 향기가 풍기는데, [그 향기는] 영남(嶺南: 嶺表. 지금의 廣東·廣西 지역)의 첨당(詹糖: 詹唐. 香名)과 비슷하다. 서역 사람들은 늘 그 꽃을 따서 눌러 기름을 짜는데, 그것을 몸에 바르면 굉장히 향기롭고 매끄럽다.

野悉密. 出佛林國, 亦出波斯國. 苗長七八尺, 葉似梅, 四時敷榮. 其花五出, 白色, 不結子. 花開時, 遍野皆香, 與嶺南詹糖相類. 西域人常採其花, 壓以爲油, 塗甚香滑.

409・3(5465)
도승화(都勝花)

도승화(都勝花: 모란의 일종). 자주색이고 화심(花心: 꽃술이 있는 부분)이 이중이다. 몇 장의 잎이 위로 말려 올라간 것이 갈대 떨기처럼 생겼다. 꽃술은 황색이고 잎은 가늘다.

都勝花. 紫色, 兩重心. 數葉卷上, 如蘆朶. 藥黃葉細.

409・4(5466)
족접화(簇蝶花)

족접화(簇蝶花: 玉蝴蝶이라고도 함). 꽃송이가 하나의 꽃술에 다닥다닥 붙어 있는 것이 연방(蓮房: 연밥이 들어 있는 송이)처럼 생겼으며 옅은 홍색이다. 온주(溫州)에서 난다.

簇蝶花. 花朶簇一藥, 如蓮房, 色淺紅. 出在溫州.

409·5(5467)
융 규(茙 葵)

융규(茙葵: 蜀葵. 접시꽃). 본래는 호중(胡中: 원문은 '湖中'이라 되어 있으나 『酉陽雜俎』「前集」권19「草篇」에 의거하여 고침) 일대의 접시꽃인데 일명 '호규(胡葵)'라고도 하며 접시꽃과 비슷하다. 큰 것은 홍색이고 [섬유질을 뽑아서] 베를 짤 수 있다. 그것을 태워서 재로 만들어 [그 재 속에] 큰 불씨를 넣어두면 오랫동안 꺼지지 않는다. 겹꽃잎이 달린 것도 있다.

茙葵. 本湖中葵也, 一名'胡葵', 似葵. 大者紅, 可緝爲布. 燒作灰, 藏大火, 久不滅. 有重臺者.

409·6(5468)
금등화(金燈花)

금등(金燈: 山茨菰·山慈姑. 까치무릇). 일명 '구형(九形)'이라고도 하며 꽃과 잎이 서로 만나지 못한다[꽃이 있으면 잎이 없고 잎이 있으면 꽃이 없다는 뜻]. 민간에서는 인가에 이것을 심는 것을 꺼려하기 때문에 일명 '무의초(無義草)'라고도 한다.

金燈. 一曰'九形', 花葉不相見. 俗惡人家種之, 故一名'無義草'.

409 · 7(5469)
금전화(金錢花)

금전화(金錢花: 벽오동과의 한해살이풀). [南朝] 양(梁)나라 때 형주(荊州)의 어떤 아전이 쌍륙(雙六: 고대 博戱의 일종으로 雙陸이라고도 함)을 하면서 돈 내기를 했는데, 돈이 떨어지자 금전화로 대신했다. 어홍(魚弘)은 꽃을 따는 것이 돈을 따는 것보다 낫다고 생각했다.

金錢花. 梁時荊州掾屬, 雙六賭金錢, 錢盡, 以金錢花相足. 魚弘謂得花勝得錢.

409 · 8(5470)
비시사화(毗尸沙花)

비시사(毗尸沙). 일명 '중금전화(中金錢花)'라고도 한다. 본래 외국에서 나는 것인데 [南朝] 양(梁)나라 대동(大同) 2년(536)에 중국으로 전래되었다. (이상 『유양잡조』)

毗尸沙. 一名曰'中金錢花'. 本出外國, 梁大同二年來中土. (已上七花並出『酉陽雜俎』)

목화

409 · 9(5471)
서모란(敍牡丹)

모란화는 세간에서는 근래에 보게 되었다고들 말한다. 대개 수(隋)나라 말의 문인들의 문집 중에는 모란을 노래한 시가 없지만, 양자화(楊子華)가 모란을 그렸다는 사실은 매우 분명하다. 양자화는 북제(北齊) 사람이니 모란꽃도 이미 오래 전에 있었다는 것을 알 수 있다. (『상서고실』)

또 『사강락집(謝康樂集: 康樂은 南朝 宋의 문인 謝靈運의 字)』에서도 "대나무 사이와 물가에 모란이 많다"라고 했다. 하지만 수나라의 『종식법(種植法)』 70여 권 중에서는 모란에 대해 언급하지 않았으니, 수나라 때의 화훼와 약용식물 중에는 모란이 없었던 것으로 보인다. (『유양잡조』)

牡丹花, 世謂近有. 蓋以隋末文士集中, 無牡丹謌詩, 則楊子華有畫牡丹處極分明. 子華北齊人, 則知牡丹花亦已久矣. (出『尙書故實』)

又『謝康樂集』亦言 "竹間水際多牡丹". 而隋朝『種植法』七十餘卷中, 不說牡丹者, 則隋朝花藥中所無也. (出『酉陽雜俎』)

409 · 10(5472)
백모란(白牡丹)

　당(唐)나라 개원연간(開元年間: 713~741) 말에 배사엄(裴士淹)은 낭관(郎官)으로서 칙명을 받들어 유주(幽州)와 기주(冀州)를 순시하고 돌아오는 길에 분주(汾州)의 중향사(衆香寺)에 도착했다가 백모란 한 그루를 얻어 장흥(長興: 『酉陽雜俎』「前集」권19「草篇」에는 '長安'이라 되어 있음)의 자기 집에 그것을 심었다. 천보연간(天寶年間: 742~756)에 그것은 도성의 멋진 구경거리가 되었다. 당시 어떤 명사가 「배급사[배사엄]의 집에서 모란을 구경하다[裴給事宅看牡丹]」라는 시를 지었는데, 그 시를 수소문했지만 찾을 수 없었다. 나중에 태상박사(太常博士) 장승(張乘)은 일찍이 배좨주(裴祭酒: 裴通)가 [그 시에 대해] 말하는 것을 들었다. 또 [당시 宰相] 방관(房琯)은 모란을 감상하는 모임에 자신이 참여하지 않았다는 말을 했다. (『유양잡조』)

　唐開元末, 裴士淹爲郎官, 奉使幽冀廻, 至汾州衆香寺, 得白牡丹一棵, 値於長興私地. 天寶中, 爲都下奇賞. 當時名士, 有「裴給事宅看牡丹」詩, 詩尋訪未獲. 太常博士張乘, 嘗見裴祭酒說. 又房琯有言, 牡丹之會, 琯不與焉. (出『酉陽雜俎』)

409 · 11(5473)
홍자모란(紅紫牡丹)

당(唐)나라 지덕연간(至德年間: 756~758)에 마복야(馬僕射: 馬燧)가 태원(太原)을 진수(鎭守)할 때, 홍색과 자주색 모란 두 그루를 얻어 성 안에 옮겨 심었다. 원화연간(元和年間: 806~820) 초만 해도 [이러한 모란은] 드물었지만, 지금은 융규(茙葵: 접시꽃)와 비교하면 약간 많아졌다. (『유양잡조』)

唐至德中, 馬僕射總鎭太原, 得紅紫二色牡丹, 移於城中. 元和初猶少, 今與茙葵較('較'字原闕. 據明鈔本・陳校本補)多少耳. (出『酉陽雜俎』)

409 · 12(5474)
정도운모란(正倒暈牡丹)

장안(長安) 흥당사(興唐寺)에 모란 한 그루가 있는데, 당(唐)나라 원화연간(元和年間: 806~820)에 2100송이의 꽃이 피었다. 그 색깔로는 정운(正暈: 꽃 색깔이 중심부분은 짙고 바깥쪽으로 가면서 옅어지는 것), 도운(倒暈: 꽃 색깔이 중심부분은 옅고 바깥쪽으로 가면서 짙어지는 것), 옅은 홍색, 진한 자주색, 황색과 백색 등이 있지만 진한 홍색만 없다. 또 꽃잎 중에 말심(抹心: 꽃 중심의 튀어나온 부분)이 없는 것도 있고[원문은 '無'라 되어 있지만『酉陽雜俎』「前集」권19「草篇」에 의

거하여 '有'로 고쳐 번역함], 겹꽃잎이 달린 꽃 중에 꽃송이의 직경이 7~8촌 되는 것도 있다. (『유양잡조』)

長安興唐寺, 有牡丹一棵, 唐元和中, 著花二千一百朶. 其色有正暈·倒暈·淺('淺'原作'深', 據明鈔本·陳校本改)紅·深紫·黃白檀等, 獨無深紅. 又無花葉中無抹心者, 重臺花有花面徑七八寸者. (出『酉陽雜俎』)

409·13(5475)
합환모란(合歡牡丹)

장안(長安) 흥선사(興善寺) 소사원(素師院)에 있는 모란은 그 색깔이 정말 보기 좋다. 원화연간(元和年間: 806~820) 말에 한 꽃가지에서 합환화(合歡花: 두 송이의 꽃이 한 꽃받침에서 피는 것)가 피었다. (『유양잡조』)

長安興善寺素師院牡丹, 色絶嘉. 元和末, 一枝花合歡. (出『酉陽雜俎』)

409·14(5476)
염모란화(染牡丹花)

당(唐)나라 문공(文公) 한유(韓愈)의 먼 친척 조카[옛 八仙 가운데 하나인 韓湘子라고 함]가 강회(江淮)에서 왔는데 그는 나이가 아주 젊었다. 한유는 그에게 학원(學院: 개인이 설립한 학교)에서 친척 자제들과 함께 공부하도록 했는데, 친척 자제들이 모두 그에게 능욕당했다. 한유는 그 사실을 알고 마침내 그를 길 서쪽의 승원(僧院)으로 보내 공부하도록 했다. 그런데 열흘 뒤에 절의 주강(主綱: 승려들을 주관하는 僧官)이 그가 제멋대로 행동한다고 다시 하소연하자, 한유는 급히 그에게 [강회로] 돌아가라고 하면서 이렇게 꾸짖었다.

"시장 가게의 천한 무리들도 입고 먹고 살기 위해 한 가지 장점들을 가지고 있는데, 네가 하는 짓거리는 이와 같으니 결국 뭐가 되려고 그러느냐?"

그러자 조카는 절하고 사죄하면서 천천히 말했다.

"저에게도 한 가지 재주가 있지만 안타깝게도 숙부께서 모르고 계십니다."

그리고는 계단 앞의 모란을 가리키며 말했다.

"숙부께서 이 꽃을 청색·자색·황색·적색 등 무슨 색으로든 만들기 원하시면 분부만 내리십시오."

한유는 크게 기이해하면서 마침내 그가 필요로 하는 것을 주며 한번 해보라고 했다. 그러자 조카는 갈대로 엮은 발을 세워 모란꽃 더미를 완전히 가리고 사람들에게 들여다보지 못하게 했다. 또 모란의 사방을 뿌리가 드러나도록 깊이 팠는데 사람이 들어가 앉을 만큼 넓었다. 그는 [그 구덩이에 앉아] 자광(紫鑛: 樹脂名)·경분(輕粉: 염화 제일 수은)·주홍(朱紅: 황과 수은으로 만든 붉은빛의 안료) 등의 안료만 가지고 아침저녁으로 모란 뿌리를 손질했다. 그렇게 7일이 지나자 마침내 구덩이를 다시 덮고 나서 숙부에게 알렸다.

"안타깝게도[원문은 '根'이라 되어 있지만 『酉陽雜俎』「前集」권19「草篇」에 의거하여 '恨'으로 고쳐 번역함] 한 달 정도 늦게 필 것입니다."

그때는 초겨울이었다. 그 모란꽃은 본래 자주색이었는데, 꽃이 피고 보았더니 황색과 홍색에 녹색[원문은 '緣'이라 되어 있지만 『酉陽雜俎』「前集」권19「草篇」에 의거하여 '綠'으로 고쳐 번역함]이 섞여 있었다. 또 각 꽃송이마다 한 련(聯)의 시가 씌어 있고 글자 색깔이 자주색으로 분명했는데, 바로 한공(韓公: 韓愈)이 [「諫迎佛骨表」사건으로 潮州刺史로 폄적되어] 남관(藍關)을 나갈 때 지은 시[제목은 「左遷至藍關示姪孫湘」임]의 두 구절[원문은 '頭一韻'이라 되어 있지만 『酉陽雜俎』「前集」권19「草篇」에 의거하여 '頭'를 삭제하고 번역함]인 "구름 가로 걸쳐 있는 진령 너머 집은 어디 있는가? 눈이 가로막고 있는 남관에서 말이 나아가지 않네[雲橫秦嶺家何在? 雪擁藍關馬不前]"의 14자였다. [전체 시는 "一封朝奏九重天, 夕貶潮州路八千. 欲爲聖朝除弊事, 肯將衰朽惜殘年. 雲橫秦嶺家何在, 雪擁藍關馬不前. 知汝遠來應有意, 好收吾骨瘴江邊."임] 한공은 그 기이함에 크게 놀랐다. 조카는 마침내 작별하고 강회로 돌아갔으며, 끝내 벼슬하기를 원치 않았다. (『유양잡조』)

唐朝韓文公愈, 有疎從子姪, 自江淮來, 年甚少. 韓令學院中伴子弟, 子弟悉爲凌辱. 韓知, 遂送街西僧院中, 令讀書. 經旬, 寺主綱復訴其狂率, 韓遽令歸, 且責曰: "市肆賤類, 營衣食, 尙有一事長處, 汝所爲如此, 竟作何物?" 姪拜謝, 徐曰: "某有一藝, 恨叔不知." 因指階前牡丹曰: "叔要此花靑紫黃赤, 唯命也." 韓大奇之, 遂給所須試之. 乃竪箔曲, 盡遮牡丹叢, 不令人窺. 掘棵四面, 深及其根, 寬容人坐. 唯齎紫鑛・輕粉・朱紅, 旦暮治其根. 凡七日, 遂掩坑, 白其叔曰: "根校遲一月." 時冬初也. 牡丹本紫, 及花發, 色黃紅歷綠. 每朵有一聯詩, 字色紫分明, 乃是韓公出關時詩頭一韻, 曰"雲橫秦嶺家何在? 雪擁藍關馬不前"十四字. 韓大驚異. 遂乃辭歸江淮, 竟不願仕. (出『酉陽雜俎』)

409・15(5477)
촉모란(斸牡丹)

장안(長安)의 귀족자제[貴遊: 관직이 없는 귀족자제를 말함]들이 모란꽃을 좋아한 지는 30여 년이나 되었다. 그들은 늦봄마다 수레와 말을 미친 듯이 몰아 [모란꽃을 구경하러 다녔는데] 모란꽃을 감상하러 가지 않는 것을 부끄러움으로 여겼다. 그래서 금오포옥(金吾鋪屋: 거리 순찰을 담당하는 군졸이 머물거나 일을 처리하는 곳) 둘레 밖의 사원과 도관(道觀)에서는 모란을 심어 이득을 챙겼는데, 어떤 모란은 한 그루에 수만 냥을 벌어준 것도 있었다. 원화연간(元和年間: 806~820) 말에 한령(韓令: 韓愈. 그는 일찍이 陽山令을 지낸 적이 있음)은 막 장안으로 돌아왔을 때 사저에 모란이 있는 것을 보고 황급히 그것을 베어버리라고 명하면서 이렇게 말했다.

"내가 어찌 아녀자들이나 하는 짓을 따라하겠느냐?"

(『국사보』)

長安貴遊尙牡丹, 三十餘年矣. 每春暮, 車馬若狂, 以不就翫爲耻. 金吾鋪圍外寺觀, 種以求利, 一本有數萬者. 元和末, 韓令姪(『國史補』中'姪'作'始')至長安, 私第有之, 遽命劚去, 曰: "吾豈効兒女子也?" (出『國史補』)

409 · 16(5478)
월계화(月桂花)

월계는 잎이 계수나무처럼 생겼고, 꽃은 옅은 황색에 꽃잎이 4장이며, 꽃술은 청색이고, 활짝 핀 꽃은 감꼭지처럼 생겼다. 장산(蔣山)에서 난다. (『유양잡조』)

月桂, 葉如桂, 花淺黃色, 四瓣, 靑蘂, 花盛發如柿蔕. 出蔣山. (出『酉陽雜俎』)

409 · 17(5479)
목계화(牡桂花)

목계(牡桂: 肉桂)는 잎의 크기가 참대 잎만하고 잎 속에 붓자국 같은 한 줄기 잎맥이 있다. 꽃받침과 잎은 3장이고 잎 끝이 두 갈래로 갈라져 있는데, 그 겉 색깔은 옅은 황색이고 갈라진 끝 부근은 옅은 홍색이다. 꽃잎은 6장이고 백색이다. 화심(花心)은 여지(荔枝)처럼 튀어나와 있으며 가지는 자주색이다. 무주(婺州)의 산속에서 난다. (『유양잡조』)

牡桂, 葉大如苦竹, 葉中有一脉如筆跡. 花蔕葉三瓣, 瓣端分爲兩歧, 其表色淺黃, 近歧淺紅色. 花六瓣, 色白. 心凸起如荔枝, 其枝紫. 出婺州山中. (出『酉陽雜俎』)

409 · 18(5480)
계 화(桂 花)

계화(桂花: 木犀나무. 물푸레나무)는 3월에 꽃이 피는데 황색이며 희지 않다. 대유(大庾: 東晉의 정치가 · 문인 庾亮)의 시에서는 모두 계화가 햇볕을 잘 견딘다고 칭송했으며, 장곡강(張曲江: 唐代 문인 張九齡)의 시[제목은 「感遇」임]에서는 "계화는 가을에 희고 깨끗하네"라고 했는데, [이 모두는] 터무니없다. (『유양잡조』)

桂花, 三月開, 黃而不白. 大庾詩皆稱桂花耐日, 及張曲江詩"桂華秋皎潔", 妄矣. (出『酉陽雜俎』)

409 · 19(5481)
해석류화(海石榴花)

신라(新羅)에는 해홍(海紅: 海棠)과 해석류가 많다. 당(唐)나라 찬황공(贊皇公) 이덕유(李德裕)가 말하길, 꽃 중에 '해(海)'자가 붙은 것은 모두 해동(海東: 新羅)에서 전래된 것이라고 했다. 장천화(章川花: 『酉陽雜俎』「續集」 권9 「支植上」에는 '瘴川花'라 되어 있음)는 해석류와 약간 비슷한데, 5송이의 꽃이 무더기로 피고 잎이 좁고 길며 서로 중첩되어 있다.

新羅多海紅并海石榴. 唐贊皇李德裕言, 花中帶'海'者, 悉從海東來. 章川花差類海石榴, 五朶簇生, 葉狹長, 重沓承.

409·20(5482)
남해주근(南海朱槿)

남해(南海)에는 사시사철 주근(朱槿: 佛桑·扶桑·赤槿·日及이라고도 함)이 있는데 꽃이 늘 피어 있다. 그러나 한 그루 안에서 피는 꽃은 10~20송이에 불과하다. 또한 피더라도 그림에 그려진 것처럼 무더기로 흐드러지게 피지는 않는다. ([『유양잡조』])

南海四時皆有朱槿, 花常開. 然一本之內, 所發不過一二十花. 且開不能如圖畵者, 叢發爛熳. (原闕出處, 明鈔本作'出『酉陽雜俎』')

409·21(5483)
영표주근(嶺表朱槿)

영표(嶺表: 嶺南. 지금의 廣東·廣西 지역)의 주근화는 줄기와 잎이 모두 뽕나무처럼 생겼으며 잎이 빛나고 두텁다. (남방 사람들은 이것을 '弗桑'이라 한다.) 나무 중에 키가 높은 것이라도 4~5척에 불과하며, 가지와 잎이 한들거린다. 2월부터 꽃이 피기 시작하여 한겨울에 이르러서야 멈춘다. 그 꽃은 짙은 홍색이고 꽃잎이 5장이며 큰 촉규(蜀葵: 접시꽃)처럼 생겼다. 꽃술 하나가 꽃잎 속에서 자라는데, 그 위에 금가루 같은 꽃가루가 붙어 있어서 햇빛에 반짝이는 모양이 마치 불꽃이 타오르는 것 같다. 한 떨기 위에서 날마다 수백 송이의 꽃이 피는데, 무성하고 곱긴 하지만 가까이 다가가도 향기가 없다. 저녁에 지고 아침에 핀다. 가지를 삽목하면 금방 살기 때문에 '근(槿: 無窮하다는 뜻)'이라고 이름 붙였다. 민간의 부녀자들이 그것을 따서 파는데 1전에 수십 송이를 준다. 만약 이 꽃이 없다면 홍매화(紅梅花)는 그 자색(姿色)을 돋보이게 할 수 없다. (『유양잡조』·『영표록이』)

嶺表朱槿花, 莖葉皆如桑樹, 葉光而厚.(南人謂之'弗桑') 樹身高者,(出『酉陽雜俎』) 止於四五尺, 而枝葉婆娑. 自二月開花, 至於中冬方歇. 其花深紅色, 五出, 如大蜀葵. 有蕊一條, 長於花葉, 上綴金屑, 日光所爍, 疑有焰生. 一叢之上, 日開數百朶, 雖繁而有艶, 且近而無香. 暮落朝開. 揷枝卽活, 故名之'槿'. 俚女亦採而鬻, 一錢售數十朶. 若微此花, 紅梅無以資其色. (出『嶺表錄異』)

409 · 22(5484)
홍근화(紅槿花)

영남(嶺南: 지금의 廣東·廣西 지역)의 홍근화는 정월부터 12월까지 늘 꽃이 피는데, 가을과 겨울에만 약간 적게 핀다. (『영남이물지』)

嶺南紅槿, 自正月迄十二月常開, 秋冬差少耳. (出『嶺南異物志』)

409 · 23(5485)
나제근화(那提槿花)

나제근화는 자주색이고 겹잎이 중첩되어 있다. 바깥 겹잎은 중심으로 말려들어 있고 그 중심에서 1촌 남짓한 높이의 줄기가 뻗어 나온다. 잎 끝은 5갈래로 갈라져 있는데, 그 모양이 꽃받침처럼 생겼다. 꽃잎 속에는 자주색 꽃술이 있고, 줄기 위에서 황색 잎[원문은 '蘂'라 되어 있으나 『酉陽雜俎』「續集」권9 「支植上」에 의거하여 '葉'으로 고쳐 번역함]이 자란다.

那提槿花, 紫色, 兩重葉. 外重葉卷心, 心中抽莖, 高寸餘. 葉端分五瓣, 如蒂. 瓣中紫蘂, 莖上黃蘂.

409 · 24(5486)
불상화(佛桑花)

민중(閩中)에는 불상수(佛桑樹)가 많다. 가지와 잎은 뽕나무처럼 생겼으나 다만 샛가지가 위로 꼬부라져 있다. 화방(花房: 꽃집)은 동화(桐花)처럼 생겼고 길이가 1촌 남짓한데 겹꽃잎의 모양과 비슷하다. 꽃 중에는 옅은 황색도 있다. 남중(南中) 지역의 동화 중에는 짙은 홍색도 있다[이 구절은 『酉陽雜俎』「續集」 권10 「支植下」에 독립된 한 條로 되어 있음].

閩中多佛桑樹. 枝葉如桑, 唯條上勾. 花房如桐花, 含長一寸餘, 似重臺狀. 花亦有淺黃者. 南中桐花有深色者.

409 · 25(5487)
정동화(貞桐花)

정동은 가지 끝에서 적황색 샛가지가 뻗어 나오는데, 샛가지는 다시 2개씩 마주보고 자라며 3층으로 나뉘어져 있다. 꽃은 크기가 낙소화(落蘇花: 가지 꽃)만하고 황색이며 한 줄기 위에서 50~60송이가 핀다.

貞桐, 枝端抽赤黃條, 條復旁對, 分三層. 花大如落蘇花, 黃色, 一莖上有五六十朶.

409 · 26(5488)
치자화(梔子花)

여러 꽃 중에서 꽃잎이 6장 달린 것은 드문데 오직 치자화만 꽃잎이 6장이다. 도진백(陶眞白: 陶貞白. 貞白은 南朝 梁나라 때의 도인 陶弘景의 諡號)이 이렇게 말했다.

"치자는 6장의 꽃잎을 잘라내면 화방(花房: 꽃집)에 7개의 줄이 그어져 있으며 그 꽃향기가 매우 짙다. 전하는 말에 따르면, 치자화는 바로 서역의 담복(薝蔔: 치자나무 꽃)이라고 한다."

諸花少六出者, 唯梔子花六出. 陶眞白('白'原作'曰', 據明鈔本改)言: "梔子剪花六出, 刻房七道, 其花香甚. 相傳卽西域薝蔔也."

409 · 27(5489)
산다화(山茶花)

산다(山茶: 동백나무)는 그 잎이 차나무처럼 생겼으며 높은 것은 1장(丈)이 넘는다. 꽃의 크기는 사방 1촌에 가득 찰 정도이고 색깔은 진홍색과 비슷하며 12월에 꽃이 핀다.

山茶, 葉如茶樹, 高者丈餘. 花大盈寸, 色如緋, 十二月開.

409·28(5490)
삼색석남화(三色石楠花)

형산(衡山)의 석남화는 자주색·푸른색·백색 3가지가 있다. 꽃의 크기는 모란만 하고 꽃이 피지 않는 것도 있다.

衡山石楠花, 有紫·碧·白三色. 花大如牡丹, 亦有無花者.

409·29(5491)
비려화(比閭花)

백주(白州)의 비려화는 그 꽃이 새의 깃털처럼 생겼다. 그 나무를 베서 땔감으로 사용하면 온 종일 불이 꺼지지 않는다.

白州比閭華, 其華若羽. 伐其木爲薪, 終日火不敗.

409·30(5492)
목련화(木蓮花)

목련화는 그 잎이 신이(辛夷: 紫木蓮)와 비슷하고 그 꽃 색깔이 연꽃과 비슷하다. 명옥계(鳴玉溪)에서 나며 앙주(卬州:『酉陽雜俎』「續集」

권9「支植上」에는 '邛州'라 되어 있음)에도 있다.

木蓮花, 葉似辛夷, 花類蓮色. 出鳴玉溪, 卬州亦有.

409 · 31(5493)
나가화(那伽花)

나가화는 그 모양이 삼춘화(三春花: 미상)처럼 생겼고 잎이 없다. 꽃은 백색이고 화심(花心: 꽃집)은 황색이며 꽃잎은 6장이다. 선박(船舶) 위에서 자란다.

那伽花, 狀如三春, 無葉. 華色白, 心黃, 六瓣. 出在舶上.

409 · 32(5494)
목란화(木蘭花)

당(唐)나라 대화연간(大和年間: 827~835)에 장안(長安) 돈화방(敦化坊)의 어떤 민가에 목란 한 그루가 있었는데 꽃이 짙은 홍색이었다. 나중에 계주관찰사(桂州觀察使) 이발(李勃)의 집지기가 5천 냥을 주고 그 목란을 샀다. 이발의 집은 강 북쪽에 있었는데 1년이 지나자 그 꽃이 자주색으로 변했다.

長安敦化坊百姓家, 唐大和中, 有木蘭一樹, 花色深紅. 後桂州觀察使李勃看宅人, 以五千買之. 宅在水北, 經年, 花紫色.

409·33(5495)
이목화(異木花)

당(唐)나라 위국공(衛國公) 이덕유(李德裕)가 일찍이 기이한 나무 한 그루를 얻었는데, 봄에 자주색 꽃이 피었다. 나[『酉陽雜俎』의 撰者 段成式을 말함]는 나무 중에서 1년 만에 꽃이 피는 것은 목란뿐이라고 생각한다.

唐衛公李德裕, 嘗獲異木一株, 春花紫. 予思木中一歲發花, 唯木蘭.

409·34(5496)
벽매괴(碧玫瑰)

낙중(洛中: 洛陽)에서 꽃나무를 파는 자가 말하길, 숭산(嵩山)의 깊은 곳에 푸른색 매괴(玫瑰: 장미)가 있다고 했는데, 지금은 없어졌다. (「나제근화」 이하 『유양잡조』)

洛中鬻花木者言, 嵩山深處有碧色玫瑰, 而今亡矣. (自「那提槿花」下並出『酉陽雜俎』)

409・35(5497)
자동화(刺桐花)

　　자동화(刺桐花: 엄나무꽃)는 그 모양이 그림에 그려진 것과는 다르다. 그 나무는 목재로 쓰인다. 3월에서 4월 사이에 잎이 무성하고 빽빽하게 자란 다음에 적색 꽃이 피며, 군데군데 잎 사이에서 3~5개의 화방(花房: 꽃집)이 자란다. 하지만 그림에 그려진 것처럼 홍색 꽃이 나무에 가득 피지는 않는다. (하급관리[원문은 '橡'이라 되어 있지만 『投荒雜錄』에 의거하여 '掾'으로 고쳐 번역함]로 폄적된 陳去疾은 閩 땅에서 살았는데, 그 지방의 명물에 대해 얘기하다가 말하길, "민 땅의 泉州에서 자라는 자동은 잎이 녹색이고 花房이 홍색이며 햇빛을 받으면 모두 은은히 붉은빛을 띠는데, 番禺[唐代의 縣名으로 隋代에는 南海縣이라 했음. 지금의 廣東省에 속함]에 있는 것과는 다르다"라고 했다. 이로써 보건대 여기에서 그린 것은 사실상 閩中[원문은 '閣中'이라 되어 있지만 『投荒雜錄』에 의거하여 고쳐 번역함]의 나무이고 南海에서 자라는 것이 아님을 알 수 있다.) (『투황잡록』)

　　刺桐花, 狀比圖畫者不類. 其木爲材. 三四月時, 布葉繁密, 後有赤花, 間生葉間三五房. 不得如畫者, 紅芳滿樹. (謫椽陳去疾, 家於閩, 因語方物, 去疾曰: "閩之泉州刺桐, 葉綠而花紅房, 照物皆朱殷然, 與番禺者不同." 乃知此地所畫者, 實閣中之木, 非南海之所生也. '橡'原作'緣', '方'下原有'風'字, '閩之泉州'上原闕'曰'字, '皆朱'原作'家末', '生'原作'意', 據明鈔本改) (出『投荒雜錄』)

409・36(5498)
회풍화(懷風花)

낙유원(樂遊苑)에는 매괴수(玫瑰樹: 장미나무)가 자생하는데 그 아래에 목숙(苜蓿: 草本 荳科 식물. 원산지는 西域인데 漢 武帝 때 大宛國에서 들여왔다고 함)이 많다. 목숙은 일명 '회풍'이라 하는데 당시 사람들은 '광풍(光風)'이라 부르기도 했다. 바람이 그 사이에서 늘 살랑거리고[원문은 '肅然'이라 되어 있지만 『서경잡기』 권1에 의거하여 '蕭蕭然'으로 고쳐 번역함] 햇빛이 그 꽃을 비추면 광채가 나기 때문에 목숙을 '회풍'이라 한다. 무릉(茂陵) 사람들은 그것을 연지초(連枝草)라 부른다. (『서경잡기』)

樂遊苑自生玫瑰樹, 下多苜蓿. 一名'懷風', 時人或謂之'光風'. 風在其間常肅然, 日照其花有光采, 故名曰苜蓿'懷風'. 茂陵人謂之'連枝草'. (出『西京雜記』)

409・37(5499)
척촉화(躑躅花)

남중(南中)의 꽃 중에는 홍색과 적색이 많은데, 역시 그 지방 고유의 색깔이다. 그 중에서 척촉화(躑躅花: 철쭉꽃)가 가장 아름답다. 영북(嶺北)에도 때때로 척촉화가 있는데 남방처럼 그렇게 무성하지는 않다. 산골짜기마다 모두 자란다. 2월에 꽃이 피면 불타는 것처럼 빛나며 한 달 넘게 꽃이 지지 않는다. (『영남이물지』)

南中花多紅赤, 亦彼之方色也. 唯躑躅爲勝. 嶺北時有, 不如南之繁多也. 山谷間悉生. 二月發時, 照耀如火, 月餘不歇. (出『嶺南異物志』)

409・38(5500)
능소화(凌霄花)

능소화(凌霄花: 능소화과의 낙엽 활엽 덩굴나무) 속에 맺힌 이슬은 사람의 눈을 상하게 한다. (『유양잡조』)

凌霄花中露水, 損人目. (出『酉陽雜俎』)

409・39(5501)
분지하(分枝荷)

한(漢)나라 명제(明帝) 때 연못 속에 분지하(分枝荷: 여러 가지가 뻗어 나온 연꽃)가 있었다. 한 줄기에 4장의 잎이 달렸는데 그 모양이 나란한 수레의 덮개처럼 생겼었다. 그 열매는 검은 구슬처럼 생겼는데 패옥(佩玉)처럼 치장할 수 있었다. (『유양잡조』)

漢明帝時, 池中有分枝荷. 一莖四葉, 狀如騈盖. 實如玄珠, 可以飾珮. (出『酉陽雜俎』)

409・40(5502)
야서하(夜舒荷)

[漢나라] 영제(靈帝) 때 야서하가 있었는데, 한 줄기에서 4송이의 연꽃이 피며 그 잎은 밤에는 펴졌다가 낮에는 오므라들었다. (『유양잡조』)

靈帝時, 有夜舒荷, 一莖四蓮, 其葉夜舒晝卷. (出『酉陽雜俎』)

409・41(5503)
수련화(睡蓮花)

수련. 남해(南海)에 수련이 있는데, 밤에는 꽃이 고개를 숙여 물속으로 들어간다. ([『유양잡조』 권19])

睡蓮. 南海有睡蓮, 夜則花低入水. (原闕出處, 今見『酉陽雜俎』十九)

409 · 42(5504)
벽련화(碧蓮花)

[唐나라] 선제(宣帝) 대중연간(大中年間: 847~860)[원문은 '宣平中'이라 되어 있지만 '宣帝大中'의 오기로 보임. 唐代에는 宣平이란 연호가 없음]에 태부(太傅)인 상국(相國) 노공(盧公)이 과거시험에 응시할 때, 수주(壽州) 안풍현(安豐縣)의 별장에 기거하고 있었다. 노공이 한번은 작피(芍陂)를 노닐다가 땔감을 지고 가는 어떤 마을사람이 벽련화 한 송이를 손에 들고 있는 것을 보았다. 노공이 깜짝 놀라 [어디에서 벽련화를 얻었는지] 물었더니 마을사람이 대답했다.

"작피에서 찾아냈습니다."

노공은 나중에 절서종사관(浙西從事官)으로 있을 때 회수(淮水) 지역을 순시하다가 태위(太尉)인 위국공(衛國公) 이덕유(李德裕)에게 그 얘기를 했더니, 이덕유가 사람을 시켜 작피에서 벽련화를 찾아보게 했지만 벽련화는 없었다. 다시 강가에서 벽련화를 두루 찾아보게 했지만 역시 끝내 찾을 수 없었다. 그래서 지난번의 그 벽련화 한 송이는 대개 신이한 물건이었음을 알게 되었다. (『상서고실』)

宣平('宣平'原作'唐室', 據陳校本改)中太傅相國盧公, 應擧時, 寄居壽州安豐縣別墅. 嘗遊芍陂, 見里人負薪者, 持碧蓮花一朶. 公驚問之, 答曰: "陂中得之." 盧公後從事浙西, 因使淮服, 話於太尉衛公李德裕, 德裕令搜訪芍陂, 則無有矣. 又遍尋於江渚間, 亦終不能得. 乃知向者一朶, 蓋神異耳. (出『尙書故實』)

409 · 43(5505)
염청련화(染青蓮花)

당(唐)나라 문공(文公) 한유(韓愈)의 조카[八仙 가운데 한 명인 韓湘子를 말함]는 꽃을 심는 데 신기한 기술을 가지고 있었는데, 그에 관한 이야기를 소설에서 알게 되었다. 급사(給事) 두유휴(杜孺休)가 호주(湖州)를 다스리고 있을 때, 어떤 염색집의 연못에서 청련화가 자랐다. 두자사(杜刺史: 杜孺休)는 그 청련화의 연밥을 거두어오게 하여 도성으로 돌아가서 연못에 심었는데, 간혹 홍련화로 변하곤 했다. 이를 이상히 여긴 두자사가 편지를 보내 염색공에게 [어찌된 일인지] 물었더니, 염색공이 이렇게 답장했다.

"저희 집에는 3대째 쪽빛 안료를 만들 때 사용하는 항아리가 있는데, 한번은 연밥을 그 항아리 바닥에 담가놓았다가 1년이 지난 뒤에 심었습니다. [그랬더니 청련화가 피었습니다.] 그런데 만약 이미 심은 청련화의 연밥을 씨로 받아 심으면 다시 홍색으로 변합니다. 이는 대개 그 본질로 돌아가는 것이니 또한 어찌 이상하다 하겠습니까?"

그리고는 염색 항아리에 담가놓았던 연밥을 두자사에게 보내주었다. 도사 신광도(申匡圖:『北夢瑣言』권10에는 '田匡圖'라 되어 있음)가 보았더니, 어떤 사람이 닭똥을 흙과 섞어서 작약 꽃 더미에 거름으로 주었는데, 옅은 홍색의 꽃이 모두 짙은 홍색으로 변했다. 그러니 염색공의 말은 더욱 믿을 만하다[원문은 '染之所益信矣'라 되어 있지만『北夢瑣言』권10에 의거하여 '染之所言益信矣哉'로 고쳐 번역함].

위촉(僞蜀: 五代十國의 前蜀)의 왕선주(王先主: 王建)가 장차 붕어

하게 된 그 해에 아미산(蛾眉山)의 사라화(娑羅花: 娑羅樹의 꽃. 용뇌향과의 상록교목으로, 높이는 30미터 정도이고 3월에 옅은 황색 꽃이 피며 열매는 식용하고 씨는 기름을 짜서 향유로 씀)가 모두 백색 꽃을 피웠다. 또 형주(荊州) 문헌왕(文獻王)이 죽기 몇 년 전에 성황(城隍: 城壕. 垓字. 성을 둘러싸고 있는 물도랑)에서 온통 백련화가 피었다.

한 경우는 염색하여 기(氣)를 같게 했고 다른 한 경우는 흉조를 나타냈으니, 또한 무엇을 의심하겠는가? ([『북몽쇄언』])

唐韓文公愈之姪, 有種花之異, 聞其說於小說('小說'二字原闕, 據明鈔本補). 杜給事孺休典('典'原作'與', 據『北夢瑣言』改)湖州, 有染戶家, 池生靑蓮花. 刺史命收蓮子歸京, 種於池沼, 或變爲紅蓮. 因異之, 乃致書問染工, 染工曰: "我家有三('三'原作'公', 據陳校本改)世治靛甕, 嘗以蓮子浸於甕底, 俟經歲年, 然後種之若以所種靑蓮花子爲種, 卽其紅矣. 蓋還本質, 又何足怪?" 乃以所浸蓮子寄之道士申匡圖, 又見人以雞矢和土, 培芍藥花叢, 其淡紅者悉成深紅. 染之所益信矣.

僞蜀王先主將晏駕, 其年, 蛾眉山娑羅花, 悉開白花. 又荊文獻王未薨前數年, 溝港城隍, 悉開白蓮.

一則染以氣類, 一則表於凶兆, 又何疑哉? (原闕出處, 明鈔本作'出『北夢瑣言』')

409 · 44(5506)
삼타서련(三朶瑞蓮)

위촉(僞蜀: 五代十國의 前蜀)의 군주(君主: 王建)가 등극했을 때,

공훈을 세운 여러 귀족과 신하들이 다투어 저택을 세웠다. 그 중에서 유독 위중령(僞中令) 조정은(趙廷隱)이 세운 남쪽 저택과 북쪽 저택은 수천 개의 들보와 수만 개의 두공(枓栱)이 사용되었고 사치스럽고 화려한 갖가지 치장을 하여 그에 견줄 만한 집이 없었다. 저택 뒤로는 강이 흐르고 연못 안에는 섬 2개가 있었다. 연못을 빙 둘러서 돌을 쌓았고 사방 기슭에는 모두 수양버들을 심었으며 간혹 그 사이에 목부용(木芙蓉)을 섞어놓았다. 연못 속에는 연뿌리를 심어놓았는데, 매년 가을과 여름이 되면 꽃이 피고 물고기가 뛰놀았다. 버드나무 그늘 아래에는 책을 들고 있는 선비, 낚싯줄을 드리우고 있는 사람, 여의(如意: 끝이 손 모양으로 되어 있는 등긁개로 옥·쇠·나무 등으로 만듦)를 들고 있는 사람, 주미(麈尾: 拂子. 스님이나 청담가들이 가지고 다니는 총채 모양의 도구)를 들고 있는 사람, 시와 도(道)를 담론하는 사람들이 있었다. 그런데 어느 날 아침에 연못 기슭에 있던 연꽃 한 줄기에서 그 끝이 두 갈래로 갈라져 두 송이의 꽃이 피었다. 그 때는 이른바 태평무사한 시절이었으므로 남녀들이 향을 차고 한껏 곱게 단장하고서 구경하러 온 사람들이 아주 많았다. 조정은이 [그 광경을] 그림으로 그려서 진상했더니 촉주(蜀主)가 감탄했다. 그 때에 그 일을 노래로 부르거나 시로 읊조리는 사람들도 적지 않았다. 얼마 후에 금원(禁苑) 안에 있던 연꽃 한 줄기가 갈라지더니 세 송이의 꽃이 피었다. 촉주는 성대한 연회를 열고 여러 신하들을 불러서 그 연꽃을 감상했는데, 그 때 문신(文臣) 이하의 신하들이 모두 시를 지어 바쳤다. 당시 어떤 호사가가 그 일을 그림으로 묘사했는데, 지금도 전해지고 있다.

僞蜀主當僭位, 諸勳貴功臣, 競起甲第. 獨僞中令趙廷隱起南宅北宅, 千梁萬栱, 其諸奢麗, 莫之與儔. 後枕江瀆, 池中有二島嶼, 遂礨石循池, 四岸皆種垂楊, 或間雜木芙蓉. 池中種藕, 每至秋夏, 花開魚躍. 柳蔭之下, 有士子執卷者, 垂綸者, 執如意者, 執麈尾者, 譚詩論道者. 一旦岸之隈, 有蓮一莖, 上分兩歧, 開二朶. 其時謂之太平無事之秋, 士女拖香肆豔, 看者甚衆. 趙廷隱畫圖以進, 蜀主歎賞. 其時歌者詠者不少. 無何, 禁苑中有蓮一莖, 歧分三朶. 蜀主開筵醼, 召群臣賞之, 是時詞臣已下, 皆貢詩. 當時有好事者, 圖以繪事, 至今傳之.

409・45(5507)
우(藕)

소주(蘇州)에서 우(藕: 연뿌리)를 진상했는데, 최상품은 '상하우(傷荷藕)'라고 한다. [그 상하우에 대해] 어떤 이는 연꽃 이름이라고도 하고, 또 어떤 이는 잎이 달아서 벌레에게 상한 것이라고도 하며, 또 어떤 이는 일부러 그 잎을 상하게 해서 그 뿌리를 잘 자라게 한 것이라고도 한다. 근래에는 중대하(重臺荷: 겹꽃잎이 달린 연꽃)가 많은데 이것은 열매 속에서 또 꽃이 자라는 것으로, 역시 아주 기이한 경우이다. (『국사보』)

蘇州進藕, 其最上者名'傷荷藕'. 或云, 荷名, 或云, 葉甘爲蟲所傷, 或云, 故傷其葉, 以長其根. 近多重臺荷, 實中又生花, 亦甚異也. (出『國史補』)

409 · 46(5508)
연 실(蓮 實)

석련(石蓮: 오래 묵은 연밥)은 물속에 넣으면 가라앉는데 소금물로 끓여야만 떠오른다. 기러기가 그것을 먹고 산속에 똥을 떨어뜨리면 100년 동안 썩지 않는다. 전하는 말에 따르면, 상수리가 물속에 떨어져서 연실(蓮室: 연밥)이 된다고 한다. (『유양잡조』)

石蓮入水沉, 唯煎鹹滷能浮之. 鴈食之, 糞落山中, 百年不壞. 相傳橡子落水爲蓮. (出『酉陽雜俎』)

409 · 47(5509)
기(茋)

기(茋: 세발마름)는 일명 '수채(水菜)'라고도 하고 일명 '선태(蘚苔)'라고도 한다. 한(漢)나라 무제(武帝) 때 곤명지(昆明池) 안에 있던 부근릉(浮根菱: 뿌리가 물 위로 떠 있는 마름)은 뿌리가 물 위로 나와 있고 잎이 물 아래에 잠겨 있었는데, 이 역시 '청수기(靑水茋)'라고 했다. 현도(玄都: 신선이 사는 仙府)에 있는 기는 푸른색이고 닭이 나는 듯한 모양이므로 '번계기(翻雞茋)'라고 한다. 선인(仙人) 부백자(鳧伯子)가 늘 그것을 딴다고 한다. (『유양잡조』)

茋一名'水菜', 一名'蘚苔'. 漢武昆明池中有浮根菱, 根出水上, 葉淪波下, 亦曰

'靑水芰'. 玄都有芰, 碧色, 狀如雞飛, 名'翻雞芰'. 仙人鳧伯子常探之. (出『酉陽雜俎』)

409 · 48(5510)
능(菱)

　　기(芰: 세발마름)는 지금 사람들은 '능기(菱芰)'라고만 말한다. 초목을 해설한 여러 책에서도 [芰와 菱을] 구분하지 않고 있다. 오직 오안빈(伍安貧:『酉陽雜俎』「前集」권19「草篇」에는 '王安貧'이라 되어 있음)의「무릉기(武陵記)」에서만 말하길, 각이 4개인 것을 '기'라 하고 각이 2개인 것을 '능'이라 한다고 했다. 지금 소주(蘇州)에 있는 절요릉(折腰菱: 중간이 구부러진 모양의 마름)은 대부분 각이 2개이다. 형주(荊州)의 어떤 스님이 단성식(段成式:『酉陽雜俎』의 撰者)에게 영성(郢城)에서 나는 마름 한 말을 보내왔는데, 각이 3개이고 가시가 없어서 손으로 따서 비빌 수 있었다. (『유양잡조』)

　　芰, 今人但言'菱芰'. 諸解草木書, 亦不分別. 唯伍安貧「武('伍安貧武'原作'五安貨五', 據『全唐文』七六一改)陵記」言, 四角曰'芰', 兩角曰'菱'. 今蘇州折腰菱多兩角. 荊州有僧, 遺段成式一斗郢城菱, 三角而無芒, 可以挼莎. (出『酉陽雜俎』)

태평광기

권제 410

소목 5

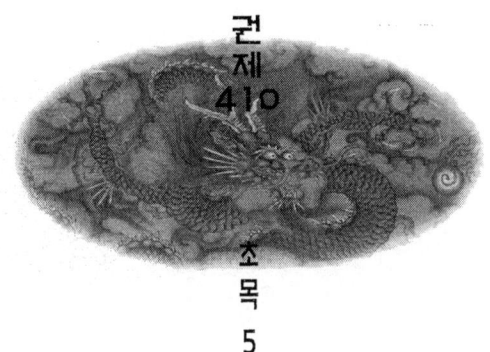

과(果) 상

1. 사가닐수실(相稼榿樹實)
2. 여하수실(如何樹實)
3. 선 리(仙 梨)
4. 기호수실(綺縞樹實)
5. 파나파수실(波那婆樹實)
6. 첨파리과(瞻波異果)
7. 신 서 리(神仙李)
8. 무릉도리(武陵桃李)
9. 금 리(金 李)
10. 한 제 행(漢帝杏)
11. 선 인 행(仙人杏)
12. 어 리 자(御李子)
13. 주 리(朱 李)
14. 토 두 내(免頭柰)
15. 지 의 내(脂衣柰)
16. 주 내(朱 柰)
17. 문 림 과(文林果)
18. 성 내(聖 柰)
19. 목 도(木 桃)
20. 동방촌도(東方村桃)
21. 선 도(仙 桃)
22. 구 도(勾 桃)
23. 일 석 도(一石桃)
24. 편 도(偏 桃)
25. 왕 모 도(王母桃)
26. 식 핵 도(食核桃)
27. 소 자(韶 子)
28. 나부감자(羅浮甘子)
29. 천보감자(天寶甘子)
30. 북 방 조(北方棗)
31. 서왕모조(西王母棗)
32. 선 인 조(仙人棗)
33. 중 사 조(仲思棗)
34. 파 사 조(波斯棗)

과상

410 · 1(5511)
사가닐수실(柤稼樆樹實)

    동쪽의 변경지역에 사가닐이라고 부르는 나무가 있다(柤는 사리[아가위]이고, 稼는 나무를 심는다는 뜻이며, 樆은 친밀하다는 뜻이다). 이 나무는 3천년에 한번 꽃을 피우고 9천년에 한번 열매를 맺는다. 그 꽃과 꽃술은 자색이고 열매는 적색이며 높이는 100장인데, 간혹 1000장이나 되는 것도 있다. 가지들이 무성하게 자라나 스스로를 덮고 있는데, 동서남북 사방으로 난 가지가 각각 50여 장 된다. 잎은 7척의 길이에 너비가 5척 정도 되며 잎의 색깔은 녹청색(綠靑色)과 같고 나무 껍질은 가래나무와 같다. 나무결은 감초와 같으며 맛이 달다. 열매의 길이는 9척이고 둘레는 길이와 같으며, 과육(果肉)에 씨가 없다. 죽도(竹刀)로 열매를 자르면 그 맛이 걸죽한 꿀과 같다. 열매를 먹은 사람이 다시 그 열매가 맺는 것을 보려면 죽을 뒤에나 가능하다. 즉 열매를 따먹은 다음 다시 열매가 맺는 것을 보려면 1만 2천년을 살아야 한다는 뜻이다. (『신이록』)

    東方大荒之中, 有樹焉, 名曰柤稼樆, (柤, 柤梨也, 稼者, 株稼也, 樆, 曙也). 三千歲作花, 九千歲作實. 其花藥紫色, 其實赤色, 亦高百丈, 或千丈也. 敷張自輔, 東西南北方枝, 各近五十丈. 葉長七尺, 廣五尺, 色如綠靑, 木皮如梓. 樹理如甘草, 味飴. 實長九尺, 圍如長, 無瓤核. 竹刀剖之, 如凝蜜. 得食, 復見實, 卽滅矣. 言復見後實熟者, 壽一萬二千歲. (出『神異錄』)

410 · 2(5512)
여하수실(如何樹實)

남쪽의 변경에 여하(如何)라는 나무가 있는데, 300년에 한번 꽃을 피우고 900년에 한번 열매를 맺는다. 꽃의 색깔은 붉고 그 열매는 순황색이다. 나무의 높이는 50장이나 되며 가지가 덮개처럼 펼쳐져 있다. 잎은 1장의 길이에, 너비가 2척 남짓 되는데, 관저(菅苧: 사초)와 비슷하고 색은 푸르며 두께는 5푼 정도 된다. [껍질은] 후박나무처럼 조미료로 사용할 수 있고, 나무결은 치자와 비슷하며 9개의 열매는 엿처럼 달다. 열매는 씨가 있고 생김새는 대추 같으며, 길이는 5척에 둘레는 길이와 같다. 쇠칼로 자르면 맛이 시고, 갈대 칼로 자르면 맛이 맵다. 이것은 먹은 사람은 지선(地仙)이 되어 물불을 두려워하지 않게 되고 시퍼런 칼날을 두려워하지 않는다(刃은 刀의 종류이다. 지선이란 하늘에 날아오를 수 없어서 땅에서만 오래 사는 사람을 말한다). (『신이경』)

南方大荒, 有樹焉, 名曰如何, 三百歲作花, 九百歲作實. 花色朱, 其實正黃. 高五十丈, 敷張如蓋. 葉長一丈, 廣二尺餘, 似菅苧, 色靑, 厚五分. 可以挈, 如厚朴, 材理如支. 九子, 味如飴. 實有核, 形如棗, 子長五尺, 圍如長. 金刀剖之則酸, 蘆刀剖之則辛. 食之者地仙, 不畏水火, 不畏白刃(刃, 刀之屬. 言地仙者, 不能飛, 在地久生而已. '久生而已' 原作 '從之法也', 據明鈔本改). (出『神異經』)

410 · 3(5513)
선 리(仙 梨)

남쪽에 나무가 있는데, 높이가 100장이며 가지가 펼쳐져서 몸체를 가리고 있다. 잎의 길이는 1장이고 너비는 6척이며, 이름은 '이(梨: 원문에는 梨라 되어 있으나, 『神異經』에는 木梨라 되어 있음)'이다. '이'는 오늘날의 사리(柤梨: 아가위)와 같은데, 단지 나무가 클 뿐이다. 그 열매의 지름은 3척인데, 잘라보면 과육은 적고 속은 명주처럼 희다. 이것을 국에 넣어 끓여 먹으면 지선(地仙)이 되어 의복이 해지지 않고 곡식을 끊을 수 있으며, 물과 불에 들어갈 수 있다. (『신이경』)

南方有樹焉, 高百丈, 敷張自輔. 葉長一丈, 廣六尺, 名'梨'. 如今之柤梨, 但樹大耳. 其子徑三尺, 剖之少瓤, 白如素. 和羹食之地仙, 衣服不敗, 辟穀, 可以入水火也. (出『神異經』)

410 · 4(5514)
기호수실(綺縞樹實)

동남쪽의 변경 가운데에는 야목(邪木)이 있는데, 높이가 3000장이고 둘레는 열 아름이 넘는 것도 있고 간혹 7~8척인 것도 있다. 그 가지는 매우 곧아 구부릴 수 없으며 잎은 참외 잎처럼 생겼다. 300년이 지나면 잎이 다 떨어지고 꽃이 피는데, 그 모양이 참외처럼 생겼다. 다시 200년이 지나면 꽃이 다 떨어지고 꽃받침이 생긴다. 꽃받침 밑에서 열매가 달리는데, 열매는 3년이 지나야 익는다. 열매가 다 익은 뒤에는 더 자라지도 줄어들지도 않는다. 열매의 모양은 수박처럼 생겼는데, 동과(冬瓜)와 비슷하고 길이는 7~8촌이며 지름은 4~5촌 정도 된다. 꽃받침이 다시 열매 꼭대기에서 자라는데, 이는 꽃받침이 자랐으니 열매를 따도 된다는 사실을 알려주는 것이다. 이 열매를 따지 않으면 만년이 되도록 그대로 있는데, 만약 열매를 따고 꽃받침을 남겨두면 꽃받침에서 다시 열매가 열린다. 처음과 같은 시간이 지나면 다시 열매가 익는다. 즉 다시 2년이 지나면 꽃받침이 생기고 다시 열매를 맺는다. 그 열매 모양은 참외와 같고 박 속은 조금 연하며 달고 맛이 좋다. 이것을 먹으면 사람의 몸에서 윤기가 나지만, 세 되 이상 먹어서는 안 된다. [세 되 이상 먹게 되면] 사람을 몽롱하게 만들어서 반나절이 지나야만 깨어난다. 나무가 높이 자라 있어서 사람들이 그 열매를 따려 해도 딸 수 없다. 오직 나무 아래에 살고 있는 다라국(多羅國) 사람들만이 나무를 타고 올라가서 그것을 딸 수 있다. 일명 '무엽(無葉)'이라고도 하는데, 나중에 태어난 사람 가운데 그 잎을 본 사람이 없기 때문에 '무엽'이라 부르게 되었다. 또 '기호(綺縞)'라고도 하는데, 사람들이 잎을 보지 못했기 때문에 기호라고 부르게 되었다. (『신이경』)

東南荒中有邪(音'耶')木焉, 高三千丈, 或十餘圍, 或七八尺. 其枝有喬直上, 不可那也. 葉如甘瓜. 三百歲盡('盡'原作'晝', 據明鈔本·陳校本改), 落而生花, 形如甘瓜. 花復二百歲, 落而生萼. 萼下生子, 三歲而成熟. 成熟之後, 不長不減. 子形如寒瓜, 似冬瓜也, 長七八寸, 徑四五寸. 萼復覆生頂, 言發萼而得成實. 此不取. 萬世如故. 若取子而留蕚, 蕚復生子. 如初年月復成熟. 復二年則成蕚, 則復生子. 其子形如甘瓢. 少覩(音'練')甘美. 食之, 令人身澤, 不可過三升. 令人冥醉, 半日乃醒. 木高, 人取不能得. 唯木下有多羅之人, 緣能得之(多羅, 國名). 一名'無葉', 世人後生, 不見葉, 謂之無葉也. 一名'綺繡', 人見無葉, 謂之綺繡. (出『神異經』)

410・5(5515)
파나파수실(波那婆樹實)

파나파수[바라밀수]는 불림국(佛林國: 고대 동로마 제국)에서 나는데, 그곳에서는 '아살타(阿薩觰)'라고 부른다. 나무의 높이는 5~6장 정도 되고 껍질은 청록색(靑綠色)이다. 나뭇잎은 윤기가 많이 흐르고 깨끗하며 여름이나 겨울에도 잎이 지지 않는다. 꽃이 피지 않고 열매가 열리는데, 그 열매는 나무줄기에서부터 나오고 크기는 동과(冬瓜)만 하며 나무껍질에 싸여 있다. 열매 껍질에 가시가 나 있고 과육은 아주 달아서 먹을 수 있다. 씨앗은 대추만 한데, 열매 하나에 씨앗이 여러 개 들어 있다. 씨앗 속은 조처럼 누런데, 볶아서 먹으면 아주 맛이 있다. (『유양잡조』)

波那婆樹, 出佛林國, 呼爲'阿薩觰'. 樹長五六丈. 皮色靑綠. 葉極光淨. 冬夏不凋. 無花結實. 其實從樹莖出, 大如冬瓜. 有皮裹之. 殼上有刺, 瓤至甘甜, 可食. 核大如棗, 一實有數枚. 核中仁如粟黃, 炒之食甚美. (出『酉陽雜俎』)

410·6(5516)
첨파이과(瞻波異果)

　　첨파국(瞻波國)에 소 백여 마리를 치는 한 목동이 있었다. 하루는 소 한 마리가 무리를 떠나 갑자기 사라졌다가 해질 무렵이 되어서야 돌아왔다. 그런데 그 모습이나 울음소리가 보통 때와 달랐기 때문에 소 주인은 이를 기이하게 생각했다. 이튿날도 소가 혼자 어디론가 가기에 주인은 소를 따라 가보았다. 소가 어느 굴 속으로 들어갔는데, 5~6리를 가자 갑자기 앞이 탁 트이는 것이 환하고 밝았다. 그곳의 꽃과 나무는 모두 인간세상에서 볼 수 있는 것이 아니었다. 소가 한곳에 앉아 풀을 뜯어먹고 있었는데, 소 주인은 그것이 무슨 풀인지 알 수 없었다. 황금색의 과일이 있는 것을 보고 목동은 몰래 그것을 훔쳐서 가지고 돌아오다가 귀신에게 빼앗겼다. 이튿날 소 주인이 다시 그곳으로 가 그 과일을 가지고 오는데, 굴 입구에 이르렀을 때 귀신이 또 그것을 빼앗으려 하자 소 주인은 얼른 과일을 삼켰다. 그 순간 갑자기 몸이 길어졌는데, 머리는 가까스로 굴 밖으로 나왔지만 몸이 굴에 끼어 움직일 수 없었다. 결국 그 사람은 며칠 뒤에 돌로 변했다. (『유양잡조』)

　　瞻波國有人牧牛百餘頭. 有一牛離群, 忽失所在, 至暮方歸. 形色鳴吼異常, 牛主異之. 明日遂獨行, 主因隨之. 入一穴, 行五六里, 豁然明朗. 花木皆非人間所有. 牛於一處食草, 草不可識. 有果作黃金色, 牧牛人竊將還, 爲鬼所奪. 又一日, 復往取此果, 至穴, 鬼復欲奪, 其人急吞之. 身遂暴長, 頭纔出, 身塞於穴. 數日化爲石. (出『酉陽雜俎』)

410 · 7(5517)
신선리(神仙李)

　방릉(防陵)의 초산(楚山)에 주신(朱神: 朱仲을 말함. 朱仲은 房陵 定山에서 배를 재배했음)이라는 사람의 자두 밭이 36곳이 있다. 반악(潘岳)의 「한거부(閑居賦)」에 보면 "방릉현(房陵縣)의 주중의 자두"란 구절이 있고, 또 이우(李尤)의 「과부(果賦)」에도 "36곳에 있는 주리(朱李)"라는 구절이 있다. 대개 선리(仙李)는 옥색 빛이고 신리(神李)는 붉은 빛이다. 육사형(陸士衡: 陸機)의 「과부(果賦)」에 보면 "중산(中山)의 표리(縹李)"라는 구절이 있는데, 바로 이를 가리킨다.

(『술이기』)

　防陵楚山, 有朱神李圃三十六所. 潘岳「閑居賦」云: "房陵朱神之李", 又李尤「果賦」: "三十六之朱李". 蓋仙李縹而神李紅. 陸士衡「果賦」云: "中山之縹李" 是也. (出『述異記』)

410 · 8(5518)
무릉도리(武陵桃李)

　무릉원(武陵源)은 오(吳) 땅에 있다. 산중에는 다른 나무라곤 찾아볼 수 없고 온통 복숭아나무와 자두나무만 자라기 때문에 세상에서는 이곳을 '도리원(桃李原)'이라 부른다. 도리원 위에 동굴이 하나 있는데, 동굴 안에서 유수(乳水: 종류석수)가 나온다. 세상에 전하는 말에 따르면 진(秦)나라가 어지러워지자 오 땅 사람들이 이곳으로 피난 와 살았는데, 이곳에서 복숭아와 자두 열매를 먹은 사람은 모두 신선이 되어 떠나갔다고 한다. (『술이기』)

武陵源在吳中. 山中無他木, 盡生桃李, 俗呼爲'桃李原'. 原上有石洞, 洞中有乳水. 世傳秦亂, 吳人於此避難者, 食桃李實者, 皆得仙去. (出『述異記』)

410 · 9(5519)
금 리(金 李)

두릉현(杜陵縣)에 금리가 있다. 자두 가운데 큰 것은 '하리(夏李)'라고 부르고, 특히 작은 것은 '서리(鼠李)'라고 부른다. (『술이기』)

杜陵有金李. 李之大者, 謂之'夏李', 尤小者謂之'鼠李'. (出『述異記』)

410 · 10(5520)
한제행(漢帝杏)

제남군(濟南郡)의 동남쪽에 분류산(分流山)이 있는데, 그 산위에 살구나무가 많이 자라고 있다. 살구는 크기가 배만하고, 색깔은 귤처럼 누렇다. 그곳 사람들은 이 살구나무를 '한제행(漢帝杏)' 혹은 '금행(金杏)'이라고 부른다. (『유양잡조』)

濟南郡之東南, 有分流山, 山上多杏. 大如梨, 色黃如橘. 土人謂之'漢帝杏', 亦曰'金杏'. (出『酉陽雜俎』)

410 · 11(5521)
선인행(仙人杏)

행포주(杏圃洲)는 남해(南海)에 있는데 이곳에서는 살구나무가 많이 자란다. 바닷가에 사는 사람들의 말에 따르면 그곳은 신선들이 살구나무를 심은 곳이라고 한다. 한(漢)나라 때 한번은 어떤 사람이 배를 타고 지나가다가 풍랑을 만나 이곳 행포주에서 5~6일 묵게 되었다. 그는 날마다 살구를 먹었기 때문에 죽음을 면할 수 있었는데, 섬 안에 동행(冬杏)이 있었다고 했다. 왕충(王充)의 「과부(果賦)」에 보면 다음과 같은 말이 있다.

"겨울에 열매 맺는 살구는 봄에 아주 달게 익는다."

진(晉)나라 곽태의(郭太儀)의 「과부(果賦)」에 보면 다음과 같은 말이 있다.

"살구는 간혹 겨울에 열매가 열린다."

(『술이기』)

杏圃洲, 南海中多杏. 海上人云, 仙人種杏處. 漢時, 嘗有人舟行遇風, 泊此洲五六日. 日食杏, 故免死, 云洲中有冬杏. 王充「果賦」云: "冬實之杏, 春熟之甘." 晉郭太儀「果賦」云: "杏或冬而實". (『述異記』)

410 · 12(5522)
어리자(御李子)

허창절도사(許昌節度使)의 작은 대청은 옛날 위(魏)나라 때의 경복전(景福殿)이었다. 동탁(董卓)이 난을 일으키자 위나라 무제(魏武帝: 曹操)는 천자를 위협해서 낙양(洛陽)에서 허창(許昌)으로 도읍을 옮겼다. 허주(許州)에 작은 자두 열매가 자랐는데, 색깔은 황색이고 크기는 앵두만 했다. 사람들은 이것을 '어리자'라고 불렀다. 어리자는 헌제(獻帝) 때 심은 것으로 지금도 남아 있다. (『술이기』)

許昌節使小廳, 是故魏景福殿. 董卓亂, 魏武挾令遷帝, 自洛都許. 許州有小李子, 色黃, 大如櫻桃. 謂之'御李子'. 卽獻帝('帝'字原闕, 據明鈔本補)時所植, 至今有焉. (出『述異記』)

410 · 13(5523)
주 리(朱 李)

위(魏)나라 문제(文帝)의 안양전(安陽殿) 앞에 하늘에서 내린 주리

(朱李)가 여덟 개 있는데, 그 가운데 하나만 먹어도 며칠 동안 배고프지 않았다. 오늘날 자두의 씨앗 중에 안양리(安陽利)라는 것이 있는데, 크고 단 것이 바로 그 품종이다. (『술이기』)

魏文帝安陽殿前, 天降朱李八枚, 啖一枚, 數日不食. 今李種有安陽李, 大而甘者, 卽其種也. (出『述異記』)

410 · 14(5524)
토두내(免頭柰)

백내(白柰: 능금의 일종)는 양주(凉州)의 야저택(野猪澤)에서 나는데, 그 크기가 토끼 머리만 하다. (『유양잡조』)

白柰, 出凉州野豬澤, 大如免頭. (出『酉陽雜俎』)

410 · 15(5525)
지의내(脂衣柰)

지의내는 한(漢)나라 때의 자내(紫柰)이다. 됫박만한 크기에 씨는 자주색이고 꽃은 푸르다. 그것을 갈면 즙이 나오는데, 칠을 할 수 있다. 간혹 옷에 묻기라도 하면 씻어낼 수 없다. (『유양잡조』)

脂衣柰. 漢時紫柰. 大如升. 核紫花靑. 硏之有汁. 可漆. 或著衣. 不可浣. (出『酉陽雜俎』)

410 · 16(5526)
주 내(朱 柰)

당(唐)나라 정관연간(貞觀年間: 627~649)에 돈구현(頓丘縣)에 사는 한 현자(賢者)가 황하(黃河)의 물가에서 나물을 뜯다가 손가락 크기의 묘목 한 그루를 발견했다. 현자는 묘목을 가지고 돌아와 심었는데, 심은 지 3년 만에 열매 5개가 열렸다. 열매는 맛이나 모양이 모두 능금과 같았으며 임금(林檎: 사과)과도 비슷했다. 즙이 많고 유난히 새콤달콤했기 때문에 현자는 그것을 현에다 바쳤다. 그러자 현에서는 다시 주(州)에다 바쳤고, 그 맛이 기이하다고 생각한 주에서는 다시 황제께 진상했다. 그러자 황제는 비단 14필을 상으로 내렸다. 후에 나무가 자라 열매가 300개나 열렸다. 그리하여 현자는 매년 그 열매를 나라에 진상하고 그것을 '주내'라 불렀는데, 지금도 있다. 덕주(德州)·패주(貝州)·박주(博州) 등의 주에서는 그 가지를 가져다가 접을 붙였기 때문에 여러 곳에서 많이 나게 되었다. 사람들은 그 열매가 서역(西域)에서 떠내려 오다가 황하의 물가에 걸려 이곳에서 자라게 되었다고 여겼다. (『조양첨재』)

唐貞觀年中. 頓丘縣有一賢者. 於黃河渚上拾菜. 得一樹栽子. 大如指. 持歸蒔

之, 三年, 乃結子五顆. 味狀如柰, 又似林檎. 多汁, 異常酸美, 送縣. 縣上州, 以 其奇味, 乃進之. 上賜綾一十匹. 後樹長成, 漸至三百顆. 每年進之, 號曰'朱柰', 至今存. 德・貝('貝'原作'具', 據明鈔本改)・博等州, 取其枝接, 所在豐足. 人以 爲從西域浮來, 礙渚而住矣. (出『朝野僉載』)

410・17(5527)
문림과(文林果)

당(唐)나라 영휘연간(永徽年間: 650~655)에 위군(魏郡) 임황(臨 黃) 왕국촌(王國村) 사람 왕방언(王方言)이 한번은 황화의 물가에서 작은 묘목 하나를 주워다가 땅에 심었는데, 자란 뒤에 보니 다름 아닌 임금(林檎: 사과나무)이었다. 임금 열매는 작은 누런 박만 한 크기에 색깔이 옥처럼 희었으며 간간이 구슬 모양의 점이 박혀 있었는데, 점은 그리 많지 않고 서너 개 정도로 마치 날염한 것처럼 정말 기이했다. 또한 열매에서 빛이나 눈이 부셨으며 보통 맛이 아니었다. 기왕(紀王) 이신(李愼: 太宗의 10번째 아들)이 조주자사(曹州刺史)로 있을 때 누가 그것을 기왕에게 바치자 기왕은 그것을 고종(高宗)에게 바쳤다. 고종은 그것을 '주내(朱柰)'라고 여기고 또 '오색림금(五色林檎)'이라 이름 부쳤으며, 어떤 사람은 그것을 '연주과(聯珠果)'라 불렀다. 고종은 그것을 궁전의 동산에다 심게 했다. 서역(西域)의 노승이 그것을 보고는 이렇게 말했다.

"이것은 기이한 과실로 임금(林檎)이라 합니다."

황제는 이 일을 중시하여 왕방언에게 문림랑(文林郎)이라는 벼슬을 하사하고 또 그 과실을 '문림랑과'라 불렀다. 세상에서는 이 과일을 '빈파과(頻婆果)'라고 부른다. 하동(河東)에도 임금이 많고 진중(秦中)에도 적지 않다. 하서(河西)의 여러 군(郡)에도 임금이 있는데, 모두 문림과보다는 작다. (『흡문기』)

唐永徽中, 魏郡臨黃王國村人王方言, 嘗於河中灘上, 拾得一小樹栽, 埋之, 及長, 乃林檎也. 實大如小黃瓠, 色白如玉, 間以珠點, 亦不多, 三數而已, 有如縹, 實爲奇果. 光明瑩目, 又非常美. 紀王愼爲曹州刺史, 有得之獻王, 王貢於高宗. 以爲'朱柰', 又名'五色林檎', 或謂之'聯珠果'. 種於苑中. 西城老僧見之云:"是奇果亦名林檎." 上大重之, 賜王方言文林郎, 亦號此果爲'文林郎果'. 俗云'頻婆果'. 河東亦多林檎, 秦中亦不少. 河西諸郡, 亦有林檎, 皆小於文林果. (出『洽聞記』)

410 · 18(5528)
성 내(聖 柰)

하주(河州) 봉림관(鳳林關)에 영암사(靈巖寺)가 있는데, 매년 7월 15일에 계곡의 샘에서 술잔만한 크기의 성내가 떠내려 왔다. 사람들은 이것을 늘 있는 일이라 생각했다. (『흡문기』)

河州鳳林關有靈巖寺, 每七月十五日, 溪穴流出聖柰, 大如盞. 以爲常. (出『洽聞記』)

410 · 19(5529)
목 도(木 桃)

복숭아 가운데 큰 것을 '목도(木桃)'라고 한다. 『시경(詩經)』[「國風·衛風」]에 보면 "내게 목도를 던지네"라는 구절이 있는데, 바로 이것을 가리킨다. (『술이기』)

桃之大者'木桃'. 『詩』云"投我以木桃", 是也. (出『述異記』)

410 · 20(5530)
동방촌도(東方村桃)

동방의 한 마을에 복숭아나무가 있다. 그 열매는 지름이 3척 2촌인데, 씨와 함께 국을 끓여서 먹으면 장수할 수 있으며, 씨 알맹이를 먹으면 기침을 치료할 수 있다. 소도(小桃: 초봄에 꽃이 피는 복숭아나무의 한 일종)는 부드럽고 윤기가 있어서 기침하는 사람이 먹으면 곧장 기침이 멎는다. (『신이경』)

東方村有桃樹. 其子徑三尺二寸, 和核羮食之, 令人益壽, 食核中仁, 可以治嗽. 小桃溫潤, 旣嗽人食之卽止也. (出『神異經』)

410 · 21(5531)
선 도(仙 桃)

　침주(郴州)에 있는 소탐(蘇耽: 효성이 지극했던 옛 신선. 本書 권13 제5조「蘇仙公」에 나옴)의 선단(仙壇)에서 누군가가 진심으로 빌면 선도가 단에 떨어지는데, 어떤 때는 대여섯 개가 떨어지기도 한다. 선도는 돌덩어리처럼 생겼으며 적황색(赤黃色)이다. 선도를 잘라 보면 씨가 삼중으로 되어 있는 것 같다. 씨를 갈아먹으면 온갖 병을 치료할 수 있으며, 특히 사기(邪氣)를 치료하는데 효과가 있다. (『유양잡조』)

　出郴州蘇躭仙壇, 有人至心求之者, 桃落壇上, 或至五六顆. 形似石塊, 赤黃色. 破之, 如有核三重. 研飮之, 愈衆疾, 尤治邪氣. (出『酉陽雜俎』)

410 · 22(5532)
구 도(勾 桃)

　업(鄴) 땅의 화림원(華林苑)에서 나는 구도(勾桃)의 열매는 무게가 3근이나 나가는데, 간혹 2근 반 정도 나가는 것도 있다. 구도의 열매 가운데 '리(梨)'라고 불리는 것도 있다. 구도 열매는 일반 과실에 비해 맛이 달고 좋으며 입에서 사르르 녹기 때문에 세상에서도 유명한 과일이다. 계룡(季龍: 石虎의 字)이 하마거(蝦蟆車: 고대에 파종할 때 사용한 수레)를 만들었는데, 수레는 사방 너비가 1장이고 깊이가 1장이나 되었다. 구도 열매를 흙과 섞어서 하마거에 실은 뒤 그것을 심으면 모두 잘 자랐다.(『흡문기』)

鄴華林苑勾桃子, 重三觔, 或二觔半. 亦有名'梨'者. 比衆果氣味甘美, 入口消釋, 人間有名果. 季龍作蝦蟆車, 四箱廣一丈, 深一丈. 合土載中植之, 則無不生也. (出『洽聞記』)

410 · 23(5533)
일석도(一石桃)

토곡혼(吐谷渾: 투르곤. 고대 鮮卑族의 한 부족)에서 나는 복숭아는 크기가 한 섬들이 항아리만 하다. (『흡문록』)

吐谷渾桃, 大如石甕. (出『洽聞錄』)

410 · 24(5534)
편 도(偏 桃)

편도는 파사국(波斯國: 페르시아 제국)에서 나는데, 그곳에서는 '파담(婆淡)'이라고 한다. 나무의 높이는 5~6장 정도 되고 둘레는 4~5척 정도 되는데, 잎은 복숭아 잎과 비슷하지만 그것보다는 크다. 3월에 꽃이 피는데, 흰색이다. 꽃이 떨어지면 열매가 열리는데, 복숭아처럼 생겼으며 모양이 납작하다. 과육은 쓰고 떫어서 먹기가 힘들지만, 복숭아 씨 알맹이는 달다. 서역(西域)의 여러 나라에서는 모두 이것을 아주 귀하게 여긴다. (『유양잡조』)

偏桃出波斯國, 波斯呼爲'婆淡'. 樹長五六丈, 圍四五尺, 葉似桃而濶大. 三月開花, 白色. 花落結實, 狀如桃子而形偏. 其肉苦澁, 不堪噉, 核中仁甘甛. 西域諸國並珍之. (出『酉陽雜俎』)

410 · 25(5535)
왕모도(王母桃)

왕모도는 낙양(洛陽)의 화림원(華林園) 안에 있다. 10월이면 익기 시작하는데, 마치 괄루(括簍: 박과에 속하는 식물. 栝樓라고도 함)처럼 생겼다. 민간에서는 이렇게 말한다.
"왕모의 단 복숭아를 먹으면 피로가 풀린다."
왕모도는 '서왕모도(西王母桃)'라고도 한다. (『유양잡조』)

王母桃, 洛陽華林園內有之. 十月始熟, 形如括簍. 俗語曰: "王母甘桃, 食之解勞." 亦名'西王母桃'. (出『酉陽雜俎』)

410 · 26(5536)
식핵도(食核桃)

양자유후(楊子留後: 揚州留守) 오요경(吳堯卿)의 집에 품팔이꾼 한 명이 있었는데, 그 집에서 일한 지 오래되었다. 하루는 그 사람이 곡식 몇 되는 족히 들어갈 것처럼 보이는 커다란 호두 하나를 들고 와서 오요경에게 바쳤다. 오요경은 그것이 남다른 호두라는 것을 알아채고 조금 갈아서 먹어 보았다. 호두를 먹고 나자 오요경은 몸이 가벼워지면서 날렵해지는 것을 느꼈다. 오요경은 관리로서 잔악하고 탐욕스러웠는데, 필사탁(畢師鐸)이 난을 일으키자 곧바로 자신이 살았던 누각 뒤꼍에 있는 우물에 몸을 던져 자살했다. 필사탁은 오요경과 닮은 사람을 찾아내 죽였다. 후에 어떤 사람이 오요경의 옛 집에 살게 되었는데, 오요경의 시신이 그곳 우물 안에 있다는 사실을 몰래 알고는 꺼내 보았더니, 그의 온몸은 부패되어 있었지만 오장육부 가운데 금으로 변한 것도 있었다. (『계신록』)

楊子留後吳堯卿家, 有傭賃者, 役之旣久. 一日, 持一大桃核, 可容數升, 以獻堯卿. 堯卿知其異, 稍磨之取食. 食盡, 頗覺輕健. 堯卿爲吏, 貪猥殘虐, 畢師鐸之難, 投所居後閣井中死. 師鐸求得類堯卿者殺之. 後有得其故居者, 竊知其屍在井中, 取而得之, 擧體皆腐壞, 而藏府有成金者. (出『積神錄』)

410 · 27(5537)
소 자(韶 子)

초녕현(初寧縣)에 석유(石楡) 열매가 있는데, 일명 '산조(山棗)'라고 불리기도 하고, 또 당시에 사람들은 '소자(韶子: 교목과에 속하는 과일나무로, 열매는 새콤달콤해서 먹을 수 있음)'라고도 불렀다. (『남월지』)

初寧縣里有石楡子, 一名'山棗', 又時呼爲'韶子'也. (出『南越志』)

410 · 28(5538)
나부감자(羅浮甘子)(二種)

나부산(羅浮山)에서 나는 감자(甘子: 홍귤나무 열매)는 당(唐)나라 개원연간(開元年間: 713~741)에 처음으로 한 산승(山僧)이 남루사(南樓寺)에 심었다. 그 후에 그것을 황제에게 진상했다. 황제가 촉(蜀) 땅의 봉천(奉天)으로 몽진 갔던 해에는 열매가 하나도 열리지 않았다. (『국사보』)

羅浮甘子, 唐開元中, 始有山僧種於南樓寺. 其後進獻. 幸蜀奉天之歲, 皆不結實. (出『國史補』)

410 · 29(5539)
천보감자(天寶甘子)

당(唐)나라 천보(天寶) 10년(751)에 황제가 총신에게 말했다.

"근년에 궁궐 내에 감자나무 여러 그루를 심어 올 가을에 열매 150개가 열렸는데, 강남(江南)이나 촉도(蜀道)에서 진상한 것과 다르지 않았소."

그러자 신하들이 다음과 같은 표문을 올려 이를 축하했다.

"비와 이슬이 내리는 것은 무릇 균등한 것이어서 천지 사방에 두루 미치게 마련입니다. 초목은 각각 타고난 성질이 있기 마련인데, 땅의 기운을 빌려서 서로 통합니다. 그래서 강남(江南)의 진귀한 열매가 궁 안의 아름다운 열매로 변한 것입니다."

전해오는 말에 따르면 현종(玄宗)이 촉 땅에 몽진 갔던 해에는 나부산(羅浮山)의 감자에서 열매가 열리지 않았다고 한다. 영남(嶺南)에 개미가 있는데, 진중(秦中)의 개미보다 크며 감자나무 위에 집을 짓고 산다. 감자나무에 열매가 달릴 때 그 개미가 열매를 따라 올라가기 때문에 감자나무의 껍질이 얇아지면서 미끄러워진다. 종종 감자 열매가 개미집에서 발견되는데, 겨울이 깊었을 때 그것을 가져다 먹으면 일반 감자 열매보다 몇 배로 달다. (『유양잡조』)

唐天寶十年, 上謂幸臣曰: "近於宮內種甘子數株, 今秋結實一百五十顆, 與江南蜀道所進不異." 宰臣賀表曰: "雨露所均, 混天區而齊被. 草木有性, 憑地氣而潛通. 故得資江外之珍果, 爲禁中之華實." 相傳云, 玄宗幸蜀年, 羅浮甘子不實. 嶺南有蟻, 大於秦中馬蟻, 結巢於甘樹. 實時, 常循其上, 故甘皮薄而滑. 往往甘實在巢中, 冬深取之, 味數倍於常者. (出『酉陽雜俎』)

410 · 30(5540)
북방조(北方棗)

　북방에는 조림(棗林)이 있다. 그 높이는 50장이고 펼쳐진 가지들이 몇 리 남짓 걸쳐 있었는데, 세찬 바람에도 쓰러지지 않고 천둥과 번개가 쳐도 꺾이지 않는다. 그 열매는 길이가 6~7촌 정도 되고 둘레는 길이보다 두꺼우며 열매는 익으면 붉다. 그것은 말려도 오그라들지 않으며 향기와 맛이 보통 대추와 다르다. 그것을 먹으면 몸을 편안히 할 수 있고 기를 보충할 수 있다. 그래서 방술서(方術書)에서는 이렇게 이야기하고 있다.
　"이 대추나무는 가지가 일반 대추보다 많으며 기를 보충할 수 있고 몸을 편안하게 할 수 있다."
　적송자(赤松子)는 다음과 같이 말했다.
　"북쪽 지방에서 나는 큰 대추는 맛이 [보통 대추와] 다르고 기를 보충할 수 있으며 몸을 편안하게 할 수 있다."

(『신이기』)

　北方荒中, 有棗林焉. 其高五十丈, 敷張枝條數里餘, 疾風不能偃, 雷電不能摧. 其子長六七寸, 圍過其長, 熟色如朱. 乾之不縮, 氣味潤澤, 殊於常棗. 食之可以安軀益氣. 故方書云:"此棗枝條, 盛於常棗, 亦益氣安軀." 赤松子云:"北方大棗味有殊, 旣可益氣又安軀."(出『神異記』)

410 · 31(5541)
서왕모조(西王母棗)

업(鄴) 땅의 화림원(華林苑)에 서왕모조가 있는데, 여름과 겨울에도 잎이 지지 않고 9월에 꽃이 피며 섣달에 비로소 익는다. 1척 정도 되는 열매가 세 개 열린다. 또 규각조(圭角棗)라는 대추가 있는데, 역시 1척 정도 되는 열매가 세 개 열린다.(『흡문기』)

鄴華林苑中西王母棗, 冬夏有葉, 九月生花, 臘月乃熟. 三子一尺. 又有圭(明鈔本'圭'作'羊')角棗('棗'字原闕, 據明鈔本補), 亦三子一尺.(出『洽聞記』)

410 · 32(5542)
선인조(仙人棗)

진(晉)나라 때 태창현(太倉縣) 남쪽에 탁천(翟泉)이 있었고 서쪽에 화림원(華林園)이 있었는데, 화림원 안에 선인조가 자라고 있었다. 선인조는 길이가 5촌이며 씨는 침처럼 가늘었다.(『유양잡조』)

晉時, 太倉南有翟泉, 西有華林園, 園有仙人棗. 長五寸, 核細如針.(出『酉陽雜俎』)

410·33(5543)
중사조(仲思棗)

　　신도현(信都縣)에서 중사조 가지 400개를 바쳤다. 중사조는 길이가 4~5촌 정도 되고 자색(紫色)이며 껍질이 쭈글쭈글하고 씨가 가늘다. 열매는 통통하고도 맛이 있으며 청주조(靑州棗)보다 낫다. 북제(北齊) 때 중사(仲思)라는 선인이 이 대추를 얻어 심었기 때문에 '선조(仙棗)'라고도 부른다. 당시 나라 안에 중사조가 몇 그루밖에 없었다. (『대업습유』)

　　信都獻仲思棗四百枝. 棗長四五寸, 紫色(原本'紫'上有'國'字, '色'下有'細'字, 據明鈔本刪), 皮('皮'原作'又', 據明鈔本改)縐細核. 實('實'字原闕, 據明鈔本補)肥有味, 賢於靑州棗. 北齊時, 有仙人仲思得此棗, 種之, 亦名'仙棗'. 時海內唯有數樹. (出『大業拾遺』)

410·34(5544)
파사조(波斯棗)

　　파사조는 파사국(波斯國: 페르시아)에서 나는데, 페르시아에서는 '굴망(窟莽)'이라고 부른다. 나무의 높이는 3~4장 정도 되고 둘레는

5~6척 정도 된다. 잎은 토등(土藤: 양지 바른 산기슭에서 자라는 식물)처럼 생겼는데, 사계절 내내 떨어지지 않는다. 2월에 꽃이 피는데 파초처럼 생겼다. 꽃받침이 두 개 있는데, 점점 벌어져서 그 사이로 십여 개의 화방(花房: 씨집)이 나온다. 열매는 2척의 길이에 황백색(黃白色)을 띠고 있으며 씨가 있다. 열매가 익으면 진홍색으로 변하는데, 마른 대추와 비슷하게 생겼다. 맛이 엿처럼 달기 때문에 먹을 수 있었다. (『유양잡조』)

波斯棗出波斯國. 波斯呼爲'窟莽'. 樹長三四丈, 圍五六尺. 葉如土藤, 不凋. 二月生花, 狀如蕉. 花有兩甲, 漸漸開䕺, 中有十餘房. 子長二尺(明鈔本'尺'作'寸'), 黃白色, 有核. 熟則紫黑, 狀類乾棗. 味甜如飴, 可食. (出『酉陽雜俎』)

태평광기 권제 411 초목 6

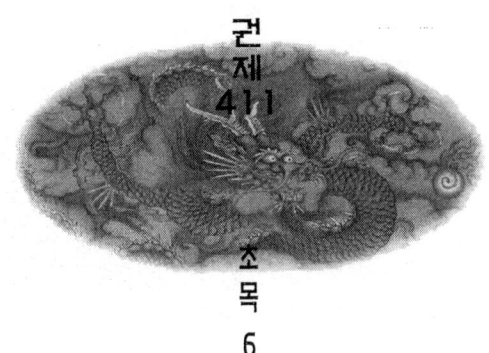

과(果) 하
1. 앵　　도(櫻　　桃)
2. 누　　조(糯　　棗)
3. 시　　　　(柿)
4. 저이수실(底棚樹實)
5. 시　반(柿　盤)
6. 융 봉 리(融 峰 梨)
7. 육 근 리(六 觔 梨)
8. 자 화 리(紫 花 梨)
9. 호 진 자(胡 榛 子)
10. 산　　조(酸　　棗)
11. 포　　도(蒲　　萄)
12. 왕모포도(王母蒲萄)
13. 후 소 자(侯 騷 子)
14. 만 호 도(蔓 胡 桃)
15. 선 수 실(仙 樹 實)
16. 감 람 자(橄 欖 子)
17. 동 황 률(東 荒 栗)
18. 후　　률(猴　　栗)
19. 과　　　　(瓜)
20. 오 색 과(五 色 瓜)
21. 과 오 향(瓜 惡 香)

채(菜)
22. 만　　청(蔓　　菁)
23. 월　　산(越　　蒜)
24. 삼　　소(三　　蔬)
25. 파　　릉(菠　　薐)
26. 개　　저(芥　　菹)
27. 개　　말(芥　　末)
28. 수　　구(水　　韭)
29. 가 자 수(茄 子 樹)
30. 곤륜자과(崑崙紫瓜)
31. 가자고사(茄子故事)
32. 담 애 호(儋 崖 瓠)

과하

411 · 1(5545)
앵도(櫻桃)

당(唐)나라 때에 새로 진사과(進士科)에 급제한 사람들은 앵도연(櫻桃宴: 진사과에 새로 급제한 사람들을 축하해 주기 위해 열었던 酒宴으로 당나라 僖宗 때 시작되었음)을 매우 중히 여겼다. 건부(乾符) 4년 (877)에 유업(劉鄴)의 셋째 아들 유담(劉覃)이 과거에 급제했다. 당시 유업은 옛 재상의 신분으로 회남(淮南)을 진수하고 있었는데, [셋째 아들이 과거에 급제했다는 이야기를 듣고] 관저에서 일하는 관리에게 명령하며 말했다.

"은 덩어리 하나를 내어 잔치에 쓰도록 하라."

그러나 유담은 [아버지가 쓰라고 한 경비의] 몇 배를 가져가곤 했다. 관리가 이 사실을 유업에게 알렸으나 유업은 그저 부족함 없이 가져다 쓰게 하라고 할 뿐이었다. 천신(薦新: 처음 수확한 과일과 곡식을 먼저 신에게 올리는 제사) 때가 되자 장원급제자 이하 모든 진사들이 모여 각자 앵도연에 돈을 얼마씩 낼 것인가를 상의했다. 유담은 몰래 사람을 보내 많은 금과 비단으로 [앵도]나무 수십 그루를 미리 사들이게 했다. 그런 다음 유담은 혼자서 앵도연을 마련하고 공경대부들을 많이 불러 모았다. 당시는 도성에 앵도가 막 나오기 시작할 때였기 때문에 지체 높은 사람들도 아직 맛도 보지 못하고 있던 터였다. 유담은 자리에 산더미

만큼 쌓인 앵도를 설탕을 탄 걸쭉한 유즙(乳汁)에 넣어 섞은 다음 만합(蠻榼: 남방에서 만든 술잔) 작은 잔에 담아 사람들에게 맛보게 했는데 [원문에는 '用享人蠻獻一小盤'이라 되어있으나 『唐摭言』「慈恩寺題名遊賞賦詠雜記」에 의거하여 '人享蠻榼一小盞'으로 고쳐 해석함], 한 잔에 담긴 앵도는 몇 되는 족히 되었다. 뿐만 아니라 앵도연에 참석했던 마부들까지 풍족하게 얻어먹었다. (『척언』)

唐時新進士, 尤重櫻桃宴. 乾符四年, 劉鄴第三子覃及第. 時鄴以故相鎭淮南, 敕邸吏曰: "以銀一錠資釀置." 而覃所費往往數倍. 邸吏以聞, 鄴命取足而已. 會時及薦新, 狀頭已下, 方議釀率. 覃潛遣人, 厚以金帛, 預購數十樹矣. 於是獨置是宴, 大會公卿. 時京國櫻桃初出, 雖貴達未適口. 而覃山積鋪席, 復和以糖酪, 用享人蠻獻一小盤, 亦不啻數升. 以至參御輩, 靡不霑足. (出『摭言』)

411 · 2(5546)
누 조(檽 棗)

진(晉)나라 사람 조형(趙瑩)의 집 마당에 누조(檽棗: 軟棗, 즉 고욤) 나무가 있었는데, 나뭇가지가 늘 심하게 흔들렸기 때문에 멀리 떨어진 사방 어디에서고 다 볼 수 있었다. 기(氣)를 볼 줄 아는 어떤 사람이 조형의 이웃을 찾아가 이렇게 물었다.

"저 집안에 재상 자리에까지 오른 사람이 분명 있지요?"

마을 노인이 대답했다.

"없소이다. 다만 저 집 주인의 어릴 적 자(字)가 '상아(相兒)'인데, 혹 그걸 이야기하는 것이 아니시오?"

술사(術士)가 말했다.

"왕기(王氣)가 아주 성하니, 그 자신이 아니라 하더라도 자손 중에 재상 될 사람이 틀림없이 나올 것입니다."

그 후 조형은 태원판관(太原判官)으로 있다가 재상에 임명되었으며, 조정 밖에 있을 때는 장수가 되었고 조정에 들어오면 재상이 되었다. (『북몽쇄언』)

晉趙瑩家, 庭有檽棗樹, 婆娑異常, 四遠俱見. 有望氣者, 訪其隣里, 問人云: "此家合有登宰輔者?" 里叟曰: "無之. 然主人小字'相兒', 得非此乎?" 術士曰: "王氣方盛, 不在其身, 當在其子孫." 其後瑩由太原判官大拜, 出將入相. (出『北夢瑣言』)

411 · 3(5547)
시(柿)

민간에서 말하길 감나무에는 일곱 가지 덕이 있다고 한다. 수명이 긴 것이 첫째이고, 그늘을 많이 드리우는 것이 둘째이며, 새가 둥지를 틀지 않는 것이 셋째이고, 벌레가 생기지 않는 것이 넷째이며, 서리 맞은 잎을 감상할 수 있는 것이 다섯째이고, 좋은 열매가 열리는 것이 여섯째이며, 낙엽이 크고 두툼한 것이 일곱째이다. (『유양잡조』)

俗謂枾樹有七德. 一壽, 二多陰, 三無鳥窠. 四無蟲. 五霜葉可翫. 六嘉實, 七落葉肥大. (出『酉陽雜俎』)

411 · 4(5548)
저이수실(底櫃樹實)

아역(阿驛: 무화과)을 파사(波斯: 페르시아)에서는 '아역(阿驛)'이라 부르고 '불림(拂林: 고대 동로마제국)'에서는 '저이(底櫃)'라 부른다. 아역나무는 길이가 4~5장이고 잎과 가지가 무성하다. 잎은 다섯 장이고 비마(蓖麻: 蓖麻. 즉 아주까리, 피마자. 산기슭에서 나며 그 꽃가루는 악창을 치료하는 데 쓰임)와 비슷하다. 꽃은 피지 않지만 열매는 맺는데, 열매는 붉은 색으로 생김새는 비마 열매와 유사하고 맛은 곶감과 비슷하다. 열매는 1년에 한번 익는다.

阿驛, 波斯呼爲'阿驛', 拂林呼爲'底櫃'. 樹長丈四五, 枝葉繁茂. 葉有五出, 似蓖麻. 無花而實, 實赤色, 類蓖子, 味似乾柿. 而一年一熟.

411 · 5(5549)
시 반(柿 盤)

나무 중에 뿌리가 단단하기로는 감나무가 최고다. 이 때문에 민간에서는 [감나무를] '시반'이라고 부른다. (『유양잡조』)

木中根固, 柿爲最. 俗謂之'柿盤'. (出『酉陽雜俎』)

411·6(5550)
융봉리(融峯梨)

다음은 선리(仙梨)에 관한 이야기이다. 불쑥 솟아오른 산봉우리 위에 가로 세로 5장 크기의 청단(靑壇: 春祭를 올리는 제단)이 있는데, 거기에 [道人들이] 향을 사르며 도를 수행했던 곳과 옛 모습의 동기(銅器) 여러 종류가 남아있다. 거기에는 또 키가 30장이나 되는 배나무가 있는데, 그 열매는 말[斗]만하다. 그러나 나무를 흔들어 떨어뜨리고 보면 즙과 씨만 남아있을 뿐이어서 먹어 본 사람이 없다. (『흡문기』)

仙梨. 融峰上有靑壇, 方五丈, 有燒香行道處, 古形銅器數種. 有梨樹, 高三十丈, 子如斗. 至搖落時, 但見其汁核, 無得味者. (『洽聞記』)

411·7(5551)
육근리(六觔梨)

낙양(洛陽) 보국사(報國寺)의 배는 무게가 6근이나 나간다. (『유양잡조』)

洛陽報國寺梨, 重六觔. (出『酉陽雜俎』)

411 · 8(5552)
자화리(紫花梨)

[後唐 末帝] 청태연간(清泰年間: 934~936)에, [『耳目記』의 작자 劉崇遠은] 도성을 유람하다가 순관(巡官) 노영(盧泳) · 박사(博士) 정의(鄭扆) · 계아(季雅) 스님 및 3~5명의 친구와 함께 밤에 월파제(越波隄)에 있는 승원(僧院)에서 연회를 가진 적이 있었다. 때는 청명한 가을이 막 끝나갈 즈음이었는데, 밝은 달이 높이 떠오르자 우리들은 빼어난 다섯 글자로 연구(聯句)를 짓고 아름다운 팔선(八仙: 漢鍾離 · 張果老 · 韓湘子 · 李鐵拐 · 曹國舅 · 呂洞賓 · 藍采花 · 何仙姑)의 풍채로 술을 마셨다. 막 따낸 감은 속살이 발그레 했고, 우려낸 차 속의 찻잎은 그 빛이 푸르렀다. 우리는 시 한 수 읊조리고 술 한 잔 마시며 취했다가 깼다가 했다. 사람들은 술자리에서 서로 고금의 일을 인용해가며 이야기 나누다가 과실 이야기까지 하게 되었는데, 그 중 어떤 사람이 자주색 꽃이 피는 배에 대해 이야기하자 사람들이 모두 말했다.

"진정(眞定)이라는 곳에 있다네."

그러나 아공(雅公: 季雅스님)만은 상을 찌푸리며 이렇게 말했다.

"그건 이 미천한 중의 선조로 인해 생긴 유감스런 일입니다."

사람들이 모두 놀라 이유를 묻자 아공이 말했다.

"옛날 무종황제(武宗皇帝)께서 천하를 다스린 지 5년째 되셨을 때, 사방으로 나라의 일이 너무 많아 성정(聖情)이 편치 않으셨는데, 그러던 어느 날 갑자기 심장이 뜨거워지는 병을 얻게 되셨습니다. 용한 의원들이 약을 바쳐왔으나 그 병은 고칠 길이 없었지요. 이에 유능한 의원을 널리 수소문하기 시작해 먼 곳에서까지 화완(和緩: 春秋시대 秦나라의 名醫 和와 緩의 並稱)을 찾았습니다. 그때 사람들이 말하길 청성산(靑城山)에 형도사(邢道士)라는 분이 계신데 약방(藥方)이 아주 뛰어나다고들 했지요. 그래서 무종황제는 형도사를 불러들여 만났습니다. 형도사는 팔꿈치 뒤의 녹색 주머니 안에 들어 있던 청단(靑丹) 두 알과 배 몇 개를 꺼내 즙을 낸 것을 황제께 드렸습니다. 그러자 황제의 병환은 금방 차도를 보였습니다. 황제는 열흘도 되기 전에 형도사에게 황금 만 냥을 하사하시고 광제선생(廣濟先生)이라는 칭호까지 내렸습니다. 황제께서 조용히 그 단약이 어떤 물건이냐고 묻자 선생이 대답했습니다. '적성산(赤城山) 꼭대기에 푸른빛의 영지 두 그루가 있었고, 태백산(太白山) 남쪽 계곡에는 자주색 꽃이 피는 배나무 한 그루가 있었습니다. 신은 옛날에 이 두 산을 유람한 적이 있는데, 그때 우연히 그 두 보물을 얻어 같이 섞어 단약을 만들었습니다. 그러나 지난 50년 동안 이미 다 먹어버리고 단 두 알만이 남았을 뿐인데, 다행이도 지금 폐하께서 그것을 잡수셨습니다. 그 단약을 다시 만들려면 그 두 가지 물건이 꼭 필요합니다.' 그리고 나서 몇 달 뒤에 형생(邢生: 邢道士)는 황제께 작별을 고하고 산으로 돌아갔습니다. 후에 황제는 그 병이 다시 도지자 조서를 내려 청성산으로 가 형선생을 다시 불러오게 했으나 어디로 갔는지 알 수 없었습니다. 이에 황제는 온 나라 안에 조서를 내려 자주색 꽃이 핀 배나무를 가진 자는 즉시 상주하도록 명령했습니다. 그 때 항주절도사(恒州節度使) 태위공(太尉公) 왕달(王達)은 수춘공주(壽春公主)에게 장가들었는데, 수춘공주는 바로 회창(會昌: 會昌은 唐武宗을 가리킴)의 여동생이었습니다. 왕달은 진정의 이령(李令)이 배나무 몇 그루를 기르고 있는데, 그 중 자주색 꽃이 피는 배나무가 한 그루 있다는 이야기를 듣고 사인(寺人: 궁중의 잡일을 맡은 小官)을 보내 땅을 봉쇄하게 하고 옆에 있는 나무들을 모두 베어버린 다음 [보라색 꽃이 피는 배나무를] 붉은 난간으로 에워싸게 했습니다. 그 나무의 가는 가지를 마치 월계수(月桂樹)를 다루듯 보물처럼 아꼈는데, 꽃이 필 적에는 벌이나 나비가 날아와 손상을 입히는 것을 막기 위해 가벼운 비단을 멀리 떨어진 곳에 씌워놓았습니다. 이 때문에 그 나무를 지키는 사람은 고생이 이만저만 아니었지요. 가을이 되어 나무에 열매가 열릴 때면 공주는 직접 손으로 골라 황제께 바쳤습니다. 그 중 궁까지 들어간 것은 10분의 6~7쯤 되는데, 황제는 그 배를 많이 먹고 비록 형씨(邢氏: 刑道士)의 약만큼은 아니지만 그래도 어느 정도는 가슴이 바짝바짝 타들어가는 증세를 해소할 수 있었습니다. 그 때 시어(侍御)를 지낸 이준래(李遵來)가 항주기실(恒州記室)에 임명되었는데,「진리표(進梨表)」를 지어 이렇게 말했습니다. '자주색 꽃이 피어있는 곳, 봄 숲의 아름다움을 뒤흔듭니다. 옥색 꼭지가 매달려 있을 때, 가을 풍경은 어른어른 빛을 발합니다. 알알이 빛나고, 알알이 둥글고. 그 단 맛은 먹어볼 필요도 없으며, 그 바삭거림은 입이 감당해내기조차 어렵습니다.' 표문이 대궐로 전달되었을 때 공경대부들 중 그 표문을 본 사람들은 모두 크게 웃으며 이렇게 말했습니다. '상산공(常山公: 王達)이 왜 뭉그러진 배를 천부(天府)에 진상했을까?' 아마도 표문에 '취난승구(脆難勝口: 원 뜻은 너무도 바삭거려[脆] 입이 감당해내기 힘들 정도라는 뜻으로 말했으나, 물러 터져서 [脆] 먹을 수 없다는 뜻으로 다시 해석한 것임)'라는 구절이 있었기 때문인 것 같습니다. 이듬해 무종황제가 붕어(崩御)했고 공주 역시 뒤 이어 돌아가셨습니다. 그 배는 그때 이후로 일상적인 공물(貢物)이 되었습니다. 현관(縣官)은 세월이 흐르자 그 나무를 보물처럼 지키는 일에 점차 태만해졌습니다. 천우연간(天祐年間: 904~907) 말에 조왕(趙王: 王鎔. 王廷湊의 아들. 처음에는 梁나라에서 벼슬했으나 후에 장종을 섬겼음)이 왕덕명(王德明)에 의해 시해되자 그 후 현과 읍의 관서들도 대부분 적군들에 의해 짓밟혔습니다. 그때 자주색 꽃이 피는 배나무 역시 메말라 죽어버렸는데, 지금 진정에는 그 나무를 계속해서 심는 사람은 아무도 없습니다. 무종황제 때에 현령(縣令)을 지낸 이공(李公) 이상(李尙)은 저의 조부이십니다. 그분은 늘 그 배나무를 조심스럽게 지키지 않다가 가지 하나가 바람에 꺾이는 바람에 익주전오(冀州典午)로 폄적되었습니다. 저는 그 일로 인해 옛 일을 생각하다가 얼굴을 찌푸렸던 것입니다."

(『이목기』)

清泰中, 薄遊京輦, 曾與盧泳巡官・鄭戾博士・僧季雅, 及三五知友, 夜會於越波隄僧院. 是時淸秋欲杪, 明月方高, 句聯五字之奇, 酒飮八仙之美. 柹新紅脯, 茗酗綠芽. 一詠一觴, 或醒或醉. 座上因相與徵引古今, 遂及果實之事, 有叙及紫花梨者, 衆云: "眞定有之." 雅公獨顰蹙而言曰: "此微僧先祖之遺恨." 衆驚而

問之, 雅曰:

"昔武宗皇帝御天下之五載, 萬國事殷, 聖情不懌, 忽患心熱之疾. 名醫進藥, 厥疾罔瘳. 遂博詔良能, 遐徵和·緩. 時有言靑城山邢道士者, 妙於方藥. 帝卽召見之. 道士以肘後綠囊中靑丹兩粒, 及取梨數枚, 絞汁而進之. 帝疾尋愈. 旬日之內, 所賜萬金, 仍加廣濟先生之號. 帝從容問其丹爲何物, 先生曰: '赤城山頂, 有靑芝兩株, 太白南溪, 有紫花梨一樹. 臣之昔歲, 曾遊二山, 偶獲兩寶, 合練成丹. 五十年來, 服食殆盡, 唯餘兩粒, 幸逢陛下服之. 更欲此丹, 須求二物也.' 經數月, 邢生辭帝歸山. 後疾復作, 再詔邢先生於靑城, 則不知何適也. 帝遂詔示天下, 有紫花梨, 卽時奏上. 時恒州節度太尉公王達, 尙壽春公主, 卽會昌之女弟. 聞眞定李令, 種梨數株, 其一紫花梨, 卽遣寺人, 就加封檢, 剪其旁樹, 匝以朱欄. 寶惜纖枝, 有同月桂, 當花發之時, 防蜂蝶之窺耗, 每以輕綃紗縠, 遠加籠罩焉. 守樹者不勝艱苦. 洎及秋實, 公主必手選而進之. 此達帝庭, 十得其六七, 帝多食此梨, 雖不及邢氏者, 亦粗解其煩躁耳. 是時有李遵來侍御, 任恒州記室, 作「進梨表」云: '紫花開處, 擅美春林. 縹蒂('蒂'原作'帝', 據明鈔本改)懸時, 迥光秋景. 離離玉潤, 落落珠圓. 甘不待('待'原作'得', 據明鈔本改)嘗, 脆難勝口.' 表達闕下, 公卿見者, 多大笑之曰: '常山公何用進殘梨於天府也?' 蓋以其表有'脆難勝口'之字. 明年, 武宗崩, 公主亦相次逝. 此梨自後以爲貢賦之常物. 縣官歲久, 亦漸怠於寶守焉. 至天祐末焉, 趙王爲德明('德明'原作'明德', 據明鈔本·陳校本改)之所篡弑, 其後縣邑公署, 多歷兵戎. 紫花之梨, 亦已枯朽, 今之眞定, 無復繼種者焉. 當武宗時, 縣宰李公, 名尙, 卽雅之祖也. 嘗以守樹不謹, 曾風折一枝, 降爲冀州典午. 由是追感而顰蹙也."(出『耳目記』)

411 · 9(5553)
호진자(胡榛子)

아월(阿月)은 서역에서 난다. 변방지역 사람들 말에 따르면 아월은 호진자(胡榛子: 개암)와 같은 나무에서 자라는데, 1년 만에 열리는 것은 '진자'이고 2년 만에 열리는 것은 '아월'이라고 한다. (『유양잡조』)

阿月生西國. 蕃人言與胡榛子同樹, 一年'榛子', 二年'阿月'. (出『酉陽雜俎』)

411 · 10(5554)
산 조(酸 棗)

노인들이 말하길, 주(周)나라와 진(秦)나라 때에 하남(河南)에 산조(酸棗: 멧대추)가 비처럼 쏟아져 내리더니 야생 산조가 자라났다고 하는데, 지금의 산조현(酸棗縣)은 그렇게 해서 생겨난 것이다. 산조 중에 아주 작은 것이 바로 야생 산조이다. (『술이기』)

耆舊說, 周·秦時, 河南雨酸棗, 遂生野酸棗, 今酸棗縣是也. 酸棗之甚小者, 爲野酸棗. (出『述異記』)

411 · 11(5555)
포 도(蒲 萄)

민간에서 말하길, 포도덩굴은 서남쪽을 향해 뻗기를 좋아한다고 한다. 유신(庾信)이 위(魏)나라 사신 울근(尉瑾)에게 말했다.

"나는 업(鄴) 땅에 있을 때 포도를 잔뜩 먹어보았는데, 그 맛이 아주 기가 막혔소."

진소(陳昭: 원문에는 '陳招'라 되어있으나 『酉陽雜俎』 권18 「廣動植·木篇」에 의거하여 고침)가 말했다.

"생김새는 어떻던가요?"

서군방(徐君房)이 말했다.

"고욤나무 열매와 비슷했소."

유신이 말했다.

"당신은 사물을 제대로 표현할 줄 모르시는구려. 왜 덜 익은 여지(荔枝) 같았다고 하지 않으셨소?"

위조사(魏肇師)가 말했다.

"위(魏)나라 무제(武帝)는 '여름이 끝나고 가을이 올 무렵에는 막바지 더위가 있기 마련인데, 술에 취했다가 깨었을 때 [포도를] 이슬이 맺힌 채 먹으면 달아도 엿처럼 달지 않고 새콤해도 초처럼 시지는 않다'고 묘사했습니다. 말만 들어도 기가 막혀 침이 흐르는데, 직접 먹어본 사람이야 어떻겠습니까?"

울근이 말했다.

"그것은 본디 대완국(大宛國: 구소련 타시켄트 지방 남쪽)이 산지

(産地)인데, 장건(張騫)이 들여왔습니다. 황색과 흰색, 그리고 검은색의 세 종류가 있습니다. 포도가 익을 때면 열매끼리 서로 다닥다닥 붙어 마치 별이 달려있는 듯, 구슬이 모여 있는 듯합니다. 서역에서는 주로 그것으로 술을 담그는데, 그 술을 매년 진공(進貢)해 옵니다. 한(漢)나라 때 서경(西京: 長安)에도 포도가 적지 않았던 것 같습니다. 두릉(杜陵)에 있는 밭 50무(畝) 중에 포도나무가 백 그루나 있었다고 하니까요. 지금 도성에도 금림(禁林: 궁궐 안의 동산에 조성한 숲)에서만 볼 수 있는 것은 아닙니다."

유신이 말했다.

"동산마다 포도를 심고 집집마다 포도를 기르면 그늘이 서로 닿고 포도나무 받침대가 계속 이어지겠구려."

진소가 말했다.

"그 맛이 귤과 비교해 어떻습니까?"

유신이 말했다.

"즙은 귤보다 훨씬 맛있지만 향기는 좀 떨어지는 편이오."

울근이 말했다.

"겉은 황금색이고 속이 흰 귤은 헝겊으로 싸서 진공하지만 포도는 입 안에 들어가 저절로 녹아드는 통에 미처 먹어대기도 바쁘지요."

(『유양잡조』)

俗言蒲萄蔓好引於西南. 庾信謂魏使尉瑾曰: "我在鄴, 遂大得蒲萄, 奇有滋味." 陳招曰: "作何形狀?" 徐君房曰: "有類軟棗." 信曰: "君殊不體物. 何得不言似生荔枝?" 魏肇師曰: "魏武有言, '末夏涉秋, 尙有餘暑, 酒醉宿醒, 掩露而食, 甘而不飴, 酸而不酢.' 道之固以流沫稱奇, 況親食之者?" 瑾曰: "此物出自大宛, 張騫所致. 有黃白黑三種. 成熟之時, 子實逼側, 星編珠聚. 西域多釀以爲酒, 每來歲貢. 在漢西京, 似亦不少. 杜陵田五十畝中, 有蒲萄百樹. 今在京邑, 非直止禁林也." 信曰: "乃園種戶植, 接蔭連架." 昭曰: "其味何如橘柚?" 信曰: "津液勝奇, 芬芳減之." 瑾曰: "金衣素裏, 見苞作貢, 向齒自消, 良應不及."
(出『酉陽雜俎』)

411 · 12(5556)
왕모포도(王母蒲萄)

    구구(具丘)의 남쪽에 포도곡(蒲萄谷)이 있다. 계곡에는 포도가 있는데 거기서 그냥 따먹을 수는 있지만 혹시라도 가지고 가려는 자가 있으면 곧 길을 잃게 된다. 세상 사람들은 그것을 일러 왕모포도라 한다.

    천보연간(天寶年間: 742~756)에 담소(曇霄)스님이 여러 산을 유람하다가 이 계곡에 이르러 포도를 발견하고는 따먹었다. 또 지팡이로 만들어 쓸 수 있음직한 이미 말라버린 넝쿨을 발견했는데, 손가락만한 굵기에 길이는 5척 남짓이었다. 담소스님이 그 덩굴을 가지고 원래 절로 돌아와 땅에 심자 덩굴이 다시 살아나 몇 길이나 높이 자라 올라가더니 폭이 10장(丈)이나 되는 그늘을 드리웠는데, 올려다보면 마치 휘장 덮개 같았다. 그 옆에 알알이 포도송이가 열렸는데, 영롱한 보랏빛 열매가 마치 떨어질 것만 같았다. 당시 사람들은 그 포도나무를 '초룡주장(草龍珠帳)'이라고 불렀다. (『유양잡조』)

具丘之南, 有蒲萄谷. 谷中蒲萄, 可就其所食之, 或有取歸者, 卽失道. 世言王母蒲萄也.

天寶中, 沙門曇霄, 因遊諸岳, 至此谷, 得蒲萄食之. 又見枯蔓堪爲杖, 大如指, 五尺餘. 持還本寺, 植之遂活, 長高數仞, 蔭地幅員十丈, 仰觀若帷蓋焉. 其旁實磊落, 紫瑩如墜. 時人號爲'草龍珠帳'焉. (出『酉陽雜俎』)

411・13(5557)
후소자(侯騷子)

후소는 덩굴로 자란다. [그 열매의] 생김새는 마치 계란 같은데, 맛은 달고 성질은 차가워서 몸을 가볍게 해 주고 숙취를 제거해 준다. 『광지(廣志)』에서는 왕태복(王太僕)이 바쳐온 것이라고 말하고 있다. (『유양잡조』)

侯騷蔓生. 如雞卵, 旣甘且冷, 輕身消酒. 『廣志』言因王太僕所獻. (出『酉陽雜俎』)

411 · 14(5558)
만호도(蔓胡桃)

만호도는 남조(南詔: 唐代에 雲南 지방에 蠻族이 세운 나라)에서 난다. 크기는 편라(扁螺: 물달팽이)만하고 두 개의 껍질로 나뉘어져 있으며 맛은 호도와 비슷하다. 이것은 또 '만중등자(蠻中藤子)'라고도 한다. (『유양잡조』)

蔓胡桃出南詔. 大如扁螺, 兩隔, 味似胡桃. 或言'蠻中藤子'也. (出『酉陽雜俎』)

411 · 15(5559)
선수실(仙樹實)

기련산(祁連山) 위에 선수의 열매가 있다. 어떤 사람이 길을 가다가 그것을 얻었는데, [먹자마자] 허기와 갈증이 가셨다. 이 나무는 일명 '사미목(四味木)'이라고도 한다. 그 열매는 대추같이 생겼는데, 대나무칼로 자르면 달고 쇠칼로 자르면 쓰며 나무칼로 자르면 시고 갈대칼로 자르면 맵다. (『유양잡조』)

祁連山上有仙樹實. 行旅得之, 止饑渴. 一名'四味木'. 其實如棗, 以竹刀剖則甘, 鐵刀剖則苦, 木刀剖則酸, 蘆刀剖則辛. (出『酉陽雜俎』)

411 · 16(5560)
감람자(橄欖子)

뿌리가 하나뿐인 나무 중에 동쪽을 향해 가지를 뻗는 것을 '목위(木威)'라 하고 남쪽을 향해 뻗는 것은 '감람'이라 한다. (『유양잡조』)

獨根樹, 東向枝曰'木威', 南向枝曰'橄欖'. (出『酉陽雜俎』)

411 · 17(5561)
동황률(東荒栗)

동방의 황야에 나무가 있는데, 그 나무의 이름은 율(栗: 밤나무)이다. 이 나무의 열매는 껍질이 있고 직경은 3척 3촌이다. 껍질에는 1장도 넘는 가시가 나 있다. [속에 있는] 열매는 직경이 3척이다. 껍질 역시 누런색이고 열매는 달다. 그러나 그것을 먹으면 숨이 가빠지고 목이 마르다. (『유양잡조』)

東方荒中有木, 名曰栗. 有殼, 徑三尺三寸. 殼刺長丈餘. 實徑三尺. 殼亦黃, 其味甜. 食之, 令人短氣而渴. (出『酉陽雜俎』)

411 · 18(5562)
후 률(猴 栗)

당(唐)나라 위국공(衛國公) 이덕유(李德裕)가 어느 날 저녁에 감자원(甘子園)에서 손님과 회식을 하고 있는 중 쟁반에 후률이 나왔는데, 아무 맛도 없었다. 처사(處士) 진견(陳堅)이 말했다.
"건주(虔州) 남쪽에 점률(漸栗)이라는 게 있는데, 모습이 소핵(素核)과 비슷합니다."

(『유양잡조』)

唐衛公李德裕, 一夕甘子園會客, 盤中有猴栗, 無味. 陳堅處士云:"虔州南有漸栗, 形如素核."(出『酉陽雜俎』)

411 · 19(5563)
과(瓜)

한(漢)나라 명제(明帝) 때 음귀인(陰貴人)이 향과(香瓜) 먹는 꿈을 꾸었는데, 그 맛이 아주 좋았다. 명제는 사신을 여러 나라로 보내 그것을 구해오게 했다. 그때 돈황(燉煌)에서 기이한 향과 씨를 바쳐왔고 상산(常山)에서 커다란 복숭아씨를 바쳐왔다. 그 향과의 이름은 '궁륭(穹窿)'으로 길이는 3척 정도 되었고 몸은 굽어 있었으며 맛이나 냄새는 죽 같았다. 노인들이 말했다.

"옛날에 어떤 도사가 봉래산(蓬萊山)에서 이런 향과를 얻고서 그 이름을 '공동령과(空洞靈瓜)'라 했다네. 이 향과는 4겁(劫)에 한 번 열매 맺는다네. 동왕공(東王公: 男仙의 領袖로서 西王母와 병칭됨)과 서왕모(西王母)가 그것의 씨앗을 땅에 심었는데, 오랜 세월이 흘렀지만 그 열매는 제법 남아있다네."

또 말했다.

"이 복숭아는 서리가 내린 뒤에야 꽃을 피우고 추운 겨울에 익는다네."

또 말했다.

"이것은 신선들이 먹는 것인데, 신선들은 늘 상림원(霜林園)에다 그것을 심게 하지. 상림원에는 추울 때 자라나는 과일만을 심기 때문에 얼음 얼 때가 되면 온갖 과일이 가득하다네. 사람들은 이것을 '상릉과(相陵瓜)'라고 부르는데, 이는 본디 '상원(霜園)'의 발음이 잘못 전해진 것이라네."

황후(皇后: 陰貴人)가 말했다.

"서왕모의 복숭아와 동왕공의 향과를 먹는다면 5만 년을 살 테지만 어떻게 먹을 수 있겠느냐?"

훗날 황후가 붕어한 뒤 내시(內侍)는 거울 상자 안에서 향과와 복숭아씨가 있는 것을 보고는 눈물을 흘렸는데, 원래 받았던 것은 아닌 것 같았다[원문에는 '疑其非數'라 되어있으나 『拾遺記』 권6에 의거해 '疑其非類'로 고쳐 번역함]. (왕자년 『습유기』)

漢明帝陰貴人, 夢食瓜, 甚美. 帝使求諸方國. 時有燉煌獻異瓜種, 常山獻巨桃核. 名'穹窿', 長三尺而形屈, 其味臭如粘. 父老云: "昔道士從蓬萊山得此瓜, 云是'空洞靈瓜'. 四劫一實. 東王公·西王母遺種於地, 世代遐絶, 其實頗存." 又說: "此桃霜下始花, 隆冬可熟" 亦云: "仙人所食, 常使植於霜林園. 此園皆植寒果, 積氷之節, 百果方盛. 俗爲'相陵瓜', 故'霜園'之聲訛也."

后曰: "王母之桃, 王公之瓜, 可得而食, 五萬歲矣, 安可食乎?" 后崩, 內侍者見鏡奩中有瓜桃之核, 視之涕零, 疑其非數. (出王子年『拾遺記』)

411 · 20(5564)
오색과(五色瓜)

오(吳)나라 환왕(桓王) 때 회계(會稽)에서 오색과가 자라났다. 지금도 오중(吳中)에서는 오색과가 나는데 매년 진공(進貢)하는 데 쓰이고 있다. (『술이기』)

吳桓王時, 會稽生五色瓜. 今吳中有五色瓜, 歲充貢賦. (出『述異記』)

411 · 21(5565)
과오향(瓜惡香)

향과는 냄새를 싫어하는데, 그 중 사향을 특히나 꺼린다. 당(唐)나라 사람 정주(鄭注)는 태화연간(太和年間: 827~835) 초에 하중(河

中)으로 부임해 갔다. 그 때 그의 첩 백여 명도 모두 말을 타고서 길을 갔는데, 향기가 수십 리 밖까지 퍼져나가 사람의 코를 찔렀다. 그 해에 정주가 도성에서 하중으로 오는 도중 지나쳤던 곳에 자라고 있던 향과가 모두 죽어버리는 바람에 단 한 덩이도 수확하지 못했다. (『유양잡조』)

瓜惡香, 中尤忌麝. 唐鄭注, 太和初, 赴職河中. 姬妾百餘, 盡騎, 香氣數里, 逆於人鼻. 是歲, 自京至河中, 所過路, 瓜盡死, 一蔕不獲. (出『酉陽雜俎』)

채

411 · 22(5566)
만 청(蔓 菁)

제갈량(諸葛亮)은 가는 곳마다 병사들에게 명해 오직 무청만을 심게 했는데, 껍질이 막 자라나기 시작할 때부터 바로 날로 먹을 수 있다는 점이 그 첫째 이유였고, 잎이 자라나면 끓여 먹을 수 있다는 점이 두 번째 이유였으며, 그곳에 오래 머물게 되는 경우 무청 역시 무성히 자라난다는 점이 세 번째 이유였다. 또한 버려도 아깝지 않다는 것이 네 번째 이유였고 다시 돌아와도 쉽게 찾아내 캐 먹을 수 있다는 점이 다섯 번째 이유였으며 겨울에 그 뿌리를 베어 먹을 수 있다는 것이 여섯 번째 이유였다. 다른 채소에 비교해보아도 그 장점이 또한 많지 아니한가!
유우석(劉禹錫)이 말했다.

"정말로 그러하다. 삼촉(三蜀: 蜀郡·廣漢·犍爲)의 사람들은 지금도 무청을 '제갈채(諸葛菜)'라 부르고 있고, 강릉(江陵) 사람들 역시 마찬가지이다."

(『가화록』)

諸葛所止, 令兵士獨種蔓菁者, 取其纔出甲可生啖, 一也, 葉舒可煮食, 二也, 久居則隨以滋長, 三也. 棄不令惜, 四也. 回則易尋而採之, 五也. 冬有根可斸食, 六也. 比諸蔬屬, 其利不亦博哉! 劉禹錫曰:"信矣. 三蜀之人也, 今呼蔓菁爲'諸葛菜', 江陵亦然."(出『嘉話錄』)

411·23(5567)
월 산(越 蒜)

『이원(異苑)』에 다음과 같은 구절이 있다.

"진(晉)나라 때 안평(安平) 일대에 '월왕여산(越王餘蒜)'이라 불리는 채소가 있었는데, 1척 남짓한 길이를 하고 있었으며 색이 흰 것은 뼈처럼 생겼고 검은 것은 뿔처럼 생겼다."

옛 사람들이 하는 말에 따르면 월나라 왕이 배 안에서 산가지로 계산을 하고 있었는데, 계산에 쓰고 남은 산가지를 물 속에 던져버렸더니 물 속에서 다시 자라났다고 한다.

『異苑』曰: "晉安平有'越王餘蒜'菜, 長尺許, 白者似骨, 黑者如角." 古云, 越王曾於舟中作籌算, 有餘者, 棄之水而生焉.

411·24(5568)
삼 소(三 蔬)

진(晉)나라 함녕(咸寧) 4년(297)에 금용성(金墉城) 동쪽에 아름다운 밭을 일구고 여러 가지 기이한 채소를 심었는데, 그 중 '운미(雲薇)'라는 이름을 가진 채소가 있었다. 그 채소는 품종이 세 가지 있었는데, 자주색 것이 가장 번식이 빠르고 그 뿌리 또한 눈부시게 아름다웠다. 봄에 잎이 자라기 시작해 여름이 되면 빽빽해 졌으며, 가을에 가장 무성하다가 겨울이 되면 향기를 내뿜었다. 그것의 열매는 마치 구슬처럼 오색을 띠고 있었으며 철에 따라 왕성히 자라났다. 이것을 달리 '운지(雲芝)'라고도 했다. 자주색 운미가 가장 상품으로, 그 맛은 매웠다. 황색 운미는 중품으로 맛이 달았고, 청색 운미는 가장 하품으로 맛이 짰다. 사람들은 이 채소를 황제께 바치는 데 사용했는데, 그 잎은 다른 음식을 놓을 때 밑에 받쳐서 종묘 제사에 올리기도 했다. 이것은 또한 사람의 갈증과 허기를 해소시키는 작용이 있었다. 궁중에서 그 줄기나 잎을 따는 사람은 몇 달 동안이나 쉬지 못했다. (『습유록』)

晉咸寧四年, 立芳圃於金墉城東, 多種異菜, 名曰'雲薇'. 類有三種, 紫色者最繁滋, 其根爛漫. 春敷夏密, 秋榮冬馥. 其實若珠, 五色, 隨時而盛. 一名'雲芝'. 其紫色者爲上蔬, 而味辛. 其黃色者爲中蔬, 而味甘, 其靑色者爲下蔬, 而味鹹. 常以此蔬充御, 其葉可以藉飮食, 以供宗廟祭祀. 亦止人饑渴. 宮中挏其莖葉者, 歷月不歇. (出『拾遺錄』)

411·25(5569)
파 릉(菠 薐)

파릉이라고 하는 채소는 본디 서역의 한 스님이 그 씨를 가지고 들어온 것이니, 목숙(苜蓿: 거여목)이나 포도를 장건(張騫)이 가지고 온 것과 마찬가지 경우라 할 수 있겠다. 파릉은 원래 '파릉국(頗陵國)'에서 전래된 것인데, 잘못 전해져 '파릉(菠薐)'이 된 것이다. 그러나 많은 사람들이 이 사실을 모르고 있다. (『가화록』)

菜之菠薐者, 本西國中有僧, 自彼將其子來, 如苜蓿·蒲萄, 因張騫而至也. 菠薐本是頗陵國將來, 語訛耳. 多不知也. (出『嘉話錄』)

411·26(5570)
개저(芥 葅)

광주(廣州) 사람들은 커다란 개(芥: 갓)를 절임으로 만들어 땅 속에 묻어두는데, 그 중에는 30년이나 된 것도 있다. 사람들은 이것을 매우 귀한 것으로 여겨 친구끼리 서로 선물로 주고받는 데 사용한다. (『영남이물지』)

廣州人以巨芥('芥'原作'菜', 據明鈔本・陳校本改)爲鹹葅, 埋地中, 有三十年者. 貴尙, 親賓以相餉遺. (出『嶺南異物志』)

411 · 27(5571)
개 말(芥 末)

장중개말(掌中芥末: 芥末은 겨자를 말함)은 여러 나라에서 난다. 그 씨를 꺼내 손바닥 위에 놓고 혹 불면 한번 불때마다 한번씩 자라나는데, 3척 길이까지 자랐을 때 땅에 심는다. (『유양잡조』)

掌中芥末多國出也. 取子置掌中, 吹之, 一吹一長, 長三尺, 乃植於地. (出『酉陽雜俎』)

411 · 28(5572)
수 구(水 韭)

수구는 물가에서 자란다. 그 모습은 부추 같지만 잎이 좀 더 길고 가늘다. 식용으로 사용한다. (『유양잡조』)

水韭生於水湄. 狀如韭而葉細長. 可食. (出『酉陽雜俎』)

411 · 29(5573)
가자수(茄子樹)

남중(南中)의 채소는 겨우내 시들지 않는다. 그래서 채소밭에 심어 놓은 가지 중에는 그 뿌리가 2~3년 묵은 것도 있는데, 그 뿌리가 점점 자라나 줄기와 가지를 이루고 나중에는 커다란 나무가 된다. 사람들은 매년 여름 가을 가지가 익을 무렵에 사다리를 타고 올라가 딴다. 3년이 지나면 나무가 점점 늙어 열매도 잘 안 열리게 되는데, 그때 나무를 베어내고 다시 연한 뿌리를 심는다. (『영표록이』)

南中草菜, 經冬不衰. 故蔬圃之中, 栽種茄子, 宿根有三二年者, 漸長枝榦, 乃爲大樹. 每夏秋熟, 則梯樹摘之. 三年後, 漸樹老子稀, 卽伐去, 別栽嫩者. (出『嶺表錄異』)

411 · 30(5574)
곤륜자과(崐崙紫瓜)

수(隋)나라 양제(煬帝) 대업연간(大業年間: 605~617) 말에 가지의 명칭을 '곤륜자과'로 고쳤다. (『술이록』)

隋煬帝大業末, 改茄子爲'崑崙紫瓜'. (出『述異錄』)

411 · 31(5575)
가자고사(茄子故事)

가지의 '가(茄)' 자는 줄기까지 합쳐 부른 것으로 '혁하(革遐)'의 반절(反切)이다. 지금 '가(伽)'라고 하는 것은 어디서 비롯된 것인지 알 수 없다. 옛날에 단성식(段成式: 『酉陽雜俎』의 撰者)이 낭하(廊下: 朝廷)에 갔다가 가지 몇 개를 먹은 적이 있는데, 그때 우연히 공부원외랑(工部員外郞) 장주봉(張周封)에게 가지에 관한 이야기를 물어보았다. 장주봉이 말하길, 가지는 일명 '낙소(落蘇)'라고도 하는데, 그 사실이 『식료본초(食料本草)』에 적혀 있다고 했다. 단성식은 은후(隱侯)의 「행원(行園)」 시를 기억하고 있다.

> 한과(寒瓜: 秋瓜)는 밭에 드러누워 있고,
> 추과(秋瓜)는 언덕에 가득하네.
> 보라색 가지 그 빛깔 찬란하고,
> 초록색 토란 들쭉날쭉 무성하네.

가지는 일명 '곤륜과(崑崙瓜)'라고도 한다.
영남(嶺南)의 가지는 뿌리가 오래 묵으면 나무로 자라기도 하는데, 5~6척 높이까지 자란다. 요향(姚向)은 남선사(南選使)가 되었을 때 직접 가지나무를 보았다. 옛날에 『본초(本草)』에서 적기를, 광주(廣州)에 신화수(愼火樹)가 있는데 그 굵기가 3~4아름이나 된다고 했다. '신화'

란 '경천(景天)'을 말한다. 민간에서는 [그 나무를] '호화초(護火草)'라고 부른다[『南越志』에 따르면 신화수는 불을 막을 수 있다하여 그렇게 이름 붙여졌다 하는데, 이 나무를 지붕 위에 많이 심는 것도 불을 예방하기 위해서 임. 『本草經』에서는 '景天'이라 하고 있으며 일명 '戒火', 혹은 '水母花'라고도 함].

가지 중에 잘 익은 것은 먹으면 위장을 튼튼하게 해주어서 기(氣)를 움직여 질병을 쫓아낸다. 가지의 뿌리는 튼 살과 동상을 치료할 수 있다. 열매가 많이 열리기를 원한다면 꽃이 필 때를 기다렸다가 잎을 뜯어 사람이 지나다니는 길에다 뿌려놓은 다음 재를 가져다가 둘러놓는다. 사람들이 그것을 밟으면 열매가 반드시 많이 열린다. 이것을 민간에서는 가지를 시집보낸다고 말한다. 한번은 불에다 구워먹어 보았더니 맛이 아주 좋았다. 신라(新羅)에서 심은 가지가 있었는데, 색은 좀 흰 편이었고 모습은 계란처럼 생겼다. 서명사(西明寺) 조현(造玄) 스님의 승원 안에 그것과 같은 품종의 가지가 있었다. 『수경(水經)』에 다음과 같은 구절이 있다.

"석두성(石頭城) 서쪽 맞은편에 채소밭이 있는데, 그 길이가 100리나 된다. 위쪽에는 커다란 갈대밭이 있고 아래쪽에는 가지 밭이 있다."

(『유양잡조』)

茄子, '茄'字('字'原作'子', 據明鈔本·陳校本改)連莖名, '革遐'反. 今呼'伽', 未知所自. 昔段成式因就廊下食茄子數蔕, 偶問工部員外張周封茄子故事. 張云, 一名'落蘇', 事具『食料本草』. 成式記得隱侯「行園」詩云:"寒瓜方臥壟, 秋瓜正滿陂. 紫茄紛爛漫, 綠芋鬱參差." 又一名'崑崙瓜'.

嶺南茄子, 宿根成樹, 高五六尺. 姚向曾爲南選使, 親見之. 故『本草』記廣州有愼火樹, 樹大三四圍. '愼火'卽'景天'也. 俗呼爲'護火草'.

茄子熟者, 食之厚腸胃, 動氣發疾. 根能理龜瘃. 欲其子繁, 候其花時, 取葉布於過路, 以灰規之. 人踐之, 子必繁也. 俗謂嫁茄子. 曾火炙之, 甚美. 有新羅種者, 色稍白, 形如雞卵. 西明寺僧造玄院中, 有其種. 『水經』云:"石頭西對蔡浦, 長百里. 上有大荻荻浦, 下有茄浦."(出『酉陽雜俎』)

411 · 32(5576)
담애호(儋崖瓠)

담주(儋州)와 애주(崖州)에서는 박을 심어 열매가 열리면 모두 한 섬은 들어가고도 남을 정도로 크게 자란다. 개(芥: 갓) 중에 키가 큰 것은 5~6척이나 되고 씨의 크기가 계란만하다. (『유양잡조』)

儋·崖種瓠成實, 率皆石餘. 芥, 高者亦五六尺, 子大如雞卵. (出『酉陽雜俎』)

태평광기

권제 412

소목 7

죽(竹)
1. 서죽류(叙竹類)
2. 체죽(涕竹)
3. 극죽(棘竹)
4. 사로죽(箇簩竹)
5. 함타죽(箇䈽竹)
6. 자죽(慈竹)
7. 근죽(筋竹)
8. 백엽죽(百葉竹)
9. 도지죽(桃枝竹)
10. 영죽(䈽竹)
11. 나부죽(羅浮竹)
12. 동자사죽(童子寺竹)
13. 죽화(竹花)
14. 죽주(竹筎)
15. 죽실(竹實)

오곡(五穀)
16. 우도(雨稻)
17. 우속(雨粟)
18. 우맥(雨麥)
19. 조호(彫葫)
20. 우곡(雨穀)
21. 요지속(搖枝粟)
22. 봉관속(鳳冠粟)
23. 요명두(繞明豆)
24. 연정맥(延精麥)
25. 자침마(紫沉麻)
26. 우오곡(雨五穀)
27. 야속석각(野粟石殼)
28. 우(芋)
29. 작우(雀芋)
30. 감자(甘蔗)

다천(茶荈)
31. 서다(叙茶)
32. 획신명(獲神茗)
33. 향명획보(饗茗獲報)
34. 소식다(消食茶)

죽

412·1(5577)
서죽류(叙竹類)

『죽보(竹譜)』에 의하면 대나무의 종류는 39가지가 있다고 한다. (『유양잡조』)

『竹譜』: 竹類有三十九. (出『酉陽雜俎』)

412·2(5578)
체 죽(涕 竹)

남방 변경에 있는 체죽은 길이가 수백 장(丈)이고 둘레가 3장 6척이며 두께가 8~9촌인데, 그것으로 배를 만들 수 있다. 그 죽순은 매우 맛있고 그것을 삶아 먹으면 종기를 고칠 수 있다. (『신이경』)

南方荒中有涕竹, 長數百丈, 圍三丈六尺, 厚八九寸, 可以爲船. 其笋甚美, 煮食之, 可止瘡癘. (出『神異經』)

412·3(5579)
극 죽(棘 竹)

극죽은 파죽(笆竹: 가시가 있는 대나무)이라고도 하는데, 마디마다 모두 가시가 있고 몇 십 줄기가 한 무리를 이룬다. 남이(南夷)는 자죽을 심어 성벽을 만드는데 쉽게 공략할 수 없다. 어떤 자죽은 저절로 흙이 무너져 뿌리를 드러내는데, 뿌리는 술 단지만 하고 종횡으로 서로 얽혀 있어서 그 모양이 물레 같다. 뿌리를 먹으면 사람의 머리카락이 빠진다. (『유양잡조』)

棘竹一名'笆竹', 節皆有刺, 數十莖爲叢. 南夷種以爲城, 猝不可攻. 或自崩根出, 大如酒甕, 縱橫相承, 狀如繰車. 食之, 下人髮. (出『酉陽雜俎』)

412·4(5580)
사로죽(篍䈽竹)

사로죽은 껍질이 얇고 속이 대부분 비어 있는데, 큰 것도 직경이 2촌을 넘지 않는다. 껍질 위에는 거친 무늬가 있어 착자(錯子)와 착갑(錯甲)[둘 다 줄이나 끌의 일종으로 추정함]을 만들 수 있는데, 그 날카로움이 쇠보다 더 하다. 만약 착자와 착갑이 무뎌지면 풀물을 그곳에 뿌리는데, 그러면 본래의 날카로움으로 돌아온다. (『광주기』) (古林竹은 단단하고 예리하므로 깎아서 칼을 만들 수 있는데, 토란을 자르는 것처럼 코끼리 가죽을 벗길 수 있다.)(『영표록이』)

筋箣竹, 皮薄而空多, 大者徑不逾二寸. 皮上有㿔澁文, 可爲錯子·錯甲, 利勝於鐵. 若鈍, 以漿水澆之, 還復快利.(出『廣州記』)(古林之竹, 勁而利, 削爲刀, 割象皮如切芋.)(出『嶺表錄異』)

412·5(5581)
함타죽(箽簜竹)

함타죽은 크기가 발가락만하고 속에는 흰 막이 가로놓여 있는데, 그 모양이 젖은 밀가루 같다. 함타죽이 자라나 대나무 껍질이 아직 떨어지지 않았을 때 작은 벌레가 갉아먹었던 자리에 붉은 흔적이 남는데, 마치 수놓은 그림처럼 예쁘다.(『유양잡조』)

箽簜竹, 大如脚指, 腹中白幕攔隔, 狀如濕麪. 將成而筒皮未落, 輒有細蟲齧處, 成赤跡, 似繡畫可愛.(出『酉陽雜俎』)

412·6(5582)
자 죽(慈 竹)

여름에 비가 내린 뒤 자죽의 즙이 땅에 떨어지면 욕(蓐: 깔개를 만들 수 있는 풀)이 생긴다. 욕은 사슴뿔처럼 생겼고 흰색이다. 그것을 먹으면 이질을 고칠 수 있다. (『유양잡조』)

慈竹, 夏月經雨, 滴汁下地, 生蓐. 似鹿角, 色白. 食之, 已痢. (出『酉陽雜俎』)

412 · 7(5583)
근 죽(筋 竹)

남방에서는 근죽으로 창을 만든다. 죽순이 아직 대나무가 되지 않았을 때 쇠뇌의 시위를 만들 수 있다. (『유양잡조』)

筋竹, 南方以爲矛. 筍未成竹時, 堪爲弩弦. (出『酉陽雜俎』)

412 · 8(5584)
백엽죽(百葉竹)

백엽죽은 가지 하나에 100장의 잎이 달려 있는데 독이 있다. (『유양잡조』)

百葉竹, 一枝百葉, 有毒. (出『酉陽雜俎』)

412·9(5585)
도지죽(桃枝竹)

동관군(東官郡)은 한(漢)나라 순제(順帝) 때 남해(南海)에 속해 있었고 서쪽으로 고량군(高凉郡)과 인접해 있었다. 또 그 땅에 사감도위(司監都尉)를 두었다. 동관군의 동쪽에는 황무지가 있었고 서쪽은 바다와 인접해 있었다. 바다에는 장주(長洲)가 있었는데, 많은 도지죽이 해안을 따라 자라났다. ([유양잡조])

東官郡, 漢順帝時屬南海, 西接高凉郡. 又以其地爲司監(陳校本'監'作'鹽')都尉. 東有蕉地, 西接臨大海. 有長洲, 多桃枝竹, 緣岸而生. (原闕出處, 今見『酉陽雜俎』)

412·10(5586)
영 죽(癭 竹)

동락(東洛: 洛陽)의 명승지 가운데 삼계(三溪)가 있는데, 장문규(張文規)는 삼계 근처에 장원을 가지고 있었다. 어느 날 갑자기 한 대나무에서 오얏만한 크기의 혹이 생겨났다. (『유양잡조』)

東洛勝境有三溪. 張文規有莊近溪. 忽有竹一竿生癭, 大如李. (出『酉陽雜俎』)

412 · 11(5587)
나부죽(羅浮竹)

    당(唐)나라 정원연간(貞元年間: 785~804)에 한 염호(鹽戶)가 법을 어기고 나부산(羅浮山)으로 도망쳤다. 그가 13번째 고개로 깊이 들어갔을 때(『南越志』에 따르면 본래는 그냥 羅山이었는데, 어느 날 갑자기 바다에서 한 선인이 떠내려 왔던 일과 결부하여 나부산이라고 불리게 되었다. 나부산에는 15개의 고개와 22개의 봉우리와 980개의 폭포수가 있는데, 그 중 동굴이 이 산에서 가장 절경이다. 일찍이 다음과 같은 시가 있었다. "400여 개의 벼랑이 바다 위에 펼쳐 있고, 그 뿌리가 蓬萊島와 연이어져 天台山을 드리우네. 모든 신령이 중원 지역의 땅을 옮겨 놓은 것 같으니, 嵩山과 華山도 모두 작은 언덕일 뿐이구나.") 천만 그루의 커다란 대나무가 바위 골짜기까지 곧장 이어져 있는 것을 보았다. 대나무의 둘레는 2장 남짓이었고 39개의 마디가 있었으며 마디 길이는 2장쯤 되었다. 나부산으로 도망쳤던 염호는 대나무 하나를 캐내 쪼개서 대쪽을 만들었다. 후에 염호는 죄를 사면 받아 그 대쪽을 가지고 집으로 돌아왔다. 어떤 사람이 그에게서 그 대쪽을 얻고 기이하게 여겨 태수(太守) 이복(李復)에게 바쳤다. 이에 이복은 그 대쪽을 그림으로 그려 기록해두었다. 나는 일찍이 『죽보(竹譜)』에 다음과 같이 기재되어 있는 것을 보았다.

    "운구제죽(雲丘帝竹)(황제의 무덤 위에서 자라는 대나무이다)은 마디 하나로 배를 만든다."

    이 대나무 또한 얼마나 웅대한가! 남해에서 대나무로 시루를 만든 것과 같은 일을 보았는데, 모두 나부죽으로 만든 것이었다. (『영표록이』)

唐貞元中, 有鹽戶犯禁, 逃于羅浮山. 深入第十三嶺(『南越志』云, 本只羅山, 忽海上有仙浮來相合, 是謂羅浮山. 有十五嶺・二十二峯・九百八十瀑泉, 洞穴則山無出其右也. 曾有詩曰: "四百餘崖海上排, 根連蓬島蔭天台. 百靈若爲移中土, 嵩華都爲一小堆"), 遇巨竹萬千竿, 連直巖谷. 竹圍皆二丈餘, 有三十九節, 二丈許. 逃者遂取竹一竿, 破以爲筏. 會赦宥, 遂挈以歸. 有人得一筏, 奇之, 獻於太守李復. 乃圖而紀之. 予嘗覽『竹譜』曰: "雲丘帝竹(帝陵上所生竹), 一節爲船." 又何偉哉! 南海以竹爲甑者, 類見之矣, 皆羅浮之竹也. (出『嶺表錄異』)

412・12(5588)
동자사죽(童子寺竹)

당(唐)나라 위국공(衛國公) 이덕유(李德裕)가 말했다.
"북도(北都: 太原)에는 동자사에서만 자라는 대나무 한 그루가 있는데, 그 길이가 겨우 몇 척에 불과하다. 전하는 말에 따르면, 그 절의 강유(綱維: 절을 관리하는 스님)가 매일 대나무에게 문안인사를 드린다고 한다."

(『유양잡조』)

唐李衛公言: "北都唯童子寺有竹一窠, 纔長數尺. 相傳其寺綱維, 每日報竹平安." (出『酉陽雜俎』)

412 · 13(5589)
죽 화(竹 花)

『산해경(山海經)』에 다음과 같이 기재되어 있다.

"대나무는 꽃이 피면 그 해에 곧 말라 죽어버린다."

대나무는 60년에 한 번 뿌리를 바꾸는데, 뿌리를 바꾸면 반드시 꽃이 피고 열매를 맺은 후에 말라죽는다. 열매가 떨어져 다시 자라나는데, 6년이 되면 숲을 이룬다. 그 열매는 이삭처럼 생겼는데 보리와 비슷하다. (『감응경』)

『山海經』曰: "竹生花, 其年便枯." 竹六十年易根, 易根必花, 結實而枯死. 實落復生, 六年而成町. 子作穗, 似小麥." (出『感應經』)

412 · 14(5590)
죽 주(竹 䈽)

대나무가 다시 죽는 것을 '주'라고 한다. 대나무는 60년에 한 번 뿌리를 바꾸는데, 뿌리를 바꾸면 열매를 맺고 말라죽는다. (『유양잡조』)

竹復死曰'䈽'. 六十年一易根, 易根則結實枯死. (出『酉陽雜俎』)

412 · 15(5591)
죽 실(竹 實)

　당(唐)나라 천복(天復) 갑자년(甲子年: 904)에 농(隴) 땅에서 서쪽으로 포주(褒州)·양주(梁州)의 경계까지 수천 리 안의 땅에 가뭄이 들어 백성들이 대부분 유랑했다. 겨울부터 봄까지 굶주린 백성들은 풀과 나무를 씹어 먹었고 심지어는 친척들을 서로 잡아먹는 일도 아주 많았다. 그 해에 갑자기 산 속에 있던 굵고 가는 대나무들이 모두 꽃을 피우고 열매를 맺었다. 굶주린 백성들은 그 열매를 따서 쌀과 함께 빻아 먹었는데, 그 열매는 멥쌀이나 찹쌀보다 더 귀하게 여겨졌다. 그 열매는 굵고 색깔은 엷은 홍색이며 지금의 붉은 메벼와 다르지 않았는데, 그 맛은 메벼보다 훨씬 향기로웠다. 여러 주의 백성들은 모두 손에 손을 잡고 산으로 들어가 그 열매를 먹었다. 그래서 산 계곡으로 가서 사는 사람들이 시장 사람들처럼 많았다. 힘이 남는 사람들은 다투어 창고를 만들어 그 열매를 저장했다. 집에 적지 않은 양식을 가지고 있는 사람들 중에서 또한 그 열매를 고기나 생선 등의 비린 음식과 같이 먹은 사람들은 계속 구토를 해댔다. 그처럼 그 열매에 중독된 사람들 중에 열에 아홉은 죽었다. 그 때부터 모든 산길과 골짜기에서 대나무가 모두 다 말라죽었다. 10년 뒤에 다시 대나무가 자라났으니 백만 명의 해골이 곧은 대나무 아래에 살아있다고 말할 수 있겠다. (『옥당한화』)

　唐天復甲子歲, 自隴而西, 迨于褒梁之境, 數千里內亢陽, 民多流散. 自冬經春, 飢民啖食草木, 至有骨肉相食者甚多. 是年, 忽山中竹無巨細, 皆放花結子.

飢民採之, 舂米而食, 珍于粳糯. 其子粗, 顔色紅纖, 與今紅粳不殊, 其味尤更馨香. 數州之民, 皆挈累入山, 就食之. 至于溪山之內, 居人如市. 人力及者, 競置囷廩而貯之. 家有羨粮者不少者, 又取與葷茹血肉而同食者, 嘔噦. 如其中毒, 十死其九. 其竹, 自此千蹊萬谷, 並皆立枯. 十年之後, 復產此君, 可謂百萬圓顱, 活之于貞筠之下. (出『玉堂閑話』)

오곡

412 · 16(5592)
우 도(雨 稻)

하(夏)나라 우왕(禹王) 때에 하늘에서 벼가 비처럼 내렸는데, [이 일을 두고] 고시(古詩)에서 다음과 같이 읊었다.

어찌하여 하늘에서 벼 비가 내렸는가?
우리 천하의 백성들을 먹이라고 그랬네.

(『술이기』)

夏禹時, 天雨稻, 古詩云: "安得天雨稻? 飼我天下民." (出『述異記』)

412 · 17(5593)
우 속(雨 粟)

[漢나라] 여후(呂后) 3년(기원전 185)에 진(秦) 땅의 하늘에서 좁쌀이 비처럼 내렸다. (『술이기』)

呂后三年, 秦中天雨粟. (出『述異記』)

412 · 18(5594)
우 맥(雨 麥)

한(漢)나라 무제(武帝) 때에 광양현(廣陽縣)에서 보리가 비처럼 내렸다. ([『술이기』])

漢武帝時, 廣陽縣雨麥. (原闕出處, 明鈔本作'出『述異記』')

412 · 19(5595)
조 호(彫 葫)

태액지(太液池: 漢나라 建章宮 안에 있던 큰 연못)의 주변에는 온통 조호(彫葫: 菰의 열매) · 자탁(紫蘀) · 녹절(綠節) · 부들 등의 식물이

초목 7 · 379

자라나 있었다. 고(菰: 줄풀) 중에서 쌀알 같은 열매가 달린 것을 장안(長安) 사람들은 조호라고 부르고, 가로(葭蘆: 어린 갈대) 중에서 아직 잎이 패지 않은 것을 자탁이라고 하며, 고 중에서 꽃대가 머리모양으로 비대해진 것을 녹절이라고 했다. 식물들 사이에는 오리새끼가 가득 들어차 있고 또 자색 거북과 녹색 자라가 많았다. 태액지 주변은 대부분 평탄한 모래사장인데, 모래사장 위에는 제호(鵜鶘: 사다새)・벽호(鷺鷉: 되강오리)・교청(鳽鶄: 해오라기)・홍역(鴻鵅: 역새) 등이 움직일 때마다 무리를 이루었다. (『서경잡기』)

太液池邊, 皆是彫葫・紫蘀・綠節・蒲叢之類. 菰之有米者, 長安人謂爲彫葫, 葭蘆之未解葉者, 謂爲紫蘀, 菰之有首者, 謂爲綠節. 其間鳧雛子, 布滿充積, 又多紫龜綠鼈. 池邊多平沙, 沙上鵜鶘・鷺鷉・鳽鶄・鴻鵅, 動輒成群. (出『西京雜記』)

412 · 20(5596)
우 곡(雨 穀)

한(漢)나라 선제(宣帝) 때 강회(江淮)에 기근이 들어 사람들이 서로 잡아먹었다. 하늘에서 곡식이 비처럼 3일 동안 내렸는데, 얼마 후 위(魏) 땅에서 2천 이랑의 곡식을 잃어버렸다고 상주했다. (『술이기』)

漢宣帝時, 江淮饑饉, 人相食. 天雨穀三日. 尋魏地奏, 亡穀二千頃. (出『述異記』)

412 · 21(5597)
요지속(搖枝粟)

[漢나라] 선제(宣帝) 지절(地節) 원년(元年)(기원전 69)에 낙랑군(樂浪郡) 동쪽에 있는 배명국(背明國) 사람들이 와서 지방 특산물을 진상했다. 그들은 자신의 마을이 부상(扶桑)의 동쪽에 있어 서쪽에서 해뜨는 것이 보인다고 말했다. 그 나라는 컴컴하고 항상 어두워[원문은 '昏昏恒開'로 되어 있으나 『拾遺記』 권6에 의거해 '昏昏常暗'으로 고쳐 번역함] 오곡을 기르기에 적당하기 때문에 '융택(融澤)'이라 부른다[원문은 '名日'이라 되어 있으나 『拾遺記』 권6에 의거해 '名曰'로 고쳐 번역함]. 그 나라는 사방 3천 리인데 오곡이 모두 질이 좋아 그것을 먹으면 수명을 연장할 수 있고 공복에 한 알을 먹으면 1년 동안 배가 고프지 않다. 그 나라에는 요지속이 있는데, 줄기가 길고 약해서 바람이 불지 않아도 늘 흔들리며 그것을 먹으면 골수가 생겨난다고 한다. (왕자년 『습유기』)

宣帝地節元年, 樂浪之('之'原作'子', 據明鈔本・陳校本改)東, 有背('背'字原闕, 據『拾遺記』補)明之國人至, 貢方物. 言其鄕土在扶桑之東, 見日出于西方. 其國昏昏恒開, 宜五穀, 名日'融澤'. 方三千里, 五穀皆良, 食者延年, 淸腹一粒, 歷年不饑. 有搖枝粟, 言其枝長而弱, 無風常搖, 食之益髓. (出王子年『拾遺記』)

412 · 22(5598)
봉관속(鳳冠粟)

봉관속은 봉황의 벼슬처럼 생겼는데, 이것을 먹으면 힘이 세진다. 또 유룡속(遊龍粟)이 있는데, 가지와 잎이 구불구불하여 노니는 용 같다. 또 경고속(瓊膏粟)이 있는데, 그 빛깔이 은(銀)처럼 희고 이것을 두 알 먹으면 사람의 뼈가 가벼워진다. (왕자년『습유기』)

鳳冠粟, 似鳳鳥之冠, 食者多力. 有遊龍粟, 枝葉屈曲, 如遊龍. 有瓊膏, 色白如銀, 食此二粟, 令人骨輕. (出王子年『拾遺記』)

412 · 23(5599)
요명두(繞明豆)

요명두는 그 줄기가 약하기 때문에 저절로 서로 얽혀 있다고 한다. 또 협검두(挾劍豆)가 있는데, 콩깍지의 모양이 사람이 검을 차고 있는 듯하고 옆으로 비스듬히 자란다고 한다. 또 경리두(傾籬豆)가 있는데, 해를 보면 잎이 처져 땅을 덮는다고 한다. 이것을 먹으면 늙지도 병들지도 않는다. (왕자년『습유기』)

繞明豆, 言其莖弱, 自相縈纏. 有挾劍豆, 言莢形似人挾劍, 而橫斜生. 有傾籬豆, 言見日則葉垂覆地. 食者不老不疾. (出王子年『拾遺記』)

412 · 24(5600)
연정맥(延精麥)

연정맥은 수명을 늘리고 기운을 더해준다고 한다. 또 곤화맥(昆和麥)이 있는데, 육부(六腑)를 조절하여 순조롭게 한다. 또 경심맥(輕心麥)이 있는데, 이것을 먹으면 몸이 가벼워진다. 또 순화맥(淳和麥)이 있는데, 그 가루로 술을 빚는다. [그 술을] 한번 마시면 몇 달 동안 취해있으며, 그것을 먹으면 엄동설한에도 춥지 않다. 또 함로맥(含露麥)이 있는데, 이삭 속에 이슬이 들어있고 그 맛은 엿처럼 달다. (왕자년『습유기』)

延精麥, 言延壽益氣. 有昆和麥, 調暢六腑. 有輕心麥, 食者體輕. 有淳和麥, 麪以釀酒. 一醉累月, 食之凌冬不寒. 有含露麥, 穟中有露, 甘如飴. (出王子年『拾遺記』)

412 · 25(5601)
자침마(紫沉麻)

자침마는 그 열매가 물에 뜨지 않는다. 또 운수마(雲水麻)가 있는데, 그 열매는 차갑고 빛이 나서 기름칠하기에 좋다. 또 광통마(光通麻)가 있는데, 그것을 먹으면 등불을 들고 다니지 않아도 된다. 광통마는 바로 거승(巨勝: 胡麻, 참깨)이다. 그것을 먹으면 수명이 늘어나고 불로장생한다. (왕자년『습유기』)

紫沉麻. 其實不浮. 有雲水麻, 實冷而光, 宜爲油澤. 有光通麻, 食者行不待燭. 則巨勝也. 食之延壽, 後天而死. (出王子年『拾遺記』)

412·26(5602)
우오곡(雨五穀)

오(吳)나라 환왕(桓王) 때 금릉(金陵)에 오곡이 비처럼 내렸는데, 가난한 백성의 집에만 내리고 부잣집에는 내리지 않았다. (『술이기』)

吳桓王時, 金陵雨五穀于貧民家, 富民家則不雨. (出『述異記』)

412·27(5603)
야속석각(野粟石穀)

[南朝] 송(宋)나라 고조(高祖: 武帝 劉裕) 초는 진(晉)나라 말의 기근을 겪은 직후였다. 고조가 등극하자 강남(江南) 일대 2천여 리의 땅에 야속(野粟: 야생 조)이 자라났다. 또 회남(淮南)의 여러 산에서 석각(石穀: '穀'은 '穀'과 통함)이 자라났는데, 석각은 돌 위에서 자라는 곡식이다. 원안(袁安)이 말하길, 석각은 약초 이름인데 이삭 중에 특히 작은 것이 바로 그것이라고 했다. (『술이기』)

宋高祖('祖'原作'宗', 據明鈔本·許本改)之初, 當晉末饑饉之後. 旣卽位, 而江表二千餘里, 野粟生焉. 又淮南諸山石穀生, 石上生殼也. 袁安云, 石穀藥名, 穗之尤小者是也. (出『述異記』)

412 · 28(5604)
우(芋)

천우(天芋)는 종남산(終南山)에서 자라며 그 잎은 연잎과 같으나 그것보다 두껍다. (『유양잡조』)

天芋, 生終南山中, 葉如荷而厚. (出『酉陽雜俎』)

412 · 29(5605)
작 우(雀 芋)

작우는 작두(雀頭: 雀頭香으로 향료의 일종)처럼 생겼는데, 마른 땅에 놓아두면 오히려 축축해지고 젖은 땅에 놓아두면 오히려 마른다. 나는 새가 작우에 닿으면 날다가 떨어지고 달리던 짐승이 그것을 건드리면 몸이 굳는다. (『유양잡조』)

雀芋, 狀如雀頭, 置乾地反濕, 置濕處反乾. 飛鳥觸之墮, 走獸遇之僵. (出『酉陽雜俎』)

412 · 30(5606)
감 자(甘 蔗)

　　남방의 산에는 감자(甘蔗: 사탕수수) 숲이 있는데, 감자의 높이는 100장이고 둘레는 3척 8촌이다. 감자는 마디가 촘촘할수록 즙이 많이 나오는데, 그 즙은 꿀처럼 달다. 그 즙을 먹으면 몸에 윤기가 나고 회충을 조절할 수 있다. 사람의 뱃속에 있는 회충은 지렁이 같이 생겼는데, 이것은 곡식을 소화시키는 벌레이다. 이 벌레가 많으면 몸이 상하게 되고 적으면 곡식이 소화되지 않는다. 이 감자는 회충이 적으면 많게 하고 많으면 적게 하는데, 보통 자(蔗: 사탕수수)도 마찬가지이다. (『신이경』)

　　南方山有肝䗪(甘蔗二音)之林, 其高百丈, 圍三尺八寸. 促節多汁, 甜如蜜. 咋嚼其汁, 令人潤澤, 可以節蚘蟲. 人腹中蚘蟲, 其狀如蚓, 此消穀蟲也. 多則傷人, 少則穀不消. 是甘蔗能滅多益少, 凡蔗亦然. (出『神異經』)

다천(茶荈)

412 · 31(5607)
서 다(叙 茶)

　　유명한 차의 이름은 매우 많다. 검남(劍南)에는 몽정석화(蒙頂石花)가 있는데, 소방(小方)이라고도 하고 산아(散芽)라고도 하며 천하일품이라고 칭해진다. 호주(湖州)에는 고저(顧渚)의 자순(紫笋)과 동천(東川)의 신천(神泉)·창명(昌明)이 있다. 협주(硤州)에는 벽간(碧澗)·명월(明月)·방예(芳蕊)·수유료(茱萸簝)가 있다. 복주(福州)에는 방산(方山)의 생아(生芽)가 있고, 기주(夔州)에는 향산(香山)이 있다. 강릉(江陵)에는 남목(楠木)이 있고, 호남(湖南)에는 형산(衡山)이 있으며, 악주(岳州)에는 옹호(㴩湖)의 함고(含膏)가 있다. 상주(常州)에는 의흥(義興)의 자순(紫笋)이 있고, 무주(婺州)에는 내일(來日)이 있으며, 목주(睦州)에는 구항(鳩抗)이 있다. 홍주(洪州)에는 서산(西山)의 백로(白露)가 있고, 수주(壽州)에는 곽산(霍山)의 황아(黃芽)가 있으며, 기주(蘄州)에는 기문(蘄門)의 단황(團黃)이 있다. 부량(浮梁)의 상고(商賈)는 여기에 끼지 못한다. (『국사보』)

茶之名器益衆. 劍南有蒙頂石花, 或小方, 或散芽, 號爲第一. 湖州有顧渚之紫笋, 東川神泉·昌明. 硤州有碧澗·明月·芳蕊·茱萸簝. 福州有方山之生芽, 夔州有香山. 江陵有楠木, 湖南有衡山, 岳州有㴩藕湖之含膏. 常州有義興紫笋, 婺州有來日, 睦州有鳩坑. 洪州有西山白露, 壽州有霍山黃芽, 蘄州有蘄門團黃. 浮梁商賈不在焉. (出『國史補』)

412·32(5608)
획신명(獲神茗)

『신이기(神異記)』에 다음과 같이 기재되어 있다.

"여요(餘姚) 사람 우망(虞洪)이 산으로 찻잎을 따러 갔다가 한 도사를 만났는데, 그 도사는 푸른 양 300마리를 끌고 와서 폭포 물을 먹이고 있었다. 그 도사가 말했다.

'나는 단구자(丹丘子)이다. 나는 네가 차 맛을 잘 감별한다고 들었기에 항상 은혜를 베풀 생각을 가지고 있었다. 산 속에 대명(大茗)이 있는데 너에게 주려고 하니 너는 다른 날 남는 차가 있으면 반드시 바치도록 해라.'

그래서 우망은 다사(茶祠)를 세웠다. 후에 그는 늘 사람들과 함께 산으로 가서 대명을 얻었다."

(『고저산기』)

『神異記』曰: "餘姚人虞洪, 入山採茗, 遇一道士, 牽三百靑羊, 飮瀑布水. 曰: '吾丹丘子也. 聞子善茗飮, 常思惠. 山中有大茗, 可以相給, 祈子他日有甌犧之餘, 必相遺也.' 因立茶祠. 後常與人往山, 獲大茗焉." (出『顧渚山記』)

412·33(5609)
향명획보(饗茗獲報)

유경숙(劉敬叔)의 『이원(異苑)』에 다음과 같이 기재되어 있다.

섬현(剡縣)에 사는 진무(陳務)의 아내는 젊어서 과부가 되어 두 아들과 함께 살고 있었는데, 차 마시기를 좋아했다. 그녀의 집안에는 오래된 무덤이 있었는데, 그녀는 매번 차를 마실 때마다 먼저 그곳에 제사를 지냈다. 두 아들이 화내며 말했다.

"무덤이 무엇을 안다고 헛되이 제사를 지내십니까?"

그리고는 무덤을 파서 없애버리려고 했다. 그녀는 두 아들을 애써 말리며 그 일을 그만두게 했다. 그날 밤 그녀의 꿈에 한 사람이 나타나 말했다.

"나는 이 무덤에 산지 300여 년이나 되었소. 당신의 두 아들이 항상 무덤을 훼손하려 했지만 당신이 말려 보존될 수 있었소. 또한 당신은 나에게 좋은 차를 대접했으니 내가 비록 황천(黃泉)의 썩은 해골이라 한들 어찌 예상(翳桑: 春秋時代에 晉나라 靈輒이 翳桑에서 굶어죽게 되었는데, 趙盾이 그에게 음식을 내려 살려주었음)의 은혜를 잊을 수 있겠소?"

날이 밝은 뒤에 그녀는 정원에서 10만 냥의 돈을 주웠다. 그 돈은 오랫동안 땅에 묻혀 있었던 것 같았는데 단지 돈을 꿴 줄만이 새것이었다. 그녀가 두 아들에게 그 사실을 알리자 두 아들은 부끄러워했다. 그때부터 그녀는 더욱 지극정성으로 무덤에 제사를 지냈다. (『고저산기』)

劉敬叔『異苑』曰: 剡縣陳婺妻, 少與二子寡居, 好飮茶茗. 以宅中有古冢, 每飮, 先輒祀之. 二子恚之曰: "冢何知, 徒以勞祀?" 欲掘去之. 母苦禁而止. 及夜, 母夢一人曰: "吾止此冢三百餘年. 卿二子恒欲見毀, 賴相保護. 又饗吾嘉茗, 雖泉壤朽骨, 豈忘翳桑之報?" 及曉('曉'原作'報', 據陳校本改), 于庭內獲錢十萬. 似久埋者, 唯貫新. 母告二子, 二子慙之. 從是禱酹愈至. (出『顧渚山記』)

소식다(消食茶)

당(唐)나라 때 어떤 사람이 서주목(舒州牧)을 제수받자 이덕유(李德裕)가 그에게 말했다.

"당신은 서주군에 도착하면 나에게 천주봉차(天柱峰茶) 서너 봉지를 보내주시오."

그 사람은 이덕유에게 몇 십 근(斤)의 차를 바쳤다. 하지만 이덕유는 그 차를 받지 않고 돌려보냈다. 이듬해 그는 관직을 그만두게 되자 정성을 다해 서너 봉지의 차를 구해서 이덕유에게 보냈다. 이덕유는 그것을 살펴보고 나서 받으며 말했다.

"이 차는 술과 음식에 있는 독을 없앨 수 있소."

그리고는 한 사발의 차를 끓이게 한 뒤에 그것을 고기음식 안에 부어 은합(銀盒)으로 덮게 했다. 다음날 아침 은합을 열어보았더니 고기가 모두 물로 변해 있었다. 사람들은 모두 이덕유의 박학함에 탄복했다. (『중조고사』)

唐有人授舒州牧, 李德裕謂之曰: "到彼郡日, 天柱峰茶, 可惠三數角." 其人獻之數十觔. 李不受, 退還. 明年罷郡, 用意精求, 獲數角, 投之. 德裕閱之而受, 曰: "此茶可以消酒食毒." 乃命烹一甌, 沃于肉食內, 以銀合閉之. 詰旦開視, 其肉已化爲水矣. 衆伏其廣識也. (出『中朝故事』)

태평광기 권제 413 초목 8

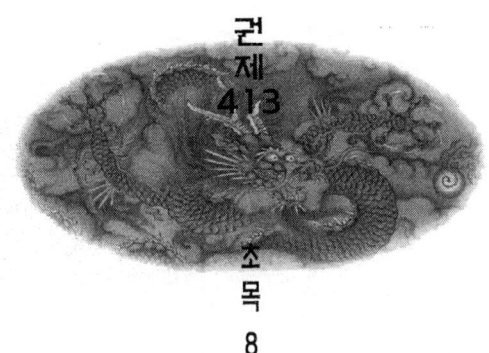

지(芝)(菌蕈附)
1. 죽　　지(竹　　芝)
2. 누 궐 지(樓 闕 芝)
3. 천 존 지(天 尊 芝)
4. 자　　지(紫　　芝)
5. 삼 성 지(參 成 芝)
6. 야 광 지(夜 光 芝)
7. 은 신 지(隱 晨 芝)
8. 봉 뇌 지(鳳 腦 芝)
9. 백 부 지(白 符 芝)
10. 오 덕 지(五 德 芝)
11. 석 계 지(石 桂 芝)
12. 적　　지(滴　　芝)
13. 목　　지(木　　芝)
14. 형 화 지(螢 火 芝)
15. 육　　지(肉　　芝)
16. 소 인 지(小 人 芝)
17. 지하육지(地下肉芝)
18. 이　　균(異　　菌)
19. 석　　균(石　　菌)
20. 죽　　육(竹　　肉)
21. 독　　균(毒　　菌)

태(苔)
22. 서　　태(叙　　苔)
23. 지　　전(地　　錢)
24. 만 금 태(蔓 金 苔)
25. 여 거 태(如 苣 苔)
26. 석　　발(石　　髮)
27. 와　　송(瓦　　松)
28. 와 송 부(瓦 松 賦)

지(균심부)

413·1(5611)
죽 지(竹 芝)

[南朝] 양(梁)나라 간문제(簡文帝)의 연향각(延香閣)에서 대동(大同) 10년(544)에 대숲에서 영지가 자라났는데, 8촌의 길이에 머리덮개 [字實體라고 함]가 계두실(雞頭實: 가시연밥)처럼 생겼고 흑색이었다. 그 자루[擔子柄이라 함]는 연대처럼 생겼는데 줄기 속이 비어서 통해 있었으며, 껍질은 모두 순백색이고 뿌리 아래는 약간 붉었다. 계두실이 있는 곳은 대나무 마디처럼 생겼는데, 한 꺼풀씩 계속 벗겨낼 수 있었다. 마디가 있는 곳에서 따로 한 층[字實層이라 함]이 사방으로 그물을 짜놓은 것처럼 생겨났는데, 둘레는 5~6촌 가량 되고 주위를 빙 둘러서 자루 위를 덮었다. 하지만 자루와는 떨어져서 서로 맞붙지 않았다. 그 그물처럼 생긴 여러 구멍[원문은 '衆自'라 되어 있지만 『酉陽雜俎』「前集」 권19 「草篇」에 의거하여 '衆目'으로 고쳐 번역함]은 가볍고 정교하여 정말 보기 좋았으며 자루와는 모두 떨어져 있었다. 선서(仙書)를 조사해보았더니, 죽지는 위희지(威喜芝: 木芝의 일종)와 비슷했다. (『유양잡조』)

梁簡文延香閣, 大同十年, 竹林吐芝, 長八寸, 頭蓋似雞頭實, 黑色. 其柄似藕柄, 內通榦空, 皮質皆純白, 根下微紅. 雞頭實處似竹節, 脫之又得脫也. 自節處別生一重, 如結網羅, 四面, 周可五六寸, 圓繞周匝, 以罩柄上. 相遠不相著也. 其似結網衆自, 輕巧可愛. 其與柄皆得相脫. 驗仙書, 與威喜芝相類. (出『酉陽雜俎』)

413 · 2(5612)
누궐지(樓闕芝)

    수(隋)나라 대업연간(大業年間: 605~618)에 동도(東都: 洛陽) 영강문(永康門) 안의 회창문(會昌門) 동쪽에서 영지초 120줄기가 자라나 땅에 퍼졌는데 그 둘레가 10보(步)쯤 되었다. 자주색 줄기에 백색 머리를 한 것도 있고 백색 줄기에 흑색 머리를 한 것도 있었으며, 가지가 있는 것도 있고 가지가 없는 것도 있었다. 또 가지가 3개 있는 것도 있었는데 그 모양이 옛날 '출(出)'자 같았다. 땅속의 뿌리는 모두 실과 같았으며 [땅속으로] 큰길과 서로 연결되어 있었다. 건양전(乾陽殿) 동쪽의 동상각(東上閣) 문에 있는 홰나무 위에서 영지 9줄기가 자랐는데, 그 줄기들은 같은 뿌리에서 나와 서로 받쳐주며 자랐다. 그 중에서 가운데 줄기가 가장 길고 그 양옆으로 8줄기가 차례대로 짧아졌는데, 그 모양이 마치 궐문을 세워놓은 것 같았으며 아주 희고 깨끗했다. 무분랑장(武賁郎將) 단문조(段文操)가 동도를 유수(留守: 황제가 멀리 巡幸하거나 出征할 때 도성을 鎭守하는 重臣 관리)하고 있다가 그것을 그림으로 그리고 표문을 올려 상주했다. (『대업습유기』)

    隋大業中, 東都永康門內會昌門東, 生芝草百二十莖, 散在地, 周十步許. 紫莖白頭, 或白莖黑頭, 或有枝, 或無枝. 亦有三枝, 如古'出'字者. 地內根並如綫, 大道相連著. 乾陽殿東, 東上閣門槐樹上, 生芝九莖, 共本相扶而生. 中莖最長, 兩邊八莖, 相次而短, 有如樹闕, 甚潔白. 武賁郎將段文操留守, 圖畫表奏. (出『大業拾遺記』)

413 · 3(5613)
천존지(天尊芝)

당(唐)나라 천보연간(天寶年間: 742~756) 초에 임천군(臨川郡) 사람 이가(李嘉)가 살던 집의 기둥 위에서 영지초가 자라났는데, 그 모습이 천존[도교의 신선 또는 부처님]과 비슷했다. 태수(太守) 장경일(張景佚)이 그것을 잘라서 황제께 바쳤다. (『유양잡조』)

唐天寶初, 臨川郡人李嘉所居, 柱上生芝草, 形類天尊. 太守張景佚截獻之. (出『酉陽雜俎』)

413 · 4(5614)
자 지(紫 芝)

당(唐)나라 대력(大曆) 8년(773)에 노주(盧州) 여강현(廬江縣)에서 자지(紫芝: 靈芝와 비슷한 검은 버섯)가 자랐는데 높이가 1장 5척이었다. [그곳에는] 영지의 종류가 굉장히 많았다. (『유양잡조』)

唐大曆八年, 盧州廬江縣紫芝生, 高一丈五尺. 芝類至多. (出『酉陽雜俎』)

413・5(5615)
삼성지(參成芝)

삼성지는 잘랐다가 다시 붙일 수 있다. (『유양잡조』)

參成芝, 斷而可續. (出『酉陽雜俎』)

413・6(5616)
야광지(夜光芝)

야광지는 한 그루에서 9개의 열매가 열린다. 땅에 떨어진 열매는 7촌 너비의 거울처럼 생겼는데, 밤에 살펴보면 소 눈처럼 보인다. 모군(茅君: 茅盈. 漢代의 신선으로 字는 叔申. 동생 茅固・茅衷과 함께 모두 得仙하여 '三茅君'이라 불림)이 구곡산(句曲山)에 심었다. (『유양잡조』)

夜光芝, 一株九實. 實墜地如七寸鏡, 夜視如牛目. 茅君種於句曲山. (出『酉陽雜俎』)

413 · 7(5617)
은신지(隱晨芝)

은신지는 모양이 북두칠성처럼 생겼는데, 마디가 별 모양이고 줄기가 그물처럼 얽혀 있다. (『유양잡조』)

隱晨, 狀如斗, 以星爲節, 以莖爲網. (出『酉陽雜俎』)

413 · 8(5618)
봉뇌지(鳳腦芝)

선경(仙經)에서 다음과 같이 말했.

땅을 6척 깊이로 파고 둥근 보석 같은 열매 하나를 심은 뒤에 황수(黃水: 河南省의 강 이름) 5홉을 붓고 흙으로 단단히 다져주면, 3년 후에 박처럼 생긴 싹이 나오고 복숭아처럼 생긴 오색 열매가 열리는데, 그것을 '봉뇌지'라고 한다. 그 열매를 먹고 땅에 침을 뱉으면 그 침이 봉황이 되는데, 그것을 타고 태극(太極)까지 올라갈 수 있다. (『유양잡조』)

仙經言: 穿地六尺, 以環寶一枚種之, 灌以黃水五合, 以土堅築之, 三年, 生苗如匏, 實如桃, 五色, 名'鳳腦芝'. 食其實, 唾地爲鳳, 乘昇太極. (出『酉陽雜俎』)

413·9(5619)
백부지(白符芝)

백부지는 눈이 많이 내릴 때 자라며 흰 꽃이 핀다. (『유양잡조』)

白符芝, 大雪而白華. (出『酉陽雜俎』)

413·10(5620)
오덕지(五德芝)

오덕지는 거마(車馬)처럼 생겼다. (『유양잡조』)

五德芝, 如車馬. (出『酉陽雜俎』)

413·11(5621)
석계지(石桂芝)

석계지는 산의 바위굴 속에서 자라는데, 그 모양이 계수나무처럼 생겼고 돌멩이 같은 열매가 열린다. 높이는 1척짜리 굵은 새끼줄만 하고, 밝게 빛나고 맛이 시며, 줄기와 가지가 있다. 그것을 갈아서 복용하는데 1근이면 천 살을 살 수 있다. (『유양잡조』)

石桂芝, 生山石穴中, 似桂樹而實石也. 高如大絞尺, 光明而味辛, 有枝條. 擣服之, 一觔得千歲也. (出『酉陽雜俎』)

413 · 12(5622)
적 지(滴 芝)

소실산(少室山)의 석굴 문 속에는 또 다시 깊은 계곡이 있어서 건너 갈 수 없는데, 돌을 그 계곡 속으로 던지면 반나절이 지나서야 겨우 [돌이 바닥에 닿는] 소리가 들린다. 석굴 문 밖으로 10여 장(丈) 떨어진 곳에 돌기둥이 있고 그 돌기둥 위에 언개석(偃蓋石: 위로 엎어져 있는 수레덮개 모양의 돌)이 있는데, 그 높이[원문은 '南'이지만 『抱朴子』 권11 「仙藥」에 의거하여 '高'로 고쳐 번역함]는 1장 남짓 된다. 멀리서 보면 밀지(蜜芝)가 석굴 문 위에서 언개석 안으로 떨어지는데[원문은 '從石上隨石偃蓋中'이지만 『抱朴子』 권11 「仙藥」에 의거하여 '從石戶上墮入偃蓋中'으로 고쳐 번역함], 한참 있다가 한 방울씩 맺혀서 마치 비온 뒤에 지붕[원문은 '雨屋後'이지만 『抱朴子』 권11 「仙藥」에 의거하여 '雨後屋'으로 고쳐 번역함]의 남은 빗방울처럼 때때로 한 방울씩 떨어진다. 밀지는 쉬지 않고 떨어지지만 언개석은 또한 끝내 넘치지[원문은 '滴'이지만 『抱朴子』 권11 「仙藥」에 의거하여 '不溢'로 고쳐 번역함] 않는다. 석굴 문 위에는 과두문자(科斗文字: 蝌蚪文字. 올챙이 모양의 옛 글자)로 "석밀지 1말을 복용하는 자는 만 세의 수명을 누린다"라고 새겨져 있다. 여러 도사들은 모두 밀지가 있는 곳으로 가고 싶었지만 갈 수 없었다. 그래서 작은 주발을 단단한 장대나 나무 끝에 매달아서 밀지를 받아내고자 했지만 결국 그렇게 할 수 있는 사람이 없었다. 하지만 그 석굴 문 위에 그러한 글자가 새겨져 있는 것으로 보아 전대에 틀림없이 이미 밀지를 얻은 사람이 있었을 것이다. (『포박자』)

少室石戶中, 更有深谷, 不可得過, 以石投谷中, 半日猶聞其聲也. 去戶外十餘丈, 有石柱, 柱上有偃蓋石, 南度徑可一丈許. 望之, 蜜芝從石上隨石偃蓋中, 良久, 輒有一滴, 有似雨屋後之餘漏, 時時一落耳. 然蜜芝墮不息, 而偃蓋亦終滴也. 戶上刻石爲科斗字, 曰: "得服石蜜芝一斗者壽萬歲." 諸道士共思惟其處, 不可得往. 唯當以椀器置勁竹木端, 以承取之, 然竟未有能爲之者. 按此戶上刻題如此, 前世必已有之者也. (出『抱朴子』)

413·13(5623)
목 지(木 芝)

목지는 소나무나 잣나무의 진액이 땅속에 천 년 동안 묻혀 있다가 복령(茯苓: 구멍장이버섯과의 버섯. 공 모양 또는 타원형의 덩어리로 땅속에서 소나무 따위의 뿌리에 기생하는데, 껍질은 검은 갈색으로 주름이 많고 속은 엷은 붉은색으로 무르며, 마르면 딱딱해져서 흰색을 나타냄. 이뇨의 효과가 있어 한방에서 수종(水腫)·임질·설사 따위에 약재로 씀)으로 변한 것인데, [그 복령이 다시] 만 년이 지나면 그 위에서 연꽃처럼 생긴 작은 나무가 자라며 '목위희지(木威喜芝)'라고 부른다.

밤에 그것을 보면 빛이 나는데 만지면 매우 매끄럽고 태워도 불에 타지 않으며 몸에 차면 병화(兵禍)를 피할 수 있다. 어떤 닭에 그것을 채워서 다른 닭 12마리와 섞어 닭장에 넣은 뒤 그곳에서 12걸음 떨어져서 12발의 화살을 쏘면, 다른 닭들은 모두 상처를 입지만 위희지를 차고 있는 닭은 끝까지 상처를 입지 않는다. (『포박자』)

木芝者, 松柏脂淪地千歲, 化爲茯苓, 萬歲, 其上生小木, 狀似蓮花, 名曰'木威喜芝'. 夜視有光, 持之甚滑, 燒之不燋, 帶之辟兵. 以帶雞而雜以雞十二頭籠之, 去其處十二步, 射十二箭, 他雞皆傷, 帶威喜芝者, 終不傷也. (出『抱朴子』)

413 · 14(5624)
형화지(螢火芝)

양상산(良常山)에 형화지가 있는데, 그 잎은 풀과 비슷하고 열매는 크기가 콩만 하고[원문은 '其實是草, 大如豆'이지만 『酉陽雜俎』「前集」권10 「物異」에 의거하여 '其葉似草, 實大如豆'로 고쳐 번역함] 꽃은 자주색이며, 밤에 보면 빛이 난다. 그것을 하나 먹으면 심장 가운데의 한 구멍이 밝아지며, 7개까지 먹으면 심장의 7구멍이 환하게 빛을 발하여 밤에도 글씨를 쓸 수 있다.(『유양잡조』)

良常山有螢火芝, 其實是草, 大如豆, 紫花, 夜視有光. 食一枚, 中心一孔明, 食至七, 心七竅洞澈, 可以夜書. (出『酉陽雜俎』)

413 · 15(5625)
육 지(肉 芝)

    옛날에 어떤 사람이 강가에 배를 정박하고 언덕에 올라갔다가 문득 보았더니, 갈대 사이에 10여 명의 곤륜(崑崙: 唐代에 노예로 일했던 말레이 사람을 말함)이 드러누워 있었는데, 그들의 손과 발이 모두 움직였다. 그 사람이 깜짝 놀라 뱃사공에게 알렸더니, 뱃사공 중에서 바다를 항해한 적이 있는 사람이 그것을 알아보고 버섯이라고 했다. 가까이 가서 보았더니 그것들의 머리가 모두 땅에 연결되어 있었다. 그것을 잘라내서 먹어보았더니 버섯이었는데, [사람 모습 중에서] 단지 7개의 구멍[눈·코·귀·입의 7구멍을 말함]만 없을 뿐이었다.『포박자(抱朴子)』에서 "육지(肉芝: 道家에서 천년 묵은 두꺼비·박쥐·거북·제비 등을 이르는 말로 仙藥이라 함)는 사람 모습처럼 생겼고 땅에서 난다"고 한 것도 이와 같은 류이니 무엇이 이상하겠는가? (『영남이물지』)

    昔有人泊渚登岸, 忽見蘆葦間, 有十餘崑崙偃臥, 手足皆動. 驚報舟人, 舟人有嘗行海中者識之, 菌也. 往視之, 首皆連地. 割取食之, 菌, 但無七竅.『抱朴子』云: "肉芝如人形, 産於地." 亦此類也, 何足怪哉? (出『嶺南異物志』)

413 · 16(5626)
소인지(小人芝)

    간혹 산속에서 키가 7~8촌 되는 소인이 거마(車馬)를 타고 있는 것이 보이는데, 그것은 육지(肉芝)이다. 소인지를 따서 먹으면 곧장 신선이 된다. (『포박자』)

或山中見小人乘車馬, 長七八寸者, 肉芝也. 取服芝, 卽仙矣. (出『抱朴子』)

413 · 17(5627)
지하육지(地下肉芝)

난릉(蘭陵)의 일인(逸人: 隱士) 소(蕭) 아무개는 그 이름을 잊어버렸다. 일찍이 그는 진사(進士) 시험에 응시했다가 낙방하자, 마침내 책을 불태워버리고 담수(潭水) 가에 은거하면서 도사에게 신선술을 배웠다. 그리하여 곡기를 끊고 공기를 마시는 흡기술(吸氣術)을 행하고 매일 아침 사지를 굽혔다 폈다 하는 도인술(導引術)을 연마하면서 장수하길 바랐다. 그렇게 10년 넘게 수행했지만 머리카락이 모두 새하얘지고 안색이 초췌해진 데다 허리까지 굽었으며 이도 빠졌다. 어느 날 아침에 거울을 가져다 자신을 비춰본 그는 버럭 화를 내며 말했다.

"나는 명리(名利)를 버리고 초야에 묻혀 지내면서 곡기를 끊고 공기를 마시며 불로장생하길 바랐는데, 지금 이처럼 쇠약하고 파리해졌으니 이것이 어찌 나의 본래 생각이었겠는가?"

그리고는 곧장 업하(鄴下)로 돌아가 살면서 상인을 따라 10분의 1의 이익을 좇는 장사를 했다. 그렇게 몇 년이 지나자 그는 재산이 크게 풍족해져서 부자가 되었다. 나중에 그는 집과 정원을 지으면서 땅을 파다가 사람 손처럼 생긴 물건 하나를 발견했는데, 그 모양이 통통하고 윤이 나며 색깔이 약간 붉었다. 소일인은 그것을 얻고 놀라며 말했다.

"이것은 혹시 화(禍)의 조짐이 아닐까? 내가 듣자하니, 태세신(太歲神: 土神. 옛 사람들은 땅에 있는 태세신이 하늘의 태세[木星]와 상응하여 움직인다고 생각했는데, 점술가들은 이 방향을 나쁜 방향이라 생각하여 태세신의 방위로 흙을 파고 나무를 잘라 건축 공사하는 것을 금기로 삼았음. 태세신은 살덩어리 형태로 나타나는데 사람이 땅을 파다가 이것이 나오면 화를 당한다고 함)이 있는 곳에서는 토목공사를 일으켜서는 안 되며 만약 이를 범할 경우에는 반드시 살덩어리가 그 밑에서 나온다고 하던데 정말로 불길하다. 지금 과연 그러한 물건이 나왔으니 어쩌면 좋단 말인가? 하지만 내가 또 듣자하니, 그 살덩어리를 먹으면 혹시 화를 면할 수도 있다고 한다."

그리하여 그것을 삶아서 먹었는데 맛이 굉장히 좋아서 다 먹어버렸다. 그 후로 소일인은 귀와 눈이 밝아지고 힘이 더욱 세졌으며 모습도 더욱 젊어졌다. 또 벗겨진 머리카락도 모두 새까맣게 자라났고 빠진 이도 나란히 돋아났다. 소일인은 묵묵히 혼자만 기이한 일도 다 있다고 생각하면서 다른 사람에게는 감히 말하지 않았다. 나중에 도사가 업하에 갔다가 소일인을 만나보고는 깜짝 놀라며 말했다.

"선생은 선약을 먹은 적이 있습니까? 어떻게 신색(神色)이 이처럼 밝으십니까?"

도사는 소일인의 맥을 짚어보고 나서 한참 있다가 또 말했다.

"선생은 일찍이 영지를 먹었군요. 대저 사람 손처럼 생긴 영지는 통통하고 윤이 나며 약간 붉은 색을 띠는 것이지요."

소일인은 지난 번 일을 깨닫고서 도사에게 말해주었더니, 도사가 축하하며 말했다.

"선생의 수명은 거북이나 학과 같아질 것입니다. 하지만 속진(俗塵)에 머물러서는 안 되니 마땅히 산림으로 물러가 쉬면서 인간세상의 일을 버린다면 신선이 될 수 있을 것입니다."

소일인은 기뻐하며 그의 말을 좇아 마침내 떠나갔는데 결국 어디로 갔는지 알 수 없었다. (『선실지』)

蘭陵蕭逸人, 亡其名. 嘗擧進士下第, 遂焚其書, 隱居潭水上, 從道士學神仙. 因絶粒吸氣, 每旦屈伸支體, 冀延其壽. 積十年餘, 髮盡白, 色枯而背僂, 齒有墮者. 一旦引鏡自視, 勃然發怒, 且曰: "吾棄聲利, 隱身田野間, 絶粒吸氣, 冀得長生, 今亦衰瘠如是, 豈我之心哉?" 卽還居鄴下, 學商人逐什一之利. 凡數年, 資用大饒, 爲富家. 後因治園屋, 發地得物, 狀類人手, 肥而且潤, 色微紅. 逸人得之驚曰: "豈非禍之芽? 且吾聞太歲所在, 不可興土事, 脫有犯者, 當有修肉出其下, 固不祥也. 今果有, 奈何? 然吾聞得肉食之, 或可以免." 於是烹而食, 味甚美, 食且盡. 自是逸人聽視明, 力愈壯, 貌愈少. 髮之禿者, 盡顯然而長矣, 齒之墮者, 亦駢然而生矣. 逸人默自奇異, 不敢告于人. 後有道士至鄴下, 逢逸人, 驚曰: "先生嘗得餌仙藥乎? 何神氣清晤如是?" 道士因診其脈, 久之又曰: "先生嘗食靈芝矣. 夫靈芝狀類人手, 肥而且潤, 色微紅者是也." 逸人悟其事, 以告, 道士賀曰: "先生之壽, 可與龜鶴齊矣. 然不宜居塵俗間, 當退休山林, 棄人事, 神仙可致." 逸人喜而從其語, 遂去, 竟不知所在. (出『宣室志』)

413 · 18(5628)
이 균(異 菌)

당(唐)나라 개성(開成) 원년(836) 봄에 단성식(段成式:『酉陽雜俎』의 撰者)의 수행리(修行里) 사저(私邸: 원문은 '思第'라 되어 있으나『酉陽雜俎』「前集」권19「草篇」에 의거하여 '私第'로 고쳐 번역함) 서재 앞에 있던 말라죽은 자형(紫荊: 박태기나무) 몇 그루가 나무좀벌레에 먹혀 부러지자, 그것을 베어내고 1척 정도의 밑동만 남겨 놓았다. 그 후 3년이 지난 가을에 그 고목 밑동 위에서 버섯 하나가 자라났는데, 크기는 말[斗]만하고 아래에는 5개의 발이 펼쳐 있었으며 꼭대기에는 누렇고 흰 빛무리 2줄기가 있고 아비(鵝鞴: 글자 그대로는 淡黃色 화살통이지만 문맥상 鵝抱로 추정함. 鵝抱는 바위에 붙어사는 풀로 뿌리는 萊菔[무우]과 비슷하며 약재로 쓰임)처럼 녹색 치마가 드리워져 있었으며 높이는 1척 남짓 되었다. 그런데 겨울이 되자 색깔이 검게 변하더니 죽어버렸다. 그것을 태웠더니 그 향기가 모향(茅香: 향초의 일종인 산향모) 같았다. 단성식이 한번은 화단에 향로를 놓고 [그것을 사르면서] 불경을 염송하다가 스님에게 물었더니 스님이 좋은 징조라고 했다.

나중에 괴이한 일을 기록한 여러 책을 살펴보았더니 이런 이야기가 기록되어 있었다. 남제(南齊) 오군(吳郡)의 저사장(褚思莊)은 평소 불교를 신봉했다. 하루는 대들보 밑에서 잠을 잤는데, 바닥에서 4척 남짓 떨어진 높이의 남목(枏木: 녹나무)으로 된 짧은 기둥에 마디가 있었다. 대명연간(大明年間: 大明은 永明의 誤記로 보임. 대명은 南朝 宋 孝武帝의 연호[457~464]이고 영명은 南朝 齊 武帝의 연호[483~493]이므로 영명이 타당함)에 난데없이 영지처럼 생긴 물체 하나가 그 기둥의 마디 위에서 자라났는데 누런 빛깔이 선명했다. 그것은 점점 자라더니 며칠 후에 천 개의 불상 모습을 이루었다. 그 불상들은 얼굴・눈・손가락・손톱 및 광배(光背)와 의복 등이 모두 완전히 갖추어져 있었는데, 마치 황금 박편이 은은히 도드라진 것처럼 보였지만 만져 보니 매우 부드러웠다. 그것은 늦봄에 자라났다가 늦가을에 시들었는데[원문은 '嘗以春末落'이라 되어 있지만 『酉陽雜俎』 「前集」권19 「草篇」에 의거하여 '嘗以春末生, 秋末落'으로 고쳐 번역함], 시들 때 불상의 모습은 그대로였고 단지 색깔만 갈색으로 변했다. 그것이 시들 때 저사장의 집에서는 그것을 상자 속에 보관했다. 그렇게 5년이 흐르는 동안 저사장은 더 이상 그 대들보 밑에서 머물지 않았으며 또한 다른 특별히 성대한 일도 일어나지 않았다. 그렇지만 저사장의 온 집안사람들은 모두 장수하여 그의 부친은 97세에 죽었고 그의 형은 70세까지도 장년처럼 건장했다. (『유양잡조』)

唐開成元年春, 段成式修行里思第書齋前, 有枯紫荊數株蠹折, 因伐之, 餘尺許. 至三年秋, 枯根上生一菌, 大如斗, 下布五足, 頂黃白兩暈, 綠垂裙, 如鵝䑛, 高尺餘. 至冬('冬'原作'午', 據陳校本改), 色變黑而死. 焚之, 氣如茅香. 成式嘗置香爐於栟臺上念經, 問僧, 以爲善徵.

後覽諸志怪: 南齊吳郡褚思莊, 素奉釋氏. 眠于梁下, 短柱是栟木, 去地四尺餘, 有節. 大明中, 忽有一物如芝, 生于節上, 黃色鮮明. 漸漸長, 數日, 遂成千佛狀. 面目指爪及光相衣服, 莫不宛具, 如金鍱隱起('隱起'原作'起隱', 據陳校本改), 摩之殊軟. 嘗以春末落, 落時佛形如故, 但色褐耳. 至落時, 其家貯之箱中.

積五年, 思莊不復住其下, 亦無他顯盛. 闔門壽老, 思莊父終九十七, 兄年七十, 健如壯年. (出『酉陽雜俎』)

413 · 19(5629)
석 균(石 菌)

당(唐)나라 무종(武宗) [會昌] 2년(842)에 송주(宋州) 보전현(莆田縣) 파강산(破崗山)의 커다란 바위 위에서 버섯이 자라났는데, 크기는 삼태기만 하고 줄기와 갓은 황백색이며 그 아래는 옅은 홍색이었다. 그 버섯을 지나가던 스님들이 모두 따서 먹었는데, 다른 버섯보다 배나 맛이 좋다고 했다. (『유양잡조』)

宋州莆田縣破崗山, 唐武宗二年, 巨石上生菌, 大如合簣, 莖及蓋黃白色, 其下淺紅. 盡爲過僧所食, 云美倍諸菌. (出『酉陽雜俎』)

413 · 20(5630)
죽 육(竹 肉)

죽육. 강회(江淮) 지역에 죽육이 있는데 대나무 마디 위에서 자란다. 그 모양은 탄환처럼 생겼고 맛은 백계(白雞: 흰 목이버섯) 같다. 대주(代州)의 북쪽에는 또 커다란 수계(樹雞: 목이버섯의 별칭)가 있는데,

그 모양이 나무를 구부려 만든 술잔처럼 생겼으며 '호손두(胡猻頭:『酉陽雜俎』「前集」권19「草篇」에는 '胡孫眼'이라 되어 있는데 말굽버섯을 말함)'라고 불린다. 노산(盧山)에는 석이버섯이 있는데 열성(熱性)이다 [『酉陽雜俎』「前集」권19「草篇」에는 이 구절이 따로 독립되어 있음]. (『유양잡조』)

竹肉. 江淮有竹肉, 生節上. 如彈丸, 味如白雞('雞'下原有'竹皆'二字, 據明鈔本・陳校本刪). 代('代'原作'向', 據明鈔本・陳校本改)北又有大樹雞, 如杯棬, 呼爲'胡猻頭'. 盧山有石耳, 性熱. (出『酉陽雜俎』)

413 · 21(5631)
독 균(毒 菌)

강하군(江夏郡) 한양현(漢陽縣)에서 '여려(茹閭)'라고 하는 독버섯이 나는데 모수(茅蒐: 꼭두서니)는 아니다. 매년 이 버섯을 궁중에 진상한다. 한양현의 관리는 늘 사람들에게 들판에서 찾게 하는데, 만약 이 버섯이 발견되면 즉시 표식을 세워 사람들에게 보이고 감히 바람이 불어가는 쪽으로 지나가지 못하게 함으로써 그 독기를 피한다. 그것을 딸 때는 대나무 장대로 잘라 넘어뜨린 뒤 재빨리 땅에 장대를 던지면 독기가 장대 속으로 들어가 순식간에 장대가 갈라터진다. 그것의 독기가 없어지기를 기다렸다가 느티나무나 버드나무의 껍질로 손을 덮어씌운 채 그것을 주워 모포로 감싼 뒤에 다시 느티나무나 버드나무 껍질로 거듭

싸면 현재(縣宰: 縣令)가 봉인하여 궁중에 진상한다. 그것을 운반하는 일꾼에게는 품삯을 배로 지급하는데, 그 이유는 가는 도중에 대부분 독기에 쐬어서 두통에 시달리기 때문이다. 장강(張康)은 한양현을 다스리는 부친을 옆에서 모시고 있었기에 그 일을 자세히 말해주었다. 사람들 중에서 야생버섯에 중독되어 실실 웃는 자에게 물고기와 오디를 끓인 즙을 먹이면 즉시 낫는다. 이것은 광원(光遠) 스님이 해준 말이다. (『북몽쇄언』)

江夏漢陽縣出毒菌, 號'茹閭', 非茅蒐也. 每歲供進. 縣司常令人於田野間候之, 苟有此菌, 卽立表示人, 不敢從下風而過, 避其氣也. 採之日, 以竹竿芟倒, 遽捨竿於地, 毒氣入竹, 一時爆裂. 直候毒歇, 仍以欅柳皮蒙手以取, 用氈包之, 亦欅柳皮重裹, 縣宰封印而進. 其賚致役夫, 倍給其直, 爲其道路多爲毒薰, 以致頭痛也. 張康隨侍其父宰漢陽, 備言之. 人有爲野菌所毒而笑者, 煎魚椹汁服之, 卽愈. 僧光遠說也. (出『北夢瑣言』)

태

413·22(5632)
서 태(叙 苔)

태전(苔錢: 동전 모양의 이끼)은 '택규(澤葵)'라고도 하고, '동전초

(菫錢草)'라고도 하며, '선선(宣癬)'이라고도 한다. 남방 사람들은 그것을 '구초(垢草)'라고 부른다. (『술이기』)

苔錢亦謂之澤葵, 又名'菫錢草', 亦呼爲'宣癬'. 南人呼爲'垢草'. (出『述異記』)

413 · 23(5633)
지 전(地 錢)

지전(地錢: 우산이끼)은 잎이 둥글고 줄기가 가늘며 덩굴이 있는데 계곡 기슭에서 많이 자란다. 일명 '적설초(積雪草)'라고도 하고, '연전초(連錢草)'라고도 한다. (『유양잡조』)

地錢, 葉圓莖細, 有蔓, 多生谿澗邊. 一曰'積雪草', 亦曰'連錢草'. (出『酉陽雜俎』)

413 · 24(5634)
만금태(蔓金苔)

진리국(晉梨國)에서 만금태를 바쳤는데, 황금 빛깔에 반딧불이 모여 있는 것 같았으며 계란만한 크기였다. 그것을 물속에 던져 넣으면 물결 위로 덩굴이 퍼져나갔는데, 햇빛을 받아 반짝이는 모양이 마치 불이 물

위에서 타는 것 같았다. 그래서 궁중에 100보(步) 되는 너비의 연못을 파고 [만금태를 심어] 때때로 그것을 구경함으로써 궁인들을 즐겁게 했다. 궁인 중에서 총애를 받은 자들에게는 만금태를 하사했다. 옻칠한 주발 속에 그것을 담아두면 온 방을 밝게 비추었으므로 '야명태(夜明苔)'라고 했다. 또 옷깃에 붙이면 불빛처럼 빛났다. 황제는 궁궐 밖의 사람이 그것을 얻어서 백성들을 현혹시킬까봐 걱정하여 만금태를 없애고 연못을 메우라는 조서를 내렸다. 황실이 망할 때까지도 그것이 있었지만 [그 후로는 胡人들이] 모두 호(胡) 땅으로 가져가버렸다. (왕자년『습유기』)

晉梨國獻蔓金苔, 色如金, 若螢火之聚, 大如雞卵. 投之水中, 蔓延波瀾之上, 光出照日, 皆如火生水上也. 乃於宮中穿池, 廣百步, 時時觀此苔, 以樂宮人. 宮人有幸者, 則以金苔賜之. 以置漆椀中, 照耀滿室, 名曰'夜明苔'. 著衣襟則如火光矣. 帝慮外人得之, 衒惑百姓, 詔使除苔塞池. 及皇家喪亂, 猶有此物, 皆入胡中. (出王子年『拾遺記』)

413・25(5635)
여거태(如苣苔)

[唐나라] 개성연간(開成年間: 836~840) 말에 자은사(慈恩寺) 당삼장원(唐三藏院)의 뒤 처마 계단[원문은 '楷'라 되어 있지만『酉陽雜俎』「前集」권19「草篇」에 의거하여 '階'로 고쳐 번역함]에 고거(苦苣: 검

은 참깨. 원문은 '古苣'라 되어 있지만 『酉陽雜俎』「前集」권19「草篇」에 의거하여 고침)처럼 생긴 이끼가 벽돌 위로 퍼져 있었는데, 남초록 빛에 가볍고 부드러워서 보기 좋았다. 담론승(談論僧) 의림(義林)이 대화연간(大和年間: 827~835) 초에 기법사(基法師: 窺基. 俗姓은 尉遲)의 유해를 이장하려고 처음 무덤을 열었더니 향기가 사람을 엄습했다. 기법사는 전대(塼臺) 위에 모로 누워 있었는데 그 모습이 살아있는 듯했다. 전대 위에는 이끼가 2촌 넘게 덮여 있었는데, 황금색이었으며 단향목을 태우는 듯한 향기가 풍겼다. (『유양잡조』)

慈恩寺唐三藏院後簷楷, 開成末, 有苔狀如古苣, 布於塼上, 色如藍綠, 輕軟可愛. 談論僧義林, 大和初, 改葬基法師, 初開冢, 香氣襲人. 側臥塼臺上, 形如生. 塼上苔厚二寸餘, 作金色, 氣如蓺檀. (出 『酉陽雜俎』)

413·26(5636)
석 발(石 髮)

장승(張乘)이 이런 말을 했다. 남방의 바닷물 밑에 석발(石髮: 海苔. 김)처럼 생긴 풀이 있는데, 매달 초사흘이나 초나흘에 처음 자라나 초여드레나 초아흐레 이후면 딸 수 있다. 하지만 월말까지 가면 모두 문드러져버리니, 아마도 달의 차고 기움을 따르는 것 같다. (『유양잡조』)

張乘言: 南中水底有草, 如石髮, 每月三四日始生, 至八九已後可採. 及月盡,悉爛, 似隨月盛衰也. (出『酉陽雜俎』)

413·27(5637)
와 송(瓦 松)

[와송(瓦松: 지부지기)에 대해]『박아(博雅: 廣雅를 말함. 隋 煬帝 楊廣의 諱를 피하여 '廣'을 '博'으로 고쳤음)』에서는 "지붕에 있는 것을 '석야(昔耶)'라 하고 담장에 있는 것을 '원의(垣衣)'라 한다"라고 했으며,『광지(廣志)』에서는 그것을 '난향(蘭香)'이라 하고 오래된 지붕의 기와에서 자란다고 했다. 위(魏)나라 명제(明帝)는 그것을 좋아하여, 장안(長安)에 명하여 서쪽에서 그 기와를 낙양(洛陽)으로 실어와 낙양의 지붕을 덮게 했다. 역대로 문인들의 시 중에 '석야'를 쓴 것이 많은데, 양(梁)나라 간문제(簡文帝)가 장미를 읊으면서 이렇게 말했다.

    계단 가장자리는 푸른 비단[이끼를 비유함]으로 덮고,
    처마 끝자락은 석야로 덮어 가렸네.

어떤 이가 말했다.
"나무로 집을 지을 때는 대부분 소나무를 사용하는데, 토목(土木)의 기운이 새나가면 기와에서 와송이 자라난다."
[唐나라] 대력연간(大曆年間: 766~779)에 함원전(含元殿)을 수리할 때, 어떤 사람이 문서를 올려 자신이 기와를 놓겠다고 자청하면서 아울러 이렇게 말했다.

"기와 놓는 일은 오직 나만 잘할 수 있소. 조부께서 일찍이 이 궁전에 기와를 놓아본 적이 있소이다."

여러 기와공들이 인정하지 않자 그 사람이 말했다.

"당신들은 기와를 다 놓고 나서 와송이 자라지 않게 할 수 있소?"

기와공들은 그제야 그 사람을 인정했다.

또 이아흑(李阿黑)이란 자 역시 지붕을 잘 이었는데, 나란한 이처럼 기와를 놓아 그 사이로 실틈조차 없게 하여 역시 와송이 자라지 않았다. 『본초(本草)』에서는 "와의(瓦衣)를 일러 '옥유(屋遊)'라고 한다"라고 했다. (『유양잡조』)

『博雅』: "在屋曰'昔耶', 在墻曰'垣衣'." 『廣志』謂之'蘭香', 生於久屋之瓦. 魏明帝好之, 命長安西載其瓦('魏明帝'等十二字原闕, 據『酉陽雜俎』十九補)於洛('洛'原作'落', 據『酉陽雜俎』十九改)陽, 以覆屋. 前後詞人詩中, 多用'昔耶', 梁簡文帝詠薇曰: "緣階覆碧綺, 依簷暎昔耶." 或言: "構木上多松栽, 土木氣洩, 則瓦生松."

大曆中, 修含元殿, 有一人投狀請瓦, 且言: "瓦工唯我所能. 祖父時嘗瓦此殿矣." 衆工不能服, 因曰: "若有能瓦畢不生瓦松乎?" 衆方服焉.

又有李阿黑者, 亦能治('治'原作'至', 據『酉陽雜俎』十九改)屋, 布瓦如齒, 間不通綖, 亦無瓦松. 『本草』: "瓦衣謂之'屋遊'." (出『酉陽雜俎』)

413·28(5638)
와송부(瓦松賦)

최융(崔融)의 「와송부서(瓦松賦序)」에서 이렇게 말했다.

"숭문관(崇文舘)의 와송은 지붕 처마 아래에서 자란다. 그것을 나무라고 하지만 산에 사는 사람에게 물어봐도 잘 알지 못하고, 그것을 풀이라고 하지만 농황(農皇: 神農을 말함)의 책[『神農本草經』]을 살펴봐도 거의 기록되어 있지 않다."

「와송부」는 다음과 같다.

    찬란하여 특별히 빼어나니,
    황금 영지가 처마에서 자라나는 듯하네.
    분명하게 허공에 걸려 있으니,
    느릅나무 숲처럼 총총한 뭇별이 하늘에 심어져 있는 것 같네.
    꽃과 가지는 무성하게 자라고,
    뿌리[원문은 '根柢'라 되어 있지만 『酉陽雜俎』「前集」 권19 「草篇」에 의거하여 '根柢'로 고쳐 번역함]는 연이은 주먹 같네.
    자줏빛 이끼 사이로 이슬 배어 있고,
    푸른 기와 뚫고나와 안개 머금고 있네.

또 이렇게 묘사했다.

    위(魏)나라 궁궐의 오비(烏悲: 烏韭의 오기로 추정함. 오구는 양치류의 고사리과 식물임)에 부끄럽고,
    한(漢)나라 궁전의 홍련(紅蓮)에 무색하네.

최공(崔公: 崔融)은 박학하여 알지 못하는 것이 없는 사람인데 어찌

하여 와송에 관한 기록이 이미 있는 것을 알지 못했을까? (『유양잡조』)

崔融「瓦松賦序」云: "崇文舘瓦松者, 産於屋霤之下. 謂之木也, 訪山客而未詳, 謂之草也, 驗農皇而罕記." 賦云: "煌煌特秀, 狀金芝之産霤. 歷歷虛懸, 若星楡之種天. 苞條郁毓, 根祇連拳. 間紫苔而裛露, 凌碧瓦而含煙." 又曰: "慚魏宮之烏悲, 恧漢殿之紅蓮." 崔公學博, 無不該悉, 豈不知瓦松已有著說乎? (出『酉陽雜俎』)

태평광기

권제 414

초목 9

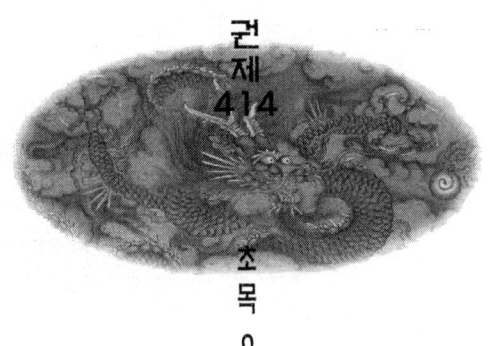

향약(香藥)
1. 다무향(茶蕪香)
2. 삼명향(三名香)
3. 오명향(五名香)
4. 침 향(沉 香)
5. 용뇌향(龍腦香)
6. 안식향(安息香)
7. 일목오향(一木五香)
8. 가려륵(訶黎勒)
9. 백두구(白荳蔻)
10. 불제향(韷齊香)
11. 무석자(無石子)
12. 자 비(紫 緋)
13. 아 위(阿 魏)
14. 필 발(蓽 撥)
15. 호 초(胡 椒)
16. 아발삼(阿勃參)
17. 산 저(山 藷)
18. 마 황(麻 黃)
19. 형삼릉(荊三稜)

복이(服餌)
20. 복송지(服松脂)
21. 이송예(餌松藥)
22. 사복령(賜茯苓)
23. 복복령(服茯苓)
24. 복창포(服菖蒲)
25. 복 계(服 桂)
26. 이저실(餌柠實)
27. 복오미자(服五味子)
28. 식 출(食 朮)
29. 복도교(服桃膠)
30. 복지황(服地黃)
31. 복원지(服遠志)
32. 복천문동(服天門冬)
33. 음국담수(飮菊潭水)
34. 음감국곡수(飮甘菊谷水)
35. 식황정(食黃精)

향약

414·1(5639)
다무향(茶蕪香)

연(燕)나라 소왕(昭王) 때 파익국(波弋國)에서 다무향을 바쳐왔다. 그 향을 피워 옷에 먹이면 한 달이 지나도록 향기가 없어지지 않았다. 다무향이 지나간 곳의 돌과 흙에서는 모두 향기가 났고, 썩은 나무와 풀은 모두 살아나고 꽃을 피웠다. 또한 다무향을 야윈 뼈에 쏘이면 뼈에서 피부와 살이 다시 생겨났다. (『독이지』)

燕昭王時, 有波弋之國, 貢茶蕪香. 若焚着衣, 彌月不絶. 所遇地, 土石皆香, 經朽木腐草皆榮秀. 用薰枯骨, 則肌肉再生. (出『獨異志』)

414·2(5640)
삼명향(三名香)

한(漢)나라 때 옹중자(雍仲子)는 남해의 향을 바치고 나서 부양현위(涪陽縣尉)에 임명되었기 때문에 당시 사람들은 그를 '향위(香尉)'라고 불렀다. 일남군(日南郡)에서 향시(香市)가 열리는데, 상인들은 그곳에서 여러 향을 교역한다. 남해군(南海郡)에는 향호(香戶)라는 마을이 있고, 일남군에는 천 마지기의 향림(香林)이 있다. 그곳에서는 좋은 향수가 난다. 향주(香州: '洲'의 誤記로 보임)는 주애군(朱崖郡)에 위치해 있으며, 그곳에서 종종 그 이름도 알 수 없는 기이한 향이 많이 나는데, 천년송향(千年松香)은 10리 밖에서도 향기를 맡을 수 있었는데, 역시 '삼향(三香)'이라고 불렀다.

漢雍仲子進南海香物, 拜爲涪陽尉, 時人謂之'香尉'. 日南郡有香市, 商人交易諸香處. 南海郡有村香戶, 日南郡有千畝香林. 名香出其中. 香州在朱崖郡, 洲中出諸異香, 往往不知其名. 千年松香聞十里, 亦謂之'三香'也.

414 · 3(5641)
오명향(五名香)

취굴주(聚窟洲)는 서해(西海)에 있다. 신미년(申未年)에 취굴주에서 큰 나무가 자랐는데, 단풍나무와 비슷하며 잎에서 향기가 나 몇 백 리 밖에서도 맡을 수 있었다. 이 나무는 '반혼수(返魂樹)'라 불린다. 이 나무를 두드리면 나무에서 소리가 저절로 나는데, 그 소리가 소 울음 같아서 그 소리를 들은 사람들은 모두 가슴이 뛰고 정신을 잃는다. 나무 뿌리 속을 잘라내 옥 솥에 넣고 삶아 즙을 낸 뒤에 다시 불에다 끓이면 검은 엿처럼 변해 환약을 만들 수 있다. 이것을 '경정향(驚精香)'이라고도 하고 어떤 사람들은 '진령환(振靈丸)'이라고도 하며 어떤 사람들은 '반생향(返生香)', 어떤 이는 '인조정향(人鳥精

香)', 어떤 이는 '각사향(却死香)'이라고 하여 한 종류에 이름이 다섯 개나 붙어 있다. 이것은 신령한 물건으로, 그 향기는 몇 백 리 밖에서도 맡을 수 있는데, 땅에 누워있던 시체가 그 향기를 맡으면 바로 살아난다. (『십주기』)

聚窟洲在西海中. 申未('未'原作'來', 據明鈔本・陳校本改), 洲上有大樹, 與楓木相似, 而葉香, 聞數百里. 名此爲'返魂樹'. 叩其樹, 樹亦能自聲, 聲如牛吼, 聞之者皆心振神駭. 伐其根心, 於玉釜中煮取汁, 更火煎之, 如黑飴, 可令丸. 名曰'驚精香', 或名之爲'振靈丸', 或名之爲'返生香', 或名之爲'人鳥精香', 或名爲'却死香', 一種五名. 斯靈物也, 香氣聞數百里, 死尸在地, 聞氣乃活. (『十洲記』)

414・4(5642)
침 향(沉 香)

당(唐)나라 태종(太宗)이 고주(高州)의 수령 풍앙(馮盎)에게 물었다.
"경의 집은 침향수에서 얼마나 떨어져 있는가?"
풍앙이 대답했다.
"소신의 집 좌우에 침향수가 자라고 있기는 합니다만, 살아 있는 나무에서는 향기가 나지 않고 오직 죽은 나무에서만 향기가 납니다."
(『국사이찬』)

唐太宗問高州首領馮盎云: "卿宅去沈香遠近?" 對曰: "宅左右卽出香樹, 然其生者無香, 唯朽者始香矣." (出『國史異纂』)

414·5(5643)
용뇌향(龍腦香)

　　용뇌향수는 파리국(婆利國: 지금의 발리섬)에서 나는데, 파리국 사람들은 그것을 '개불파률(箇不婆律)'이라고 부른다. 용뇌향수는 파사국(波斯國: 페르시아 제국)에서 나는데, 나무는 8~9장의 높이에 둘레가 6~7아름이나 된다. 잎은 둥글고 잎사귀 뒤쪽은 희며 꽃과 열매가 열리지 않는다. 용뇌향수는 두툼하게 잘 자란 나무와 파리하게 자란 나무가 있는데, 파리하게 자란 나무에서 파률고(婆律膏)가 난다. 향기는 나무속에서 난다. 나무의 가운데 부분을 자르고 쪼개면 진액이 나무 끝에서 흘러나오는데, 나무를 잘라 홈을 파고서 수액을 받는다. 이것은 약에 넣어 사용하기도 하고 또 다른 용도로도 쓰기도 한다. (『유양잡조』)

龍腦香樹, 出婆利國, 婆利呼爲'箇不婆律'. 亦出波斯國, 樹高八九丈, 大可六七圍. 葉圓而背白, 無花實. 其樹有肥有瘦, 瘦者出婆律膏. 香在木心. 中斷其樹, 劈取之, 膏于樹端流出, 斫樹作坎而承之. 入藥用, 別有法. (出『酉陽雜俎』)

414 · 6(5644)
안식향(安息香)

안식향수는 파사국(波斯國: 페르시아 제국)에서 나는데, 페르시아에서는 그것을 '벽사(辟邪)'라고 부른다. 나무는 3장의 크기에 껍질은 황흑색(黃黑色)을 띠고 있다. 잎에는 네 개의 모서리가 있고 겨울 내내 잎이 지지 않는다. 2월에 황색의 꽃이 피는데, 꽃술은 옅은 푸른색이며 열매는 열리지 않는다. 그 잎을 벗기면 엿처럼 끈끈한 진액이 나오는데, 이것을 '안식향'이라 한다. 그 진액은 6~7월에 단단하게 엉겨 붙으면 바로 사용할 수 있다. 안식향을 사르면 신명(神明)과 통할 수 있고 온갖 악기(惡氣)를 물리칠 수 있다. (『유양잡조』)

安息香樹, 出波斯國, 波斯呼爲'辟邪'. 樹長三丈, 皮色黃黑. 葉有四角, 經寒不凋. 二月開花, 黃色, 心微碧, 不結實. 刻其葉而其膠如飴, 名'安息香'. 六七月堅凝, 乃取之. 燒之通神明, 辟衆惡. (出『酉陽雜俎』)

414 · 7(5645)
일목오향(一木五香)

한 그루의 나무에서 다섯 가지의 향이 나는데, 뿌리에서는 전단향(旃檀香)이 나고 마디에서는 침향(沉香)이 나며, 꽃에서는 계설향(雞舌香: 丁香)이 나고, 잎에서는 곽향(藿香: 다년생 초본식물. 줄기와 잎에서 향기가 나며 더위를 식힐 수 있고 위를 튼튼하게 함. 주로 향료로 쓰임)이 나며, 나무의 진에서는 훈륙향(薰陸香: 乳香)이 난다. (『유양잡조』)

一木五香, 根旃檀, 節沉, 花雞舌, 葉藿, 膠薰陸. (出『酉陽雜俎』)

414·8(5646)
가려륵(訶黎勒)

고선지(高仙芝)가 대식국(大食國: 고대의 사라센 제국)을 정벌하고 그곳에서 길이가 5~6촌 정도 되는 가려륵(訶黎勒)을 얻었다. 고선지는 가려륵의 가루를 배 위에 올려놓자마자 배에 통증을 느끼고 곧 바로 열 번 넘게 설사를 했다. 고선지가 처음에 가려륵이 재앙을 내린다고 생각해서 얼른 버리려고 하다가 대식국의 한 장로(長老)에게 어떻게 된 일인지 물었더니 장로가 말했다.

"사람이 이 물건을 몸에 지니고 있으면 모든 병이 사라지는데, 설사는 바로 몸에서 나쁜 물질이 나간다는 증거입니다."

그리하여 고선지는 가려륵을 보물처럼 몹시 아꼈다. [唐나라] 천보 연간(天寶年間: 742~756) 말에 고선지가 주살 된 뒤로 가려륵도 어디론가 사라졌다. (『광이기』)

高仙芝伐大食, 得訶黎勒, 長五六寸. 初置抹肚中, 便覺腹痛, 因快痢十餘行.

初謂訶黎勒爲祟, 因欲棄之, 以問大食長老, 長老云: "此物人帶, 一切病消. 痢者出惡物耳." 仙芝甚寶惜之. 天寶末被誅, 遂失所在. (出『廣異記』)

414・9(5647)
백두구(白荳蔻)

백두구는 가고라국(加古羅國: 오늘날의 말레이 반도 지역으로 추정됨)에서 나는데, 그 나라에서는 '다골(多骨)'이라고 부른다. 그 모양은 파초(芭蕉)처럼 생겼고 잎은 두약(杜若)과 비슷하며 길이는 8~9척 정도 되는데, 사계절 내내 잎이 지지 않는다. 꽃은 옅은 황색이며 열매는 포도처럼 송이로 열린다. 열매가 처음 열릴 때는 옅은 청색이다가 익으면 흰색으로 변한다. 백두구는 7월에 딴다. (『유양잡조』)

白豆蔻, 出加古羅國, 呼爲'多骨'. 形如芭蕉, 葉似杜若, 長八九尺, 冬夏不凋. 花淺黃色, 子作朶, 如蒲萄. 其子初出, 微靑, 熟則變白. 七月採. (出『酉陽雜俎』)

414・10(5648)
불제향(香荷齊香)

불제향은 파사국(波斯國: 페르시아)에서 나는데, 불림국(佛林國: 동로마제국)에서는 '정발리타(頂勃梨咃)'라 부른다. 길이는 1장이고 그 둘레는 1척 남짓 된다. 불제향 껍질은 청색인데, 껍질이 얇으면서도 광채가 나고 아주 깨끗하다. 잎은 아위(阿魏: 뿌리 부분을 건조시킨 뒤 약으로 씀. 악취가 나는 식물로 살충해독에 효과가 있음)처럼 생겼으며 매년 세 장의 잎이 가지 끝에서 자라나고 꽃이 피지 않고 열매도 열리지 않는다. 서역(西域) 사람들은 늘 8월에 불제향을 쳐낸다. 섣달이 되면 다시 새 가지가 무성하게 자라나는데, 만약 가지치기를 하지 않으면 가지가 말라죽는다. 7월에 그 가지를 잘라내면 꿀과 같은 누런색의 즙이 나오는데, 약간의 향기가 난다. 이것을 질그릇 안에 넣어두고 온갖 병을 치료하는데 쓴다. (『유양잡조』)

馝齊香, 出波斯國, 佛林呼爲'頂勃梨咃'. 長一丈, 圍一尺許. 皮青色, 薄而極光淨. 葉似阿魏, 每三葉生於條端, 無花實. 西域人常八月伐之. 致臘月, 更抽新條, 極滋茂, 若不剪除, 枯死. 七月斷其枝, 有黃汁, 其狀如蜜, 微有香氣. 入缶, 療百病. (出『酉陽雜俎』)

414 · 11(5649)
무석자(無石子)

무석자는 파사국(波斯國: 페르시아)에서 나는데, 페르시아 사람들은 그것을 '마적(摩賊)'이라 부른다. 나무의 높이는 6~7장 정도 되고 둘레는 8~9척 정도 된다. 잎은 복숭아 잎처럼 생겼는데 그 보다는 길다. 무석자는 삼월에 꽃이 피는데 흰색이며 꽃심은 약간 붉다. 열매는 탄환처럼 둥근데 처음에는 청색이다가 익으면 황백색(黃白色)으로 변한다. 벌레가 먹어서 껍질에 구멍이 난 열매는 다 익은 것이다. 껍질에 구멍이 나지 않은 것은 약용으로 쓰인다. 이 나무는 한 해는 무석자가 자라고 한해는 발루자(跋屢子: 도토리)가 자라는데, 그 크기는 손가락만 하고 길이는 3촌이며 위에 껍질이 있다. 껍질 안의 씨알맹이는 밤처럼 누렇고 먹을 수 있다. (『유양잡조』)

無石子, 出波斯國, 波斯呼爲'摩賊'. 樹長六七丈, 圍八九尺. 葉如桃葉而長. 三月開花, 白色, 花心微紅. 子圓如彈丸, 初靑, 熟乃黃白. 蟲食成孔者正熟. 皮無孔者, 入藥用. 其樹一年生無石子, 一年生跋屢子, 大如指, 長三寸, 上有殼. 中仁如栗黃, 可啖. (出『酉陽雜俎』)

414 · 12(5650)
자 비(紫 鞴)

자비수는 진랍국(眞臘國: 지금의 캄보디아)에서 나는데, 진랍 사람들은 '늑거(勒佉)'라고 한다. 자비수는 파사국(波斯國: 페르시아)에서도 난다. 나무의 높이는 1장이며, 가지와 줄기는 울창하게 자란다. 잎은 귤잎과 비슷하며 겨울 내내 지지 않는다. 3월에 꽃이 피는데, 흰색이며 열매는 열리지 않는다. 하늘에 짙은 안개가 끼거나 이슬이 내리거나 비가 와서 나뭇가지를 적시면 바로 자비액이 나온다. 페르시아 사자 오해(烏海)와 사리심(及沙利深)은 서로 하는 말이 똑같고, 진랍국(眞臘國)

의 사자인 절충도위(折衝都尉) 사문 타사니발타(沙門陀沙尼拔陁)는 이
렇게 말하고 있다.

"개미가 흙을 나무 아래로 옮겨 집을 만드는데, 개미 둑이 비나 이슬
을 맞아서 응결되면 자비가 된다. 곤륜국(崑崙國)에서 나는 것이 가장
좋고, 페르시아에서 나는 것이 그 다음으로 좋다."

(『유양잡조』)

紫鉡樹, 出眞臘國, 眞臘呼爲'勒佉'. 亦出波斯國. 樹長一丈, 枝條鬱茂. 葉似
橘, 經冬不凋. 三月開花, 白色, 不結子. 天大霧露及雨, 霑其樹枝條, 卽出紫鉡.
波斯國使烏海及沙利深, 所說並同, 眞臘國使折衝都尉沙('沙'原作'涉', 據明鈔本
改)門陀沙尼拔陁, 言: "蟻運土于樹作窠, 蟻壞得雨露凝結, 而成紫鉡. 崑崙國者
善, 波斯國者次之"(出『酉陽雜俎』)

414 · 13(5651)
아 위(阿 魏)

아위[악취가 나는 식물로 살충해독의 약물]는 가사나국(伽闍那國:
지금의 아프가니스탄의 가즈니 지역)에서 나오는데, 가사나국은 바로
북천축국(北天竺國)이다. 가사나국 사람들은 아위를 '형우(形虞)'라고
부른다. 아위는 파사국(波斯國: 페르시아)에서 나는데, 페르시아 사람
들은 '아우절(阿虞截)'라고 부른다. 아위수는 8~9장의 높이에 껍질은
청황색(靑黃色)이다. 3월이 잎이 피는데, 그 모양이 서이(鼠耳: 鼠曲

草)와 비슷하다. 꽃과 과실이 열리지 않는다. 그 가지를 자르면 엿 같은 진액이 나오고 한참이 지나면 단단하게 엉겨 붙는다. 이것은 불림국(佛林國: 동로마제국)의 변(變) 스님이 말한 것과 같다. 마가다국(摩伽陁國: 고대 중인도의 나라이름)의 제파(提婆) 스님은 이렇게 말했다.

"그 진액에다 쌀과 콩가루와 섞어서 아위를 만든다."

(『유양잡조』)

阿魏, 出伽闍那國, 卽北天竺也. 伽闍那呼爲'形虞'. 亦出波斯國, 波斯呼爲'阿虞截'. 樹長八九丈, 皮靑黃, 三月生葉, 形似鼠耳. 無花實. 斷其枝, 汁出如飴, 久乃堅凝. 佛林國僧變所說同, 摩伽陁國僧提婆, 言: "取其汁和米豆屑, 合成阿魏." (出『酉陽雜俎』)

414・14(5652)
필 발(蓽 撥)

필발[식물 이름. 말린 줄기와 싹은 약으로 쓸 수 있고, 등나무과에 속함]은 마가다국(摩伽陁國: 고대 중인도의 나라이름)에서 나는데, 그곳 사람들은 '필발리(蓽撥梨)'라고 하고, 불림국(佛林國: 고대의 동로마제국)에서는 '아리가타(阿梨訶咃)'라고 한다. 그 싹은 3~4척의 길이에 줄기는 젓가락처럼 가늘고 잎은 삼백초(三白草) 잎 같으며 열매는 오디처럼 생겼다. 8월에 딴다. (『유양잡조』)

蓽撥, 出摩伽陁國, 呼爲'蓽撥梨', 佛林國呼爲'阿梨訶咃'. 苗長三四尺, 莖細如 箸, 葉似蕺葉, 子似桑椹. 八月採. (出『酉陽雜俎』)

414·15(5653)
호 초(胡 椒)

호초는 마가다국(摩伽陁國: 고대 중인도의 나라이름)에서 나는데, 그곳 사람들은 '매리지(昧履支)'라고 부른다. 그 싹은 넝쿨로 자라고 줄기는 아주 부드럽고 여리며 잎은 길이가 1촌 반 정도 되고 가는 가지가 있는데, 그것은 잎과 길이가 같다. 줄기 위에 열매가 맺히는데, 두 개씩 마주보고 있다. 그 잎은 새벽이 되면 펴지고 밤에는 모아지는데, 잎이 모아질 때 잎 속에 열매가 들어 있다. 열매는 한초(漢椒: 蜀椒에 해당. 중국에서는 椒를 다섯 가지로 나누는데, 그 가운데 하나인 蜀椒를 말함)처럼 생겼으며 아주 향기롭고 맵다. 6월에 열매를 딴다. 오늘날 호반육식(胡盤肉食: 서역요리)을 만들 때 많이 사용한다. (『유양잡조』)

胡椒, 出摩伽陁國, 呼爲'昧履支'. 其苗蔓生, 莖極柔弱, 葉長寸半, 有細條, 與葉齊. 條上結子, 兩兩相對. 其葉晨開暮合, 合則裹其子于葉中. 子形似漢椒, 至芳辣. 六月採. 今作胡盤肉食, 皆用之. (出『酉陽雜俎』)

414 · 16(5654)
아발삼(阿勃參)

아발삼은 불림국(佛林國: 고대 동로마 제국)에서 난다. 길이는 1장 조금 넘으며 껍질은 청백색(靑白色)이다. 잎은 가늘고 두 장 씩 서로 마주보고 있다. 꽃은 만청(蔓菁: 무청)처럼 생겼으며 정황색(正黃色: 純黃色)이다. 열매는 호초(胡椒)와 비슷하고 붉은 색이다. 그 가지를 자르면 기름 같은 진액이 나오는데, 종기 위에 바르면 모두 낫는다. 그 기름은 특별히 귀하여 금보다 값이 더 나간다. (『유양잡조』)

阿勃參, 出佛林國. 長一丈餘. 皮色靑白. 葉細. 兩兩相對. 花似蔓菁. 正黃. 子似胡椒. 赤色. 斫其枝. 汁如油. 以塗癬疥. 無不瘥. 其油極貴. 價重于金. (出『酉陽雜俎』)

414 · 17(5655)
산 저(山 藷)

희목현(熙穆縣)에서는 산저가 많이 자란다. 『본초(本草)』에는 다음과 같이 기록되어 있다.

"남산(南山)의 북쪽에서 나는 것을 '서예(薯預: 마. 薯蕷라고도 함)'라고 하는데, 이것을 복용하면 열기를 식힐 수 있으며 오장(五臟)을 보(補)할 수 있다."

(『남월지』)

熙穆縣里多山藷.『本草』云: "南山之陰曰'署預', 消熱下氣, 補五臟." (出『南越志』)

414·18(5656)
마 황(麻 黃)

마황은 줄기 끝에서 꽃이 피는데, 꽃은 작으면서도 노랗고 무더기로 자란다. 그 열매는 마치 복분자(覆盆子: 산딸기) 같으며 먹을 수 있다. 겨울이 되면 말라죽었다가 풀처럼 봄에 다시 파랗게 피어난다. (『유양잡조』)

麻黃, 莖端開花, 花小而黃, 簇生. 子如覆盆, 可食. 至冬枯死, 如草, 及春却靑. (出『酉陽雜俎』)

414·19(5657)
형삼릉(荊三稜)

당(唐)나라 하동(河東) 사람 배동(裴同)의 부친은 몇 년 동안 복통을 앓아 참을 수 없었다. 그는 아들에게 다음과 같이 부탁했다.

"내가 죽거든 반드시 [내 배를 갈라서] 그 병을 알아보아라."

그 아들이 부친의 유언을 따라 배를 가르고 보았더니 그 안에서 말린 사슴의 육포만한 물체가 나왔는데, 매달아 놓은 지 한참 뒤에 말랐다. 한 손님이 그것을 훔쳐 달아나서 보았더니 그것은 뼈처럼 단단했으며 칼로 깎아내자 무늬가 환하게 났다. 그리하여 칼자루로 만들어서 차고 다녔다. 한번은 길에서 말을 풀어놓고 칼을 뽑아 삼릉초(三稜草)를 자른 다음 그 위에 앉았더니 칼자루가 물로 변했다. 손님은 이상한 생각이 들어 다시 배동의 집으로 돌아와 어찌된 영문인지 물었다. 그러자 배동은 눈물을 흘리면서 사실대로 모두 말해주었다. 후에 병의 증세가 배동의 부친과 같은 사람들은 삼릉초의 즙을 복용했는데, 대부분 효험을 보았다. (『조야첨재』)

唐河東裴同父, 患腹痛數年, 不可忍. 囑其子曰: "吾死後, 必出吾病." 子從之, 出得一物, 大如鹿條脯, 懸之久乾. 有客竊之, 其堅如骨, 削之, 文彩煥發. 遂以爲刀欛子, 佩之. 在路放馬, 抽刀子割三稜草, 坐其上, 欛盡消成水. 客怪之, 回以問同. 同泣, 具言之. 後病狀同者, 服三稜草汁多驗. (出『朝野僉載』)

복이

414 · 20(5658)
복송지(服松脂)

상당현(上黨縣)에 사는 조구(趙瞿)라는 사람은 몇 해 동안 문둥병을 앓으면서 갖은 방법을 다해 치료해보았지만 낫지 못한 채 죽음을 앞두게 되었다. 그때 어떤 사람이 이렇게 말했다.

"살아있을 때 내다 버리는 것만 못합니다. 그렇지 않고 [집안에서 죽게 된다면] 자손들에게 그 병이 전염될 것이오."

집안사람들은 곧장 그를 위해 양식을 준비해서 그를 산의 굴속에 갖다 버렸다. 조구는 굴속에서 지내면서 자신의 불행을 원망한 나머지 밤낮으로 슬피 탄식하면서 며칠동안 울어댔다. 한 선인이 굴 입구를 지나가다가 [조구의 울음소리를 듣고] 그를 불쌍하게 여긴 나머지 어찌된 영문인지 물었다. 조구는 그가 이인(異人)임을 알아차리고 곧장 머리를 조아리고 자신의 처지를 말하면서 선인에게 애걸했다. 그러자 선인은 주머니에서 약을 꺼내 조구에게 주면서 그 복용법을 가르쳐주었다. 조구가 그 약을 복용한지 100여 일이 지나자 병이 낫기 시작했으며 얼굴에 살이 오르면서 피부에서 윤기가 나기 시작했다. 선인이 다시 그곳을 지나다가 그를 보러오자 조구는 생명의 은인이라면서 선인에게 감사의 인사를 하고 그 비법을 알려달라고 했다. 그러자 선인이 다음과 같이 알려주었다.

"이것은 송진이오. 이곳 산중에 특히 많은 물건이니 그대가 정제해서 복용하면 불로장생할 수 있을 것이오."

조구가 집으로 돌아오자 집안사람들은 처음에는 그를 귀신이라 생각하고 몹시 경악했다. 이에 조구는 그간의 사정을 자세하게 말해주었다. 그 이후로 계속해서 송진을 복용하자 조구는 몸이 한결 가벼워지고 힘이 백 배나 났으며 지세가 높고 험한 곳을 다녀도 종일토록 피곤하지 않았다. 조구는 170살이 되어서도 이가 빠지지 않았으며 머리카락도 세지 않았다. 하루는 밤에 누워 있는데 갑자기 방안에서 거울 크기만 한 빛이 보이기에 좌우의 사람들에게 물어보았지만 모두들 보지 못했다고 했다. 잠시 뒤에 빛은 점점 더 커져 대낮처럼 실내를 환하게 밝혔다. 또 밤에 보았더니 자신의 얼굴 위에 채녀(婇女) 두 사람이 있었는데, 키는 2~3촌정도 되고 이목구비가 다 갖추어져 있으며 단지 크기만 작을 뿐이었다. 그들은 그의 입과 코 사이에서 장난치면서 놀았다. 이렇게 또 1년의 시간이 흐른 뒤 그녀들은 점점 자라 성인만 해지자 조구의 곁에 있었다. 또 자주 금슬(琴瑟) 소리가 들렸는데, 그러면 조구는 즐거워하면서 혼자 웃었다. 조구는 인간세상에서 200년 정도 살았는데, 그 안색은 늘 어린아이와 같았다. 조구는 후에 포독산(抱犢山: 원문은 '抱犢入山去'되어 있지만, 『抱朴子』 권 11 「仙藥篇」에 의거하여 '入抱犢山去'으로 고쳐 번역함)으로 들어갔는데, 지선(地仙)이 되었음에 틀림없다. 그 사이에 마을에서 조구가 송진을 복용하고 난 뒤에 이와 같은 효과를 보았다는 소문을 들은 사람들이 다투어 송진을 복용했다. 그 가운데 일꾼이 많은 사람은 수레로 송진을 운반하거나 당나귀에 실어 와 집안 가득 쌓아두고 [원문에는 '誓' 자가 있는데, 衍字로 보임] 복용했는데, 기껏해야 한 달을 먹어보고 큰 효과가 없다고 생각하여 곧 그만두곤 했다. 신선에 뜻을 둔 사람을 얻기란 이처럼 어려운 것이다. (『포박자』)

上黨有趙瞿者, 病癩歷年, 衆治之不愈, 垂死. 或云:"不如及活流棄之. 否則後子孫轉相注易." 其家乃爲齎糧而送之, 置山穴中. 瞿居穴中, 自怨不幸, 晝夜悲歎, 涕泣經日. 有仙人行過穴口而哀之, 具問訊焉. 瞿知其異人, 乃叩頭自陳, 乞哀于仙人. 以囊藥賜之, 敎其服法. 瞿服之百許日, 愈瘡, 顔色豐悅, 肌膚玉澤. 仙人又過視之, 瞿謝受更生活之恩, 乞丐其方. 仙人告之云:"此是松脂耳. 此山中更多此物, 汝鍊之服, 可以長生不死." 瞿乃歸, 家人初謂之鬼也, 甚驚愕. 遂具言狀. 後服松脂不撤, 身體轉輕, 氣力百倍, 登高越險, 終日不倦. 年百七十歲, 齒不墮, 髮不白. 夜臥, 忽見屋間有光, 大如鏡者, 以問左右, 皆云不見. 久而漸大, 一室盡明, 如晝日. 又夜見面上有婇女二人, 長二三寸, 面目皆具, 但爲小耳. 遊戱其口鼻之間. 如是且一年, 此女稍長如大人, 在側. 又常聞琴瑟之音, 欣然獨笑. 在人間二百許年, 色如少童. 乃抱犢入山去, 必地仙也. 其間聞瞿服松脂如此, 於是競服. 其多力者, 乃車運驢負, 誓積之盈室, 服之遠者, 不過一月, 未覺有大益, 輒止. 有志者難得如是也. (出『抱朴子』)

414·21(5659)
이송예(餌松藥)

『둔갑경(遁甲經)』에 보면 다음과 같은 말이 있다.
"사토(沙土)의 복지(福地)나 운양(雲陽)의 구릉지에서 은거할 수 있다."

운양씨(雲陽氏)는 고대의 선인이다. 『방기(方記)』에 보면 다음과 같은 말이 있다.

"남악(南岳) 100리에 걸쳐 복지(福地: 도교에 보면 신선이 거주하는 72곳이 있는데, 옛날에는 주로 도관을 지칭하는 말로 쓰였음)가 있는데, 그곳에서 자라는 소나무는 높이가 1천 척이나 되고 둘레가 몇 심(尋: 8尺)이나 되며, 꽃술이 달아 선인들이 복용한다."

전해오는 말에 따르면 복식술(服食術)과 연행술(鍊行術)을 행하는 사람이 이 소나무의 송진을 캐서 먹었는데, 쓰지도 떫지도 않은 것이 다른 곳의 소나무와는 달랐다고 한다. (『십도기』)

『遁甲經』云: "沙土之福, 雲陽之墟, 可以隱居." 雲陽氏, 古之仙人. 『方記』曰: "南岳百里有福地, 松高一千尺, 圍卽數尋, 而蘂甘, 仙人可餌." 相傳服食鍊行之人, 採此松膏而服, 不苦澀, 與諸處松別. (出『十道記』)

414 · 22(5660)
사복령(賜茯苓)

심약(沈約)은 시안왕(始安王: 始安貞王. 南朝 齊나라 蕭道生의 시호)이 복령(茯苓)을 하사하자 이에 대해 감사 드렸는데, 가지 하나의 무게가 12근(觔) 8냥(兩)이나 되었다. 심약이 올린 표문(表文)이 남아 있다. (『유양잡조』)

沈約謝始安王賜茯苓, 一枝重一十二觔八兩. 有表. (出『酉陽雜俎』)

414 · 23(5661)
복복령(服茯苓)

임자계(任子季)가 복령을 복용한지 18년이 되자 신인과 옥녀(玉女)가 내려와서 그를 좇았다. 그는 모습을 감추었다 드러냈다 할 수 있었고 더 이상 오곡을 먹지 않았으며, 몸의 뜸 자국과 흉터가 모두 사라져 얼굴과 몸에서 광택이 났다. (『포박자』)

任子季, 服茯苓十八年, 仙人玉女往從之. 能隱能彰, 不復食穀, 灸瘢皆滅, 面體玉光. (出『抱朴子』)

414 · 24(5662)
복창포(服菖蒲)

한중(韓衆)이 창포를 복용한 지 13년이 되자 몸에서 털이 자라났다. 그는 하루에 만언(萬言)의 책을 보고 모두 외울 수 있었다. 또한 겨울에는 웃통을 벗고 있어도 추위를 타지 않았다. 창포는 반드시 돌 위에서 자라는데, 아홉 마디 이상이고 자색 꽃이 핀 것이 특히 좋다. (『포박자』)

韓衆, 服菖蒲十三年, 身生毛. 日視書萬言, 皆誦之. 冬袒不寒. 又菖蒲須生得石上, 一寸九節已上, 紫花者尤善. (出『抱朴子』)

414・25(5663)
복 계(服 桂)

조타자(趙他子)는 육계(肉桂)를 복용한 지 21년 만에 몸에 털이 자라났다. 그는 하루에 500리를 갈 수 있고 천 근을 들어올릴 수 있었다. (『포박자』)

趙他子, 服桂二十一年, 毛生. 日行五百里, 力擧千觔. (出『抱朴子』)

414・26(5664)
이저실(餌柠實)(柠與楮同)

닥나무 열매 가운데 붉은 것을 1년 동안 복용하면 노인은 젊어지고 사람들은 곡기를 끊고 귀신도 볼 수 있게 된다. 옛날에 도사 양경(梁頃)은 나이 70살에 닥나무 열매를 복용하고 점점 젊어졌다. 그는 140살이 되어서도 밤에 글씨를 쓸 수 있었으며 달아나는 말을 쫓아갈 수 있었다. 후에 그는 청룡산(靑龍山)으로 들어갔다. (『포박자』)

柠木實之赤者, 餌之一年, 老者還少, 令人徹食見鬼. 昔道士梁頃, 年七十, 乃服之, 轉更少. 年至百四十歲, 能夜書, 走及奔馬. 入靑龍山去. (出『抱朴子』)

414 · 27(5665)
복오미자(服五味子)

이문자(移門子)는 오미자를 복용한 지 60년 만에 낯빛이 옥녀(玉女)처럼 되었다. 그는 물속에 들어가도 젖지 않았으며 불속에 들어가도 타지 않았다. (『포박자』)

移門子, 食服五味子六十年, 色如玉女. 入水不霑, 入火不灼. (出『抱朴子』)

414 · 28(5666)
식 출(食 朮)

남양(南陽) 사람 문씨(文氏)가 다음과 같은 이야기를 해주었다.

그의 한 선조는 한(漢)나라 말에 큰 난리를 만나 호산(壺山)으로 달아났다. 굶주리고 지쳐서 거의 죽을 지경에 처한 문씨에게 어떤 사람이 창출을 복용하라고 하면서 그러면 더 이상 배가 고프지 않을 것이라고 가르쳐 주었다. 문씨는 10년 만에 고향으로 돌아왔는데, 얼굴색이 더욱 젊어졌고 기력은 이전보다 더 세졌다. 또한 스스로 말하기를 산중에 있을 때는 몸이 가벼워 뛰어다닐 것 같았고, 높은 곳에 올라 위험한 곳을 돌아다녀도 며칠 동안 피곤함을 몰랐으며, 얼음을 밟고 눈 속에 돌아다녀도 전혀 추운지를 몰랐다고 했다. 한번은 높은 바위 위를 보았더니 몇 사람이 박희(博戲)를 하고 있었고 어떤 사람은 책을 읽고 있었다. 그들은 문씨를 내려다보고 있었는데 문씨는 그들이 서로 이렇게 말하는 소리를 듣게 되었다.

"이 사람을 불러 올려도 되겠는가?"

한 사람이 대답했다.

"안 되네."

임자명(林子明)은 창출을 복용한 지 11년 만에 귀가 5촌 자라났고 몸은 날듯이 가벼워졌으며, 2장 정도 되는 깊은 골짜기를 뛰어넘을 수 있었다. (『포박자』)

南陽文氏說: 其先祖漢末大亂, 逃壺山中. 饑困欲死, 有一人敎之食朮, 云遂不饑. 十年乃來還鄕里, 顔色更少, 氣力勝故. 自說在山中時, 身輕欲跳, 登高履險, 歷日不倦, 行氷雪中, 了不知寒. 常見一高岩上, 有數人對博戲者, 有讀書者. 俛而視之, 文氏因聞其相問, 言: "此子可呼上否?" 其一人答: "未可也."

林子明服朮十一年, 耳長五寸, 身輕如飛, 能超踰淵谷二丈許. (出『抱朴子』)

414・29(5667)
복도교(服桃膠)

도교[복숭아나무 진액]를 뽕나무 재에 넣어 두었다 복용하면 온갖 병이 다 나았다. [도교를 먹은 지] 오래되면 캄캄한 밤에 달이 돋아난 듯 몸에서 빛이 난다. 도교를 많이 복용하면 오곡을 끊을 수 있다. (『포박자』)

桃膠, 以桑木灰漬, 服之, 百病愈. 久久身有光, 在晦夜之地, 如月出也. 多服之, 則可以斷穀矣. (出『抱朴子』)

414·30(5668)
복지황(服地黃)

초자(楚子: 원문에는 '楚子'라 되어 있지만, 『포박자』 권11 「仙藥篇」에는 '楚文子'라 되어 있음)는 지황을 복용한지 8년 만에 밤에 사물을 보면 눈에서 빛이 났고, 손으로 차뇌(車弩: 전차에다 쇠뇌를 설치하여 활을 쏘던 戰具)를 멈추게[原文은 '上'이라 되어 있으나, 내용상 '止'로 고쳐 번역함] 할 수 있었다. (『포박자』)

楚子, 服地黃八年, 夜視有光, 手上車弩. (出『抱朴子』)

414·31(5669)
복원지(服遠志)

능양자중(陵陽子仲)은 원지[약초 이름. 靈神草]를 복용한 지 20년 만에 자식 27명을 보았고, 책을 펴서 한번 본 내용은 잊어버리지 않았다. (『포박자』)

陵陽子仲, 服遠志二十年, 有子二十七人, 開書所視不忘. (出『抱朴子』)

414 · 32(5670)
복천문동(服天門冬)

두자미(杜子微)는 천문동(天門冬: 호라지좆)을 복용한지 80년 만에 첩에게서 140명의 자식을 보았으며, 하루에 300리를 갈 수 있었다. (『포박자』)

杜子微, 服天門冬八十年, 妾有子百四十人, 日行三百里. (出『抱朴子』)

414 · 33(5671)
음국담수(飮菊潭水)

형주(荊州)에 국담이 있는데, 그 원천 옆에 향기로운 국화가 물가를 뒤덮고 있어 물맛이 아주 달았다. 깊은 계곡 안에 30가구가 살고 있었는데, 우물을 뚫을 수 없어서 그 물에 의지해 살았다. 가장 장수한 사람은 200~300세까지 살았고, 그 다음으로는 100살 남짓까지 살았다. 그중에는 70~80세까지 산 사람도 있었는데, 그러면 도리어 요절했다고 생각했다. 국화는 사람의 몸을 가볍게 할 수 있고 기를 보할 수 있으며 장수하게 하는데, 이것이 바로 그 증거이다. (『십주기』)

荊州菊潭, 其源傍, 芳菊被涯澳, 其滋液極甘. 深谷中有三十餘家, 不得穿井, 仰飮此水. 上壽二三百, 中壽百餘. 其七十八十, 猶以爲夭. 菊能輕身益氣, 令人久壽, 有徵. (出『十洲記』)

414 · 34(5672)
음감국곡수(飮甘菊谷水)

남양(南陽) 역현(酈縣)의 산중에 감곡수(甘谷水)가 있다. 감곡수의 물이 단 것은 감곡의 좌우에 감국(甘菊: 菊花)이 자라는데, 감국이 감곡에 떨어져 시간이 오래 지나면서 물맛이 변했기 때문이다. 이 계곡 주위에 사는 사람들은 따로 우물을 파지 않고 모두 감곡수를 가져다 마셨는데, 감곡수를 마신 사람 가운데 장수하지 않은 사람이 없었다. 오래산 사람들은 140~150세 까지 살았고, 못 살아도 80~90세 까지는 살았으며 요절한 사람이 없었는데, 이는 모두 국화의 힘이었다. 옛 사공(司空) 왕창(王暢), 태위(太尉) 유관(劉寬), 태부(太傅) 원외(袁隗)는 모두 남양태수(南陽太守)를 지냈는데, 이들은 이곳에 부임할 때마다 늘 역현으로 사람을 보내 매달 감곡수 40곡(斛)을 보내게 해서 음료수로 마셨다. 그들은 모두 풍과 어지럼증을 앓고 있었는데, [감곡수 덕분에]

다 나왔다. 그러나 감곡에 사는 백성들만큼 큰 혜택은 보지 못했는데, 감곡에 사는 백성들은 어려서부터 이 물을 마셨기 때문일 것이다. 또 국화와 억화(薏花)는 비슷하게 생겼는데, 단지 맛이 달고 쓴 것으로 구분할 수 있을 따름이다. 국화는 맛이 달고 억화는 맛이 쓰다. 그래서 민간에서는 이른바 '쓰기가 억화와 같다'고 한다. 오늘날 도처에서 진국(眞菊: 원문에는 '貢'으로 되어 있으나, 『포박자』 권11 「仙藥篇」에 의거하여 '眞'으로 고쳐 번역함)을 볼 수 있는데, 단지 그 수량이 적을 뿐이다. 국화는 대개 물가에서 자라는데, 구지산(緱氏山)과 역현에 가장 많다. 선방(仙方)에서 말하는 '백정(白精: 『포박자』 권11 「仙藥篇」에는 日精)'·'갱생(更生)'·'주영(周盈)'은 모두 하나의 국화를 가리키지만, 뿌리·줄기·꽃·열매를 달리 부른 것으로 그 명칭이 아주 멋있다. 근자에 국화를 복용한 사람들은 대게 그 효험을 보지 못했다고 하는데, 아마도 진국을 얻지 못했기 때문일 것이다. 무릇 감국곡수에서 남방의 물맛이 느껴진다고 하는데, 이는 족히 말할 바가 못 된다. 감곡에 사는 백성들은 [감곡수 때문에] 장수하는데, 거기다가 좋은 약까지 복용한다면 어찌 보탬이 되지 않겠는가? (『포박자』)

南陽酈縣山中, 有甘谷水. 所以甘者, 谷上左右皆生甘菊, 菊花墮其中, 歷世彌久, 故水味爲變. 其臨此谷中居民, 皆不穿井, 悉飮甘谷水, 飮者無不考壽. 高者百四五十歲, 下者不失八九十, 無夭年人, 得此菊力也. 故司空王暢·太尉劉寬·太傅袁隗, 皆爲南陽太守, 每到官, 常使酈縣月送甘谷水四十斛, 以爲飮食. 此諸公多患風痺及眩冒, 皆得愈. 但不能大得其益, 如甘谷上居民, 小生便飮食此水者耳. 又菊花與薏花相似, 直以甘苦別之耳. 菊甘而薏苦. 諺言所謂'苦如薏'

也. 今所在有貢菊, 但爲少耳. 率多生於水側也, 緱氏山與酈縣最多. 仙方所謂 '白精'· '更生'· '周盈', 皆一菊, 而根莖花實異名, 其說甚美. 而近來服之者略無效, 正由不得眞菊也. 夫甘菊谷水, 南方氣味, 亦未足言. 而其上居民以延年, 況得服好藥, 安得無益乎? (出『抱朴子』)

414 · 35(5673)
식황정(食黃精)

임천(臨川)에 한 선비가 있었는데, 부리던 하녀를 학대했다. 하녀는 그 고초를 감당하지 못해 결국 산 속으로 달아났다. 그러나 시간이 오래되자 양식도 모두 떨어지고 배가 몹시 고팠다. 하루는 물가에 앉아 있다가 예쁜 들풀 가지와 잎을 보고는 곧바로 뽑아서 물에 씻어 뿌리 채 먹었는데, 맛이 아주 좋았다. 그리하여 하녀는 이때부터 늘 이것을 먹었는데, 시간이 오래되자 전혀 배고픔을 몰랐으며 몸은 도리어 가벼워지고 건강해졌다. 어느 날 밤에 큰 나무아래서 쉬다가 풀 사이로 들짐승이 지나가는 소리를 듣고 호랑이일지도 모른다는 생각에 두려움에 떨다가 나무 끝에 올라 갈 수 있으면 참 좋겠다는 생각을 했다. 그런데 그 생각을 하는 순간 몸은 이미 나무 끝에 올라가 있었다. 날이 밝은 뒤에 다시 땅에 내려갔으면 좋겠다고 생각하자 다시 훌쩍 땅에 내려왔다. 이때부터 하녀는 가고 싶은 곳을 생각만 하면 어느새 몸은 훌쩍 그곳으로 가 있었다. 그리하여 때로는 이쪽 봉우리에서 다른 봉우리 정상으로 마치 새처럼 날아갔다. 몇 년 뒤에 그 집 하인이 땔나무를 하다가 그 광경을 보고 주인에게 사실을 아뢰자, 주인은 사람을 보내 하녀를 잡아오게 했지만 잡을 수 없었다. 어느 날 주인은 우연히 하녀가 절벽 아래에 있는 것을 보고 곧장 가는 새끼줄로 삼면을 에워 쌌지만, 하녀는 순식간에 산 정상으로 솟구쳐 올라갔다. 이를 본 주인은 더욱 놀라면서 하녀를 꼭 잡고 말겠다고 생각했다. 그러자 어떤 사람이 이렇게 말했다.

"이 하녀가 어찌 선골(仙骨)이겠습니까? 그저 영약(靈藥)을 얻어 복용했을 것입니다. 진수성찬을 한번 차려 보십시오. 다섯 가지 맛을 다 갖추어 온갖 맛있는 향기를 풍기게 해서 그녀가 지나다니는 길목에 놓아두고 그가 음식을 먹는지 살펴보십시오."

그의 말대로 했더니 과연 하녀가 와서 그 음식을 먹었다. 하녀는 음식을 다 먹고 나자 더 이상 멀리 달아날 수 없게 되었고 결국 사로잡혀 그간의 사정을 모두 말했다. 하녀가 먹었던 풀의 모습을 물어보았더니 그것은 다름 아닌 황정(黃精: 다년생 초목으로, 뿌리와 줄기를 약으로 쓸 수 있음)이었다. 이에 주인은 다시 하녀를 보내 황정을 찾게 했지만 찾을 수 없었다. 그 하녀도 결국 몇 년 뒤에 죽었다. (『계신록』)

臨川有士人, 虐遇其所使婢. 婢不堪其毒, 乃逃入山中. 久之糧盡, 饑甚. 坐水邊, 見野草枝葉可愛, 卽拔取, 濯水中, 連根食之, 甚美. 自是恒食, 久之遂不饑, 而更輕健. 夜息大樹下, 聞草中獸走, 以爲虎而懼, 因念得上樹梢乃佳也. 正爾念之, 而身已在樹梢矣. 及曉, 又念當下平地, 又欻然而下. 自是意有所之, 身卽飄然而去. 或自一峯之一峯頂, 若飛鳥焉. 數歲, 其家人伐薪見之, 以告其主, 使捕之, 不得. 一日, 遇其在絶壁下, 卽以細繩三面圍之, 俄騰上山頂. 其主益駭異, 必欲致之. 或曰: "此婢也, 安有仙骨? 不過得靈藥餌之爾. 試以盛饌, 多其五味, 令甚香美, 値其往來之路, 觀其食之否." 如其言, 果來就食. 食訖, 不復能遠去, 遂爲所擒, 具述其故. 問其所食草之形, 卽黃精也. 復使之, 遂不能得. 其婢數年亦卒. (出『稽神錄』)

태평광기 권제 415 초목 10

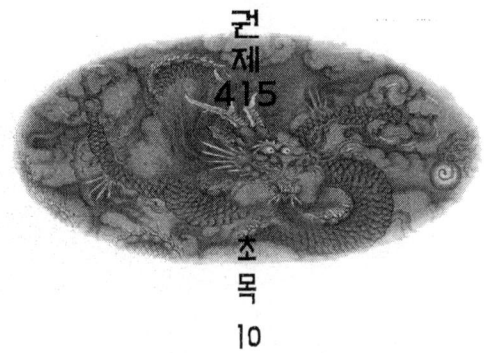

목괴(木怪) 상
1. 장숙고(張叔高)
2. 육경숙(陸敬叔)
3. 섭우(聶友)
4. 동기(董奇)
5. 조익(趙翼)
6. 위불타(魏佛陀)
7. 임회장(臨淮將)
8. 최도(崔導)
9. 가비(賈秘)
10. 설홍기(薛弘機)
11. 노건(盧虔)
12. 승지통(僧智通)
13. 강하종사(江夏從事)

415 · 1(5674)
장숙고(張叔高)

계양태수(桂陽太守)인 강하(江夏) 사람 장료(張遼)는 자(字)가 숙고이다. 그는 부리는 사람을 보내 집 [가까이]에 밭을 사두게 했는데, 밭 가운데 굵기가 10여 아름이나 되고 드리운 그늘이 몇 무(畝)나 되는 커다란 나무가 있어 땅에서 곡식이 자라지 않자 그는 사람을 보내 나무를 베어버리게 했다. 그런데 [사람들이 나무를 베자마자] 6~7말이나 되는 붉은 피가 쏟아져 나왔다. 사람이 깜짝 놀라 겁에 질린 채 다시 되돌아가 장숙고에서 이와 같은 사실을 아뢰었더니 장숙고가 화를 내며 말했다.

"나무가 늙어 수액이 붉어진 것을 가지고 피는 웬 피란 말이냐!"

그리고는 직접 나무로 가 다시 베기 시작했는데, 피가 콸콸 흘러 땅을 적셨다. 장숙고는 우선 나뭇가지 하나를 잘라내게 했는데, 속이 뻥 뚫려있는 곳에 키가 4~5척쯤 되는 백발노인이 들어앉아 있었다. 노인이 갑자기 장숙고 쪽으로 다가오자 장숙고는 그 노인을 가격해 고꾸라뜨렸다. 이러기를 몇 차례 반복하는 동안 좌우 사람들은 모두 겁에 질려 땅에 엎드려 있었으나 장숙고만은 태연자약했다. 장숙고가 천천히 살펴보았더니 그건 사람도 짐승도 아니었기에 마침내 그 나무를 베어버렸다. 그 해 사공(司空)이 장숙고를 시어사(侍御史) 겸 연주자사(兗州刺

史)로 승진시켜 그는 2천 섬의 봉록을 받는 귀한 자리에 오르게 되었다. 또 마을을 지날 때 조상들에게 제사를 올렸으나 별다른 이상한 일은 벌어지지 않았다. (『풍속통』)

桂陽太守江夏張遼字叔高. 留其使(明鈔本・陳校本無'留其使'三字, 按『風俗通』「怪神篇」'留其使'作'去鄡令')家居買田, 田中有大樹十餘圍, 扶疎蓋數畝, 地不生穀, 遣客伐之. 有赤汁六七斗出. 客驚怖歸, 具白叔高, 高怒曰:"樹老赤汁, 有何等血!"因自行, 復斫之, 血大流灑. 叔高使先斫其枝, 有一空處, 見白頭公可長四五尺. 忽出往叔高, 叔高乃逆格之. 如此凡數回頭('頭'原作'顧', 據明鈔本・陳校本改), 左右皆怖伏地, 而叔高恬如也. 徐熟視, 非人非獸, 遂伐其木. 是歲, 司空辟高爲侍御史・兗州刺史, 以居二千石之尊. 過鄕里, 薦祝祖考, 竟無他怪. (出『風俗通』)

415・2(5675)
육경숙(陸敬叔)

오(吳)나라 선주(先主: 孫權) 때 육경숙은 건안태수(建安太守)로 있었다. 그가 한번은 사람을 시켜 커다란 녹나무를 베어버리게 한 일이 있는데, 도끼질을 겨우 몇 차례 했을 때 피가 나오기 시작하더니 이내 나무가 부러졌다. 그때 나무 안에서 사람 얼굴에 개 몸을 한 어떤 물체가 나왔는데, 육경숙은 "이것의 이름은 팽후(彭侯)이다"라고 말하고는 이내 삶아 먹어버렸다.

『백택도(白澤圖)』에 이렇게 적혀있다.

"나무 정령(精靈)의 이름은 팽후인데, 모습은 검은 개처럼 생겼으나 꼬리가 없다. 삶아서 먹을 수 있다."

(『수신기』)

吳先主時, 陸敬叔爲建安郡太守. 使人伐大樟樹, 不數斧, 有血出, 樹斷. 有物人面狗身, 從樹中出, 敬叔曰, "此名彭侯", 乃烹食之.
『白澤圖』曰: "木之精名彭侯, 狀如黑狗, 無尾. 可烹食之" (出『搜神記』)

415 · 3(5676)
섭 우(聶 友)

오(吳)나라 사람 섭우는 자(字)가 문제(文悌)이고 예장군(豫章郡) 신도현(新塗縣) 사람이었다. 그는 젊었을 적에 집이 가난했다. 그는 사냥을 좋아했는데, 하루는 흰 사슴 한 마리를 발견하고 활로 쏘아 맞힌 다음 사슴의 핏자국을 쫓아 끝까지 따라가 보았으나 끝내 찾지 못했다. 결국 그는 허기와 피곤에 지쳐 가래나무 아래 누웠다. 그때 위를 올려다 보니 자기가 사슴을 쏘아 맞혔던 화살이 나뭇가지에 박혀있는 것이었다. 그는 이상한 생각이 들어 집에 올라와서 양식을 준비한 다음 자식들을 데리고 도끼를 들고 가 그 나무를 베어보았다. [나무를 베자] 나무에서 피가 나기 시작했는데, 섭우는 나무를 잘라 두 개의 나무판으로 만든 다음 끌고 가 강 언덕에 놓아두었다. 나무판은 늘 물 속에 잠겨 있다가 때때로 다시 떠오르기도 했는데, 나무판이 떠오를 때면 섭우의 집안에 반드시 길한 일이 생겼다. 섭우는 빈객을 맞이하러 갈 때 늘 이 나무판을 타고 다녔는데, 간혹 중류에 이르러 나무판이 갑자기 가라앉으려 하곤 했다. 그러면 빈객들은 모두 두려움에 떨었는데, 섭우가 다시 호령하면 나무판은 다시 떠올랐다. 섭우는 관운도 뜻하는 대로 잘 풀려 단양태수(丹陽太守)에까지 올랐다.

어느 날 그 나무판이 갑자기 그를 따라 석두성(石頭城)까지 오자 섭우가 놀라 말했다.

"강 언덕에 있던 나무판이 이곳까지 왔다면 필히 무슨 연유가 있을 것이다."

그리고는 관직을 내놓고 집으로 돌아갔는데, 이 두 개의 나무판이 그를 양쪽에서 끼고 가 하루 만에 집에 도착할 수 있었다. 그때 이후로 나무판이 떠오르면 흉한 일이 생기기도 했다. 지금 신도 북쪽으로 20여 리 되는 곳을 봉계(封谿)라 하는데, 그곳에 섭우가 가래나무를 잘라 나무판을 만들어 띄우고 말뚝을 매어놓았던 곳이 있다. 말뚝은 녹나무로 되어있는데, 지금까지 남아있는 것은 섭우가 다시 돌아와서 심은 것으로 나무 가지와 잎이 모두 아래를 향해 자라나 있다. (『수신기』)

吳晶友字文悌, 豫章新塗人. 少時貧賤. 常好射獵, 見一白鹿, 射之中, 尋踪血盡, 不知所在. 饑困, 臥梓樹下. 仰見所射鹿箭, 著樹枝. 怪之, 於是還家賷糧, 命子弟持斧伐之. 樹有血, 遂截爲二板, 牽置陂中. 常沉, 時復浮出, 出家必有吉('吉'原作'言', 據『搜神後記』八改). 友欲迎賓客, 常乘此板, 或於中流欲沒. 客大懼, 友呵之, 復浮. 仕官如願, 位至丹陽太守.

其板忽隨至石頭. 友驚曰: "此陂中板來, 必有意." 因解職還家, 二板挾兩邊, 一日卽至. 自爾後, 板出或爲凶禍. 今新淦北二十里餘, 曰封谿, 有聶友截梓樹版 擣牂柯處. 牂柯有樟樹, 今猶存, 乃聶友回日所栽, 枝葉皆向下生. (『搜神記』)

415 · 4(5677)
동 기(董 奇)

경조(京兆) 사람 동기의 집 정원 앞에 커다란 나무 한 그루가 있었는데, 드리운 그늘이 매우 훌륭했다. 훗날 며칠 동안 계속해서 비가 내려 동기 혼자 고향에 남아있었는데, 한 하급 관리가 오더니 태승운부군(太承雲府君)이 오셨다고 말했다. 이에 동기가 승운선생(承雲先生)을 만나보았더니, 그는 머리에 통천관(通天冠: 9寸 높이의 황제가 쓰던 冠의 일종으로 卷雲冠이라고도 함)을 쓰고 있었으며 키는 8척이나 되었다. 그는 스스로 이렇게 말했다.

"나는 방백(方伯)이오. 내 셋째 아들은 재능이 뛰어나니 그대와 더불어 어울릴만할 것이오."

이튿날 동기는 나무 아래에서 뭔가 이상한 점을 발견했다. [그날 이후로] 매일 포시(哺時: 申時. 오후 4시 전후)쯤 되어 아무도 없을 때면 한 소년이 그에게 다가와 함께 농담을 즐기곤 했는데, 때론 음식을 가져오라고 시키기도 했다. 이렇게 반년의 세월이 흘렀으나 동기는 여전히 기운이 왕성하고 더욱 건강했으며 온 집안에 병 난 사람이라곤 없었다.

후에 동기가 시골로 내려가게 되자 하인 셋이 그를 전송하며 이렇게 말했다.

"그 나무는 목재로 쓸만하니 그걸 베어 팔고자 합니다. 나리께서 [지금까지] 허락하지 않으셨으나 이제는 저희가 함께 그것을 베어보고자 합니다."

동기가 마침내 그 일을 허락하자 그 후 신은 다시 나타나지 않았다. (『유명록』)

京兆董奇庭前有大樹, 陰映甚佳. 後霖雨, 奇獨在家鄉, 有小吏言, 太承雲府君來. 乃見承雲, 著通天冠, 長八尺. 自言('言'原作'有', 據明鈔本改): "爲方伯. 某第三子有雋才, 方當與君周旋." 明日, 覺樹下有異. 每晡後無人, 輒有一少年就奇語戱, 或命取飮食. 如是半年, 奇氣强壯, 一門無疾.

奇後適下墅, 其僕客三人送護, 言: "樹材可用, 欲貨之. 郎常不聽, 今試共斬斫之." 奇遂許之, 神亦自爾絶矣. (出『幽明錄』)

415·5(5678)
조 익(趙 翼)

영가군(永嘉郡) 송양현(松陽縣) 사람 조익은 [東晉] 의희연간(義熙年間: 405~418)에 큰 아들 조선(趙鮮)과 함께 산도수(山桃樹: 소귀나무)를 베었는데, 나무에서 피가 나자 깜짝 놀라 그만두었다. 그 일이 있고난 뒤에 셋째 아들이 갑자기 어디론가 사라졌다가 열흘 뒤에 제 발로 다시 돌아왔다. 그 때 공중에서 말소리가 들려왔는데, 때로는 노래하다가 또 때로는 곡을 하기도 했다. 조익이 말했다.

"네가 신이라면 왜 내게 모습을 보여주지 않느냐?"

응답이 들려왔다.

"나는 정기(正氣)일 뿐이다. 너의 집 북쪽에 커다란 단풍나무가 있고 남쪽에는 석루(石樓)라는 이름의 홀로 우뚝 솟은 봉우리가 있다. 그 봉우리는 사면이 깎아지른 듯하여 사람이건 짐승이건 그곳에 발을 들여놓은 자가 없다. 조금이라도 마음에 들지 않는 일이 생기면 이 아들을 잡아다가 나뭇가지 끝이나 석루 위에 올려놓을 것인데, 그러면 온 집안사람이 모두 머리를 조아리며 부탁을 해야 비로소 내려줄 것이다."

(『이원』)

永嘉松陽趙翼以義熙中與大兒鮮共伐山桃樹, 有血流, 驚而止. 後忽失第三息所在, 經十日自歸. 聞空中有語聲, 或歌哭. 翼語之曰: "汝旣是神, 何不與我相見?" 答曰: "我正氣耳. 舍北有大楓樹, 南有孤峯, 名曰石樓. 四絶壁立, 人獸莫履. 小有失意, 便取此兒著樹杪及石樓上, 擧家叩頭請之, 然後得下." (出『異苑』)

415 · 6(5679)
위불타(魏佛陀)

양(梁)나라 말에 채주(蔡州)에 있는 석씨(席氏) 집안의 빈 집을 두고 사람들은 흉가이기 때문에 살 수 없다고들 말했다. 회방도독(回防都督) 휘하의 군인 위불타는 불을 들고 그 집 안으로 들어와 당(堂) 앞에 머물면서 쉬고 있었다. 해질 무렵이 되자 당에 사람 얼굴에 개의 몸을 하고 있으나 꼬리가 없는 한 물체가 나타나 건물 안에서 펄쩍펄쩍 뛰었다. 위불타가 활을 당겨 그 물체를 쏘자 그 물체는 단 한 발을 맞고 이내 어디론가 사라져 버렸다. 위불타는 이튿날 지붕을 들춰보다가 화살이 꽂혀있는 썩은 나무토막 하나를 발견했는데, 길이는 1척 남짓이었고 그 아래에는 이미 굳은 피가 붙어 있었다. 그 후로 괴이한 일은 더 이상 일어나지 않았다. (『오행기』)

梁末, 蔡州布(明鈔本·陳校本'布'作'有')席家空宅, 相承云, 凶不可居. 有回防都督軍人魏佛陀將火入宅, 前堂止息. 曛黃之際, 堂舍有一物, 人面狗身, 無尾, 在舍跳躑. 佛陀輓弓射之, 一發卽不復見. 明日發屋, 看箭飮羽, 得一朽木, 可長尺許, 下有凝血. 自後遂絶. (出『五行記』)

415 · 7(5680)
임회장(臨淮將)

[唐나라] 상원연간(上元年間: 674~675)에 임회(臨淮)의 여러 장수들은 매일 밤 연회를 열었는데, 그럴 때면 돼지고기 양고기 굽는 냄새가 사방에 가득했다. 어느 날 커다란 손 하나가 창문 안으로 쓰윽 들어와 고기 한 점만 달라고 구걸했으나 사람들은 주지 않았다. 손의 임자가 여러 차례 부탁해도 사람들은 끝내 고기 한 점 주지 않았다. 사람들은 몰래 새끼줄을 묶어 고리를 만들어 [손이 들어왔던] 구멍 속으로 집어넣

은 다음 속이며 말했다.

"옜다, 고기다."

손이 다시 나오자 사람들은 새끼줄로 그 팔을 붙잡아 맸다. 그러나 사람들이 아무리 힘껏 팔을 잡아 당겨도 끝내 빼낼 수 없었다. 날이 밝을 무렵이 되었을 때 퍽 하는 소리를 내며 [팔이] 부러지고 말았는데, 가서 보았더니 그것은 다름 아닌 버드나무 가지였다. 사람들은 그 가지를 들고 본래 나무를 찾아 나섰다가 강가 가까운 곳에서 드디어 찾아냈는데, 가지가 부러진 곳에서는 가끔씩 피가 흐르고 있었다. (『광이기』)

上元中, 臨淮諸將等乘夜宴集, 燔炙猪羊, 芬馥備至. 有一巨手從牕中入, 言乞一臠, 衆皆不與. 頻乞數四, 終亦不與. 乃潛結繩作彄, 施于孔所, 紿云: "與肉." 手復入, 因而繫其臂. 牽輓甚至, 而不能脫. 欲明, 乃朴然而斷, 視之, 是一楊枝. 持以求樹, 近至河上, 以碎斷, 往往有血. (出『廣異記』)

415・8(5681)
최 도(崔 導)

당(唐)나라 때 형남(荊南)에 최도라는 부자가 살고 있었다. 그는 본래 가난했으나 우연히 천여 그루의 귤나무를 심었다가 매년 큰 이득을 얻게 되었다. 그러던 어느 날 귤나무 한 그루가 갑자기 키가 1장이나 되는 사내로 변하더니 최도를 만나게 해 달라며 찾아왔다. 최도는 처음에 그를 괴이하게 여겨 감히 밖으로 나오지 못했으나 사내가 간절히 애원

하자 그제야 나와 사내와 만났다. 사내가 말했다.

"저는 전생에 당신에게 100만 냥의 돈을 빚지고서 갚지 못한 채 죽고 말았습니다. 게다가 우리 집안사람들까지 스스로를 기만하자 당신은 상제께 호소했습니다. 이 일로 인해 상제께서는 우리집안 사람 모두로 하여금 귤나무가 되어 당신을 위해 품팔이를 하라고 명령하셨는데, 이제야 겨우 다 갚았습니다. 이제 상제께서 명령을 내리시어 우리 식구를 불쌍히 여기시는 마음에 저의 본 모습을 회복시켜 주셨습니다. 게다가 저 또한 저의 지난 일을 반성하고 있습니다. 저는 이제 하룻밤만 지나면 [본모습으로 돌아] 갑니다. 당신께서 나를 위해 보잘 것 없는 초가를 하나 지어주시면 스스로 밭을 갈아 가며 이 생을 마치겠습니다. 당신은 귤나무를 모두 베어버리십시오. 당신께서 앞으로 바른 자세로 거하며 일상적인 도리를 지키신다면 스스로를 지키실 수 있을 것이나, 그렇지 못하면 하늘이 재앙을 내릴 것입니다. 왜냐하면 옛날에 빚졌던 100만 냥을 이젠 다 갚았기 때문입니다."

최도는 깜짝 놀랐으나, 그가 시키는 대로 초가를 짓고 귤나무를 모두 베어버렸다. 그로부터 5년 뒤에 최도는 죽고 집안은 다시 가난해졌다. 또 그 사람이 어디 있는 지도 알 수 없었다. (『소상록』)

唐荊南有富人崔導者. 家貧乏, 偶種橘約千餘株, 每歲大獲其利. 忽一日, 有一株化爲一丈夫, 長丈餘, 求見崔導. 導初怪之, 不敢出, 丈夫苦求之, 導遂出見之 丈夫曰: "我前生欠君錢百萬, 未償而死. 我家人復自欺, 君乃上訴於天. 是以令我合門爲橘, 計傭於君, 僅能滿耳. 今上帝有命, 哀我族屬, 復我本形. 兼我自省前事. 止如再宿耳. 君幸爲我置一敝廬, 我自耕鑿, 以卒此生. 君仍盡剪去橘樹.

端居守常, 則能自保, 不能者, 天降禍矣. 何者, 昔百萬之資, 今已足矣." 導大驚, 乃皆如其言, 卽爲茸廬, 且盡伐去橘樹. 後五年而導卒, 家復貧. 其人亦不知所在. (出『瀟湘錄』)

415 · 9(5682)
가 비(賈 秘)

[唐나라] 순종(順宗) 때에 서생 가비는 수양(睢陽)에서 장안(長安)으로 들어가던 도중, 옛 낙성(洛城) 근처에 이르렀을 때 푸른 들판에서 몇 사람이 둘러 앉아 술을 마시면서 자기들끼리 노래하고 춤추고 있는 모습을 보게 되었다. 가비가 그리로 다가갔더니 몇 사람은 기뻐하며 동시에 일어나 가비에게 읍하며 합석할 것을 청했다. 가비는 일곱 사람 모두 유생의 옷을 입고 있고 하나같이 예의 바른 것을 보고는 이렇게 물었다.

"여러 군자님들을 보아하니 선비들이신 것 같은데, 어떻게 감히 사방을 둘러보아도 사람이라곤 보이지도 않는 이런 들판에 모여 술을 마시고 계십니까?"

한 사람이 대답했다.

"우리 7명은 모두 세상을 구할 만한 재주를 지니고 있는 사람들이지요. 그러나 당신이 [벼슬하지 못하고] 묻혀 지내는 것과 마찬가지로 세상에 등용되지 못하고 있어 이렇게 모여앉아 벼슬에 나아갈 길을 모색하고 있었는데, 우리들이 마침 의론을 하고 있던 차에 당신께서 이렇게 왕림해 주셨던 것입니다. 당신께서 저희들과 함께 향기로운 술잔을 기울이고 아름다운 경치를 감상하면서, 옛날의 흥망에 관한 일을 경계삼고 인간세상의 쓰임과 버려짐에 관해 의론을 나누어 주신다면 저희에게는 대단한 행운이겠습니다. 꼭 화려한 전각에 오르고 용주(龍舟) 안에서 술을 마셔야만 실컷 취하라는 법 있습니까?"

가비는 기이하다고 생각해 자기도 모르게 엄숙하게 경의를 표했다.

가비는 그들과 더불어 오래 환담을 나누었는데, 일곱 사람은 마치 의심스러운 것이 있는 듯 서로 눈짓을 주고받더니 이윽고 가비에게 물었다.

"지금 더불어 고상한 담론을 나누었으니, 당신의 미덕을 한번 내보이시어 우리들로 하여금 아무런 의심 없이 당신에게 탄복할 수 있도록 해주시지 않으시렵니까?"

그러가 가비가 일어나 말했다.

"저는 수양 사람입니다. 젊어서부터 글 읽기를 좋아하여 옛날 왕자(王者)와 패자(霸者)의 도리를 제법 알고 있습니다. 지금 황상께서 제위를 계승하시고 직언의 길을 열어두셨으니, 궁궐 문을 한번 두드려 보잘것없는 충정이나마 조금 펼쳐볼까 하고 있습니다. 그것으로 감히 부귀를 얻고자함이 아니라 단지 이 비루한 마음이 한번 뚫리기를 바랄 뿐인데 마침 일곱 분의 군자께서 고아한 만남을 갖고 계신 것을 보고는 이렇게 찾아왔던 것입니다. 바라옵건대, 저를 멀리 내치지만 말아주십시오."

그 중 한 사람이 여러 동료들을 돌아보고 웃으며 말했다.

"다른 사람이 자기 얘기를 하는 것은 분명 별 탈 없겠지만 우리들이 단언을 했다가는 반드시 패망하고 말 것이오."

그 중 또 한 사람이 말했다.

"우리가 비록 아무 말 안 해도 사람들은 분명 우리를 버릴 것이오."

또 한 사람이 말했다.

"저 사람은 이름이 '비[秘]'라고 했으니, 우리를 위해 흠을 감춰줄 것이오."

그러더니 가비를 바라보고 웃으며 말했다.

"우리들은 일곱 나무의 정령입니다. 첫째는 소나무이고 둘째는 버드나무이며, 셋째는 홰나무, 넷째는 뽕나무, 그리고 다섯째는 대추나무, 여섯째는 밤나무, 마지막 일곱째는 가죽나무입니다. 이제 우리가 각자의 뜻을 이야기해 보겠으니, 바라건대 당신께서 들으시고 비밀로 해 주셨으면 합니다."

소나무의 정령이 일어나 말했다.

"저는 본디 텅 빈 산에 살고 있던 훌륭한 목재였습니다. 저는 굳은 절개를 지니고 있어 눈서리 몰아쳐도 그 정조를 바꾸지 않았습니다. 만약 훌륭한 목공이 큰 건물을 지으려고 도끼를 휘두를 때면 긴 목재이건 짧은 목재이건 다 쓰임새가 있게 마련입니다. 그러나 서까래는 비록 많아도 대들보는 적은데, 저는 대들보로 쓰기에 적합한 목재를 다 갖추고 있습니다. 제가 쓰이기만 한다면 영원히 집이 무너질 위험은 없을 것입니다."

다음 사람이 일어나 말했다.

"저의 풍류는 고금에 그 명성이 자자합니다. 다만 [隋나라] 양제(煬帝)가 돌아오지 못하는 바람에 아무도 아는 사람이 없게 된 것이 한스러울 따름입니다[隋나라 煬帝 楊廣은 濟渠를 개통하고 물가를 따라 남으로 江都에서부터 북으로 寶應에 이르기까지 버드나무를 심었는데, 세상에서는 이를 隋隄라고 부름. 후에 양제는 江都로 巡幸갔다가 노는데 정신이 팔려 돌아오는 것조차 잊었으며, 결국 그곳에서 宇文化에게 시해되었음]. 장서(張緒)가 나를 본받아 공연히 서적에 이름을 휘황찬란하게 남겼을 뿐이지요[張緒는 南齊 때 사람으로 文才와 玄談에 뛰어났음. 또한 풍류가 淸雅했다 하는데, 武帝는 靈和殿 앞에 버드나무를 심어 놓고 늘 '이 버드나무는 풍류가 高雅한 것이 張緒의 젊었을 적 같구나'라고 감탄했다 함. 이 내용은 『南齊書』 卷33에 실려 있음]. 그래도 기쁜 것은, 버들개지가 날릴 때면 재자(才子)들이 시를 읊고, 잎이 야들야들해질 때면 가인(佳人)들이 서로서로 그림을 그린다는 것입니다. 저는 부드러움으로 강한 것을 이김으로써 제 목숨을 보존하고 있습니다."

그 다음 사람이 말했다.

"저는 따뜻한 봄기운의 은혜를 입어 재목으로 쓸 수 없는 나무가 되었습니다. 큰 내에 다리가 없어도 사람들은 저를 가져가지 않고 큰 건물에 용마루가 없어도 사람들은 저를 쓰지 않습니다. 만일 영장(郢匠: 楚나라 郢中의 훌륭한 목공)을 만나 다듬어 지지 못한다면 길이나 크기 모두 쓰기에 적합하지 않을 것입니다. 아! 나에게 의지하는 자는 삼공(三公: 太尉·司空·司徒)의 명예를 지니게 될 것입니다[周代에 조정에 세 그루의 홰나무와 아홉 그루의 가시나무를 심었는데, 공경대부들이 각각 그 나무 아래 자리를 차지하고 앉아 三公과 九卿의 지위를 정했다 함. 이로 인해 홰나무와 가시나무는 후에 三公九卿의 지위를 비유하는 말로 쓰이게 되었고 그 중 홰나무는 삼공을 가리키는 말로 사용되었음]."

그 다음 사람이 말했다.

"나는 평생 누에를 좋아했습니다. 말없이 내 몸을 토해내 누에를 먹이니, 이는 내 먹이를 누에에게 주는 것이나 다름없지요. 그러나 누에가 고치가 되고, 고치가 다시 실이 되고, 실은 다시 비단이 되며 비단은 귀족들에 의해 사용됩니다. 귀족들은 비단의 아름다움을 보면서 내 생각을 할 터이니, 꼭 크게는 동량이, 작게는 서까래가 되어야 할 필요가 무엇 있겠습니까?"

그 다음 사람이 말했다.

"변사(辯士) 소진(蘇秦)은 연(燕)나라로 들어오던 날부터 저를 보고 겸제(兼濟: 온 천하 만물로 하여금 두루 그 은혜를 받도록 함)의 명성을 지니고 있다고 칭찬했습니다. 한(漢)나라 무제(武帝)가 저를 '속속(束束)'이라 불렀을 뿐 아니라, 저를 던지는 사람은 그 충성심을 드러내기에 충분하니, 남들이 저를 몰라준다고 해서 걱정할 게 무엇 있겠습니까?"

그 다음 사람이 말했다.

"저는 비록 누추한 곳에 거하고 있으나 마음은 편안합니다. 저는 또한 나라를 구제할 재목으로 쓰일 만 합니다. 천자가 종묘를 세우고 제사를 올릴 때 예법에서는 저를 쓰도록 정하고 있으니, 저는 실로 백성을 두려움에 떨게 할 수 있다고 하겠습니다[『論語』「八佾」에 보면, "哀公이 사직단에 심는 나무에 대해 묻자 宰我가 대답하길, 夏后氏 때는 소나무로 했고 殷代에는 측백나무로 했으며 周代에는 밤나무로 했는데, 밤나무는 백성들을 떨게 만들 수 있다"는 구절이 있음]."

그 다음이 말했다.

"저라고 해서 당신들과 다를 게 무엇 있겠습니까? 하늘이 저를 덮고 있고 땅이 저를 싣고 있으며 봄이면 꽃이 피었다가 가을이면 잎이 집니다. 요즘 사람들은 저를 좋은 목재라 여기지 않는데, 저는 사실 그에 대해 늘 분한 마음을 품고 있었습니다. 제가 계곡에 있어보지도 않았는데, 저에게 구름을 찌를 듯한 기세가 있는지 어찌 알겠습니까? 또 제가 집 밑에 있어보지도 않았는데, 제가 집을 지을 만한 목재인지 아닌지 어떻게 압니까? 훌륭한 말도 달리지 않으면 노둔한 말이 되고 옥도 자르지 않으면 못생긴 돌이 되고 맙니다. 그러니 반드시 소나무여야만 높은 건물을 짓거나 구름을 찌를 수 있고 저는 그렇지 못하다는 법은 없는 것입니다. 이것이야 말로 이른 바 한 사람의 말만 믿었다가는 진실을 크게 잃게 된다는 것입니다. 저는 그래서 은둔하며 사는 사람들을 흠모하여 저의 자취를 감추었던 것입니다. 제가 만일 도간(陶侃: 그는 荊州刺史로 있을 때 사람들에게 飮酒와 樗蒲를 금지시켰음. 또한 대나무 끄트러기나 나무 톱밥 등 하등 쓸모없는 물건도 버리지 않고 모두 사용했다 함)을 한번 만나게 된다면 쓸모가 있고도 남을 것입니다."

말을 마치더니 그들은 다시 자기들끼리 노래하고 춤을 췄다. 가비는 그들의 말을 듣고 크게 두려워 불안한 마음으로 앉아 있다가 갑자기 일어나 떠나겠다고 했다. 그러자 일곱 명이 같이 술 한 잔 마실 것을 권하며 가비에게 말했다.

"천지간에 있는 사람과 만물은 모두 헤아릴 수 없는 법이니, 경솔하게 대하지 마십시오."

가비는 술잔을 비운 뒤 인사를 하고 떠나갔다. (『소상기』)

順宗時, 書生賈秘自睢陽之長安, 行至古洛城邊, 見綠野中有數人環飮, 自歌自舞. 秘因詣之, 數人忻然齊起, 揖秘同席. 秘既見七人皆儒服, 俱有禮, 乃問之曰: "觀數君子, 士流也, 乃敢聚飮於野, 四望無人?" 有一人言曰: "我輩七人, 皆負濟世之才. 而未用於時者, 亦猶君之韜蘊, 而方謀仕進也. 我輩適偶會論之間, 君忽辱臨. 幸且共芳樽, 惜美景, 以古之興亡爲警覺, 以人間用捨爲擬議. 又何必涉綺閣, 入龍舟, 而方盡一醉也?" 秘甚怪之, 不覺肅然致敬.

　　及懽笑久, 而七人皆遞相目, 若有所疑, 乃問秘曰: "今旣接高論, 奚不一示君之芳猷, 使我輩服君而不疑也?" 秘乃起而言曰: "余睢陽人也. 少好讀書, 頗識古者王霸之道. 今聞皇上纂嗣大寶, 開直言之路, 欲一叩象闕, 少伸愚誠. 亦不敢取富貴, 但一豁鄙懷耳. 適見七君子高會, 故來詣之. 幸無遐棄可也." 其一人顧諸輩笑曰: "他人自道, 必可無傷, 吾屬斷之, 行當敗缺." 其一人曰: "己雖勿言, 人其捨我." 一人曰: "此君名秘, 固當爲我匿瑕矣." 乃笑謂秘曰: "吾輩是七樹精也. 其一曰松, 二曰柳, 三曰槐, 四曰桑, 五曰棗, 六曰栗, 七曰樗. 今各言其志, 君幸聽而秘之."

　　其松精乃起而言曰: "我本處空山, 非常材也. 負堅貞之節, 雖霜凌雪犯, 不能易其操. 設若哲匠搆大廈, 揮斤斧, 長短之木, 各得其用. 榱桷雖衆, 而欠梁棟, 我卽必備棟梁之用也. 我得其用('用'原作'利', 據明鈔本・陳校本改), 則永無傾危之患矣." 其次一人起言曰: "我之風流之名, 聞於古今. 但恨煬帝不回, 無人見知. 張緖效我, 空耀載籍. 所喜者, 絮飛則才子咏詩, 葉嫩則佳人學畫. 柔勝剛強, 且自保其性也." 其次者曰: "我受陽和之恩, 爲不材之木. 大川無梁, 人不我取, 大廈無棟, 人不我用. 若非遭郢匠之斲, 則必不合於長短大小也. 噫! 倚我者有三公之名矣." 其次者言曰: "我平生好蠶('蠶'原作'吞', 據明鈔本・陳校本改). 無辭吐飼, 不異推('推'原作'惟', 據明鈔本・陳校本改)食. 蠶卽繭, 繭而絲, 絲爲紈綺, 綷綺入貴族之用. 設或貴族之流, 見紈綺之美麗以念我, 我又豈須大爲梁棟, 小爲榱桷者也?" 其次者曰: "我自辯士蘇秦入燕之日, 已推我有兼濟之名也. 不唯漢武帝號爲'束束', 投我者足表赤心. 我又奚慮不爲人所知也?" 其次曰: "我雖處蓬蓽, 性實恬然. 亦可以濟大國之用也. 倘人主立宗廟, 虔祀饗, 而法古以用我, 我實可以使民之戰慄也." 其次曰: "我與衆何殊也? 天亦覆我, 地亦載我, 春卽榮, 秋卽落. 近世人以我爲不材, 我實常懷憤惋. 我不處澗底, 怎見我有凌雲之勢? 我不在宇下, 焉知我是搆廈之材? 驥不騁卽駑馬也. 玉不剖卽頑石也. 固不必松卽可搆廈凌雲, 我卽不可搆廈凌雲. 此所謂信一人之言, 大喪其眞矣. 我所以慕隱淪之輩, 且韜藏其迹. 我若逢陶侃之一見, 卽又用之有餘也."

言訖, 復自歌自舞. 秘聞其言, 大怖, 坐不安席, 遽起辭之. 七人乃共勸酒一盃, 謂秘曰: "天地間人與萬物, 皆不可測, 愼勿輕之." 秘飮訖, 謝之而去. (出『瀟湘記』)

415·10(5683)
설홍기(薛弘機)

동도(東都: 洛陽) 위교(渭橋) 동타방(銅駝坊)에 설홍기라는 은사(隱士)가 살고 있었다. 그는 위하(渭河) 귀퉁이에 보금자리를 마련하고 문을 걸어 잠근 채 혼자 살고 있었으며 아내도 하인도 없었다. 매년 가을이 올 때면 이웃집 나무의 잎이 그의 집 마당으로 날아 들어왔는데, 그는 그 나뭇잎을 쓸어 한데 모아 종이 주머니 안에 담은 다음 원래 나무가 있던 땅을 찾아가 되돌려 주었다. 그는 일찍이 안석 모퉁이에다 다음과 같은 글을 적어 두었다.

"사람의 계획이란 일전의 잘못을 답습해서는 안 된다. 나만의 의견을 고집하며 다른 사람을 따르지 않아도 안 된다. 산다는 것은 실로 어려운 것, [치우침 없이] 가운데 거하며 도를 행하는 것만이 중요하다."

그는 매일 하루가 지나고 석양이 서쪽으로 들어가 찬 서리바람이 방 안으로 들어올 때면 베옷을 입고 홀로 앉아 장량(張良: 그는 평민에서 萬戶侯에 봉해졌으나 인간세상을 버리고 赤松子를 본받아 道를 배웠다 함)과 병한(邴漢: 그는 성품이 고상하여 관리가 되어서도 600섬 이상은 사양했고 후에 스스로 관직에서 물러나 은거했음)의 남겨진 향기를 우러르곤 했는데, 그 때 갑자기 한 객이 그의 집을 찾아왔다. 그 객은 모습이 예스럽고 멋졌으며 높은 코에 널찍한 미간, 반듯한 입에 넓은 이마를 하고 있어 그 의젓한 모습이 사호(四皓: 한나라 초기의 네 은사, 즉 東園公·綺里季·夏黃公·甪里를 가리킴)에 견줄 만했다. 그는 조하구(早霞裘)를 입고 길게 읍하며 설홍기에게 이렇게 말했다.

"당신께서는 그윽한 도를 섬기시어 그 도가 밝으시고 누리실 복 또한 돈독하십니다. 저는 사는 곳도 여기서 멀지 않은데다가 당신의 지조를 흠모하고 있던 터라 이렇게 찾아오게 되었습니다."

설홍기는 그와 한번 만났지만 뜻이 아주 잘 통해 그와 더불어 고금을 논하게 되었다. 설홍기가 그에게 성씨를 묻자 그 사람이 대답했다.

"이름은 장경(藏經)이고 성은 유(柳) 입니다."

그리고는 노래를 읊조렸는데, 밤은 어느새 깊어가고 있었다. 유장경이 말했다.

"한(漢)나라가 세워졌을 때 숙손(叔孫: 叔孫通)이 예(禮)를 제정했다 하는데, 어떻게 상례(喪禮: 원문은 '喪婚禮'라 되어있으나 '婚'자는 곁들어간 말로 실제 뜻은 없음) 제도를 2년으로 규정할 수 있단 말입니까? 나는 이에 대해 느낀 바가 있습니다."

그리고는 이렇게 노래했다.

찬 물은 둥근 못에 고여 있고,
가을 연못에는 시든 연꽃만 가득하네.
문 걸어 잠그고 전적(典籍)을 탐구하니,
이제는 터득한 것이 아주 많네.

설홍기는 『역(易)』을 좋아했는데, 그가 『역』에 관해 묻자 유장경이 이렇게 대답했다.

"『역』의 도리는 심오하여 감히 배울 수가 없습니다. 게다가 유씨(劉氏: 劉向)의 6설(說: 여기서는 劉向의 『別錄』을 두고 하는 말임)에서는 『시(詩)』・『서(書)』・『예(禮)』・『악(樂)』 및 『춘추(春秋)』에 대해서만 명백히 적고 있고 『역』에 대해서는 기재하지 않고 있으니, 사실은 [6설이 아니라] 5설이라야 맞습니다. 이는 『역』의 도리가 알기 어렵기 때문입니다."

설홍기는 이 말이 아주 마음에 들었다. 말을 마치고 떠나갈 적에 스으스으 하는 소리가 나기에 설홍기가 내다보았더니 어슴푸레 1장 남짓 그림자를 드리우며 사라져갔다.

후에 여러 이웃들에게 물어보았으나 모두 그렇게 생긴 사람은 없다고 말했다. 설홍기는 유장경이 몹시 보고 싶었으나 있는 곳을 알 수 없었다. 한달 남짓 지났을 때 유장경은 다시 설홍기를 찾아왔다. 그러나 설홍기가 매번 다가가려 할 때마다 유장경은 뒤로 물러나곤 했는데, 설홍기가 가까이 다가갔을 때 유장경의 몸에서 썩은 땔나무 냄새가 약간 나는 것 같았다. 유장경은 사라졌다가 이듬 해 5월에 다시 찾아와 설홍기에게 이렇게 말했다.

"지음(知音)은 만나기 어렵고 세월은 흘러가기 쉽습니다. 마음은 가까워도 길은 서로 멀며, 집도 멀고 사람 또한 아득합니다. 제가 당신께 절구(絶句) 한 수를 드릴 테니 기억하시기 바랍니다."

시는 다음과 같았다.

누가 삼재(三才: 天·地·人)를 귀하다고 했는가,
내가 보니 만물의 조화는 다 같을 뿐.
마음을 비우니 좀먹는 것이 싫어지고,
나이 먹으니 광풍이 두려워지네.

시를 다 읊고 났을 때 그는 불안한 듯 더 이상 여유 있어 보이지 않았다. 그는 문을 나서 서쪽으로 갔는데, 어디로 갔는지 알 수 없었다. 그날 밤 심한 바람이 불어와 지붕이 날리고 나무가 송두리 째 뽑혔다.

이튿날 위왕지(魏王池) 옆에 있던 커다란 버드나무 고목이 모진 바람에 뽑히고 부러졌는데, 그 안에 누가 숨겨 두었는지 알 수 없는 이미 썩어버린 경서 100여 권이 들어있었다. 설홍기는 그 나무로 가 경서를 꺼냈는데, 대부분 빗물에 젖어 찢겨져 있었고 순서도 뒤죽박죽 되어있었다. 그 안에 오직 『주역(周易)』만이 없는 것을 보고 설홍기가 탄식하며 말했다.

"유장경이란 이것을 두고 한 말인가?"

이것은 건중연간(建中年間: 780~783)에 있었던 일이다. (『건손자』)

東都渭橋銅駝坊, 有隱士薛弘機. 營蝸舍渭河之隈, 閉戶自處, 又無妻僕. 每秋時, 鄰樹飛葉入庭, 亦掃而聚焉, 盛以紙囊, 逐其彊而歸之. 常於座隅題其詞曰: "夫人之計, 將徇('徇'原作'苟', 據陳校本改)前非且不可. 執我見不從於衆亦不可. 人生實難, 唯在處中行道耳."

居一日, 殘陽西頹, 霜風入戶, 披褐獨坐, 仰張・邴之餘芳, 忽有一客造門. 儀狀瓌古, 隆隼龐眉, 方口廣顙, 嶷然四皓之比. 衣早霞裘, 長揖薛弘機曰: "足下性尙幽道, 道著嘉肥. 僕所居不遙, 嚮慕足下操履, 特相詣." 弘機一見相得, 切磋今古. 遂問姓氏, 其人曰: "藏經姓柳." 卽便歌唫, 淸夜將艾. 云: "漢興, 叔孫爲禮, 何得以死喪婚姻而行二載制度? 吾所感焉." 歌曰: "寒水停圓沼, 秋池滿敗荷. 杜門窮典籍, 所得事今多." 弘機好『易』, 因問, 藏經則曰: "『易』道深微, 未敢學也. 且劉氏六說, 只明『詩』・『書』・『禮』・『樂』及『春秋』, 而亡於『易』, 其實五說. 是道之難." 弘機甚喜此論. 言訖辭去, 窣颯有聲, 弘機望之, 隱隱然丈餘而沒.

後問諸隣, 悉無此色. 弘機苦思藏經, 又不知所. 尋月餘, 又詣弘機. 弘機每欲相近, 藏經輒退, 弘機逼之, 微聞朽薪之氣. 藏經隱, 至明年五月又來, 乃謂弘機曰: "知音難逢, 日月易失. 心親道曠, 室邇人退. 吾有一絶相贈, 請君記焉." 詩曰: "誰謂三才貴, 余觀萬化同. 心虛嫌蠹食, 年老怯狂風." 吟訖, 情意搔然, 不復從容. 出門而西, 遂失其踪. 是夜惡風, 發屋拔樹.

明日, 魏王池畔有大枯柳, 爲烈風所拉折, 其內不知誰人藏經百餘卷, 盡爛壞. 弘機往收之, 多爲雨漬斷, 皆失次第. 內唯無『周易』, 弘機歎曰: "藏經之謂乎?" 建中年事. (出『乾饌子』)

415 · 11(5684)
노 건(盧 虔)

낙양(洛陽)에 오래된 집이 한 채 있었는데, 안채 깊숙한 곳부터 대청, 계단 할 것 없이 모두 웅장했으나 그곳에 사는 사람들이 대부분 갑자기 죽고 말았기 때문에 비워둔 채 잠가놓은 지 이미 오래였다. 옛 우산기상시(右散騎常侍) 만양(萬陽) 사람 노건은 정원연간(貞元年間: 785~805)에 어사(御史)가 되어 동대(東臺: 高宗 때 門下省을 東臺라 개칭했음)를 나누어 맡게 되었는데, 그가 그 집을 사들여 그곳에 살려고 하자 어떤 사람이 이렇게 말했다.

"이 집에는 요괴가 있어 살 수 없습니다."

노건이 말했다.

"내가 막을 수 있네."

하룻밤 뒤에 노건은 하급관리들과 함께 그 집 당 안에서 잠을 자기로 하고 노복들에게 명해 모두 문 밖에 서 있도록 했다. 하급관리들은 용맹하고 활을 잘 쏘았기 때문에 활과 화살을 들고 방 아래에 앉아 있었는데, 밤이 깊어갈 무렵 누군가가 문을 두드리는 소리가 들렸다. 하급관리가 누구냐고 묻자 이렇게 대답했다.

"유장군(柳將軍)께서 노시어(盧侍御: 盧虔)께 보내는 편지를 받들고 왔습니다."

노건은 아무 대답도 안 했다. 그랬더니 편지 한 통이 대청 아래로 떨어졌는데, 글씨는 마치 붓에 먹물을 적셔 쓴 것 같이 필획이 가늘었다. 노건이 하급관리에게 명해 그 글을 읽어보게 했[더니, 편지에는 다음과 같이 적혀 있었]다.

"내가 여기 산 지 벌써 몇 년이나 되었소. 안채 깊숙한 곳이나 대청, 계단 등은 모두 내가 살고 있는 곳이고 문의 신과 집의 신령은 모두 나의 부하들이오. 그런데 그대가 갑자기 내 집에 들어왔으니, 이것이 어찌 도리에 맞는 일이겠소? 가령 당신이 집을 가지고 있는데 내가 들어가서 살겠다고 한다면 된다고 하겠소? 나를 두려워하지 않는다 하더라도 자기 자신에게 부끄럽지도 않소? 그대는 속히 떠나도록 하여 패가망신의 모욕을 자초하지 말도록 하시오."

다 읽자 편지는 바람에 날려 마치 재가 날리듯 사방으로 흩어져 버렸다.

잠시 후 이런 소리가 들려왔다.

"유장군께서 노어사를 뵙고자 하십니다."

잠시 후 키가 수십 심(尋: 1尋은 8尺)이나 되는 커다란 귀신이 나타나 마당에 우뚝 섰는데, 손에는 박 하나를 들고 있었다. 노건의 하급관리가 활을 잔뜩 당긴 다음 한발 쏘아서 들고 있던 물건의 가운데를 맞혔더니 그 귀신은 마침내 박을 버리고 물러갔다. 그러나 한참 후 다시 나타나 난간에 기대 서 있다가 고개를 숙이고 이쪽을 내려다보았는데, 그 모습이 아주 기이했다. 하급관리가 다시 활을 쏴 이번에는 가슴을 맞혔더니 귀신은 마치 두려운 듯 놀라 동쪽을 향해 떠나갔다.

날이 밝자 노건은 사람들을 시켜 귀신의 자취를 끝까지 쫓아가게 했다. [사람들이 따라가 보았더니] 집 동쪽 빈 터에 높이가 100여 척이나 되는 버드나무가 있었는데, 그 위에 화살이 하나 박혀 있는 것으로 보아 그것이 바로 '유장군'이었던 것이다. 노건이 그 나무를 베어 땔감으로 썼더니 그 후 그 집에 사는 사람들에게 아무 탈도 생기지 않았다. 몇 년 뒤에 당실(堂室)을 다시 지을 적에 지붕 기와 아래에서 길이가 약 1장 남짓 되는 박 하나가 나왔는데, 그 꼭지 부분에 화살이 박혀 있는 것으로 보아 바로 유장군이 들고 있던 박이었음에 틀림없었다. (『선실지』)

東洛有故宅, 其堂奧軒級甚宏特, 然居者多暴死, 是以空而鍵之且久. 故右散騎常侍萬陽盧虔, 貞元中爲御史, 分察東臺, 常欲貿其宅而止焉, 或曰: "此宅有怪, 不可居." 虔曰: "吾自能弭之" 後一夕, 虔與從吏同寢其堂, 命僕使盡止於門外. 從吏勇悍善射, 於是執弓矢, 坐前軒下, 夜將深, 聞有叩門者. 從吏卽問之, 應聲曰: "柳將軍遣奉書於盧侍御." 虔不應. 已而投一幅書軒下, 字似濡筆而書者, 點畫纖然. 虔命從吏視其字云: "吾家於此有年矣. 堂奧軒級, 皆吾之居也, 門神戶靈, 皆吾之隷也. 而君突入吾舍, 豈其理耶? 假令君有舍, 吾入之, 可乎? 旣不懼吾, 寧不愧於心耶? 君速去, 勿招敗亡之辱." 讀旣畢, 其書飄然四散, 若飛爐之狀.

俄又聞有言者: "柳將軍願見盧御史." 已而有大虜至, 身長數十尋, 立庭, 手執一瓢. 其從吏卽引滿而發, 中所執, 其虜遂退, 委其瓢, 久之又來, 俯軒而立, 俛其首且窺焉, 貌甚異. 從吏又射之, 中其胸, 虜驚, 若有懼, 遂東向而去.

至明, 虔命窮其跡, 至宅東隙地, 見柳高百餘尺, 有一矢貫其上, 所謂'柳將軍'也. 虔伐其薪, 自此其宅居者無恙, 後歲餘, 因重搆堂室, 於屋瓦下得一瓢, 長約丈餘, 有矢貫其柄, 卽將軍所執之瓢也. (出『宣室志』)

415 · 12(5685)
승지통(僧智通)

임단사(臨湍寺) 스님 지통은 늘 『법화경(法華經)』을 외고 다녔다. 그는 참선에 들어 정좌할 때면 반드시 사람의 발길이라곤 닿은 적이 없는 듯 한 서늘한 숲이 있는 깨끗한 곳을 찾아갔다. 1년 쯤 지난 어느 날 밤에 갑자기 어떤 사람이 그가 머물고 있는 승원(僧院)을 맴돌며 지통스님의 이름을 부르기 시작했는데, 그 소리는 새벽이 되어서야 비로소 멈췄다. 그 소리는 3일 밤 계속되었는데, [그날도 자신을 부르는] 소리가 창문으로 들어오자 지통스님은 더 이상 견딜 수 없어 이렇게 대답했다.

"무슨 일로 나를 부르느냐? 들어와서 말해라."

그러자 한 물체가 모습을 드러냈는데, 키가 6척 남짓 되어보였고 검은 옷을 입고 있었으며 얼굴은 온통 푸른색이었고 부릅뜬 눈에 커다란 입을 하고 있었다. 그 물체는 스님을 보자 처음에는 그래도 손을 모았다. 지통스님은 그 물체를 한참 들여다보다가 이렇게 말했다.

"추우냐? 이리로 와 불을 쬐어라."

물체가 다가와 자리에 앉았어도 지통스님은 여전히 불경을 염송할 따름이었다. 오경(五更: 새벽 3시~5시)이 되었을 때 물체는 불기운에 취해 눈을 감고 입을 벌린 채 화로에 기대 코를 골며 자고 있었다. 지통스님이 그 모습을 보다가 향 숟가락으로 재를 퍼 그 물체의 입 속에 넣었더니 물체는 크게 고함을 치며 일어[나 달아]났는데, 문에 이르렀을 때 기우뚱하고 자빠지는 듯한 소리가 났다.

그 절은 산을 등지고 있었다. 지통스님은 날이 밝자 거인이 넘어진 곳으로 가 보았는데, 거기에는 나무껍질 하나가 떨어져 있었다. [그 나무껍질을 가지고] 산에 올라가 몇 리를 찾아다닌 끝에 커다란 청동수(靑桐樹: 오동나무) 한 그루를 발견했는데, 나뭇가지는 이미 늙어 메말라 있었고 그 아래 뿌리 부분에 새로 생긴 듯 보이는 움푹 들어간 흠집이 나 있었다. 지통스님이 나무껍질을 그곳에 붙여 보았더니 조금의 틈도 없이 딱 들어맞았다. 나무 중간 부분에 땔나무꾼이 만들어 놓은 듯 보이는 깊이 6~7촌 남짓한 구멍이 있었는데, 그곳이 바로 요괴의 입인 듯했다. 잿불이 그 입에 가득하여 오래 지났어도 여전히 붉은 빛을 발하고 있었다. 지통스님이 그 나무를 불 질러 버리자 괴이한 일은 더 이상 생기지 않았다. (『유양잡조』)

臨湍寺僧智通常持『法華經』. 入禪宴坐, 必求寒林淨境, 殆非人迹所至處. 經年, 忽夜有人環其院呼智通, 至曉, 聲方息. 歷三夜, 聲侵戶, 智通不耐, 因應曰: "呼我何事? 可入來言也." 有物長六尺餘, 皁衣青面, 張目巨吻. 見僧, 初亦合手. 智通熟視良久, 謂曰: "爾寒乎? 就此向火." 物乃就坐, 智通但念經. 至五更, 物爲火所醉, 因閉目開口, 據爐而鼾. 智通觀之, 乃以香匙擧灰火, 實其口中, 物大呼起, 至門若蹶聲.

其寺背山. 智通及明, 視蹶處, 得木皮一片. 登山尋之數里, 見大靑桐樹, 梢已老矣. 其下凹根若新缺. 僧以木皮附之, 合無綻隙. 其半, 有薪者創成一蹬, 深六七寸餘, 蓋魅之口. 灰火滿其中, 久猶熒熒. 智通焚之, 其怪遂絶. (出『酉陽雜俎』)

415 · 13(5686)
강하종사(江夏從事)

[唐나라] 태화연간(太和年間: 827~835)에 강하에서 종사 노릇 하고 있는 사람이 있었는데, 그가 머물고 있는 관사에서 늘 이상한 일이 생겼다. 매일 밤 온 몸이 시커먼 한 거인이 나타났는데, 온 몸에서 강한 빛이 나와 그것을 보고 나면 가슴이 두근거리고 이내 병들어 죽고 말았다. 후에 허원장(許元長)이라는 귀신을 잘 보는 사람이 그곳으로 오자 종사는 그에게 명해 부적술로 귀신을 불러오게 했다. [귀신을 부른 지] 하룻밤이 지났을 때 허원장은 당(堂) 서쪽 건물 아래 앉아 있었는데, 갑자기 한 거인이 나타났다. 허원장이 부적 하나를 날려 거인의 팔에 맞히자 획 하는 소리가 나면서 팔이 땅에 떨어졌다. 거인이 떠나간 뒤에 허원장이 땅에 떨어진 팔을 보았더니, 그것은 다름 아닌 마른 나뭇가지 하나였다.

이튿날 한 가동이 허원장에게 말했다.

"당 동북쪽 모퉁이에 말라 죽은 나무가 하나 있는데, 선생의 부적이 그 위에 있습니다."

허원장이 가보았더니 그 나무의 나뭇가지 중에 부러진 것이 있었는데, 그것은 바로 거인의 잘려나간 팔이었다. 허원장이 그 나무를 베어 불살라 버리자 그 집에는 더 이상 괴이한 일이 일어나지 않았다. (『선실지』)

太和中, 有從事江夏者, 其官舍嘗有怪異. 每夕, 見一巨人身盡黑, 甚光, 見之卽悸而病死. 後有許元長者, 善視鬼, 從事命元長以符術考召. 後一夕, 元長坐於堂西軒下, 巨人忽至. 元長出一符飛之, 中其臂, 割然有聲, 遂墮於地. 巨人卽去, 元長視其墮臂, 乃一枯木枝.

至明日, 有家僮謂元長曰: "堂之東北隅, 有枯樹焉, 先生符今在其上." 卽往視之, 其樹有枝梢折者, 果巨人所斷臂也. 卽伐而焚之, 宅遂無怪. (出『宣室志』)

태평광기 권제 416 초목 11

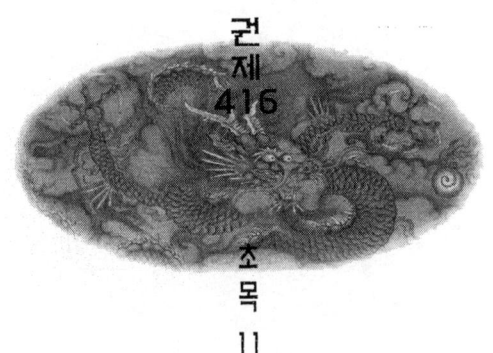

목괴(木怪) 하
1. 두 관(竇 寬)
2. 오 언(吳 偃)
3. 동 관(董 觀)
4. 경락사인(京洛士人)
5. 강 수(江 叟)

화훼괴(花卉怪)
6. 용사초(龍蛇草)
7. 선비녀(鮮卑女)
8. 궐 사(蕨 蛇)
9. 개 충(芥 蟲)
10. 최현미(崔玄微)

목괴 하

416 · 1(5687)
두 관(竇 寬)

    당(唐)나라 때 부풍(扶風) 사람 두관은 집이 양산(梁山)에 있었는데, 태화(太和) 8년(834) 가을에 대리평사(大理評事) 겸 현추염사(縣推鹽使)의 판관(判官)으로 있다가 파직되어 집으로 돌아왔다. 그는 집을 짓기 위해 하인에게 나무 한 그루를 베게 했는데, 하인이 나무를 베자 나무에서 피가 질펀하게 떨어져 땅에 가득 흐르더니 한 식경쯤 지나서야 그쳤다. 두관은 그것을 이상하다고 여기며 괴이한 일이 일어날 것임을 짐작하고선 문을 닫아걸고 사람들과 왕래하지 않았다. 다음해 겨울 11월에 정주(鄭注)와 이훈(李訓)이 반란을 일으켰는데, 두관은 정주와 연루된 죄로 결국 좌금군(左禁軍)에게 주살 당했다. (『선실지』)

    唐扶風竇寬者家於梁山, 太和八年秋, 自大理評事解縣推鹽使判官罷職退歸. 因治園屋, 命家僕伐一樹, 旣伐而有血滂溜, 汪然注地, 食頃而盡. 寬異之, 且知爲怪, 由是閉門絶人事. 至明年冬十一月, 鄭注·李訓反, 寬與注連, 遂誅死於左禁軍中. (出『宣室志』)

416 · 2(5688)
오 언(吳 偃)

여천현(厲泉縣) 백성 오언의 집은 밭과 들 사이에 있었다. 그에게는 10살 남짓 된 딸이 하나 있었는데, 어느 날 밤에 갑자기 사라져 어디로 갔는지 알 수 없었다. 며칠 후에 오언의 꿈에 그의 아버지가 나타나 말했다.

"너의 딸이 지금 동북쪽 모퉁이에 있는데, 목신(木神)이 해코지를 한 것이다."

오언은 놀라 깨어났다. 다음날 그가 동북쪽 모퉁이에서 딸의 흔적을 찾아보았더니 과연 숨쉬는 소리가 들렸다. 오언이 가서 보았더니 그의 딸이 동굴 안에 앉아 있었는데, 동굴의 입구는 매우 작았으나 그 안은 넓어 보였다. 동굴 옆에는 오래된 홰나무가 있었는데, 밑동과 뿌리가 아주 컸다. 이에 오언이 딸을 데리고 집으로 돌아왔지만 딸은 깊이 취한 사람처럼 멍해 있었다. 때마침 이도사(李道士)가 그곳에 오자 오언은 그에게 주술로 딸을 고쳐달라고 부탁했다. 그때 그의 딸이 갑자기 눈을 껌벅이며 말했다.

"동북쪽에 홰나무가 있는데, 홰나무 신이 저를 빈 나무속을 통해 땅 속 동굴 안으로 데려갔기 때문에 제가 병이 난 것입니다."

이에 오언이 그 나무를 베어 버리자 며칠 뒤에 딸의 병이 비로소 나았다. (『선실지』)

有鄽(陳校本'鄽'作'醴')泉縣民吳偃家於田野間. 有一女十歲餘, 一夕, 忽遁去,莫知所往. 後數餘日, 偃夢其父謂偃曰: "汝女今在東北隅, 盖木神爲祟." 偃驚而寤. 至明日, 卽於東北隅窮其跡, 果聞有呼唫之聲. 偃視之, 見其女在一穴內, 口甚小, 然其中稍寬敞. 傍有古槐木, 盤根極大. 於是挈之而歸, 然兀若沈醉者. 會有李道士至, 偃請符術呵禁. 其女忽瞬而語曰: "地東北有槐木, 木有神, 引某自樹腹空入地下穴內, 故某病." 於是伐其樹, 後數日, 女病始愈. (出『宣室志』)

416・3(5689)
동 관(董 觀)

동관은 일찍이 스님이 되어 태원불사(太原佛寺)에서 거처했다. [唐나라] 태화(太和) 7년(833) 여름에 그는 사촌동생인 왕생(王生)과 함께 남쪽으로 형초(荊楚) 일대를 유람한 뒤에 장안(長安)으로 가려했다.
어느 날 밤 두 사람은 상오(商於)에 도착해서 산관(山舘)에 머물렀다. 왕생은 이미 잠이 들었으나 동관 혼자 잠 못 들고 있었다. 그 때 갑자기 한 물체가 등불 아래서 나오더니 등불을 가렸는데, 사람의 손과 비슷했지만 손가락이 없었다. 동관이 자세히 보았더니 등불 그림자 밖에도 어떤 물체가 있는 것 같기에 급히 왕생을 깨웠다. 왕생이 일어나자 그 손은 사라져버렸다. 동관이 왕생에게 말했다.
"삼가 잠들지 마라. 귀신은 분명 다시 올 것이다."
그리고는 몽둥이를 들고 앉아 기다렸다. 한참 뒤에 왕생이 말했다.
"귀신이 어디 있습니까? 형님이 헛것을 본 것입니다."
왕생은 곧장 잠자리에 들었다. 잠시 후에 키가 5척 남짓 되는 한 물체가 등불을 가리고 섰는데, 손도 없고 얼굴도 없었다. 동관은 더욱 놀라 또 왕생을 불러 깨웠으나 왕생은 화가 나서 일어나지 않았다. 이에 동관이 몽둥이로 물체의 머리를 때리자 물체의 몸이 마치 풀처럼 푹 꺼졌는데, 몽둥이도 그 속에 들어가 힘껏 꺼내려고 해도 꺼낼 수가 없었다. 그 즉시 물체는 물러갔다. 동관은 물체가 다시 올까 걱정되어 새벽이 오도록 잠을 이루지 못했다.

다음날 동관이 산관의 관리를 찾아가 묻자 관리가 말했다.

"이곳에서 서쪽으로 몇 리 떨어진 곳에 오래된 삼나무가 있는데, 종종 도깨비로 변한다고 합니다. 아마도 그것을 본 것 같습니다."

이에 관리가 동관·왕생과 함께 곧장 찾아가 보았더니 과연 오래된 삼나무의 줄기와 잎 사이에 몽둥이가 끼어 있었다. 관리가 말했다.

"사람들이 이 나무가 요망한 짓을 한다고 오래 전부터 말해왔지만 저는 아직 진짜로 본 적이 없었습니다. 지금에서야 그 말을 믿을 수 있겠군요."

그리고는 곧장 도끼를 가져와서 그 나무를 모두 베어버렸다. (『선실지』)

有董觀者嘗爲僧, 居於太原佛寺. 太和七年夏, 與其表弟王生南遊荊楚, 後將入長安.

道至商於, 一夕, 舍山舘中. 王生旣寐, 觀獨未寢. 忽見一物出燭下, 旣而掩其燭, 狀類人手而無指. 細視, 燭影外若有物, 觀急呼王生. 生起, 其手遂去. 觀謂王曰: "愼無寢. 魅當再來." 因持挺而坐伺之. 良久, 王生曰: "魅安在? 兄妄矣." 旣就寢. 頃之, 有一物長五尺餘, 蔽燭而立, 無手及面目. 觀益恐, 又呼王生, 生怒不起. 觀因以挺桂其首, 其軀若草所穿, 挺亦隨入其中, 而力取不可得. 俄乃退去. 觀慮又來, 迨曉不敢寢.

明日, 訪舘吏, 吏曰: "此西數里有古杉, 常爲魅. 疑卽所見也." 卽與觀及王生徑尋, 果見古杉, 有挺貫其柯葉間. 吏曰: "人言此爲妖且久, 未嘗見其眞. 今則信矣." 急取斧, 盡伐去之. (出『宣室志』)

416 · 4(5690)
경락사인(京洛士人)

경락(京洛)에 한 선비의 자제가 있었는데 그 이름은 잊어버렸다. 그는 평소 조각하는 것을 좋아했다. 한번은 그가 다른 읍의 산길을 가다가 몇 무(畝)에 걸쳐 그늘을 드리운 커다란 홰나무를 보았는데, 나무뿌리 옆에 몇 말을 담을 수 있는 단지 같은 나무옹이 4개가 있어서 잘라가려고 했다. 그러나 그는 일꾼이 적고 또한 도끼나 톱 같은 도구도 없어서 돌아올 때 잘라가기로 했다. 그는 다른 사람이 먼저 옹이를 잘라갈까 걱정이 되어 옷상자 속에서 종이 몇 장을 꺼내 잘라서 지전(紙錢)을 만들어 나무옹이 위에 묶어 놓았다. [그렇게 하면] 사람들이 그 나무에 나무신이 있다고 여겨서 감히 베어가지 않을 것이라고 생각했다. 그리고는 나무를 놔두고 떠나갔다.

몇 개월 뒤에 선비는 많은 인부들과 칼·도끼 등의 도구를 가지고 돌아와 그 나무를 베려고 했다. 그가 나무 가까이 다가갔더니 그림들이 보였고 나무 옆에는 지전들이 여기저기에 많이 걸려 있었으며 또 향을 사르고 제사를 지낸 흔적이 남아 있었다. 선비가 웃으며 말했다.

"촌사람들이라 무지해서 이런 일을 믿어 미혹되었구나!"

그리고는 사람들에게 도끼로 나무를 베게 한 순간 갑자기 자색 옷을 입은 신이 옆에 나타났다. 그는 엄숙한 모습으로 인부들을 꾸짖으며 말했다.

"이 나무를 베지 마라."

그러자 선비가 앞으로 나서며 말했다.

"내가 이전에 왔을 적에 홰나무의 옹이를 보고 잘라가려 했지만 도끼와 톱이 없었습니다. 그래서 다른 사람들이 잘라갈까봐 일부러 지전을 매달아 보호해주었습니다. 본래 신이 없었는데 당신이 무슨 이유로 이 일을 막습니까?"

신이 말했다.

"처음에는 당신이 지전을 나무에 묶어 놓았지만 그 뒤로 모두들 이 나무를 신수(神樹)라고 부르며 화복을 내려줄 수 있다고 여겨서 서로 제사를 지냈소. 그래서 저승에서 결국 나를 여기로 보내 제사를 받게 해주었소. 지금은 신이 있는데 어찌 신이 없다고 말하시오? 만약 이 나무를 반드시 베려 한다면 화가 닥칠 것이오."

그래도 선비가 말을 듣지 않자 신이 말했다.

"당신은 이것을 잘라다가 어디에 쓰려는 게요?"

선비가 말했다.

"조각해서 그릇을 만들려고 합니다."

신이 말했다.

"그렇다면 내가 좋은 가격으로 이것을 사도 되겠소?"

선비가 말했다.

"좋습니다."

신이 말했다.

"얼마를 원하시오?"

선비가 말했다.

"100관(貫)을 주십시오."

신이 말했다.

"지금 당신에게 100필의 명주를 주겠소. 이곳에서 앞으로 5리를 가면 무너진 무덤이 있는데 그 무덤 안에 명주가 있소. 만약 명주를 찾지 못하면 다시 와서 나를 만나시오."

선비는 무너진 무덤 속에서 과연 명주를 얻었는데, 한 필도 모자라지 않았다. (『원화기』)

京洛間, 有土人子弟失('失'原作'定', 據明鈔本・陳校本改)其姓名. 素善雕鏤. 因行他邑山路, 見一大槐樹陰蔽數畝, 其根旁瘤癭如數斗甕者四焉, 思欲取之. 人力且少, 又無斧鋸之屬, 約回日採取之. 恐爲人先採, 乃於衣贊中, 取紙數張, 割爲錢, 繫之於樹瘤上. 意者欲爲神樹, 不敢採伐也. 旣捨去.

數月而還, 大率人夫幷刀斧, 欲伐之. 至此樹側, 乃見畫圖影, 旁挂紙錢實繁, 復有以香醮奠之處. 土人笑曰: "村人無知信此, 可惑也!" 乃命斧伐之次, 忽見紫衣神在旁. 容色屹然, 叱僕曰: "無伐此木." 土人進曰: "吾昔行次, 見槐瘤, 欲取之, 以無斧鋸. 恐人採之, 故權以紙錢占護耳. 本無神也, 君何止遏?" 神曰: "始者君權以紙錢繫樹之後, 咸曰神樹, 能致禍福, 相與祈祀. 冥司遂以某職受享酹. 今有神也, 何言無之? 若必欲伐之, 禍其至矣." 土人不聽, 神曰: "君取此何用?" 客曰: "要雕刻爲器耳." 神曰: "若爾, 可以善價贖之乎?" 客曰: "可." 神曰: "所須幾何?" 土人曰: "可遺百千." 神曰: "今奉百絹, 於前五里有壞墳, 絹在其中. 如不得者, 卽復此相見." 土人遂至壞墳中, 果得絹, 一無欠焉. (出『原化記』)

416 · 5(5691)
강 수(江 叟)

[唐나라] 개성연간(開成年間: 836~840)에 강수라는 사람은 도교 서적을 많이 읽고 방술을 널리 구했으며 피리를 잘 불었다. 그는 자주 영락현(永樂縣)의 영선각(靈仙閣)을 왕래했다. 어느 날 강수는 술을 많이 마시고 문향(閺鄕)으로 가는 길에 반두관(盤豆館) 동쪽 관도(官道) 옆의 큰 홰나무 아래에서 취해 잠들었다. 밤이 되어 그가 얼핏 깨어났을 때 커다란 물체가 걸어오는 소리를 들었는데, 그 발걸음소리가 매우 무거웠다. 강수가 몰래 살펴보았더니 키가 몇 장(丈)이나 되는 거구가 홰나무 옆에 와서 앉아 털이 난 손으로 강수를 쓰다듬으며 말했다.

"나는 나무 옆에서 호미질하던 사람인 줄 알았더니 술독 옆의 필탁(畢卓: 晉나라 사람으로 항상 술만 마시고 일을 하지 않았음)이었구면."

그리고는 큰 홰나무를 두드리며 여러 번 말했다.

"형관(荊舘: 荊山館)의 이랑(二郞)이 큰 형님을 뵈러왔다고 알리시오."

그러자 큰 홰나무가 대답했다.

"아우, 오느라 수고 많았소."

마치 홰나무 위에서 나는 소리 같더니 어떤 사람이 내려와 함께 얘기를 나누었다. 잠시 후 두 사람이 술을 따르고 마시는 소리가 번갈아 났다. 형산(荊山)의 홰나무가 말했다.

"큰 형님께서는 양경도(兩京道)의 괴왕(槐王)을 언제 그만두실 겁니까?"

큰 홰나무가 말했다.

"3갑자(甲子: 1甲子는 60년으로 3甲子는 180년) 뒤에는 이 자리를 내놓아야겠지."

그러자 형산의 홰나무가 말했다.

"큰 형님께서는 곧 늙게 되리라는 것을 모르고 이 자리만 지키려고 하시는군요. 불덩이가 텅 빈 나무속으로 들어오고 진액이 흐르며 가지가 부러져서야 물러날 때를 아시겠군요. 큰 형님은 만족할 줄 모르는 사람이군요. 그렇게 되느니 차라리 지금 벼락을 맞고 당장 길에서 뽑히는 게 낫습니다. [그렇게 한다면] 필시 유용한 재목이 되어 큰 건물의 대들보와 용마루로 쓰이고 오히려 겹겹이 비단처럼 고운 무늬와 조각조각 꽃처럼 아름다운 무늬를 보존할 수 있을 것입니다. 그런데 어찌하여 훗날 썩고 좀먹은 땔나무가 되어 아궁이에 들어가 잿더미가 되려고 하십니까?"

큰 홰나무가 말했다.

"참새나 쥐조차도 삶을 탐하는데 내가 어찌 그런 일을 할 수 있겠느냐?"

형산의 홰나무가 말했다.

"큰 형님과는 더 이상 말을 나눌 수가 없군요."

그리고는 작별인사를 하고 떠나갔다. 날이 밝아서야 강수는 일어났다.

며칠 뒤 강수는 문향의 형산으로 가서 울창하게 솟아있는 정원의 홰나무를 보았는데, 홰나무는 가지와 잎이 매우 무성하게 뻗어 있었고 거의 열 아름이나 되어 마치 신성한 물체가 붙어있는 것 같았다. 강수는 밤이 되기를 기다렸다가 술과 고기를 차려놓고 나무에 제사 지내며 말했다.

"저는 지난 밤에 홰나무 신과 반두관 관도의 큰 홰나무 왕이 말씀을 나누는 것을 들었습니다. 저는 그 옆에 누워있었기에 똑똑히 당신의 말을 기억합니다. 지금 홰나무 신께서는 저와 이야기를 나누어주십시오."

홰나무가 말했다.

"너의 깊은 정성에 감동했도다! 무슨 원하는 것이 있느냐? 그날 밤 흠뻑 취해 길가에 누워있던 사람이 바로 너인 줄 정말 몰랐구나."

강수가 말했다.

"저는 일생 동안 도술을 좋아했지만 스승을 만나지 못했습니다. 홰나무 신께서는 영험하시니 저에게 가르침을 주십시오. 저에게 도술을 배울 수 있는 곳을 알려주신다면 반드시 보답하겠습니다."

홰나무신이 말했다.

"그렇다면 너는 형산으로 들어가 포선사(鮑仙師: 鮑元으로 추정함)를 찾아라. 만약 그를 찾게 된다면 물속에서든지 육지에서든지 반드시 한 곳에서는 득선(得仙)할 수 있을 것이다. 이런 말을 하는 것은 순전히 너의 간절한 부탁에 감동한 때문이니 절대로 나의 말을 발설하지 말아라. 너는 화표(華表: 燕나라 昭王의 무덤 앞에 늙은 여우가 있었는데, 여우가 서생으로 변해 張華를 만나려 하자 華表가 이를 만류했음. 여우는 화표의 말을 듣지 않고 장화를 만나러 갔다가 여우인 것이 발각되어 죽었음)가 늙은 여우를 말린 일을 알고 있지 않느냐! [내 말을 발설하면] 화가 내게 미칠 것이다."

강수는 홰나무 신에게 감사했다.

다음날 강수는 형산으로 들어가 절벽을 따라 물가를 돌다가 과연 포선사를 찾아갔다. 강수는 땅에 엎드려 예를 올렸다. 포선사가 말했다.

"너는 어떻게 나를 알고 와서 스승으로 모시겠다는 것이냐? 사실대로 말해 보아라."

강수는 감히 숨기지 못하고 형산관의 홰나무 신이 한 말을 모두 아뢰었다. 그러자 포선사가 말했다.

"하찮은 귀신 놈이 어찌 감히 마음대로 사람을 지명하는가! 홰나무를 통째로 베어버릴 수는 없지만 부적을 날려 가지 하나는 꺾을 수 있다."

강수가 절을 하며 그렇게 하지 말아달라고 빌자 포선사가 말했다.

"지금 베어버리지 않으면 뒤에 계속해서 찾아오는 사람들이 있을 것이다."

그리고는 강수에게 말했다.

"너는 어떤 재능이 있느냐? 하나하나 말해 보아라."

강수가 말했다.

"저는 도술을 좋아하고 피리 부는 것을 몹시 좋아합니다."

포선사는 그에게 피리를 꺼내 불어보도록 했다. [그가 피리를 다 불고나자] 포선사가 감탄하며 말했다.

"너는 피리 부는 솜씨가 이미 경지에 이르렀지만 네가 분 피리는 마른 대나무 피리일 뿐이구나. 내가 너에게 옥 피리를 줄 것인데 그것은 바로 형산의 가장 좋은 피리이다. 네가 평소대로 3년 동안 그 피리를 분다면 동중(洞中: 洞庭湖)의 용을 불러낼 수 있을 것이다. 용이 나오면 물고 있던 명월주(明月珠)를 너에게 줄 것이니, 너는 그것을 얻으면 반드시 제호(醍醐: 우유에서 정제한 최상의 음료)와 함께 3일 동안 끓여라. 그때 어린 용이 머리가 아프다고 할 텐데 그것은 그들이 서로 감응하여 그렇게 되는 것이다. 어린 용은 필시 화수단(化水丹)를 가지고 와서 명월주와 바꾸려고 할 것이다. 네가 화수단을 얻어 그것을 삼킨다면 수선(水仙)이 되어 만 세가 넘도록 살 수 있을 것이다. 그러면 나의 약을 가질 필요가 없게 된다. 이는 네가 금고(琴高: 戰國時代 仙人)의 골상을 가졌기 때문이다."

포선사는 마침내 옥 피리를 꺼내 그에게 주었다. 강수가 말했다.

"옥 피리와 대나무 피리는 무엇이 다릅니까?"

포선사가 말했다.

"대나무는 청색인데 용의 빛깔과 비슷하고 용의 울음소리를 흉내 낼 수 있기 때문에 용이 이상하게 여기지 않는다. 그러나 옥은 흰색으로 용과는 상극이기 때문에 용이 갑자기 그 소리를 듣게 된다면 이상하게 여겨 나와서 살펴보게 된다. 용을 감응시켜 불러내야만 변화할 수 있으니 이러한 이치는 현묘한 도(道)에서 나온 것이다."

강수는 가르침을 받고 떠나갔다.

3년 뒤에 그는 음률에 통달할 수 있었다. 후에 그는 악양(岳陽)에 가서 자사(刺史) 이우(李虞)의 관사에 머물렀다. 당시는 가뭄이 심했는데, 강수는 밤에 피리를 꺼내 성선사(聖善寺)의 경루(經樓) 위에서 불었다. 과연 동정호(洞庭湖)의 물가에서 용이 날아 내려오면서 아주 많은 구름들이 경루를 에워쌌다. 마침내 늙은 용이 과연 구슬을 물고 와서 강수에게 주었다. 강수가 구슬을 얻고서 포선사의 말에 따라 이틀 동안 [원문은 '二晝'로 되어 있지만 문맥상 '三晝'의 오기로 보임] 달였더니 과연 어린 용이 사람으로 변하여 작은 약상자 하나를 가지고 왔는데, 그 안에 화수단이 들어 있었다. 어린 용이 엎드려 강수에게 구슬과 화수단을 바꿔달라고 부탁하자 강수는 그 약상자를 갖고 구슬을 어린 용에게 주었다. 강수가 화수단을 먹었더니 동안(童顔)으로 변했고 물에 들어가도 젖지 않았다. 강수는 천하의 동굴들을 유람하지 않은 곳이 없었다. 뒤에 그는 형양(衡陽)에서 살았는데, 얼굴과 머리카락이 예전과 같았다. (『전기』)

開成中, 有江叟者多讀道書, 廣尋方術, 善吹笛. 往來多在永樂縣靈仙閣. 時沈飮酒, 適閿鄕, 至盤豆館東官道大槐樹下醉寢. 及夜艾稍醒, 聞一巨物行聲, 擧步甚重. 叟闇窺之, 見一人崔嵬高數丈, 至槐側坐, 而以毛手捫叟曰:"我意是樹畔鋤兒, 乃瓮邊畢卓耳." 遂敲大樹數聲曰:"可報荊舘中二郎來省大兄." 大槐乃語云:"勞弟相訪." 似聞槐樹上, 有人下來與語. 須臾, 飮酌之聲交作. 荊山槐曰:"大兄何年抛却兩京道上槐王耳?" 大槐曰:"我三甲子, 當棄此位." 荊山槐曰:"大兄不知老之將至, 猶顧此位. 直須至火入空心, 膏流節斷, 而方知退. 大是無厭之士. 何不如今因其震霆, 自拔於道. 必得爲材用之木, 搆大廈之梁棟, 尙存得重重碎錦, 片片眞花. 豈他日作朽蠹之薪, 同入爨爲煨燼耳?"大槐曰: "雀鼠尙貪生, 吾焉能辦此事邪?"槐曰: "老兄不足與語."告別而去. 及明, 叟方起.

數日, 至閿鄕荊山中, 見庭槐森聳, 枝榦扶疎, 近欲十圍, 如附神物. 遂伺其夜, 以酒脯奠之云: "某昨夜, 聞槐神與盤豆官道大槐王論語云云('云'原作'丨', 據明鈔本改). 某臥其側, 並歷歷記其說. 今請樹神與我言語."槐曰: "感子厚意! 當有何求? 殊不知爾夜爛醉於道, 夫乃子邪!"叟曰: "某一生好道, 但不逢其師. 樹神有靈, 乞爲指敎. 使學道有處, 當必奉酹."槐神曰: "子但入荊山, 尋鮑仙師. 脫得見之, 或水陸之間, 必獲一處度世. 蓋感子之請, 愼勿泄吾言也. 君不憶華表告老狐! 禍及余矣."叟感謝之.

明日, 遂入荊山, 緣巖循水, 果訪鮑仙師. 卽匍匐而禮之. 師曰: "子何以知吾而來師也? 須實言之."叟不敢隱, 具陳荊山舘之樹神言也. 仙師曰: "小鬼焉敢專輒指人! 未能大段誅之, 且飛符殘其一枝."叟拜乞免, 仙師曰: "今不誅, 後當繼有來者."遂謂叟曰: "子有何能? 一一陳之."叟曰: "好道, 癖於吹笛."仙師因令取笛而吹之. 仙師歎曰: "子之藝至矣, 但所吹者, 枯竹笛耳. 吾今贈子玉笛, 乃荊山之尤者. 但如常笛吹之, 三年, 當召洞中龍矣. 龍旣出, 必銜明月之珠而贈子, 子得之, 當用醍醐煎之三日. 凡小龍已腦疼矣, 蓋相感使其然也. 小龍必持化水丹而贖其珠也. 子得當呑之, 便爲水仙, 亦不減萬歲. 無煩吾之藥也. 蓋子有琹高之相耳."仙師遂出玉笛與之. 叟曰: "玉笛與竹笛何異?"師曰: "竹者靑也, 與龍色相類, 能肯之吟, 龍不爲怪也. 玉者白也, 與龍相尅, 忽聽其吟, 龍怪也, 所以來觀之. 感召之有能變耳, 義出於玄."叟受敎乃去.

後三年, 方得其音律. 後因之岳陽, 刺史李虞舘之. 時大旱, 叟因出笛, 夜於聖善寺經樓上吹. 果洞庭之渚, 龍飛出而降, 雲繞其樓者不一. 遂有老龍, 果銜珠贈叟. 叟得之, 依其言而熬之二晝, 果有龍化爲人, 持一小藥合, 有化水丹. 匍匐請贖其珠, 叟乃持合而與之珠. 餌其藥, 遂變童顔, 入水不濡. 凡天下洞穴, 無不歷覽. 後居於衡陽, 容髮如舊耳. (出『傳奇』)

화훼고

416・6(5692)
용사초(龍蛇草)

후한(後漢: 東漢) 영제(靈帝) 중평연간(中平年間: 184~188) 여름에 진류군(陳留郡)의 제양(濟陽)・제음(濟陰)・원구(寃句)・이호(離狐)・성고(城皐)・양무(陽武)의 성곽 길옆에 풀이 자라났는데, 모두 용・뱀・날짐승・들짐승의 모습을 갖추고 있었다.『속한지(續漢志)』에 다음과 같이 기재되어 있다.

"그 풀은 오색인데, 털・깃털・머리・눈・다리・날개가 모두 갖추어져 있다. 또는 사람의 모습으로 활과 화살을 겨누고 있기도 하고 소・말 등 만물의 형상을 갖추고 있기도 하다."

그 해에 흑산적(黑山賊) 장우각(張牛角) 등 10여 명이 모두 난을 일으켜 약탈을 일삼았고 황후의 오라비인 하진(何進)이 정권을 잡아 한(漢)나라는 결국 쇠약해졌다. 또 그 일은 동탁(董卓)이 병사를 일으켜 궁궐을 불태운 사건의 징조가 되었다. (『오행기』)

後漢靈帝中平年夏, 陳留郡濟陽・濟陰・寃句・離狐・城(陳校本'城'作'成')

皐·陽武, 城郭路邊生草, 悉備龍蛇鳥獸之形. 『續漢志』曰: "其狀五色, 毛羽頭目足翅皆具. 或作人形, 操持弓弩, 牛馬萬物之狀." 是歲, 黑山賊張牛角等十餘輩並起抄掠, 后兄何進秉權, 漢遂微弱. 又董卓起兵焚燒宮闕之應. (出『五行記』)

416·7(5693)
선비녀(鮮卑女)

진(晉)나라의 한 선비가 회순(懷順)이라는 선비족 여자를 샀는데, 그녀가 다음과 같이 말했다.

고모의 딸이 적현(赤莧: 붉은 비름)에게 홀렸다. 딸은 처음에 용모가 준수한 한 사내가 붉은 옷을 입고 있는 것을 보았는데, 사내는 스스로 그의 집이 북쪽에 있다고 말했다. 그때부터 딸은 항상 즐겁게 노래를 불렀고 매일 저녁 무렵이 되면 단장하고 집 뒤로 갔다. 그녀의 집안사람들이 엿보았더니 단지 적현 한 그루만 보였고 그녀의 손에 있던 가락지가 적현의 줄기에 걸려 있었다. 집안사람들이 적현을 베어내자 딸은 통곡하더니 하룻밤이 지나 결국 죽어버렸다. (『이원』)

晉有士人, 買得鮮卑女名懷順, 自說: 其姑女爲赤莧所魅. 始見一丈夫容質姸淨, 著赤衣, 自云家在側北. 女於是恒謳謠自得, 每至將夕, 輒結束去屋後. 其家伺候, 唯見有一株赤莧, 女手指環掛其莧莖. 芟之而女號泣, 經宿遂死焉. (出『異苑』)

416·8(5694)
궐 사(蕨 蛇)

태위(太尉) 치감(郗鑒)이 단양(丹陽)을 진수할 적에 한번은 사냥을 나갔는데, 그때는 2월 중순이라 고사리가 막 자라고 있었다. 한 병사가 고사리 한 줄기를 꺾어 먹었는데, 속에서 계속 토하고 싶은 생각이 들어 집으로 돌아왔다. 병사는 결국 복통을 앓게 되었다. 반년쯤 지나 병사가 갑자기 크게 구역질을 하더니 길이가 1척 남짓이나 되는 붉은 뱀을 토해냈다. 병사는 그 뱀이 여전히 꿈틀대자 뱀을 처마 앞에 매달았는데, 뱀이 점점 말라갔다. 하룻밤이 지나 보았더니 뱀은 바로 고사리 한 줄기였는데, 병사가 예전에 먹었던 고사리 같았다. 결국 병사는 병이 나았다. (『속수신기』)

太尉郗鑒鎭丹陽也, 曾出獵, 時二月中, 蕨始生. 有一甲士折食一莖, 卽覺心中潭潭欲吐, 因歸家. 仍成心腹疼痛. 經半年許, 忽大吐, 吐一赤蛇長尺餘. 尙動搖, 乃掛於簷前, 蛇漸焦. 經宿視之, 乃是一莖蕨耳, 猶昔之所食也. 病遂差. (出『續搜神記』)

416·9(5695)
개 충(芥 蟲)

오령(五嶺: 大庾嶺·越城嶺·騎田嶺·萌渚嶺·都龐嶺의 총칭으로

江西・湖南・廣東・廣西省 사이에 위치하며 長江과 珠江의 분수령이 됨) 지방은 봄여름에 장맛비가 계속해서 내려 맑은 날이 매우 드물다가 가을을 지나 겨울로 접어들 쯤이면 장맛비가 비로소 그친다. 그래서 물건들이 모두 쉽게 좀이 슬거나 부패하여 촘촘하게 짠 양탄자조차도 1년을 넘기지 못한다. 한번은 어떤 사람이 개채(芥菜: 갓)를 사서 벽 아래에 두었다가 먹는 것을 잊어버렸다. 며칠 뒤에 개채에서 네발 달린 벌레가 생겼는데, 벌레는 머리와 꼬리가 있었고 달릴 수도 있었다. 벌레는 크기가 사마귀만했지만 허리와 몸이 그것보다 가늘고 길었다. (『영남이물지』)

五嶺春夏率皆霪水, 晴('晴'原作'霑', 據陳校本改) 日旣少, 涉秋入冬方止. 凡物皆易蠹敗, 莿膠氈罽, 無逾年者. 嘗買芥菜置壁下, 忘食. 數日皆生四足, 有首尾, 能行走. 大如螳螂, 但腰身細長耳. (出『嶺南異物志』)

416・10(5696)
최현미(崔玄微)

[唐나라] 천보연간(天寶年間: 742~755)에 처사(處士) 최현미는 집이 낙양(洛陽) 동쪽에 있었다. 그는 도교에 깊이 빠져서 출(朮: 蒼朮)과 복령(茯苓)을 30년 동안 복용했는데, 약이 다 떨어지자 동복(僮僕)들을 데리고 숭산(嵩山)으로 들어가 그것[원문은 '芝'라 되어 있으나 문맥상 '之'의 오기로 보임]을 캐었다. 그가 1년 만에 돌아왔더니 집에

는 아무도 없고 호래(蒿萊: 쑥과 명아주)만이 뜰에 가득했다.

당시는 늦봄이라 밤에 바람은 맑고 달은 밝았는데 최현미는 잠 못 들고 홀로 뜰에 있었다. 집안사람들은 별다른 일이 없으면 그곳에 오지 않았는데, 삼경(三更) 후에 한 하녀가 와서 말했다.

"나리께서는 뜰에 계시는군요. 지금 한두 명의 여인들이 이곳을 지나 상동문(上東門)에 있는 사촌이모 댁으로 가다가 이곳에서 잠시 쉬어가려 하는데 어떠십니까?"

최현미가 허락했다. 잠시 후 10여 명의 여인들이 오자 하녀가 그들을 안으로 모셨다. 녹색 치마를 입은 여인이 앞으로 나오며 말했다.

"저는 성이 양씨(楊氏)입니다."

한 사람을 가리키자 그 사람이 말했다.

"이씨(李氏)입니다."

또 한 사람을 가리키자 그 사람이 말했다.

"도씨(陶氏)입니다."

또 붉은 옷을 입은 소녀를 가리키자 그 사람이 말했다.

"성은 석씨(石氏)이고 이름은 아조(阿措)입니다."

그들은 각기 시녀를 거느리고 있었다. 최현미는 인사를 마치고 달빛 아래 앉아서 그들이 나들이 온 이유를 물었다. 그들이 대답했다.

"봉십팔이(封十八姨: 항렬이 18번째인 封氏 이모)에게 가는 길이었습니다. 이모께서 며칠 전에 만나러 오겠다고 했지만 그러지 못해서 오늘 저녁에 저희들이 보러 가는 길입니다."

그들이 자리에 앉기도 전에 문밖에서 봉씨(封氏) 댁의 이모가 왔다고 알려왔다. 앉아 있던 사람들이 모두 놀라고 기뻐하며 나가서 이모를 맞이했다. 양씨가 말했다.

"주인께서 매우 현명하시고 이곳은 조용하고 초라하지도 않으니 다른 곳도 이곳보다 낫지는 않을 것입니다."

최현미 또한 나가서 봉씨를 만나보니 말이 시원시원하고 수풀 아래 바람 같은 기품을 지니고 있었다. 그녀는 곧 절을 하고 들어와 앉았다. 여인들은 모두 용모가 매우 예뻤고 자리 가득 향기가 풍겨 짙은 향기가 사람들을 감쌌다. 그들은 술을 준비하게 하고는 서로 노래를 지어 선사했으나 최현미는 그 중 두 수만을 기억했다. 붉은 치마를 입은 여인이 흰 옷을 입은 여인에게 술을 건네며 노래했다.

희고도 깨끗한 옥 같은 얼굴은 흰 눈보다도 하얀데,
하물며 한창 나이에 아름다운 달을 마주 대하고 있었을 때임에랴.
낮게 읊조리며 감히 봄바람을 원망하지는 않지만,
꽃 같은 얼굴이 어느새 시들어 버린 걸 스스로 탄식하네.

또 흰 옷을 입은 여인이 [붉은 치마를 입은 여인에게] 술을 건네며 노래했다.

흔들리는 붉은 옷에 이슬이 가득하고,
엷은 연지 물든 얼굴은 한 떨기 꽃처럼 가볍네.
홍안을 붙잡아두지 못함을 스스로 한탄하지만,
봄바람이 박정하다고 원망하지는 말시라.

이모가 잔을 들다가 경솔한 성격 탓에 술을 엎어 아조의 옷을 더럽혔다. 아조가 얼굴색을 바꾸며 말했다.

"다른 사람들은 이모에게 간절히 부탁하고 있지만 나는 받들 이유를 모르겠어요."

그리고는 옷을 떨치며 일어나자 이모가 말했다.

"저 어린 것이 술주정을 하는군."

그리고는 모두 일어나 문밖에서 헤어졌다. 이모는 남쪽으로 가고 다른 사람들은 서쪽 뜰로 들어가더니 헤어졌다. 최현미 또한 이상한 것을 알지 못했다.

다음날 밤에 그들이 또 와서 말했다.

"이모가 있는 곳에 가려고 합니다."

아조가 화내며 말했다.

"어찌하여 다시 봉씨 할멈 집에 가려고 합니까? 일이 있으면 처사께 부탁만 하면 된다는 것을 모르시나요?"

아조가 또 [최현미에게] 말했다.

"저희들은 모두 뜰 안에 살고 있는데, 매년 대부분 심한 바람에 의해 괴롭힘을 당해 이곳에 살기가 불안합니다. 그래서 항상 이모에게 보호해달라고 부탁합니다. 그런데 어제 제가 순종하지 않아 도움을 받기가 어렵게 되었습니다. 처사께서 만약 마다하지 않고 저희를 보호해주신다면 약소하나마 보답해드리겠습니다."

최현미가 말했다.

"제가 무슨 힘이 있어 여러분을 돕겠습니까?"

아조가 말했다.

"처사께서 매년 정월 초하루에 붉은 색 깃발 하나를 만들어 그 위에 일월오성(日月五星)의 무늬를 그려넣고 뜰 동쪽에 세워 놓기만 하면 저희들은 어려움을 피할 수 있습니다. 올해는 이미 지나갔으니, 바라옵건대 이 달 21일이 되어 새벽녘에 약한 동풍이 불어오기 시작하면 즉시 깃발을 세워 주십시오. 그러면 저희들은 화를 면할 수 있습니다."

최현미가 허락하자 그들은 소리 모아 감사해하며 말했다.

"은혜를 저버리지 않겠습니다."

그들은 절을 하고 떠나갔다. 최현미는 달빛 아래에서 그들을 따라 나가 전송했다. 그들은 뜰의 담을 넘어 뜰 안으로 들어가더니 각기 사라져 버렸다. 최현미는 곧 아조의 말에 따라 그 날에 깃발을 세웠다.

그 날 동풍이 땅을 뒤흔들어 낙양 남쪽에서는 나무가 부러지고 모래가 날렸으나 뜰 안의 많은 꽃들은 움직이지도 않았다. 최현미는 이에 여인들이 양씨·이씨·도씨라고 말하고 의복과 얼굴이 특이했던 것으로 미루어 보아 모두 꽃의 정령임을 깨달았다. 붉은 옷을 입은 여인의 이름은 아조이니 바로 안석류(安石榴: 安息國에서 나는 석류)이며 봉십팔이는 바로 풍신(風神)이었다.

며칠 밤이 지나 양씨 무리가 다시 와서 매우 감사해했다. 그들은 각각 복숭아와 오얏꽃 여러 말을 싸가지고 와서 최현미에게 주며 말했다.

"이것을 먹으면 수명을 연장하고 늙는 것을 막을 수 있습니다. 바라옵건대 늘 이와 같이 저희들을 보호해 주신다면 또한 장수하실 수 있을 것입니다."

원화연간(元和年間: 806~820) 초까지 최현미는 여전히 살아 있었는데, 나이가 30여 세로 보였다.

또 존현방(尊賢坊)에 사는 전홍정(田弘正)의 집 중문(中門) 밖에 자모란(紫牡丹) 한 그루가 나무처럼 컸는데, 천여 송이의 꽃을 피웠다. 꽃이 무성하게 필 때면 매일 달 밝은 밤에 키가 1척 남짓 되는 난쟁이 5~

6명이 꽃 위에서 놀았다. 이처럼 7~8년이 지났는데, 사람들이 그들을 덮치려고 하자 갑자기 사라져 버렸다. (『유양잡조』·『박이기』)

　　唐天寶中, 處士崔玄微洛東有宅. 耽道, 餌朮及茯苓三十載, 因藥盡, 領僮僕輩入嵩山採芝. 一年方回, 宅中無人, 蒿萊滿院.

　　時春季夜間, 風淸月朗, 不睡, 獨處一院. 家人無故輒不到, 三更後, 有一靑衣云: "君在院中也. 今欲與一兩女伴過, 至上東門表姨處, 暫借此歇, 可乎?" 玄微許之. 須臾, 乃有十餘人, 靑衣引入. 有綠裳者前曰: "某姓楊." 指一人, 曰: "李氏." 又一人, 曰: "陶氏." 又指一緋小女, 曰: "姓石名阿措." 各有侍女輩. 玄微相見畢, 乃坐於月下, 問行出之由. 對曰: "欲到封十八姨. 數日云欲來相看, 不得, 今夕衆往看之." 坐未定, 門外報封家姨來也. 坐皆驚喜出迎. 楊氏云: "主人甚賢, 只此從容不惡, 諸亦未勝於此也." 玄微又出見封氏, 言詞冷冷, 有林下風氣. 遂揖入坐. 色皆殊絶, 滿座芳香, 馥馥襲人. 諸人命酒, 各歌以送之, 玄微誌其二焉. 有紅裳人與白衣送酒, 歌曰: "皎潔玉顔勝白雪, 況乃當年對芳月. 沈唫不敢怨春風, 自歎容華暗消歇." 又白衣人送酒, 歌曰: "絳衣披拂露盈盈, 淡染臙脂一朶輕. 自恨紅顔留不住, 莫怨春風道薄情." 至十八姨持盞, 性頗輕佻, 翻酒汙阿措衣. 阿措作色曰: "諸人卽奉求, 余卽不知奉求('余卽不知奉求'原作'人不奉畏', 據陳校本改)耳." 拂衣而起, 十八姨曰: "小女弄酒." 皆起, 至門外別. 十八姨南去, 諸人西入苑中而別. 玄微亦不知異.

　　明夜又來云: "欲往十八姨處." 阿措怒曰: "何用更去封嫗舍? 有事只求處士, 不知可乎?" 阿措又言曰: "諸侶皆住苑中, 每歲多被惡風所撓, 居止不安. 常求十八姨相庇, 昨阿措不能依廻, 應難取力. 處士儻不阻見庇, 亦有微報耳." 玄微曰: "某有何力, 得及諸女?" 阿措曰: "但處士每歲歲日, 與作一朱幡, 上圖日月五星之文, 於苑東立之, 則免難矣. 今歲已過, 但請至此月二十一日, 平旦微有東風, 卽立之. 庶夫免患也."玄微許之, 乃齊聲謝曰:"不敢忘德."拜而去. 玄微於月中隨而送之. 踰苑墻, 乃入苑中, 各失所在. 依其言, 至此日立幡.

是日東風振地, 自洛南折樹飛沙, 而苑中繁花不動. 玄微乃悟, 諸女曰姓楊·李·陶, 及衣服顏色之異, 皆衆花之精也. 緋衣名阿措, 卽安石榴也, 封十八姨, 乃風神也. 後數夜, 楊氏輩復至媿謝. 各裹桃李花數斗, 勸崔生:"服之, 可延年却老. 願長如此住衛護某等, 亦可致長生."至元和初, 玄微猶在, 可稱年三十許人.

又尊賢坊田弘正宅, 中門外有紫牡丹成樹, 發花千餘朶. 花盛時, 每月夜, 有小人五六, 長尺餘, 遊於花上. 如此七八年, 人將掩之, 輒失所在. (出『酉陽雜俎』及『博異記』)

태평광기 권제 417 초목 12

화훼괴(花卉怪) 하
1. 광화사객(光化寺客)
2. 승 지 변(僧 智 誓)
3. 등   규(鄧   珪)
4. 유   조(劉   阜)
5. 전   포(田   布)
6. 양   생(梁   生)
7. 소 창 원(蘇 昌 遠)

약괴(藥怪)
8. 상 당 인(上 黨 人)
9. 전 등 양(田 登 孃)
10. 조   생(趙   生)

균괴(菌怪)
11. 곽 원 진(郭 元 振)
12. 선평방관인(宣平坊官人)
13. 예 장 인(豫 章 人)

화훼괴 하

417 · 1(5697)
광화사객(光化寺客)

연주(兗州) 조래산(徂徠山)에 광화사라는 절이 있었는데, 유학(儒學)을 공부하는 어떤 손님이 굳은 뜻을 세우고 그곳에 머물고 있었다. 어느 여름 시원한 날에 그는 복도에서 벽화를 구경하다가 갑자기 흰 옷 입은 미인을 만났는데, 그녀는 15~16세쯤 되었고 자태와 용모가 굉장히 아름다웠다. 손님이 그녀에게 어디에서 왔는지 물었더니 그녀가 웃으며 대답했다.

"저의 집은 산 앞에 있습니다."

손님은 산 앞에 이런 여자가 살고 있지 않다는 것을 마음속으로 알고 있었지만, 그녀가 요괴일 것이라고는 미처 의심하지 않았다. 그는 다만 그녀가 남달리 빼어나다고만 생각하면서 그녀의 미모에 반해버렸다. 그래서 그녀를 유혹하고 기쁘게 해주면서 방안으로 유인하여, 사랑의 기쁨을 나누고 정의(情義)를 맺어 아주 친밀한 사이가 되었다. 흰 옷 입은 여자가 말했다.

"다행히도 당신이 저를 시골여자라고 천시하지 않으시니, 맹세컨대 반드시 은혜로우신 당신을 영원히 받들어 모시겠습니다. 하지만 오늘 밤은 돌아가야만 하니, 다시 오면 절대로 헤어지지 않을 것입니다."

손님은 그녀를 붙잡으려고 온갖 방법을 다 써보았지만 끝내 그녀를 붙잡을 수 없었다. 그는 평소 보물로 간직하고 있던 백옥 가락지를 그녀에게 주며 말했다.

"이것을 보면서 속히 돌아오길 바라겠소."

그리고는 흰 옷 입은 여자를 배웅하러 나가자 그녀가 말했다.

"집안사람들이 저를 마중 나올까 걱정되니 당신은 그냥 돌아가세요."

그러자 손님은 곧장 절의 문루(門樓)로 올라가 몸을 숨긴 채 그녀가 가는 것을 지켜보았다. 흰 옷 입은 여자는 100보쯤 가더니 순식간에 사라져버렸다. 손님은 그녀가 사라진 곳을 기억해두었다가 곧장 찾아 나섰다. 절 앞에는 몇 리에 걸쳐 평지가 펼쳐져 있어서 가느다란 나무나 풀은 물론이고 머리카락 한 올도 숨길 곳이 없었는데, 이곳저곳을 샅샅이 찾아보았지만 아무런 흔적도 없었다. 그러다가 해질녘이 되어 돌아오다가 풀 속에서 백합 한 그루를 발견했는데 그 흰 꽃이 정말 크고 아름다웠다. 그래서 손님이 그것을 캐냈더니 뿌리가 두 손을 맞잡은 것처럼 생겼는데 그 기이함이 보통 백합과는 달랐다. 돌아온 뒤에 그 꽃봉오리를 열고 100겹이나 되는 꽃잎을 다 펼쳐보았더니, 백옥 가락지가 고스란히 그 안에 들어 있었다. 손님은 놀라 한탄하고 후회했으며 정신이 혼미한 상태에서 병이 들었다가 열흘 만에 죽었다. (『집이기』)

兗州徂徠山寺曰光化, 客有習儒業者, 堅志棲焉. 夏日凉天, 因閱壁畫於廊序, 忽逢白衣美女, 年十五六, 姿貌絶異. 客詢其來, 笑而應曰: "家在山前." 客心知山前無是子, 亦未疑妖. 但心以殊尤, 貪其觀視. 且挑且悅, 因誘致於室, 交歡結義, 情款甚密. 白衣曰: "幸不以村野見鄙, 誓當永奉恩顧. 然今晚須去, 復來則可以不別矣." 客因留連, 百端徧盡, 而終不可. 素寶白玉指環, 因以遺之曰: "幸視此, 可以速還." 因送行, 白衣曰: "恐家人接迎, 願且回去." 客卽上寺門樓, 隱身目送. 白衣行計百步許, 奄然不見. 客乃識其滅處, 徑尋究. 寺前舒平數里, 纖木細草, 毫髮無隱, 履歷詳熟, 曾無踪跡. 暮將回, 草中見百合苗一枝, 白花絶偉. 客因斸之, 根本如拱, 瑰異不類常者. 及歸, 乃啓其重衬, 百疊旣盡, 白玉指環, 宛在其內. 乃驚歎悔恨, 恍惚成病, 一旬而斃. (出『集異記』)

417・2(5698)
승지변(僧智諝)

[唐나라 肅宗] 상원연간(上元年間: 760~762)에 촉군(蜀郡)의 지변 스님이 보상사(寶相寺)에서 불경을 염송하고 있었다. 하루는 밤이 깊었을 때, 갑자기 황금 빛깔에 파리만한 크기의 날아다니는 곤충 대여섯 마리가 번갈아 등잔 불꽃으로 날아들었는데, 어떤 놈은 등잔 불꽃 위에 앉아 날개를 퍼덕이며 불꽃과 한 빛깔로 있다가 한참 후에 불꽃 속에서 사라졌다. 이런 일이 며칠 밤 계속되었다. [옆에서 지변 스님을 모시던] 동자가 그 중 한 마리를 쳐서 떨어뜨렸는데, 그것은 다름 아닌 훈륙향(薰陸香: 香料名. 乳香樹의 樹脂로 만든 乳[頭]香을 말함)이었으며 [곤충의] 모습은 전혀 없었다. 그 후로 그 곤충들은 더 이상 나타나지 않았다. (『유양잡조』)

上元中, 蜀郡有僧智諝在寶相寺持經. 夜久, 忽有飛蟲五六, 大如蠅, 金色, 迭飛赴燈焰, 或蹲於燈花上鼓翅, 與火一色, 久乃滅於焰中. 如此數夕. 童子擊墮其一. 乃薰陸花(明鈔本'董'作'薰', '花'作'香')也. 亦無形狀. 自是不復見. (出『酉陽雜俎』)

417 · 3(5699)
등 규(鄧 珪)

진양현(晉陽縣) 서쪽 교외 밖에 동자사(童子寺)가 있었는데, [唐나라 德宗] 정원연간(貞元年間: 785~804)에 등규라는 사람이 그 절에 기거했다. 그 해 가을에 등규는 친구 몇 명과 함께 모임을 갖고 잠을 자려고 했다. 이미 문을 닫고 난 후에 난데없이 손 하나가 창틈으로 쑥 들어왔는데, 그 손은 누런색에 무척 야위어 있었다. 사람들은 그 손을 보고 모두 두려움에 떨었다. 그러나 등규 혼자만 전혀 두려워하지 않고 오히려 창문을 열었더니, 무언가 읊조리는 소리가 들려왔다. 등규는 괴이하다 여기지 않고 물었다.

"그대는 뉘시오?"

그 사람이 대답했다.

"저는 산골짜기에서 숨어산 지 몇 년 되었는데, 오늘 저녁에 바람과 달빛을 맞으며 거닐다가 선생께서 여기 계신다는 말씀을 듣고 이렇게 삼가 찾아뵈러 왔습니다. 제가 선생의 자리에 끼는 것이 진실로 마땅치 않지만, 창문 아래에라도 앉아서 선생과 손님들이 담론하시는 것을 듣고 싶습니다."

등규는 그렇게 하라고 허락했다. 그 사람은 자리에 앉고 나서 여러 손님들과 아주 즐겁게 담소를 나누었다. 한참 후에 그 사람은 가겠다고 하면서 떠날 때 등규에게 말했다.

"내일 저녁에 다시 올 테니 선생께서 물리치지 마셨으면 합니다."

그 사람이 떠난 뒤에 등규는 손님들과 상의했다.

"이는 필시 귀신이니 그 종적을 밝혀내지 않으면 장차 근심거리가 될 것이오."

그리하여 등규는 명주실을 엮어 수백 심(尋: 1尋은 8尺)이나 되는 줄을 만들어놓고 그 사람이 다시 오기를 기다렸다 반드시 묶을 작정이었다. 다음날 저녁에 과연 그 사람이 와서 또 창틈으로 손을 내밀자, 등규는 곧장 준비한 줄로 그 사람의 팔을 단단히 묶어 풀 수 없게 만들었다. 그러자 창밖에서 이렇게 묻는 소리가 들렸다.

"무슨 죄가 있다고 날 묶으시오? 도대체 이런 법이 어디 있단 말이오? 후회하지 않겠소?"

마침내 그 사람은 줄을 매단 채로 도망갔다. 다음날 등규는 손님들과 함께 그 종적을 찾아 나섰다. 동자사에서 북쪽으로 100여 보(步)쯤 갔더니 아주 무성한 포도(蒲桃: 들레나무, 또는 포도나무) 한 그루가 있었는데, 줄이 그 나뭇가지에 묶여 있었다. 그 나무에 사람 손처럼 생긴 나뭇잎이 있었는데 바로 이전에 창틈으로 보았던 그 손이었다. 등규는 그 나무를 뿌리까지 캐내게 하여 불살라버렸다. (『선실지』)

晉陽西有童子寺在郊牧之外, 貞元中, 有鄧珪者寓居于寺. 是歲秋, 與朋友數輩會宿. 旣闔扉後, 忽見一手自牖間入, 其手色黃而瘦甚. 衆視之, 俱慄然. 獨珪無所懼, 反開其牖, 聞有唫嘯之聲. 珪不之怪, 訊之曰: "汝爲誰?" 對曰: "吾隱居山谷有年矣, 今夕縱風月之遊, 聞先生在此, 故來奉謁. 誠不當列先生之席, 願得坐牖下, 聽先生與客談足矣." 珪許之. 旣坐, 與諸客談笑極歡. 久之告去, 將行, 謂珪曰: "明夕當再來, 願先生未見擯."

旣去, 珪與諸客議曰: "此必鬼也, 不窮其跡, 且將爲患矣." 於是緝絲爲緡數百尋, 候其再來, 必縛('必縛'原作'絲', 據明鈔本・陳校本改)之. 明夕果來, 又以手出于牖間, 珪卽以緡系其臂, 牢不可解. 聞牖外問: "何罪而見縛? 其議安在? 得無悔邪?" 遂引緡而去. 至明日, 珪與諸客俱窮其跡. 至寺北百餘步, 有蒲桃一株, 甚蕃茂, 而緡系其枝. 有葉類人手, 果牖間所見者. 遂命掘其根而焚之. (出『宣室志』)

417・4(5700)
유 조(劉 阜)

영석현(靈石縣)의 남쪽에는 늘 밤에 요괴가 나타났는데, 이 때문에 마을사람들 중에서 감히 밤에 그곳을 지나가려는 자가 없었다. [唐나라 憲宗] 원화연간(元和年間: 806~820)에 동숙경(董叔經)이 서하태수(西河太守)로 있을 당시에 팽성(彭城) 사람 유조가 임시로 효의현위(孝義縣尉)를 맡고 있었다. 유조는 글을 써서 동숙경의 뜻을 거스른 적이 있었는데, 동숙경이 몹시 화를 내자 마침내 관직을 그만둬버렸다. 그리고는 분수관(汾水關)으로 들어가서 밤에 영석현의 남쪽에 이르렀다가 길옆에 서 있는 한 사람을 만났는데, 그 모습이 굉장히 이상했다. 유조의 말이 놀라 뛰는 바람에 유조는 말에서 떨어졌다가 한참 후에야 일어났는데, 길옆에 서 있던 그 사람이 곧장 유조의 도포를 벗겨 자신이 입었다. 유조는 강도를 당했다고 생각하여 감히 대들지 못했다. 그 후 유조는 서쪽으로 거의 10여 리를 달려간 뒤 한 여관에 도착하여 그 일을 말했더니, 여관 주인이 말했다.

"현읍(縣邑) 남쪽에서는 밤에 요괴가 나타나니 진정 도적은 아닐 것입니다."

다음날 영석현의 남쪽에서 온 어떤 사람이 유조에게 말했다.

"현의 남쪽 들녘에 사람처럼 생긴 쑥대더미가 있는데 푸른 도포를 걸치고 있으니, 이상한 일이 아니겠습니까?"

유조가 가서 살펴보니 과연 자기의 도포였다. 마을 사람들은 요괴짓을 하는 것이 바로 쑥대더미라는 사실을 그제야 알게 되었다. 그래서 그것을 모두 불태워버렸더니 마침내 요괴가 나타나지 않았다. (『선실지』)

靈石縣南嘗夜中妖怪, 由是里中人無敢夜經其地者. 元和('元和'原作'大初', 據明鈔本·陳校本改)年, 董叔經爲西河守, 時有彭城劉皁, 假孝義尉. 皁頃嘗以書忤董叔, 怒甚, 遂棄職. 入汾水關, 夜至靈石南, 逢一人立於路旁, 其狀絶異. 皁馬驚而墜, 久之乃起, 其路旁立者, 卽解皁衣袍而自衣之. 皁以爲劫, 不敢拒. 旣而西走近十餘里, 至逆旅, 因言其事, 逆旅人曰: "邑南夜中有妖怪, 固非賊爾." 明日, 有自縣南來者, 謂皁曰: "縣南野中有蓬蔓, 狀類人, 披一靑袍, 不亦異乎?" 皁往視之, 果己之袍也. 里中人始悟爲妖者乃蓬蔓耳. 由是盡焚, 其妖遂絶. (出『宣室志』)

417 · 5(5701)
전 포(田 布)

당(唐)나라 전포는 전열(田悅)의 아들이다. 원화연간(元和年間: 806~820)에 그가 한번은 채주(蔡州)의 북쪽[원문은 '蔡比'라 되어 있으나 『酉陽雜俎』「前集」권19「草篇」에 의거하여 '蔡州北'으로 고쳐 번역함]을 지나가다가 길옆에 쑥처럼 생긴 풀이 있는 것을 보았는데, 줄기는 굵기가 손가락만하고 줄기 끝에 잎이 뭉쳐 있는 것이 마치 뱁새가 갈대에 틀어놓은 둥지 같았다. 줄기를 꺾어서 보았더니 뭉쳐 있는 잎 속에 겨우 조협(皁莢: 쥐엄나무) 열매만한 아주 작은 새끼 쥐 수십 마리가 있었는데, 아직 눈도 뜨지 못한 채 찍찍거리고 있었다. (『유양잡조』)

唐田布, 田悅之子也. 元和中, 嘗過蔡比, 路側有草如蒿, 莖大如指, 其端聚葉, 若鷦鷯巢在葦. 折視之, 葉中有小鼠數十, 纔若皁莢子, 目猶未開, 啾啾有聲. (出『酉陽雜俎』)

417 · 6(5702)
양 생(梁 生)

당(唐)나라 때 흥평현(興平縣)의 서쪽에 양생의 별장이 있었는데, 그 후원(後園)에 배나무 10여 그루가 있었다. 태화(太[大]和) 4년(830) 겨울 11월 어느 날 막 눈이 개었을 때 그 배나무에서 난데없이 꽃이 피었는데, 향기롭고 무성하기까지 했다. 양생은 매우 기이해하면서 길조라고 생각했다. 그런데 위씨(韋氏)라는 어떤 사람이 양생에게 말했다.

"대저 나무란 봄에 번성했다가 겨울에 시드는 것이 그 마땅한 법칙인데, 어찌 그것을 길조라고 생각하시오?"

양생은 그 말을 듣고 기분이 좋지 않았다. 그 후 한 달 남짓 지나서 양생의 부친이 죽었다. (『선실지』)

唐興平之西, 有梁生別墅, 其後園有梨樹十餘株. 太和四年冬十一月, 初雪霽, 其梨忽有花發, 芳而且茂. 梁生甚奇之, 以爲吉兆. 有韋氏謂梁生曰: "夫木以春而榮, 冬而瘁, 固其常矣, 焉可謂之吉兆乎?" 生聞之不悅. 後月餘, 梁生父卒. (出『宣室志』)

417 · 7(5703)
소창원(蘇昌遠)

[唐나라 僖宗] 중화연간(中和年間: 881~885)에 소창원이라는 선비가 소주(蘇州) 관할의 한 현읍(縣邑)에 살았는데, 그는 관도(官道: 驛馬가 다니는 큰 도로)에서 10리 떨어진 곳에 작은 별장을 가지고 있었다. 오중(吳中)은 물이 많은 고장이어서 어디든 대부분 연꽃이 많았다. 소창원은 어느 날 갑자기 한 여인을 만났는데, 그녀는 흰 옷을 입고 홍안(紅顔)이었으며 용모가 아주 아름다웠다. 그녀의 자색(姿色)을 보니 마치 선계(仙界)의 선녀처럼 눈부셨다. 그때부터 소창원은 그녀와 가까

이 지내면서 별장을 밀회의 장소로 삼았다. 소생(蘇生: 蘇昌遠)은 이미 그녀에게 깊이 빠져들어 일찍이 옥가락지를 주면서 은근한 정을 맺었다. 그러던 어느 날 소생은 난간 앞에 흰 연꽃이 피어 있는 것을 보았는데, 아주 특이했으므로 몸을 숙여 감상하다가 화방(花房: 꽃집) 속에 어떤 물건이 있는 것을 보았다. 자세히 살펴보았더니 바로 자기가 그 여인에게 주었던 옥가락지였다. 그래서 소생이 그 연꽃을 꺾었더니 요괴는 마침내 나타나지 않았다. (『북몽쇄언』)

中和中, 有士人蘇昌遠居蘇州屬邑, 有小莊去官道十里. 吳中水鄉率多荷芰. 忽一日, 見一女郎, 素衣紅臉, 容質艶麗, 閱其色, 恍若神仙中人. 自是與之相狎, 以莊爲幽會之所. 蘇生惑之旣甚, 嘗以玉環贈之, 結系殷勤. 或一日, 見檻前白蓮花開敷, 殊異, 俯而玩之, 見花房中有物. 細視, 乃所贈玉環也. 因折之, 其妖遂絶. (出『北夢瑣言』)

약괴

417 · 8(5704)
상당인(上黨人)

수(隋)나라 문제(文帝) 때 상당군의 어떤 사람의 집 뒤에서 밤마다 누군가가 부르는 소리가 들렸는데, 찾아봐도 보이지 않았다. 대신 집에서 1리 떨어진 곳에 인삼 줄기 하나만 보일 뿐이었다. 그 사람이 그것을 파내려고 땅속으로 5척을 파 들어갔더니 그것은 사람 몸처럼 생겼었다. 그것을 파낸 뒤로는 부르는 소리가 끊어졌다. 당시 진왕(晉王) 양광(楊廣: 나중에 煬帝가 됨)은 은밀히 제위 찬탈 계획을 세우고 권신(權臣)들에게 아첨했다. 그들은 ['상당'의] '상'은 군주를 뜻하고 '당'은 함께 한다는 뜻이라고 하면서 [양광과] 붕당(朋黨)을 결성하여 [태자를] 참소함으로써, 결국 태자가 폐위되었다. 수나라 황실은 이로 인해 어지러워졌다. ([『선실지』][『수서』「오행지」])

隋文帝時, 上黨有人宅後每夜有人呼聲, 求之不見. 去宅一里, 但見一人參枝. 掘之, 入地五尺, 如人體狀. 掘去之後, 呼聲遂絶. 時晉王廣陰有奪宗之計, 諂事權要. '上'君也, '黨'與也, 言朋黨比而譖, 太子竟見廢. 隋室因此而亂. (原闕出處, 陳校本作'出『宣室志』', 今見『隋書』「五行志」')

417・9(5705)
전등양(田登孃)

섬주(陝州) 서북쪽 백경령(白徑嶺) 상라촌(上邏村)의 전씨(田氏)라는 사람이 한번은 우물을 파다가 어떤 뿌리 하나를 얻었는데, 크기는 사람 팔뚝만하고 마디 중간이 굵었으며 껍질은 복령(茯苓)과 같고 향기는 창출(蒼朮)과 비슷했다. 그 집은 불교를 신봉하여 불상 수십 존(尊)을 모시고 있었는데, 그 뿌리를 불상 앞에 놓아두었다. 전씨의 딸 등양은

16~17살에 제법 자색(姿色)이 있었는데, 아버지가 늘 그녀에게 향불 공양을 드리게 했다. 1년 남짓 지난 어느 날 등양은 흰 옷에 나막신을 신은 한 젊은이가 불당을 드나드는 것을 보았다. 그녀는 결국 젊은이와 사통했으며, 그 후로 정신과 행동거지가 평상시와 달라졌다. 그 뿌리는 매년 봄이 되면 싹이 돋았다. 그녀는 임신하게 되자 그제야 어머니에게 모든 사실을 털어놓았는데, 어머니는 젊은이가 요괴일 것이라고 의심했다.

한번은 어떤 스님이 전씨의 집에 들르자 그의 집에서 스님을 머물게 하고 공양을 드렸다. 스님은 불당에 들어가려 했지만 번번이 어떤 물체에 의해 제지당했다. 하루는 등양이 어머니를 따라 외출했을 때 스님이 불당으로 들어갔는데, 불당 문을 막 열자마자 집비둘기 한 마리가 스님을 스치며 날아갔다. 그 날 저녁에 등양은 그 요괴를 더 이상 보지 못했는데, 그 뿌리를 살펴보았더니 역시 썩고 좀벌레가 갉아먹은 상태였다. 등양은 임신한 지 7개월 만에 마디가 3개 있는 물체를 낳았는데, 그 모양이 불상 앞에 있던 뿌리를 닮아 있었다. 전씨가 그것들을 모두 불태워버리자 그 요괴도 나타나지 않았다.

옛 말에 따르면, 구기(枸杞)・복령(茯苓)・인삼(人參)・창출(蒼朮)의 모양이 특이하게 생긴 것을 복용하면 장수할 수 있다고 한다. 혹은 비린내 나는 음식을 먹지 않거나 색욕(色慾)이 없는 사람이 [위에서 말한] 그러한 것들을 만나면 진인(眞人)이 강림하여 지선(地仙)이 될 수 있다고도 한다. 전씨는 그렇게 되기를 바라지 않았기 때문에 요괴라고 생각하여 제거해버렸으니 [그 또한] 당연한 일이다! (『유양잡조』)

陝州西北白徑嶺上邏村, 村之田氏嘗穿井得一根, 大如臂, 節中粗, 皮若茯苓, 香氣似朮. 其家奉釋, 有象設數十, 遂實於像前. 田氏女名登孃, 十六七, 有容質, 其父常令供香火焉. 經歲餘, 女嘗日見一少年出入佛堂中, 白衣躡屐. 女遂私之, 精神擧止, 有異於常矣. 其物根每歲至春萌芽. 其女有姙, 乃具白於母, 母疑其怪.

嘗有衲僧過門, 其家因留之供養. 僧將入佛宇, 輒爲物拒之. 一日, 女隨母他出, 僧入佛堂, 門纔啓, 有一鴿拂僧飛去. 其夕, 女不復見其怪, 視其根, 亦成朽蠹. 女娠纔七月, 産物三節, 其形如像前根也. 田氏倂火焚之, 其怪亦絶.

舊說枸杞·茯苓·人參·朮形有異, 服之獲上壽. 或不葷血, 不色慾, 遇之必能降眞爲地仙矣. 田氏非冀, 故見怪而去之, 宜乎! (出『酉陽雜俎』)

417·10(5706)
조 생(趙 生)

[唐나라] 천보연간(天寶年間: 742~756)에 조생이란 사람이 있었는데, 그의 선대(先代)는 문학(文學: 문학과 학술)으로 이름이 드러났다. 조생의 형제 몇 명은 모두 진사(進士)와 명경(明經) 출신으로 벼슬길에 나아갔지만, 조생만은 성품이 노둔하여 공부를 하더라도 문장의 구두(句讀)를 끊어 뜻을 이해할 수 없었다. 이 때문에 조생은 장년이 되도록 여전히 군공(郡貢: 唐代에 매년 州郡에서 인재를 선발하여 도성의 進士試驗에 참가시키는 것을 말함)에도 들지 못했다. 한번은 조생이 형제의 친구들이 모인 연회에 참석했는데, 자리 가득 붉은 관복과 녹색 관복[唐代의 제도에 따르면 4·5品官은 朱色 관복을 입고, 6·7品官은 綠

色 관복을 입었음]을 입은 사람들이 서로 이어졌지만, 조생 혼자만 흰 옷을 입고 있어서 기분이 몹시 좋지 않았다. 술기운이 달아오를 즈음에 어떤 사람이 조생을 조롱하자 조생은 더욱 부끄럽고 화가 났다.

하루 뒤에 조생은 집을 버리고 몰래 떠나 진양산(晉陽山)에 숨어살면서 띠를 엮어 집을 마련했다. 조생은 100여 묶음의 책을 상자에 담아 산속으로 가져가서 낮에는 공부하고 밤에는 쉬면서, 비록 추위와 더위가 살갗을 에고 짓무르게 하거나 거친 밥을 먹고 마포 옷을 입더라도 그 고생을 꺼리지 않았다. 하지만 조생은 우둔하여 아무리 열심히 해도 공부에 진전이 거의 없었다. 조생은 더욱 화가 났지만 끝내 뜻을 바꾸지 않았다.

10여 일 뒤에 갈색 옷을 입은 어떤 노인이 찾아와 조생에게 말했다.

"그대는 이 깊은 산속에 살면서 옛 사람의 책을 읽고 있으니 혹시 벼슬에 뜻이 있는 건 아닌가? 그렇지만 아무리 오래 공부해도 끝내 문장의 구두를 끊어 뜻을 이해할 수 없으니 어찌하여 몽매함이 이토록 심하단 말인가!"

조생이 감사하며 말했다.

"제가 불민하여 스스로 헤아려보니 늙더라도 쓸모가 없을 것 같아서, 이렇게 깊은 산속에 들어와 공부하면서 스스로 기뻐하고 있습니다. 비록 학문의 정미(精微)한 경지에는 이를 수 없다 하더라도 반드시 죽음을 각오하고 학업에 뜻을 두어 선대를 욕되지 않게 하고 싶습니다. 또한 어찌 벼슬길에 나가는 것을 염두에 두겠습니까?"

노인이 말했다.

"그대의 뜻이 심히 굳건하군. 이 늙은이가 비록 젊은이를 도와줄 수 있는 도술은 없지만 한번 날 찾아오길 바라네."

조생이 노인이 머무는 곳을 물었더니 노인이 말했다.

"나는 단씨(段氏)의 아들인데 이 산 서쪽의 커다란 나무 밑에서 살고 있네."

노인은 말을 마친 뒤 홀연히 사려져 보이지 않았다. 조생은 이상해하며 요괴일 것이라고 생각했지만, 마침내 곧장 산의 서쪽으로 가서 노인의 종적을 찾았는데 과연 무성한 단수(椴樹: 자작나무)가 있었다. 조생이 말했다.

"[이 나무가] 혹시 단씨의 아들이 아닐까?"

그리고는 삽을 가져와 그 밑을 팠더니 1척 남짓한 인삼(人參)이 나왔는데, 이전에 만났던 노인의 모습과 아주 닮아 있었다. 조생이 말했다.

"나는 인삼 중에 요괴로 변할 수 있는 것은 병을 낫게 할 수 있다고 들었다."

그리고는 그 인삼을 삶아서 먹었다. 이때부터 조생은 정신이 깨어나면서 총명해지더니 보는 책마다 그 심오한 뜻을 모두 이해할 수 있었다. 1년 남짓 후에 조생은 명경과에 급제했으며, 몇 개의 관직을 지낸 후에 죽었다. (『선실지』)

天寶中, 有趙生者, 其先以文學顯. 生兄弟數人, 俱以進士・明經入仕, 獨生性魯鈍, 雖讀書, 然不能分句詳義. 由是年壯尙不得爲郡貢. 常與兄弟友生會宴, 盈座朱綠相接, 獨生白衣, 甚爲不樂. 及酒酣, 或靳之, 生益慙且怒.

後一日, 棄其家遁去, 隱晉陽山, 葺茅爲舍. 生有書百餘編, 笈而至山中, 晝習夜息, 雖寒熱切肌('肌'原作'饑'. 據明鈔本・陳校本改), 食粟襲紵, 不憚勞苦. 而生蒙憒, 力愈勤而功愈少. 生愈恚怒, 終不易其志.

後旬餘, 有翁衣褐來造之, 因謂生曰: "吾子居深山中, 讀古人書, 豈有志於祿仕乎? 雖然, 學愈久而卒不能分句詳議, 何蔽滯之甚邪!" 生謝曰: "僕不敏, 自度老且無用, 故入深山, 讀書自悅. 雖不能達其精微, 然必欲死於志業, 不辱先人. 又何及於祿仕也?" 翁曰: "吾子之志甚堅. 老夫雖無術能有補於郎君, 但幸一謁我耳." 因徵其所止, 翁曰: "吾段氏子, 家於山西大木之下." 言訖, 忽亡所見. 生怪之, 以爲妖, 遂徑往山西尋其跡, 果有椴樹蕃茂. 生曰: "豈非段氏子乎?" 因持鋸發其下, 得人參長尺餘, 甚肖所遇翁之貌. 生曰: "吾聞人參能爲怪者, 可愈疾." 遂淪而食之. 自是醒然明悟, 目所覽書, 盡能窮奧. 後歲餘, 以明經及第, 歷官數任而卒. (出『宣室志』)

균괴

417 · 11(5707)
곽원진(郭元振)

곽원진이 일찍이 산에서 은거하고 있을 때, 한밤중에 얼굴이 쟁반만 한 어떤 사람이 눈을 끔벅이며 등불 아래에서 나왔다. 하지만 곽원진은 전혀 두려워하는 기색 없이 천천히 붓에 먹을 묻혀 그 사람의 뺨에 이렇게 적었다.

오래 수자리 선 사람은 늙어만 가고,

긴 정벌에 나선 말은 살찌지 않네.

이 시구는 곽원진의 경구(警句)이다. 곽원진이 다 적고 나서 이를 읊조리자 그 물체는 마침내 사라졌다. 오래 지난 후에 한번은 곽원진이 나무꾼을 따라 한가로이 거닐다가 보았더니 커다란 나무 위에 흰 목이버섯이 있었는데, 그 크기가 몇 말[斗] 정도나 되었으며 [이전에 자신이] 적었던 시구가 그곳에 있었다. (『유양잡조』)

郭元振嘗山居, 中夜有人面如盤, 瞬目出於燈下. 元振了無懼色, 徐染翰題其頰曰: "久戍人偏老, 長征馬不肥." 元振之警句也. 題畢唫之, 其物邃滅. 久之, 元振隨樵閒步, 見巨木上有白耳, 大如數斗, 所題句在焉. (出『酉陽雜俎』)

417・12(5708)
선평방관인(宣平坊官人)

도성의 선평방에서 어떤 관리가 밤에 집으로 돌아가면서 골목으로 들어섰는데, 한 기름장수가 모자를 쓰고 [나귀를 몰아] 기름통을 운반하면서 길을 비켜주지 않았다. 길을 인도하던 시종이 그 사람을 붙잡았더니, 그는 곧바로 머리가 떨어진 채로 황급히 한 대저택의 문으로 들어갔다. 관리가 괴이하게 여겨 그 사람을 따라 들어갔더니, 그는 한 커다란 홰나무 아래에 이르러 감쪽같이 사라졌다. 그래서 관리가 그 집 주인에게 알리자 집 주인이 곧장 그곳을 파서 몇 척 깊이까지 들어갔더니,

홰나무의 말라죽은 뿌리 아래에 포개져 있는 것 같은 커다란 두꺼비가 있었다. 그 두꺼비는 붓두껍 2개를 양옆에 끼고 있었는데, 그 안에 나무의 진액이 가득 들어 있었다. 또한 마치 궁전 문의 부구정(浮漚釘: 성문이나 궐문 등에 줄지어 박아놓은 장식용 큰 못)처럼 생긴 커다란 흰 버섯이 있었는데, 그 갓이 이미 떨어져나간 상태였다. 바로 두꺼비는 나귀였고 붓두껍은 기름통이었으며 버섯은 그 사람이었던 것이다. 마을사람 중에 한 달 남짓 전에 그 기름을 산 자들이 있었는데, 그 기름이 좋으면서도 값이 싼 것을 이상해했다. 그런데 그 괴이한 일이 드러나자 그 기름을 먹은 자들은 모두 심한 구토증을 앓았다. (『유양잡조』)

京宣平坊有官人夜歸入曲, 有賣油者張帽馱桶, 不避道. 導者搏之, 頭隨而落, 遂遽入一大宅門. 官人異之, 隨入, 至一大槐樹下, 遂滅. 因告其家, 其家卽掘之, 深數尺, 並樹枯根下有大蝦蟆如疊. 挾二筆鍩, 樹溜津滿其中也. 及有巨白菌如殿門浮漚釘, 其蓋已落. 蝦蟆乃驢也, 筆鍩乃油桶也, 菌則其人矣. 里人有買其油者月餘, 怪其油好而賤. 及怪發, 食者悉病嘔. (出『酉陽雜俎』)

417 · 13(5709)
예장인(豫章人)

예장 사람들은 버섯 먹기를 좋아했는데 [그 중에서] 황고심(黃姑蕈: 식용 균류식물의 일종)이라는 버섯이 특히 맛이 좋았다. 어떤 민가에서 집을 지으면서 그 버섯을 삶아 일꾼들을 대접하려고 했다. 일꾼 중에서 지붕에 올라가 기와를 이던 어떤 사람이 아래를 내려다보았더니, 사람은 없고 오직 무언가를 삶고 있는 솥을 동이로 덮어놓은 것만 보였다. 조금 있다가 어린아이가 벌거벗은 채로 솥 주위를 달려 다니다가 순식간에 솥 안으로 사라졌다. 얼마 후 집 주인이 버섯을 차려왔지만 그 일꾼 혼자만 먹지 않고 아무 말도 하지 않았다. 저녁이 되었을 때 버섯을 먹었던 사람들은 모두 죽었다. (『계신록』)

 豫章人好食蕈, 有黃姑蕈者尤爲美味. 有民家治舍, 烹此蕈以食工人. 工人有登屋施瓦者, 下視無人, 唯釜煮物, 以盆覆之. 俄有小兒裸身繞釜而走, 倏忽沒於釜中. 頃之, 主人設('設'原作'說', 據明鈔本·陳校本改)蕈, 工獨不食, 亦不言. 旣暮, 食蕈者皆卒. (出『稽神錄』)

태평광기

권제 418

용(龍) 1

1. 창 룡(蒼 龍)
2. 조 봉(曹 鳳)
3. 장로여(張魯女)
4. 강릉모(江陵姥)
5. 감 종(甘 宗)
6. 남심국(南郡國)
7. 용 장(龍 場)
8. 오색석(五色石)
9. 진택동(震澤洞)
10. 양무후(梁武后)
11. 유 갑(劉 甲)
12. 송 운(宋 雲)
13. 채 옥(蔡 玉)
14. 이 정(李 靖)

418·1(5710)
창 룡(蒼 龍)

공자(孔子)가 태어나던 날 밤에 청룡 두 마리가 하늘에서 내려와 [공자의 어머니인] 안징재(顔徵在)의 방에 앉자 공부자(孔夫子: 孔子)가 태어났다. 또한 신녀(神女) 두 명이 향로(香露: 화초에 내린 이슬)를 들고 하늘에서 내려와서 안징재를 목욕시켰다. (왕자년『습유기』)

孔子當生之夜, 二蒼龍亘天而下, 來附徵在之房, 因而生夫子. 有二神女擎香露, 空中而來, 以沐浴徵在. (出王子年『拾遺記』)

418·2(5711)
조 봉(曹 鳳)

조봉은 자가 중리(仲理)로, 후한(後漢) 건무연간(建武年間: 25~56)에 북지태수(北地太守)를 지냈는데 치적과 교화가 아주 뛰어났다. 어느 날 황룡(黃龍)이 구리곡(九里谷)의 고강정(高岡亭)에 나타났는데, 뿔의 길이가 2장이나 되었고 두께가 열 아름이나 되었으며 꼬리가 10여 장이나 되었다. 천자는 [이 이야기를 듣고] 가상하게 여겨 그에게 비단

백 필을 하사하고 중이천석(中二千石: 漢나라 때의 관명으로, 1년에 2160석의 녹봉을 받았는데 九卿들이 이 녹봉을 받았다고 함)의 벼슬을 더해 주었다. (『수경주』)

後漢建武中, 曹鳳字仲理, 爲北地太守, 政化尤異. 黃龍見於九里谷高岡亭, 角長二丈, 大十圍, 梢至十餘丈. 天子嘉之, 賜帛百匹, 加秩中二千石. (出『水經注』)

418 · 3(5712)
장로녀(張魯女)

장로의 딸이 한번은 산 아래에서 옷을 빨고 있었다. 그때 갑자기 흰 안개가 그녀의 몸을 감쌌는데, 이로 인해 그녀는 임신하게 되었다. 그녀는 이 일을 부끄럽게 생각하고 자살을 했는데 죽으면서 하녀에게 이렇게 당부했다.
"내가 죽은 뒤에 내 배를 갈라 보아라."
하녀가 그녀의 말대로 배를 갈랐더니 그 안에서 새끼 용 한 쌍이 나왔다. 하녀는 결국 용들을 한수(漢水)로 보내주고 난 뒤에 장로의 딸을 산에 묻었다. 그 뒤로 여러 번 용이 이곳 무덤에 찾아와 결국 무덤 앞에 길이 생겨났다. (『도가잡기』)

張魯之女, 曾浣衣於山下. 有白霧濛身, 因而孕焉. 恥之自裁, 將死, 謂其婢曰: "我死後, 可破腹視之." 婢如其言, 得龍子一雙. 遂送於漢水, 旣而女殯於山. 後數有龍至, 其墓前成蹊. (出『道家雜記』)

418・4(5713)
강릉모(江陵姥)

　　강릉에 사는 조씨(趙氏) 할멈은 술장사를 하면서 살았다. [東晉] 의 희연간(義熙年間: 405~419)에 그녀의 방 안 한쪽이 갑자기 솟아올랐다. 그녀는 기이한 일이 있음을 알아차리고 아침저녁으로 술을 올리면서 제사를 지냈다. 그녀는 일찍이 그곳에서 나귀처럼 생긴 한 물체가 머리를 내미는 것을 보았는데, 방바닥에 애당초 구멍이라곤 찾아 볼 수 없었다. 그녀가 죽은 뒤에 가족들은 방바닥에서 통곡 소리가 나는 것을 들었다. 후에 사람들이 그곳을 파보았더니 크기를 알 수 없는 한 기이한 물체가 꿈틀거리다가 순식간에 사라졌다. 세상 사람들은 이 물체를 '토룡(土龍)'이라 불렀다. (『저궁구사』)

　　江陵趙姥以沽酒爲業. 義熙中, 居室內忽地隆起. 姥察爲異, 朝夕以酒酹之. 嘗見一物出頭似驢, 而地初無孔穴. 及姥死, 家人聞土下有聲如哭. 後人掘地, 見一異物蠢然, 不測大小, 須臾失之. 俗謂之'土龍'. (出『渚宮舊事』)

418 · 5(5714)
감 종(甘 宗)

　　진(秦)나라 사자(使者) 감종이 서역(西域) 지방의 일을 다음과 같이 아뢰었다.

　　"외국에 주문에 능한 한 방사(方士)가 있는데, 그가 바닷가에서 우보(禹步: 祭式의 일종으로 비틀거리듯이 걷는 神仙의 步法)를 걸으면서 숨을 쉬면 용이 바로 수면 위로 나왔다고 합니다. 용이 막 나왔을 때는 그 길이가 수십 장이나 되는데, 방사가 '후!'하고 불면 한번 불 때마다 용이 조금씩 줄어들었다고 합니다. 그리하여 결국 용의 길이가 몇 촌까지 줄어들면 병 안에 잡아넣고 물을 조금 부어가면서 길렀다고 합니다. 외국은 자주 가뭄으로 고통을 받았는데, 방사는 어느 곳에 가뭄이 들었다는 이야기를 들으면 곧장 용을 가지고 그곳으로 가서 꺼내 팔았다고 합니다. 용 한 마리의 가격이 금 수십 근 값이나 나갔는데, 전국의 사람들이 그 용을 보려고 모두 모여들었다고 합니다. 용의 값을 지불하고 나면 방사는 곧장 병을 열어 용을 꺼낸 뒤 못에다 풀었다고 합니다. 방사가 다시 우보로 걸으면서 숨을 내쉬자 용은 수십 장 길이로 커졌으며, 순식간에 사방에서 비가 내렸다고 하옵니다."

(『포박자』)

　　秦使者甘宗所奏西域事云: "外國方士能神呪者, 臨川禹步吹氣, 龍卽浮出. 初出, 乃長數十丈, 方士吹之, 一吹則龍輒一縮. 至長數寸, 乃取置壺中, 以少水養之. 外國常苦旱災, 於是方士聞有('有'原作'而', 據明鈔本・陳校本改)旱處, 便齎龍往, 出賣之. 一龍直金數十觔, 擧國會斂以顧之. 直畢, 乃發壺出龍, 置淵中. 復禹步吹之, 長數十丈, 須臾雨四集矣." (出『抱朴子』)

418・6(5715)
남심국(南潯國)

　남심국(南潯國)의 한 동굴에 지하수가 흐르고 있고, 그 아래는 지맥과 통해 있다. 동굴 안에는 모룡(毛龍)과 모어(毛魚)가 살고 있는데, 가끔 드넓은 못에서 허물을 벗는다. 모어와 모룡은 같은 동굴에서 함께 살고 있다. 남심국에서 순(舜: 본문에는 '殷'이라 되어 있으나, 내용상 '舜'이 옳은 듯함) 임금에게 모룡 한 마리를 진상하자 순 임금은 환룡관(豢龍官: 용 기르는 일을 맡아보던 고대의 관리)을 설치했는데, 이 관직은 하대(夏代)에 이르기까지 계속 존속되었다. 그 일로 순임금은 그 일을 맡아보던 씨족에게 환룡이라는 이름을 내렸다. 우(禹) 임금은 물길을 터서 사해와 서로 통하게 하고 난 뒤에 그 용을 낙수(洛水)와 예수(汭水)에 놓아 주었다. (『습유록』)

　南潯國有洞穴陰源, 其下通地脈. 中有毛龍毛魚, 時蛻骨於曠澤之中. 魚龍同穴而處. 其國獻毛龍一於殷, 殷(王子年『拾遺記』'於殷殷'作'雌一雄放'. 按事應在舜時, '殷'字訛)置豢龍之官, 至夏代不絶. 因以命族. 至禹導川, 及四海會同, 乃放於洛汭. (出『拾遺錄』)

용 장(龍 場)

왕자년(王子年)의 『습유록(拾遺錄)』에 보면 다음과 같은 말이 있다.

"방장산(方丈山) 동쪽에 사방 천리에 걸친 용장이 있는데, 용의 가죽과 뼈가 산봉우리처럼 쌓여 있고 백여 이랑에 걸쳐 여기저기 흩어져 있다."

『술이기(述異記)』에 보면 다음과 같은 말이 있다.

"진녕현(晉寧縣)에 용장주(龍葬洲)가 있다. 노인장들의 말에 따르면 그곳에서 용이 허물을 벗었는데, 지금도 이곳의 물에 용의 뼈가 많다고 한다. 살펴보건대, 그곳의 산봉우리와 산등성이 중 비와 구름을 일으킬 수 있는 곳에는 모두 용의 뼈가 있다. 어떤 것은 깊게 어떤 것은 얕게 대부분 흙 속에 묻혀 있다. 용의 이빨과 뿔, 꼬리와 발은 모두 제 모습을 갖추고 있는데, 큰 것 중에는 길이가 수십 장에 간혹 그 둘레가 열 아름이나 되는 것도 있다. 작은 것은 겨우 길이가 1~2척, 그 둘레가 3~4촌이지만 모습은 모두 갖추고 있다. 일찍이 어떤 사람이 그것을 주워서 보았다고 한다."

『논형(論衡)』에 보면 다음과 같은 말이 있다.

"매미는 배속에서 태어나 자라다가 등 껍질을 깨고 나온다. 매미는 반드시 비가 온 뒤에 허물을 벗는데 마치 뱀이 허물을 벗는 것과 같다고 한다."

근래에 포주(蒲洲)의 한 인가에서 초가집을 허물자 용마루 위에서 1장 남짓 되는 용골(龍骨) 하나가 나왔는데, 모습을 모두 갖추고 있었다.

(『감응경』)

　　王子年『拾遺』曰: "方丈山東有龍場, 地方千里, 龍皮骨如山阜, 布散百餘頃."
　　『述異記』: "晉寧縣有龍葬洲. 父老云, 龍蛻骨於此洲, 其水今猶多龍骨. 按山阜岡岫, 能興雲雨者, 皆有龍骨. 或深或淺, 多在土中. 齒角尾足, 宛然皆具, 大者數十丈, 或盈十圍. 小者纔一二尺, 或三四寸, 體皆具焉. 嘗因採取見之."
　　『論衡』云: "蟬生於腹育('育'字原空闕, 據陳校本補), 開背而出. 必因雨而蛻, 如('如'原作'而', 據明鈔本・許本改)蛇之蛻皮云."
　　近蒲洲人家, 拆草屋, 於棟上得龍骨長一丈許, 宛然皆具. (出『感應經』)

418 · 8(5717)
오색석(五色石)

　　천목산(天目山) 사람 전문맹(全文猛)은 신풍현(新豐縣) 후호(後湖)에 있는 관음사(觀音寺) 서쪽 기슭에서 말[斗] 만한 크기의 오색석 하나를 주웠다. 오색석에는 마치 야광주처럼 빛이 감돌았다. 전문맹은 아주 신기한 돌이라 생각해서 그것을 품에 안고 양(梁)나라 무제(武帝)에게 갖다 바쳤다. 무제는 기뻐하면서 명을 내려 오색석을 대극전(大極殿) 곁에 두게 했다. 1년 남짓 되어갈 무렵 오색석이 갑자기 행랑과 처마를 비추면서 벼락 치는 소리를 냈다. 무제가 이를 불길하게 생각하여 걸공(杰公)을 불러 오색석을 보여주었더니, 걸공이 다음과 같이 대답했다.

"이것은 상계(上界)에서 용을 화생(化生)시키는 돌로, 인간 세상에서 볼 수 있는 것이 아닙니다. 만약 이것에 낙수(洛水)의 붉은 숫돌과 술을 섞어서 약으로 만든 뒤에 백여 차례 삶고 끓이면 오색석이 부드럽고 말랑말랑해져 먹을 수 있게 됩니다. 오색석을 다듬어 식기로 만들어 사용하면 사람이 장수할 수 있습니다. 그러나 복과 덕이 있는 사람이 그것을 사용해야만 합니다. 오색석에서 소리가 났으니, 용이 곧 그것을 가지러 올 것입니다."

무제는 급히 [낙수의] 붉은 숫돌을 가져오게 한 뒤에 걸공의 말대로 장인을 시켜 오색석을 다듬어 사발로 만들게 했다. 각각 그 크기가 다섯 되 반만 했는데, 거기다가 음식을 담아 먹었더니 보통 때와 달리 맛이 있고 향이 좋았다. 사발을 만들고 난 나머지 오색석 가루는 원래의 곳에 가져다 두었다. 어느 날 적룡(赤龍) 한 마리가 수염을 휘날리고 갈기를 세운 채 꼬리를 흔들면서 대극전 안으로 들어오더니 오색석을 안고 위로 솟구쳐 올라 떠나갔다. 무제가 사람을 보내 이 일에 대해 알아보았더니 그 돌은 다름 아닌 보통(普通) 2년(521) 시평군(始平郡) 석고촌(石鼓村)에서 용들이 서로 차지하려고 다투던 돌이었다. 그 사발은 후경(侯景)의 난이 일어난 뒤로 어디로 갔는지 알 수 없게 되었다. (『양사공기』)

天目山人全文猛於新豊後湖觀音寺西岸, 獲一五色石大如斗. 文彩盤蹙, 如有夜光. 文猛以爲神異, 抱獻之梁武. 梁武喜, 命置於大極殿側. 將年餘, 石忽光照廊廡, 有聲如雷. 帝以爲不祥, 召杰公示之, 對曰: "此上界化生龍之石也, 非人間物. 若以洛水赤礪石和酒合藥, 煮之百餘沸, 柔輭可食. 琢以爲飮食之器, 令人延壽. 福德之人, 所應受用. 有聲者, 龍欲取之." 帝令馳取赤石, 如其法, 命工琢之以爲甌. 各容五斗之牛, 以盛御膳, 香美殊常. 以其餘屑, 置於舊處. 忽有赤龍, 揚鬚鼓鬣, 掉尾入殿, 擁石騰躍而去. 帝遣推驗, 乃是普通二年, 始平郡石鼓村, 鬪龍所競之石. 其甌遭侯景之亂, 不知所之. (出『梁四公記』)

418·9(5718)
진택동(震澤洞)

 진택(震澤: 江蘇省에 있는 太湖)의 한 가운데, 동정산(洞庭山) 남쪽에 깊이가 100척 남짓 되는 동굴이 있는데, 장성현(長城縣) 내앙촌(乃仰村)의 공타(公䑛)가 잘못하여 그 동굴에 떨어졌다. 공타는 동굴을 가로질러 50여 리를 오르고 내려서 한 용궁에 도착했다. 용궁 주위로 4~5리에는 바닥에 푸른빛의 진흙[青泥: 고대 신선들이 복용했던 진흙]이 무릎까지 차 있었다. 한 궁궐 문이 나왔는데, 용이 기염을 토하며 물을 쳐내면 물이 마치 가벼운 안개처럼 피어올라 밤낮으로 빛을 내었다. 공타는 문을 지키는 작은 교룡(蛟龍)과 부딪쳤는데, 교룡은 비늘과 발톱을 세워 공타를 막아서며 안으로 들어가지 못하게 했다. 공타는 동굴에서 백일 남짓 지내면서 푸른색의 진흙을 먹었는데, 맛이 마치 멥쌀 같았다. 어느 날 집으로 돌아가는 길을 찾은 것 같다고 하더니 공타는 길을 찾아 굴을 빠져 나올 수 있었다.
 공타는 오군(吳郡) 태수(太守)가 되었을 때 양(梁)나라 무제(武帝)에게 그 일을 자세하게 말해주었다. 무제가 걸공(杰公: 梁四公子)에게 물어보았더니, 걸공이 말했다.

"그 동굴의 구멍은 네 개가 있는데, 하나는 동정호(洞庭湖)의 서쪽 기슭과 통하고 또 하나는 촉도(蜀道) 청의포(靑衣浦)의 북쪽 기슭과 통하며, 하나는 나부산(羅浮山)의 양쪽 동굴과 통하고 다른 하나는 고상도(枯桑島)의 동쪽 기슭과 통하옵니다. 동해용왕(東海龍王)의 일곱째 딸이 용왕의 구슬을 관리하면서 보관하고 있는데, 작은 용 천여 마리가 그 구슬을 지키고 있사옵니다. 용은 밀랍을 두려워하며 아름다운 옥과 공청(空靑: 孔雀石의 일종. 구리가 생산되는 곳에서 나는데, 공처럼 생겼으며 속이 비었고 비취색을 띠고 있음)을 좋아하며 제비를 좋아하옵니다. 만약 사신을 보내신다면 보석과 구슬을 얻을 수 있을 것입니다."

무제는 그 말을 듣고는 몹시 기뻐하면서 곧장 조서를 내려 누구든지 그곳에 사자로 갈 수 있다면 후한 상을 내리겠다고 했다. 회계군(會稽郡) 무현(鄮縣) 백수향(白水鄕)의 젊은이 유비라(庾毗羅)가 가기를 청하자 걸공이 말했다.

"그대의 5대조께서는 무현의 동해담(東海潭)에 살던 용 백여 마리를 태워 죽이고 돌아오던 길에 용에게 해를 당했소. 그대가 바로 용의 원수인데, 어떻게 갈 수 있겠소?"

유비라는 그 사실을 인정하고 이내 그만 두었다.

그러자 합포군(合浦郡) 낙려현(洛黎縣) 구월(甌越)에 사는 나자춘(羅子春) 형제가 상서를 올려 이렇게 말했다.

"저희 집안은 대대로 능수(陵水)와 나수(羅水)에 사는 용과 통혼했으며 먼 조상께서는 자랑스럽게도 못된 용을 교화 시키셨습니다. 진(晉)나라 간문제(簡文帝)는 소신들의 조상보고 독룡(毒龍)을 감화시켰다고 하셨습니다. 지금의 용화현(龍化縣)이 바로 소신들의 조상들께서 사셨던 곳입니다. 상군(象郡)의 석룡(石龍: 도마뱀)은 사납고 잔혹하여 교화하기 어렵지만, 신의 조상은 그들을 교화시켰습니다. 화석룡현(化石龍縣)이 바로 그 증거입니다. 동해의 남천태(南天台)·상천(湘川)·팽려(彭蠡)·동고(銅鼓)·석두(石頭) 등의 물에 사는 큰 용은 모두 소신들의 조상을 알고 있고, 소신들이 그의 자손이라는 것도 알고 있을 것입니다. 소신들이 황제의 명령을 전하고 싶습니다."

그러자 걸공이 말했다.

"그대의 집에 아직도 제룡석(制龍石)이 있는가?"

나자춘 형제가 대답했다.

"있다마다요. 삼가 도성으로 가지고 왔습니다."

그리고는 그것을 꺼내 보여주었더니 걸공이 말했다.

"그대들의 제룡석으로는 그저 작은 비바람을 일으켜 오랑캐를 잡아들이는 용 정도는 제어할 수 있을지 모르나, 동해 왕의 구슬을 지키는 용들은 제어할 수 없네."

걸공은 다시 이렇게 물었다.

"그대는 혹시 서해(西海)에서 나는 용뇌향(龍腦香)을 가지고 있는가?"

나자춘 형제가 대답했다.

"없습니다."

그러자 걸공이 말했다.

"그렇다면 어떻게 용을 제지할 수 있겠는가?"

무제가 말했다.

"아무래도 아니 되겠다."

그러자 걸공이 말했다.

"큰 배를 타고 서해에 가면 용뇌향을 구할 수 있을 것입니다. 옛날에 동백진인(桐柏眞人)이 도교의 진리를 널리 전파하자 허밀(許謐)과 모용(茅容)이 용을 타고 내려와서 각각 그에게 제룡석 열 근을 주었는데, 지금도 있을 것이니 사람을 보내 한번 알아보십시오."

이에 무제가 칙령을 내려 제룡석을 구해 오게 했더니 모산(茅山: 산 이름. 본래는 句曲山인데, 漢代의 茅盈과 동생 衷固가 이곳에서 수도한 이후로 茅山이라 불림)의 화양은거(華陽隱居: 陶弘景의 號) 도홍경(陶弘景)에게서 두 조각을 구해왔다. [이를 본] 걸공이 말했다.

"바로 이것이옵니다."

무제는 장인들에게 칙령을 내려 우전국(于闐國) 서하(舒河)에서 나는 미옥(美玉)으로 작은 함 두 개를 만들게 하고, 오동나무를 태워 만든 재로 작은 함에 발라 빛을 내게 했다. 또한 선주(宣州)의 공청을 가져다가 그 가운데서 특히 정미한 것을 고른 뒤에 물고기의 뼈로 만든 아교로 발라 그릇 두 개를 만들어서 불에 굽게 했다. 곧이어 용뇌향도 계속해서 도착했다. 걸공이 말했다.

"밀랍을 나자춘 형제의 몸과 의복에 바르게 하십시오."

그리고는 또 제비 구이 500개를 함께 가지고 동굴로 들어가게 했다. 나자춘 형제가 용궁에 도착하자 문을 지키던 작은 교룡은 밀랍 냄새를 맡고는 엎드린 채 감히 꼼짝도 하려하지 않았다. 나자춘 형제는 교룡에게 제비구이 100개를 뇌물로 주면서 안에 알려달라고 말했다. 제비 구이 가운데 가장 좋은 것을 용녀에게 바쳤는데, 용녀는 그것을 먹더니 아주 좋아했다. 나자춘 형제는 또 옥상자와 푸른 그릇을 바치면서 무제의 뜻을 자세하게 아뢰었다. 동굴 안에 천 년된 용이 있는데, 변화에 능하고 인간 세상에도 출입했기 때문에 속세에서 하는 말도 잘 번역할 수 있었다. 용녀는 무제가 자신을 예로서 대한 것을 알고 큰 구슬 세 개와 작은 구슬 일곱 개, 그리고 잡주(雜珠) 한 섬을 무제에게 보답했다. 용녀가 나자춘 형제에게 용을 타고 구슬을 실어 본국으로 돌려보내자 그들은 순식간에 본국에 도착했다. 용은 작별인사를 하고 떠나갔다.

나자춘 형제가 구슬을 무제에게 바치자 무제는 신령한 세계와 통할 수 있고 천상의 보물을 얻었다면서 몹시 기뻐했다. 무제가 그 구슬들을 걸공에게 보여주자 걸공이 말했다.

"이 세 개의 구슬 가운데 하나는 천제(天帝)의 여의주(如意珠) 중의 하품이고, 다른 두 개는 여룡주(驪龍珠) 가운데 중품에 해당하는 것입니다. 일곱 개의 작은 구슬 가운데 두 개는 충주(蟲珠)이고, 나머지 다섯 개는 해방주(海蚌珠)로 인간 세상에서 가장 상품으로 치는 것입니다. 잡주는 방주(蚌珠)와 합주(蛤珠)로 큰 구슬만큼 귀하지 않습니다."

무제가 백관들에게 두루 보여주자 조정에서는 모두들 걸공이 허무맹랑한 소리를 한다면서 그를 힐난했다. 그러자 걸공이 말했다.

"여의주 가운데 최상품은 밤에 40여 리를 비추고, 중품은 10리, 하품은 1리를 비춥니다. 그 빛이 닿은 곳은 비바람이나 천둥이나 번개, 물과 불, 전쟁 등의 재난이 일어나지 않을 것입니다. 여의주 가운데 최상품은 밤에 100보(步) 멀리 빛을 내고, 중품은 10보, 하품은 방 하나 만큼의 빛을 내는데, 그 빛이 닿은 곳에서는 뱀이나 벌레의 해를 입지 않을 것입니다. 충주는 일곱 색깔로 이루어졌지만 그 가운데서도 적색이 많고,

다리가 여섯 개이며 눈이 두 개 인데, 오목한 부분에 철비(鐵鼻)처럼 생긴 구멍이 있습니다. 방주(蚌珠)는 오색으로 이루어졌습니다. 이들은 밤에 몇 척의 빛을 내는데, 흠이 없는 것을 상품으로 치고 흠이 있는 것을 하품으로 칩니다. 방주 다섯 개는 달과 함께 차고 이지러집니다. 사주(蛇珠)를 얻는 것은 수후(隋侯: 수후가 다친 뱀을 발견하고 고약을 부쳐 목숨을 구해주었더니, 뒷날 뱀이 강에서 明月珠를 물어다가 그에게 보답했음. 후에 이 구슬을 隋侯珠라 했음)나 쾌삼(噲參: 쾌삼이 사냥꾼이 쏜 화살에 맞은 현학을 거두어 상처를 치료해준 뒤에 날려 보냈는데, 후에 암수 한 쌍이 明珠를 물어다 주었음. 후에 이 구슬을 玄鶴珠라 했음)의 경우가 바로 그에 해당합니다."

또 백관들이 사주와 학주(鶴珠)의 차이점을 묻자, 걸공이 이렇게 대답했다.

"직접 찾아가게 해보십시오."

무제는 걸공에게 사주와 학주 두 구슬을 기억하게 한 다음 사람을 시켜 그것을 한 말 남짓한 잡주와 함께 섞어 전각 앞에 뿌려 놓게 했다. 또한 누런 뱀과 현학(玄鶴) 각각 수십 마리를 구슬 사이에 풀어놓자 학은 구슬을 문 채 빙빙 돌면서 춤을 추었고, 뱀은 구슬을 문 채 천천히 돌기 시작했다. 이를 본 신하들은 모두 탄복했다. 무제가 다시 여의주와 용주, 충주 등의 구슬을 꺼내 놓자 빛이 비추는 거리가 모두 십중팔구 걸공이 말했던 수치와 같았다.

나자춘 형제는 용궁에서 음식을 먹었는데, 꽃 같기도 하고 약 같기도 하고 기름 같기도 하고 엿 같기도 한 것이 아주 향기롭고 맛이 좋았다. 나자춘 형제는 음식을 도성으로 가지고 왔는데, 인간 세상의 바람과 햇빛을 받자 음식은 돌처럼 단단해져서 씹을 수도 삼킬 수도 없었다. 황제는 그것을 비부(祕府: 황실 창고)에 넣어 두게 했다. 황제는 나자춘을 봉거도위(奉車都尉)에 임명하고 두 동생을 봉조청(奉朝請)에 임명한 뒤 베와 비단 각각 천 필을 하사했다. 공타가 지난 날 용에게 해를 입지 않은 일을 알아보았더니, 마 기름과 밀랍을 이용해 조어의(照魚衣)를 만들어 입어 바로 몸에서 밀랍 냄새가 났기 때문이었다. (『양사공기』)

震澤中, 洞庭山南有洞穴深百餘尺, 有長城乃仰公瞻誤墮洞中. 旁行, 升降五十餘里, 至一龍宮. 周圍四五里, 下有青泥至膝. 有宮室門闕, 龍以氣關水, 霏如輕霧, 晝夜光明. 遇守門小蛟龍, 張鱗奮爪拒之, 不得入. 公瞻在洞百有餘日, 食青泥, 味若粳米. 忽彷彿說得歸路, 尋出之.

爲吳郡守時, 乃具事聞梁武帝. 帝問杰公, 公曰: "此洞穴有四枝, 一通洞庭湖西岸, 一通蜀道青衣浦北岸, 一通羅浮兩山間穴谿, 一通枯桑島東岸. 蓋東海龍王第七女掌龍王珠藏, 小龍千數衛護此珠, 龍畏蠟, 愛美玉及空青而嗜燕. 若遣使信, 可得寶珠." 帝聞大嘉, 乃詔有能使者, 厚賞之. 有會稽郡鄮縣白水鄕郎('郎原作卽', 據明鈔本·陳校本改)庾毗羅請行, 杰公曰: "汝五世祖燒殺鄮縣東海潭之龍百餘頭, 還爲龍所害. 汝龍門之宄也, 可行乎?" 毗羅伏寔, 乃止.

於是合浦郡洛黎縣甌越羅子春兄弟二人, 上書自言: "家代於陵水羅水龍爲婚, 遠祖矜能化惡龍. 晉簡文帝以臣祖和化毒龍. 今龍化縣, 卽是臣祖住宅也. 象郡石龍, 剛猛難化, 臣祖化之. 化石龍縣是也. 東海南天台·湘川·彭蠡·銅鼓·石頭等諸水大龍, 皆識臣宗祖, 亦知臣是其子孫. 請通帝命." 杰公曰: "汝家制龍石尙在否?" 答曰: "在在. 謹賚至都." 試取觀之, 公曰: "汝石但能制微風雨召戎虜之龍, 不能制海王珠藏之龍." 又問曰: "汝有西海龍腦香否?" 曰:

"無." 公曰: "奈之何御龍?" 帝曰: "事不諧矣." 公曰: "西海大船, 求龍腦香可得. 昔桐柏眞人敷揚道義, 許謐・茅容乘龍, 各贈制龍石十勉, 今亦應在, 請訪之." 帝勅命求之, 於茅山華龍(許本, '龍'作'陽')隱居陶弘景得石兩片. 公曰: "是矣." 帝勅百工, 以于闐舒河中美玉, 造小函二, 以桐木灰發其光. 取宣州空靑, 汰其甚精者, 用海魚膠之, 成二缶, 火燒('火燒'原作'大船', 據陳校本改)之. 龍腦香尋亦繼至. 杰公曰: "以蠟塗子春等身及衣佩." 又乃賫燒燕五百枚入洞穴. 至龍宮, 守門小蛟聞蠟氣, 俯伏不敢動. 乃以燒燕百事賂之, 令其通問. 以其上上者獻龍女, 龍女食之大嘉. 又上玉函靑缶, 具陳帝旨. 洞中有千歲龍能變化, 出入人間, 有善譯時俗之言. 龍女知帝禮之, 以大珠三・小珠七・雜珠一石, 以報帝. 命子春乘龍, 載珠還國, 食頃之間便至. 龍辭去.

子春薦珠, 帝大喜, 得聘通靈異, 獲天人之寶. 以珠示杰公, 杰公曰: "三珠, 其一是天帝如意珠之下者, 其二是驪龍珠之中者. 七珠, 二是蟲珠, 五是海蚌珠, 人間之上者. 雜珠是蚌・蛤等珠, 不如大珠之貴." 帝遍示百僚, 朝廷咸謂杰公虛誕, 莫不詰之. 杰公曰: "如意珠上上者, 夜光照四十餘里, 中者十里, 下者一里. 光之所及, 無風雨・雷電・水火・刀兵諸毒厲. 驪珠上者, 夜光百步, 中者十步, 下者一室, 光之所及, 無蛇虺豸之毒. 蟲珠, 七色而多赤, 六足二目, 當其凹處, 有曰('曰'原作'舊', 據明鈔本改)如鐵鼻. 珠蚌五色. 皆有夜光, 及數尺, 無瑕者爲之上, 有瑕者爲下. 珠蚌五, 於時與月盈虧. 蛇珠所致, 隋侯・噲參, 卽其事也." 又問蛇鶴之異, 對曰: "使其自適." 帝命杰公記蛇鶴二珠. 斗餘雜珠, 散於殿前. 取大黃蛇・玄鶴各十數, 處布珠中間, 於是鶴銜其珠, 鳴舞徘徊, 蛇銜其珠, 盤曲宛轉. 群臣觀者, 莫不歎服. 帝復出如意龍蟲等珠, 光之遠近, 七九八數, 皆如杰公之言.

子春在龍宮得食, 如花如藥, 如膏如飴, 食之香美. 賫食至京師, 得人間風日,乃堅如石, 不可咀咽. 帝令祕府藏之. 拜子春爲奉車都尉, 二弟爲奉朝請, 賜布帛各千匹. 追訪公睒往不爲龍害之由, 爲用麻油和蠟, 以作照魚衣, 乃身有蠟氣故也. (同『梁四公記』)

418 · 10(5719)
양무후(梁武后)

양(梁)나라 무제(武帝)의 치황후(郗皇后)는 천성적으로 투기가 심했다. 무제가 막 즉위해서 아직 황후 책봉령을 내리지 않았더니 그녀는 [이 일로] 몹시 화가 나서 갑자기 궁궐의 우물 속으로 뛰어들었다. 사람들이 달려가 치황후를 우물에서 꺼냈을 때는 이미 독룡(毒龍)으로 변했고, 연기와 화염이 하늘로 치솟아 올라 사람들이 감히 다가갈 수 없었다. 무제는 한참 동안 탄식하면서 슬퍼하다가 치황후를 용천왕(龍天王)에 책봉하고 우물곁에 [그녀를 위한] 사당을 세웠다. (『양경기』)

梁武郗皇后性妒忌. 武帝初立, 未及冊命, 因忿怒, 忽投殿庭井中. 衆趨井救之, 后已化爲毒龍, 煙焰衝天, 人莫敢近. 帝悲歎久之, 因冊爲龍天王, 便於井上立祠. (出『兩京記』)

418 · 11(5720)
유 갑(劉 甲)

[南朝] 송(宋)나라의 유갑은 강릉(江陵)에서 살고 있었다. 원가연간(元嘉年間:424~454)에 그의 딸은 14살이 되었는데, 자색이 단아하고 고왔다. 그의 딸은 일찍이 『불경(佛經)』이라곤 읽어본 적이 없었는데, 갑자기 『법화경(法華經)』을 염송할 수 있었으며, 얼마 뒤에는 딸의 거처에서 기이한 빛이 났다. 그 순간 딸이 말했다.

"저는 이미 정각(正覺)을 얻었으니, 마땅히 이칠일재(二七日齋: 망자가 죽은 지 14일째 되는 날에 스님이나 도사를 청해 제사를 지내는 것을 말함)를 올려야 합니다. 집에다 고좌(高座: 부처님을 모시는 座臺)를 설치하고 보장(寶帳)을 마련하여 주십시오."

딸이 고좌에 올라가 불경을 강론하는데 그 말이 모두 오묘했다. 또 다른 사람들의 길흉을 말하면 일마다 모두 맞아 떨어졌다. 그리하여 원근의 사람들은 그녀를 경배하면서 옷을 벗어 바치며 보석을 던졌는데, 그 수를 헤아릴 수 없을 정도였다. 형양왕(衡陽王)이 그곳을 다스리고 있다가 몸소 예하 관리들을 이끌고 그녀를 보러왔다. 이런 일이 있고 난 12일 뒤에 도사 사현진(史玄眞)이 이렇게 말했다.

"그 여자는 요괴가 틀림없다."

그리고는 베옷을 떨고 일어나 그곳으로 갔다. 그녀는 이미 도사가 오고 있다는 사실을 알아채고 사람을 시켜 문을 지키게 하면서 말했다.

"간사한 마귀가 곧 찾아 올 것이다. 도복(道服)을 입은 자는 일절 안으로 들여보내서는 안 된다."

사현진은 변복(變服)을 한 채 갑자기 집안으로 들어왔다. 그녀는 처음에는 사현진을 향해 꾸짖고 욕했는데, 사현진이 앞으로 다가와 물을 뿌리자 갑자기 기절했다가 한참 만에 깨어났다. 사현진이 앞서의 여러 가지 일에 대해서 물어보았으나, 그녀는 모두 모르는 일이라고 대답했다. 사현진이 말했다.

"이것은 용 귀신이다."

이후에 그녀는 정상을 회복했으며 시집가서 선씨(宣氏)의 처가 되었다. (『저궁구사』)

宋劉甲居江陵. 元嘉中, 女年十四, 姿色端麗. 未嘗讀佛經, 忽能暗誦『法華經』, 女所住屋, 尋有奇光. 女云: "已得正覺, 宜作二七日齋. 家爲置高座, 設寶帳." 女登座, 講論詞玄. 又說人之災祥, 諸事皆驗. 遠近敬禮, 解衣投寶, 不可勝數. 衡陽王在鎭, 躬率參佐觀之. 經十二日, 有道士史玄眞曰: "此怪邪也." 振褐往焉. 女卽已知, 遣人守門, 云: "魔邪尋至. 凡着道服, 咸勿納之." 眞變服奄入. 女初猶喝罵, 眞便直前, 以水灑之, 卽頓絶, 良久乃甦. 問以諸事, 皆云不識. 眞曰: "此龍魅也." 自是復常, 嫁爲宣氏妻. (出『渚宮舊事』)

418 · 12(5721)
송 운(宋 雲)

후위(後魏)의 송운은 서역(西域)에 사신으로 가던 중 적설산(積雪山)에 이르게 되었다. 그 산에 연못이 있었는데, 그곳에 독룡(毒龍)이 살고 있었다. 옛날에 상인 300명이 그 연못 곁에서 하룻밤 머물다가 용의 노여움을 싸게 되었는데, 용은 그 자리에서 상인을 모두 죽여 버렸다. 과타왕(果阤王:『洛陽伽藍記』에는 '반타왕'이라 되어 있음)은 그 말을 듣고 왕위를 자식에게 넘겨준 뒤 조장국(鳥場國:『洛陽伽藍記』에는 '烏場國'이라 되어 있음)에 가서 바라문교(婆羅門敎)의 주문을 배웠다. 4년 동안에 그는 바라문의 술법을 모두 터득했다. 그는 귀국하여 왕위에 복귀한 뒤 곧바로 연못으로 가서 용에게 주문을 걸었다. 그러자 용은 사람으로 변해 자신의 죄를 뉘우치면서 과타왕에게 사죄했다. 과타왕은 곧장 그를 놓아주었다. (『낙양가람기』)

後魏宋雲使西域, 至積雪山. 中有池, 毒龍居之. 昔三(明鈔本'三'作'五')百商人止宿池側, 値龍忿怒, 汎殺商人. 果阤王聞之, 捨位與子, 向烏場國學婆羅門呪. 四年之中, 善得其術. 還復王位, 就池呪龍. 龍化爲人, 悔過向王. 王卽從之 (出『洛陽伽藍記』)

418 · 13(5722)
채 옥(蔡 玉)

홍농군(弘農郡) 태수(太守) 채옥은 국기일(國忌日: 황제나 황후의 忌日)에 숭경사(崇敬寺)에서 재를 올렸다. 그런데 갑자기 먹구름이 자욱이 끼더니 동북쪽에서 밀려오기 시작해서 불전(佛殿)에 이르렀는데, 구름 속에서 천둥소리가 은은하게 들렸다. 예하 관리들은 아직 향을 올리기 전이었기 때문에 모두 불전 앞에 모여 서서 하늘을 쳐다보았다. 그랬더니 적색 옷을 입은 동자 두 명과 청색 옷을 입은 동자 두 명이 구름 속에서 내려오는 것이었다. 적색 옷 입은 동자 두 명이 먼저 불전의 서남쪽 모퉁이의 기둥 아래로 가서 길이가 1장 남짓 되는 백사 한 마리를 뽑아 구름 속으로 던졌다. 그러자 천둥소리가 점점 더 커지면서 아래로 내려왔다. 잠시 뒤에 [구름을 향해] 던졌던 그 백사가 다시 구름 속에서 곧장 내려오더니 자신이 나왔던 기둥 아래로 들어갔다. 그러자 구름이 낮게 깔리면서 땅을 덮었다. 청색 옷 입은 동자는 곧장 내려와 기둥[원문에는 '住'라 되어 있으나, 문맥상 '柱'의 誤記로 보임] 옆으로 갔다. 그 가운데 한 동자가 전각의 기둥을 땅에서 2촌 높이로 들어올리자, 다른 한 동자가 그 아래에서 길이 2장 남짓한 백사를 뽑아내더니 다시 구름을 향해 던졌다. 그리고는 동자 네 명도 일시에 하늘로 올라가 구름 속으로 들어가 버렸다. 구름은 점점 높이 올라가더니 하늘 전체에 두루 퍼졌다. 밤이 되자 벼락이 치고 비가 억수같이 내리더니 해질 무렵에야 날이 개었다. 나중에 전각의 기둥뿌리를 살펴보았더니 반촌 정도 어긋나서 본래 있던 곳과 맞아떨어지지 않았다. 스님들의 말에 따르면 본래 이 기둥은 가운데가 비어 있었다고 한다. 그래서 기둥의 중앙까지 뚫어보았더니 정말 속이 비어 있었는데, 이곳이 바로 용이 숨어 있었던 곳이었다. (『대업습유기』)

弘農郡太守蔡玉以國忌日於崇('崇'字原空闕, 據陳校本補)敬寺設齋. 忽有黑雲甚密, 從東北而上, 正臨佛殿, 雲中隱隱雷鳴. 官屬猶未行香, 並在殿前, 聚立仰看. 見兩童子赤衣, 兩童子靑衣, 俱從雲中下來. 赤衣二童子先至殿西南角柱下, 抽出一白蛇身長丈餘, 仰擲雲中. 雷聲漸漸大而下來. 少選之間, 向白蛇從雲中直下, 還入所出柱下. 於是雲氣轉低着地. 靑衣童子乃下就住. 一人捧殿柱, 離地數寸, 一童子從下又拔出一白蛇長二丈許, 仰擲雲中. 於是四童子亦一時騰上, 入雲而去. 雲氣稍高, 布散遍天. 至夜, 雷雨大霽, 至晚方霽. 後看殿柱根, 乃蹉半寸許, 不當本處. 寺僧謂此柱腹空. 乃鑿柱至心, 其內果空, 爲龍藏隱. (出『大業拾遺記』)

418 · 14(5723)
이 정(李 靖)

당(唐)나라 위국공(衛國公) 이정이 미천한 시절에 한번은 영산(靈山)에서 사냥을 하다가 한 촌가에 묵게 되었다. 촌가의 노인은 이정의 사람됨이 남다르다는 것을 알고 매번 넉넉하게 음식을 대접했고, 시간이 지날수록 더욱 후하게 대해주었다.

어느 날 이정은 우연히 사슴 떼를 발견하고는 곧장 그 뒤를 쫓아갔다. 마침 날이 저물었지만 이정은 차마 놓칠 수가 없었다. 잠시 뒤에 사방이 컴컴해지면서 길을 잃어버려 이정은 멍하니 어디로 가야 할지 몰랐다. 이정은 낙담하여 천천히 걸으려니 마음이 더욱 더 울적했다. 저 멀리로 등불이 보이자 이정은 단숨에 그곳으로 달려갔다. 그곳에 도착해서 보았더니 붉은 대문에 큰 저택이 있었는데, 담과 집이 매우 높았다. 문을 두드린 지 한참 만에 한 사람이 나와서 무슨 일이냐고 물었다. 이정이 길을 잃어버렸다면서 하룻밤 묵어가기를 청하자 그 사람이 말했다.

"도련님께서는 이미 출타하시고 태부인 혼자 계시는 터라 묵어가시는 것은 아니 됩니다."

이정이 말했다.

"한번 물어나 봐주십시오."

그러자 그 사람이 안에 들어가 말하고는 다시 나와 말했다.

"태부인께서 처음에는 안 된다고 하시더니, 날도 저물었고 손님께서 길까지 잃었다고 하니 모시지 않을 수 없다고 하셨습니다."

그리고는 이정을 대청으로 들였다. 잠시 뒤에 한 하녀가 나와서 말했다.

"마님께서 나오십니다."

[부인이 나오는데 보았더니] 나이는 오십 여세 되었고 푸른 색 치마에 흰색 저고리를 입었으며 기품이 고상한 것이 마치 사대부 집안 부인 같았다. 이정이 앞으로 다가가 절을 하자 부인도 답배하면서 말했다.

"아들이 모두 집에 없어 본래는 당신을 머물게 해서는 안 되었소. 그러나 지금 날이 어둡고 돌아가는 길까지 잃어버렸다고 하니, 이런 상황에서 당신을 받아들이지 않으면 당신이 또한 어디로 가겠소? 이곳은 거친 산야라서 아들이 돌아올 때 어쩌면 밤에 좀 시끄러울 수도 있으니 두려워 마시오."

잠시 뒤에 음식이 나왔는데 보았더니 신선하고 맛이 좋아 보였는데, 생선이 많았다. 음식을 다 먹고 나자 부인이 집안으로 들어갔다. 하녀 두 명이 자리와 요, 이불을 가지고 왔는데 향기가 나고 깨끗했다. 하녀들은 이부자리를 모두 깔고 나서 문을 닫아 건 뒤에 나갔다. 이정은 이 황량한 들판에 밤이 되면 소란스러울 것이 뭐가 있을까 혼자 곰곰이 생각해보았다. 이정은 [생각이 이에 미치자] 두려워서 감히 잠을 자지 못하고 단정하게 앉아서 귀 기울였다.

밤이 깊어갈 무렵 아주 급하게 문 두드리는 소리가 들리고, 또 다시 대답하는 소리가 들리더니, 문을 두드리던 사람이 말했다.

"천제(天帝)의 부명(符命)이니 이 집 큰 도령께 비를 내리라고 알리십시오. 이 산의 주위 700리까지만 내리면 되니 오경까지면 충분할 것이오. 시간을 지체하거나 지나치게 비를 많이 내려서는 아니 되오."

대답했던 사람은 천제의 부명을 받들고 안으로 들어가 그 소식을 전했다. 그러자 부인의 목소리가 들렸다.

"아들 둘이 아직 돌아오지 않았는데, 비를 내리라는 하늘의 부명이 내려왔구나. 안 된다고 한사코 사양할 수도 없고, 그렇다고 명을 어기면 꾸지람을 들을 것이다. 만약 사람을 보내 그들에게 소식을 알린다 해도 늦을 것이고, 그렇다고 노복들이 그 일을 맡아할 수도 없으니 장차 이 일을 어찌하면 좋으냐?"

그러자 한 어린 하녀가 말했다.

"방금 대청에 묵고 있는 손님을 보았는데, 보통 사람 같지 않았습니다. 어찌하여 그 사람에게 청해보시지 않으십니까?"

그 말에 부인은 기뻐하며 직접 [이정이 묵고 있는 방] 문을 두드리며 말했다.

"젊은이 주무시오? 잠시 나와 나 좀 보시오."

이정이 말했다.

"알겠습니다."

이정이 계단을 내려가 부인을 만났더니 부인이 말했다.

"이곳은 인간세상의 저택이 아니라 바로 용궁이오. 나의 장남은 동해(東海)의 혼례에 갔고, 작은 아들은 누이를 데려다 주러 갔소. 그런데 마침 하늘의 부명이 내려와 우리 집안에서 비를 내려야 할 차례가 되었소. 두 아이가 간 거리를 합치면 만 리가 넘으니, 소식을 알린다 해도 이미 늦고 지금 다른 사람을 구하기도 어렵소. 잠시 당신을 번거롭게 할까 하는데 어떻겠소?"

이정이 말했다.

"저는 속인으로, 구름을 탈 수 없습니다. 그러니 어찌 비를 내리게 할 수 있겠습니까? 방법이 있거든 가르쳐 주신다면 명을 따르겠습니다."

그러자 부인이 말했다.

"그저 내 말만 따른다면 안 될 것이 없소."

부인은 하인에게 청총마(靑驄馬)를 끌고 오게 하고, 다시 비 내리는 도구를 가져오게 했는데, 그것은 다름 아닌 작은 물병이었다. 그것을 말안장 앞에 매단 뒤에 부인은 다음과 같이 주의를 주었다.

"그대는 말을 탔을 때 말고삐를 억지로 잡아당겨서는 안 되고 그저 말이 가는 대로 내버려두시오. 말이 땅을 차면서 울면 그때 바로 물병 안의 물을 한 방울만 꺼내어 말갈기 위에 떨어뜨리시오. 절대 많이 떨어뜨려서는 아니 되오."

이정이 말을 올라타고 위로 솟구쳐 갔더니 순식간에 하늘 높이 올라갔다. 이정은 말이 그렇게 조용하고도 빨리 움직이는데 놀랐을 뿐 그 자신이 구름 위에 있다는 사실은 알아차리지 못했다. 바람이 화살처럼 급하게 불고 번개가 발아래에서 쳤다. 이정은 말이 발을 구를 때마다 물을 한 방울씩 떨어뜨렸다. 잠시 뒤에 번개가 그치고 구름이 걷혔는데, 이정은 자신이 머물고 있던 마을을 보고는 다음과 같이 생각했다.

"내가 이 마을에 폐를 많이 끼쳤는데, 그들에게 신세를 지고도 보답할 길이 없었다. 지금 오랜 가뭄에 농작물이 다 말라죽게 되었는데, 지금 비가 내 손에 있으니 어찌 그것을 아끼겠는가?"

그리고는 비 한 방울로 마을을 적시기에는 부족하다고 생각해서 계속해서 20방울을 떨어뜨렸다.

잠시 후 이정은 비를 다 내려주고 나서 말을 타고 다시 돌아왔다. 그랬더니 태부인이 대청에서 울면서 이렇게 말했다.

"그대는 어찌하여 일을 이렇게 그르쳤소! 본래 한 방울만 떨어뜨리기로 약속했는데, 그대는 어찌하여 사사로이 20척이나 되는 비를 내렸소? 이 병에 담긴 물은 인간세상에서는 1척의 비에 해당하오. 지금 마을은 한밤중인데, 평지에 물이 2장이나 차 올랐으니 어떻게 사람이 살아남았겠소? 나는 이미 벌을 받아 곤장 80대를 받았소."

그 등을 보았더니 핏자국이 가득했다. [태부인이 또 말했다]

"그리고 아들 또한 연좌되었으니, 이 일을 어쩌면 좋겠소?"

이정은 무안하고 두려워하면서 어떻게 대답해야 할지 몰라 했다. 그러자 부인이 다시 말했다.

"젊은이는 인간세상의 사람으로 비와 구름의 변화를 몰랐으니, 감히 당신을 원망하지는 않겠소. 단지 용사(龍師: 天帝가 파견한 사건 담당 관리를 가리킴)가 당신을 찾아오면 그대가 놀라고 두려워할까 걱정되니 속히 이곳을 떠나시오. 그대에게 수고를 끼치고도 아직 그에 대한 보답을 하지 않았는데, 이곳 산중에는 특별한 물건이 없으니 내 하인 두 명을 드리다. 두 명 모두를 가져도 좋고 그 가운데 한 명만 데려가도 좋소. 뜻대로 하시오."

그리고는 하인 두 명을 나오게 했다. 한 명은 동쪽 행랑에서 나왔는데 그 모습이 온화하고 웃음이 넘쳤다. 다른 한 명은 서쪽 행랑에서 나왔는데, 버럭 화를 내고 씩씩거리면서 서 있었다. 이정이 말했다.

"나는 사냥을 즐기는 사람으로 용맹한 일을 주로 한다. 지금 한 명만 선택해야 하는데, 온화한 사람을 고른다면 다른 사람들이 나를 겁쟁이로 생각할 것이다."

그리고는 이렇게 말했다.

"두 사람을 모두 데려간다면 제가 감당하지 못할 것입니다. 부인께서 기왕 내려주셨으니, 화를 내고 있는 하인을 데려가겠습니다."

그 말에 부인은 미소를 띠며 말했다.

"젊은이가 하고 싶은 대로 하시오."

이정이 그들에게 인사를 하고 떠나오자 그 하인도 이정을 따라 나섰다. 문을 나서 몇 걸음 간 뒤에 돌아보았더니 집이 사라졌으며, 하인을 돌아보았더니 그 역시 보이지 않았다. 이정은 혼자 길을 찾아 집으로 돌아왔다. 날이 밝은 뒤에 마을을 보았더니 눈에 보이는 것은 온통 물이었고, 커다란 나무도 간혹 그 끝만 나와 있을 뿐이었으며, 사람이라곤 보이지 않았다.

그 후에 이정은 결국 병권을 쥐고 적군을 평정했다. 그 공이 천하를 덮었지만, 끝내 재상에는 이르지 못했다. 혹시 하인을 제대로 고르지 못해서 그런 것인가? 세상 사람들의 말에 따르면, '관동(關東)에서 재상이 나오고 관서(關西)에서 장수가 나온다'고 하는데, 혹시 동쪽 행랑과 서쪽 행랑이 그것의 비유가 아닐까? 용궁 부인이 말한 하인은 신하의 상징이다. 이전에 만약 하인 두 명을 다 데려왔다면 이정은 장수와 재상의 자리에 모두 올랐을 것이다. (『속현괴록』)

唐衛國公李靖, 微時, 嘗射獵靈山中, 寓食山中. 村翁奇其爲人, 每豊饋焉, 歲久益厚.

忽遇群鹿, 乃逐之. 會暮, 欲捨之不能. 俄而陰晦迷路, 茫然不知所歸. 悵悵而行, 因悶益甚. 極目有燈火光, 因馳赴焉. 旣至, 乃朱門大第, 墻宇甚峻. 扣門久之, 一人出問. 靖告迷道, 且請寓宿, 人曰: "郎君已出, 獨太夫人在, 宿應不可." 靖曰: "試爲咨白." 乃入告, 復出曰: "夫人初欲不許, 且以陰黑, 客又言迷, 不可不作主人." 邀入廳中. 有頃, 一靑衣出曰: "夫人來." 年可五十餘, 靑裙素襦, 神氣淸雅, 宛若士大夫家. 靖前拜之, 夫人答拜曰: "兒子皆不在, 不合奉留. 今天色陰晦, 歸路又迷, 此若不容, 遣將何適? 然此乃山野之居, 兒子還時, 或夜到而喧, 勿以爲思." 旣而食, 頗鮮美, 然多魚. 食畢, 夫人入宅. 二靑衣送牀席·裀褥·衾被香潔. 皆極鋪陳, 閉戶鐍之而去. 靖獨念山野之外, 夜到而鬧者何物也. 懼不敢寢, 端坐聽之.

夜將半, 聞扣門聲甚急, 又聞一人應之, 曰: "天符, 報大郎子當行雨. 周此山七百里, 五更須足. 無慢滯, 無暴厲." 應者受符入呈. 聞夫人曰: "兒子二人未歸, 行雨符到. 固辭不可, 違時見責. 縱使報之, 亦以晩矣, 僮僕無任專之理, 當如之何?" 一小靑衣曰: "適觀廳中客, 非常人也. 盍請乎?" 夫人喜, 因自扣其門曰: "郎覺否? 請暫出相見." 靖曰: "諾." 遂下堦見之, 夫人曰: "此非人宅, 乃龍宮也. 妾長男赴東海婚禮, 小男送妹, 適奉天符, 次當行雨. 計兩處雲程, 合踰萬里, 報之不及, 求代又難. 輒欲奉煩頃刻間, 如何?" 靖曰: "靖俗人, 非乘雲者. 奈何能行雨? 有方可敎, 卽唯命耳." 夫人曰: "苟從吾言, 無有不可也." 遂勅黃頭, 鞴青驄馬來, 又命取雨器, 乃一小缾子. 繫于鞍前, 戒曰: "郎乘馬, 無勒('勒'原作'漏', 據陳校本改)銜勒, 信其行. 馬跑地嘶鳴, 卽取缾中水一滴, 滴馬鬃上. 愼勿多也." 於是上馬騰騰而行, 倏忽漸高. 但訝其隱疾, 不自知其雲上也. 風急如箭, 雷霆起于步下. 於是隨所躍, 輒滴之. 旣而電掣雲開, 下見所憩村, 思曰: "吾擾此村多矣, 方德其人, 計無以報. 今久旱, 苗稼將悴, 而雨在我手, 寧復惜之?" 顧一滴不足濡, 乃連下二十滴.

俄頃雨畢, 騎馬復歸. 夫人者泣於廳曰: "何相誤之甚! 本約一滴, 何私下二十尺之雨? 此一滴, 乃地上一尺雨也. 此村夜半, 平地水深二丈, 豈復有人? 妾已受譴, 杖八十矣." 但視其背, 血痕滿焉. "兒子亦連坐, 奈何?" 靖憨怖, 不知所對. 夫人復曰: "郎君世間人, 不識雲雨之變, 誠不敢恨. 只恐龍師來尋, 有所驚恐, 宜速去此. 然而勞煩, 未有以報, 山居無物, 有二奴奉贈. 總取亦可, 取一亦可. 唯意所擇." 於是命二奴出來. 一奴從東廊出, 儀貌和悅, 怡怡然. 一奴從西廊出, 憤氣勃然, 拗怒而立. 靖曰: "我獵徒, 以鬪猛事. 今但取一奴, 而取悅者, 人以我爲怯也." 因曰: "兩人皆取則不敢. 夫人旣賜, 欲取怒者." 夫人微笑曰: "郎之所欲乃爾." 遂揖與別, 奴亦隨去. 出門數步, 回望失宅, 顧問其奴, 亦不見矣. 獨尋路而歸. 及明, 望其村, 水已極目, 大樹或露梢而已, 不復有人.

其後竟以兵權靜寇難. 功蓋天下, 而終不及於相. 豈非取奴之不得乎? 世言'關東出相, 關西出將', 豈東西喩邪? 所以言奴者, 亦下之象. 向使二奴皆取, 卽極將相矣. (出『續玄怪錄』)

태평광기

권제 419

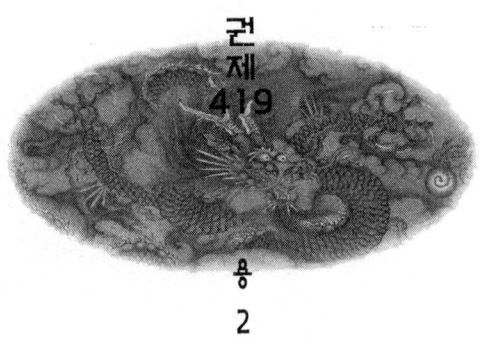

용 2

1. 유 의(柳 毅)

419 · 1(5724)
유 의(柳 毅)

 당(唐)나라 의봉연간(儀鳳年間: 676~679)에 유의라는 유생은 과거에 응시했다 떨어지자 장차 상강(湘江: 湖南省 경내에서 가장 큰 강으로 洞庭湖로 흘러들어감) 가로 돌아가려던 참이었다. 그는 마침 경양현(涇陽縣)에서 객지살이 하고 있는 고향 사람이 있다는 사실을 생각해내고는 작별인사를 고하고자 그를 찾아갔다. 한 6~7리 쯤 갔을 때 새들이 푸드득거리며 날아오르고 말이 놀라 길 옆으로 비켜들어 쏜살같이 내달리더니 6~7리를 더 간 뒤에 비로소 멈추었다. 그곳에서 유의는 길가에서 양을 치고 있는 한 부인을 보게 되었는데, 이상한 생각이 들어 그녀를 쳐다보았더니 절세미인이었다. 그러나 그녀는 아름다운 얼굴을 찌푸리고 있었으며 머리수건과 소맷자락은 모두 낡아 빛이 바래있었다. 그녀는 우두커니 멈춰 서서 마치 무엇인가를 바라보는 듯 귀를 기울이고 있었다. 유의가 그녀에게 물었다.
 "그대는 무슨 괴로운 일이 있기에 이토록 욕된 지경에 이르게 되었소?"
 그녀는 처음에는 괴로워하며 대답하기를 거절했으나 끝내 눈물을 흘리며 이렇게 대답했다.
 "소첩이 불행하여 오늘 이렇게 어르신께 폐를 끼치게 되었군요. 그러나 한이 뼛속 깊이 사무쳐있으니 어찌 부끄럽다고 대답을 회피할 수 있겠습니까? 제 말씀을 들어주시기 바랍니다. 첩은 동정용군(洞庭龍君)의 딸입니다. 부모님께서 저를 경천(涇川: 涇河龍君)의 둘째 아들에게 시집보냈으나 남편은 노는 것에만 정신이 팔려있던 데다가 하녀에게 반해 날마다 저를 미워하며 멀리했습니다. 시부모님께 하소연해보았으나 시부모님은 당신 아들이 너무나 귀해 어떻게 통제하지 못하셨습니다. 제가 너무 자주 간절히 호소한 탓에 결국은 시부모님의 미움을 사게 되었는데, 그분들이 저를 비방하여 쫓아내어 이 지경에 이르게 된 것입니다."

그녀는 말을 마치더니 눈물을 흘리며 흐느껴 울면서 슬픔을 가누지 못했다. 그러더니 또 이렇게 말했다.

"여기서 동정까지는 얼마나 많이 떨어져있는지요. 긴 하늘은 멀기만 하고 소식이라고는 전혀 오고갈 수 없으니 애간장도 다 끊어지고 눈도 멀어버려 이젠 제 슬픔을 알릴 길조차 없습니다. 당신께서 오(吳) 땅으로 돌아가신다고 들었습니다. 동정에 몰래 소식을 전달하고자 하는 마음에 혹 편지 한 장이라도 사자(使者) 편에 보내려고 하는데, 괜찮으실지 모르겠습니다."

유의가 말했다.

"나는 의로운 남자요. 그대의 말을 듣고 있자니 온 몸의 혈기가 다 솟구치는 것 같소이다. 내 날개가 없어 떨치고 날아오를 수 없는 것이 한스럽거늘 괜찮고 말고가 다 무슨 소리요? 그러나 동정호가 저리 깊은데, 나처럼 육지를 다니는 사람이 어떻게 [그곳으로 가] 당신의 뜻을 전할 수 있단 말이요? [수중과 육지는] 길이 달라 서로 통할 수가 없으니 당신의 간곡한 부탁을 받아들인다 해도 그 지극한 바램을 이루어드릴 수 없을까 걱정일 뿐이오. 그대에게 나를 [동정호 안으로] 인도해 줄 도술이라도 있소?"

여자는 슬피 울면서 감사하며 말했다.

"이번에 맡으신 일을 중히 여겨달라는 말씀은 더 이상 드리지 않겠습니다. 만일 회신을 받아오신다면 죽어서라도 그 은혜는 반드시 갚겠습니다. 당신께서 허락하지 않으신다 하여도 제가 감히 무슨 말을 하겠습니까? 그러나 이미 허락하시고 제게 물어 오시니 [말씀드리는 것인데], 동정은 도성과 다르다고 여길만한 게 전혀 없습니다."

유의가 자세히 말해달라고 하자 여자가 말했다.

"동정호 남쪽에 커다란 귤나무가 있는데 마을 사람들은 그것을 사귤(社橘)이라고 부릅니다. 당신께서는 이 의대를 푸시고 다른 것으로 묶은 다음 나무를 세 번 두드리십시오. 그러면 대답하는 사람이 나올 터인데, 그 사람을 따라가시기만 하면 아무런 장애도 없을 것입니다. 바라옵건대, 당신께서는 이 편지를 전해주는 것 외에도 제가 당신께 부탁을 드린 진심어린 말들을 절대로 잊지 말아주십시오."

유의가 말했다.

"삼가 말씀을 따르겠소."

그러자 여자는 저고리 춤에서 편지를 끄르더니 재배한 후 유의에게 바치고는 동쪽을 바라보며 수심에 잠겨 슬픔에 겨운 듯 눈물을 흘렸다. 유의는 그녀를 보고 몹시 가슴아파하며 편지를 보따리 안에 넣었다. 유의가 다시 그녀에게 물었다.

"그대는 양을 쳐서 무엇에 쓰려고 하시오? 신들도 도살을 한단 말이

요?"

여자가 말했다.

"이건 양이 아니라 우공(雨工)입니다."

[유의가 물었다.]

"우공이 무엇이요?"

여자가 대답했다.

"천둥이나 벼락같은 것이지요."

유의는 양들을 여러 번 바라보았는데, 고개를 꼿꼿이 세우고 바라보는 모습과 힘차게 걷는 걸음걸이, 그리고 먹고 마시는 모습이 매우 특이했으나 몸집의 크기나 털과 뿔의 생김새는 여느 양들과 다르지 않았다. 유의가 또 말했다.

"내가 지금 당신의 사자(使者)가 되었으니, 언젠가 동정으로 돌아가더라도 나를 피하지 말아주었으면 하오."

여자가 말했다.

"안 피하다 뿐이겠습니까? 친척과 같이 대할 것입니다."

말을 마친 뒤 유의는 그녀와 작별하고 동쪽으로 떠나갔는데, 수십 걸음도 채 못가서 다시 뒤돌아보니 여자와 양들은 이미 사라지고 보이지 않았다.

그날 저녁, 유의는 읍(邑)에 도착해 친구에게 작별을 고하고 그로부터 한달 남짓 후에 고향으로 돌아갔다. 그가 동정호를 찾아가 보았더니 동정호 남쪽에 과연 사귤이 있었다. 유의는 의대를 바꾸어 차고 나무를 향해 선 다음 세 번 두드린 뒤에 멈추었다. 그러자 잠시 후 한 무장한 남자가 물결 사이에서 나오더니 유의에게 재배하며 이렇게 물었다.

"손님께서는 어디로 가십니까?"

유의는 사실대로 말하지 않고 그저 이렇게 말했다.

"대왕님을 만나보러 갑니다."

무장한 남자는 물길을 갈라 길을 튼 다음 유의를 인도하여 앞으로 나아가다가 유의에게 말했다.

"눈을 감고 계시면 몇 번 숨 쉴 동안에 도착할 것입니다."

그의 말대로 했더니 그는 어느새 궁궐에 도착해 있었다. 유의가 막 도착해서 보았더니 대각이 서로 마주하고 있었고 천만 개에 달하는 문이 있었으며 기이한 풀과 진귀한 나무 등 없는 것이 없었다. 무장한 남자는 유의를 대전 모퉁이에 머무르게 하면서 말했다.

"손님께서는 여기서 기다리십시오."

유의가 말했다.

"여기가 어딥니까?"

남자가 말했다.

"여기는 영허전(靈虛殿)입니다."

유의가 자세히 살펴보니 인간세상의 온갖 진귀한 보배는 전부 그곳에 모여 있었는데, 백옥으로 기둥을 만들고 청옥으로 섬돌을 만들었으며, 산호로 침상을 또 수정으로 주렴을 만들었다. 비취색의 문 위 횡목(橫木)은 유리를 조각해 만들었고, 무지개 빛 기둥은 호박으로 장식되어 있었는데, 그 지극히 기이함과 빼어남은 이루 말로 다 할 수가 없었다. 왕이 오래도록 오지 않자 유의가 남자에게 물었다.

"동정군(洞庭君)께서는 어디 계십니까?"

남자가 말했다.

"우리 동정군께서는 지금 현주각(玄珠閣)에 행차하시어 태양도사(太陽道士)와 더불어 대경(大經)을 강연하고 계신데, 잠시 후면 끝날 것입니다."

유의가 말했다.

"대경이 무엇입니까?"

남자가 말했다.

"우리 동정군께서는 용이십니다. 용은 물을 신으로 여기므로 한 방울 물로도 모든 언덕과 계곡을 두루 적실 수 있습니다. 도사는 사람입니다. 사람은 불을 신성하다 여기므로 등잔 하나로 아방궁(阿房宮: 秦始皇이 上林苑에 지은 방대한 규모의 궁전)을 다 밝힐 수 있습니다. 그러나 그 신령한 효용이 서로 다르고 오묘한 변화 또한 각기 다른데, 태양도사는 인간의 이치에 밝기 때문에 지금 동정군께서 그분을 모셔와 이야기를 듣고 계신 중입니다."

남자가 이야기를 마쳤을 때 궁문이 열리더니 시종들이 구름같이 들어왔는데, 그 사이로 자주색 옷을 걸치고 청옥을 손에 쥐고 있는 한 사람이 보이자 남자가 펄쩍 뛰어오르며 말했다.

"저분이 우리 동정군이십니다."

그리고는 앞으로 나가 [유의가 왔다는 사실을] 고했다. 동정군은 유의를 바라보더니 이렇게 물었다.

"너는 인간세상의 사람이 아니냐?"

유의가 대답했다.

"그렇습니다."

유의가 절을 하자 동정군 역시 절을 했다. 동정군은 유의에게 영허전

아래 앉으라고 명령하며 말했다.

"수부(水府)는 깊고 그윽한 곳이고 과인은 무지몽매하기 그지없는데, 그대가 천 리를 멀다 않고 이곳까지 왔으니, 무슨 이유라도 있는 것이냐?"

유의가 말했다.

"저 유의는 대왕(大王: 洞庭君)님과 같은 고향 사람입니다. 저는 초(楚) 땅에서 자랐고 진(秦) 땅에서 유학했습니다. 지난날 과거에 낙방해 경수(涇水) 오른쪽 물가를 지나다가 대왕님의 사랑하는 따님이 들에서 양을 치고 있는 것을 보았는데, 비바람에 머리가 젖어 망가진 모습이 차마 볼 수가 없었습니다[원문에는 '風環雨鬢'이라 되어있으나 '風鬢雨鬢'으로 고쳐 번역함]. 제가 이유를 묻자 대답하길, 남편에게 버림받았으나 시부모께서 신경도 써주시지 않아 그 지경에 이르게 되었다고 했습니다. 눈물범벅이 되어 슬퍼하는 모습이 정말로 사람 마음을 아프게 했습니다. 그리고는 제게 편지를 전해달라고 부탁했는데, 제가 그러겠다고 허락하여 오늘 이곳까지 오게 된 것입니다."

그리고는 편지를 꺼내 동정군에게 바쳤다. 동정군은 편지를 다 읽더니 소매로 얼굴을 가리고 울면서 말했다.

"이건 늙은 애비의 잘못이다! 내 제대로 살피고 듣지도 못하고 자리에 앉은 채 귀머거리와 장님 노릇을 하고 있느라 연약한 아녀자로 하여금 먼 곳에서 그런 해를 당하게 만들었구나. 그대는 [아무 상관없는] 행인일 뿐인데도 그 아이를 어려움에서 구제해 주고자 했으니, 그 받은 은덕을 어찌 감히 저버릴 수 있겠느냐?"

동정군이 말을 마치고 다시 오래도록 슬퍼하자 좌우 시종들도 모두 눈물을 흘렸다. 그때 환관 중에 동정군을 가까이에서 모시고 있던[원문에는 '密視君者'로 되어있으나 '密侍君者'의 오기로 보임] 사람이 있었는데, 동정군은 그에게 편지를 주며 궁 안으로 들여보내라고 명했다. 잠시 후 궁 안에서 모든 사람들이 슬피 우는 소리가 들리자 동정군은 놀라 좌우에게 말했다.

"속히 궁 안에 전해 소리가 나지 않도록 하여라. 전당군(錢塘君)이 알게 될까 두렵다."

유의가 말했다.

"전당군이 누구입니까?"

동정군이 말했다.

"과인의 사랑하는 동생이다. 옛날에 전당장(錢塘長: 錢塘江의 龍君)으로 있었으나 지금은 이미 자리에서 물러났다."

유의가 말했다.

"어째서 알게 해서는 안 됩니까?"

동정군이 말했다.

"그의 용감함이 보통이 아니기 때문이다. 옛날에 요(堯) 임금 때 9년 동안 홍수가 났던 것은 다 그 아이가 노했기 때문이었고 근자에는 또 천장(天將)과 뜻이 안 맞아 다섯 산을 다 [물로] 막아버렸다. 상제(上帝)께서는 과인이 고금을 통해 보잘것없는 덕이나마 있다고 여기시어 내 동생의 죄를 용서해 주셨으나 그래도 여전히 이 곳에 묶어두셨다. 그래서 전당 사람들은 지금도 매일같이 그 아이를 모시고 있다."

말이 채 끝나기도 전에 갑자기 커다란 소리가 났는데, 하늘이 무너지고 땅이 갈라질 것 같았으며 궁전이 요동치고 구름이 용솟음쳤다. 잠시 후 키가 천 척도 넘는 적룡(赤龍)이 나타났는데, 번개처럼 번쩍이는 눈에 핏빛 혀, 붉은 비늘과 불길처럼 활활 타오르는 갈기를 하고 있었다. 적룡은 목에 금 사슬을 차고 있었으며 그 금 사슬은 옥기둥에 매달려있었다. 천 개의 번개와 만 개의 벼락이 그의 몸을 에워싸고 싸리 눈과 우박이 한꺼번에 내리자 적룡은 푸른 하늘을 가르며 날아가 버렸다[원문은 '臂靑天'이라 되어있으나 '擘靑天'의 오기로 보임]. 유의는 너무 무서워 땅에 넘어진 채 엎드려 있었다. 동정군이 유의를 부축해 일으키며 말했다.

"두려워 말라. 절대 해를 끼치지는 않을 것이다."

유의는 한참 후에야 비로소 조금 안심이 되어 진정을 취하고는 떠나겠다고 하면서 이렇게 말했다.

"저는 이대로 살아 돌아가 적룡이 다시 오는 걸 피했으면 합니다."

동정군이 말했다.

"그렇지 않을 것이다. 그가 떠날 때는 저 모습이지만 다시 올 때는 그렇게 않을 것이니, 조금 더 머물면서 곡진한 정을 나누자."

그리고는 술상을 차리게 해 술을 권하며 후하게 대접했다.

잠시 후 상서로운 바람과 구름이 부드럽고 감미롭게 일고 당절(幢節: 儀仗用 깃발과 符節)이 영롱한 빛을 발했으며「소소(簫韶: 舜이 만든 악곡명)」가 뒤이어 연주되었다. 곱게 화장한 여자 천만 명이 밝게 웃으며 이야기하고 있었고, 그 뒤로 타고난 아미(蛾眉)에 명주(明珠)로 온 몸을 치장하고 표연히 비단 옷을 날리며 한 여자가 서 있었다. 유의가 가까이 가서 보았더니 그녀는 다름 아닌 일전에 자기에게 부탁의 말을 전했던 그 여자였다. 그런데 그녀는 희비가 교차하는 듯 눈물을 주룩

주룩 흘렸다. 잠시 후 붉은 연기가 그녀의 왼쪽을 자욱이 덮고 자주 빛 연기가 오른편에 퍼지더니 그 향기가 주위를 맴돌다 궁 안으로 들어갔다. 동정군이 웃으며 유의에게 말했다.

"경수의 죄인이 왔도다."

동정군은 인사하고 궁 안으로 들어갔는데, 잠시 후 원망하며 가슴아파하는 소리가 들리기 시작하더니 한참이 지나도록 그치지 않았다. 얼마 있다 동정군은 다시 나와 유의에게 음식을 차려주었다. 자주색 치마를 입고 청옥을 손에 들고 있는 또 한 사람이 거기 있었는데, 위엄 있는 용모에는 신령함이 넘쳐흐르고 있었다. 그가 동정군 옆에 서자 동정군이 유의에게 말했다.

"이 사람이 바로 전당군이다."

유의가 일어나 전당군에게 다가가 절하자 전당군 역시 예를 다 갖춰 그를 대하며 이렇게 말했다.

"내 조카딸이 불행히도 못난 놈에게 모욕을 당했는데, 그대의 높고 빛나는 신의 덕에 이 먼 곳까지 자기의 원통함을 전달할 수 있었네. 그렇게 않았다면 경수 언덕의 흙이 되었을 것이니, 그대에게 받은 은덕은 이루 말로 다 표현할 수 없네."

유의는 겸손히 뒤로 물러나 사양하면서 공손히 "예! 예!" 할 따름이었다. 전당군은 돌아가 형에게 고하며 말했다.

"아까 진시(辰時: 오전 7시에서 9시 사이)에 영허전을 출발해 경양에 도착한 후 오시(午時: 낮 11시에서 1시 사이)에 그곳에서 싸움을 하고는 이곳으로 돌아오기 전에 중간에 구천(九天)으로 달려가 상제께 고했습니다. 상제께서 조카딸의 억울함을 아시고 저의 잘못을 용서해 주시어 이제 예전에 받았던 벌까지 사면되었습니다. 그러나 불같은 성질이 터져 미처 말씀도 아뢰기 전에 궁 안을 놀라게 하고 소동을 떨었으며 빈객들에게 불편을 끼쳤으니, 부끄럽고 두려워 무슨 실수를 저질렀는지조차 모르겠습니다."

그리고는 물러나 재배했다. 동정군이 말했다.

"몇 명이나 죽였는가?"

전당군이 대답했다.

"60만 명입니다".

[동정군이 물었다.]

"벼를 상하게 했느냐?"

전당군이 대답했다.

"800리의 농토를 상하게 했습니다."

[동정군이 물었다.]

"무정한 놈은 어디 있느냐?"

전당군이 대답했다.

"먹어치웠습니다."

동정군이 가슴을 쓸어내리며 말했다.

"어리석은 놈의 마음 씀씀이가 정말로 차마 못할 짓이기는 했지만 너 역시 너무 경솔했다. 상제께서 매우 성스러운 분이신 덕택에 그 지극히 억울한 사정을 양해해 주셨으니 망정이니, 안 그랬다면 내가 무슨 말을 할 수 있었겠느냐? 이제부터 다시는 그러지 말라."

전당군은 다시 재배했다. 그날 저녁에 유의는 응광전(凝光殿)에서 잠을 잤다.

이튿날 동정군은 응벽궁(凝碧宮)에서 또 유의에게 연회를 베풀어 주었는데, 많은 친지들을 모셔다놓고 악대를 늘어놓은 뒤 단술을 차려놓고 맛깔스런 음식을 진열해 놓았다. 처음에는 가(笳: 胡笳. 갈잎피리)와 각(角: 뿔피리), 비(鼙: 馬上鼓)와 고(鼓: 북)을 연주하고, 깃발과 검, 창을 든 만 명의 남자들이 그 오른쪽에서 춤을 추었는데, 그 중 한 남자가 앞으로 나와 이렇게 아뢰었다.

"이것은 「전당파진악(錢塘破陣樂)」입니다."

깃발과 무기에서는 호걸의 기운이 넘쳐 보는 사람들로 하여금 종종 전율을 느끼게 했기 때문에 앉아서 구경하던 객들은 머리털이 모두 위로 솟구치는 것 같았다. 또 금석(金石)과 사죽(絲竹)을 연주하고 비단과 구슬, 비취 치장을 한 천여 명의 여자들이 그 왼쪽에서 춤을 추었는데, 그 중 한 여자가 앞으로 나와 이렇게 아뢰었다.

"이것은 「귀주환궁악(貴主還宮樂)」입니다."

부드럽게 맴도는 청아한 소리는 마치 무엇인가를 호소하는 듯 혹은 무엇인가를 흠모하는 듯 하여 앉아서 듣고 있던 객들은 자신들도 모르게 눈물을 흘렸다. 두 춤이 모두 끝나자 용군(龍君: 洞庭君)은 크게 기뻐하며 비단을 무인(舞人)들에게 하사했다. 그리고는 객들과 자리를 가까이 붙이고 한 줄로 앉아서는 실컷 술을 마시면서 마음껏 즐겼다. 술이 얼큰해지자 동정군이 자리를 두드리며 노래했다.

   하늘은 푸르기만 하고,
   땅은 아득하네.
   사람들의 품은 뜻 각자 다르니,
   어떻게 그 속을 헤아릴 것인가?

여우는 신령하고 쥐는 성스러워라,
　　사직에 가까이 있고 담장에 붙어 지내니[여우와 쥐는 사직이나 담장에 굴을 뚫고 살기 때문에 제거해 버릴 수 없는데, 여우나 쥐가 정말로 신령하고 성스러운 것이 아니라 성스러운 사직에 빌붙어 신성한척 하는 것을 비꼰 것임. 더 나아가 권세에 빌붙어 사는 가식적인 무리를 풍자한 것인데, 여기서는 자신의 사위를 빗대어 말한 것임].
　　그러나 번개가 한번 번쩍 내리치면,
　　그 누가 당해낼 수 있겠는가?
　　진인(眞人: 柳毅) 덕분에 신의는 길어질 수 있고,
　　내 골육은 고향으로 돌아올 수 있었네.
　　한결같이 할 말이라곤 부끄럽다는 것 뿐 그 언젠들 잊을 수 있으리?

동정군이 노래를 마치자 이번엔 전당군이 재배하고 노래했다.

　　하늘이 만물을 안배해 주실 때,
　　생과 사의 길은 따로 있다네.
　　이 사람은 아내가 되어서는 안 되었고,
　　그 사람은 남편이 되어서는 안 되었네.
　　고생스럽고도 가슴 아팠다네,
　　경수 모퉁이에서.
　　서리바람 머리에 가득하고,
　　눈비가 치마를 에워쌌네.
　　명공(明公: 柳毅)께서 소서(素書: 편지)를 전해준 덕에,
　　골육이 예전처럼 집으로 돌아오게 되었네.
　　영원히 소중히 하겠다는 말 뿐이니 그 마음 늘 한결같네.

전당군이 노래하는 동안 동정군도 같이 일어나 유의에게 술잔을 올렸다. 유의는 머뭇거리며 술잔을 받은 뒤 다 마시고는 다시 두 잔의 술을 두 군(君: 洞庭君과 錢塘君)에게 올리며 이렇게 노래했다.

　　푸른 하늘의 구름은 유유하고,

경수는 동쪽으로 흐르네.
미인 때문에 가슴 아팠네,
꽃다운 얼굴에 수심 가득하고 비 오듯 눈물이 흘러내리는 것 보았을 때.
먼 곳으로 편지를 가져다주었더니,
군(君: 洞庭君)의 근심도 사라졌네.
슬픔도 원망도 깨끗이 사라졌으니,
돌아온 곳에서 편히 지내시기를.
이렇듯 화기애애하게 대해주시고 맛 좋은 음식도 주시니 감사할 뿐이나,
산가(山家: 자신의 집을 가리킴)가 적막하여 오래 머물 수가 없네.
이제 작별하여 떠나고자 하니 슬픈 마음 억누를 길 없네.

노래를 마치자 모두들 만세를 외쳤다. 동정군은 벽옥으로 만든 상자를 꺼내 개수서(開水犀: 물을 가를 수 있는 무소뿔)를 넣고 전당군은 붉은 호박으로 만든 쟁반을 꺼내 조야기(照夜璣: 夜光珠)를 담더니 같이 일어나 유의에게 주었다. 유의가 감사하며 받자 궁 안의 사람들이 모두 채색 비단과 구슬, 옥 등을 유의 옆에 던졌는데, 보물들이 겹겹으로 환한 빛을 발했으며 잠시 후에는 앞뒤로 예물에 파묻힐 지경이 되었다. 유의는 웃으며 사방을 둘러보면서 읍하기에 바빴다. 술이 거나해 지고 즐거움이 극에 달하자 유의는 인사를 하고 일어나 다시 응광전에서 잠을 잤다.

이튿날 동정군은 청광각(淸光閣)에서 또 한번 유의에게 연회를 베풀었는데, 전당군은 술기운에 화를 내며 거만한 모습으로 유의에게 말했다.

"맹석(猛石: 딱딱한 돌)은 깰 수는 있을지언정 말 수는 없고 의사(義士)는 죽일 수 는 있을지언정 모욕을 줄 수는 없다는 말도 들어보지 못했소? 내 혼자 품고 있는 생각이 하나 있어 공(公: 柳毅) 앞에 펼쳐

보고자 하오. 만일 이 일이 성사된다면 우리는 모두 하늘에 있게 될 것이고 만일 되지 않는다면 다 같이 썩은 흙이 되어버리고 말 것이오. 그대 생각은 어떻소?"

유의가 말했다.

"말씀해 주십시오."

전당이 말했다.

"경양의 아내는 바로 동정군의 사랑하는 딸이오. 그 아이는 성품이 현숙하고 자태 또한 아름다워 모든 친척들이 다 아껴왔는데, 불행히 비적 같은 놈을 만나 모욕을 당했소. 그러나 지금 그 놈도 죽었으니 이제 장차 의로운 사람을 찾아 다시 그 아이를 맡겨 대대로 친척이 되고자 하오. 그러면 은혜를 입은 쪽에서는 자기가 돌아가야 할 곳이 어디인지를 알게 될 것이고 사랑을 품은 자는 그 사랑을 베풀 사람이 누군가를 알게 될 것이니, 이것이야 말로 군자가 시종일관 견지하는 도리가 아니겠소?"

유의는 엄숙한 표정을 짓더니 갑자기 웃으며 말했다.

"전당군께서 이토록 용렬하고 식견이 좁은지 진정 몰랐습니다. 저는 처음에 당신께서는 구주(九州)를 넘나들고 오악(五岳)을 품에 품으며 분노를 터뜨리고 다닌다고 들었습니다. 그리고 나서 당신을 보았더니 황금 사슬을 끊고 옥기둥마저 뽑은 채 재난을 구제하러 가셨습니다. 저는 강직하고 공명정대하기로 당신만한 사람이 없다고 생각했습니다. 대저 죄를 지은 사람은 죽음을 피하지 않는 법이고 남에게 감동받은 사람은 목숨을 아까워하지 않는 법입니다. 이것이 진정한 대장부의 뜻이거늘 어찌하여 음악이 화합하고 주인과 빈객이 잘 어우러져있는 이 때에 그 도리도 살피지 않고 사람을 위협한단 말입니까? 이것이 어찌 저의 본디 바람이었겠습니까? 만일 제가 공(公: 錢塘君)을 드넓은 파도 속이나 깊은 산중에서 만났는데, 공이 비늘과 수염을 떨치고 운무(雲霧)를 뒤덮으며 저에게 죽음을 강요하신다면 저는 당신을 금수라 여기면 그 뿐, 무슨 한이 있겠습니까? 그러나 지금은 의관을 걸치시고 예의에 관해 좌담을 나누고 있으니, 오상(五常: 仁·義·禮·智·信)의 뜻을 파악하고 온갖 행실의 오묘한 뜻을 몸소 실천하는 모습이 비록 세상의 현자나 호걸이라 할지라도 당신만 한 사람은 없을 것인데, 하물며 강가의 신령과 같은 무리야 말해 무엇 하겠습니까? 그런데도 공께서는 그 큰 몸통과 사나운 성품으로 술기운을 빌어 화를 내며 사람을 다그치시니, 이것이 옳은 도리에 가깝다 할 수 있겠습니까? 게다가 저의 몸은 왕(王: 錢塘君)의 비늘 하나조차 숨기기에 부족합니다. 그러나 감히 당신께 굴복하지 않으려는 마음으로 왕의 도리에 어긋난 기세를 이겨보고자 하니, 왕께서는 잘 생각해 보십시오!"

전당군은 잠시 머뭇거리다 사과하며 말했다.

"과인이 궁궐에서 나고 자라 정론(正論)에 대해 듣지 못했소. 아까 헛소리를 지껄여 고명한 당신의 뜻을 거슬렀는데, 물러나 스스로 돌이켜보니 그 잘못이 너무 커 질책하기 조차 쉽지 않을 듯하오. 다만 군자께서 이 일로 너무 우리 관계를 소원하게 만들지 않아주었으면 좋겠소."

그날 저녁 다시 연회가 열리자 전날처럼 즐거워했고 유의는 전당과 마음을 터놓는 친구가 되었다.

다음 날 유의가 떠날 것을 고하자 동정군의 부인은 따로 잠경전(潛景

殿)에서 연회를 열었으며 남녀 노복들이 모두 나와 연회에 참석했다. 부인이 울며 유의에게 말했다.

"내 자식이 당신의 깊은 은혜를 받았는데, 제대로 보답해드리지 못하고 이렇게 이별하게 된 것이 한스럽습니다."

그리고는 경양의 여자[즉 龍女]로 하여금 유의 앞에 나와 감사를 올리게 했다. 부인이 또 말했다.

"이제 헤어지면 다시 만날 날이 있을까요?"

유의는 처음에 전당군의 청을 받아들이지 않았었지만 이 자리에서만큼은 안타까워하는 기색이 역력했다. 연회가 끝나고 이별의 말을 나눌 때가 되자 궁 안의 사람들은 모두 슬퍼하며 진귀한 보배를 선물했는데, 그 기이함은 말로 설명할 수가 없었다. 유의는 다시 길을 따라 강가로 나왔는데, 그때 그를 수행하던 자 10여 명은 보따리를 짊어지고 따라오다가 그의 집에 이르러서야 인사를 하고 떠나갔다.

유의는 광릉(廣陵) 보석가게로 가 자신이 얻어온 물건을 팔았는데, 100분의 일을 내다팔기도 전에 재산이 억만 금에 달해 회우(淮右)의 부자들은 모두 스스로 그만 못하다고 생각했다. 그는 장씨(張氏)를 아내로 얻었으나 [장씨가 죽자] 다시 한씨(韓氏)를 얻었다. 그러나 몇 달 뒤 한씨 역시 죽고 말았다. 그는 금릉(金陵)으로 이사한 뒤에도 늘 홀아비 신세를 탄식하면서 간혹 새로운 배필을 찾고자 했다. 한 매파가 유의에게 이렇게 알려주었다.

"노씨(盧氏) 집 딸이 있는데 범양(范陽) 사람입니다. 부친의 이름은 노호(盧浩)인데, 청류현령(淸流縣令)을 지내다가 늙으마하게 도(道)를 좋아하여 혼자 깊은 산속을 유람 다녔으나 지금은 어디에 있는지 모릅니다. 모친은 정씨(鄭氏)입니다. 그 딸은 작년에 청하(淸河) 사람 장씨(張氏)에게 시집갔으나 불행히도 장씨가 일찍 죽고 말았습니다. 그 모친은 딸이 아직 그토록 젊은 것이 가슴 아프고 또 예쁘고 어진 것이 안타까워 훌륭한 혼처를 정해 시집보내려하고 있는데, 뜻이 어떠신지요?"

유의는 길일을 택해 혼례를 올렸는데, 남자 측이나 여자 측 모두 부호였던지라 혼례에 사용하는 예물 모두 풍성하기 그지없었다. 금릉에 사는 선비들은 모두 그들을 우러러 보았다.

한달 남짓 지났을 때 유의는 밤에 방으로 들어가 자신의 아내를 보다가 용녀(龍女)와 아주 비슷하게 생겼다는 느낌을 받았는데, 그 아름다움과 풍만함은 용녀보다 더 나은 것 같았다. 이에 유의가 아내에게 옛일을 이야기했으나 아내는 유의에게 이렇게 말했다.

"세상에 그런 이치가 어디 있습니까?"

[혼례를 올린 지] 일년 남짓 되어 아내가 아들을 하나 낳자 유의는 아내를 더욱 아꼈다. 출산한 지 한 달이 넘어가자 아내는 화려한 옷으로 갈아입고 친척들을 불러 모아 연회를 열다가 도중에 웃으면서 유의에게 말했다.

"당신은 옛날의 저를 기억하지 못하시나요?"

유의가 말했다.

"일찍이 동정군의 딸을 위해 편지를 전해주었던 일은 아직까지 기억하고 있소."

아내가 말했다.

"제가 바로 동정군의 딸입니다. 경천에서의 원한을 당신이 풀 수 있게 해 주셨기에 저는 당신의 은혜를 깊이 간직하면서 반드시 보답하리라 맹세했죠. 그러나 전당 숙부님이 혼사를 거론했을 때 당신이 따르지 않았기 때문에 그 후 서로 헤어져 하늘 아래 각각 다른 곳에 살면서 안부도 물어볼 수 없었습니다. 부모님께서 저를 탁금용왕(濯錦龍王)의 작은 아들에게 시집보내려 하셨지만 저는 마음속으로 맹세한 바를 저버릴 수 없었습니다. 그렇다고 부모님의 명령 또한 어길 수 없었지요. 당신에게 버림받은 이후로 서로 헤어져 만날 기약도 없었으니, 비록 [전 남편에게 버림받은] 처음의 원한은 부모님께 하소연할 수 있게 되었다 하더라도 당신께 보답하리라던 맹세를 이룰 수 없어 당신께 달려와 고하고 싶은 마음이 간절했습니다. 마침 당신은 두 번이나 아내를 얻었는데, 장씨를 얻었다가 다시 한씨를 얻으셨지요. 장씨와 한씨가 연이어 죽자 당신은 이 곳으로 와 사시게 되었습니다. 그러자 저의 부모님께서는 제가 당신의 은혜에 보답할 길이 생겼다며 기뻐하셨습니다. 이제 당신을 이렇게 모실 수 있게 되었으니, 죽는 날까지 같이 지낼 수만 있다면 죽어도 여한이 없겠습니다.”

그리고는 흐느끼며 눈물을 흘리다가 다시 유의를 보며 말했다.

“처음부터 말하지 않았던 것은 당신이 여색을 그다지 중히 여기지 않음을 알기 때문이었고, 지금 이렇게 말하는 것은 당신이 이제 저를 사랑하는 마음이 생겼음을 알았기 때문입니다. [남자에게 있어] 부인이란 그다지 깊은 관계가 아니므로 마음이 영원히 확고부동하진 않습니다. 그래서 당신의 사랑하는 자식을 낳아 함께 살고자하는 뜻을 기탁한 것인데, 당신의 뜻이 어떤지 몰라 늘 마음속에 근심과 두려움을 품은 채 마음을 놓지 못하고 있습니다. 당신이 편지를 가지고 가던 날 웃으며 소첩에게 말했지요. ‘다음에 동정호로 돌아가더라도 나를 피하지는 말아

달라'고. 그 당시에 오늘과 같은 일이 있으리라는 것을 알고 계셨던 것이 아닌지 모르겠어요? 그 후 숙부님께서 당신에게 부탁하셨으나 당신은 결코 허락하지 않으셨는데, 정말로 그럴 수 없어서 그러셨나요, 아니면 화가 나서 그러셨나요? 이야기를 좀 해 주세요."

유의가 말했다.

"운명인 것 같소. 내가 당신을 장경(長涇) 가에서 보았을 때 당신은 초췌하고 억눌려 있는 듯 보이는 것이 진실로 가슴 속에 억울함이 있는 사람 같았소. 나는 속으로 당신의 원한을 전해 주겠다고 스스로에게 약속했을 뿐 다른 생각은 하지 못했소. '절대 피하지 말라'고 한 것은 우연일 뿐 어찌 생각해 보고 한 소리였겠소? 전당군에게 강요당할 때는 그저 이치상 옳지 못하다는 생각에 화가 치밀어 올라 그렇게 말했을 뿐이었소. 무릇 의로운 행동에 뜻을 둔 사람이 어떻게 남편을 죽이고 그 아내를 얻을 수 있겠소? 이게 첫 번째 안 될 일이었소. 나는 본디 진리를 지키는 일에 뜻을 둔 사람인데, 어떻게 자신을 굽히고 본심에 위배되는 일을 할 수 있겠소? 이것이 두 번째 안 될 일이었소. 게다가 그때는 서로 흉금을 터놓고 술잔을 주고받고 있던 때라 오직 옳은 도리만을 생각했을 뿐 미처 해를 피할 생각도 못했소. 그러나 이별하던 날 당신의 아쉬워하는 모습을 보며 속으로 몹시 후회했소. 그러다 결국 인간세상의 일에 묶이다보니 끝내 고마움을 표할 길이 없었는데, 아! 지금 당신이 노씨가 되어 인간 세상에 살고 있다니, 내 처음 생각이 미혹된 것이 아니었구려! 앞으로 우리 영원히 서로 사랑하며 즐겁게 살면 그 뿐 마음에 아무런 근심도 없을 것이오."

아내는 깊이 감동받아 아리따운 자태로 울며 한참동안 그치지 못하더니 잠시 후 이윽고 유의에게 말했다.

"제가 사람이 아니라고 감정까지 없다고 생각지 마세요. 저는 반드시 당신께 보답할 것입니다. 용은 만 년이나 사는데 이제 당신도 그렇게 될 것이고, 또한 물속이건 육지이건 못 가는 곳이 없게 될 터이니, 제 말이 터무니없다고 생각하지 마세요."

유의가 감탄하며 말했다.

"사신으로 갔다가 뜻밖에 신선이 될 기회를 얻게 될 줄은 정말 몰랐소."

그들이 함께 동정호를 찾아가 궁궐에 도착하자 그곳에서 성대한 예로써 손님을 접대하니, 그 일은 하나하나 다 기록할 수 없다.

후에 그들은 겨우 40년 동안 남해군(南海郡)에 살았는데, 저택과 마차, 진귀한 의복과 기물 등이 비록 왕후의 집안일지라도 그보다 더 할 수는 없을 정도였다. 유의의 일가 또한 모두 그 은택을 누렸다. 유의는 세월이 흘러도 모습이 조금도 변하지 않았기에 남해 사람들은 모두 경이롭게 여겼다. 개원연간(開元年間: 713~741) 이후로 현종(玄宗)이 신선에 빠져 백방으로 도술을 열심히 구하자 유의는 마음이 편치 못해 결국 아내와 함께 동정호로 돌아갔다. 그 후 10여 년이 지나도록 그의 자취를 알 수 없었다.

개원연간 말에 유의의 외사촌 동생 설하(薛嘏)는 경기현령(京畿縣令)으로 있다가 동남쪽으로 폄적되어 가는 길에 동정호를 지나게 되었는데, 맑은 대낮에 먼 곳을 바라보고 있자니 멀리 보이는 물결 사이로 언뜻 푸른 산이 나타났다. 뱃사람들은 모두 비스듬히 일어서며 말했다.

"여긴 본디 산이 없으니 아마도 물귀신인가 보오."

서로 손으로 가리키며 바라보는 사이에 산은 배에 점점 가까워졌다. 그때 채색한 배 한 척이 산에서부터 내달려와 설하를 맞이해 갔는데, 배 안에 타고 있던 한 사람이 이렇게 소리쳤다.

"유공(柳公: 柳毅)께서 기다리십니다."

설하는 유의를 기억해 내고는 급히 산 아래로 가 옷자락을 걷고 서둘러 위로 올라갔다. 산에는 인간세상의 것과 똑같은 궁궐이 있었는데, 보았더니 유의는 궁실 가운데 서있었고 앞에는 악기가 뒤에는 진주와 비취가 진열되어 있었으며 그 기물의 성대함은 인간세상의 몇 배나 되었다. 유의는 말의 이치가 더욱 현묘해져 있었고 얼굴은 더욱 젊어져 있었다. 그는 섬돌로 내려와 설하를 맞이하며 설하의 손을 잡고 말했다.

"헤어진 지 얼마 안 되는 것 같은데, 머리가 다 쇠었구나."

설하가 웃으며 말했다.

"형님께서 신선이 되신 것도, 또 이 동생이 마른 해골이 된 것도 다 운명이지요."

유의는 환약 50알을 꺼내 설하에게 주며 말했다.

"이 약 한 알이면 1년의 수명을 연장할 수 있네. 햇수가 다 차거든 다시 오게. 그러나 인간 세상에 오래 머물면서 스스로 고생을 자초하지 말게나."

즐거운 연회가 끝나자 설하는 작별을 고하고 떠나왔는데, 그 때 이후로 유의의 소식은 완전히 두절되었다. 설하는 늘 이 일을 사람들에게 말해주곤 했는데, 48년 쯤 뒤에 설하 역시 어디론가 사라졌다.

농서(隴西) 사람 이조위(李朝威)가 이 일을 서술하고는 감탄하며 말했다.

"오충(五蟲)의 우두머리는 반드시 다른 것들보다 신령한 것이라야 하는데[『戴禮』「易本命」에 보면, "羽蟲 중에는 봉황이 우두머리이고 毛蟲 중에는 기린이 우두머리이며 甲蟲 중에는 神龜가, 鱗蟲 중에는 교룡이, 裸蟲 중에는 성인이 우두머리이다"라고 했음], 그 남다름이 여기서도 보인다. 사람은 벌거벗은 동물이지만 비늘 있는 짐승에게까지 신의를 지켰다. 또한 동정군의 포용력과 정직함, 그리고 전당군의 신속함과 당당함은 마땅히 유래한 바가 있는 것이다. 설하는 [유의와 만났던 일을] 말로만 했을 뿐 그 일에 대해 기재하고 있지 않고서 혼자만 신선의 경지를 이웃했을 뿐이다. 어리석은 나는 그 일을 의롭다 여겨 이 글을 적는다."

(『이문집』)

唐儀鳳中, 有儒生柳毅者應擧下第, 將還湘濱. 念鄕人有客於涇陽者, 遂往告別. 至六七里, 鳥起馬驚, 疾逸道左, 又六七里, 乃止. 見有婦人, 牧羊於道畔, 毅怪視之, 乃殊色也. 然而蛾臉不舒, 巾袖無光. 凝聽翔立, 若有所伺. 毅詰之曰: "子何苦而自辱如是?" 婦始楚而謝, 終泣而對曰: "賤妾不幸, 今日見辱於長者. 然而恨貫肌骨, 亦何能愧避? 幸一聞焉. 妾洞庭龍君小女也. 父母配嫁涇川次子, 而夫婿樂逸, 爲婢僕所惑, 日以厭薄. 旣而將訴於舅姑, 舅姑愛其子, 不能禦. 迨訴頻切, 又得罪舅姑, 舅姑毁黜以至此." 言訖, 歔欷流涕, 悲不自勝. 又曰: "洞庭於茲, 相遠不知其幾多也. 長天茫茫, 信耗莫通, 心目斷盡, 無所知哀. 聞君將還吳. 密通洞庭, 或以尺書寄託侍者, 未卜將以爲可乎." 毅曰: "吾義夫也. 聞子之說, 氣血俱動. 恨無毛羽, 不能奮飛, 是何可否之謂乎. 然而洞庭深水也, 吾行塵間, 寧可致意耶? 唯恐道途顯晦, 不相通達, 致負誠託, 又乖懇願. 子有何術,可導我邪?" 女悲泣且謝曰: "負載珍重, 不復言矣. 脫獲回耗, 雖死必謝. 君不許, 何敢言? 旣許而問, 則洞庭之與京邑, 不足爲異也." 毅請聞之, 女曰: "洞庭之陰, 有大橘樹焉, 鄕人謂之社橘. 君當解去茲帶, 束以他物, 然後叩樹三發. 當有應者, 因而隨之, 無有碍矣. 幸君子書叙之外, 悉以心誠之話倚託, 千萬無渝." 毅曰: "敬聞命矣." 女遂於襦間解書, 再拜以進, 東望愁泣, 若不自勝. 毅深爲之感, 乃置書囊中. 因復問曰: "吾不知子之牧羊, 何所用哉? 神祇豈宰殺乎?" 女曰: "非羊也, 雨工也." "何爲雨工?" 曰: "雷霆之類也." 數顧視之, 則皆矯顧怒步, 飮齕甚異, 而大小毛角, 則無別羊焉. 毅又曰: "吾爲使者, 他日歸洞庭, 幸勿相避." 女曰: "寧止不避? 當如親戚耳." 語竟, 引別東去, 不數十步, 回望女與羊, 俱亡所見矣.

其夕, 至邑而別其友, 月餘('月餘'原作'曰余', 據明鈔本·陳校本改)到鄕還家. 乃訪於洞庭, 洞庭之陰, 果有橘社. 遂易帶向樹, 三擊而止. 俄有武夫出於波間, 再拜請曰: "貴客將自何所至也?" 毅不告其實, 曰: "走謁大王耳." 武夫揭水指路, 引毅以進, 謂毅曰: "當閉目, 數息可達矣." 毅如其言, 遂至其宮. 始見臺閣相向, 門戶千萬, 奇草珍木, 無所不有. 夫乃止毅停於大室之隅, 曰: "客當居此以伺焉." 毅曰: "此何所也?" 夫曰: "此靈虛殿也." 諦視之, 則人間珍寶, 畢盡於此, 柱以白璧, 砌以靑玉, 牀以珊瑚, 簾以水精. 雕琉璃於翠楣, 飾琥珀於虹棟, 奇秀深杳, 不可殫言. 然而王久不至, 毅謂夫曰: "洞庭君安在哉?" 曰: "吾君方幸玄珠閣, 與太陽道士講大經, 少選當畢." 毅曰: "何謂大經?" 夫曰: "吾君龍也. 龍以水爲神, 擧一滴可包陵谷. 道士乃人也. 人以火爲神聖, 發一燈可燎阿房. 然而靈用不同, 玄化各異, 太陽道士精於人理, 吾君邀以聽."

言語畢, 而宮門闢, 景從雲合, 而見一人披紫衣, 執靑玉. 夫躍曰: "此吾君也." 乃至前以告之. 君望毅而問曰: "豈非人間之人乎?" 毅對曰: "然." 毅而設拜

（明鈔本'毅而設拜'作'旣而對後拜'），君亦拜．命坐於靈虛之下，謂毅曰："水府幽深，寡人暗昧，夫子不遠千里，將有爲乎？"毅曰："毅，大王之鄉人也．長於楚，遊學於秦．昨下第，閒驅涇水右涘，見大王愛女，牧羊於野，風鬟雨鬢，所不忍視．毅因詰之，謂毅曰：爲夫壻所薄，舅姑不念，以至於此．悲泗淋漓，誠怛人心．遂託書於毅，毅許之，今以至此．"因取書進之．洞庭君覽畢，以袖掩面而泣曰："老父之罪！不能鑒（'能鑒'原作'診堅'，據明鈔本・陳校本改）聽，坐貽聾瞽，使閨窗孺弱，遠罹構害．公乃陌上人也，而能急之，幸被齒髮，何敢負德？"詞畢，又哀咤良久，左右皆流涕．時有宦人密視君者，君以書授之，令達宮中．須臾，宮中皆慟哭．君驚謂左右曰："疾告宮中，無使有聲．恐錢塘所知．"毅曰："錢塘何人也？"曰："寡人之愛弟．昔爲錢塘長，今則致政矣．"毅曰："何故不使知？"曰："以其勇過人耳．昔堯遭洪水九年者，乃此子一怒也，近與天將失意，塞其五山．上帝以寡人有薄德於古今，遂寬其同氣之罪，然猶縻繫於此．故錢塘之人，日日候焉．"

語未畢，而大聲忽發，天拆地裂，宮殿擺簸，雲烟沸湧．俄有赤龍長千餘尺，電目血舌，朱鱗火鬣，項掣金鎖，鎖牽玉柱．千雷萬霆，激繞其身，霰雪雨雹，一時皆下，乃擘青天而飛去．毅恐蹶仆地．君親起持之曰："無懼．固無害．"毅良久稍安，乃獲自定．因告辭曰："願得生歸，以避復來．"君曰："必不如此．其去則然，其來則不然．幸爲少盡繾綣．"因命酌互擧，以款人事．

俄而祥風慶雲，融融怡怡，幢節玲瓏，「簫韶」以隨．紅粧千萬，笑語熙熙，後有一人，自然蛾眉，明璫滿身，綃縠參差．迫而視之，乃前寄辭者．然若喜若悲，零淚如系．須臾紅烟蔽其左，紫氣舒其右，香氣環旋，入於宮中．君笑謂毅曰："涇水之囚人至矣．"君乃辭歸宮中，須臾，又聞怨苦，久而不已．有頃，君復出，與毅飲食．又有一人披紫裳，執青玉，貌聳神溢．立於君左右，謂毅曰："此錢塘也．"毅起，趨拜之，錢塘亦盡禮相接，謂毅曰："女姪不幸，爲頑童所辱，賴明君子信義昭彰, 致達遠冤. 不然者, 是爲涇陵之土矣, 饗德懷恩, 詞不悉心." 毅撝退辭謝, 俯仰"唯唯." 然後回告兄曰: "向者辰發靈虛, 已至涇陽, 午戰於彼, 未還於此, 中間馳至九天, 以告上帝. 帝知其冤而宥其失, 前所遣責, 因而獲免. 然而剛腸激發, 不遑辭候, 驚擾宮中, 復忤賓客, 愧惕慚懼, 不知所失." 因退而再拜. 君曰: "所殺幾何?" 曰: "六十萬." "傷稼乎?" 曰: "八百里." "無情郞安在?" 曰: "食之矣." 君撫然曰: "頑童之爲是心也, 誠不可忍, 然汝亦太草草. 賴上帝顯聖, 諒其至冤, 不然者, 吾何辭焉? 從此已去, 勿復如是." 錢塘復再拜. 是夕, 遂宿毅於凝光殿.

明日, 又宴毅於凝碧宮, 會友戚, 張廣樂, 具以醪醴, 羅以甘潔. 初笳角鼙鼓, 旌旗劍戟, 舞萬夫於其右, 中有一夫前曰: "此「錢塘破陣樂」." 旌鉞傑氣, 顧驟悍慄, 坐客視之, 毛髮皆竪. 復有金石絲竹, 羅綺珠翠, 舞千女於其左, 中有一女前進曰: "此「貴主還宮樂」." 清音宛轉, 如訴如慕, 坐客聽之, 不覺淚下. 二舞旣畢, 龍君大悅, 錫以紈綺, 頒於舞人. 然後密席貫坐, 縱酒極娛. 酒酣, 洞庭君乃擊席而歌曰: "大天蒼蒼兮, 大地茫茫. 人各有志兮, 何可思量? 狐神鼠聖兮, 薄社依墻. 雷霆一發兮, 其孰敢當? 荷眞人兮信義長, 令骨肉兮還故鄕, 齊言慚愧兮何時忘?" 洞庭君歌罷, 錢塘君再拜而歌曰: "上天配合兮, 生死有途. 此不當婦兮, 彼不當夫. 腹心辛苦兮, 涇水之隅. 風霜滿鬢兮, 雨雪羅襦. 賴明公兮引素書, 令骨肉兮家如初. 永言珍重兮無時無." 錢塘君歌闋, 洞庭君俱起奉觴於毅. 毅踧踖而受爵, 飮訖, 復以二觴奉二君, 乃歌曰: "碧雲悠悠兮, 涇水東流. 傷美人兮, 雨泣花愁. 尺書遠達兮, 以解君憂. 哀冤果雪兮, 還處其休. 荷和雅兮感甘羞, 山家寂寞兮難久留. 欲將辭去兮悲綢繆." 歌罷, 皆呼萬歲. 洞庭君因出碧玉箱, 貯以開水犀, 錢塘君復出紅珀盤, 貯以照夜璣, 皆起進毅. 毅辭謝而受, 然後宮中之人, 咸以綃綵珠璧, 投於毅側, 重疊煥赫, 須臾, 埋沒前後. 毅笑語四顧, 愧揖不暇. 洎酒闌歡極，毅辭起，復宿於凝光殿。

翌日，又宴毅於淸光閣，錢塘因酒作色，踞謂毅曰："不聞猛石可裂不可捲，義士可殺不可羞耶？愚有衷曲，欲一陳於公。如可，則俱在雲霄，如不可，則皆夷糞壤。足下以爲何如哉？"毅曰："請聞之。"錢塘曰："涇陽之妻，則洞庭君之愛女也。淑性茂質，爲九姻所重，不幸見辱於匪人。今則絶矣，將欲求託高義，世爲親戚。使受恩者知其所歸，懷愛者知其所付，豈不爲君子始終之道者？"毅肅然而作，歘然而笑曰："誠不知錢塘君孱困如是。毅始聞跨九州，懷五岳，洩其憤怒。復見斷鎖金，掣玉柱，赴其急難。毅以爲剛決明直，無如君者。蓋犯之者不避其死，感之者不愛其生。此眞丈夫之志，奈何簫管方洽，親賓正和，不顧其道，以威加人？豈僕之素望哉？若遇公於洪波之中，玄山之間，鼓以鱗鬚，被以雲雨，將迫毅以死，毅則以禽獸視之，亦何恨哉？今體被衣冠，坐談禮義，盡五常之志性，負百行之微旨，雖人世賢傑，有不如者，況江河靈類乎？而欲以蠢然之軀，悍然之性，乘酒假氣，將迫於人，豈近直哉？且毅之質，不足以藏王一甲之間。然而敢以不伏之心，勝王不道之氣，惟王籌之！"錢塘乃逡巡致謝曰："寡人生長宮房，不聞正論。向者詞述狂妄，搪（'搪'字原闕，據明鈔本·陳校本補）突高明，退自循顧，戾不容責。幸君子不爲此乖間可也。"其夕復歡宴，其樂如舊，毅与錢塘遂爲知心友。

明日，毅辭歸，洞庭君夫人別宴毅於潛景殿，男女僕妾等悉出預會。夫人泣謂毅曰："骨肉受君子深恩，恨不得展媿戴，遂至睽別。"使前涇陽女當席拜毅以致謝。夫人又曰："此別豈有復相遇之日乎？"毅其始雖不諾錢塘之請，然當此席，殊有歎恨之色。宴罷辭別，滿宮悽然，贈遺珍寶，怪不可述。毅於是復循途出江岸，見從者十餘人，擔囊以隨，至其家而辭去。

毅因適廣陵寶肆，鬻其所得，百未發一，財以盈兆，故淮右富族咸以爲莫如。遂娶於張氏，而又娶韓氏。數月，韓氏又亡，徙家金陵，常以鰥曠多感，或謀新匹，有媒氏告之曰:"有盧氏女, 范陽人也. 父名曰浩, 嘗爲淸流宰, 晩歲好道, 獨遊雲泉, 今則不知所在矣. 母曰鄭氏. 前年適淸河張氏, 不幸而張夫早亡. 母憐其少, 惜其慧美, 欲擇德以配焉, 不識何如?"毅乃卜日就禮. 旣而男女二姓, 俱爲豪族, 法用禮物, 盡其豐盛. 金陵之士, 莫不健仰.

居月餘, 毅因晩入戶, 視其妻, 深覺類於龍女, 而逸艶豐厚, 則又過之. 因與話昔事, 妻謂毅曰:"人世豈有如是之理乎?"經歲餘('經歲餘'原作'然君與餘', 據明鈔本改)有一子, 毅益重之. 旣産踰月, 乃穠飾換服, 召親戚相會(明鈔本·陳校本'親戚相會'作'毅於簾室')之間, 笑謂毅曰:"君不憶余之於昔也?"毅曰:"夙爲洞庭君女傳書, 至今(明鈔本·陳校本'爲洞庭君女傳書至今'八字原作'非姻好何以'五字)爲憶."妻曰:"余卽洞庭君之女也. 涇川之寃, 君使得白, 銜君之恩, 誓心求報. 洎錢塘季父論親不從, 遂至睽違, 天各一方, 不能相問. 父母欲配嫁於濯錦小兒, 某惟以心誓難移. 親命難背. 旣爲君子棄絶, 分無見期, 而當初之寃, 雖得以告諸父母, 而誓報不得其志, 復欲馳白於君子. 値君子累娶, 當娶於張, 已而又娶於韓. 迨張韓繼卒, 君卜居於茲. 故余之父母, 乃喜余得遂報君之意. 今日獲奉君子, 咸善終世, 死無恨矣."因嗚咽泣涕交下, 對毅曰:"始不言者, 知君無重色之心, 今乃言者, 知君有感余(明鈔本·陳校本'感余'作'愛子')之意. 婦人匪薄, 不足以確厚永心. 故因君愛子, 以託相生(明鈔本·陳校本'相生'作'賤質'), 未知君意如何, 愁懼兼心, 不能自解. 君附書之日, 笑謂妾曰:'他日歸洞庭, 愼無相避.'誠不知當此之際, 君豈有意於今日之事乎? 其後季父請於君, 君固不許, 君乃誠將不可邪, 抑忿然邪? 君其話之."毅曰:"似有命者. 僕始見君子長涇之隅, 枉抑憔悴, 誠有不平之志. 然自約其心者, 達君之寃, 餘無及也. 以言'愼勿相避'者, 偶然耳, 豈思哉? 洎錢塘逼迫之際, 唯理有不可直, 乃激人之怒耳. 夫始以義行爲之志, 寧有殺其壻而納其妻者邪? 一不可也. 善素以操眞爲志尙, 寧有屈於己而伏於心者乎？二不可也．且以率肆胸臆，酬酢紛綸，唯直是圖，不遑避害．然而將別之日，見君有依然之容，心甚恨之．終以人事扼束，無由報謝．吁！今日君盧氏也，又家於人間，則吾始心未爲惑矣！從此以往，永奉懽好，心無纖慮也．"妻因深感嬌泣，良久不已．有頃，謂毅曰："勿以他類，遂爲無心．固當知報耳．夫龍壽萬歲，今與君同之，水陸無往不適，君不以爲妄也．"毅嘉之曰："吾不知國客，乃復爲神仙之餌．"乃相與覲洞庭，既至而賓主盛禮，不可具紀．

後居南海，僅四十年，其邸第輿馬，珍鮮服玩，雖侯伯之室，無以加也．毅之族咸遂濡澤．以其春秋積序，容狀不衰，南海之人，靡不驚異．洎開元中，上方屬意於神仙之事，精索道術，毅不得安，遂相與歸洞庭．凡十餘歲，莫知其跡．

至開元末，毅之表弟薛嘏爲京畿令，謫官東南，經洞庭，晴晝長望，俄見碧山出於遠波．舟人皆側立曰："此本無山，恐水怪耳．"指顧之際，山與舟相逼，乃有彩船自山馳來，迎問於嘏，其中有一人呼之曰："柳公來候耳．"嘏省然記之，乃促至山下，攝衣疾上．山有宮闕如人世，見毅立於宮室之中，前列絲竹，後羅珠翠，物玩之盛，殊倍人間．毅詞理益玄，容顏益少．初迎嘏於砌，持嘏手曰："別來瞬息，而髮毛已黃．"嘏笑曰："兄爲神仙，弟爲枯骨，命也．"毅因出藥五十丸遺嘏曰："此藥一丸，可增一歲耳．歲滿復來．無久居人世，以自苦也．"歡宴畢，嘏乃辭行．自是已後，遂絶影響．嘏常以是事告於人世，殆四紀，嘏亦不知所在．

隴西李朝威叙而嘆曰："五蟲之長，必以靈者，別斯見矣．人裸也，移信鱗蟲．洞庭含納大直，錢塘迅疾磊落，宜有承焉．嘏詠而不載，獨可憐其境．愚義之，爲斯文．"（出『異聞集』）

태평광기 권제 420

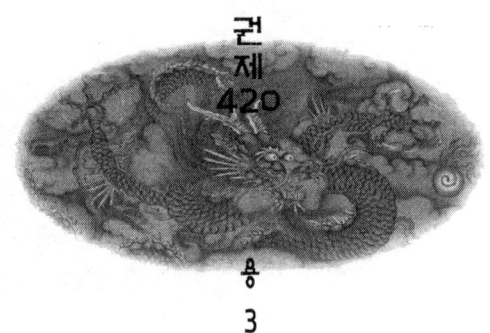

용 3

1. 구명국(俱名國)
2. 석현조(釋玄照)
3. 왕경융(王景融)
4. 능파녀(凌波女)
5. 도현(陶峴)
6. 제한(齊澣)
7. 사주흑하(沙州黑河)
8. 흥경지룡(興慶池龍)
9. 정룡(井龍)
10. 전연(旃然)
11. 용문(龍門)

420 · 1(5725)
구명국(俱名國)

지률(祇律) 스님이 말했다.

부처는 사위성(舍衛城)에 살았는데, 그 남쪽에는 대림(大林)이라는 마을이 있었다. 당시에 한 상인이 소 8마리를 몰고 북쪽의 구명국에 가다가 못에서 소를 치고 있었다. 당시에 이거(離車)라는 사람은 용을 잡아먹었는데, 용 한 마리를 잡아 코를 꿰어서 끌고 갔다. 상인이 이거에게 물었다.

"지금 당신은 이 용을 끌고 가서 어디에 쓰려는 것이오?"

이거가 대답했다.

"나는 이 용을 죽여서 먹으려고 하오."

상인이 이거에게 소 한 마리와 용을 바꾸자고 했으나 이거는 상인이 소 8마리까지 주겠다고 한 뒤에야 허락했다. 상인은 즉시 용을 놓아주었는데, 다시 이거가 쫓아가 잡을까봐 걱정되어 다른 연못에 놓아주었다. 그러자 용이 갑자기 사람으로 변하여 상인에게 말했다.

"당신이 저의 목숨을 구해주셨기에 지금 그 은혜에 보답하려고 합니다. 함께 용궁으로 들어가서 당신의 큰 덕에 보답해드리겠습니다."

상인이 대답했다.

"용은 성질이 사납고 경솔하며 뜬금 없이 화를 내니 혹시 나를 죽일 수도 있을 것입니다."

용이 대답했다.

"그렇지 않습니다. 이전 사람[離車를 말함]이 저를 잡을 적에 제가 힘을 썼으면 그 사람을 죽일 수도 있었습니다. 그러나 저는 보살(菩薩)의 계(戒)를 받았기 때문에 살생하려는 마음이 전혀 없습니다. 하물며 지금 당신은 저의 목숨을 구해주셨는데, 어찌 해를 끼칠 수 있겠습니까? 만약 가시지 않겠다면 잠시 여기에 머물러 계십시오. 제가 먼저 가서 손을 써 놓겠습니다."

후에 상인이 용궁 안으로 들어갔더니 용문(龍門) 옆에 용 두 마리가 함께 묶여 있는 것이 보였다. 이에 상인이 물었다.

"너희들은 어째서 묶여 있느냐?"

용들이 대답했다.

"이 용녀는 반 달에 사흘씩 불재(佛齋)를 받습니다. 그 때마다 우리 형제가 용녀를 보호했는데, 잘 보호하지 못해서 이거에게 잡히게 되었습니다. 그 때문에 묶여있게 되었습니다."

잠시 후에 용녀가 나오더니 상인을 불러 궁으로 들어가 보상(寶牀)에 앉게 했다. 용녀가 말했다.

"용궁에 있는 음식 중에는 수명이 다할 때까지 소화되는 것과 20년 동안 소화되는 것, 7년 동안 소화되는 것, 그리고 염부제(閻浮提: 인간세상) 사람이 먹는 것이 있습니다. 당신이 어느 것을 드시고 싶은지 모르겠군요."

상인이 대답했다.

"저는 염부제의 음식을 먹겠습니다."

그러자 즉시 각종 음식이 모두 준비되었다. 상인이 용녀에게 물었다.

"이 용들은 어째서 묶여 있습니까?"

용녀가 대답했다.

"이 용들은 과실이 있어서 제가 죽이려고 합니다."

상인이 말했다.

"당신은 죽이지 마십시오."

용녀가 말했다.

"안 됩니다. 반드시 죽여야 합니다."

상인이 말했다.

"당신이 저 용들을 풀어줘야만 내가 음식을 먹겠습니다."

용녀가 또 말했다.

"즉시 풀어줄 수는 없고 6개월 동안 벌을 준 뒤에 인간세상으로 쫓아내겠습니다."

상인이 용궁 안을 보았더니 궁전은 보물들로 장엄하게 장식되어 있었다. 상인이 물었다.

"당신은 이렇게 장엄한 곳에 살면서 어째서 보살계(菩薩戒)를 받으려고 하십니까?"

용녀가 대답했다.

"우리 용의 법도에서는 다섯 가지 상황이 가장 고통스럽습니다. 어떤 다섯 가지냐 하면 태어날 때와 잠잘 때, 음탕할 때, 화낼 때, 죽을 때입니다. 하루에 세 번이나 가죽과 살이 땅에 떨어지고 뜨거운 사막에 몸이 던져지는 고통을 겪어야 합니다."

상인이 말했다.

"당신은 무엇을 구하는 것입니까?"

용녀가 대답했다.

"인간세상에 태어나고 싶습니다. 축생이 되면 불법을 몰라 고통받기 때문에 저는 여래(如來)를 따라 출가하려고 합니다."

용녀는 상인에게 황금 8덩이를 주면서 말했다.

"이 황금은 당신의 부모형제들이 평생동안 다 쓰지 못할 정도로 충분합니다."

용녀가 또 말했다.

"당신은 눈을 감으십시오."

그리고는 즉시 신통한 변화술로 그를 본국으로 데려다주었다.

상인은 [돌아와서] 부모에게 황금 8덩이를 주며 말했다.

"이것은 용금(龍金)입니다."

그것은 잘라 써도[원문에는 '說已'로 되어 있으나 『法苑珠林』 卷91 「受齋篇」에 의거해 '截已'로 고쳐 번역함] 다시 생겨나 평생 쓰고도 다 쓰지 못했다.

생각건대 자애는 베풀지 않을 수 없다. 잠깐 용녀를 구해준 것도 이렇게 막중한 보은을 받는데, 하물며 큰 재를 올리면 받는 복이 어찌 작으랴! (『법원주림』)

僧祇律云: 佛住舍衛城. 南方有邑名大林. 時有商人驅八牛到北方俱名國, 有一商人在澤中牧牛. 時有離車捕龍食之, 捕得一龍, 離車穿鼻牽行. 商人問離車: "今汝牽此龍何用?" 云: "我將殺而爲噉." 商人欲以一牛易之, 捕者邀至八牛, 方許. 商人卽放龍令去, 旣而復慮離車追逐, 復捕取放別池中. 龍忽變爲人, 語謂商人曰:"君施我命, 今欲報恩. 可共入宮, 當報大德." 商人答言: "龍性率暴, 嗔恚無常, 或能殺我." 答云: "不爾. 前人繫我, 我力能殺彼人. 但以我受菩薩法, 都無殺心. 何況君今施我壽命, 顧當加害? 若不去者, 少住此中. 我先往掃除."

商人後入宮內, 見龍門邊, 二龍繫在一處. 因問: "汝爲何被繫?" 答言: "此龍女半月中, 三日受齋法. 我兄弟守護此龍女, 不爲堅固, 爲離車所捕. 以是被繫." 龍女俄出, 呼商人入宮坐寶牀上. 龍女言: "龍中有食, 能盡壽而消者, 有二十年消者, 有七年消者, 有閻浮提人食者. 未知君欲何食." 答言: "須欲閻浮提食." 卽時種種飮食俱備. 商人問龍女: "此龍何故被繫?" 龍女言: "此有過, 我欲殺之." 商人言: "汝莫殺." 乃言: "不爾. 要當殺之." 商人言: "汝放彼者, 我當食耳." 復言曰: "不得直放之, 當罰六月, 擯置人間." 商人見龍宮中, 寶物莊嚴飾宮殿. 卽問: "汝有如是莊嚴, 因受菩薩何爲?" 答言: "我龍法有五事苦. 何等爲五, 謂生時・眠時・婬時・嗔時・死時. 一日之中, 三過皮肉落地, 熱沙簸身." 商言: "汝欲何求耶?" 答言: "人道中生. 爲畜生苦不知法, 故欲就如來出家." 龍女卽與八餠金, 言: "此金足汝父母眷屬終身用之不盡." 復言: "汝合眼" 卽以神變持着本國. 以八餠金與父母, 曰: "此是龍金." 說已更生盡壽用之不可盡時.

思念仁慈不得不行. 暫救龍女, 恩報彌重, 況持大齋, 受福寧小! (出『法苑珠林』)

420・2(5726)
석현조(釋玄照)

현조(玄照) 스님은 숭산(嵩山) 백작곡(白鵲谷)에서 도를 닦았는데, 성실히 수행하는 것이 스님들 중 최고였다. 현조 스님은 항상 『법화경

(法華經)』을 천 번이나 강설해서 사람들에게 이로움을 주고자 했다. 그가 산 속에서 강설할 때면 살을 에는 추위나 찌는 듯한 더위나 산길이 험하고 깊어도 강설을 들으러 오는 사람들이 항상 자리에 가득했다. 당시에 눈썹과 수염이 새하얗고 용모가 특이한 노인 셋이 있었는데, 그들도 경건한 마음으로 경청했다. 그렇게 여러 날이 지나자 현조 스님은 그 노인들을 이상하다고 생각했다. 어느 날 새벽에 갑자기 노인들이 현조 스님을 찾아와서 말했다.

"제자들은 용입니다. 각자 맡은 직책이 있어서 이미 수백수천 년 동안 애써왔습니다. 스님의 법력을 들을 수 있었지만 보답해 드릴 것이 없으니 혹시 스님께서 시키실 일이 있다면 미약한 힘이나마 다해보겠습니다."

현조 스님이 말했다.

"지금 오랫동안 태양이 내리쬐어 나라 안에 흉년이 들었으니 단비를 내려 살아있는 생명들을 구하는 것이 빈도의 소망이외다."

세 노인이 말했다.

"구름을 불러들여 비를 내리는 것은 진실로 작은 일일 뿐입니다. 그러나 비를 내리는 규칙이 매우 엄격하여 명령을 받지 않고 마음대로 비를 내린다면 작지 않은 벌을 받아 머리가 잘려나갈까 걱정입니다. 저희에게 한 가지 계책이 있는데 거의 성공할 수 있을 것입니다. 스님께서는 하실 수 있으신지요?"

현조 스님이 말했다.

"그 계책을 듣고 싶습니다."

세 노인이 말했다.

"소실산(少室山)의 처사(處士) 손사막(孫思邈)은 도력이 높고 덕행이 훌륭해 반드시 제자들의 화를 벗어나게 해줄 수 있을 것입니다. 그렇게 해준다면 즉시 비를 내리게 할 수 있습니다."

현조 스님이 말했다.

"빈도는 손처사(孫處士: 孫思邈)가 산에 머문다는 것은 알지만 그가 무슨 일을 하는지는 몰랐는데, 그런 경지까지 이르렀단 말입니까?"

세 노인이 말했다.

"손공(孫公: 孫思邈)의 어진 마음은 헤아릴 수 없습니다. 그는 『천금익방(千金翼方: 千金要方을 말함)』을 지어 은혜와 이로움으로 만대(萬代)를 구했습니다. 그의 이름이 이미 상제의 명부에 기록되어 있으니 진실로 귀한 진인(眞人)이라고 할 수 있습니다. 만일 그가 우리를 보호해준다고 말한다면 아무런 탈도 없을 것입니다. 단지 스님께서 먼저 그와 약속을 해서 허락만 받아낸다면 즉시 스님의 말씀대로 해드리겠습니다."

세 노인은 현조 스님에게 자신들을 구할 수 있는 방법을 알려주었다.

현조 스님은 손사막이 머무는 곳을 찾아가서 성심성의껏 대하고 매우 신중하게 공경하는 마음과 예를 갖추었다. 그는 한참 동안 앉아 있다가 손사막에게 말했다.

"처사는 어질고 밝은 도량으로 세상을 구제하는 일을 마음에 두고 계시는데, 지금 가뭄이 계속되는 바람에 1촌의 싹도 자라지 못하여 백성들이 아우성칩니다. 가뭄이 이와 같은 지경에 이르렀으니 자애로움을 쓰실 때가 바로 지금입니다. 은혜를 한 번 베푸시어 백성들을 고난에서 구제해주십시오."

손사막이 말했다.

"저도 감당할 수가 없어서 산야로 은둔했는데, 제가 무슨 힘이 있어 사람들을 구제한단 말입니까? 진실로 제가 할 수 있는 일이 있다면 기꺼이 하겠습니다."

현조 스님이 말했다.

"빈도가 어제 용 3마리를 만났는데, 그들로 하여금 비를 내리게 할 수 있습니다. 그러나 그들이 모두 말하길, 상제의 명을 받들지 않고 마음대로 비를 내리는 것은 죽을 죄를 짓는 일이므로 그 죄가 가볍지 않다고 합니다. 단지 처사만이 존엄하신 덕행과 큰 공력을 지니고 계시니 그들을 구할 수 있다고 합니다. 제 마음속의 바람을 모두 말했으니 처사께서 헤아려주시길 바랍니다."

손사막이 말했다.

"제가 할 수 있는 일이라면 기꺼이 하겠습니다."

현조 스님이 말했다.

"비를 내린 뒤에 용 3마리가 그 벌을 피해 처사의 뒤쪽 연못 속에 숨을 것입니다. 한 이인(異人)이 그들을 잡으러 왔을 때 처사께서 잘 타일러 그를 돌려보낸다면 반드시 그들은 죄를 면하게 될 것입니다."

손사막은 그렇게 하겠다고 했다.

현조 스님은 돌아오는 길에 길 왼쪽에 있던 세 노인을 만나 손사막의 뜻을 그들에게 알려주었다. 세 노인은 하루 밤낮 동안 천 리에 걸쳐 비를 충분히 내리겠다고 약속했는데, 그들의 말대로 널리 비가 내려 드넓은 땅을 촉촉하게 적셨다. 다음날 현조 스님이 손사막을 찾아가 서로 대화하는 사이에 모습이 특이한 한 사람이 곧장 뒤쪽 연못가로 가더니 웅

얼거리며 꾸짖었다. 잠시 후에 물이 모두 얼더니 곧 수달 세 마리가 연못에서 나왔는데, 두 마리는 푸른색이고 한 마리는 흰 색이었다. 그 사람은 붉은 밧줄로 수달들을 묶어서 끌고 가려 했다. 손사막이 그를 불러 말했다.

"이 세 짐승들의 죄는 죽어 마땅하지만 어제 마음대로 비를 내리게 한 것은 나의 뜻이니 그들을 풀어주길 바라네. 아울러 이 일을 상제께 알려 그들의 무거운 죄를 용서해주게나."

그 사람은 손사막의 말을 듣고 즉시 밧줄을 풀어 수달들을 놓아주고 밧줄만 든 채 떠나갔다.

잠시 뒤에 세 노인이 와서 손사막에게 감사의 인사를 하며 그에게 보답하고 싶다고 했다. 손사막이 말했다.

"나는 산골짜기에 살아서 필요한 것이 없으니 보답하지 않아도 되네."

세 노인은 현조 스님에게로 돌아가서 있는 힘을 다해 보답하고 싶다고 했다. 현조 스님이 말했다.

"산 속에서는 한 끼 식사와 한 벌의 옷 이외에는 필요한 것이 없으니 보답하지 않아도 되네."

세 노인이 다시 부탁했더니 현조 스님이 말했다.

"앞산이 길을 막고 있어 다니기가 불편하니 그것을 없애줄 수 있겠는가?"

세 노인이 대답했다.

"그것은 진실로 작은 일입니다. 다만 바람이 불고 벼락이 치는 것을 탓하지 않는다면 당장 해드리겠습니다."

그날 밤에 천둥벼락이 치더니 새벽이 되어서야 날이 개었는데, 절 앞이 뻥 뚫려 손바닥을 보는 것처럼 몇 리까지 훤히 내다 보였다. 세 노인은 다시 와서 이별을 고하고 떠나갔다. 손사막은 도(道)가 지극히 높아 그들의 보답을 바라지 않았으니 더욱 기이하다고 하겠다. (『신선감우전』)

釋玄照修道於嵩山白鵲谷, 操行精愨, 冠於緇流. 常願講『法華經』千遍, 以利於人. 旣講於山中, 雖沍寒酷熱, 山林險邃, 而來者恒滿講席焉. 時有三叟, 眉鬚皓白, 容狀瓌異, 虔心諦聽. 如此累日, 玄照異之. 忽一旦, 晨謁玄照曰: "弟子龍也. 各有所任, 亦頗勞苦, 已歷數千百年矣. 得聞法力, 無以爲報, 或長老指使, 願效微力." 玄照曰: "今愆陽經時, 國內荒饉, 可致甘澤, 以救生靈, 卽貧道所願也." 三叟曰: "召雲致雨, 固是細事. 但雨禁絶重, 不奉命擅行, 誅責非細, 身首爲憂也. 試說一計, 庶幾可矣. 長老能行之乎?" 玄照曰: "願聞其說." 三叟曰: "少室山孫思邈處士道高德重, 必能脫弟子之禍. 則雨可立致矣." 玄照曰: "貧道知孫處士之在山也, 而不知其所行, 又何若此邪?" 三叟曰: "孫公之仁, 不可診度. 着『千金翼方』, 惠利濟於萬代. 名已籍於帝宮, 誠爲貴眞也. 如一言救庇, 當保無恙. 但長老先與之約, 如其許諾, 卽便奉依." 卽以拯護之方, 授於玄照.

玄照詣思邈所居, 懇誠祗謁, 情禮甚謹. 坐定久之, 乃曰: "處士以賢哲之度, 濟拔爲心, 今者亢陽, 寸苗不植. 嗷嗷百姓. 焦枯若此, 仁哲之用, 固在於今. 幸一開恩, 以救危歟." 思邈曰: "僕之無堪, 遁棄山野, 以何功力, 濟於人也? 苟有可施, 固無所悋." 玄照曰: "貧道昨遇三龍, 令其致雨. 皆云, 不奉上帝之命, 擅行雨者, 誅罪非輕. 唯處士德尊功大, 救之則免. 特布腹心, 仰希裁度." 思邈曰: "但可施設, 僕無所惜." 玄照曰: "旣雨之後, 三龍避罪, 投處士後沼中以隱. 當有異人捕之, 處士喩而遣之, 必得釋罪矣." 思邈許之.

玄照歸, 見三叟於道左, 玄照以思邈之旨示之. 三叟約一日一夜, 千里雨足, 於是如期汎灑, 澤甚廣被. 翌日, 玄照來謁思邈, 對語之際, 有一人骨狀殊異, 徑往後沼之畔, 喑啞叱咤. 斯須, 水結爲氷, 俄有三獺, 二蒼一白, 自池而出. 此人以赤索繫之, 將欲挈去. 思邈召而謂曰: "三物之罪, 死無以贖, 然昨者擅命, 是鄙夫之意也, 幸望脫之. 兼以此誠上達, 恕其重責也." 此人受敎, 登時便解而釋之, 攜索而去.

有頃, 三叟致謝思邈, 願有所酬. 孫曰: "吾山谷之中, 無所用者, 不須爲報." 回詣玄照, 願陳力致效. 玄照曰: "山中一食一衲, 此外無闕, 不須酬也." 三叟再爲請, 玄照因言: "前山當路, 不便往來, 却之可否?" 三叟曰: "固是小事耳. 但勿以風雷爲責, 卽可爲之." 是夕, 雷霆震擊, 及曉開霽, 寺前豁然, 數里如掌. 三叟復來, 告謝而去. 思邈至道, 不求其報, 尤爲奇特矣. (出『神仙感遇傳』)

420・3(5727)
왕경융(王景融)

당(唐)나라 때 전 시어사(侍御史) 왕경융은 영주(瀛州) 평서(平舒) 사람이었다. 그가 한번은 부친의 영구를 낙주(洛州)로 옮기려다가 묘도(墓道)에서 용굴(龍窟)을 파냈는데, 용굴의 크기는 항아리 주둥이만했다. 왕경융이 굽어 내려보았더니 연기 같은 기운이 곧장 올라와 그의 눈을 찔렀다. 그는 결국 실명했고 열흘 뒤에 죽었다. (『조야첨재』)

唐前侍御史王景融, 瀛州平舒人也. 遷父靈柩就洛州, 於塸道掘着龍窟, 大如甕口. 景融俯而觀之, 有氣如煙直上, 衝其目. 遂失明, 旬日而卒. (出『朝野僉載』)

420 · 4(5728)
능파녀(凌波女)

　현종(玄宗)이 동도(東都: 洛陽)에 있을 때 대전에서 낮잠을 자고 있는데, 꿈속에 용모가 곱고 머리 가운데에 쪽을 진 여인이 큰 어깨걸이와 넓은 치마를 입고 나타나 침상 아래에서 절했다. 현종이 물었다.
　"너는 누구냐?"
　여인이 대답했다.
　"신첩은 폐하의 능파지(凌波池)에 사는 용녀인데 궁궐을 호위하고 천자의 거마를 보호했으니 실로 공이 있습니다. 지금 폐하께서는 천상의 음률에 밝으시니 저에게 곡 하나를 내려주시어 저희 족속을 광명되게 해주십시오."
　현종이 꿈속에서 호금(胡琴)을 타며 신구(新舊)의 소리를 모아 「능파곡(凌波曲)」을 지어주자 용녀는 두 번 절하고 떠나갔다.
　현종은 잠에서 깨어나서도 모두 기억이 났다. 이에 다른 악기 연주를 멈추게 하고 직접 비파를 들고 반복해서 연습했다. 현종은 결국 능파궁에서 관리들에게 연회를 베풀고 능파지 가에서 새로운 곡을 연주했다. 그러자 연못 위의 물결이 솟구쳐 올랐다가 다시 잠잠해 지더니 물결 속에서 신녀(神女)가 나타났는데, 바로 어제 밤에 [꿈속에서 보았던] 그 여인이었다. 여인은 한참동안 있다가 사라졌다. 이에 현종은 능파지 위에 사당을 세우고 매년 제사 지내게 했다. (『일사』)

　玄宗在東都, 晝寢於殿, 夢一女子容色穠艶, 梳交心髻, 大帔廣裳, 拜於牀下. 上曰: "汝是何人?" 曰: "妾是陛下凌波池中龍女, 衛宮護駕, 妾實有功. 今陛下洞曉鈞天之音, 乞賜一曲, 以光族類." 上於夢中爲鼓胡琴, 拾新舊之聲爲「凌波曲」, 龍女再拜而去.

　及覺, 盡記之. 因命禁樂, 自('自'字原闕, 據明鈔本補)與琵琶, 習而翻之. 遂宴從官於凌波宮, 臨池奏新曲. 池中波濤湧起復定, 有神女出於波心, 乃昨夜之女子也. 良久方沒. 因遣置廟於池上, 每歲祀之. (出『逸史』)

420·5(5729)
도 현(陶 峴)

　도현은 팽택령(彭澤令: 陶淵明)의 후손이다. [唐나라] 개원연간(開元年間: 713~741)에 그는 곤산(崑山)에 살았는데, 가산이 풍부하여 집안사람들 중에 성실하게 일을 잘 하는 사람을 골라 모든 집안일을 맡겨놓고 강호를 유람하면서 천하를 떠돌아 다녔다. 그는 종종 몇 년 동안 집으로 돌아오지 않아서 그의 자손들이 장성한 것을 보고도 그들의 이름을 구별해내지 못했다.

　도현의 문장은 세상을 구제하고 나라를 다스리는 내용이었다. 도현은 스스로 소탈하다고 말하며 벼슬길을 도모하지 않았다. 그는 선천적으로 팔음(八音: 雅樂에 쓰이는 8가지 악기소리)에 정통했는데, 도공(陶工)

에게 벽돌을 만들게 할 때 만든 날짜를 몰래 기록하게 한 뒤 [벽돌을 두드려서 나는] 소리를 듣고 그 만든 날짜를 알아맞혔다. 도현은 일찍이 『악록팔음(樂錄八音)』을 편찬하여 음의 득실을 감정했다. 그는 스스로 배 3척을 만들었는데, 그 기교가 매우 정교했다. 배 1척은 자신이 타고 또 1척은 손님들을 태웠으며 나머지 1척은 음식들을 실어 두었다. 손님 중에 전진사(前進士: 唐代에 이미 進士에 합격한 사람을 일컫는 말) 맹언심(孟彦深)과 진사(進士) 맹운경(孟雲卿), 일반백성 초수(焦遂)가 있었는데, 각자 하인과 첩을 데리고 함께 배에 탔다. 도현에게는 한 부대의 석악(夕樂: 개인이 소유한 樂隊로 추정함)이 있어서 늘「청상곡(淸商曲)」을 연주했다. [배를 타고 가다가] 산과 샘물을 만나면 그 경치를 모두 구경하고 흥에 취해 돌아 다녔다. 도현은 조정에서도 명성을 얻었고 또한 천하가 태평할 때이기도 했기에 그가 지나가는 군읍(郡邑)마다 그를 초대하지 않는 곳이 없었다. 그러면 도현은 거절하며 말했다.

"저는 고라니와 사슴 사이에서 한가로이 노니는 사람으로 왕공(王公)의 상객(上客)이 아닙니다."

하지만 도현은 초대받지 않아도 찾아가는 경우가 있었다. 도현은 방백(方伯: 지방장관)과 같은 풍모를 지녔지만 좋은 산수(山水)에 머물길 좋아했으므로, 오월(吳越) 일대의 사람들은 그를 '수선(水仙)'이라 불렀다.

그의 친척 중에 남해군수(南海郡守)가 있었는데, 그는 소석(韶石: 韶州. 두 개의 큰 돌이 마주보고 있고 舜 임금이 이곳에서 음악을 지었다고 하여 韶石으로도 불림)에 간 김에 그를 보러 갔다. 남해군수는 그가 멀리서 찾아온 게 기뻐서 백만 냥의 돈을 주었다. 후에 도현은 길이가 2척 남짓 되는 고검(古劍)과 지름이 4촌인 옥환(玉環), 그리고 항해하는 배에서 마가(摩訶)라는 이름의 수영을 잘하고 용감한 곤륜노(崑崙奴)를 보자 결국 그 돈을 모두 주고 그것들을 샀다. 그가 말했다.

"이것들은 우리 집의 제일 가는 보물들이다."

그리고는 노를 돌려 백지(白芷)를 캐고 상강(湘江)으로 들어갔다. 그는 물빛이 멋진 곳을 만나면 고검과 옥환을 물 속에 떨어뜨려서 마가에게 가져오게 하는 것으로 놀이를 삼았다. 이렇게 몇 년이 지났다.

도현은 소호(巢湖)를 건널 때 다시 고검과 옥환을 던져 마가에게 가져오게 했다. 마가는 물에 들어가서 고검과 옥환을 가지고 나오더니 말했다.

"독사에게 물렸습니다."

급히 칼로 마가의 손가락을 잘라내어 독이 몸으로 퍼지는 걸 피할 수 있었다. 초수가 말했다.

"마가가 상처를 입은 것은 물의 신령이 노한 까닭이 아닐까요? 아마도 수부(水府)는 사람이 엿보는 것을 원치 않는 모양입니다."

도현이 말했다.

"당신의 말씀은 잘 들었습니다. 그러나 저는 늘 사강락(謝康樂: 謝靈運)의 사람됨을 흠모해왔습니다. 그는 산수 속에서 기꺼이 죽겠으며 좋아하는 것을 따르고 그 외에 다른 것은 생각하지 않는다고 말했습니다. 또한 저는 짧은 인생을 살면서 대지 위에 몸을 싣고 비천한 평민의 신분으로 귀한 나들이의 기쁨을 마음껏 누리며 정처 없이 떠돌면서 즐거움을 느낀 지 30년이 되었으니 이 또한 진실로 저의 팔자입니다. 옥 섬돌에 올라 천자를 뵙고 공을 세워 천자의 은혜를 받으며 평생의 뜻을 펴지 못하는 것도 저의 팔자입니다."

그리고는 배를 출발하게 하면서 말했다.

"양양산(襄陽山)으로 일단 갔다가 오군(吳郡)으로 돌아가자."

그는 서색산(西塞山)에 이르자 길상불사(吉祥佛舍)에 배를 댔다. 그는 강물이 검고 흐르지 않는 것을 보고 말했다.

"이곳에 반드시 괴물이 있을 것이다."

그리고는 고검과 옥환을 던져 넣고 마가에게 꺼내오게 했다. 마가는 물 속으로 뛰어든 뒤 한참만에 나왔는데, 거의 기진맥진하여 말했다.

"고검과 옥환은 가져올 수 없습니다. 길이가 2장쯤 되는 용이 고검과 옥환 앞에 있어 제가 손을 뻗어 잡으려고 하면 성난 눈으로 노려봅니다."

도현이 말했다.

"너와 고검과 옥환은 나의 세 가지 보물이다. 지금 그 중 두 가지를 잃어버렸는데 네가 무슨 필요가 있겠느냐? 너는 나를 위해 반드시 힘을 다 바쳐 그것들을 가져오도록 해라."

마가는 어쩔 수 없이 머리를 풀어헤치고 크게 소리치고는 눈가에 피눈물을 흘리며 물 속으로 깊이 뛰어들더니 다시는 돌아오지 않았다. 한참 뒤에 마가의 사지가 갈기갈기 찢긴 채 물 위로 어지럽게 떠올랐는데, 아마도 도현에게 보이기 위한 것 같았다. 도현은 물가에서 눈물을 흘리며 배를 돌리게 했다.

그는 그 일을 시로 지어 스스로 서술한 뒤 다시는 강호를 유람했던 일에 대해 말하지 않았다. 그 시는 다음과 같다.

광려(匡廬: 江西省에 있는 廬山. 殷나라·周나라 때 匡俗 형제 7사람

이 여기에 오두막을 짓고 살았다고 함)의 구업(舊業)은 본디 다른 주인이 있으니,
　오월(吳越)의 새 거처에서 안주했다네.
　희어진 머리카락 몇 가닥은 되돌릴 수 없지만,
　청산(靑山)을 한 번 바라보며 돌아갈 길을 헤아린다네.
　학 날갯짓에 흔들리는 단풍나무 잎 사이로 석양이 반짝이고,
　해오라기 서 있는 갈대꽃 사이로 가을 물빛이 맑구나.
　이제부터 배를 버리고 어디로 가야하나?
　주기(酒旗: 주막에 드리우던 깃발)와 가선(歌扇: 노래하고 춤출 때 사용하던 부채)만이 나를 맞아주는구나.

(『감택요』)

　陶峴者, 彭澤令孫也. 開元中, 家於崑山, 富有田業, 擇家人不欺能守事者, 悉付之家事, 身則汎遊於江湖, 遍行天下. 往往數載不歸, 見其子孫成人, 皆不辯其名字也.

　峴之文學, 可以經濟. 自謂疎脫, 不謀仕宦. 有知生(明鈔本'知生'作'生知')者通於八音, 命陶人爲甗, 潛記歲時, 取其聲, 不失其驗. 嘗撰集『樂錄八音』, 以定音之得失. 自製三舟, 備極空巧. 一舟自載, 一舟置賓, 一舟貯飮饌. 客有前進士孟彦深·進士孟雲卿·布衣焦遂, 各置僕妾共載. 而峴有夕樂一部, 常奏「淸商曲」. 逢其山泉, 則窮其境物, 乘輿春行. 峴且名聞朝廷, 又値天下無事, 經過郡邑, 無不招延. 峴拒之曰: "某麋鹿閒人, 非王公上客." 亦有未招而詣者. 係水仙(『甘澤謠』'係水仙'作'繫方伯')之爲人, 江山之可駐耳, 吳越之土, 號爲'水仙'.

　曾有親戚爲南海守, 因訪韶石而往省焉. 郡守喜其遠來, 贈錢百萬. 及遇古劍, 長二尺許, 又玉環, 徑四寸, 及海船崑崙奴名摩訶, 善遊水而勇捷, 遂悉以錢而貫之. 曰: "吾家至寶也." 乃回棹, 下白芷, 入湘('湘'原作'栢', 據陳校本改)江. 每遇水色可愛, 則遺劍環於水, 命摩訶取之, 以爲戲樂. 如是數歲.

因渡巢湖, 亦投劍環, 而令取之. 摩訶纔入, 獲劍環而便出曰: "爲毒地所嚙." 遽刃去一指, 乃能得免. 焦遂曰: "摩訶所傷, 得非陰靈怒乎? 蓋水府不欲人窺也." 峴曰: "敬奉喩. 然某常慕謝康樂之爲人. 云終當樂死山水, 但狥所好, 莫知其他. 且棲遲逆旅之中, 載於大塊之上, 居布素之賤, 擅貴遊之歡, 浪跡怡情僅三十載, 固亦分也. 不得昇玉墀見天子, 施功惠養, 逞志平生, 亦其分也." 乃命移舟曰: "要須一到襄陽山, 便歸吳郡也."

行次西塞山, 維舟吉祥佛舍. 見江水黑而不流, 曰: "此必有怪物." 乃投劍環, 命摩訶下取. 見汩沒波際, 久而方出, 氣力危絶, 殆不任持, 曰: "劍環不可取也. 有龍高二丈許, 而劍環置前, 某引手將取, 龍輒怒目." 峴曰: "汝與劍環, 吾之三寶. 今者二物旣亡, 爾將安用? 必須爲吾力爭之也." 摩訶不得已, 被髮大呼, 目眦流血, 窮泉一入, 不復還也. 久之, 見摩訶支體磔裂, 汚於水上, 如有示於峴也. 峴流涕水濱, 乃命回棹.

因賦詩自叙, 不復議遊江湖矣. 詩曰: "匡廬舊業自有主, 吳越新居安此生. 白髮數莖歸未得, 靑山一望計還程. 鶴飜楓葉夕陽動, 鷺立蘆花秋水明. 從此捨舟何所詣? 酒('酒'原作'日', 據陳校本改)旗歌扇正相迎." (出『甘澤謠』)

420 · 6(5730)
제 한(齊 澣)

당(唐)나라 개원연간(開元年間: 713~741)에 하남채방사(河南採訪使) 겸 변주자사(汴州刺史) 제한은 서성(徐城)에 가뭄이 심해지자 18리에 이르는 강길을 터서 청수(靑水)와 연결하여 장강(長江)과 회수

(淮水) 일대의 가뭄을 해결하려 한다고 상주했다. 그래서 그 강길을 주현(州縣)에 따라 나누어 파기로 했다. 박주(亳州) 진원현승(眞源縣丞) 최연의(崔延禕)는 현의 무리들을 모아 수천 보(步)를 파다가 용당(龍堂)을 발견했다. 처음 팔 때에는 오래된 무덤이라고 여겼는데 그 모습이 새로 지은 것처럼 깨끗했다. 그가 주위를 둘러보았더니 북쪽 벽 아래에 길이가 1장(丈) 남짓 되는 오색 칩룡(蟄龍)이 있었고 머리 부분에는 길이가 1척 남짓 되는 잉어 5~6마리가 있었다. 또 길이가 1척 2촌인 영귀(靈龜) 두 마리가 있었는데, 눈동자의 길이가 9푼(分)이었으며 보통 거북과 같았다.

최연의가 개하어사(開河御史) 오원창(鄔元昌)에게 그 일을 아뢰자 그는 제한에게 상황을 보고했다. 제한은 최연의에게 용을 회수(淮水)에 놓아주게 하고 거북도 변수(汴水)에 놓아주게 했다. 최연의가 용과 잉어를 가지고 200여 리를 가서 회수 언덕에 도착하자 흰 물고기 수백만 마리가 용을 향해 뛰어올랐고 풍랑이 일었다. 용이 회수로 들어가 물을 뿜어대자 구름과 안개가 자욱해지더니 결국 사라져버렸다. 처음 용을 옮길 때 어사(御史) 원석(員錫)이 그 수염 하나를 뽑았다. 오원창은 그 물잽이에게 거북을 송(宋) 땅으로 보내게 했는데, 물가에 도착하자 큰 거북이 누차 목을 쭉 빼고 물을 바라보았다. 그물잽이는 거북이 가여워 잠시 물 속에 놓아주었다. 물은 몇 척 넓이에 5촌에 불과한 깊이였지만 결국 큰 거북은 사라져버렸다. 물을 다 퍼내 찾아보았지만 찾을 수 없었다. 결국 헛되이 거북을 보낸 것이었다. (『광이기』)

唐開元中, 河南採訪使汴州刺('刺'原作'敕', 據明鈔本改)使齊澣以徐城隘急,

奏開十八里河, 達於靑水, 平長淮之險. 其河隨州縣分掘. 亳州眞源縣丞崔延禕
糾其縣徒, 開數千步, 中得龍堂. 初開謂是古墓, 然狀如新築淨潔. 周視, 北壁下
有五色蟄龍長丈餘, 頭邊鯉魚五六枚, 各長尺餘. 又有靈龜兩頭, 長一尺二寸, 眸
長('眸長'原作'毛', 據明鈔本改)九分('分'原作'寸', 據本書卷四六七'齊澣'條改),
如常龜.

禕以白開河御史鄔元昌, 狀上齊澣. 澣命移龍入淮, 取龜入汴. 禕移龍及魚二百
餘里, 至淮岸, 白魚數百萬跳躍赴龍, 水爲之沸. 龍入淮噴水, 雲霧杳冥, 遂不復見.
初將移之也, 御史員('員'原作'貢', 據本書卷四六七'齊澣'條改)錫拔其一鬚. 元昌
差網送龜至宋, 遇水泊, 大龜屢引頸向水, 網戶憐之, 暫放水中. 水闊數尺, 深不過
五寸, 遂失大龜所在. 涸水求之, 亦不獲. 空致龜焉. (出『廣異記』)

420 · 7(5731)
사주흑하(沙州黑河)

　북정(北庭: 北庭都護府의 약칭)의 서북쪽에 사주(沙州)가 있는데,
그곳에 흑하(黑河)가 있다. 흑하는 배가 다닐 만큼 깊어서 그 물이 종종
범람하여 집들을 덮치고 논밭을 잠기게 했다. 그 때문에 서북쪽 땅의 농
작물들이 모두 망가지고 땅도 황폐해져 농사를 지을 수 없었기에 백성
들도 멀리 떠나 물에 잠기는 재난을 피했다. 북정 사주의 관리들은 모두
먼저 제사 음식을 준비해 강가에서 제사를 지낸 뒤에야 정무를 보았다.
그렇지 않으면 장맛비가 몇 개월 동안 계속해서 내리거나 홍수가 닥쳐
성읍(城邑)을 무너뜨려서 마을의 백성들이 모두 물고기 신세가 되었다.

당(唐)나라 개원연간(開元年間: 713~741)에 남양(南陽) 사람 장숭(張嵩)이 북정도호(北庭都護)에 제수되었는데, 그는 부인(符印)을 가지고 경내에 도착하자마자 교외로 그를 마중 나온 관리들을 불러 그 일에 대해 물어보았다. 어떤 사람이 말했다.

"흑하 안에는 거대한 용이 있는데, 양과 소·개·돼지를 좋아해서 일부러 종종 풍랑을 일으키고 물을 범람시킴으로써 마을 사람들이 흑하가에서 제사지내주기를 바랍니다. 제가 이 일을 알고 있은 지도 오래되었습니다."

장숭은 즉시 제사음식을 준비하고 연회자리를 만들게 하여 좌우의 사람들을 모두 불러 활과 화살을 들고 그 옆에서 지키게 했다. 장숭은 관리들을 데리고 강가로 가서 정렬시킨 뒤 의관을 정제하고 홀(笏)을 든 채 공손하고 엄숙하게 용을 기다리게 했다. 잠시 뒤에 길이가 100척이나 되는 용이 물결 속에서 솟아오르더니 순식간에 강 언덕으로 뛰어올라 불꽃같은 눈으로 사람들을 쏘아보았다. 용이 사람들이 있는 곳에서 몇 십 보 떨어진 곳까지 오자 장숭은 사람들에게 활을 잔뜩 당긴 채 기다리게 했다. 용은 연회자리까지 오더니 몸이 점점 짧아지면서 길이가 몇 척만 해졌다. 용이 음식을 먹으려다가 아직 먹지 않았을 때 장숭이 활을 쏘게 했다. 동시에 사람들이 모두 화살을 쏘자 용은 힘도 써보지 못하고 고꾸라졌다. 용이 죽자 마을 사람들이 모두 보러 왔는데 시장처럼 왁자지껄했다. 장숭은 백성들의 해악을 이미 제거한 것을 기뻐하며 황제께 용을 바쳤다. 황제는 그의 과단성을 칭찬하며 용의 혀를 잘라 함에 넣어 장숭에게 하사했다. 그리고 자손 대대로 사주자사(沙州刺史)를 세습하게 했기 때문에 지금까지 그들을 '용설장씨(龍舌張氏)'라고 부른다.

　北庭西北沙州有黑河. 深可駕舟, 其水往往汎濫, 蕩室廬, 瀿原野. 由是西北之禾稼盡去, 地荒而不可治, 居人亦遠徙, 用逃墊溺之患. 其吏於北庭沙洲者, 皆先備牲酹, 望祀於河滸, 然後敢視政. 否卽淫雨連月, 或大水激射, 圮城邑, 則里中民盡魚其族也.

　唐開元中, 南陽張嵩奉詔都護于北庭, 挈符印至境上, 且召郊迎吏訊其事. 或曰: "黑河中有巨龍, 嗜羔特犬豕, 故往往漂浪騰水, 以覬郡人望祀河滸. 我知之久矣." 卽命致牢醴, 布筵席, 密召左右, 執弓矢以俟於側. 嵩率僚吏, 班於河上, 弢冠斂板, 磬折肅躬. 俄頃, 有龍長百尺自波中躍而出, 俄然昇岸, 目有火光射人. 離人約有數十步, 嵩卽命彀矢引滿以伺焉. 旣而果及於几筵, 身漸短而長數尺. 方將食, 未及, 而嵩發矢. 一時衆矢共發, 而龍勢不能施而摧. 龍旣死, 里中俱來觀之, 譁然若市. 嵩喜已除民害, 遂以獻上. 上壯其果斷, 詔斷其舌, 函以賜嵩. 且(陳校本'且'下有'降優詔勞之, 賜號龍舌張氏'十一字)子孫承襲在沙州爲刺史, 至今號爲'龍舌張氏'(陳校本'號爲'作'不絶', 無'龍舌張氏'四字).

420 · 8(5732)
흥경지룡(興慶池龍)

　당(唐)나라 현종(玄宗)이 한번은 흥경궁(興慶宮)에 용 한 마리를 키웠다. 현종이 등극한 뒤 흥경지에 있던 어린 용은 흥경궁 밖의 어구(御溝: 궁궐의 뜰을 흐르는 도랑)로 나가 놀았는데, 어린 용이 꿈틀거리는 기이한 형상과 높이 솟구치고 뛰어 다니는 모습을 궁궐의 비빈들과 내시들 중에 보지 않은 자가 없었다. 나중에 현종이 촉(蜀) 땅으로 행차하여 수레가 출발하기 전날 밤에 그 용은 흥경지에서 흰 구름을 타고 공중으로 솟구쳐 오르더니 서남쪽으로 떠나갔다. 주위에 있던 신하들이 모두 그 모습을 보았다. 현종이 가릉강(嘉陵江)에 이르러 배를 타고 강을 건너는데, 어린 용이 배를 밀어 앞으로 나가도록 도와주는 것이 보였다. 현종을 모시던 신하들도 모두 그 모습을 보았다. 현종이 주르륵 눈물을 흘리며 좌우 사람들을 돌아보며 말했다.

"이것은 내가 흥경지에서 기르던 용이다."

그리고는 술을 뿌려 제사를 지내게 한 뒤 직접 축원했다. 그러자 용이 물 속에서 갈기를 떨치며 떠나갔다. (『선실지』)

唐玄宗嘗潛龍於興慶宮. 及卽位, 其興慶池嘗有一小龍出遊宮外御溝水中, 奇狀蜿蜒, 負騰逸之狀, 宮嬪內豎, 靡不具瞻. 後玄宗幸蜀, 鑾輿將發, 前一夕, 其龍自池中御素雲, 躍然亘空, 望西南而去. 環列之士, 率共觀之. 及上行至嘉陵江, 乘舟將渡, 見小龍翼舟而進. 侍臣咸覩之. 上泫然泣下, 顧謂左右曰: "此吾興慶池中龍也." 命以酒沃酹, 上親自祝之. 龍乃自水中振鬐而去. (出『宣室志』)

420・9(5733)
정 룡(井 龍)

[唐나라] 개원연간(開元年間: 713~741) 말에 서역의 한 나라에서

사자 한 마리를 진상했는데, 안서도(安西道)에 이르러 역참에 있는 나무에 그것을 묶어 놓았다. 나무 가까이에 우물이 있었는데, 사자가 울부짖는 것이 매우 불안해 보였다. 잠시 뒤에 바람이 불고 천둥이 크게 치더니 용이 우물에서 나와 날아갔다. (『국사보』)

開元末, 西國獻獅子, 至安西道中, 繫於驛樹. 近井, 獅子吼, 若不自安. 俄頃, 風雷大至, 有龍出井而去. (出『國史補』)

420·10(5734)
전 연(旃 然)

현종(玄宗)이 태산(泰山)으로 봉선(封禪)하러 가다가 형양(滎陽)의 전연하(旃然河)에 이르렀을 때 흑룡(黑龍)을 보았다. 현종이 활과 화살을 가져오게 하여 직접 용을 쏘았는데, 화살이 발사되자 용은 사라져버렸다. 그때부터 전연하가 지하로 흐른 지 지금까지 100여 년이나 된다. 생각건대, 전연하는 바로 제수(濟水)인데 제수가 넘쳐흘러 형수(滎水)가 되기 때문에 전연하라고 이름붙인 것이다.『좌전(左傳)』에서 "초나라 장수가 전연하를 건넜다"라고 한 기록이 바로 이것이다. (『개천전신기』)

玄宗將封泰山, 進次滎陽旃然河, 上見黑龍. 命弓矢, 親射之, 矢發龍滅. 自爾旃然伏流, 於今百餘年矣. 按旃然卽濟水也, 濟水溢而爲滎, 遂名旃然.『左傳』云

"楚師濟於㳇然", 是也. (出『開天傳信記』)

420・11(5735)
용 문(龍 門)

  옛말에 따르면, 봄물이 밀려올 때 물고기들이 용문으로 뛰어오르면 용으로 변하는 것도 있다고 한다. 지금까지 분진(汾晉)의 산 속에는 용이 남긴 뼈와 뿔이 아주 많은데, 그것을 가져다 약을 만들기도 한다. [그 뼈와 뿔 중에] 오색인 것도 있다. (『국사보』)

  舊說, 春水時至, 魚發龍門, 則有化者. 至今汾晉山中, 龍有遺骨角甚衆, 採以爲藥. 有五色者. (出『國史補』)

태평광기 권제421 용 4

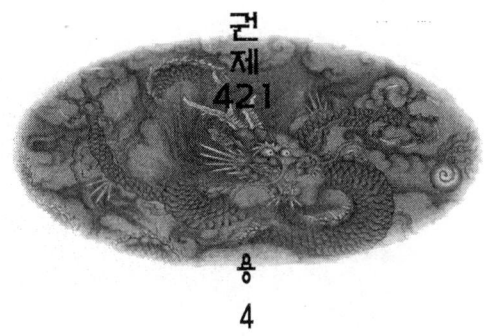

1. 소　　흔(蕭　　昕)
2. 유척담(遺尺潭)
3. 유관사(劉貫詞)
4. 위　씨(韋　氏)
5. 임　　욱(任　　頊)
6. 조제숭(趙齊嵩)

421·1(5736)
소 흔(蕭 昕)

　당(唐)나라의 옛 병부상서(兵部尙書) 소흔이 일찍이 경조윤(京兆尹)으로 있었는데, 당시 도성에 큰 가뭄이 들어 타는 듯한 무더운 기운이 달아올라 질병이 만연했다. 그래서 대종(代宗)이 재상에게 명하여 담당관리로 하여금 명산대천에 기도하고 제사지내게 했지만, 한 달이 지나도록 열기는 더욱 기승을 부렸다. 그때 천축(天竺) 스님인 삼장법사(三藏法師: 經·律·論에 정통한 高僧) 불공(不空)이 정주사(靜住寺)에 머물고 있었는데, 삼장법사는 주문으로 용을 불러와 비구름을 일으키는 데 뛰어났다. 그래서 소흔이 정주사로 찾아가서 삼장법사에게 말했다.

　"지금 폭양(曝陽)이 몇 달째 계속되다 보니, 성상(聖上)께서 크게 걱정하시어 음악을 거두고 식사를 줄이시며 흉년을 근심하고 백성들의 질병을 걱정하고 계십니다. 그러니 법사님께서 제단과 도량을 마련하여 비를 내리게 해주셨으면 합니다."

　삼장법사가 말했다.

　"그건 쉬운 일입니다. 하지만 용을 불러 비구름을 일으키다 보면 심한 바람과 우뢰가 생물을 해치게 될 것이니, 또한 농사에 무슨 보탬이 되겠습니까?"

소흔이 말했다.

"급한 천둥과 심한 비는 진실로 백곡(百穀)을 잘 자라게 할 수는 없지만, 다만 이 무더운 열기를 식히고 백성들의 질병을 조금이나마 더는 것에는 충분할 것이니, 부디 거절하지 말아주십시오."

삼장법사는 하는 수 없이 문도(門徒)에게 명하여 1척 남짓한 화목(華木: 樺木. 자작나무) 껍질을 가져와서 그 위에 작은 용을 이어 붙이게 한 뒤, 향로와 향수 담긴 사발을 그 앞에 놓아두었다. 이윽고 삼장법사는 주문을 외면서 큰소리로 기도했는데, 그렇게 한 식경(食頃)쯤 주문을 외고 난 후 곧장 그 이어 붙인 용을 소흔에게 주며 말했다.

"이것을 곡강(曲江) 속에 던져 넣되 던지고는 급히 돌아와 비바람을 맞지 말도록 하십시오."

소흔이 삼장법사의 말대로 그것을 [곡강 속에] 던졌더니, 잠시 후 겨우 1척 남짓한 백룡이 지느러미와 비늘을 흔들면서 물에서 나왔다. 그런데 곧이어 몸이 몇 장(丈)으로 자라나더니 마치 흰 명주비단을 끄는 것처럼 순식간에 하늘까지 닿았다. 소흔은 말을 채찍질하여 급히 몰았지만 미처 몇 십 보(步)도 가기 전에 구름이 시커멓게 몰려들면서 폭우가 갑자기 쏟아졌다. 소흔이 영숭리(永崇里)에 도착할 즈음에는 마치 도랑이 터진 것처럼 길에 물이 넘쳐흘렀다. (『선실지』)

唐故兵部尙書蕭昕常爲京兆尹, 時京師大旱, 炎鬱之氣, 蒸爲疾厲. 代宗命宰臣, 下有司禱祀山川, 凡月餘, 暑氣愈盛. 時天竺僧不空三藏居於靜住寺, 三藏善以持念召龍興雲雨. 昕於是詣寺, 謂三藏曰: "今玆驕陽累月矣, 聖上懸憂, 撤樂貶食, 歲凶是念, 民瘵爲憂. 幸吾師爲結壇場致雨也." 三藏曰: "易與耳. 然召龍以興雲雨, 吾恐風雷之震, 有害於生植, 又何補於稼穡耶?" 昕曰: "迅雷甚雨, 誠不能滋百穀, 適足以淸暑熱, 而少解黔首之病也, 願無辭焉."

三藏不獲已, 乃命其徒, 取華木皮僅尺餘, 纘小龍於其上, 而以爐甌香水置於前. 三藏轉咒, 震舌呼祝, 咒者食頃, 卽以纘龍授昕曰: "可投此於曲江中, 投訖亟還, 無冒風雨." 昕如言投之, 旋有白龍纔尺餘, 搖鬣振鱗自水出. 俄而身長數丈, 狀如曳素, 倏忽亘天. 昕鞭馬疾驅, 未及數十步, 雲物凝晦, 暴雨驟降. 比至永崇里, 道中之水, 已若決渠矣. (出『宣室志』)

421・2(5737)
유척담(遺尺潭)

곤산현(崑山縣)의 유척담은 본래 [唐나라] 대력연간(大曆年間: 766~779)에 어떤 촌의 여자가 황태자의 원비(元妃)가 되었을 때 잃어버린 옥척(玉尺: 옥으로 만든 자)이 용으로 변화했다가 지금에 이르러 연못이 된 것이다. (『전재』)

崑山縣遺尺潭, 本大曆中, 村女爲皇太子元妃, 遺玉尺, 化爲龍, 至今遂成潭. (出『傳載』)

421 · 3(5738)
유관사(劉貫詞)

　당(唐)나라 낙양(洛陽) 사람 유관사는 대력연간(大曆年間: 766~779)에 소주(蘇州)에서 도와줄 사람을 찾다가[求丐: 과거시험에 아직 합격하지 못한 사람이 다른 사람이 써준 추천서나 자신이 지은 詩文을 가지고 州縣의 관리를 찾아가 노잣돈 등의 도움을 청하는 것], 풍채가 빼어나고 훤칠한 채하(蔡霞)라는 수재(秀才: 擧子)를 만났다. 채하는 유관사를 한 번 보자마자 자못 의기가 투합하여 유관사를 형님이라고 불렀다. 얼마 후 채하는 양고기와 술을 가져와서 주연을 마련했는데, 술자리가 거의 끝날 무렵에 유관사에게 말했다.

　"형님은 지금 강호를 떠돌아다니는데 무얼 하고자 하십니까?"

　유관사가 말했다.

　"도와줄 사람을 찾고 있네."

　채하가 말했다.

　"가고자 하는 목적지가 있습니까? 아니면 그냥 여러 군현(郡縣)을 떠돌아다니는 것입니까?"

　유관사가 말했다.

　"쑥풀처럼 정처 없이 떠돌아다니고 있네."

　채하가 말했다.

　"그렇다면 얼마를 얻으면 만족하겠습니까?"

　유관사가 말했다.

　"10만 전이네."

채하가 말했다.

"쑥풀처럼 돌아다니면서 10만 전을 얻길 바라는 것은 날개도 없이 날고자 하는 것과 같습니다. 가령 그 돈을 반드시 얻는다 하더라도 [과거에 응시도 못하고] 또 몇 년을 허송하게 될 것입니다. 저는 낙중(洛中: 洛陽) 부근에 살고 있으며 가난하지도 않지만, 다른 일 때문에 피신하여 [가족들과] 소식이 끊어진지 오래되었습니다. 저에게 간절한 바람이 있으니 형님께서 [저의 집을] 다녀오셨으면 합니다. [그렇게 해주신다면] 형님이 도중에 필요한 여비와 돌아다니면서 얻고자 하는 것을 그다지 많은 시간을 소비하지 않고도 얻을 수 있으니 어떠십니까?"

유관사가 말했다.

"내가 정말 바라는 바이네."

그러자 채하는 유관사에게 10만 전을 보내주겠다고 하면서 봉함된 편지 한 통을 건네며 말했다.

"객점에서 갑작스레 형님의 돌봐주심을 받고 보니, 예의범절도 따지지 않고 제 속마음을 드러내고자 합니다. 저의 가족은 용이고 집은 위교(渭橋: 長安 서북쪽 渭水의 다리로 洛陽에는 없음. 따라서 위에서 채하가 자기 집이 낙양 부근에 있다고 한 것과 어긋남) 아래에 있는데, 눈을 감고 다리기둥을 두드리면 틀림없이 어떤 사람이 응답하고 나와서 형님을 집으로 모셔 들어갈 것입니다. 저의 모친이 형님을 만나볼 때 형님은 반드시 저의 작은 누이를 만나겠다고 청하십시오. 우리는 이미 형제의 의를 맺었으므로 형님을 소홀히 대하지는 않을 것입니다. 편지에서도 누이에게 나와서 형님을 뵈라고 했는데, 누이는 비록 나이는 어리지만 지혜롭고 총명하니 주인으로서 형님을 도와드릴 것입니다. 또 형님께

100민(緡: 1민은 1000전. 즉 10만 전)을 드리라고 했으니 누이는 틀림없이 허락할 것입니다."

유관사는 마침내 집으로 돌아갔다.

유관사가 위교 아래에 도착해 보니 강물이 너무 깊고 맑아서 무슨 방법으로 그 속에 들어가야 할지 알 수 없었다. 유관사는 한참을 그렇게 있다가 용신(龍神)이 자기를 속일 리 없다고 생각하여 시험 삼아 눈을 감고 다리를 두드려보았다. 갑자기 어떤 사람이 응답하기에 살펴보았더니 다리와 강물은 어디론가 사라져버리고 붉은 대문의 대저택에 누각들이 높이 솟아 있었다. 자주색 옷을 입은 사자가 두 손을 맞잡고 앞에 공손히 서서 유관사에게 어떻게 왔는지 묻자 유관사가 말했다.

"나는 오군(吳郡: 蘇州)에서 왔는데 이 집 도련님이 보낸 편지를 가지고 있소."

물어본 사자는 그 편지를 가지고 안으로 들어갔다가 잠시 후에 다시 나와서 말했다.

"태부인(太夫人)께서 당신을 모셔오라고 하십니다."

마침내 대청 안으로 들어갔더니, 태부인이란 사람은 40여 세쯤 되어 보였고 의복이 모두 자주색이었으며 용모가 아름다웠다. 유관사가 태부인에게 절을 올리자 태부인이 답배하고 나서 감사하며 말했다.

"아들놈이 멀리 여행을 떠난 뒤로 소식이 끊긴지 오래되었는데, 수고스럽게도 당신이 은혜를 베풀어 수천 리에서 편지를 가져왔구려. 그는 젊었을 때 상관의 눈 밖에 났는데 그 한을 삭이지 못하여 어느 날 몰래 떠난 뒤로 3년 동안 감감 무소식이었소. 당신이 특별히 찾아오지 않았다면 내 근심만 계속 쌓였을 것이오."

태부인이 말을 마친 뒤 유관사에게 앉으라고 명하자 유관사가 말했다.

"자제분이 저와 형제의 의를 맺었으므로 그의 작은 누이는 바로 나의 누이이니 응당 만나고 싶습니다."

태부인이 말했다.

"아들놈이 편지에서도 그렇게 말했소. 딸애가 대충 머리를 빗고 나면 즉시 나와서 당신을 뵙도록 하겠소."

잠시 후 하녀가 말했다.

"작은 아씨께서 오십니다."

그녀는 15~16세쯤 되어 보였고 절세미인이었으며 총명함이 남달랐다. 그녀는 유관사에게 절하고 나서 어머니 옆에 앉았다. 이윽고 태부인이 음식을 차려오라고 명했는데 음식 역시 매우 정갈했다. 한창 마주 앉아 식사하고 있을 때 태부인은 눈이 갑자기 벌게지면서 유관사를 뚫어지게 쳐다보았다. 그러자 누이가 황급히 말했다.

"이 분은 오라비의 부탁을 받고 오셨으니 마땅히 예의를 갖춰 대접해야 합니다. 게다가 [우리 집안의] 근심을 풀어주실 분이니 건드려서는 안 됩니다."

그리고는 이어서 유관사에게 말했다.

"편지에서 오라비가 당신께 100민을 드리라고 분부하셨습니다. 하지만 [당신이 그 많은 돈을] 혼자 들고 가기 어려울 테니 가볍게 지니고 가실 수 있도록 해드리겠습니다. 그래서 지금 그릇 하나를 드리고자 하는데, 그 값이 100민에 상당할 것이니 괜찮겠습니까?"

유관사가 말했다.

"이미 형제의 의를 맺었으며 편지 한 통을 전했을 뿐인데 어찌 그런 사례를 받을 수 있겠소?"

태부인이 말했다.

"젊은 도령이 가난하게 돌아다니는 사정을 아들놈이 [편지에] 자세히 적어놓았소. 지금 그의 청을 들어주고자 하니 거절해서는 안 될 것이오."

유관사가 감사를 표하자, 곧이어 태부인은 진국완(鎭國椀: 한 나라를 鎭守하는 신령한 주발)을 가져오라고 명했다. 그리고는 또 음식을 차렸는데, 얼마 되지 않아 태부인은 다시 벌건 눈으로 유관사를 주시하면서 양 입가로 침을 흘렸다. 그러자 소녀가 황급히 태부인의 입을 가리며 말했다.

"이 분은 오라비가 깊이 믿고 부탁하신 사람이니 이러시면 안 됩니다."

그리고는 유관사에게 말했다.

"어머니께서 연로하여 풍질(風疾)이 발병하신 바람에 오라버님을 정성껏 모실 수 없으니 오라버님은 먼저 떠나시는 게 좋겠습니다."

누이는 마치 무언가를 두려워하는 것 같았다. 그녀는 하녀를 보내 진국완을 가져오게 하여 스스로 뒤따라와서 유관사에게 주며 말했다.

"이것은 계빈국(罽賓國: 唐代 西域國名. 지금의 캐시미르 지방에 있었음)의 주발인데, 그 나라에서는 이것으로 천재(天災)와 역병을 진압합니다. 당나라 사람은 이것을 얻어봤자 전혀 쓸모가 없습니다. 10만 전을 주겠다면 팔아도 되지만 그 이하로는 팔지 마십시오. 저는 어머니의 병 때문에 옆에서 시중들어야 하니 오라버님을 편히 모실 수 없겠습니다."

그녀는 재배하고 들어갔다. 유관사는 그 주발을 들고 떠났는데, 몇 걸음 간 뒤에 뒤돌아보았더니 푸른 강물과 높다란 다리가 처음 도착했을 때처럼 그대로 있었다. 손 안에 있는 그릇을 보았더니 바로 누런색의 구리 주발이었는데, 그 값이 3~5전에 불과할 것 같아 용녀 누이가 터무니없는 소리를 했다고 생각했다.

유관사가 그 주발을 들고 가서 시장에 팔려고 내놓았더니, 700~800전에 사겠다는 사람도 있었고 500전에 사겠다는 사람도 있었다. 하지만 유관사는 용신이 믿음을 귀히 여기므로 사람을 속일 리가 없다고 생각하여 날마다 그 주발을 가지고 시장으로 나갔다. 그렇게 1년 남짓 지났을 때 서시(西市)의 가게에 갑자기 어떤 호객(胡客)이 왔는데, 그가 그 주발을 보고 크게 기뻐하면서 값을 묻자 유관사가 말했다.

"200민이오."

호객이 말했다.

"모든 물건에는 마땅한 값이 있으니 이것이 어찌 200민만 나가겠소? 하지만 이것은 중국의 보물이 아니니 여기에 있어봤자 무슨 이득이 있겠소? 100민이면 괜찮겠소?"

유관사는 처음에 [채하가 주겠다고] 약속한 금액과 딱 맞아떨어졌으므로 더 이상 올려 부르지 않고 마침내 그 호객에게 넘겨주고 돈을 받았다.

호객이 말했다.

"이것은 계빈국의 진국완이오. 그 나라에서는 이것으로 사람들의 질병과 재액을 많이 막아왔는데, 이 주발이 사라진 후로 그 나라는 큰 흉년이 들고 병란이 빈번히 일어났소. 내가 듣기로는 용신의 아들이 이것을 훔쳐간 지 이미 4년이 다 되어 가는데, 그 나라의 군주가 바야흐로 나라의 반 년치 세금을 현상금으로 걸고 찾고 있다고 하오. 그런데 당신은 어떻게 이것을 손에 넣었소?"

유관사가 그간의 사실을 자세히 말해주자 호객이 말했다.

"[진국완이 없어진 후에] 계빈국을 진수하는 용이 [천제께] 상소하여 지금 한창 채하를 수소문하고 있는데, 이것이 바로 채하가 피신한 까닭이오. 명계(冥界)의 관리는 준엄하여서 채하는 자수할 수 없기 때문에 당신을 통해 이것을 돌려보낸 것이오. [채하가 당신에게] 은근히 자기 누이를 만나게 한 것은 두 사람을 가까이 맺어주려고 했던 것이 아니라, 늙은 용신이 식탐이 있어서 혹시 당신을 잡아먹으려 할까봐 걱정하여 누이로 하여금 당신을 보호해주려고 했던 것이오. 이제 이 주발이 이미 세상에 나왔으니 그도 당연히 돌아올 것이며 근심을 해소하는 길도 될 것이오. 50일 후에 낙수(洛水)의 물결이 솟구쳐 파도가 해를 어둡게 하면, 그때가 바로 채하가 돌아오는 때이오."

유관사가 말했다.

"어찌하여 50일 이후에 그가 돌아온단 말이오?"

호객이 말했다.

"내가 이것을 가지고 매령(梅嶺)을 넘어가야 그가 감히 돌아올 수 있소."

유관사는 그 말을 기억해두었다가 그 때가 되어 [낙수를] 찾아가서 보았더니 정말로 그러했다. (『속현괴록』)

唐洛陽劉貫詞, 大曆中, 求丐於蘇州, 逢蔡霞秀才者精彩俊爽. 一相見, 意頗殷勤. 以兄呼貫詞. 旣而携羊酒來宴, 酒闌曰: "兄今汎游江湖間, 何爲乎?"曰: "求丐耳."霞曰: "有所抵耶? 汎行郡國耶?"曰: "蓬行耳."霞曰: "然則幾獲而止?"曰: "十萬."霞曰: "蓬行而望十萬, 乃無翼而思飛者也. 設令必得, 亦廢數年. 霞居洛中左右, 亦不貧, 以他故避地, 音問久絶. 意有所懇, 祈兄爲回. 途中之費, 蓬遊之望, 不擲日月而得, 如何?"曰: "固所願耳."霞於是遺錢十萬, 授書一緘. 白曰: "逆旅中遽蒙周念, 旣無形迹, 輒露心誠. 霞家長鱗蟲, 宅渭橋下, 合眼叩橋柱, 當有應者, 必邀入宅. 娘奉見時, 必請與霞少妹相見. 旣爲兄弟, 情不合疎. 書中亦令渠出拜, 渠雖年幼, 性頗慧聰, 使渠助爲主人. 百縑之贈, 渠當必諾." 貫詞遂歸.

到渭橋下, 一潭泓澄, 何計自達. 久之, 以爲龍神不當我欺, 試合眼叩之. 忽有一人應, 因視之, 則失橋及潭矣. 有朱門甲第, 樓閣參差. 有紫衣使拱立於前, 而問其意, 貫詞曰: "來自吳郡, 郎君有書."問者執書以入, 頃而復出曰: "太夫人奉屈."遂入廳中, 見太夫人者年四十餘, 衣服皆紫, 容貌可愛. 貫詞拜之, 太夫人答拜, 且謝曰: "兒子遠遊, 久絶音耗, 勞君惠顧, 數千里達書. 渠少失意上官, 其恨未減, 一從遁去, 三歲寂然. 非君特來, 愁緖猶積."言訖命坐, 貫詞曰: "郎君約爲兄弟, 小妹子卽貫詞妹也, 亦當相見."夫人曰: "兒子書中亦言. 渠略梳頭, 卽出奉見."俄有靑衣曰: "小孃子來."年可十五六, 容色絶代, 辨慧過人. 旣拜, 坐於母下. 遂命具饌, 亦甚精潔. 方對食, 太夫人忽眼赤, 直視貫詞. 女急曰: "哥哥憑來, 宜且禮待. 況令消患, 不可動搖."因曰: "書中以兄處分, 令以百縑奉贈. 旣難獨擧, 須使輕齎. 今奉一器, 其價相當, 可乎?"貫詞曰: "已爲兄弟, 寄一書札, 豈宜受其賜?"太夫人曰: "郎君貧遊, 兒子備述. 今副其請, 不可推辭."貫詞謝之, 因命取鎭國椀來. 又進食, 未幾, 太夫人復瞪視眼赤, 口兩角涎下. 女急掩其口曰: "哥哥深誠託人, 不宜如此."乃曰: "娘年高, 風疾發動, 祗對不得, 兄宜且出." 女若懼者. 遣靑衣持椀, 自隨而授貫詞曰: "此罽賓國椀, 其國以鎭災厲. 唐人得之, 固無所用. 得錢十萬, 可貨之, 其下勿鬻. 某緣娘疾, 須侍左右, 不遂從容." 再拜而入. 貫詞持椀而行, 數步回顧, 碧潭危橋, 宛似初到. 視手中器, 乃一黃色銅椀也, 其價只三五鐶耳, 大以爲龍妹之妄也.

執鬻於市, 有酬七百八百者, 亦酬五百者. 念龍神貴信, 不當欺人, 日日持行于市. 及歲餘, 西市店忽有胡客來, 視之大喜, 問其價, 貫詞曰: "二百緡." 客曰: "物宜所直, 何止二百緡? 且非中國之寶, 有之何益? 百緡可乎?" 貫詞以初約只爾, 不復廣求, 遂許之交受.

客曰: "此乃罽賓國鎭國椀也. 在其國, 大禳人患厄, 此椀失來, 其國大荒, 兵戈亂起. 吾聞爲龍子所竊, 已近四年, 其君方以國中半年之賦召贖. 君何以致之?" 貫詞具告其實, 客曰: "罽賓守龍上訴, 當追尋次, 此霞所以避地也. 陰冥吏嚴, 不得陳首, 藉君爲由送之耳. 殷勤見妹者, 非固親也, 慮老龍之噬, 或欲相啗, 以其妹衛君耳. 此椀旣出, 渠亦當來, 亦消患之道也. 五十日後, 漕洛波騰, 瀺灂晦日, 是霞歸之候也." 曰: "何以五十日然後歸?" 客曰: "吾携過嶺, 方敢來復." 貫記之, 及期往視, 誠然矣. (『續玄怪錄』)

421·4(5739)
위 씨(韋氏)

경조(京兆) 사람 위씨는 명문가의 딸로 무창(武昌) 사람 맹씨(孟氏) 에게 시집갔다. 당(唐)나라 대력연간(大曆年間: 766~779) 말에 맹씨 는 처남 위생(韋生)과 함께 관리로 선발되었는데, 위생은 양자현위(揚

子縣尉)에 제수되고 맹씨는 낭주(閬州) 녹사참군(錄事參軍)에 제수되어 서로 다른 길로 부임지로 갔다. 위씨는 남편을 따라 촉(蜀) 땅으로 들어갔는데 길이 좁아 수레가 통과할 수 없었다. 그래서 위씨는 말을 타고 남편을 따라갔는데, 낙곡구(駱谷口)에 이르렀을 때 갑자기 말이 놀라는 바람에 수백 장(丈)이나 되는 언덕 아래로 떨어졌다. 아래를 내려다보니 까마득하고 어두워서 사람이 들어갈 길이라곤 없었다. 맹생(孟生: 孟氏)은 슬피 울고 온 식구는 통곡했지만 어찌할 방법이 없어서 결국 제사를 지내고 상복을 입은 뒤 그녀를 버려두고 떠났다.

한편 위씨는 아래로 추락하면서 몇 장 높이로 쌓여 있는 마른 나뭇잎 위로 떨어진 덕분에 몸에는 다친 곳이 없었다. 처음에는 숨이 막혀 기절한 듯했으나 잠시 후에 깨어났다. 하루가 지나서 위씨는 몹시 배가 고프자 나뭇잎으로 눈을 싸서 먹었다. 또 옆을 보았더니 바위굴 하나가 있었는데 그 깊이를 알 수 없었다. 자기가 추락한 곳을 올려다보았더니 마치 커다란 우물 같았다. 위씨는 이젠 영락없이 죽었구나 하고 생각했다. 그때 갑자기 바위굴 속에서 등불 같은 광채 하나가 보였는데, 나중에 점점 더 커지더니 이내 두 개가 되었다. 점점 다가오기에 보았더니 바로 용의 눈이었다. 위씨는 너무 두려워서 바위벽에 바짝 기대어 서 있었다. 점점 밖으로 나온 용은 길이가 5~6장(丈)쯤 되었으며, 굴 옆에 이르더니 구멍을 솟구쳐 빠져나갔다. 잠시 후 또 두 개의 눈이 보이면서 다시 용 한 마리가 빠져나가려고 했다. 위씨는 어차피 죽을 바에야 차라리 용에게 당하는 것이 낫겠다 싶어, 용이 장차 빠져나가기를 기다렸다가 용을 끌어안고 올라탔다. 용은 아랑곳하지 않고 곧장 구멍 밖으로 도약하여 마침내 공중으로 솟구쳐 올랐다. 위씨는 감히 아래를 내려다보지 못한 채 용이 가는대로 맡겨두었다. 위씨는 반나절쯤 지난 것 같아 이미 만 리를 지났을 것이라고 생각하여, 한번 눈을 떠서 아래를 보았더니 용이 점점 밑으로 내려가고 있었으며 또 강과 초목이 보였다. 땅에서 4~5장쯤 떨어졌을 때 위씨는 용에게 업힌 채 강 속으로 들어가게 될까봐 두려워서 마침내 잡고 있던 용을 스스로 놓고 깊은 풀숲 위로 떨어졌다. 위씨는 한참 후에야 깨어났다. 위씨는 식사를 하지 못한지 이미 3~4일이 지났기 때문에 기력이 점점 쇠약해졌다. 천천히 걸어가다가 한 늙은 어부를 만났는데, 어부는 위씨가 사람이 아닌 줄 알고 놀랐다. 위씨가 이곳이 어디냐고 물었더니 어부가 말했다.

"여기는 양자현이오."

위씨는 속으로 기뻐하며 말했다.

"현성(縣城)까지는 몇 리나 떨어져 있습니까?"

어부가 말했다.

"20리 떨어져 있소."

위씨는 어부에게 자초지종을 자세히 말하고 아울러 배고프고 목마르다고 했다. 어부는 위씨가 불쌍하기도 하고 이상하기도 하여 배 안에 있던 차와 죽을 위씨에게 먹였다. 위씨가 물었다.

"이 현의 위소부(韋少府: 韋生. 少府는 縣尉의 별칭)는 부임했습니까?"

어부가 말했다.

"부임했는지 모르겠소."

위씨가 말했다.

"저는 위소부의 누나[원문은 '妹'라 되어 있으나 문맥상 '姊'가 타당함]입니다. 만약 저를 태워주신다면 현성에 이르러 틀림없이 후한 보답을 해드리겠습니다."

어부는 위씨를 배에 태워 현성의 문에 도착했다. 위소부는 이미 부임하여 며칠이 지난 뒤였다. 위씨는 현성 문에 이르러 어부를 보내 맹씨 집안의 십삼자(十三姊: 十三은 위씨 집안의 항렬)가 왔다고 알리게 했는데, 위생은 그 말을 믿지 않으며 말했다.

"십삼자는 맹랑(孟郎: 孟生)을 따라 촉 땅으로 들어갔는데 어떻게 난데없이 이곳에 올 수 있단 말인가?"

위씨는 어부로 하여금 [여기까지 오게 된] 자초지종을 자세히 말하게 했는데, 위생은 놀라기는 했지만 여전히 그다지 깊이 믿지는 않았다. 위생이 나와서 보았더니, 그의 누나가 통곡하면서 그간의 재앙을 말해주었는데, 파리하고 초췌한 몰골은 거의 말로 할 수 없을 정도였다. 위생이 그녀에게 머물면서 쉬게 했더니 얼마 후 건강이 회복되었다. 하지만 위생은 끝내 의심을 풀지 않았다. 며칠 뒤에 과연 촉 땅에서 [위씨가 죽었다는] 흉보가 도착하자, 위생은 그제야 모든 사정을 분명히 깨닫고 더욱 희비가 교차했다. 위생은 뒤늦게 어부에게 2만 냥을 사례하고 사람을 보내 누나를 촉 땅으로 보내주게 했다. [위씨를 만난] 맹씨는 더할 수 없이 슬프고 기뻤다.

수십 년 후에 위씨의 외사촌 동생 배강(裴綱)이 정원연간(貞元年間: 785~804)에 홍주(洪州) 고안현위(高安縣尉)로 있었는데, 그가 직접 그 일을 말해주었다. (『원화기』)

京兆韋氏, 名家女也, 適武昌孟氏. 唐大曆末, 孟與妻弟韋生同選, 韋生授揚子縣尉, 孟授閬州錄事參軍, 分路之官. 韋氏從夫入蜀, 路不通車輿. 韋氏乘馬從夫, 至駱谷口中, 忽然馬驚, 墜於岸下數百丈. 視之杳黑, 人無入路. 孟生悲號, 一家慟哭, 無如之何, 遂設祭服喪捨去.

韋氏至下, 墜約數丈枯葉之上, 體無所損. 初似悶絶, 少頃而甦. 經一日, 饑甚, 遂取木葉裹雪而食. 傍視有一巖磚, 不知深淺. 仰視墜('墜'字原闕, 據明鈔本補)處, 如大井焉. 分當死矣. 忽於巖谷中, 見光一點如燈, 後更漸大, 乃有二焉. 漸近, 是龍目也. 韋懼甚, 負石壁而立. 此龍漸出, 可長五六丈, 至穴邊, 騰孔而出. 頃又見雙眼, 復是一龍欲出. 韋氏自度必死, 寧爲龍所害, 候龍將出, 遂抱龍跨之. 龍亦不顧, 直躍穴外, 遂騰于空. 韋氏不敢下顧, 任龍所之. 如半日許, 意疑已過萬里, 試開眼下視, 此龍漸低, 又見江海及草木. 其去('去'字原闕, 據明鈔本補)地度四五丈, 恐負入江, 遂放身自墜, 落於深草之上. 良久乃甦. 韋氏不食, 已經三四日矣, 氣力漸憊. 徐徐而行, 遇一漁翁, 驚非其人. 韋氏問此何所, 漁翁曰: "此揚子縣." 韋氏私喜, 曰: "去縣幾里?" 翁曰: "二十里." 韋氏具述其由, 兼饑渴. 漁翁傷異之, 舟中有茶粥, 飮食之. 韋氏問曰: "此縣韋少府上未到(明鈔本無'到'字)?" 翁曰: "不知到未." 韋氏曰: "某卽韋少府之妹也. 倘爲載去, 至縣當厚相報." 漁翁與載至縣門. 韋少府已上數日矣. 韋氏至門, 遣報孟家十三姊, 韋生不信, 曰: "十三姊隨孟郎入蜀, 那忽來此?" 韋氏令具說此由, 韋生雖驚, 亦未深信. 出見之, 其姊號哭, 話其迍厄, 顔色痿瘁, 殆不可言. 乃舍之將息, 尋亦平復. 韋生終有所疑. 後數日, 蜀中凶問果至, 韋生意乃豁然, 方更悲喜. 追酬漁父二十千, 遣人送姊入蜀. 孟氏悲喜無極.

後數十年, 韋氏表弟裴綱, 貞元中, 猶爲洪州高安尉, 自說其事. (出『原化記』)

임 옥(任 頊)

　　당(唐)나라 [德宗] 건중연간(建中年間: 780~783) 초에 낙안현(樂安縣)에 임욱이란 사람이 있었는데, 그는 독서를 좋아하고 속세의 일을 좋아하지 않아 깊은 산속에 살면서 생을 마치겠다는 뜻을 지니고 있었다. 한번은 어느 날 임욱이 문을 닫아걸고 낮에 앉아 있을 때 어떤 노인이 찾아와서 문을 두드렸는데, 그 노인은 누런 옷을 입고 용모가 매우 수려했으며 지팡이를 끌며 왔다. 임욱은 노인을 맞이하여 함께 앉아 얘기를 나누었다. 한참이 지난 후에 임욱은 노인의 말이 어눌하고 의기소침한 것을 의아해하며 필시 몹시 좋지 않은 일이 있을 것이라고 생각하여 노인에게 물었다.

　　"어찌하여 그렇게 의기소침하십니까? 혹시 근심거리라도 있는 게 아닌지요? 그렇지 않다면 집안에 병자가 있어서 노인장이 깊이 걱정하시는 겝니까?"

　　노인이 말했다.

　　"정말 그렇소. 나는 그대가 물어주기를 애타게 기다린 지 오래되었소. 나는 사람이 아니라 용이오. 여기서 서쪽으로 1리 떨어진 곳에 커다란 못이 있는데, 나는 그곳에서 수백 년을 살고 있소. 그런데 지금 한 사람에게 고통을 받아 재앙이 곧 닥치려 하오. 그대가 아니면 나를 죽음에서 벗어나게 해줄 수 없기 때문에 이렇게 찾아와 삼가 호소하는 것이오. 그대가 지금 다행히도 나에게 물었기에 내가 말할 수 있었소."

　　임욱이 말했다.

"나는 속진(俗塵)에 있는 사람으로, 알고 있는 것이라곤 시서예악(詩書禮樂)뿐이며 다른 도술은 전혀 알지 못하니, 어떻게 노인을 재앙에서 벗어나게 해줄 수 있겠습니까?"

노인이 말했다.

"단지 내가 해주는 말 대로만 하면 되오. 다른 도술은 빌릴 필요도 없이 그저 수십 마디만 수고해주면 되오."

임욱이 말했다.

"그렇다면 가르쳐주시는 대로 하겠습니다."

노인이 말했다.

"이틀 뒤에 그대는 날 위해 새벽에 못가로 와주었으면 하오. 정오가 되었을 때 한 도사가 서쪽에서 올 터이니, 그가 바로 나에게 재앙을 끼칠 자이오. 도사는 틀림없이 나의 못 속의 물을 마르게 하고 나를 죽이려 할 것이오. 그대는 못의 물이 마르기를 기다렸다가 큰소리로 '천명이 있으니 황룡을 죽인 자는 죽게 되리라'고 외쳐야 하오. 말을 마치면 못의 물이 다시 가득 찰 것이오. 그러면 도사가 필시 또 도술을 부릴 것이니, 그대는 또 그렇게 외치시오. 그렇게 3번을 하면 나는 목숨을 보전할 수 있소. 내 반드시 후히 보답하겠소. 부디 다른 걱정은 하지 마시오."

임욱은 그렇게 하겠다고 허락했다. 이윽고 노인은 임욱에게 간절히 빌고 감사하며 한참을 있다가 떠나갔다.

이틀 뒤에 임욱이 산의 서쪽으로 갔더니 과연 커다란 못이 있자, 곧장 못가에 앉아서 기다렸다. 정오가 되자 갑자기 조각구름 하나가 서쪽에서 천천히 오더니 못 위로 내려왔다. 한 도사가 구름 속에서 내려왔는데, 헌걸차게 키가 커서 1장(丈)도 넘어 보였다. 그는 못가 언덕에 서더니 소매 속에서 검은 부적 몇 장을 꺼내 못 속에 던졌다. 잠시 후 못의 물이 모두 말라버리자 황룡 한 마리가 모래에 납작 붙은 채 몸을 숙이고 있는 것이 보였다. 그때 임욱이 즉시 큰소리로 외쳤다.

"천명이 있으니 황룡을 죽인 자는 죽게 되리라!"

말을 마치자 못의 물이 다시 넘쳐났다. 도사는 화를 내며 곧장 소매 속에서 단사(丹砂)로 글씨를 쓴 부적 몇 장을 못 속에 던졌다. 못의 물이 또 마르자 임욱이 즉시 이전처럼 벼락 치듯 외쳤더니 물이 다시 넘쳐났다. 도사는 몹시 화가 났다. 한 식경(食頃)쯤 지나서 도사가 붉은 부적 10여 장을 꺼내 공중을 향해 던지자, 그것들이 모두 붉은 구름으로 변하여 못으로 들어갔다. 못의 물이 곧바로 마르자 임욱이 이전처럼 외쳤더니 못의 물이 다시 넘쳐났다. 도사가 임욱을 돌아보며 말했다.

"나는 10년 만에 비로소 이 용을 잡아서 먹을 수 있게 되었는데, 그대는 도대체 어떤 선비이기에 이 이류(異類)를 구해주려 하는가?"

도사는 분노하며 몇 마디 꾸짖고는 떠나갔다.

임욱도 산속으로 돌아갔다. 그날 밤 임욱의 꿈에 이전의 그 노인이 찾아와서 감사하며 말했다.

"고맙게도 당신이 날 구해주셨소. 그렇지 않았다면 거의 도사의 손에 죽을 뻔했소. 진심으로 깊이 감사하는 마음을 어찌 천만 마디의 말로 다 할 수 있겠소! 지금 구슬 하나를 드릴 테니 못가 언덕에서 찾아보시오. 그것으로 후히 보답코자 하는 내 마음을 표시하려 하오."

임욱이 그곳으로 가서 찾아보았더니, 과연 직경이 1촌쯤 되는 구슬 한 알이 못가 언덕 풀 속에서 환하게 빛나고 있었는데, 아무도 알 수 없는 것이었다. 임욱은 나중에 그 구슬을 가지고[원문은 '特'이라 되어 있지만 '持'의 오기로 보임] 광릉시(廣陵市)로 갔는데, 어떤 호인(胡人)이 그것을 보고 말했다.

"이것은 진짜 여룡(驪龍)의 보주(寶珠)[전설상의 黑龍의 턱밑에 있다는 구슬. 驪龍之珠·驪珠라고도 함]인데 세상 사람들은 얻을 수 없는 것이오."

그리고는 수천만 냥으로 값을 치르고 그 구슬을 사갔다. (『선실지』)

唐建中初, 有樂安任頊者, 好讀書, 不喜塵俗事, 居深山中, 有終焉之志. 嘗一日, 閉關晝坐, 有一翁叩門來謁, 衣黃衣, 貌甚秀, 曳杖而至. 頊延坐與語. 旣久, 頊訝其言訥而色沮, 甚有不樂事, 因問翁曰: "何爲而色沮乎? 豈非有憂耶? 不然, 是家有疾而翁念之深耶?" 老人曰: "果如是. 吾憂俟子一問固久矣. 且我非人, 乃龍也. 西去一里有大湫, 吾家之數百歲. 今爲一人所苦, 禍且將及. 非子不能脫我死, 輒來奉訴. 子今幸問我, 故得而言也." 頊曰: "某塵中人耳, 獨知有詩書禮樂, 他術則某不能曉, 然何以脫翁之禍乎?" 老人曰: "但授我語. 非藉他術, 獨勞數十言而已." 頊曰: "願受敎." 翁曰: "後二日, 願子爲我晨至湫上. 當亭午之際, 有一道士自西來者, 此所謂禍我者也. 道士當竭我湫中水, 且屠我. 子伺其湫水竭, 宜厲聲呼曰: '天有命, 殺黃龍者死.' 言畢, 湫當滿. 道士必又爲術, 子因又呼之. 如是者三, 我得完其生矣. 必重報. 幸無他爲慮." 頊諾之. 已而祈謝甚懇, 久之方去.

後二日, 頊遂往山西, 果有大湫, 卽坐於湫旁以伺之. 至當午, 忽有片雲, 自西冉冉而降於湫上. 有一道士自雲中下, 頎然而長, 約丈餘. 立湫之岸, 於袖中出墨符數道投湫中. 頃之, 湫水盡涸, 見一黃龍, 帖然俯於沙. 頊卽厲聲呼: "天有命, 殺黃龍者死!" 言訖, 湫水盡溢. 道士怒, 卽於袖中, 出丹字數符投之. 湫水又竭,卽震聲呼, 如前詞, 其水再溢. 道士怒甚. 凡食頃, 乃出朱符十餘道, 向空擲之, 盡化爲赤雲, 入湫. 湫水卽竭, 呼之如前詞, 湫水又溢. 道士顧謂項曰: "吾一十年始得此龍爲食, 奈何子儒士也, 奚救此異類耶?" 怒責數言而去.

項亦還山中. 是夕, 夢前時老人來謝曰: "賴得君子救我. 不然, 幾死道士手. 深誠所感, 千萬何言! 今奉一珠, 可於湫岸訪之. 用表我心重報也." 項往尋之, 果得一粒徑寸珠, 於湫岸草中, 光耀洞澈, 殆不可識. 項後特至廣陵市, 有胡人見之曰: "此眞驪龍之寶也, 而世人莫可得." 以數千萬爲價而市之. (出『宣室志』)

421 · 6(5741)
조제숭(趙齊嵩)

[唐나라 德宗] 정원(貞元) 12년(796)에 조제숭은 성도현위(成都縣尉)로 제수되자, 행장을 꾸려 노복과 함께 공문서를 가지고 가서 부임하려 했다. 하지만 잔도(棧道)가 굉장히 위험하고 협소하여 말채찍이 작은 나뭇가지를 스쳤는데, 채찍 끝이 나무에 휘감기는 바람에 졸지에 벗어날 수 없게 된 상황에서 말이 멈추지 않아 결국 말에서 떨어지고 말았다. 나뭇가지가 부드럽고 잎이 연약하여 지탱해줄 수 없었으므로, 조제숭은 곧장 계곡 밑으로 떨어졌으나 다친 곳은 없었다. 위를 올려다보니 천 길 낭떠러지였고 옆에는 다른 길도 없었기에 이제는 꼼짝없이 죽었구나 하고 생각했다. 따라가던 노복들도 달리 방법이 없자 결국 관가에 그 사실을 알리고는 돌아갔다.

조제숭은 진퇴양난의 처지에서 빠져나갈 길이 없었다. 추락한 다음날 갑자기 천둥소리가 크게 들리기에 보았더니 하늘에서 비가 내릴 것 같았다. 잠시 후 석굴 안에서 구름이 뱅뱅 돌면서 나오더니 이윽고 구름을 따라 커다란 붉은 얼룩 뱀이 나타났는데, 굵기는 한 아름이나 되었고 비늘이 밝게 빛났다. 뱀이 머리를 흔들자 두 개의 뿔이 나왔고 몸을 꿈틀거리자 네 개의 발이 생겨났으며 지느러미와 수염을 급하게 떨치면서 머리와 꼬리를 흔들어댔는데, 알고 보니 용이었다. 조생(趙生: 趙齊嵩)은 속으로 이렇게 생각했다.

"내가 여기 있어도 죽고 용을 타고 나가도 죽을 것이니, 차라리 나가서 죽는 것이 낫겠다."

그리고는 용의 꼬리를 붙잡고 올라가 용의 몸에 달라붙자, 용은 구름을 타고 곧장 위로 솟구쳤는데 몇 천 길을 올라갔는지 알 수 없었다. 조생은 죽을 힘을 다해 용을 붙잡았다. 얼마 후 용은 하늘 한복판에 이르러 몸을 펼쳐 날아갔다. 조생은 그제야 용에 올라탈 수 있었지만 [그대로 가다가는] 필시 물에 빠져 죽을 것 같았다. 남쪽을 내려다보니 구름과 물이 한 빛깔이었는데 바로 남해(南海)였다. 조생은 다시 탄식했다.

"오늘 산에 묻히지 못하고 물에서 죽게 되는구나!"

용이 바다에 거의 도착할 즈음에 점점 낮게 날아 바다에서 100~200보쯤 떨어졌을 때, 조생은 용을 놓고 땅으로 몸을 던졌다. 해안에는 예전부터 갈대밭이 있었기 때문에 조생은 떨어졌지만 거의 다친 곳이 없었다. 반나절쯤 지나 조생은 길을 가다가 행인을 만났는데, 조생이 [이곳이 어디냐고] 물었더니 행인이 말했다.

"청원현(淸遠縣)이오."

그래서 현청(縣廳)을 찾아갔지만 [조생의 행적을] 증명해줄 시종도 없었기에 사람들이 믿지 않았으므로 그간의 사정을 털어놓을 수 없었다. 조생은 하는 수 없이 터덜터덜 장안(長安)으로 갔다.

한 달 넘게 걸려 집에 도착해서 보니, 집에서는 막 삼칠재(三七齋: 망자의 혼령을 遷度하기 위해 지내는 49齋의 세 번째 7일간의 기간)를 올리느라 스님들이 많이 모여 있었다. 그들은 난데없이 조생이 찾아온 것을 보고 모두들 놀라 두려워하면서 달아나며 말했다.

"혼령이 돌아왔다!"

조생이 문 앞에 앉자 처자식들도 그가 다시 살아난 것을 두려워하며 말했다.

"햇볕 아래에서 걸어보시오. 그림자가 생기는지 안 생기는지 봅시다."

조생은 식구들이 의심하는 것에 화가 나서 햇볕 아래에서 걸으려 하지 않았다. 그러자 먼 친척이 말했다.

"햇볕 아래에서 걸으려 하지 않는다면 귀신임에 틀림없소."

그들은 또 조생이 말하는 것을 듣고는 여전히 이렇게 말했다.

"이건 바로 귀신의 말이오."

한참 후에 조생이 그간의 일을 스스로 말해주고 나서야 사람들은 크게 기뻐했다. 위험한 길을 가는 사람 중에 말 탄 자는 [이 일을] 경계로 삼을 만하다. ([『박이지』])

貞元十二年, 趙齊嵩選授成都縣尉, 收拾行李兼及僕從, 負箚以行, 欲以赴任. 然棧道甚險而狹, 常以馬鞭拂小樹枝, 遂被鞭梢緻樹, 猝不可脫, 馬又不住, 遂隆馬. 枝柔葉軟, 不能碍鞍, 直至谷底, 而無所損. 視上直千餘仞, 旁無他路, 分死而已. 所從僕輩無計, 遂聞於官而歸.

趙子進退無路. 墜之翌日, 忽聞雷聲殷殷, 乃知天欲雨. 須臾, 石窟中雲氣相旋而出, 俄而隨雲有巨赤斑蛇, 盛合拱, 鱗甲煥然. 擺頭而雙角出, 蜿身而四足生, 奮迅鬐鬣, 搖動首尾, 乃知龍也. 趙生自念曰: "我住亦死, 乘龍出亦死, 寧出而死." 攀龍尾而附其身, 龍乘雲直上, 不知幾千仞. 趙盡死而攀之. 旣而至中天, 施體而行. 趙生方得跨之, 必死於泉矣. 南視見雲水一色, 乃南海也. 生又歎曰: "今日不葬於山, 卒於泉矣!" 而龍將到海, 飛行漸低, 去海一二百步, 捨龍而投諸地. 海岸素有蘆葦, 雖墮而靡有所損. 半日, 乃行路逢人, 問之, 曰: "淸遠縣也." 然至於縣, 且無伴從憑據, 人不之信, 不得繾綣. 迤迎以至長安.

月餘日, 達舍, 家內始作三七齋, 僧徒大集. 忽見趙生至, 皆驚恐奔曰: "魂來歸!" 趙生當門而坐, 妻孥輩亦恐其有復生, 云: "請於日行. 看有影否." 趙生怒其家人之詐恐, 不肯於日行. 踈親曰: "若不肯日中行, 必是鬼也." 見趙生言, 猶云: "乃鬼語耳." 良久, 自敘其事, 方大喜. 行於危險, 乘騎者可以爲戒也. (原闕出處, 明鈔本作'出『博異志』')

태평광기 권제 422 용 5

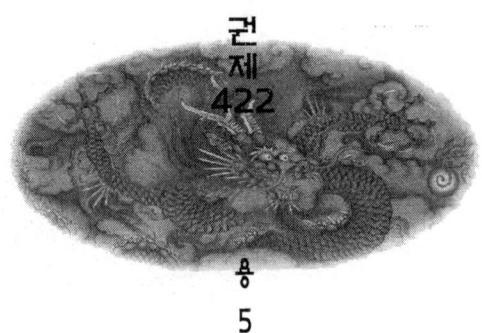

1. 허한양(許漢陽)
2. 유우석(劉禹錫)
3. 주한(周邯)
4. 자주용(資州龍)
5. 위사공(韋思恭)
6. 노원유(盧元裕)
7. 노한(盧翰)
8. 이수(李修)
9. 위유(韋宥)
10. 척목(尺木)
11. 사씨자(史氏子)

422 · 1(5742)
허한양(許漢陽)

　허한양은 본래 여남(汝南) 사람이다. [唐나라] 정원연간(貞元年間: 785~804)에 허한양은 배를 타고 홍주(洪州)와 요주(饒州) 일대를 돌아다녔는데, 어느 날 해질 무렵에 물살이 갑자기 급해지는 바람에 결국 작은 포구를 찾아 들어가게 되었다. 그런데 뜻하지 않게 3~4리를 더 가 한 호수의 중심에 이르렀는데, 호수는 넓었지만 물의 깊이는 2~3척밖에 되지 않았다. 허한양은 다시 북쪽으로 1리 남짓 배를 몰아 가다가 호수가 기슭에 대나무가 빽빽하게 자라 있는 것을 보고 그곳에다 배를 댔다. 호수가 기슭을 향해 다가가다 보니 아주 화려한 집이 한 채 있었는데, 거기서 검은 머리를 양쪽으로 틀어 올리고 옥같이 흰 얼굴을 한 하녀 두 명이 배를 바라보며 웃고 있었다. 허한양이 의아해하면서 하녀들에게 농담을 건네자, 여자들은 다시 크게 웃더니 몸을 돌려 집안으로 들어갔다. 허한양은 옷매무새를 단정히 하고 기슭으로 올라가 명함을 건네며 만나기를 청했다. 허한양이 채 몇 걸음도 가지 않았을 때 하녀들이 그를 집 안채로 데리고 들어가더니 이렇게 말했다.

　"여랑(女郎)들께서 옷을 갈아입고 계십니다."

　잠시 뒤에 하녀가 허한양에게 중문(中門)으로 들어가라고 했다. 중문에 들어서서 보았더니, 정원 가득 큰 못이 있었고 못에는 연꽃과 마름이 향기롭게 피어 있어서 연못 주위가 벽옥(碧玉)처럼 환하게 빛났다. 연못 위에는 무지개다리 두 개가 남북을 잇고 있었다. 북쪽에 커다란 누각이 있었는데, 허한양이 계단에 올라서서 보았더니 백금(白金: 銀) 글씨로 '야명궁(夜明宮)'이라 적혀 있었다. 야명궁 주위에는 기이한 꽃과 과실수가 빽빽하게 자라 구름까지 이어져 있었다. 하녀가 허한양을 데리고 누각의 1층에 올라서자 그곳에 있던 6~7명의 하녀들이 허한양을 보고 줄지어 절을 했다. 하녀가 허한양을 데리고 다시 2층에 올라갔는데, 허한양은 이곳에서 비로소 6~7명의 여랑을 만날 수 있었다. 여랑들은 허한양이 일찍이 본 적이 없는 미녀들이었다. 여랑들이 허한양에게 인사하며 그곳까지 오게 된 경위를 묻자 허한양은 뜻하지 않게 그곳에 오게 된 이유를 자세하게 말해주었다. 여랑들이 인사를 하고 자리에 앉자 하녀들이 음식을 차려왔는데, 그릇들이 일찍이 인간세상에서 본 적이 없는 것이었다. 여랑들은 음식을 다 먹고 나서 술을 가져오라고 했다. 뜰에는 높이가 몇 장이나 되는 특이한 나무가 있었는데, 줄기와 가지는 오동나무처럼 생겼고 잎은 파초처럼 생겼다. 또 나무 위에는 아직 피지 않은 붉은 꽃이 있었는데, 술잔처럼 생긴 꽃송이가 술자리를 향해 있었다. 한 여랑이 술을 마시면서 하녀에게 앵무새처럼 생긴 새 한 마리를 들어서 술좌석 앞의 난간 위에 놓으라고 했다. 새가 한번 소리 내어 울자 나무 위의 꽃이 일시에 피었는데, 그 향기가 사람의 코를 찔렀다. 각각의 꽃송이 안에는 1척 남짓 되는 키의 미인들이 곱고 우아한 자태로 옷자락을 잡고 있었는데, 각자 나름대로 풍취가 있었다. 온갖 악기가 모두 갖추어지자 미인들이 재배를 올렸다. 여랑이 술잔을 들자 온갖 악기들이 일제히 연주되기 시작했는데, 맑고 영롱한 소리가 아득하게 들리는 것이 마치 신선세계에 있는 것 같았다.

술잔이 겨우 한번 돌았을 때 날이 저물어서 달빛이 밝게 빛났다. 여랑들이 나누는 말이 하나같이 인간세상의 일이 아니었기 때문에 허한양은 알아들을 수가 없었다. 가끔 허한양이 인간 세상의 일로 쟁론했지만, 여랑들은 거기에 대해서 전혀 대꾸하지 않았다. 그들은 이경(二更)까지 즐겁게 술을 마셨는데, 술자리가 파하자 나무 위의 꽃송이들이 모두 연못에 떨어졌으며 미인들도 이때 연못 속으로 떨어져 온데간데없이 사라졌다. 한 여랑이 문서 한 권을 꺼내 허한양에게 보여주기에 읽어보았더니 다름 아닌「강해부(江海賦)」였다. 여랑이 허한양에게 읽어보라고 하자 허한양은 처음부터 끝까지 한번 읽었다. 그러자 여랑도 자청하여「강해부」를 한번 낭독하더니 하녀에게 가져가게 했다. 한 여랑[원문에는 '女郞'이라 되어 있는데, '女郞'의 誤記로 보임]이 다른 여랑들과 허한양에게 이렇게 말했다.

"제가「감회(感懷)」시 한 수를 지었는데 한번 외어보았으면 합니다."

여랑들과 허한양이 "좋다"고 하자, 여랑은 다음과 같이 읊었다.

> 해문(海門: 長江으로 들어가는 해안의 북쪽 기슭에 위치해 있음)에서 동정호(洞庭湖)까지 이어진 길,
> 한번 갈 때마다 삼천리라네.
> 십 년에 한번 고향에 돌아오지만
> 소수(瀟水)와 상수(湘水) 사이에서 고생하네.

그 여랑은 하녀에게 권축(卷軸)과 붓, 벼루를 가져오라고 하더니 허한양에게 적어 달라고 청했다. 허한양이 권축을 펼쳐 놓고 보았더니, 황

금 꽃무늬 바탕에 은색 글씨가 새겨져 있었다. 권축의 크기는 두공(斗拱)만했으며 이미 글씨가 반 정도 적혀 있었다. 그 붓을 보았더니 붓대는 백옥(白玉)으로 되어 있었고, 벼루와 함은 벽옥(碧玉)과 유리(玻璃)로 만들어져 있었으며, 벼루 안에는 은빛 물이 갈아져 있었다. 허한양이 시를 다 써넣자, 여랑은 그의 이름을 적어 넣게 했다. 허한양이 권축을 앞으로 펼쳐 보았더니, 이미 몇 수의 시가 적혀 있었고 모두 수결한 사람의 이름이 적혀 있었는데, 중방(仲方)·무자(巫者)·조양(朝陽) 등의 이름은 있었지만 성씨는 보이지 않았다. 여랑은 마침내 권축을 거두어들였다. 허한양이 말했다.

"화답할 시 한 편이 있는데, 그 시 뒤에 이어서 적어도 되겠습니까?"

여랑이 말했다.

"안됩니다. 매번 돌아가서 부모님과 형제에게 이 권축을 보여드리는데, 다른 사람의 시는 섞고 싶지 않습니다."

허한양이 말했다.

"조금 전에 제 이름을 수결했는데, 이것은 괜찮습니까?"

여랑이 말했다.

"그것은 별개의 일로 당신이 알 바 아닙니다."

사경이 이미 지난 지라 여랑들은 자리를 정리하라고 했다. 급히 자리를 정리하던 중에 한 하녀가 말했다.

"당신은 배로 돌아가십시오."

허한양이 자리에서 일어서자, 여랑들이 말했다.

"여행 중에 이렇게 손님을 모실 수 있어 기쁘기는 하지만 정중하게 대접하지 못했습니다."

허한양은 못내 아쉬워하면서 그녀들과 이별하고 배로 돌아왔는데, 갑자기 큰바람이 불고 구름이 검게 변하더니 몇 촌 이내의 사방이 어두컴컴해졌다. 허한양이 날이 밝은 뒤에 어제 밤에 술을 마셨던 곳으로 가 보았더니 수풀과 나무만 덩그러니 있을 뿐이었다.

　허한양은 닻을 풀고 배를 몰아 어제 밤에 지나왔던 여울입구로 나가 보았다. 강 언덕의 인가에 십수 명의 사람들이 모여 있었는데, 심상치 않은 일이 있는 것 같아 허한양은 곧장 배를 정박하고 그곳으로 가서 무슨 일인지 알아보았다. 사람들이 말했다.

　"강어귀에서 네 사람이 익사했는데, 이경이 지난 뒤에 건져내었습니다. 세 사람은 이미 죽었고 한 사람은 죽은 것 같으면서도 아직 죽지 않았습니다. 여자 무당이 버들개지를 물에 적셔 뿌리고 주문을 왼 지 한참 만에 말을 할 수 있었는데, 이렇게 말했습니다.

　'어제 밤에 물 속 용왕의 딸과 자매 6~7명이 집으로 돌아가는 길에 동정호(洞庭湖)를 지나다가 밤에 이곳에서 잔치를 열었는데, 우리 네 사람을 데려가 술을 만들었습니다. 그런데 손님[原文에는 "掾"이라 되어 있지만, "緣"의 誤記로 보임]이 적어서 술을 많이 필요로 하지 않았기 때문에 저는 살아날 수 있었습니다.'"

　허한양은 이상한 생각이 들어 [살아난 사람에게] 이렇게 물어보았다.

　"손님의 이름이 무엇이었습니까?"

　그러자 이렇게 대답했다.

　"어떤 서생이었는데, 이름은 기억나지 않습니다."

　또 [살아난 사람이] 이렇게 말했다.

　"하녀들의 말에 따르면 여랑들은 인간세상의 글을 무척 좋아했지만 얻지 못해 늘 한 서생을 모셔 글을 짓게 하려고 했는데, 방법이 없었다고 했습니다."

허한양이 다시 물었다.

"지금 그 서생은 어디에 있습니까?"

[그러자 그 사람이 대답했다.]

"이미 배를 타고 떠나갔습니다."

허한양이 어제 밤의 일과 「감회시」를 생각해보았더니 살아난 사람의 말과 모두 맞아 떨어졌다. 허한양은 그저 묵묵히 배로 돌아왔는데, 갑자기 속이 불편하더니 몇 되의 선혈을 토해내었다. 허한양은 그제야 어제 밤에 마신 술이 모두 사람의 피였음을 알게 되었다. 허한양은 그로부터 3일 뒤에야 비로소 속이 편안해졌다. (『박이지』)

許漢陽, 本汝南人也. 貞元中, 舟行於洪・饒間, 日暮, 江波急, 尋小浦路入. 不覺行三四里, 到一湖中, 雖廣而水纔三二尺. 又北行一里許, 見湖岸竹樹森茂, 乃投以泊舟. 漸近, 見亭宇甚盛, 有二靑衣雙鬟方䰂, 素面如玉, 迎舟而笑. 漢陽訝之, 而調以游詞, 又大笑, 復走入宅. 漢陽束帶, 上岸投謁. 未行三數步, 靑衣延入宅內廳, 揖坐, 云: "女郎易服次." 須臾, 靑衣命漢陽入中門. 見滿庭皆大池, 池中荷芰芬芳, 四岸斐如碧玉. 作兩道虹橋, 以通南北. 北有大閣, 上階, 見白金書曰'夜明宮'. 四面奇花果木, 森聳連雲. 靑衣引上閣一層, 又有靑衣六七人, 見者列拜. 又引第二層, 方見女郎六七人. 目未嘗覩. 皆拜問所來, 漢陽具述不意至此. 女郎揖坐訖, 靑衣具飮食, 所用皆非人間見者. 食訖命酒. 其中有奇樹高數丈, 枝幹如梧, 葉似芭蕉. 有紅花滿樹未吐, 盎如杯, 正對飮所. 一女郎執酒, 命一靑衣捧一鳥如鸚鵡, 置飮前欄干上. 叫一聲, 而樹上花一時開, 芳香襲人. 每花中有美人長尺餘, 婉麗之姿, 掣曳之服, 各稱其質. 諸樂絃管盡備, 其人再拜. 女郎擧酒, 衆樂俱作, 蕭蕭泠泠, 窅(陳校本'窅'作'杳')如神仙.

纔一巡, 已夕, 月色復明. 女郎所論, 皆非人間事, 漢陽所不測. 時因漢陽以人事辯之, 則女郎一無所酬答. 歡飲至二更, 筵宴已畢, 其樹花片片落池中, 人亦落, 便失所在. 一女郎取一卷文書以示, 漢陽覽之, 乃「江海(陳校本'海'作'女')賦」. 女郎令漢陽讀之, 遂爲讀一遍. 女郎又請自讀一遍, 命青衣收之. 一女卽謂諸女郎, 兼語漢陽曰: "有「感懷」一章, 欲請誦之." 女郎及漢陽曰: "善." 及吟曰: "海門連洞庭, 每去三千里. 十載一歸來, 辛苦瀟·湘水." 女郎命青衣取諸卷, 兼筆硯, 請漢陽與錄之. 漢陽展卷, 皆金花之素, 上以銀字札之. 卷大如拱斗, 已半卷書過矣. 觀其筆, 乃白玉爲管, 硏乃碧玉, 以玻璃爲匣, 硏中皆硏銀水. 寫畢, 令以漢陽之名押之. 展向前, 見數首, 皆有人名押署, 有名仲方者, 有名巫者, 有名朝陽者, 而不見姓. 女郎遂收索卷. 漢陽曰: "有一篇欲奉和, 擬繼此可乎?" 女郎曰: "不可. 此亦每歸呈父母兄弟, 不欲雜爾." 漢陽曰: "適以弊名押署, 復可乎?" 曰: "事別, 非君子所諭." 四更已來, 命悉收拾. 揮霍次, 一青衣曰: "郎可歸舟矣." 漢陽乃起, 諸女郎曰: "忻此旅泊接奉, 不得鄭重耳." 恨恨而別, 歸舟忽大風, 雲色陡暗, 寸步黯黑. 至平明, 觀夜來飮所, 乃空林樹而已.

漢陽解纜, 行至昨晚瀘口. 江岸人家, 見十數人, 似有非常, 因泊舟而訊. 人曰: "江口溺殺四人, 至二更後, 却撈出. 三人已卒, 其一人, 雖似死而未甚. 有巫女以楊柳水灑拂禁咒, 久之能言曰: '昨夜水龍王諸女及姨姊妹六七人歸過洞庭, 宵宴於此, 取我輩四人作酒. 掾客少, 不多飮, 所以我却得來.'" 漢陽異之, 乃問曰: "客者謂誰?" 曰: "一措大耳, 不記姓名." 又云: "青衣言, 諸小娘子苦愛人間文字, 不可得, 常欲請一措大文字而無由." 又問: "今在何處?" "已發舟也." 漢陽乃念昨宵之事, 及感懷之什, 皆可驗也. 漢陽默然而歸舟, 覺腹中不安, 乃吐出鮮血數升. 知悉以人血爲酒爾. 三日方平. (出『博異志』)

422 · 2(5743)
유우석(劉禹錫)

　당(唐)나라 연주자사(連州刺史) 유우석은 정원연간(貞元年間: 785~804)에 형택(滎澤)에 기거했다. 그가 초여름에 혼자 수풀 속의 정자에 앉자니 갑자기 순식간에 큰 비가 내리면서 천지가 어두컴컴해졌다가 한참 뒤에야 구름이 걷히고 날씨가 개었다. 그런데 유독 정자에 있는 살구나무에 낀 구름만이 흩어지지 않고 그대로 있었다. 유우석이 가서 나무 아래를 살펴보았더니 자라나 거북처럼 생긴 한 물체가 있었는데, 비린내가 아주 역하게 났고 그 크기가 다섯 말은 들어갈 만 한 솥만했다. 유우석이 기와를 주워 던지자 물체는 천천히 계단 위로 올라가더니 처마 기둥아래에서 멈춰 섰다. 유우석은 물러나 평상 아래에 서서 지팡이를 짚고 살펴보았다. 그 물체는 기둥 끝을 바라보더니 앞발로 기둥 가운데를 파내기 시작했다. 그러자 천둥소리가 크게 한번 나더니 집기와가 어지러이 날리면서 아래로 떨어졌고, 정자의 동쪽 벽 아래 위가 금이 가면서 1장 남짓 갈라졌다. 그 일이 있기 얼마 전에 정자 동쪽에 자주색 꽃의 목숙(苜蓿: 콩과에 속하는 일년생 식물)이 몇 마지기에 걸쳐 피었는데, 유우석은 바로 그때에 그 틈사이로 저 멀리 피어있는 목숙을 또렷이 보았다. 천둥이 그치자 그 물체도 사라졌고, 동쪽 벽에 난 틈새도 본래대로 다시 붙었다. 유우석이 급히 가서 보았더니 목숙은 원래 그대로

였으며, 동쪽 벽에는 갈라진 틈이라곤 찾아볼 수 없었다. (『집이기』)

　唐連州刺史劉禹錫, 貞元中, 寓居滎澤. 首夏獨坐林亭, 忽然間大雨, 天地昏黑, 久方開霽. 獨亭中杏樹, 雲氣不散. 禹錫就視樹下, 有一物形如龜鱉, 腥穢頗甚, 大五斗釜. 禹錫因以瓦礫投之, 其物卽緩緩登塔, 止于簷柱. 禹錫乃退立於牀下, 支策以觀之. 其物仰視柱杪, 欿以前趾, 抉去半柱. 因大震一聲, 屋瓦飛紛亂下, 亭內東壁, 上下罅裂丈許. 先是亭東紫花苜蓿數畝, 禹錫時於裂處, 分明遙見. 雷旣收聲, 其物亦失, 而東壁之裂, 亦已自吻合矣. 禹錫亟視之, 苜蓿如故, 壁曾無動處. (出『集異記』)

422 · 3(5744)
주 한(周 邯)

　[唐나라] 정원연간(貞元年間: 785~804)에 주한이라는 처사(處士)가 있었는데, 그는 박학다식한 준재였다. 어느 날 한 이족(異族)이 열네댓 살 된 노비 한 명을 판다기에 보았더니, 아주 슬기롭고 영리해 보였다. 그 이족 사람의 말에 따르면 이 노비는 수영을 아주 잘해 물 속에서도 마치 평지를 걷는 듯 하고 잠수를 시키면 온종일 물 속에 있어도 전혀 고통을 모른다고 했다. 또 촉(蜀) 땅에 있는 계곡이나 물가는 가보지 않은 곳이 없다고 했다. 그리하여 주한은 노비를 사서 '수정(水精)'이라 이름을 고치고 그의 능력을 남달리 여겼다. 주한은 촉 땅에서 배를 타고 삼협(三峽: 瞿塘峽·巫峽·西陵峽을 말하는데, 四川省이나 湖北

省으로 가려면 반드시 이곳을 지나야만 함)을 지나 강릉(江陵: 湖北省에 위치함)에 도착했는데, 구당(瞿塘)과 염여(艶澦: 艶澦堆, 일명 淫澦堆라고도 하는데, 四川省 瞿塘峽의 상류에 위치함)를 지날 때 수정을 시켜 물의 깊이가 얼마나 되는지 알아보게 했다. 수정은 물에 들어간 지 얼마 안 되어 금과 은, 기물들을 많이 가지고 나왔다. 주한은 몹시 기뻐하며 깊은 물이나 골짜기를 만날 때마다 배를 대놓고 수정에게 들어가 물밑을 탐색해보게 했는데, 그때마다 보물을 얻을 수 있었다. 주한은 장강(長江)을 따라 내려가 강도(江都: 揚州)로 가는 길에 우저기(牛渚磯: 采石磯라고도 함)를 지나게 되었다. 예로부터 우저기는 장강에서 가장 깊은 곳으로, [晉나라의] 온교(溫嶠)가 무소뿔을 태워 물 속의 괴물들을 비추어 보았다는 그곳이다. 주한은 수정에게 다시 물 속으로 들어가 보라고 했다. 잠시 뒤에 수정은 보옥을 가지고 나오면서 다음과 같이 말했다.

"물 속에 많은 괴물들이 있는데, 그 모습을 설명할 길이 없습니다. 괴물들은 모두 눈을 부라리며 삿대질을 했는데, 가까스로 화를 피해 나왔습니다."

이로 인해 주한은 큰 부자가 되었다.

그로부터 몇 년이 흘러 주한은 상주목(相州牧)으로 있는 친구 왕택(王澤)을 찾아 하북(河北)으로 갔다. [주한을 만난] 왕택은 몹시 기뻐하면서 하루도 거르지 않고 주한과 함께 여기저기 돌아다니며 잔치를 열었다. 그리하여 두 사람은 함께 상주 북쪽의 후미진 곳에 있는 팔각정(八角井)까지 가게 되었다. 그 우물은 천연 반석 위에 벽돌을 팔각형으로 쌓아 만든 것인데, 너비가 3장 남짓 되었다. 팔각정은 날이 저물면

구름과 연기가 자욱하게 끼어 백여 보 밖까지 퍼졌고, 그믐 날 밤에는 붉은 불꽃같은 광채가 1000척(尺) 넘게 비쳐 주위의 사물을 대낮처럼 환하게 비추었다. 노인들의 말에 따르면 금룡(金龍)이 바닥에 숨어 있는데, 간혹 가뭄이 들었을 때 기도하면 매우 효험이 있었다고 했다. 왕택이 말했다.

"이 우물 안에도 귀한 보물이 있을 텐데, 보물이 정말 있는지 없는지 알아낼 방법이 없군."

주한이 웃으면서 말했다.

"그것은 아주 쉽지."

그리고는 수정에게 이렇게 명령했다.

"너는 나를 위해 이 우물 바닥에 들어가서 어떤 괴물이 있는지 살펴보거라. 여기 왕택 어르신도 틀림없이 네게 상을 내릴 것이다."

수정은 이미 오랫동안 물 속에 들어가지 않았기 때문에 매우 기뻐하면서 옷을 벗고 물 속으로 들어갔는데, 한참 만에 나와서 주한에게 이렇게 말했다.

"아주 커다란 누런 용이 있는데, 비늘이 황금색이며 명주(明珠) 몇 알을 안고 깊이 잠들어 있었습니다. 제가 그 명주를 빼앗으려 했지만 칼이 없어서 그렇게 하지 못했습니다. 또 용이 갑자기 깨어날까 무서워서 감히 건드리지 못했습니다. 만약 날카로운 칼 한 자루만 있다면 용이 깨어난다 하더라도 두려워하지 않고 베어버릴 수 있습니다."

주한과 왕택은 몹시 기뻐했다. 왕택이 말했다.

"내게 검 한 자루가 있는데, 보통 귀한 보물이 아니다. 너는 이것을 가지고 들어가 명주를 빼앗아 오너라."

수정은 술을 마시고 검을 찬 뒤에 물 속으로 들어갔다. 잠시 뒤에 사방에서 구경꾼들이 몰려들어 담을 두른듯 에워 샀다. 그런데 갑자기 수정이 우물에서 수백 보(步) 밖으로 튕겨 나오더니, 이어서 길이가 수백 척이나 되는 금룡이 나왔는데, 발톱과 비늘이 모두 예리했다. 용은 공중에서 수정을 낚아채서 다시 우물 속으로 들어갔다. 이 광경을 본 좌우의 구경꾼들은 두려움에 떨면서 감히 더 이상 가까이 가서 보지 못했다. 주한은 수정을 잃어버린 것을 슬퍼했고, 소택은 보검을 잃어버린 것을 한스럽게 생각했다.

잠시 뒤에 한 노인이 왔는데, 갈색 갖옷을 입고 있었고 그 모습도 아주 예스러웠다. 그는 왕택을 뵙고 이렇게 아뢰었다.

"나는 토지신(土地神)인데, 사군(使君: 刺史나 太守에 대한 존칭)께서는 어찌하여 우리 백성들을 이렇게 소홀히 대하는 것이오? 이 우물에 사는 금룡은 바로 상현(上玄: 上天)의 사자로, 벽옥을 관장하면서 비를 내려 이곳을 윤택하게 하고 있소. 그대는 어찌하여 하찮은 미물이 하는 말만 믿고 용이 잠자는 틈을 이용해 명주를 빼앗으려 했소? 용이 갑자기 진노하면 신통력을 부려 천관(天關: 天門)을 뒤흔들고 지축을 흔들며 산악을 치고 언덕을 부수어서 백리 안에 있는 땅은 모두 강과 호수로 바뀌고, 많은 사람들은 물고기와 자라의 밥이 되게 할 것이니, 그대의 친척인들 어찌 목숨을 보전할 수 있겠소? 옛날 종리(鐘離: 鐘離意. 漢나라 明帝가 탐관오리의 재산을 몰수하여 신하들에게 나누어주자, 종리의는 더러운 재물을 받을 수 없다고 하면서 받지 않았다고 함)는 진기한 보물을 아까워하지 않았고, 맹상(孟嘗: 孟嘗은 後漢의 上虞사람으로, 合浦의 太守로 부임했는데, 合浦는 옛날부터 진주가 많이 나는 곳으로 유명했기 때문에 부임 태수들마다 백성들을 시켜서 진주를 캐오게 했음. 결국 진주가 다른 곳으로 옮겨가 合浦의 길에 굶주린 백성들이 넘쳐나게 되었는데, 맹상이 부임하여 1년 안에 이러한 풍기를 일신하자 떠나갔던 진주가 다시 合浦로 돌아왔다고 함)은 합포주로 하여금 스스로 돌아오게 했는데, 그대는 어찌하여 그들은 본받지 않고 탐욕스런 마음을 거리낌 없이 드러내며 교활한 이들을 부려서 함부로 명주를 취하려고 하셨소? 지금 금룡은 이미 수정의 몸을 먹어서 명주를 더 단련시켰소."

그 말에 왕택은 몹시 부끄러워하면서 아무런 대꾸도 하지 못했다. 그러자 노인이 또 말했다.

"그대는 빨리 잘못을 뉘우치고 금룡에게 기도하여 더 이상 용을 화나게 하지 마시오."

노인은 말을 마치고는 홀연히 사라졌다. 왕택은 곧장 희생물을 갖추어서 금룡에게 제사지냈다. (『전기』)

貞元中, 有處士周邯, 文學豪俊之士也. 因彝人賣奴, 年十四五, 視其貌甚慧黠. 言善入水, 如履平地, 令其沉潛, 雖經日移時, 終無所苦. 云, 蜀之溪壑潭洞, 無不屆也. 邯因買之, 易其名曰'水精', 異其能也. 邯自蜀乘舟下峽, 抵江陵, 經瞿塘艷澦, 遂令水精沉而視其邃遠. 水精入, 移時而出, 多探金銀器物. 邯喜甚, 每艤船於江潭, 皆令水精沉之, 復有所得. 沿流抵江都, 經牛渚磯. 古云最深處, 是溫嶠燃犀照水怪之濱. 又使沒入. 移時復得寶玉, 云:"甚有水怪, 莫能名狀. 皆怒目戟手, 身僅免禍." 因茲邯亦至富贍.

後數年, 邯有友人王澤, 牧相州, 邯適河北而訪之. 澤甚喜, 與之遊宴, 日不能

暇. 因相與至州北隅八角井. 天然盤石, 而毉成八角焉, 濶可三丈餘. 且暮煙雲翁
鬱, 漫衍百餘步, 晦夜, 有光如火紅射出千尺, 鑒物若晝. 古老相傳云, 有金龍潛
其底, 或亢陽禱之, 亦甚有應. 澤曰: "此井應有至寶, 但無計而究其是非耳." 邯
笑曰: "甚易." 遂命水精曰: "汝可與我投此井到底, 看有何怪異. 澤亦當有所賞
也." 水精已久不入水, 忻然脫衣沉之, 良久而出, 語邯曰: "有一黃龍極大, 鱗如
金色, 抱數顆明珠熟寐. 水精欲劫之, 但手無刃. 憚其龍忽覺, 是以不敢觸. 若得
一利劍, 如龍覺, 當斬之無憚也." 邯與澤大喜. 澤曰: "吾有劍, 非常之寶也. 汝
可持往而劫之." 水精飲酒伏劍而入. 移時, 四面觀者如堵. 忽見水精自井面躍出
數百步, 續有金龍('龍'原作'手', 據陳校本改)亦長數百尺, 爪甲鋒穎. 自空挐攫
水精, 却入井去. 左右慴慄, 不敢近覷. 但邯悲其水精, 澤恨失其寶劍.

逡巡, 有一老人, 身衣褐裘, 貌甚古朴. 而謂澤曰: "某土地之神, 使君何容易
而輕其百姓? 此穴金龍, 是上玄使者, 宰其瑰璧, 澤潤一方. 豈有信一微物, 欲因
睡而劫之? 龍忽震怒, 作用神化, 搖天關, 擺地軸, 搥山岳而碎丘陵, 百里爲江湖,
萬人爲魚鼈, 君之骨肉焉可保? 昔者鐘離不愛其寶, 孟嘗自返其珠, 子不之效, 乃
肆其貪婪之心, 縱使猾𩪢之徒, 取寶無憚? 今已啗其軀而鍛其珠矣." 澤極恨, 無
詞而對. 又曰: "君須火急悔過而禱焉, 無使甚怒耳." 老人倏去. 澤遂具牲牢奠
之. (出『傳奇』)

422·4(5745)
자주용(資州龍)

위고(韋皐)가 촉(蜀) 땅을 진수하던 말년에 자주에서 용 한 마리를 바쳐왔는데, 1장 남짓한 길이에 비늘까지 모두 갖추고 있었다. 위고가 나무 상자에 용을 넣어 두었더니, 용이 안에서 똬리를 틀었다. 정월 초하루에 그 나무 상자를 대자사(大慈寺) 불전 위에 놓아두었더니 백성들 사이에 이 소문이 퍼져나갔다. 그리하여 백성들이 마음대로 보게 2~3일 그냥 놓아두었더니 결국 용이 향 연기에 질식해서 죽고 말았다. 역사책에서는 이 일을 빼고 기록하지 않았는데, 이것은 어떤 징조인가?(『기문』)

韋皐鎭蜀末年, 資州獻一龍, 身長丈餘, 鱗甲悉具. 皐以木匣貯之, 蟠屈於內. 時屬元日, 置於大慈寺殿上, 百姓皆傳. 縱觀二三日, 爲香煙薰死. 國史闕書, 是何祥也?(出『紀聞』)

422 · 5(5746)
위사공(韋思恭)

[唐나라] 원화(元和) 6년(811)에 경조(京兆) 사람 위사공은 동생(董生), 왕생(王生)과 함께 숭산(嵩山) 악사(岳寺)에서 학업에 전념했다. 악사에서 동북쪽으로 백여 보(步) 떨어진 곳 바위 아래에 물 항아리가 있었는데, 그 둘레가 1장 남짓 되고 곡식 10곡(斛: 1斛은 10말)이 들어가고도 남을 만큼 깊었다. 사람들이 물을 퍼 가면 잠시 뒤에 그 만큼의 물이 생겨났기 때문에 한번도 물이 줄어드는 법이 없었다. 또한 온 절의 사람들이 여기서 물을 길어갔다. 이들 세 사람은 봄부터 악사에서

머물렀는데, 7월 중순에 이르러서야 한가한 틈을 타서 물을 길으러 가게 되었다. 세 사람은 물 항아리에 도착해서 몇 장이나 되는 커다란 뱀 한 마리를 보았는데, 옻칠한 것처럼 색깔이 검었고 비단처럼 생긴 흰 꽃무늬가 있었다. 그 뱀은 물 항아리에 똬리를 틀고 앉아 있었는데, 이 광경을 본 세 사람은 깜짝 놀라 한참 동안 멍하니 쳐다보고만 있었다. 그러다가 왕생과 동생은 다음과 같이 상의했다.

"저 뱀을 잡아서 먹자."

위사공이 말했다.

"안되네. 옛날 갈피(葛陂: 호수 이름. 葛陂에 사는 수초나 물고기들은 신령했는데, 대부분 葛陂가 이렇게 만들었다고 함. 옛날에 費長房이 지팡이를 葛陂에 던지자 용으로 변했다고 함)에서 나는 대나무나 어부의 작살, 뇌씨(雷氏: 雷煥. 三國시대 吳나라가 아직 망하지 않았을 때 斗星과 牛星 사이에 紫色 기운이 서려 있었는데, 豫章 사람 雷煥이 그것을 보고 豫章 豊城에 있는 보검의 정기라고 말하자 尙書令 張華가 雷煥을 豊城令에 임명하고 보검을 찾아내게 했음. 雷煥이 豊城의 감옥 터에서 龍泉과 太阿 두 자루의 보검을 찾아내자 그 날 이후로 자색 기운이 사라졌음. 훗날 張華, 雷煥이 죽자 두 자루의 보검은 용으로 변해 날아갔다고 함)의 검은 모두 용이 되었다고 하는데, 혹시 이 명산과 큰 진(鎭)에 용이 그 몸을 숨기고 있는지 어찌 알겠는가? 게다가 이 뱀은 비늘이 특히 보통 뱀과 다르니, 주의해야하네."

두 사람은 위사공의 말을 받아들이지 않고 돌을 던져 뱀을 죽인 뒤에 매고 절로 돌아와 삶았다. 두 사람은 위생(韋生: 韋思恭)이 고결한 척 한다고 놀렸다. 그런데 잠시 뒤에 물 항아리에 또 뱀이 있다는 소리가 들려왔다. 두 사람은 물 항아리로 가서 다시 뱀을 공격하려 했다. 위생이 한사코 그들을 말렸지만 두 사람은 그의 말을 듣지 않고 다시 돌을 들어 뱀에게 던지려고 했는데, 그 순간 뱀이 하늘로 솟구쳐 올라갔다. 세 사람이 절로 돌아왔을 때 삶고 있던 뱀은 아직 다 익지 않았다. 그때 갑자기 산 속에서 무슨 소리가 나더니 땅이 크게 흔들렸다. 자세히 보았더니 산 속에서 바람과 구름이 갑자기 일더니 모래와 돌이 날리면서 순식간에 절을 향해 날아왔는데, 천지가 어두컴컴해져서 마주보고 있던 사람의 얼굴도 보이지 않았다. 절에 있던 사람들은 갑자기 일어나는 바람과 구름 속에서 다음과 같은 말을 들었다.

"사람을 잘못 맞히지 마라."

순식간에 비와 불이 서생의 방으로 떨어지더니 모두 불태워버렸다. 그 순간 왕생과 동생 두 사람은 어디론가 사라져 보이지 않았고, 절 행랑에 있었던 위자(韋子: 韋思恭)만은 아무 일 없었다.

그러므로 신의 섭리는 또한 분명하게 드러난다. 사람이 완전히 착할 수는 없으나 좋은 말을 조금만 해도 교룡의 화가 미치지는 않을 것이다. 하물며 늘 선도(善道)를 행하는 사람에게 있어서야! 그 두 사람의 시신은 이틀 뒤에 절문 남쪽 모퉁이에서 발견되었다. 이것은 위사공이 직접 말해 주었는데, 살생을 좋아하는 사람은 족히 경계로 삼을 만하다. (『박이지』)

元和六年, 京兆韋思恭與董生·王生三人結友, 於嵩山岳寺肄業. 寺東北百餘步, 有取水盆在岩下, 圍丈餘, 而深可容十斛. 旋取旋增, 終無耗. 一寺所汲也. 三人者自春居此, 至七月中, 三人乘暇欲取水. 路臻於石盆, 見一大蛇長數丈, 黑若純漆, 而有白花, 似錦. 蜿蜒盆中, 三子見而駭, 視之良久. 王與董議曰: "彼可取而食之." 韋曰: "不可. 昔葛陂之竹, 漁父之梭, 雷氏之劍, 尙皆爲龍, 安知此名山大鎭, 豈非龍潛其身耶? 況此蛇鱗甲, 尤異於常者, 是可戒也." 二子不納所言, 乃投石而扣蛇且死, 縶而歸烹之. 二子皆呲韋生之詐潔. 俄而報盆所又有蛇者. 二子之盆所, 又欲擊. 韋生諫而不允, 二子方擧石欲投, 蛇騰空而去. 及三子歸院, 烹蛇未熟. 忽聞山中有聲, 殷然地動. 覘之, 則此山間風雲暴起, 飛沙走石, 不瞬息至寺, 天地晦暝, 對面相失. 寺中人聞風雲暴起中云: "莫錯擊." 須臾, 雨火中半下, 書生之字, 並焚蕩且盡. 王與董, 皆不知所在, 韋子於寺廊下無事.

故神化之理, 亦甚昭然. 不能全爲善, 但吐少善言, 則蛟龍之禍不及矣. 而況於常行善道哉! 其二子尸, 迨兩日, 於寺門南隅下方索得. 斯乃韋自說, 至於好殺者, 足以爲戒矣. (出『博異志』)

422・6(5747)
노원유(盧元裕)

옛 당(唐)나라 태수(太守) 노원유가 아직 벼슬길에 나아가지 않았을 때, 한번은 중원절(中元節: 음력 칠월 보름날)에 깃발과 불상을 만들고, 그 사이에 우란(盂蘭: 盂蘭盆. 음력 칠월 보름날에 선조 및 現世의 부모의 고생을 구제하기 위해 여러 가지 음식을 그릇에 담아 十方의 불승에게 베푸는 佛事에 쓰이는 그릇)을 놓아두었다. 그런데 잠시 후 우란 안에서 찍! 찍! 하는 소리가 들렸다. 노원유가 보았더니 겨우 1촌 남짓 되는 작은 용 한 마리가 있었는데, 빼어나고 기이한 모습이 정말 예뻤다. 그리하여 용에게 물을 끼얹어주자 용이 다리를 펴고 갈기를 흔들더니 금세 몇 척 크기로 자랐다. 노원유는 이를 보고 몹시 두려움에 떨었다. 흰 구름이 우란 안에서 하늘로 피어오르자 용도 구름을 좇아 떠나갔다. 노원유는 바로 노한(盧翰)의 부친이다. (『선실지』)

故唐太守盧元裕未仕時, 嘗以中元設幡幢像, 置盂蘭于其間. 俄聞盆中有啾啾之音. 元裕視, 見一小龍纔寸許, 逸狀奇姿, 婉然可愛. 於是以水沃之, 其龍伸足振鬣已長數尺矣. 元裕大恐. 有白雲自盆中而起, 其龍亦逐雲而去. 元裕卽翰之父也. (出『宣室志』)

422 · 7(5748)
노 한(盧 翰)

당안태수(唐安太守) 노원유(盧元裕)의 아들 노한이 다음과 같은 이야기를 해주었다.

태수가 젊었을 때 한번은 친구들과 종남산(終南山)에서 함께 글을 읽었다. 어느 날 해질 무렵 계곡 주위를 걸어가고 있는데, 기슭에서 거울처럼 맑고 흰 둥근 돌 하나를 주었다. 노원유는 돌을 쥐고 한참 감상하다가 갑자기 땅에 떨어뜨려 그만 돌을 깨고 말았다. 돌 안에 1촌 남짓되는 흰 물고기가 들어 있었는데, 돌을 따라 굴러서 계곡 사이로 떨어졌다. 그런데 그 물고기가 점점 1척으로 자라더니 순식간에 1장 남짓한 크기로 자라 수염을 떨치고 꼬리를 흔들었다. 그 순간 구름이 끼고 벼락이 갑자기 치더니 큰 비바람이 몰려왔다. (『기문』)

　　唐安太守盧元裕子翰言: 太守少時, 嘗結友讀書終南山. 日晩溪行, 崖中得一圓石, 瑩白如鑑. 方執翫忽次, 墮地而折. 中有白魚約長寸餘, 隨石宛轉落澗中. 漸盈尺, 俄長丈餘, 鼓鬐掉尾. 雲雷暴興, 風雨大至. (出『紀聞』)

422・8(5749)
이 수(李 修)

　　당(唐)나라 절서관찰사(浙西觀察使) 이수는 원화(元和) 7년(812)에 강군태수(絳郡太守)가 되었다. 그 해 관할 현인 용문현(龍門縣)에서 용 한 마리가 나타나자 구경꾼들이 수천 명 모여 들었다. 강군에서 공문서를 올려 이 일을 태부(太府: 국가의 재정을 담당하던 곳으로, 여기서는 節度使府를 가리킴)에 알렸는데, 당시는 상국(相國)으로 있던 하동부(河東府)의 장홍정(張弘靖)이 하중절도사(河中節度使)로 있었다. 옛 서주자사(舒州刺史)였던 상국의 아들 장이종(張以宗)이 일찍이 문장을 지어 이 일을 기렸다. (『선실지』)

　　唐浙西觀察使李修, 元和七年, 爲絳郡守. 是歲, 其屬縣龍門有龍見, 時觀者千數. 郡以狀聞于太府, 時相國河東府張弘靖爲河中節度使. 相國之子故舒州刺史以宗, 嘗爲文以讚其事. (出『宣室志』)

422 · 9(5750)
위 유(韋 宥)

　당(唐)나라 원화연간(元和年間: 806~820)에 옛 도위(都尉: 勳官 이름) 위유는 온주목(溫州牧)으로 나오게 되자 마음이 몹시 좋지 않았다. 물길은 멀고 배 안은 몹시 더웠다. 어느 해질 무렵 날씨가 시원해지자 위유는 배에서 내려 말을 타고 기슭으로 올라가서 배를 따라 길을 갔다. 그때 갑자기 얕은 모래가 어지럽게 날리면서 갈대밭이 펼쳐졌기에 위유는 말에게 물을 먹이기 위해 말고삐를 놓아주었는데, 갈대가지 하나가 말안장을 스치는 것이었다. 위유가 천천히 잡아 당겨서 자세히 보았더니 새 명주실로 만든 고쟁(古箏) 현(絃)이 갈대 속을 칭칭 감고 있었다. 위유가 곧장 갈대를 꺾어서 고쟁 현을 펼쳐보았더니 그 길이가 원래의 배가 되었다. 시험 삼아 다시 현을 놓자 현은 곧장 본래의 모습대로 되었다. 위유는 기이하기도 하고 놀랍기도 해서 일단 그것을 품속에 넣어두었다. 강가의 관가에 이르자 식구들은 벌써 배를 묶어두고 관사 안으로 들어갔다. 위유는 옛 부마(駙馬)였기 때문에 집안에 가기(歌妓)를 두고 있었는데, 그 고쟁 현을 들고 가 가기에게 주며 말했다.
　"내가 이것을 갈대 속에서 얻었는데, 아주 단단하고 새것이더구나. 그런데 모래가 날리는 이런 강가에 이와 같은 물건이 어디에서 나온 것인지, 내 그것이 몹시 기이할 뿐이다. 악기에 묶어서 그 소리나 한번 들어보자꾸나."
　가기가 악기에 묶어보았더니 다른 고쟁과 조금도 다를 바가 없었으나 그저 길이가 2~3촌 짧을 따름이었다. 식사를 할 때 가기가 그것을 풀어놓았더니 다시 원래대로 뭉쳐졌는데, 식사 후에 보았더니 쟁이 꿈틀대면서 요동치기 시작했다. 가기는 깜짝 놀라 사람들에게 그 사실을 알렸는데, 사람들이 와서 다투어 구경하는 순간 고쟁이 두 눈을 번쩍 떴다. 위유가 놀라면서 말했다.

"혹 용이 아닐까?"

위유는 사람들에게 의관을 가져오라고 하더니 향을 사르고 치성을 드렸다. 그 물체를 물그릇 안에 넣어서 강물에 던졌는데, 그릇이 중류에 이르자 풍랑이 일면서 구름이 피어오르고 번개가 치더니 지척지간이 어두워졌다. 잠시 뒤에 100척의 흰 용이 솟구쳐 오르면서 승천했다. 그곳에 있던 사람들이 모두 그것을 보았는데, 한참 후에야 용이 곧 사라졌다. (『집이기』)

唐元和, 故都尉韋宥出牧溫州, 忽忽不樂. 江波修永, 舟船燠熱. 一日晚凉, 乃跨馬登岸, 依舟而行. 忽淺沙亂流, 蘆葦青翠, 因縱轡飲馬, 而蘆枝有拂鞍者. 宥因閑援熟視, 忽見新絲箏絃, 周纏蘆心. 宥卽收蘆伸絃, 其長倍尋. 試縱之, 應乎復結. 宥奇駭, 因實於懷. 行次江舘, 其家室皆已維舟入亭矣. 宥故駙馬也, 家有妓, 卽付箏妓曰: "我於蘆心得之, 頗甚新緊. 然沙洲江徼, 是物何自而來, 吾甚異之. 試施於器, 以聽其音." 妓將安之, 更無少異, 唯短三二寸耳. 方饌, 妓卽置之, 隨置復結, 食罷視之, 則已蜿蜒搖動. 妓驚告衆, 競來觀之, 而雙眸瞭然矣. 宥駭曰: "得非龍乎?" 命衣冠, 焚香致敬. 盛諸盂水之內, 投之于江, 纔及中流, 風浪皆作, 蒸雲走雷, 咫尺昏晦. 俄有白龍百尺, 拏攫昇天. 衆咸觀之, 良久乃滅. (出『集異記』)

422 · 10(5751)
척 목(尺 木)

용의 머리 위에 박산(博山: 博山爐의 줄인 말. 향로 뚜껑이 전설 속의 해상에 있는 博山과 닮아서 이렇게 부름)처럼 생긴 물체가 있는데, 이것을 척목이라 부른다. 척목이 없으면 용은 승천할 수 없다. (『유양잡조』)

龍頭上有一物如博山形, 名尺木. 龍無尺木, 不能昇天. (出『酉陽雜俎』)

422 · 11(5752)
사씨자(史氏子)

당(唐)나라 원화연간(元和年間: 806~820)에 한 사씨 집안 아들이 일찍이 도사들과 함께 화산(華山)을 유람했다. 마침 날씨가 몹시 더워 작은 시내에서 쉬고 있었는데, 갑자기 손바닥만한 크기의 아주 붉고 예쁜 나뭇잎 한 장이 물을 따라 떠내려 왔다. 사씨의 아들 혼자 그것을 주워 품속에 넣어 두었다. 사씨의 아들은 한 식경쯤 앉아 있었는데, 품속이 차갑고 무겁게 느껴져 몰래 일어나 보았더니 나뭇잎에서 비늘이 무섭게 일어나기 시작했다. 사씨의 아들은 놀랍기도 하고 두렵기도 해서 얼른 그 물체를 수풀 사이로 던지면서 사람들에게 이렇게 말했다.

"이것은 용이 틀림없으니, 속히 이곳을 벗어납시다."

순식간에 수풀에서 흰 연기가 피어오르더니 온 계곡에 퍼졌다. 사씨가 산을 반도 채 내려오지 않았을 때 큰 비바람이 몰려 왔다. (『유양잡조』)

有史氏子者, 唐元和中, 曾與道流遊華山. 時暑甚, 憩一小溪, 忽有一葉大如掌, 紅股可愛, 隨流而下. 史獨接得, 寘於懷中. 坐食頃, 覺懷中冷重, 潛起觀之, 其上鱗栗栗而起. 史驚懼, 棄林中. 遂白衆人:"此必龍也, 可速去." 須臾, 林中白煙生, 彌布一谷. 史下山未半, 風雨大至. (出『酉陽雜俎』)

태평광기

권제 423

용 6

1. 노군창(盧君暢)
2. 원의방(元義方)
3. 평창정(平昌井)
4. 호두골(虎頭骨)
5. 법희사(法喜寺)
6. 용 묘(龍 廟)
7. 환룡자(豢龍者)
8. 공 위(孔 威)
9. 화음추(華陰湫)
10. 최도추(崔道樞)
11. 금룡자(金龍子)
12. 황 훈(黃 馴)
13. 임한시(臨漢豕)
14. 소 룡(燒 龍)
15. 유 옹(柳 翁)

423 · 1(5753)
노군창(盧君暢)

 옛 동도유수판관(東都留守判官: 洛陽留守判官) 겸 사부랑중(祠部郎中)을 지낸 범양(范陽) 사람 노군창은 아직 평민이었을 적에 한수(漢水) 가에서 타향살이 한 적이 있었다. 그는 어느 날 홀로 말을 타고 들판을 달리다가, 허리가 유난히 길고 가슴 부위가 살진 흰 개 두 마리가 마치 추락하는 듯 바람을 타고 내려오더니 밭 사이로 같이 뛰어가는 광경을 보게 되었다. 그는 그 개들이 보통 개들과는 다르다고 여겨 말을 멈추고 서서 바라보았다. 잠시 후 그 두 마리의 개는 함께 못 속으로 뛰어 들어갔는데, 그리고 나서 얼마 있다 물결이 용솟음치더니 흰 용 두 마리가 물결 속에서 나왔으며 구름이 하늘에 자욱해지면서 큰 바람이 일고 우뢰가 내리쳤다. 노군창은 몹시 두려워 말을 몰아 집으로 돌아갔는데, 몇 리도 채 못 가 옷이 [비에] 흠뻑 젖었다. 노군창은 그제야 두 마리의 개가 바로 용이었음을 깨달았다. (『선실지』)

 故東都留守判官·祠部郎中范陽盧君暢爲白衣時, 僑居漢上. 嘗一日, 獨驅效野, 見二白犬腰甚長, 而其臆豊, 飄然若墜, 俱馳走田間. 盧訝其異於常犬, 因立馬以望. 俄而其犬俱跳入於一湫中, 已而湫浪汎騰, 旋有二白龍自湫中起, 雲氣噎空, 風雷大震. 盧懼甚, 鞭馬而歸, 未及行數里, 衣盡沾濕. 方悟二犬乃龍也. (出『宣室志』)

423 · 2(5754)
원의방(元義方)

원의방은 신라(新羅)에 사신으로 갔다. 그는 계림주(雞林州)를 출발해 돌아오는 길에 바다 위에 떠 있는 한 섬을 만나게 되었는데, 마침 섬 안에 샘물이 있는 것을 보고 뱃사람들은 모두 그 물을 길어 마셨다. 그 때 갑자기 샘물 속에서 작은 뱀이 나타나자 뱃사람이 급히 말했다.

"용께서 노하셨습니다."

그리고는 다시 길을 떠났으나 채 몇 리도 못 갔을 때 동시에 바람이 불고 구름이 끼며, 천둥과 번개가 내리치기 시작하더니 3일 밤낮동안 그치지 않았다. 비가 갠 뒤에 저 멀리 해안과 성읍이 보였는데, 그 곳은 바로 내주(萊州)였다. (『국사보』)

元義方使新羅. 發雞林州, 遇海島, 中有泉, 舟人皆汲飮之. 忽有小蛇自泉中出, 海師遽曰: "龍怒." 遂發, 未數里, 風雲雷電皆至, 三日三夜不絶. 及雨霽, 見遠岸城邑, 乃萊州. (出『國史補』)

423 · 3(5755)
평창정(平昌井)

평창성(平昌城)은 옛날에 형수(荊水)와 통해있어서 신룡(神龍)이 출몰했는데, 이로 인해 사람들은 평창성을 용성(龍城)이라고 불렀다.

외국에 저가라(咀呵羅)라는 이름의 절이 있었는데, 그 절의 쌀 창고 안에는 신룡이 살고 있었다. 노복이 쌀을 가지러 오면 용은 물러서곤 했다. 그러나 만일 노복이 늘 쌀을 가지러 오면 용은 내주지 않았다. 창고 안의 쌀이 다 없어지면 노복이 용에게 절을 했는데, 그러면 창고가 그 즉시 그득해졌다. (『외국사』)

平昌城舊與荊水通, 有神龍('龍'字原闕, 據明鈔本・陳校本補)出入焉, 故名龍城. 外國有寺曰咀呵羅, 寺有神龍住米倉中. 奴取米, 龍輒却. 奴若常取米, 龍卽不與. 倉中米若盡, 奴向龍拜, 倉卽盈溢. (出『外國事』)

423・4(5756)
호두골(虎頭骨)

남중(南中) 일대에서는 가뭄이 들면 기다란 끈으로 호랑이 두개골을 묶은 다음 용이 사는 곳에다 던진다. 이 호랑이 두개골은 일단 물 속에 들어가면 몇 명이 동시에 끌어당겨도 멈추게 할 수 없다. 그리고 나서 잠시 후면 못 속에서 구름이 일고 뒤 이어 비가 내린다. (『상서고실』)

南中旱, 卽以長繩繫虎頭骨, 投有龍處. 入水, 卽數人牽制不定. 俄頃, 雲起潭中, 雨亦隨降. (出『尙書故實』)

423 · 5(5757)
법희사(法喜寺)

정양군(政陽郡) 동남쪽에 법희사가 있었다. 이 절은 군에서 100여 리나 멀리 떨어져 있었으며 바로 위수(渭水) 서쪽에 자리 잡고 있었다. 당(唐)나라 원화연간(元和年間: 806~820) 말에 법희사의 스님 한 명은 흰 용 한 마리가 위수에서 나오는 꿈을 자주 꾸었는데, 그 용은 불전 서쪽 기둥에 멈추어서 오랫동안 기둥을 감고 맴돌다가 동쪽을 향해 곧장 떠나갔다. 스님이 그런 꿈을 꾸고 난 다음 날은 반드시 비가 내렸다. 이런 일이 여러 번 되풀이되자 그 스님은 이상한 생각이 들어 다른 사람들에게 그와 같은 사실을 말해주었다. 그러자 사람들이 말했다.

"복 받은 땅이란 신이 거하는 곳이니 용이 사는 것도 당연합니다. 그런데 이 불사가 용이 깃드는 곳이 되었으니 불가에 있는 천룡팔부(天龍八部: 불교에서는 諸天과 龍, 그리고 귀신을 八部로 나누는데, 그 중 天과 龍의 二部가 가장 앞에 놓인다하여 天龍八部라 함)라는 말의 뜻이 바로 여기 있습니다. 하물며 황야에 있는 외딴 절이야 불전이 청정하기 그지없으니 용이 머무는 것도 당연한 일 아니겠습니까? 청컨대 흙으로 만든 용을 절 기둥 사이에 넣어두심으로써 그 꿈을 한번 시험해 보시지요."

그 스님은 장인을 불러 흙을 반죽해 용을 만들게 하면서 용의 생김새를 구체적으로 알려 준 다음 불전 서쪽 기둥에 가져다 놓게 했다. 용이 완성되었는데, 구름을 타고 오르는 기세가 잘 묘사되어있고 비늘과 갈기가 꿈틀거리는 모습까지 아주 정교하게 만들어져 있어서 아무리 훌륭한 화공이라 해도 이를 능가할 수는 없을 것 같았다.

장경연간(長慶年間: 821~824) 초에 그 절에 살고 있던 어떤 사람이 바깥문 아래 누워있었는데, 보았더니 한 물체가 서쪽 건물에서 곧장 나와 마치 피어나는 구름처럼 표연히 날아올라 절 밖으로 쏜살같이 날아가는 것이었다. 그 물체는 위수 쪽으로 사라졌다가 밤이 깊어갈 즈음이 되어서야 서쪽 건물 밑으로 돌아왔는데, 자세히 보았더니 과연 흰 용이었다. 그 사람이 이튿날 스님들에게 이와 같은 사실을 고하자 스님들은 모두 기이해했다. 또 며칠이 지났을 때, 스님들은 모두 마을 사람이 연재회(齋會)에 참석했다가 정오가 되어서야 절로 돌아왔는데, 불전에 들어가 보았더니 흙으로 만든 용은 이미 사라지고 없었다. 스님들은 탄식하고 기이해하면서 서로 쳐다보며 말했다.

"이 용은 비록 흙을 빌어 만들었으나 변화무쌍하여 가도 어디로 가는지 알 수 없고 와도 어디서 오는지 알 수 없으니, 과연 영물(靈物)이 아니겠소?"

저녁이 되자 위수 가에서 먹구름이 일어나더니 얼마 있다가 불전까지 몰려왔다. 그때 갑자기 한 물체가 구름 속에서 튀어나와 서쪽 건물을 향해 가더니 안으로 들어갔다. 스님들이 놀라 두려워하며 다가가 보니 흙으로 만든 용은 이미 서쪽 기둥 위에 다시 나타나있었다. 더 가까이 가서 살펴보았더니 그 흙으로 만든 용의 갈기와 비늘, 뿔 등은 마치 온통 물에 젖어있는 듯 했다. 이때부터 스님들은 흙으로 만든 용을 쇠사슬로 묶어놓았다. 그 후 마을에 가뭄이 들거나 홍수가 날 때면 사람들은 [이 용에게] 빌었는데, 그러면 반드시 효험이 있었다. (『선실지』)

政陽郡東南有法喜寺. 去郡遠百里, 而正居渭水西. 唐元和末, 寺僧有頻夢一白龍者自渭水來, 止於佛殿西楹, 蟠繞且久, 乃直東而去. 明日則雨. 如是者數矣, 其僧異之, 因語與人. 人曰: "福地蓋神祇所居, 固龍之宅也. 而佛寺亦爲龍所依焉, 故釋氏有天龍八部, 其義在矣. 況郊野外寺, 殿字清敞, 爲龍之止, 不亦宜乎? 願以土龍置於寺楹間, 且用識其夢也." 僧召工, 合土爲偶龍, 具告其狀, 而於殿西楹置焉. 功畢, 甚得雲間勢, 蜿蜒鱗鬣, 曲盡其妙, 雖丹青之巧, 不能加也.

至長慶初, 其寺居人有偃於外門者, 見一物從西軒直出, 飄飄然若升雲狀, 飛馳出寺, 望渭水而去, 夜將分, 始歸西軒下, 細而觀之, 果白龍也. 明日因告寺僧, 僧奇之. 又數日, 寺僧盡赴村民會齋去, 至午方歸, 因入殿視, 像龍已失矣. 寺僧且歎且異, 相顧語曰: "是龍也, 雖假以土, 尙能變化無方, 去莫如其適, 來莫究其自, 果靈物乎?" 及晚, 有陰雲起於渭水, 俄而將逼殿宇. 忽有一物自雲中躍而出, 指西軒以入. 寺僧懼驚, 且視之, 乃見像龍已在西楹上. 迫而觀之, 其龍鬐鬣鱗角, 若盡沾濕. 自是因以鐵鎖系之. 其後里中有旱澇, 祈禱之, 應若影響. (出『宣室志』)

423・6(5758)
용 묘(龍 廟)

분수(汾水)는 태원(太原)을 관통해 남쪽으로 흘러들어간다. 분수에는 두 개의 다리가 있는데, 일찍이 남쪽에 있는 다리 아래에서 용이 나온 일이 있어 그 다리 아래에 용묘를 세웠다. 옛 재상 영호초(令狐楚)가 북도유수(北都居守: 太原留守)로 있을 때 용 한 마리가 용묘에서 나오자 태원에 사는 모든 남녀가 나와 실컷 구경을 했다. 용은 거의 한 식경이 지난 뒤에야 떨치고 올라 사라졌는데, 그 즉시 천둥이 치고 폭우가 쏟아졌다.

또 그 이듬해 가을에 분수가 넘쳐흘렀을 때 용묘에서 흰 뱀 한 마리가 나왔는데, 얼마 후 사당이 허물어지고 다리도 무너졌다. 그 때는 당(唐)나라 태화연간(太和年間: 827~835) 초였다. (『선실지』)

汾水貫太原而南注. 水有二橋, 其南橋下嘗有龍見, 由是架龍廟於橋下. 故相國令狐楚居守北都時, 有一龍自廟中出, 傾都士女皆縱觀. 近食頃, 方拏奮而去, 旋有震雷暴雨焉.

又明年秋, 汾水延溢, 有一白蛇自廟中出, 旣出而廟屋摧圯, 其橋亦壞. 時唐太和初也. (出『宣室志』)

423・7(5759)
환룡자(豢龍者)

우승유(牛僧孺)가 양주(襄州)를 진수하고 있을 때 오래도록 가뭄이 들자 기우제를 올렸으나 아무런 효험이 없었다. 용을 기르고 있다고 스스로 말하고 다니는 한 처사(處士)가 있기에 공(公: 牛僧儒)이 그를 데려와 비를 내리게 해 달라고 청했더니 처사는 이렇게 대답했다.

"장강(長江)과 한수(漢水) 사이에는 용이 살고 있지 않습니다. 오직 한 늪 속에 용이 살고 있을 뿐인데, 그것은 바로 흑룡입니다. 만약 강제로 그것을 밖으로 내몬다면 재앙을 일으켜 제어하기 어려울까 걱정입니다."

그러나 공은 한사코 명령했다. [그 사람이 용을 밖으로 내몰자] 과연 큰 비가 내렸는데, 한수가 넘쳐 만 호(戶)가 물에 잠겼다. 처사는 처벌이 두려워 도망갔다. (『상서고실』)

牛僧孺鎭襄州日, 以久旱, 祈禱無應. 有處士自云豢龍者, 公請致雨, 處士曰: "江漢間無龍. 獨一湫泊中有之, 黑龍也. 强驅逐之, 慮爲災, 難制." 公固命之, 果有大雨, 漢水漫漲, 漂溺萬戶. 處士懼罪, 亦亡去. (出『尙書故實』)

423 · 8(5760)
공 위(孔 威)

당(唐)나라 함통연간(咸通年間: 860~874) 말에 서주자사(舒州刺史) 공위는 용골 1구(具)를 진상하고 표문을 올려 그 일에 대해 다음과 같이 서술했다.

"서주 동성현(桐城縣) 선정향(善政鄕)에 호거(胡擧)라는 백성이 있사온데, 그의 집 마당에서 청룡이 서로 싸우다 죽었습니다. 그때는 4월이라 아직 잠박(蠶箔: 누에 발)이 마당에 있었사온데, 갑자기 구름이 일고 천둥이 심하게 내리치면서 구름 속에서 무엇인가가 부딪히는 소리가 들리더니 이내 피가 비 오듯 쏟아져 잠박 위를 가득 적셨습니다. 그러나 피는 잠박 위에 젖어들지 않고 점차 굳어져 손바닥 위에 놓을 수 있게 되었는데, 얼마 있자니 뼛속까지 통증이 느껴졌습니다. 처음에 용은 꼬리를 땅에 늘어뜨린 채 있었으나 쌀뜨물 통을 한바퀴 돌더니 다시 솟구쳐 올라가 구름 속으로 사라졌습니다. 그런데 비가 내리고 나서 보았더니 전부 쌀뜨물이었습니다. 용이 죽은 뒤에 몸을 갈라보니 목구멍 속에 길이가 10여 척이나 되는 커다란 상처가 나 있었습니다. 그 용은 꼬리와 몸통이 각각 절반씩 되었고 꼬리 끝부분은 얇고 납작했습니다. 비늘과 갈기는 물고기와 다름없었으나 수염만은 2장이나 되었습니다. 발은 붉은 막으로 싸여있었고 두 개의 뿔은 각각 2장 길이였습니다. 용의 배 안에서 무엇인가가 서로 부딪히고 있었습니다. 그때 저는 대운창(大雲倉)의 관리를 시켜 서주로 실어오게 했는데, 고기가 너무 무거워 한꺼번에 들 수가 없어서 수십 토막으로 잘라낸 뒤에 관부로 실어왔습니다."

(『당년보록』)

唐咸通末, 舒州刺史孔威進龍骨一具, 因有表錄其事狀云: "州之桐城具善政鄕百姓胡擧, 有靑龍鬪死於庭中. 時四月, 尙有繭箔在庭, 忽雲雷暴起, 聞雲中擊觸聲, 血如䤃雨, 灑繭箔上. 血不汙箔, 漸旋結聚, 可拾置掌上, 須臾, 令人冷痛入骨. 初龍拖尾及地, 繞一泔桶, 卽騰身入雲. 及雨, 悉是泔也. 龍旣死, 剖之, 喉中有大瘡, 凡長十餘尺. 身尾相半, 尾本褊薄. 鱗鬣皆魚, 唯有鬚長二丈. 其足有赤膜翳之, 雙角各長二丈. 其腹相(明鈔本'相'作'光')自齟齬. 時遣大雲倉使督而送州, 以肉重不能全擧, 乃剚之爲數十段, 載之赴官. (出『唐年補錄』)

423 · 9(5761)
화음추(華陰湫)

당(唐)나라 함통(咸通) 9년(868) 봄에 화음현(華陰縣)에서 남으로 10여 리 떨어진 곳에서 어느 날 저녁 갑자기 바람이 일고 천둥이 내리쳤는데, 그때 용 한 마리가 먼 곳에서 못을 옮겨 이곳으로 왔다. 그 전에는 그곳 벼랑이 너무 높아 물이 고여 있을만한 곳이 없었으나 그날 저녁 못을 옮겨 오자 수십 장 길이의 웅덩이가 생겨났으며 동서로 길게 생겼던 작은 산이 남북으로 방향이 바뀌었다. 그러나 산봉우리의 풀과 나무는 조금도 다치지 않았다. 연못을 휘감아 도는 푸른 물결은 마치 길을 뚫어놓기라도 한 듯 맑았다. 경락(京洛: 洛陽)을 여행하던 사람들은 모두 길을 돌아가더라도 이 곳을 구경하러 왔다. 호사가들이 도성과 포진(蒲津)에서부터 서로서로 모여들어 며칠동안이고 수레 소리가 멈추지 않았다.

도성 남쪽에 있는 영응대(靈應臺)에 삼낭추(三娘湫)가 있는데, 탄곡(炭谷)과 가까이 있으며 물결이 맑고 그 깊이를 또한 헤아릴 수 없다. 매년 가을바람에 잎이 떨어져 풀잎과 나뭇잎이 그 위에 떠다니면 비록 겨자씨처럼 작은 잎 한 장일지라도 새들이 날아와 물고 가버린다. 제사 지내는 사람은 대부분 화전(花鈿: 금이나 비취, 구슬 등으로 장식한 꽃 모양의 장식품)이나 비단 같은 것을 바치는데, 다 펼쳐 보인 다음 물에 던지면 순식간에 물속으로 사라진다. 건부연간(乾符年間: 874~879) 초에 조정 신하 몇 명이 종남산(終南山)을 유람하다가 이 못까지 오게 되었다. 그들은 서로 영험한 일에 대해 이야기를 나누었는데, 그 중 그

런 일 따위를 믿지 않는 사람이 있어 시험 삼아 나무와 돌을 안에 던져
보았더니 바로 비늘이 눈처럼 흰 커다란 물고기가 못 한 가운데서 뛰어
올라왔다. 잠시 후 비바람이 몰아치고 주위가 어둑어둑해졌으며 수레는
갑자기 쏟아진 폭우에 거의 떠내려갈 지경이 되었다. 그 후 사람들은 더
욱 우러러 복종하며 감히 그 누구도 그 못을 범하지 못했다. (『극담록』)

　　唐咸通九年春, 華陰縣南十里餘, 一夕風雷暴作, 有龍移湫, 自遠而至. 先其崖岸高, 無貯水之處, 此夕徒開數十丈, 小山東西直南北, 峰巒草樹, 一無所傷. 碧波廻塘, 湛若疏鑿. 京洛行旅, 無不枉道就觀. 有好事者, 自輦轂·蒲津, 相率而至, 車馬不絶音, 逮於累日.

　　京城南靈應臺有三娘湫, 與炭谷相近, 水波澄明, 莫測深淺. 每秋風搖落, 常有草木之葉, 飄於其上, 雖片葉纖芥, 必飛禽銜而去. 禱祈者多致花鈿錦綺之類, 啓視投之, 歘然而沒. 乾符初, 有朝士數人, 同遊於終南山, 遂及湫所. 因話靈應之事, 其間不信者, 試以木石投之, 尋有巨魚躍出波心, 鱗甲如雪. 俄而風雨晦暝, 車馬幾爲暴水所漂. 爾後人愈敬伏, 莫有犯者. (出『劇談錄』)

423·10(5762)
최도추(崔道樞)

　　당(唐)나라 때 중서사인(中書舍人) 위안(韋顔)의 사위인 최도추는
진사과(進士科)에 여러 번 응시했는데, 어느 해 봄에 그는 과거에 낙방
하자 한수(漢水) 가로 돌아와 살았다. 그는 우물을 뚫다가 길이가 5척

이나 되는 잉어 한 마리를 잡았는데, 잉어는 비늘과 지느러미가 온통 황금빛이었으며 눈에서 나는 광채가 매우 눈부셨다. 사람들은 그 잉어를 보고 보통 물고기와 다르다고 하며 하인을 시켜 잉어를 강에 놔주라고 했으나 최도추는 외사촌 형 위씨(韋氏)와 함께 몰래 솥과 도마를 준비한 다음 삶아 먹었다. 그리고 나서 이틀 밤 뒤에 위씨는 갑작스레 병을 얻어 죽고 말았다. 그때 한 푸른 옷을 입은 사신이 나타나 위씨를 데리고 한 관부로 갔는데, 그 관청은 매우 위엄 있어 보였다. 그는 문 안으로 들어선 후 청사(廳事)에 금취관(金翠冠)을 쓰고 자주색 수놓은 옷을 입은 한 여자가 안상에 기대 앉아 있는 것을 보았다. 그 여자의 좌우에 서 있는 시종들은 모두 누런 적삼을 입고 시중을 들고 있었는데, 꾸밈새가 마치 궁궐 안의 사람들 같았다. 그때 한 관리가 뒤에서 명부를 들고 나와 계단에 이르러 머리를 양쪽으로 틀어 올린 하녀에게 넘겨주면서 수놓은 옷을 입은 여자가 기대 앉아 있는 안상 위에 놓게 했다. 관리는 위생(韋生: 韋氏)을 데리고 동쪽 채에 있는 관서로 가 물고기를 죽인 데 대한 안건을 심의했다. 위생은 잘못을 최도추에게 돌리며 이렇게 말했다.

"저의 죄가 아닙니다."

관리가 말했다.

"그것은 비를 내리는 용이었다. 그 용이 만일 강이나 바다, 못 등에 숨어있었다면 비록 사람에게 잡아먹혔다 하더라도 [그것이 용이었음을] 즉시 구별해 낼 수 있을 것이다. 어제 너희는 그것을 우물에서 잡았다고는 하나 최씨(崔氏: 崔道樞)와 너는 우매한 백성도 아닌데 그것을 잡아먹었으니 그 죄는 용서받기 어렵다. 그러나 일단은 너를 돌려보내

주겠다. 네가 최군(崔君: 崔道樞)과 더불어 널리 불교와 도교의 공덕을 쌓는다면 그 죄를 감하여 줄 수도 있다. 지금부터 열흘 뒤에 너를 다시 부르겠다."

위생은 갑자기 잠에서 깨어나 그 이야기를 친척들에게 해주면서 최도추로 하여금 그 일에 대해 구체적으로 말해보게 했다. 최도추는 비록 근심스럽기는 했지만 그 일을 깊이 믿지는 않았다. 열흘이 막 지나자마자 위생은 과연 다시 죽었다. 위생은 최도추 고모의 아들이었는데, 며칠 뒤에 모친의 꿈에 나타나 이렇게 말했다.

"잉어를 죽인 일로 벌을 받았기 때문에 잡혀온 곳이 바로 수부(水府)였습니다. 머지않아 저는 중벌을 받을 것이지만 만일 서둘러 황록도재(黃籙道齋: 道家 潔齋法 중의 하나. 천지신명을 불러모아놓고 과오를 뉘우치면서 仙界에 들기를 기원하는 제사)를 올린다면 형벌을 조금 면할 수 있을지도 모릅니다. 사촌동생의 죄상도 이제 성립되었으니, 오늘 저녁이면 절로 알게 될 것입니다."

위생의 모친은 울며 최도추에게 꿈 이야기를 해주었다. 해질녘에 최도추는 정신을 잃고 잠을 잤다. 그때 푸른 옷 입은 사람이 다시 나타나 최도추를 관서로 데려갔는데, 모두가 위씨가 말한 그대로였다. 잠시 후 한 관리가 손에 검은 종이에 붉은 글씨로 쓴 문서를 들고 오더니 최도추를 병풍 옆에 서있게 한 후 다시 쏜살같이 안으로 들어갔다. 잠시 후 보았더니 수놓은 옷을 입은 한 사람이 붓을 들고 글을 썼는데, 글을 다 쓰자 관리가 그걸 받아 밖으로 가지고 나와 최도추에게 읽으라고 명했다. 처음에는 이렇게 적혀있었다.

"최도추는 관직이 3품에 이르고 수명은 80세이다."

그 뒤에 다음과 같은 판결문이 적혀있었다.

"비 내리는 용을 해한 일은 천부(天府)와 관련되므로 용서할 수 없어 저지른 죄에 따라 급히 다스리니, 그의 모든 관직을 삭제해버리고 수명도 반으로 줄인다."

최도추가 [잡혀갔을 때는] 겨울이었는데, 그 모친이 지성으로 덕을 쌓고 복을 빌었으나 최도추는 초봄이 되자마자 며칠 동안 병을 앓다가 죽고 말았다. 그때 최도추의 처자식들은 모두 도성에 있었는데, 위안이 그 일을 상세히 이야기해 주었다. 예부터 전하는 말에 따르면 기주(夔州)에서 우저기(牛渚磯)까지를 수부라고 하는데, 최도추가 갔던 곳이 어디쯤이었는지 알 수 없다. ([『극담록』])

唐中書舍人韋顏, 子壻崔道樞擧進士者屢屢, 一年春下第, 歸寧漢上所居. 因井渫, 得鯉魚一頭長五尺, 鱗鬣金色, 其目光射人. 衆視異於常魚, 令僕者投于江中, 道樞與表兄韋氏, 密備鼎俎, 烹而食之. 經信宿, 韋得疾暴卒. 有碧衣使人引至府舍, 廨宇頗甚嚴肅. 旣入門, 見廳事有女子戴金翠冠, 着紫繡衣, 據案而坐. 左右侍者皆黃衫巾櫛, 如宮內之飾. 有一吏人從後執簿領出, 及軒陛間, 付雙鬟靑衣, 置于繡衣案上. 吏引韋生東廡曹署, 理殺魚之狀. 韋引過道樞云: "非某之罪." 吏曰: "此雨龍也. 若潛伏於江海湫湄, 雖爲人所食, 卽從而可辨矣. 但昨者得之於井中, 崔氏與君又非愚昧, 殺而食之, 但難獲免. 然君且還. 試與崔君廣爲佛道功德, 庶幾稍減其過. 自玆浹旬, 當復相召."

韋忽然而寤, 且以所說, 話於親屬, 命道樞具述其事. 道樞雖懷憂迫, 亦未深信. 纔及旬餘, 韋生果歿. 韋乃道樞之姑子也, 數日後, 寄魂於母云: "已因殺魚獲罪, 所至之地, 卽水府. 非久當受重譴, 可急修黃籙道齋, 尙冀得寬刑辟. 表弟之過亦成矣, 今夕當自知其事." 韋母泣告道樞. 及暝, 昏然而寢. 復見碧衣人引至公署, 俱是韋氏之所述. 俄有吏執黑紙丹文書字, 立道樞於屛側, 疾趨而入. 俄見繡衣擧筆而書訖, 吏接之而出, 令道樞覽之. 其初云: "崔道樞官至三品, 壽至八十." 後有判云: "所害雨龍, 事關天府, 原之不可, 案罪急追, 所有官爵, 並皆削除, 年亦減一半." 時道樞冬季, 其母方修崇福力, 纔及春首, 抱疾數日而終. 時崔妻孥咸在京師, 韋顔備述其事. 舊傳夔及牛渚磯是水府, 未詳道樞所至何許. (原闕出處, 陳校本作'出『劇談錄』')

423·11(5763)
금룡자(金龍子)

당(唐)나라 소종(昭宗) 문덕(文德) 2년(889) 정삭월(正朔月)에 소종은 무덕전(武德殿)에 거하고 있었는데, 자주색 구름이 소덕전(昭德殿) 동쪽 모퉁이에서 마치 연기처럼 자욱이 일어났다. 소종이 대내유후사(大內留後司)에게 명해 연기가 나는 곳을 찾아내게 하자 유후사는 길이가 5촌쯤 되는 새끼 황금룡 하나를 찾아냈다. 여러 신하들이 모두 경하하자 소종이 말했다.

"짐은 이 황금룡이 상서로운 조짐이라고 생각하지 않으며 창과 방패를 쓰지 않고 놓아두는 것이야말로 상서로운 조짐이라고 생각하오. 경들은 모두 충성을 다해 짐이 마음속에 품고 있는 바를 실현할 수 있도록 힘 써 주시오."

문하성(門下省)에서는 상소를 올려 문덕 2년을 용기(龍紀) 원년으로 바꿀 것을 주청했다. (『대당잡기』)

唐昭宗文德二年正朔御武德殿. 有紫氣出於昭德殿東隅. 鬱鬱如煙. 令大內留後司尋其所出, 得金龍子一枚, 長五寸許. 羣臣稱賀, 帝曰: "朕不以金龍爲祥瑞, 以偃息干戈爲祥瑞. 卿等各宜盡忠, 以體朕懷." 門下奏, 請改文德二年爲龍紀元年. (出『大唐雜記』)

423 · 12(5764)
황 훈(黃 馴)

형주(荊州) 당양현(當陽縣)은 산에 맞대어 관청을 지었다. 관청 안에 아주 깊은 우물이 있었는데, 우물 속에는 용의 둥지가 있었다. 그 우물 속으로 들어가 보아도 그 깊이가 얼마나 되는지 알 수 없었다. 날이 개려고 할 때나 비가 내리려고 할 때면 종종 구름이 우물에서 피어올랐다. 당(唐)나라 광화연간(光化年間: 898~901)에 상산(商山)에서 왔다고 자칭하는 한 도사가 우물 속으로 들어가 용의 둥지와 약초를 꺼내온 다음 떠나갔다. 그 후 황훈(黃馴)이라는 현령(縣令)은 이곳으로 부임해 온 후 늘 말을 우물 옆에 매어두었는데, 오물이 흘러 모두 우물 속으로 스며들어갔다. 그에 대해 비평하는 자가 있으면 그는 대충 둘러 대답했다. 1년 남짓 뒤에 황훈과 말은 모두 눈이 멀었다. (『녹이기』)

荊州當陽縣倚山爲廨宇. 內有井極深, 井中有龍窠. 旁入不知幾許. 欲晴霽及將雨, 往往有雲氣自井而出. 唐光化中, 有道士稱自商山來, 入井中, 取龍窠及草藥而去. 其後有令黃馴者, 到任之後, 常繫馬於井旁, 滓穢流潰, 盡入於井中. 或有譏之者, 飾辭以對. 歲餘, 馴及馬皆瞽. (出『錄異記』)

423 · 13(5765)
임한시(臨漢豕)

공주(邛州) 임한현 안에 못이 하나 있는데, 사람들은 그곳에 암퇘지 한 마리가 출몰하는 것을 종종 보았기에 그 못을 '암퇘지 용 못[母猪龍湫]'이라고 부른다. 당(唐)나라 천복(天復) 4년(904)에, 촉성(蜀城)에 큰 가뭄이 들자 태수(太守)와 현령(縣令)들은 친히 영험한 곳으로 가 기우제를 지냈다. 그 때 읍장(邑長)들은 희생과 단술을 준비한 다음 읍의 관리들을 데리고 가 함께 제사지냈다. 세 차례의 제사가 거의 끝나가자 사람들은 못 가에 자리를 펴놓고 객들에게 복을 내려 달라며 신께 빌었다. 사람들은 내리쬐는 태양 아래 자리를 펴고 앉았는데, 못을 가장 상석에 두고 술잔이 돌아 못 차례가 될 때면 잔을 들어 못에 바쳤다. 그들은 비가 흡족히 내린 뒤에야 그 자리를 거둘 생각이었다. 노래와 악기 연주가 한창 무르익었을 때 갑자기 못 위에 마치 구름 같아 보이는 검은 연기가 피어오르더니 그 기운이 위로 치솟아 올라갔는데, 미친 듯 번개가 이리저리 내리치고 검은 구름이 자욱이 깔리면서 그 즉시 우박이 쏟아졌다. 현령과 읍장, 그리고 관리들은 북을 울리고 춤을 추면서 덮개를 거둬버리고 비에 흠씬 젖은 뒤에 돌아왔다. 이튿날도 촉도 경내에는 비가 흡족히 내렸으나 다른 읍은 여전히 메말라있었다. 대저 사람이 지성을 드리면 용도 감동하는 법이다. 그러니 제사를 올려 가뭄을 구제하는 일이 무지한 짓이라 말하지 말라. (『북몽쇄언』)

邛州臨漢縣內有湫, 往往人見牝豕出入, 號曰'母猪龍湫'. 唐天復四年, 蜀城大旱, 使俾守宰躬往靈跡求雨. 於時邑長具牢醴, 命邑寮('寮'原作'宰', 據陳校本改)偕往祭之. 三奠洎終, 乃張筵於湫上, 以神胙客. 坐於烈日, 鋪席, 以湫爲上, 每酒巡至湫, 則捧觴以獻, 俟雨沾足, 方撤此筵. 歌吹方酣, 忽見湫('則捧觴以獻'至'忽見湫'二十字原闕, 據明鈔本·陳校本補)上黑氣如雲, 氛氳直上, 狂電燁然, 玄雲陡闇, 雨雹立至. 令長與寮吏, 鼓舞去蓋, 蒙濕而歸. 翌日, 此一境雨足, 他邑依然赤地焉('焉'字原空闕, 據明鈔本補). 夫人之至誠, 則龍畜亦能感動. 享德濟旱, 勿謂不智. (出『北夢瑣言』)

423 · 14(5766)
소 룡(燒 龍)

대강(大江: 長江) 남쪽 갈대숲 사이에서는 불을 피워 용을 불러일으키는 일이 종종 있다. 당(唐)나라 천복연간(天復年間: 901~904)에 예주(澧州) 엽원촌(葉源村) 사람 등씨(鄧氏)의 아들이 잡초를 태워 밭을 만들려고 천정(天井)(산 속의 굴을 말한다) 속에다 땔나무와 풀을 쌓아두었는데, 불길이 활활 타오르자 용이 갑자기 뛰쳐나와 공중으로 솟구쳐 올랐다. 용의 몸을 동그란 불길이 휘감았는데, 바람이 더욱 거세게 불자 불길 또한 미친 듯 더욱 활활 타올랐다. 용은 불길을 떨쳐버리려 했으나 그러지 못하고 결국 땅에 고꾸라져 죽고 말았는데, 그 길이가 수백 보에 달했다. 그 마을 사람은 화를 피하려 이사했다.

주량(朱梁: 五代 後梁) 말년에 신주(辰州) 사람 상씨(向氏)는 불을 피워 용을 불러일으켰는데, 사방에서 바람이 일고 천둥이 내리치면서 폭우가 내렸지만 불길을 끌 수 없었다. 그 용은 순식간에 재로 변했는데, 그 뿔만은 재가 되지 않은 채 마치 옥처럼 희게 빛나고 있었다. 상씨는 이것을 보배로 간직했다. 호남행군(湖南行軍) 고욱(高郁)은 상씨에게 돈을 지불하고 강제로 그 뿔을 빼앗았다. 그때 한 술사(術士)가 이렇게 말했다.

"고사마(高司馬: 高郁)는 화를 당하게 될 겁니다. 무엇 때문에 불길한 물건을 사들여 화를 재촉하는 걸까요?"

얼마 후 고욱은 주살당했다. (『북몽쇄언』)

大江之南, 蘆荻之間, 往往燒起龍. 唐天復中, 澧州葉源村民鄧氏子燒畬, 柴草積於天井(山中穴也), 火勢旣盛, 龍突出, 騰在半空. 縈帶爲火所燎, 風力益壯, 狂焰彌熾. 攫之不落, 竟以仆地而斃, 長亘數百步. 村民徙居而避之.

朱梁末, 辰州民向氏因燒起一龍, 四面風雷急雨, 不能撲滅. 尋爲煨燼, 而角不化, 瑩白如玉. 向氏寶而藏之. 湖南行軍高郁酧其價而強取. 於時術士曰: "高司馬其禍乎. 安用不祥之物以速之?" 俄而被誅. (出『北夢瑣言』)

423 · 15(5767)
유 옹(柳 翁)

[唐나라] 천우연간(天祐年間: 904~907)에 요주(饒州)에 살고 있던 유씨 노인은 늘 작은 배를 타고 파양강(鄱陽江)에서 낚시를 했는데, 사람들은 그가 어디 사는지, 처자식이 있는지도 알지 못했으며 그가 음식을 먹는 것도 본 적이 없었다. 그는 바다에서 나는 모든 생물과 유심한 곳에 있는 산천 등에 대해 모르는 것이 없었기 때문에 파양에 사는 어부와 낚시꾼들은 모두 그를 찾아가 자문을 구한 연후에 길을 떠났다.

여사조(呂師造)는 그곳 자사(刺史)가 되어 성을 수건하고 해자를 팠는데, 공사가 성 북쪽에 미치자 비가 내리기 시작하더니 공사를 멈추자 날이 개었다. 어떤 사람이 [어찌된 영문인지] 유씨 노인에게 묻자 그가 대답했다.

"그 밑에 용이 사는 굴이 있는데, 그 위를 진동시키니 용이 불안하여 굴 밖으로 나온 것이네. 용이 나오면 비가 오게 마련이지. 땅 파기를 그만두지 않고 반드시 그 굴을 건드리겠다면 장마가 져 우환에 생길 것이네."

사람들이 몇 장 깊이까지 파들어 갔더니 정말로 수십 척 길이의 네모난 나무가 서로 교차된 채 수십 겹으로 쌓여있었는데, 그 아래에서 연기가 솟구쳐 올라 사람을 엄습했기 때문에 들어가지 못하고 멈추었다. 그 나무들 위에는 온통 비린내 나는 침이 감겨있었는데, 평평하고 네모나게 깎아 낸 모습이 사람의 힘으로 할 수 있는 바는 아니었다. 그 일이 있고난 후 과연 장마가 져 사람들이 크게 고생했다.

여씨(呂氏: 呂師造)의 아들들은 파양강에 그물을 던져 고기를 잡으러 갔다가 유씨 노인을 불러오게 해 물어보았다. 노인은 남쪽 강 언덕을 가리키며 오늘은 오직 저기에만 고기가 있을 것이나 작은 용 한 마리가 그곳에 있다고 말했다. 여씨의 아들들은 [용이 있다는] 말을 믿지 않고 [노인이 가리킨 곳에] 그물을 던져 과연 많은 물고기를 잡았다. 그들은 배 안에 있던 커다란 대야 안에 물고기들을 담았다. 그 가운데 1~2척이나 되는 두렁허리가 들어있었는데, 그 두렁허리는 두 눈에서 빛이 반짝이고 있었고 두 개의 긴 수염이 나 있었다. 두렁허리가 대야를 휘감으며 돌아다니자 다른 물고기들도 그 뒤를 따랐는데, 배가 북쪽 강 언덕에 다다랐을 즈음에 어디론가 사라졌다. 유씨 노인도 그 후 어떻게 되었는지 아무도 모른다. (『계신록』)

天祐中, 饒州有柳翁常乘小舟釣鄱陽江中, 不知其居處妻子, 亦不見其飮食. 凡水族之類, 與山川之深遠者, 無不周知之, 鄱陽人漁釣者, 咸諮訪而後行.

呂師造爲刺史, 修城掘濠, 至城北則雨, 止後則晴. 或問柳翁, 翁曰: "此下龍穴也, 震動其上, 則龍不安而出穴. 龍出則雨矣. 掘之不已, 必得其穴, 則霖雨方將爲患矣." 旣深數丈, 果得方木長數十尺, 交搆疊之, 累積數十重, 其下霧氣衝人, 不可入而止. 其木皆腥涎縈之, 刻削平正, 非人力所及. 自是果霖雨爲患.

呂氏諸子將網魚于鄱陽江, 召問柳翁. 翁指南岸一處, 今日唯此處有魚, 然有一小龍在焉. 諸子不信, 網之, 果大獲. 舟中以巨盆貯之. 中有一鱓魚長一二尺, 雙目精明, 有二長鬚. 繞盆而行, 羣魚皆翼從之, 將至北岸, 遂失所在. 柳翁竟不知所終. (出『稽神錄』)

태평광기

권제 424

용 7

1. 염부룡(閻浮龍)
2. 오산인(吳山人)
3. 백장군(白將軍)
4. 온 온(溫 媼)
5. 유자화(柳子華)
6. 반 석(斑 石)
7. 장공동(張公洞)
8. 오대산지(五臺山池)
9. 장 로(張 老)
10. 비계사(費雞師)
11. 분수노모(汾水老姥)
12. 이 선(李 宣)
13. 몽양추(濛陽湫)
14. 염정룡(鹽井龍)
15. 윤 호(尹 皓)

염부룡(閻浮龍)

　염부제(閻浮提: 인간세상)에 사는 용은 57억 마리가 있다. 적타니(翟陁尼: 『酉陽雜俎』卷3「貝編」에는 '瞿陁尼'로 되어 있음)에 사는 용은 더러운 물을 내리지 않는데, 그것은 서주(西洲) 사람들이 더러운 물을 먹으면 요절하기 때문이다. 단월(單越: 鬱單越) 사람들은 차가운 바람을 싫어하기 때문에 불자제주(弗娄提洲: 『酉陽雜俎』卷3「貝編」에는 '弗婆提州'로 되어 있음)의 용은 냉기를 뿜지 않는다. 천둥소리와 벼락을 치지 않는데, 동주(東洲) 사람들이 그것을 싫어하기 때문이다. 그 천둥소리는 도솔천(兜率天: 佛敎에서는 하늘이 여러 층으로 나누어져 있다고 하는데, 兜率天은 그 중 4번째에 속함)에서는 노래 소리로 들리고 염부제에서는 바다물결 소리로 들린다. 그 비는 도솔천 위에서는 마니(摩尼: 寶珠의 음역)로 내리고 획세성(獲世城: 『酉陽雜俎』卷3「貝編」에는 '護世城'으로 되어 있음. 四天王의 城으로 추정됨)에서는 맛있는 음식으로 내린다. 바다에서는 비가 끊이지 않고 주룩주룩 내리고, 아수(阿修: 阿修羅로 지옥을 말함)에서는 무기로 내리며 염부제에서는 맑고 깨끗한 물[원문에는 '淸浮水'라 되어 있으나 『酉陽雜俎』卷3「貝編」에 의거해 '淸淨水'로 고쳐 번역함]로 내린다. (『유양잡조』)

龍在閻浮提者五十七億. 龍於瞿陁尼不降濁水, 西洲人食濁則夭. 單越人惡冷風, 龍不發冷, 於弗姿提洲. 不作雷聲, 不起電光, 東洲惡之也. 其雷聲, 兜率天作歌頌音, 閻浮提作海潮音. 其雨, 兜率天上雨摩尼, 獲世城雨美膳. 海中注雨不絶如連, 阿修中雨羅丘伏(『酉陽雜俎』三'阿修中雨羅丘伏'句作'阿修羅中雨兵伏', 此有倒訛), 閻浮提中雨淸浮水. (出『酉陽雜俎』)

424 · 2(5769)
오산인(吳山人)

농주(隴州) 오산현(吳山縣)의 모든 사람들은 어떤 사람이 흰 말을 타고 밤길을 가고 있는 꿈을 꾸었는데, 꿈속에서 그 사람이 말했다.

"내가 이사하려고 하니 잠깐 너의 소를 빌려야겠다."

그 사람은 말을 마치고 지나가 버렸다. 날이 밝았을 때 보았더니 어젯밤에 있었던 수백 농가의 소들이 모두 온몸에 물처럼 땀을 흘리고 있었다. 현의 남쪽 산 구비에 못 하나가 생겼는데, 그 둘레가 100여 보나 되었다. 마을 사람들은 그 못을 소가 옮겨다 놓은 것이라고 생각하여 '특우추(特牛湫)'라 불렀다. (『독이지』)

隴州吳山縣, 有一人乘白馬夜行, 凡縣人皆夢之, 語曰: "我欲移居, 暫假爾牛." 言訖卽過. 其夕, 數百家牛, 及明, 皆被體汗流如水. 於縣南山曲出一湫, 方圓百餘步. 里人以此湫因牛而遷, 謂之'特牛湫'也. (出『獨異志』)

백장군(白將軍)

원가(元可) 스님이 말했다. 근자에 듣기에 백장군이라는 사람이 한 번은 곡강(曲江)에서 말을 씻기고 있었는데, 말이 갑자기 뛰어오르더니 놀라 달아났다. 말의 앞발에 허리띠 같은 흰색의 물체가 여러 겹으로 둘러져 있었다. 백장군이 그 물체를 급히 제거하게 하자 피가 몇 되나 흘러 나왔다. 백장군은 그 물체를 기이하게 여겨 결국 종이 첩으로 싸서 옷상자에 넣어두었다. 어느 날 그는 손님을 배웅하러 산수(滻水)로 갔다가 여러 손님들에게 그것을 보여주었는데, 그 중 한 손님이 말했다.

"어찌하여 물로 시험해보지 않으십니까?"

백장군은 검으로 땅을 파서 구멍을 만든 다음 그 안에 그 벌레를 넣고 그 위에 한 대야의 물을 부었다. 잠시 뒤에 그 벌레가 꿈틀대며 길어지더니 구멍 속에서 샘이 용솟음쳤다. 벌레는 갑자기 방석처럼 똬리를 틀더니 향 연기처럼 검은 기운을 피우며 처마 밖으로 곧장 날아갔다. 사람들이 두려워하며 말했다.

"용이 틀림없습니다!"

사람들은 급히 돌아갔는데, 몇 리 가지 않았을 때 비바람이 갑자기 몰아치더니 천둥소리가 여러 번 크게 울렸다. (『유양잡조』)

僧元可言: 近傳有白將軍者嘗於曲江洗馬, 馬忽跳出驚走. 前足有物, 色白如衣帶, 縈繞數匝. 遽令觧之, 血流數升. 白異之, 遂封紙帖中, 藏於衣箱. 一日, 送客至滻水, 出示諸客, 客曰: "盍以水試之?" 白以劒劃地成竅, 置蟲於中, 沃盥其

上. 少頃, 蟲蠕而長, 窾中泉湧. 倏忽自盤若一席, 有黑氣如香烟, 徑出簷外. 衆懼
曰: "必龍也!" 遂急歸, 未數里, 風雨驟至, 大震數聲. (出『酉陽雜俎』)

424 · 4(5771)
온 온(溫 媼)

　　온온은 강주(康州) 열성현(悅城縣)의 과부로 베 짜는 일을 하며 먹고 살았다. 그녀가 한번은 강 언덕에 나물을 캐러갔다가 모래 풀 속에서 다섯 개의 알을 발견하고는 가지고 돌아와 길쌈 광주리 속에 넣어두었다. 며칠 지나지 않았을 때 갑자기 다섯 마리 작은 뱀이 알을 깨고 나왔는데, 한 마리는 얼룩무늬였고 다른 네 마리는 푸른색이었다. 그녀는 뱀을 강가에 놓아주었는데, 결코 어떤 보답을 바라고 한 일은 아니었다. 온온은 늘 강가에서 빨래를 했는데, 어느 날 문득 보았더니 물고기가 물에서 뛰어올라 그녀 앞에서 장난쳤다. 그 때부터 그러한 일이 계속되자 점점 아는 사람들이 생겨났다. 마을에서는 모두 그녀를 용의 어머니로 여기면서 존경하고 섬겼다. 어떤 사람들은 그녀에게 길흉화복을 묻기도 했는데 그녀의 말이 대부분 맞아떨어졌다. 그때부터 온온은 점점 부유해졌다. 조정에서 그 일을 알고 사자를 보내 그녀를 도성으로 불러오게 했다. 그녀는 전의령(全義嶺)에 이르렀을 때 병이 나서 열성현으로 되돌아갔다가 그곳에서 죽었다. 마을 사람들이 함께 그녀를 강의 동쪽 언덕에 장사지내주었다. 어느 날 밤 갑자기 천지가 어두워지더니 비바람이 몰아쳤다. 다음날 보았더니 그녀의 무덤이 서쪽으로 이동해 있었고 나무와 풀들도 모두 서쪽 언덕으로 옮겨져 있었다. (『영표록이』)

　溫媼者, 卽康州悅城縣孀婦也. 績布爲業. 嘗於野岸拾菜, 見沙草中有五卵, 遂收歸, 置績筐中. 不數日, 忽見五小蛇殼, 一斑四靑. 遂送於江次, 固無意望報也. 媼常濯浣於江邊, 忽一日, 見魚在水跳躍, 戲於媼前. 自爾爲常, 漸有知者. 鄕里咸爲龍之母, 敬而事之. 或詢以災福, 亦言多徵應. 自是媼亦漸豐足. 朝廷知之, 遣使徵入京師. 至全義嶺, 有疾, 却返悅城而卒. 鄕里共葬之江東岸. 忽一夕, 天地晦暝, 風雨隨作. 及明, 移其冢於西, 而草木悉於西岸. (出『嶺表錄異』)

424・5(5772)
유자화(柳子華)

　유자화는 당(唐)나라 때 성도현령(城都縣令)을 지냈다. 어느 날 정오에 갑자기 달구지 한 대가 앞뒤로 말 탄 여인들의 안내를 받으며 곧장 청사(廳事) 안으로 들어왔다. 한 사자가 유자화에게 소개하며 말했다.
　"용녀가 곧 올 것입니다."
　잠시 뒤에 용녀가 수레에서 내렸는데, 그녀는 좌우 사람들의 부축을 받으며 계단을 올라와 유자화와 대면했다. 그녀가 말했다.
　"저는 당신과 배필이 될 운명입니다."
　그리고는 그곳에 머물렀다. 유자화가 주연을 준비하게 하자 용녀는 그와 즐거운 시간을 보낸 뒤 혼례를 치르고 떠나갔다. 그때부터 그녀가 자주 드나들었기에 원근의 사람들도 모두 그 사실을 알았다. 유자화는 관직을 그만둔 후 어디로 갔는지 알 수 없었는데, 민간에서는 그가 용궁으로 들어가 수선(水仙)이 되었다고들 말했다. ([『극담록』])

柳子華, 唐時爲城都令. 一旦方午, 忽有犢車一乘, 前後女騎導從徑入廳事. 使一介告柳云:"龍女且來矣." 俄而下車, 左右扶衛昇階, 與子華相見. 云:"宿命與君合爲匹偶." 因止. 命酒樂極懽, 成禮而去. 自是往復爲常, 遠近咸知之. 子華罷秩, 不知所之, 俗云, 入龍宮, 得水仙矣. (原闕出處, 明鈔本作'出『劇談錄』')

424 · 6(5773)
반 석(斑 石)

도성에 한 선비가 산길을 가다가 돌멩이 하나를 주었는데, 푸른색과 붉은색이 섞여 얼룩덜룩했고 크기는 계란만했다. 그 선비는 그것을 매우 기이하게 여겨 수건 상자 속에 넣어두었는데, 그렇게 5~6년이 지났다. 그가 한번은 아이들에게 가지고 놀라고 그 돌멩이를 주었다가 결국 잃어버렸다. 며칠 후 갑자기 대낮에 비바람이 몰아치면서 어두워지더니 정원 앞의 나무 아래서 폭포수처럼 끊임없이 물이 떨어졌다. 사람들은 모두 그 까닭을 몰라 이상해했다. 비바람이 그치자 나무 아래에서 이미 깨진 그 돌이 문득 발견되었는데, 그 안은 병아리가 껍질을 깨고 나온 계란 같았다. 그제야 그 돌에서 용의 새끼가 나왔음을 알았다. (『원화기』)

京邑有一士子, 因山行, 拾得一石子, 靑赤斑爛, 大如雞子. 甚異之, 置巾箱中五六年. 因與嬰兒弄, 遂失之. 數日, 晝忽風雨暝晦, 庭前樹下, 降水不絶如瀑布狀. 人咸異其故. 風雨息, 樹下忽見此石已破, 中如雞卵出殼焉. 乃知爲龍子也.
(出『原化記』)

424・7(5774)
장공동(張公洞)

　의흥현(義興縣)은 산수의 경치가 빼어났는데, 그 중 장공동이 가장 절경이었다. 마을 사람들은 그곳을 장도릉(張道陵)이 수행했던 곳이라고 말했다. 그곳에는 동굴이 하나 있었는데, 사람들은 감히 들어가지 못했다. 마을 사람 요생(姚生)은 길을 잘 알았기에 지팡이와 횃불을 들고 봇짐을 짊어지고서 동굴 안으로 들어갔다. 그가 몇 백 보쯤 들어가자 점점 밝아지더니 구름과 나무들이 희미하게 보였는데, 몇 걸음 안 되는 거리에 있는 것 같았다. 또 10리 남짓 가자 두 도사가 바둑을 두고 있는 것이 보였다. 도사가 물었다.
　"누구냐? 어떻게 여기에 왔느냐?"
　그가 자초지종을 말하자 도사가 말했다.
　"큰 뜻을 품은 선비구나."
　요생은 배가 몹시 고파 먹을 것을 달라고 했다. 그의 옆에 푸른 진흙 몇 말이 있었는데, 도사가 그것을 가리키며 말했다.
　"이것을 먹도록 해라."
　그가 한 번 씹어 먹어보았더니 매우 향기로워서 배부를 때까지 먹었다. 도사가 말했다.

"너는 이제 가보아라. 그러나 절대로 세상사람들에게 [이곳에 대해] 말하지 말아라."

그는 몰래 남은 진흙을 가슴에 품고는 재배하고 돌아왔다. 그는 저잣거리로 나가 [그 진흙에 대해] 물어보았는데, 우연히 오랑캐 상인이 보고서 놀라 물었다.

"이것은 용식(龍食)입니다. 어떻게 이것을 얻었습니까?"

그가 그 일에 대해 얘기하고서 오랑캐 상인과 함께 그곳을 찾아가 보았지만 그곳은 단지 어둡고 큰 동굴일 뿐 더 이상 길이 보이지 않았다. 푸른 진흙은 외부로 나오자 이미 돌처럼 딱딱해져 다시 먹을 수 없었다. (『일사』)

義興縣山水秀絶, 張公洞尤奇麗. 里人云, 張道陵修行之所也. 中有洞壑, 衆未敢入. 土民姚生習道, 挈杖瓶火, 負囊以入. 約行數百步, 漸漸明朗, 雲樹依稀, 近通步武. 又十餘里, 見二道士對奕. 曰: "何人? 焉得來此?" 具言始末, 曰: "大志之士也." 姚生餒甚, 因求食. 旁有靑泥數斗('斗'原作'十', 據明鈔本改), 道士指曰: "可湌此." 試探咀嚼, 覺芳馨, 食之遂飽. 道士曰: "爾可去. 愼勿語世人." 再拜而返, 密懷其餘. 以訪市肆, 偶胡賈見, 驚曰: "此龍食也. 何方而得?" 乃述其事, 俱往尋之, 但黑巨穴, 不復有路. 靑泥出外, 已硬如石, 不可復食. (出『逸史』)

424・8(5775)
오대산지(五臺山池)

　오대산(五臺山) 북쪽 누대 아래에는 2무(畝) 남짓한 용지(龍池)가 있다. 불경(佛經)에서는 이곳에 500마리의 독룡이 감금되어 있어서 매일 정오에 어두운 안개가 잠시 걷히면 스님과 품행이 깨끗한 거사(居士)만이 한 번 볼 수 있다고 한다. 비구니와 여인들이 가까이 가면 천둥벼락이 치고 비바람이 크게 몰아친다고 한다. 사람들이 용지 가까이 가면 반드시 독기에 빨려들어 순식간에 물에 빠진다고 한다. (『전기』[『전재』])

　五臺山北臺下有龍池約二畝有餘. 佛經云, 禁五百毒龍之所, 每至亭午, 昏霧暫開, 比丘及淨行居士方可一覩. 比丘尼及女子近, 卽雷電風雨時大作. 如近池, 必爲毒氣所吸, 逡巡而沒. (出『傳奇』, 明鈔本作'出『傳載』')

424・9(5776)
장 로(張 老)

　형상(荊湘)에 있는 한 승사(僧寺)는 뒤로는 산이 있고 앞으로는 호수가 있었는데, 호수 속에 용이 살고 있었다. 그 용은 때때로 천둥과 바람을 크게 일으켜 나무들을 망가뜨려 놓았다. 절 안에는 종을 울리는 장로(張老)라는 사람이 있었는데, 그는 술사(術士)였으나 스님들은 알지 못했다. 장로는 그 용이 물건들을 망가뜨리는 것을 싫어해서 잡아다가 죽이려고 했다. 그래서 그는 몰래 술법을 사용했다. 그러나 용은 이미 그 사실을 알고 사람으로 변해 몰래 스님에게 알렸다.

"저는 사실 용으로 이 호수에 산지 여러 해가 지났습니다. 가끔 나와서 비바람으로 물건들을 망가뜨렸기 때문에 장로가 저를 가두어 놓았습니다. 저의 목숨이 위급하니 스님이 아니면 저를 구할 수 없습니다. 만약 저의 생명을 구해주신다면 보주(寶珠) 하나를 드려 보답해드리겠습니다. 그리고 저는 다른 곳으로 옮겨가겠습니다."

스님은 허락했다. 스님이 밤에 장로를 불러 용을 놓아주라고 부탁하자 장로가 말했다.

"스님께서는 어찌 이 용이 준 보주를 받으려고 하십니까? 이 용은 매우 가난하여 이 보주 밖에 없고 성질도 인색하고 지독합니다. 지금 스님께서 보주를 받으신다면 훗날 후회해도 소용없을 것입니다."

스님은 그의 말을 믿지 않으며 말했다.

"당신은 나를 위해 용을 놓아주기만 하면 되오."

장로는 어쩔 수 없이 용을 놓아주었다. 용은 밤이 지나자 스님에게 보주를 바친 뒤 못에서 나와 다른 곳으로 옮겨갔다. 장로 또한 스님에게 인사하고 떠나갔다. 며칠 뒤에 갑자기 천둥이 치고 비가 내리더니 용이 그 스님의 승방(僧房)을 망가뜨리고 보주를 빼앗아갔다. 과연 장로의 말이 맞아떨어졌다. (『원화기』)

荊湘有僧寺背山近水, 水中有龍. 時或雷風大作, 損壞樹木. 寺中有撞鐘張老者, 術士也, 而僧不知. 張老惡此龍損物, 欲禁殺之, 密爲法. 此龍已知, 化爲人,潛告僧曰: "某實龍也, 住此水多年. 或因出, 風雨損物, 爲張老所禁. 性命危急, 非和尙救之不可. 倘救其命, 奉一寶珠, 以伸報答. 某卽移於別處." 僧諾之. 夜喚張老, 求釋之, 張老曰: "和尙莫受此龍獻珠否? 此龍甚窮, 唯有此珠, 性又悋惡. 今若受珠, 他時悔無及." 僧不之信, 曰: "君但爲我放之." 張老不得已, 乃放. 龍夜後送珠於僧, 而移出潭水. 張老亦辭僧去. 後數日, 忽大雷雨, 壞此僧舍, 奪其珠. 果如張老之言. (出『原化記』)

424 · 10(5777)
비계사(費雞師)

촉천(蜀川)에 비계사라는 사람이 있었는데, 미래의 일을 잘 알았고 또한 사람들을 위해 액막이도 해주었다. 그는 대부분 공주(邛州)에 있었는데, 촉(蜀) 땅 사람들은 그를 신으로 여겼다.

당시에 한 스님이 말했다.

이전에 쌍류현(雙流縣) 보당사(保唐寺)에 장이사(張二師)라는 사람이 있었는데, 승방을 돌아다니다가 빈방이 있는 것을 보고 그곳에 머물려고 했다. 그래서 집안사람들을 데려다 그곳을 청소하게 했는데, 기둥 위에서 작은 물병 하나를 얻었다. 장이사가 살펴보았더니 병 안에 뱀 한 마리가 보였는데, 병을 엎어놓자 뱀이 나왔다. 뱀의 길이는 1척쯤 되었는데, 무늬가 얼룩덜룩하고 오색이 갖추어져 있었다. 장이사가 몽둥이로 뱀을 건들자 건드릴 때마다 자라났다. 사람들이 모두 놀라고 기이해 했다. 장이사는 하인에게 뱀을 집어 절 밖으로 내보내게 했다. 하인이 뱀을 집으려고 하자 만지는 대로 커지더니 1장(丈) 남짓까지 자라나 마치 집의 서까래만 해졌다. 그래서 두 사람이 짊어져야 들 수 있었다. 뱀을 내보내는 사람들은 더욱 두려워졌고 구경꾼들은 더욱 많아졌다. 절에서 2~3리 떨어진 곳으로 갈 때까지 뱀은 요동칠 때마다 계속해서 자라났다. 사람들은 더욱 두려워져서 결국 뱀을 때려 죽게 만들었다. 다음 날 그 사원 안에 무지개가 뜨더니 정오가 되어 사원으로 내려왔다. 스님이 일 때문에 임공현(臨邛縣)으로 왔다가 비계사를 만나 그 일에 대해 말했더니, 비계사가 말했다.

"용녀를 죽였구나! 장이사와 그대의 절의 스님들은 모두 죽게 될 것이오!"

후에 비계사의 말처럼 모두 죽었다. 그 밖의 영험한 일은 이루 다 말할 수 없으나 도대체 그가 어떤 술법을 썼는지는 모르겠다.

위현(韋絢)의 큰 형이 두원영(杜元穎)의 종사(從事)로 있을 때 그의 동생들은 모두 비계사를 알고 있었는데, 도성에서부터 모두 이미 그 일을 알고 있었다. 두원영은 임공현에 이르자 비계사의 술법에 대해 알아보았다. 무릇 병든 사람이 있다고 비계사에게 와서 알리면 그는 닭 한 마리를 안고 갔는데, 병자의 집 문에 이르러서는 그 닭에 주문을 걸어 안으로 들어가 병자가 있는 곳에 이르게 했다. 닭이 들어가서 죽으면 병자가 나았고 닭이 나오면 병자는 일어나지 못했다. 그래서 당시 사람들은 그를 '비계사'라고 불렀다. 그는 또 돌을 병자의 배 위에 놓고는 술법을 행하고 인장을 찍었는데, 그 돌이 갈라지면 그 사람도 일어나지 못했다. 또한 그는 부적을 쓸 수 있었는데, 먼저 부적을 태워 재로 만든 뒤에 뜨거운 물과 함께 사람에게 삼키게 하여 잠시 뒤에 다시 뱉어내게 하면 그 부적이 태우지 않았을 때처럼 온전했다.

스님이 또 말했다.

성 남쪽 건창교(建昌橋) 아래에 있는 남쪽 언덕에 예전에 용굴(龍窟)이 있었는데, 용이 해마다 늘 사람들을 해쳤다. 심지어는 말과 함께 빠진 사람도 있었는데, 마치 누군가가 물 속으로 잡아끄는 것 같았다. 당시 위고(韋皋)는 용굴에 계속해서 수만 개의 돌덩이를 실어 날랐지만 잠시 후에는 돌이 모두 사라져버렸다. 후에 그가 도사에게 용굴 안에 죽간을 던져 넣고 흙으로 그곳을 쌓게 하자 결국 메워졌다. 그때부터 용굴은 건창사(建昌寺)의 불전(佛殿) 아래로 옮겨져 서쪽 행랑의 용정(龍井)과 통하게 되었다. 건창교 아래에는 종종 사람이 다치는 일이 있었지만 그리 심하지는 않았다. 관리에게 물어보았더니 예전에 사람과 말이 용굴에 빠졌다가 한참 뒤에 그 시체가 떠올랐는데, 모두 하얗게 변했다고 했다. 용이 피를 모두 빨아먹은 뒤에야 시체가 떠올랐던 것이다. (『융막한담』)

蜀川有一費雞師者, 善知將來之事, 而亦能爲人禳救. 多在邛州, 蜀人皆神之. 時有一僧言: 往者雙流縣保唐寺, 寺有張二師者, 因巡行僧房, 見有空院, 將欲住持. 率家人掃灑之際, 於柱上得一小瓶子. 二師觀之, 見一蛇在瓶內, 覆瓶出之. 約長一尺, 文彩斑駁, 五色備具. 以杖觸之, 隨手而長. 衆悉驚異. 二師令一物挾之, 送於寺外. 當携掇之際, 隨觸隨大, 以至丈餘, 如屋橡矣. 二人擔之方擧. 送者愈懼, 觀者隨而益多. 距寺約二三里, 所在撼動之時, 增長不已. 衆益懼, 遂擊傷, 至於死. 明日, 此寺院中有虹蜺. 亭午時下寺中. 僧有事至臨邛, 見雞師說之, 雞師曰: "殺龍女矣! 張二師與汝寺之僧徒, 皆當死乎!" 後卒如其言. 他應驗不可勝紀, 竟不知是何('何'字原闕, 據陳校本補)術.

韋絢長兄爲杜元穎從事, 其弟妹皆識費師, 於京中已悉知有此事. 自到, 卽詢訪雞師之術. 凡有病者來告, 雞師卽抱一雞而往, 及其門, 乃持呪其雞, 令入內, 抵病者之所. 雞入而死, 病者差, 雞出則病者不起矣. 時人遂號爲'費雞師'. 又以石子置病者腹上, 作法結印, 其石子斷者, 其人亦不起也. 又能書符, 先焚符爲灰, 和湯水, 與人呑之, 俄復吐出, 其符宛然如不燒.

又云: 城南建昌橋下, 其南岸先有龍窟, 歲常損人. 至有連馬而溺者, 如有攫拏於水. 當韋皐時, 前後運石, 凡幾萬數, 頃之, 石復失焉. 後命道士投簡于內, 以土築之, 方滿. 自此之後, 龍窟移于建昌寺佛殿下, 與西廊龍井通焉. 而建昌橋下, 往往損人而不甚也. 詢問吏卒, 往時人馬溺於其間, 良久尸浮皆白. 其血被吮吸已盡, 而尸乃出焉. (出『戎幕閑談』)

424·11(5778)
분수노모(汾水老姥)

분수(汾水) 가에서 한 노모가 붉은 잉어를 잡았는데, 색깔이 기이하여 뭇 잉어들과 달랐다. 노모는 잉어를 가지고 집으로 돌아왔는데, 잉어가 불쌍하기도 하고 기이하기도 해서 작은 연못 하나를 판 뒤 물을 대고 그곳에서 잉어를 길렀다. 한 달 남짓 지난 뒤에 갑자기 구름과 안개가 일면서 붉은 잉어가 뛰어올라 순식간에 점점 하늘로 올라가 버리자 연못의 물도 모두 말라버렸다. 그 날 밤에 붉은 잉어는 예전처럼 다시 돌아왔다. 그 일을 본 사람들은 매우 놀라며 잉어를 요괴라고 여겼다.

노모는 잉어가 화를 끼칠까 두려워서 매우 후회했다. 그래서 그녀는 직접 작은 연못 가에서 기원하며 말했다.

"나는 본래 너의 생명을 불쌍하게 여겨 살려주었는데, 너는 오히려 나에게 화를 끼치려 하느냐?"

노모가 말을 마치자마자 붉은 잉어가 위로 뛰어올랐는데, 그 순간 구름과 바람이 일더니 잉어는 곧장 분수로 들어갔다. 공중에서 탄환 같은 구슬 하나가 떨어졌는데 그 빛이 영롱하여 눈부셨다. 노모는 구슬을 주웠지만 사람들은 감히 그것을 가지지 못했다.

5년 뒤에 노모의 큰아들이 풍질에 걸려 병세가 점점 위독해졌지만 병을 치료할 수 있는 의원이 없었다. 노모는 매우 상심하다가 갑자기 구슬을 가져다가 명의(名醫)를 불러야겠다고 생각했다. [노모가 구슬을 꺼내 보았더니] 구슬이 갑자기 환단(丸丹)으로 변해 있었다. 노모가 말했다.

"이것은 붉은 잉어가 나에게 준 것이다. 이것으로 내 아들을 구해 나의 은혜에 보답하려했구나."

노모가 환단을 아들에게 먹였더니 아들의 병이 금방 나았다. (『소상록』)

汾水邊有一老姥獲一頳鯉, 顔色異常, 不與衆魚同. 旣携歸, 老姥憐惜, 且奇之, 鑿一小池, 汲水養之. 經月餘後, 忽見雲霧興起, 其頳鯉卽騰躍, 逡巡之間, 乃漸昇霄漢. 其水池卽竭. 至夜, 又復來如故. 人見之者甚驚訝, 以爲妖怪. 老姥恐爲禍, 頗追悔焉. 遂親至小池邊禱祝曰: "我本惜爾命, 容爾生, 反欲禍我耶?" 言纔絶, 其頳鯉躍起, 雲從風至, 卽入汾水. 唯空中遺下一珠, 如彈丸, 光晶射人. 其老姥得之, 衆人不敢取.

後五年, 老姥長子患風, 病漸篤, 醫莫能療. 老姥甚傷, 忽意取是珠, 以召良醫.

其珠忽化爲一丸丹. 老姥曰: "此頼鯉遺我. 以救我子, 答我之惠也." 遂與子服之, 其病尋愈. (出『瀟湘錄』)

424 · 12(5779)
이 선(李 宣)

이선이 양현(陽縣)을 다스릴 때 현의 왼쪽에 못이 있었다. 그 못은 용이 산다고 전해졌는데, 그 속에 사는 물고기들이 매우 아름다웠다. 이선의 아들은 학문을 게을리 하고 낚시를 즐겨 매일 못 가에서 머물렀다. 어느 날 용이 나타나 못 가득히 불을 뿜었는데, 마치 비단 이불을 펼쳐 놓은 것 같았다. 이선의 아들은 넋이 나간 채 낚싯대를 버리고 도망쳤다. 대개 낚시할 때는 구운 제비를 낚싯밥으로 많이 사용하는데, 이것이 분명 용의 식욕을 당겼을 것이다. (『북몽쇄언』)

李宣宰陽縣, 縣左有潭. 傳有龍居, 而鱗物尤美. 李之子惰學, 愛釣術, 日住潭上. 一旦龍見, 滿潭火發, 如舒錦被. 李子褫魄, 委竿而走. 蓋釣術多以煎燕爲餌, 果發龍之嗜慾也. (出『北夢瑣言』)

424 · 13(5780)
몽양추(濛陽湫)

팽주(彭州) 몽양현(濛陽縣)의 경계에 청류(淸流)라는 지방이 있는데, 그곳에 못 하나가 있다. 마을 사람들은 그 못의 용과 서산(西山) 자모지(慈母池)의 용이 부부여서 매년 한 번씩 만난다고 말했다. 신번(新繁) 사람 왕예(王睿)는 사물에 박학하여 시비를 따져 바로잡는 일이 많았는데, 그 말을 우습게 여겼다. 가을비가 내린 뒤 그는 그 못을 지나가게 되었는데, 서쪽에서 천둥이 치고 비가 내리면서 어두워지더니 세찬 바람이 불어 나무들이 뽑혔다. 왕예는 말을 묶어두고 나무 뒤에 숨어서 피했다. 잠시 뒤에 천둥벼락이 못 위에서 그치더니 갑자기 하늘이 한 조각 구름도 없이 개였다. 그곳 주민에게 물어보았더니 앞에 한 말과 딱 들어맞았다.

운안현(雲安縣) 서쪽에 소탕계(小湯溪)가 있다. 그곳 사람들은 소탕계의 용과 운안계의 용이 친척이라고 말했지만 세상 사람들은 그것을 믿지 못할 말이라고 여겼다. 어느 날 소탕계에서 바람이 불고 천둥이 치더니 촉강(蜀江)을 따라 내려가 운안현에 이르자 구름 속의 물체가 돌며 내려가 운안계 안으로 들어갔는데, 천둥번개가 미친 듯이 치는 것이 정말 무서웠다. 유의(柳毅)가 동정호(洞庭湖)에 편지를 전한 일은 이 일과 서로 부합된다. 소탕계의 일은 내[『北夢瑣言』의 撰者 孫光憲을 말함]가 직접 보았다. (『북몽쇄언』)

彭州濛陽縣界, 地名淸流, 有一湫. 鄕俗云, 此湫龍與西山慈母池龍爲昏, 每歲一會. 新繁人王睿乃博物者, 多所辨正, 嘗鄙之('嘗鄙之'原作'當鄙', 據『北夢瑣言』(雲自在龕叢書本)改). 秋雨後經過此湫, 乃遇西邊雷雨冥晦, 狂風拔樹. 王睿縶馬障樹而避. 須臾, 雷電之勢, 止於湫上, 倏然而霽, 天無纖雲. 詰彼居人, 正符前說也.

雲安縣西有小湯溪. 土俗云, 此溪龍與雲安溪龍爲親. 此乃不經之談也. 或一日, 風雷自小湯溪, 循蜀江中而下('下'原作'不', 據陳校本改), 至雲安縣, 雲物回薄, 入溪中, 疾電狂霆誠可畏. 有柳毅洞庭之事, 與此相符. 小湯之事自目覩. (原闕出處, 明鈔本作'出『北夢瑣言』')

424 · 14(5781)
염정룡(鹽井龍)

왕촉(王蜀: 五代十國 前蜀) 때 기주(夔州) 대창현(大昌縣)에 있는 염정(鹽井)에서 종종 용이 나타났는데, 어떤 용은 흰색이고 어떤 용은 황색이었으며 비늘과 갈기가 번쩍였다. 물을 휘저어도 용은 움직이지 않고 단지 거품만 뿜어댔다. 그곳 사람들은 그 용을 기이하게 여기지 않았다. 근래에 자귀현(秭歸縣)과 영제현(永濟縣)의 노조(鹵槽: 소금물을 담아놓는 나무통)에도 용이 똬리를 틀고 있었는데, 대창현의 용과 다르지 않았다. 어떤 식자(識者)가 말했다.

"용은 신령하고 상서로운 동물로서 하도(河圖)를 짊어지고 하늘로 올라갑니다. 그러나 지금 노조에 용이 나타났으니 어찌 구름을 부리고 비를 내릴 수 있겠습니까?"

운안현(雲安縣)의 한성궁(漢成宮)이 있는 산꼭대기에는 깊이가 7~8장(丈) 되는 천지(天池)가 있다. 그 안에 겨우 지척(咫尺: 1咫는 8寸이고 1尺은 10寸으로 咫尺은 10寸쯤 되는 길이) 길이 밖에 안 되고 오색이 갖추어진 도마뱀 같은 물체가 있었는데, 수면으로 뛰어오를 때면 작은 용 같았다. 고우(高遇)가 자사(刺史)가 되자 한성궁에 와서 제사를 지냈는데, 그때 용이 갑자기 위로 떠올랐다. 어떤 사람이 감관(監官) 이덕부(李德符)에게 물었다.

"어떤 징조입니까?"

이덕부가 말했다.

"저는 이곳에서 나고 자랐지만 아직 한성지(漢成池) 안의 물체를 보지 못했습니다. 고우가 선정을 베푼 것도 아니고 부처와 신에게 아첨한 것일 뿐인데도 이미 이런 일이 일어났으니 어떻게 그 시비를 알 수 있겠습니까?"

이릉현(夷陵縣) 청강(淸江)의 낭산담(狼山潭) 안에 용이 있었다. 토호(土豪) 이무구(李務求)는 제사지내면서 용을 섬겼는데, 어느 날 낭산담에 가 보았더니 비단 이불 같은 것이 물을 덮고 있었다. 어떤 때는 큰 나무들이 떠올라 수면을 좌우로 덮기도 했는데, 사람들은 그것을 '용의 둥지[龍巢]'라고 불렀다. 수주(遂州)의 고동계담(高棟溪潭)에는 해마다 용이 나타나는데, 낭산담에서 일어나는 일과 똑같다. (『북몽쇄언』)

王蜀時, 夔州大昌鹽井水中往往有龍, 或白或黃, 鱗鬣光明. 攪之不動, 唯沮('沮'原作'柤', 據『北夢瑣言』改)沫而已. 彼人不以爲異. 近者秭歸・永濟井鹵槽, 亦有龍蟠, 與大昌者無異. 識者曰: "龍之爲靈瑞也, 負圖以昇天. 今乃見於鹵中, 豈能雲行雨施乎?"

雲安縣漢成宮絶頂, 有天池深七八丈. 其中有物如蜥蜴, 長咫尺, 五色備具, 躍於水面, 象小龍也. 有高遇者爲刺史, 詣宮設醮, 忽浮出. 或問監官李德符曰: "是何祥也?" 符曰: "某自生長於此, 且未常見漢成池中之物. 高旣無善政, 諂佛佞神, 亦已至矣, 安可定其是非也?"

夷陵淸江有狼山潭, 其中有龍. 土豪李務求禱而事之, 往見錦('江有狼山潭'至'往見錦'二十一字原闕, 據明鈔本·陳校本補)衾覆水. 或浮出大木, 橫塞水面, 號爲'龍巢'. 遂州高棟溪潭, 每歲龍見, 一如狼山之事. (出『北夢瑣言』)

424 · 15(5782)
윤 호(尹 皓)

주량(朱梁: 五代十國 後梁) 때 윤호는 화주(華州)를 진수했다. 여름이 반쯤 지났을 때 그는 성밖으로 순시하러 나갔는데, 당시에 포주(蒲州)와 옹주(雍州)가 서로 병기를 들이대고 대치하고 있었기 때문이었다. 그는 말에서 내렸다가 황야에서 돌 같기도 하고 알 같기도 한 물체 하나를 얻었다. 그것은 청흑색(靑黑色)으로 윤기가 나고 예뻤다. 그는 좌우 사람들에게 그것을 줍게 했다. 그는 또 30~20리를 가서 농가의 정원 안에 불당이 있는 것을 보고 불상 앞에 그 물건을 놓아두었다. 그날 밤에 천둥번개가 크게 치고 세찬 비가 퍼붓 듯이 내렸다. 번갯불이 불당을 태웠지만 불상은 훼손되지 않은 것으로 보아 그 물체는 아마도 용의 알인 것 같았다. 농가 정원 밖의 버드나무 수백 그루는 모두 거꾸로 서 있었고 그 알은 이미 사라지고 없었다. (『옥당한화』)

朱梁尹皓鎭華州. 夏將半, 出城巡警, 時蒲雍各有兵戈相持故也. 因下馬, 於荒地中得一物如石, 又如卵. 其色靑黑, 光滑可愛. 命左右收之. 又行三二十里, 見村院佛堂('堂'字原闕, 據明鈔本補), 遂實於像前. 其夜雷霆大震, 猛雨如注. 天火燒佛堂, 而不損佛像, 蓋龍卵也. 院外柳樹數百株, 皆倒植之, 其卵已失. (出『玉堂閑話』)

태평광기 권제 425

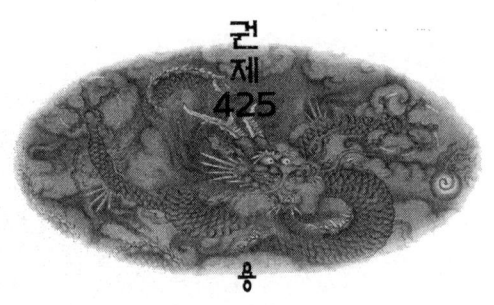

용 8

용

1. 장 온(張　　溫)
2. 곽언랑(郭彦郎)
3. 왕종랑(王宗郎)
4. 서포룡(犀浦龍)
5. 정 어(井　　魚)
6. 안천룡(安天龍)
7. 조 관(曹　　寬)
8. 몽청의(夢靑衣)

교(蛟)

9. 한무백교(漢武白蛟)
10. 심양교(潯陽橋)
11. 왕　술(王　　述)
12. 왕　식(王　　植)
13. 육사아(陸社兒)
14. 장사녀(長沙女)
15. 소　정(蘇　　頲)
16. 투　교(鬪　　蛟)
17. 홍씨녀(洪氏女)
18. 홍　정(洪　　貞)
19. 노　교(老　　蛟)
20. 무휴담(武休潭)
21. 벌　교(伐　　蛟)

용

425 · 1(5783)
장 온(張 溫)

 [五代十國] 왕촉(王蜀: 王建이 세운 前蜀) 때 재주(梓州)의 장온이라는 사람이 물고기 잡는 것을 좋아했는데, 그는 일찍이 객관(客館)의 진장(鎭將)으로 있었다. 어느 여름날에 장온은 손님들을 데리고 물고기를 구경하다가 우연히 용담(龍潭) 부근에서 노닐게 되었는데, 날이 몹시 더워서 기분이 좋지 않았다. 그래서 장온은 직접 물로 들어가서 그물을 던져 1척 정도 되는 물고기 한 마리를 잡았는데, 금빛 같은 지느러미와 비늘을 계속 흔들며 버둥댔다. 언덕에서 내려다보던 사람들은 모두 그 물고기를 기이해했다. 잠시 후 어두컴컴해지면서 비바람이 갑자기 몰아치자, 장온은 당황하고 놀란 나머지 냅다 몇 리를 달아났는데 세찬 비바람은 여전했다. 어떤 사람이 말했다.

 "잡은 금빛 물고기는 바로 이 못의 용입니다."

 그래서 용이 물고기 형상을 하고 있으면 스스로 재앙을 불러들인다는 것을 알게 되었다. 만약 비바람의 변화가 없었다면 용은 [요리하는] 솥과 도마에서 도망치기 어려웠을 것이다. 용담에서 물고기를 잡을 때는 마땅히 조심해야 한다. (『북몽쇄언』)

 王蜀時, 梓州有張溫者好捕魚, 曾作客館鎭將. 夏中, 携賓觀魚, 偶遊近龍潭之下, 熱甚, 志不快. 自入水擧網, 獲一魚長尺許, 鬐鱗如金, 撥刺不已. 俯岸人皆異之. 逡巡晦暝, 風雨驟作, 溫惶駭, 奔走數里, 依然烈景. 或曰: "所獲金魚, 卽潭龍也." 是知龍爲魚服, 自貽其患. 苟無風雨之變, 亦難逃鼎俎矣. 龍潭取魚, 亦宜戒愼. (出『北夢瑣言』)

425 · 2(5784)
곽언랑(郭彦郎)

세간에서 말하길, 괴룡(乖龍)은 비를 내리게 하는 일이 너무 고되서 대부분 도망쳐 숨었다가 뇌신(雷神)에게 붙잡힌다고 한다. 어떤 괴룡은 고목이나 기둥 속에 숨기도 하는데, 만약 허허 벌판에서 도망쳐 숨을 곳이 없을 경우에는 소의 뿔이나 목동의 몸에 들어가기도 한다. 종종 이 괴룡에 연루되어 [사람이나 가축이] 벼락 맞아 죽기도 한다.

촉주(蜀州) 관부(官府)에 곽언랑이라는 군장(軍將)이 있었다. 어느 날 그는 협강(俠江)에서 배를 타고 나운개(羅雲溉)에 이르러 막 식사를 마치고 누워 있었는데, 꿈을 꾸는 것처럼 정신이 혼미한 상태에서 누런 옷 입은 한 사람이 나타나 말했다.

"놓쳐서는 안 된다!"

그리고는 곽언랑의 입속에서 어떤 물건 하나를 더듬어 꺼낸 뒤 떠났다. 곽언랑은 깨고 나서 다만 목구멍이 아픈 것만 느꼈다. [곽언랑이 누워 있던] 그 동안에 뱃사공들이 보았더니 곽언랑의 배 위로 번개가 치고 어두컴컴해지면서 천둥소리가 아주 크게 들렸는데, 이는 바로 괴룡이 그의 입으로 들어간 것이었다. 그러니 남산(南山)의 선률사(宣律師)의 가운데 손가락 마디로 괴룡이 들어간 것[이 고사는 本書 권393 제6조 「僧道宣」에 나옴]도 허황된 말이 아니다. 그래서 공성(孔聖: 孔子)은 "급한 천둥이 치고 맹렬한 바람이 불면 반드시 [안색과 의관을] 고쳤다"고 했으니, 삼가지 않을 수 있겠는가? (『북몽쇄언』)

世言乖龍苦於行雨, 而多竄匿, 爲雷神捕之. 或在古木及楹柱之內, 若曠野之間, 無處逃匿, 卽入牛角或牧童之身. 往往爲此物所累而震死也.
蜀邸有軍('軍'原作'靑', 據明鈔本・陳校本改)將郭彥郞者. 行舟峽江, 至羅雲灘, 方食而臥, 心神恍惚如夢, 見一黃衣人曰: "莫錯!" 而於口中探得一物而去. 覺來, 但覺咽喉中痛. 於時篙工輩但見船上雷電晦暝, 震聲甚厲, 斯則乖龍入口也. 南山宣律師, 乖龍入中指節, 又非虛說. 所以孔聖之言"迅雷風烈必變", 可不敬之乎? (出『北夢瑣言』)

425・3(5785)
왕종랑(王宗郞)

촉(蜀: 前蜀) 경오년(庚午年: 910)에 금주자사(金州刺史) 왕종랑이 다음과 같이 상주했다.

"순양현(洵陽縣)의 순수(洵水) 가에 청연묘(靑煙廟)가 있는데, 며칠 동안 사당 위로 안개와 구름이 어두컴컴하게 끼면서 밤낮으로 음악을 연주했습니다. 그러던 어느 날 갑자기 파도가 솟구치면서 용 떼가 물위로 나와 한강(漢江)으로 들어갔습니다. 큰 것은 몇 장(丈)이나 되었고 작은 것은 1장 남짓 되었는데, 색깔은 오방(五方)의 색[靑·白·朱·黑·黃] 같았고 소·말·나귀·양과 같은 모습을 하고 있었습니다. 크고 작은 용 50마리가 줄줄이 뒤따라서 한강으로 들어갔다가 도로 사당이 있는 곳을 지나갔는데, 몇 리를 왕복하는 동안 숨었다 보였다 했습니다. 그렇게 사흘 동안 하다가 멈추었습니다."

(『녹이기』)

蜀庚午歲, 金州刺史王宗郎奏:"洵陽縣洵水畔有靑煙廟, 數日, 廟上煙雲昏晦, 晝夜奏樂. 忽一旦, 水波騰躍, 有群龍出於水上, 行入漢江. 大者數丈, 小者丈餘, 如五方之色, 有如牛馬驢羊之形. 大小五十, 累累接迹, 行入漢江, 却過廟所, 往復數里, 或隱或見. 三日乃止."(出『錄異記』)

425·4(5786)
서포룡(犀浦龍)

[前蜀] 계유년(癸酉年: 913)에 서포현(犀浦縣) 경계의 밭 가운데에 있던 청흑색의 작은 용을 두 토막으로 잘랐는데, 열흘 뒤에 썩어 냄새가 나더니 얼마 후 사라져버렸다. 마가지(摩呵池: 隋代에 굴착한 연못으로 지금의 四川省 成都市 동남쪽에 있음)의 대청(大廳) 서쪽에도 용정(龍井)이 있었는데, 굉장히 영험하여 사람들이 범접할 수 없었다. (『녹이기』)

癸酉年, 犀浦界田中有小龍靑黑色, 割爲兩片, 旬日臭敗, 尋亦失去. 摩呵池大廳西面亦有龍井, 甚靈, 人不可犯. (出『錄異記』)

425・5(5787)
정 어(井 魚)

　성도(成都) 서대방(書臺坊) 무후(武侯: 諸葛武侯, 즉 諸葛亮을 말함) 저택의 남쪽에 있는 승연관(乘煙觀) 안의 오래된 우물 속에 길이가 6~7촌쯤 되는 물고기가 있었다. 그 물고기가 종종 우물 위에서 헤엄칠 때면 반드시 우물물이 들끓어 오르곤 했다. 전하는 말에 따르면 그 우물 속에 용이 있다고 한다. (『녹이기』)

　成都書臺坊武侯宅南, 乘煙觀內古井中有魚, 長六七寸. 往往游於井上, 水必騰湧. 相傳井中有龍. (出『錄異記』)

425・6(5788)
안천룡(安天龍)

　[五代] 후당(後唐) 동광연간(同光年間: 923~926)에 창주(滄洲) 백성 가운데 어떤 모자는 요역(徭役)이 너무 고되서 창주 근교의 봉점(埲店)이란 곳에서 유랑했다. 그들은 길에서 백사(白蛇)를 만나자 아들이

새끼줄로 백사의 목을 묶어 가지고 갔는데, 얼마 지나지 않아 심하게 흔들다가 백사의 머리가 떨어져나갔다. 잠시 후 흰 구름 한 조각이 일어나면서 갑자기 천둥과 번개가 치더니, 그 아들을 낚아채서 공중으로 올라갔다가 번갯불로 태워 죽인 다음 땅으로 떨어뜨렸다. 아들의 등에는 커다란 글씨가 씌어 있었는데 그것을 알아보는 사람이 아무도 없었다. 그때 갑자기 한 사람이 말했다.

"어찌하여 푸른 물건으로 [아들의 등을] 덮지 않소? 그러면 금방 그 글씨를 알 수 있을 것이오."

그래서 어머니가 푸른 치마로 아들의 등을 덮었더니, 어떤 사람이 글씨를 알아보고 읽었다.

"이 사람은 안천룡을 살해했기 때문에 천신(天神)에게 주살 당했다."

보광자(葆光子: 『北夢瑣言』의 撰者 孫光憲의 自號)가 말했다.

"용은 신령한 동물이다. 게다가 '안천'이란 존호(尊號)까지 있으니 반드시 무궁한 변화를 일으킬 수 있다. 그런데도 어찌하여 일개 어린애에게 묶여서 죽고 또 그렇게 급하게 하늘이 사람에게 벌을 내릴 수 있단 말인가? 이 또한 무슨 경우란 말인가!"

(『북몽쇄언』)

後唐同光中, 滄洲民有子母苦於科徭, 流移近界墅店(上恨音). 路逢白虵, 其子以繩繫蛇項, 約而行, 無何擺其頭落. 須臾, 一片白雲起, 雷電暴作, 撮將此子上天空中, 爲雷火燒殺墜地. 而背有大書, 人莫之識. 忽有一人云: "何不以靑物蒙之? 卽識其字." 遂以靑裙被之, 有識字讀之曰: "此人殺害安天龍, 爲天神所誅." 葆光子曰: "龍, 神物也. 況有'安天'之號, 必能變化無方. 豈有一豎子繩系而殂之, 遽致天人之罰? 斯又何哉!"(出『北夢瑣言』)

425·7(5789)
조 관(曹 寬)

　[五代] 석진(石晉: 石敬瑭이 세운 後晉) 때 상산절도사(常山節度使) 안중영(安重榮)이 장차 반역을 도모하려 했는데, 형대(邢臺)와 맞붙어 있는 그의 관할 경계에서 난투 끝에 용 한 마리를 죽였다. 그 마을의 호족 가운데 조관이란 자가 그 광경을 보고 용의 뿔 2개를 가졌다. 그 뿔 앞에는 복잡한 무늬 비단 같은 발[簾]처럼 생긴 물건 하나가 있었는데 그것이 무엇인지 아는 사람이 없었다. 조관은 1년 뒤에 도적의 손에 죽었으며, 임인년(壬寅年: 942)에는 관군(官軍)이 진주(鎭州)를 토벌하고 안중영을 주살했다.
　보광자(葆光子: 『北夢瑣言』의 撰者 孫光憲의 自號)가 『북사(北史)』를 읽어보았더니 다음과 같은 사건이 기록되어 있었다.
　육법화(陸法和)가 양(梁)나라에 있을 때, 군대를 이끌고 강가에서 [반란을 일으킨] 후경(侯景)의 장수 임약(任約)과 맞서면서 이렇게 말했다.
　"저들의 용은 잠들어 움직이지 않는데 우리 군대의 용은 기운차게 띈다."
　마침내 [육법화는 임약을] 공격하여 크게 무찌르고 임약을 사로잡았다.

이로써 보건대 양군이 접전하기 전에 반드시 용이 먼저 싸운다. 따라서 상산의 용이 죽은 것은 관군이 크게 승리하여 안중영이 머리를 내놓게 될 징조가 아니었을까? 황소(黃巢)가 진주(陳州)에서 패하고 이극용(李克用: 後唐 太祖)이 양왕(梁王: 後梁 太祖 朱溫[朱全忠])의 습격에서 벗어난 것도 모두 심한 비와 천둥의 도움을 받았던 것이다. (『북몽쇄언』)

石晉時, 常山帥安重榮將謀干紀, 其管界與邢臺連接, 鬪殺一龍. 鄕豪有曹寬者見之, 取其雙角. 前有一物如簾, 文如亂錦, 人莫知之. 曹寬經年爲寇所殺, 壬寅年, 討鎭州, 誅安重榮也.

葆光子讀『北史』, 見: 陸法和在梁時, 將兵拒侯景將任約於江上, 曰: "彼龍睡不動, 吾軍之龍, 甚自躍踴." 遂擊之大敗, 而擒任約. 是則軍陣之上, 龍必先鬪. 常山龍死, 得非王師大捷, 重榮授首乎? 黃巢敗於陳州, 李克用脫梁王之難, 皆大雨震雷之助. (出『北夢瑣言』)

425・8(5790)
몽청의(夢靑衣)

[五代十國] 맹촉(孟蜀: 孟知祥이 세운 後蜀) 군주의 모후(母后)의 궁에 있던 위성신룡당(衛聖神龍堂)을 일찍이 장엄하고 정결하게 단장했는데, 그것은 바로 세간의 가신(家神: 집안의 수호신)과 같은 것이었다. 어느 날 모후는 [위성신룡을 모신] 전당(殿堂)을 따로 확장할 마음

을 먹고 있다가 낮잠을 자게 되었는데, 꿈에 푸른 옷 입은 사람이 나타나 모후에게 말했다.

"지금 신룡께서 궁 밖으로 나가 머물길 원하시니 사원이나 도관(道觀) 안에 거처를 마련하는 것이 좋겠습니다."

모후는 그 말에 따르고자 했으나 아들이 허락하지 않았다. 모후의 꿈에 그 푸른 옷 입은 사람이 다시 나타나서 거듭 청하자, 결국 소각사(昭覺寺)의 별채를 골라서 특별히 사당 하나를 지었다. 토목공사가 완성되고 단청작업도 끝나자, 모후는 교방(敎坊: 唐代 이후 궁중에 설치하여 음악·무용·배우·雜戱 등을 관장하던 기관)에 음악을 연주하라고 명하여, 궁중에서 [위성신룡을] 모시고 나갈 때는 「송신곡(送神曲)」을 연주하고 새로운 사당으로 모셔 들어갈 때는 「영신곡(迎神曲)」을 연주했다. 그 날 검은 구름이 사방에서 몰려들고 큰 바람이 일어났는데, 위성신룡이 신위(神位)로 돌아가자 곧바로 비가 퍼부었다. 어떤 이가 말했다.

"위성신룡이 궁전을 떠난 것은 불길한 조짐입니다."

결국 1년 뒤에 나라가 멸망하고 위성신룡도 떠나갔으며, 그 토지는 사당에 귀속되었다. (『야인한화』)

孟蜀主母后之宮有衛聖神龍堂, 亦嘗修飾嚴潔, 蓋卽世俗之家神也. 一旦別欲廣其殿宇, 因晝寢, 夢一靑衣謂后曰: "今神龍意欲出宮外居止, 宜于寺觀中安排可也." 后欲從之, 而子未許. 后又夢見靑衣重請, 因選昭覺寺廊廡間, 特建一廟. 土木旣就, 繪事云畢, 遂宣敎坊樂, 自宮中引出, 奏「送神曲」, 歸新廟中, 奏「迎神曲」. 其日玄雲四合, 大風振起, 及神歸位, 雨卽滂沱. 或曰: "衛聖神龍出離宮殿, 是不祥也." 逾年, 國亡滅而去, 土地歸廟中矣. (出『野人閑話』)

교

425 · 9(5791)
한무백교(漢武白蛟)

한(漢)나라 무제(武帝)는 늘 늦가을에 임지(琳池:『拾遺記』권6에는 '淋池'라 되어 있음) 위에 영일주(靈溢舟:『拾遺記』권6에는 '銜蘭雲鶂之舟'라 되어 있는 것으로 보아 '溢'은 '鶂'의 오기로 보임)를 띄우고 밤낮으로 노닐곤 했는데, 한번은 계대(季臺:『拾遺記』권6에 '於淋池之南起桂臺'란 구절이 있는 것으로 보아 '季'는 '桂'의 오기로 보임) 아래에서 향금(香金)으로 낚싯바늘을 만들고 명주실을 꼬아 낚싯줄을 만들고 붉은 잉어[원문은 '舟鯉'라 되어 있지만 『拾遺記』권6에 의거하여 '丹鯉'로 고쳐 번역함]로 미끼를 삼아 낚시를 했다. 열흘이 안 되어 흰 교룡 한 마리를 낚았는데, 길이는 3~4장(丈)쯤 되었고 용처럼 생겼으나 비늘이 없었다. 무제가 말했다.

"이것은 용이 아니다."

그리고는 태관(太官: 궁중에서 음식을 관장하던 관리)에게 그것을 넘겨 젓갈로 만들게 했는데, 청자색(青紫色)의 고기가 비할 데 없이 아삭하고 맛있었다. 무제는 명을 내려 그 젓갈을 신하들에게 하사했는데, 신하들은 신령이 감응하여 얻은 것이라고 생각했다. 그 후로는 결국 [더 이상 흰 교룡을] 잡지 못했다. (왕자년『습유기』)

漢武帝恒以季秋之月, 汎靈溢之舟於琳池之上, 窮夜達晝, 于季臺之下, 以香金爲鉤, 縮絲綸, 以舟鯉爲餌. 不踰旬日, 釣一白蛟, 長三四丈, 若龍而無鱗甲. 帝曰:"非龍也." 於是付太官爲鮓, 而肉紫青, 脆美無倫. 詔賜臣下, 以爲神感所獲. 後竟不得. (出王子年『拾遺記』)

425・10(5792)
심양교(潯陽橋)

  심양성(潯陽城)의 동문(東門)은 커다란 다리로 통해 있었는데, [그 다리 밑에서] 늘 교룡이 살면서 백성들을 해쳤다. 그래서 동봉(董奉)이 부적을 써서 물속으로 던졌더니, 며칠 후에 교룡 한 마리가 죽어서 떠올랐다. (『심양기』)

  潯陽城東門通大橋, 常有蛟爲百姓害. 董奉疏符沉水中, 少日, 見一蛟死浮出. (出『潯陽記』)

425・11(5793)
왕 술(王 述)

  [三國時代] 오(吳)나라 대제(大帝: 孫權) 적오(赤烏) 3년(240) 7월에 왕술이란 자가 천태산(天台山)에서 약초를 캐고 있었다. 그때는 날씨가 무더웠기에 왕술은 돌다리 아래에서 쉬며 시냇가에서 물을 마셨

다. 그때 갑자기 시내 속에서 키가 1척 남짓밖에 되지 않고 푸른 옷을 입은 작은 사람 한 명이 푸른 옷 한 벌을 들고 붉은 잉어를 타고 곧장 구름 속으로 들어가 점차 사라졌다. 왕술은 한참 후에 높은 바위에 올라가서 사방을 바라보았는데, 바다 위에서 바람과 구름이 일어나면서 순식간에 천둥과 번개가 번갈아 치더니 금세 [자기가 있는 곳으로] 다가올 기세였다. 왕술은 두려워서 빈 나무 속에 엎드려 지켜보았더니, [그 푸른 옷 입은 작은 사람이] 옻칠처럼 새까만 색깔의 베 같은 물체 하나를 끌고 갔는데 어디로 가는지 알 수 없었다. 날이 갰을 때 다시 보았더니, 붉은 잉어를 타고 있던 작은 아이가 다시 시내 속으로 들어갔는데 다름 아닌 검은 교룡이었다. (『삼오기』)

吳大帝赤烏三年七月, 有王述者採藥於天台山. 時熱, 息於石橋下, 臨溪飮. 忽見溪中有一小靑衣, 長尺餘, 執一靑衣('衣'字原闕, 據明鈔本補), 乘赤鯉魚, 徑入雲中, 漸漸不見. 述良久登峻岩四望, 見海上風雲起, 頃刻雷電交鳴, 俄然將至. 述懼, 伏于虛樹中, 見牽一物如布, 而色如漆, 不知所適. 及天霽, 又見所乘之赤鯉小童, 還入溪中, 乃黑蛟耳. (出『三吳記』)

425 · 12(5794)
왕 식(王 植)

왕식은 신감(新贛) 사람이다. 그가 한번은 배를 타고 양강(襄江)을 건너가다가 해질녘에 멀리 경치를 바라보면서 친구 주수(朱壽)에게 말했다.

"이곳은 옛날 초(楚)나라 소왕(昭王)이 평실(萍實: 覇者만이 얻을 수 있다고 하는 상서롭고 감미로운 식물)을 얻었던 곳으로, 중니(仲尼: 孔子)께서 [그 일에 대한] 동요의 응험을 말씀하셨네."[楚 昭王이 長江을 건너다가 斗만한 크기의 알 수 없는 물건을 얻고 이상히 여겨 공자에게 물어보게 했더니, 공자가 "此名萍實, 令剖而食之, 惟覇者能獲之, 此吉祥也."라고 함. 또 제자들이 그 일에 대해 묻자, 공자가 "異時小兒 謠曰: '楚王渡江, 得萍實, 大如拳, 赤如日, 剖而食之, 美如蜜.' 此楚之應 也."라고 했다 함. 『孔子家語』「致思」와 『說苑』「辨物」에 나옴]

주수가 말했다.

"다른 사람들은 동요를 우연히 생겨난 것이라고 생각했지만, 성인 (聖人: 孔子)께서는 반드시 그 조짐을 아셨던 것이네."

말을 마치고 나서 보았더니, 어떤 두 사람이 언덕에서 내려왔는데 그들은 푸른 옷을 입고 갈대 지팡이를 들고 있었다. 그들이 왕식에게 말했다.

"그대는 어디에서 오셨소?"

왕식이 말했다.

"신감에서 출발하여 여기까지 왔소이다."

두 사람이 말했다.

"보아하니 그대들은 모두 유생(儒生) 같은데 그래 무슨 경전의 가르침을 공부하시오?"

왕식과 주수가 말했다.

"각자 『시경(詩經)』과 『예기(禮記)』를 공부하고 있소이다."

두 사람이 또 웃으며 말했다.

"이보(尼父: 孔子)는 '신괴(神怪)에 대해서는 말하지 않는다'고 했고, 또 '귀신을 공경하되 멀리해야 한다'고 했는데 무슨 말이오?"

주수가 말했다.

"부자(夫子)는 성인이시오. 신괴에 대해 말씀하지 않으신 것은 경전의 가르침을 의심할까봐 걱정하셨기 때문이오. 또 '귀신을 공경하되 멀리해야 한다'고 말씀하신 것은 이륜(彝倫: 常倫. 사람이 지켜야 할 바른 도리)을 경계시키기 위한 것으로, 그 뜻은 조상을 받들어 모시는 효성에 있소."

두 사람이 말했다.

"훌륭하오!"

이어서 또 말했다.

"그대는 그것을 믿고 있소?"

주수가 말했다.

"그렇소."

두 사람이 말했다.

"우리는 사실 귀신도 아니고 사람도 아니오. 오늘 우연히 그대들을 만나 얘기를 나누게 된 것은 바로 하늘이 그렇게 한 것이오."

그리고는 또 왕식에게 말했다.

"내일 이 언덕에 이환(李環)과 대정(戴政)이 올 것인데, 두 사람은 모두 장사꾼으로 만민에게서 이득을 갈취하면서도 탐욕스런 마음이 끝이 없소. 그래서 상제(上帝)께서 그들을 증오하여 사흘 안에 그 죄를 징벌하실 것이니, 그대들은 이곳에 정박하지 마시오. 부디 조심하시오."

두 사람은 말을 마친 뒤 강 속으로 사라졌다. 주수와 왕식은 그저 놀라고 괴이해할 뿐 [그 두 사람이] 어떤 요괴인지 알지 못했다.

날이 밝자 왕식이 주수에게 말했다.

"이런 불길한 일이 있으니 멀리 옮겨가는 것이 좋겠네."

그리고는 배를 끌고 상류로 500여 보(步)쯤 가서 닻줄을 내린 뒤에 보았더니, 10여 척의 큰 배들이 상류에서 내려와 과연 왕식 등이 본래 머물던 곳에 정박했다. 왕식이 말했다.

"곧장 저들의 정황을 자세히 묻고 그 성명을 알아보는 게 좋겠네."

그리하여 주수가 지팡이를 짚고 가서 물어보았더니, 두 상인의 성명이 과연 [이전에 푸른 옷 입은 두 사람이] 말한 것과 같았다. 주수는 마음속으로 놀라며 말했다.

"일이 이미 정해져 있구나!"

그리고는 왕식에게 말했다.

"대저 명계(冥界)에서 사람들의 선하지 못한 것을 싫어한다는 사실을 오늘에야 비로소 믿게 되었네."

왕식이 말했다.

"대저 '유명(幽明: 저승과 이승)'을 말하는 것은 저승에 신령이 있고 그 신령이 영명(英明)하기 때문이니 어찌 믿지 않을 수 있겠는가?"

그 때는 동진(東晉) 공제(恭帝) 원희(元熙) 원년(419) 7월이었는데, 8일부터 10일까지 과연 심한 폭풍과 뇌우가 몰아쳐 두 상인이 한꺼번에 익사했다.

왕식은 [푸른 옷 입은] 두 사람의 말을 처음 들었을 때 은밀히 다른 사람들에게 그 일을 알렸기에, 그 때가 되어 함께 구경하러 나온 사람이 수백 명이나 되었다. 구경꾼 중에 경담(耿譚)이란 사람은 나이가 70세이고 평소 그 지방의 일에 대해 잘 알고 있었는데, 그가 왕식에게 말했다.

"이 강 속에는 청사(靑蛇)처럼 생긴 교룡 2마리가 있는데 길이는 1장(丈) 남짓 되며, 종종 파도 속에서 나타나거나 가끔 [다른 형체로] 변화하여 강가 모래톱에서 노닐곤 하지만, 다른 것에 그다지 심한 해를 끼치지는 않습니다. 당신이 본 그 푸른 옷 입은 두 사람은 아마도 신령함을 지닌 그 교룡으로, 상제의 명을 받들어 행한 것 같습니다."

(『구강기』)

王植, 新贛人也. 乘舟過襄江, 時晚日遠眺, 謂友朱壽曰: "此中昔楚昭王獲萍實之處, 仲尼言童謠之應也." 壽曰: "他人以童謠爲偶然, 而聖人必知之." 言訖, 見二人自岸下, 靑衣持蘆杖. 謂植曰: "卿來何自?" 植曰: "自新贛而至於此爾." 二人曰: "觀君皆儒士也, 習何典敎?" 植·壽曰: "各習『詩』·『禮』." 二人且笑曰: "尼父云'子不語神怪', 又云'敬鬼神而遠之', 何也?" 壽曰: "夫子聖人也. 不言神怪者, 恐惑典敎. 又言'敬鬼神而遠之'者, 以戒彝倫, 其意在奉宗之孝." 二人曰: "善!" 又曰: "卿信乎?" 曰: "然." 二人曰: "我實非鬼神, 又非人類. 今日偶與卿談, 乃天使也." 又謂植曰: "明日此岸有李環·戴政, 俱商徒, 以利剝萬民, 所貪未已. 上帝惡, 欲懲其罪於三日內, 卿無此泊, 愼之." 言訖, 沒於江. 壽·植但驚異之, 未明何怪也.

及明, 植謂壽曰: "有此之不祥, 可移於遠矣." 乃牽舟于上流五百餘步, 纜訖, 見十餘大舟自上流而至, 果泊於植本處. 植曰: "可便詳問其故, 要知姓字." 於是壽杖策而問之, 二商姓字, 果如其所言. 壽心驚曰: "事定矣!" 乃謂植曰: "夫陰晦之間, 惡人之不善, 今夕方信之矣." 植曰: "夫言'幽明'者, 以幽有神而神之明, 奈何不信乎?" 時晉恭帝元熙元年七月也, 八日至十日, 果有大風雷雨, 而二商一時沉溺.

植初聞二人之言, 私告於人, 及是共觀者有數百人. 內有耿譚者年七十, 素譜土事, 謂植曰: "此中有二蛟如靑虯, 長丈餘, 往往見於波中, 時化遊於洲渚, 然亦不甚傷物. 卿所見二人靑衣者, 恐是此蛟有靈, 奉上帝之命也." (出『九江記』)

425・13(5795)
육사아(陸社兒)

육사아라는 사람은 강하현(江夏縣)의 백성이다. 그가 한번은 강가에서 모내기를 하고 밤에 돌아오다가 길에서 아주 어여쁜 한 여자를 만났는데, 그녀가 육사아에게 말했다.

"저는 어제 현(縣)에서 미리 왔다가 오늘 포구 마을로 돌아가려고 하는데, 당신의 집에서 하룻밤 묵어갔으면 합니다."

그러나 그녀의 말과 안색에는 근심이 가득했다. 육사아는 하는 수 없이 그녀와 함께 집으로 돌아가 방문을 잠그고 같이 잠을 잤다. 그런데 얼마 되지 않아 곧바로 폭풍우 몰아치는 소리가 들리면서 천둥과 함께 번갯불이 환하게 비추었다. 육사아는 그녀가 놀라 당황하는 것을 알아차리고 그녀를 안정시키려 했으나 그러지 못했다. 순식간에 번개가 발[簾] 앞을 치더니 육사아의 침실을 어떤 물체가 갑자기 열어젖혔는데, 번갯불을 통해 보았더니 털이 나 있는 커다란 손 하나가 그녀를 낚아채가는 것이었다. [그 광경을 보고] 육사아는 땅에 쓰러져 기절했다가 다시 깨어났다. 날이 밝았을 때 이웃마을 사람이 이상히 여겨 육사아에게 묻자, 그는 여자가 [자기 집에서] 투숙한 일을 알려주었다. 잠시 후 강을 건너온 어떤 향리 사람이 말했다.

"여기서 9리 떨어진 곳에 머리가 없는 커다란 교룡이 있었는데, 길이는 100여 장(丈)이나 되고 흘린 피가 땅에 쏟아져 몇 이랑에 걸쳐 퍼져 있었으며, 수천수만 마리의 날짐승이 [교룡의 시체] 옆에서 시끄럽게 지저귀고 있었소."

(『구강기』)

陸社兒者, 江夏民. 常種稻於江際, 夜歸, 路逢一女子, 甚有容質, 謂社兒曰: "我昨自縣前來, 今欲歸浦里, 願投君宿." 然辭色甚有憂容. 社兒不得已, 同歸, 閉室共寢. 未幾, 便聞暴風震雷明照. 社兒但覺此女驚惶, 制之不止. 須臾雷震, 只在簾前, 社兒寢室, 有物突開, 乘電光, 見一大毛手拏此女去. 社兒仆地, 絶而復蘇. 及明, 隣里異而問之, 社兒告以女子投宿之事. 少頃, 鄕人有渡江來者, 云: "此去九里, 有大蛟龍無首, 長百餘丈, 血流注地, 盤泊數畝, 有千萬禽鳥, 臨而噪之也." (出『九江記』)

425·14(5796)
장사녀(長沙女)

장사군(長沙郡)에 성명이 기억나지 않는 어떤 사람이 강가에서 살고 있었다. 그의 딸이 강가에서 옷을 빨다가 몸속에서 이상한 기운을 느꼈는데, 나중에는 더 이상 걱정하지 않았다. 그러나 결국 그녀는 임신하여 3개의 물체를 낳았는데 모두 새우처럼 생겼다. 그녀는 자기가 낳은 것이기에 그것들을 매우 사랑하여 세숫대야에 물을 담아 길렀다. 석 달이 지나자 그 물체들이 크게 자랐는데 다름 아닌 교룡이었다. 그들은 각각 이름을 가지고 있었는데, 큰 놈은 '당홍(當洪)'이고 다음 놈은 '파조(破阻)'이며 작은 놈은 '박안(撲岸)'이었다. 폭우가 내리던 어느 날 그 교룡 3마리는 동시에 함께 떠나 어디론가 사라졌다. 그 후로 비가 오려고 하면 교룡들이 번번이 찾아왔는데, 그녀는 그들이 반드시 올 것을 알고 곧장 나가 기다렸으며, 교룡들도 머리를 내밀고 어머니를 바라보다가 한참 후에 다시 떠나갔다. 1년이 지나 그녀가 죽은 후에 교룡 3마리가 동시에 함께 그녀의 묘소에 와서 곡을 하고 하루 뒤에 떠나갔는데, 그 곡소리를 들어보니 꼭 개가 짖는 것 같았다. (『속수신기』)

長沙有人忘姓名, 家江邊. 有女下渚澣衣, 覺身中有異, 後不以爲患. 遂姙身, 生三物, 皆如鰕魚. 女以己所生, 甚憐之, 著澡盤水中養. 經三月, 此物遂大, 乃是蛟子. 各有字, 大者爲'當洪', 次者名'破阻', 小者曰'撲岸'. 天暴雨, 三蛟一時俱去, 遂失所在. 後天欲雨, 此物輒來, 女亦知其當來, 便出望之, 蛟子亦出('出'字原闕, 據陳校本補)頭望母, 良久復去. 經年, 此女亡後, 三蛟一時俱至墓所哭泣, 經日乃去, 聞其哭聲, 狀如狗嘷. (出『續搜神記』)

425 · 15(5797)
소 정(蘇頲)

　당(唐)나라의 소정이 처음 오정현위(烏程縣尉)가 되었을 때, 어느 한가한 날에 동료들과 함께 계곡을 따라 배를 타고 가면서 취한 후에 시를 읊조리다가 도기사(道磯寺)에 도착했다. 도기사 앞은 잡계(霅溪) 중에서 가장 깊은 곳으로 그 물의 깊이를 헤아릴 수 없었다. 그 속에는 교룡이 살고 있었는데 대대로 사람들의 근심거리였다. 소정은 취한 김에 [계곡 언덕을] 산책하고 돌아오는 길에 낙타교(駱駝橋)를 지나가다가 갑자기 다리가 무너지는 바람에 물속으로 떨어져 곧장 계곡 바닥에 이르렀다. 그때 물속에서 어떤 사람이 상서(尙書: 蘇頲)를 떠받쳐 밀어내 천천히 물위로 나온 덕분에 소정은 마침내 살아날 수 있었다. (『광이기』)

　唐蘇頲始爲烏程尉, 暇日, 曾與同寮汎舟沿溪, 醉後諷詠, 因至道磯寺. 寺前是霅溪最深處, 此水深不可測. 中有蛟螭, 代爲人患. 頲乘醉步行, 還自駱駝橋, 遇橋壞墮水, 直至潭底. 水中有令人扶尙書出, 遂冉冉至水上, 頲遂得濟. (出『廣異記』)

425 · 16(5798)
투 교(鬪 蛟)

　당(唐)나라 천보연간(天寶年間: 742~756) 말에 흡주(歙州)에서 소와 교룡이 싸웠다. 이전부터 강물 속의 교룡이 아주 많은 사람과 가축 등을 죽였는데, 그 소가 강물을 마시다가 교룡에게 붙잡혀 곧장 강바닥으로 끌려들어가 서로 맞붙어 싸웠다. 며칠 후에 소가 물에서 나왔는데 강물이 붉게 물들어 있었다. 당시 사람들은 교룡이 죽은 것이라고들 했다. (『광이기』)

唐天寶末, 歙州牛與蛟鬪. 初水中蛟殺人及畜等甚衆, 其牛因飮, 爲蛟所繞, 直入潭底水中, 便爾相觸. 數日牛出, 潭水赤. 時人謂爲蛟死. (出『廣異記』)

425 · 17(5799)
홍씨녀(洪氏女)

흡주(歙州) 기문현(祁門縣)의 교담(蛟潭)에 관해 세간에 다음과 같은 이야기가 전해진다.

무릉향(武陵鄕)에 홍씨(洪氏)의 딸이 있었는데, 홍씨는 딸을 파양(鄱陽)의 여씨(黎氏)에게 시집보내기로 허락했다. 장차 아내를 맞이할 길일이 아직 정해지지 않았을 때, 교룡이 사위 여씨와 똑같은 모습의 남자로 변하여 혼례를 치르고 그녀를 맞이해갔다. 한 달 남짓 지난 후에야 여씨는 도착하여 교룡이 그녀를 맞이해간 것을 알고는 마침내 교룡이 사는 굴로 그녀를 찾으러 갔다. 가는 길에 여씨는 사람으로 변한 그 교룡을 만났는데 용모가 아주 준수했다. 사위 여씨는 마음속으로 그가 교룡일 것이라고 의심하면서 자세히 살펴보다가, 그가 몰래 웃는 것을 보고 마침내 죽였더니 과연 교룡의 모습으로 되돌아갔다. 사위는 다시 앞으로 가서 교룡 굴에 도착하여 아내와 그 옆에 있는 개를 보고는 아내와 개를 데리고 돌아오려 했다. 사위가 막 배에 올랐을 때 비바람이 갑자기 몰아치면서 나무와 돌이 날아오르더니 아내와 개가 모두 교룡으로 변하여 떠나갔다. 사위는 폭풍에 날려 여요(餘姚)까지 갔다가 몇 년 후에 돌아왔다. 그 후에 도인 허정양(許旌陽)이 그곳에서 또 교룡을 베어 죽이고 판자로 그 굴을 막아버렸다. 지금도 날씨가 아주 맑으면 [그 굴이] 어렴풋이 보인다. (『흡주도경』)

歙州祁門縣蛟潭, 俗傳: 武陵鄕有洪氏女, 許嫁與鄱陽黎氏. 將娶, 吉日未定, 蛟化爲男子, 貌如其壻, 具禮而娶去. 後月餘, 黎氏始到, 知爲蛟所娶, 遂就蛟穴求之. 於路逢其蛟化爲人, 容貌殊麗. 其壻心疑爲蛟, 視, 見蛟竊笑, 遂殺之, 果復蛟形. 又前到蛟穴, 見其妻, 幷一犬在妻之旁, 乃取妻及犬以歸. 始登船, 而風雨暴至, 木石飛騰, 其妻及犬, 皆化爲蛟而去. 其壻爲惡風飄到餘姚, 後數年歸焉. 其後道人許旌陽又斬蛟于此, 仍以板窒其穴. 今天淸日朗, 尙有彷彿見之. (出『歙州圖經』)

425 · 18(5800)
홍 정(洪 貞)

계롱산(雞籠山)은 무원현(婺源縣) 남쪽 95리에 있는데, 그 높이는 160장(丈)이고 둘레는 15리 90보(步)이며 모습이 닭장처럼 생겼다. 당

(唐)나라 개원연간(開元年間: 713~741)에 한 교룡이 도인으로 변했는데, 흡주(歙州) 사람 홍정이 제자의 예를 갖춰 그를 스승으로 모셨다. 도인이 거처를 점치면서 여러 명산(名山)을 찾다가 황산(黃山)에 도착했을 때 홍정이 물었다.

"이 산은 어떻습니까?"

도인이 말했다.

"척박하고 춥다."

다음으로 비포산(飛布山)에 도착했을 때 홍정이 또 물었더니 도인이 말했다.

"너무 높고 [주위에] 받쳐주는 산이 없다."

그 산[雞籠山]에 도착했을 때 홍정이 또 물었더니 도인이 말했다.

"이 산은 장지로 적당하니 이곳에 묘를 쓰는 자는 [그 자손이] 왕후(王侯)가 될 수 있다. 그렇지 않으면 요괴가 나올 뿐이다."

홍정이 그 이유를 물었으나 도인은 말해주지 않았다. 도인이 방에서 자고 있을 때 홍정이 들어갔더니 교룡만 보였다. 그래서 홍정은 도인이 잠에서 깨어나길 기다렸다가 돌아가겠다고 작별을 고했다. 도인도 마침내 파양(鄱陽)으로 들어가 버렸다. 홍정은 집으로 돌아온 뒤 계룡산으로 자기 부친의 묘를 이장했다. 그로부터 2년 뒤에 파양에 홍수가 크게 일어나 수천 가구가 떠내려갔다. 홍정은 본래 도교를 좋아하여 늘 향을 피우고 도경(道經)을 염송했으며 자못 방술(方術)을 터득했다. 홍정은 기산(祁山) 남쪽의 회옥향(廻玉鄕)에 살았는데, 마을 사람들은 그가 변화술로 신통력을 부린다고 칭송했다. 그래서 그는 장차 반역을 도모하고자 은밀히 백관(百官)을 임명했으며, 주(州)의 호걸들도 모두 그에게 호응했다. 나중에 주에서 군대를 파견하여 반역도를 체포한 끝에 수십 명을 사로잡았지만, 홍정은 결국 어디로 갔는지 알 수 없었다. (『술이기』[『무주도경』])

雞籠山在婺源縣南九十五里, 高一百六十丈, 廻環一十五里九十步, 形如雞籠焉. 唐開元中, 有蛟龍變爲道人, 歙人洪貞以弟子之禮師之. 道流將卜居, 尋諸名山, 到黃山, 貞問: "此山何如?" 道流曰: "確而寒." 次到飛布山, 又問之, 道流曰: "高而無輔." 到此山, 又問之, 道流曰: "此山宜葬, 葬者可致侯王. 不然, 卽出妖怪而已." 貞問其所以, 而不之告. 道流于室中寢, 貞入, 但見蛟龍. 由是候睡覺而辭歸. 道流遂入鄱陽而去. 貞歸, 遷其父於此山. 後二年, 鄱陽洪水大發, 漂蕩數千家. 貞本好道, 常焚香持念, 頗有方術. 居於祁南之廻玉鄕, 鄕人遂稱其變現神通. 將圖非望, 潛署百官, 州中豪傑皆應之. 後州發兵就捕, 獲數十人, 而貞竟不知所在. (出『述異記』, 陳校本作'出『婺州圖經』')

425 · 19(5801)
노 교(老 蛟)

소주(蘇州)의 무구사산(武丘寺山)을 세간에서는 오왕(吳王) 합려(闔閭)의 능묘라고들 한다. 한 석굴이 바위 아래로 나 있는데 마치 일부러 뚫어놓은 듯한 모습이다. 또 석굴 속에는 깊이를 헤아릴 수 없는 물이 있다. 어떤 사람은 이곳을 진왕(秦王)이 보검을 파내간 곳이라고도 한다.

당(唐)나라 [代宗] 영태연간(永泰年間: 765~766)에 어떤 젊은이가 이곳을 지나가다가 한 미녀가 물속에서 목욕하고 있는 것을 보았다. 미녀는 젊은이에게 함께 놀지 않겠냐고 묻고는 다가와서 그를 끌어당겼다. 젊은이는 마침내 옷을 벗고 물속으로 들어갔다가 익사했다. 며칠 뒤에 젊은이의 시체가 물위로 떠올랐는데 몸이 완전히 말라비틀어져 있었다. 그 아래에 필시 해묵은 교룡이 굴속에 숨어 있다가 사람을 홀려서 피를 빨아먹었기 때문일 것이다. 이 일은 젊은이와 동행했던 자가 얘기해준 것이다. (『통유기』)

蘇州武丘寺山, 世言吳王闔閭陵. 有石穴, 出于岩下, 若嵌鑿狀. 中有水, 深不可測. 或言秦王鑿取劍之所.
唐永泰中, 有少年經過, 見一美女, 在水中浴. 問少年同戲否, 因前牽拽. 少年遂解衣而入, 因溺死. 數日, 尸方浮出, 而身盡乾枯. 其下必是老蛟潛窟, 媚人以吮血故也. 其同行者述其狀云. (出『通幽記』)

425・20(5802)
무휴담(武休潭)

[五代十國] 왕촉(王蜀: 前蜀)의 선주(先主: 王建) 때 사곡(斜谷)의 각도(閣道: 棧道)를 수리했는데, 봉주(鳳州)의 아장(衙將) 백(白) 아무개(그 이름은 잊어버렸다)가 그 일을 관장했다. 무휴담에 이르렀을 때 한 부인이 물에 떠내려 오는 것이 보였다. 백 아무개는 그녀가 익사

한 것이라고 생각하여 인부에게 갈고리로 잡아당겨 물가 언덕으로 끌어내게 했는데, 갑자기 그녀가 커다란 뱀으로 변하더니 무휴담 속으로 사라졌다. 백공(白公: 白 아무개)은 그 일을 불길하다고 걱정하다가 병이 들고 말았다. 나[『北夢瑣言』의 撰者 孫光憲을 말함]는 그를 위해 잠삼(岑參)의 「초북객부(招北客賦)」를 암송해주었다.

> 구당협(瞿塘峽)의 동쪽,
> 그 아래에 천 년 묵은 교룡이 있다네.
> 부인으로 변화하여,
> 눈부신 옷에 곱게 단장하고,
> 물가에서 노닌다네.

백공은 이 부를 듣고서야 비로소 [이전의 부인이] 교룡이었음을 깨달았으며, 앓고 있던 병도 금세 나았다. 또 내관(內官) 송유소(宋愈昭)가 직접 말하길, 유주(柳州)의 강 언덕에서 자신이 두세 명의 여인에게 초대받자 마을사람들이 소리치며 [가지 말라고] 붙잡았는데 [그 여인들] 역시 교룡이었다고 했다. 잠삼의 부에서 말한 것은 바로 이것을 증명하기에 충분하다. (『북몽쇄언』)

王蜀先主時, 脩斜谷閣道, 鳳州衙將白(忘其名), 掌其事焉. 至武休潭, 見一婦人浮水而來. 意其溺者, 命僕夫鉤至岸濱. 忽化爲大蛇, 沒於潭中. 白公以爲不祥, 因而致疾. 愚爲誦岑參「招北客賦」云: "瞿塘之東, 下有千歲老蛟. 化爲婦人, 炫服靚粧, 游於水濱." 白公聞之, 方悟蛟也, 厥疾尋瘳. 又內官宋愈昭, 自言於柳州江岸, 爲二三女人所招, 里民叫而止之, 亦蛟也. 岑賦所言, 斯足爲證. (出『北夢瑣言』)

425・21(5803)
벌 교(伐 蛟)

　[『禮記』]「월령(月令)」에서 "늦가을에 교룡을 베고 악어를 잡는다" 라고 한 것은 교룡은 벨 수 있으나 용은 건드릴 수 없음을 설명한 것이다. 교룡이란 동물은 그 형상은 알지 못하지만 혹시 비늘과 갈기와 네 발이 있는 건 아닐까? 어떤 사람은 말하길, 규(虯: 규룡. 뿔이 있는 작은 용)・려(螭: 신령스러운 뱀)・교(蛟: 교룡. 뿔이 둘 달린 작은 용)・온(蝹: 원숭이처럼 생겼고 땅속에서 죽은 사람의 뇌를 먹는다고 하는 파충류)은 그 형상이 모두 뱀처럼 생겼다고 한다. 또 남방의 어떤 스님은 말하길, 교룡의 형상은 마황(馬蟥: 말거머리)처럼 생겼고 바로 거머리인데 [몸을 덮고 있는] 점액이 비리고 끈적거리며 꼬리를 흔들어 움직여 사람에게 달라붙어서 그 피를 빨아먹는다고 한다. 또 촉(蜀) 땅 사람은 교룡을 '마반사(馬絆蛇)'라고 부르는데, 그 머리는 고양이나 쥐처럼 생겼고 흰 점이 하나 있다고 한다. 한주(漢州) 고성(古城)의 연못 안에 마반사가 살았는데 종종 사람을 해쳤다. 그래서 마을사람들이 용감한 자를 모집하여 그것을 베어 죽이기로 했는데, 그 사람이 몸에 약을 바르고 연못 바닥으로 헤엄쳐 들어가자 교룡[마반사]이 못가 모래로 뛰어올라 꿈틀대다가 힘이 빠졌다. 그때 마을사람들이 시끄럽게 소리치며 서로 도와 결국 교룡을 죽였다. (『북몽쇄언』)

　「月令」"季秋伐蛟取鼉", 以明蛟可伐而龍不可觸也. 蛟之爲物, 不識其形狀, 非有鱗鬣四足乎? 或曰, 虯螭蛟蝹, 狀如蛇也. 南僧說蛟之形, 如馬蟥, 卽水蛭也,涎沫腥粘, 掉尾纏人, 而噬其血. 蜀人號爲'馬絆蛇', 頭如猫鼠, 有一點白. 漢州古城潭內馬絆蛇, 往往害人. 鄉里募勇者伐之, 身塗藥, 游泳於潭底, 蛟乃躍于沙汭, 蟠蜿力困. 里人謹噪以助, 竟斃之. (出『北夢瑣言』)

태평광기 17

Translation ⓒ 2004 by 김장환·이민숙 外
ⓒ HAKGOBANG Press Inc., 2004, Printed in Korea.

발행인/하운근
발행처/學古房
교정·편집/박분이

첫 번째 찍은 날/2004. 11. 20.
첫 번째 펴낸 날/2004. 11. 30.

등록번호/제8-134호
서울시 은평구 대조동 213-5 우편번호 122-030
대표(02)353-9907 편집부(02)356-9903 팩시밀리(02)386-8308

ISBN 89-87635-93-7 04820

http://www.hakgobang.co.kr
E-mail: hakgobang@chollian.net

값: 30,000원

파본은 교환해 드립니다.